四川省国、省干线公路一览表

	路线编号	路线名称	里程（千米）	主要控制点
已成高速公路		国家高速公路	3220.07	（重复里程未计入）
	G5	北京－昆明高速公路	981.483	广元、绵阳、成都、雅安、西昌、攀枝花
	G42	上海－成都高速公路	356.366	垫江、广安、南充、遂宁、成都
	G65	包头－茂名高速公路	305.014	安康、达州、邻水、重庆
	G75	兰州－海口高速公路	330.031	广元、南充、重庆
	G76	厦门－成都高速公路	420.47	叙永、泸州、隆昌、内江、成都
	G85	重庆－昆明高速公路	150.229	重庆、内江、宜宾、昭通
	G93	成渝地区环线高速公路	591.477	成都、绵阳、遂宁、重庆－合江（重庆段待建）、合江、泸州、宜宾、乐山、雅安、成都
	G4201	成都绕城高速公路	85	武侯、青羊、郫县、新都、金牛、成华、龙泉驿、锦江、高新
		地方高速公路	1505.103	（重复里程未计入）
	S1	成都－绵阳高速复线	86.191	成都、新都、什邡、绵竹、安县、涪城
	S2	巴中－成都	294	巴中东兴场、恩阳、柳林、下八庙、仪陇桥泉、日兴、五福、新政、度门、铁佛堂、东坝、西充李桥、盐亭、三台、中江、金堂、赵镇坝立交
	S4	成自泸高速公路	221.355	江家、骑家、兴隆、大林、文公、富加、宝飞、汪洋、纸厂沟、威远桐凉村、连界西、新场东、双河口、威远西、界牌东、万家桥、瓦市铺西、富顺东、东禅寺、龙贯山
	S7	成都－乐山高速公路	89.116	青龙、眉山、乐山
	S8	邛崃－名山高速公路	52.677	大邑王泗、桑园、平乐、名山新店
	S9	成都－德格－西藏高速公路	48.386	
	S11	遂宁－内江高速公路	157.758	白马、东兴、安岳、船山
	S20	广元－万州高速公路	201.771	元坝、旺苍、巴州、巴州－达州（在建）通川魏兴、罗江、盘石、七里、长田、开江、讲治、猴子岩
	S40	遂资眉高速公路遂宁－资阳段	124	遂宁西宁、横山、白马、保石、三星、乐至、童家、中和、雁江、迎接、丰裕、老棚湾（资阳界）
	XA45	成都城北出口高速公路	10.349	
	XE29	厦蓉高速公路泸州连接线	8.6	
	XE99	厦蓉高速公路纂坝连接线	2.744	
	XN88	京昆高速公路成都连接线	6.198	
	XX60	泸蓉高速公路白塔连接线	8.911	
	XT28	京昆高速公路雅安连接线	0.245	
	XAAA	成仁高速公路成都连接线	1.258	
	G108	京昆高速公路雅安连接线	2.388	
	G213	兰州－磨憨	60.062	郫县、都江堰、汶川
	G317	成都－那曲	5.519	都江堰
	G318	上海－聂拉木	65.781	温江、崇州、大邑、邛崃
	S040	绵二河线	2.994	
	S102	成都－双流机场高速公路	11.936	双流
	S104	京昆高速公路成乐高速公路连接线	1.749	
	S105	成都－青川	21.171	新都、彭州
	SA56	南充绕城高速公路	19.944	南充高坪
已成高速公路里程合计			4725.173	

	路线名称	建设里程（千米）	主要控制点
在建高速公路	在建地方高速公路	1914.5	（重复里程未计入）
	遂宁－西充高速公路	68	吉祥、蓬溪、嘉陵、西充、太平互通
	遂宁－广安高速公路	98	过军坝、蓬溪、武胜、枣山铺、枣山互通
	自贡－隆昌高速公路	71	永安、黄市、沿滩、互助、狮市、响石、龙市、迎祥
	乐山－自贡高速公路乐山城区连接线	24	九峰互通、全福、牟子、棉竹北互通
	叙永－古蔺高速公路	66	鼎东互通、箐竹、德耀、古蔺、永乐、太平、二郎（营角滩）
	广陕－广巴高速公路连接线	19	大吴家沿、瓷窑铺、水柜村、大石镇、张家湾
	雅安－康定高速公路	17	天全新沟、两河口、大河坝、二郎山、泸定、五里沟、河坝头
	汶川－马尔康高速公路	11.5	理县山脚坝、鹧鸪山隧道、王家寨沟口
	巴中－南充－广安高速公路	206	巴中元潭、石门、兴文、甘泉、梁永、文门、马鞍、大寅、安化、新店、东升、星火、福德、花桥、兴平、浓溪、广门、罗渡、岳池伏龙
	乐山－自贡高速公路	113	乐山安谷、九峰、茅桥、三江、竹园、度佳、荣县、双石、桥头、永安沙塘湾
	遂资眉高速公路眉山段	119	北斗老棚湾、仁寿、东坡、丹棱、洪雅、止戈
	桃园（川陕界）－巴中高速公路	115	米仓山（川陕界）、关坝、上两、沙滩、南江、赤溪、巴中、东兴场
	南充－大竹－梁平高速公路	142	老君东谭家沟、南广高速、石桥（川渝界）
	内江－威远－荣县高速公路	63	冷家湾互通、朱家桥、玉皇观、陈家场、高石场、铺子湾、镇西、高山铺、荣县南互通
	绵阳绕城高速公路南环线	34	涪城区磨家、三台永明
	成自泸高速公路泸州段	78	龙贯山隧道、瓦子场北、西谭庵、黄通寺、弥坝、二里、九支、赤水河（川黔界）、赤水高速
	成都第二绕城高速公路西段	114	双流华大路、新津、崇州、温江、郫县、新都、彭州濛阳
	成都第二绕城高速公路东段	109	濛阳、广汉、青白江、金堂、龙泉驿、简阳、双流永兴
	巴中－达州高速公路	110	巴州穆家坝、兴文、南河子、平昌县、江陵、牌庙、安云、魏家、通川魏兴
	成安渝高速公路四川段	175	成都绕城高速与成洛交汇处、安岳忠义乡观音桥
	丽江－攀枝花高速公路攀枝花段	50	仁和福田、马鹿箐、瓜子坪、仁和金江
	宜宾－叙永高速公路	110	
在建高速公路里程合计		1914.5	

	路线编号	路线名称	全长（千米）	其中：重复里程（千米）1450.986	主要控制点
国省道		国道	5840.733	393.018	
	G108	北京－昆明	1244.625	37.122	棋盘关（陕西界）、朝天、广元、剑阁、梓潼、绵阳、罗江、新都、德阳、广汉、双流、新津、邛崃、名山、雅安、荥经、石棉、西昌、德昌、会理、拉鲊渡（云南界）
	G210	包头－南宁	363.862	0	铁匠垭（陕西界）、万源、达川、大竹、邻水、重庆界
	G212	兰州－重庆	449.567	14.019	姚渡（甘肃界）、广元、元坝、苍溪、阆中、南部、西充、南充、万隆镇（重庆界）
	G213	兰州－磨憨	891.783	56.146	郎木寺（甘肃界）、若尔盖、松潘、茂县、汶川、都江堰、郫县、成都、仁寿、井研、五通桥、犍为、沐川、屏山新市镇
	G317	成都－那曲	936.824	62.727	成都绕城高速、郫县、都江堰、汶川、理县、马尔康、炉霍、甘孜、德格、岗托（西藏界）
	G318	上海－聂拉木	1321.271	108.565	石桥铺（重庆界）、大竹、渠县、南充、蓬溪、遂宁、乐至、成都、温江、崇州、大邑、简阳、龙泉驿、邛崃、名山、雅安、天全、泸定、康定、雅江、理塘、巴塘、竹巴龙（西藏界）
	G319	厦门－成都	171.038	84.347	彭家垭口（重庆界）、安岳、乐至、简阳、成都绕城高速
	G321	广州－成都	461.763	30.092	渔山寨（贵州界）、叙永、泸州、泸县、隆昌、内江、资中、资阳、简阳、成都绕城高速
		省道	12418.02	1057.968	
	S101	成都－南江	545.655	24.395	成都唐家寺、金堂、中江、三台、盐亭、南部、仪陇、巴中、南江、铁炉坝（陕西界）
	S103	成都－美姑	481.867	4.357	成都绕城高速（石羊场）、新津、彭山、眉山、夹江、峨眉山、沙湾、马边、美姑、美姑大桥
	S104	成都－五通桥	156.832	120.024	青龙场立交桥、眉山、乐山、五通桥
	S105	成都－青川	412.089	25.855	成都大丰镇、彭州、什邡、绵竹、安县、北川、青川、石咀子（陕西界）
	S106	川西环线	568.168	52.641	蒲江、邛崃、大邑、都江堰、什邡、德阳、中江、资阳、仁寿、眉山、丹棱、蒲江
	S201	通江－宣汉	312.531	8.3	新厢（陕西界）、通江、宣汉、杨柳关（重庆界）
	S202	广元－开江	462.691	69.896	广元、元坝、旺苍、巴中、平昌、达州、开江、联盟桥（重庆界）
	S203	仪陇－华蓥	209.258	1.365	仪陇、蓬安、岳池、华蓥溪口（重庆界）
	S204	南部－渠县	141.332	2.612	南部、蓬安、营山、渠县
	S205	九寨沟－遂宁	484.544	41.869	九寨沟双河、平武、江油、德阳、三台、射洪、遂宁、磨溪（重庆界）
	S206	遂宁－筠连	367.308	0	遂宁安居、安岳、内江、自贡、宜宾、高县、筠连、横山子（云南界）
	S207	资中－泸州	161.918	37.5	资中、威远、贡井、自贡、泸州江阳区游湾
	S208	乌斯河－金阳	357.371	0	乌斯河大桥、甘洛、越西、金阳、芦稿
	S209	若尔盖－唐马路口	268.423	0	若尔盖、红原、唐马路口
	S210	马尔康－飞仙关	349.243	0	马尔康卓克基、宝兴、芦山、飞仙关
	S211	红旗桥－石棉	392.649	37.048	马尔康红旗桥、金川、丹巴、泸定、石棉
	S212	西昌－巧家	153.378	10.835	西昌、普格、宁南、华弹（云南界）
	S213	甸沙关－蚌平渡	142.338	63.261	甸沙关、会东、蚌平渡（云南界）
	S214	甸沙关－挖断路	167.301	0	甸沙关、米易、盐边、攀枝花、挖断路（云南界）
	S215	乾宁－冕宁	446.582	11.821	道孚八美、九龙、冕宁、马尿河
	S216	稻城－攀枝花	542.793	0	桑堆、稻城、木里、攀枝花河石坝
	S217	石渠－乡城	932.695	116.087	安卜拉山（青海界）、石渠、甘孜、新龙、理塘、乡城大雪山垭口（云南界）
	S301	九寨沟－红原	307.352	44.955	柴门关（甘肃界）、九寨沟、红原瓦切
	S302	万源－阿坝	1162.484	169.03	又溪口（重庆界）、万源、通江、巴中、阆中、梓潼、江油、北川、茂县、黑水、阿坝、分水岭（青海界）
	S303	映秀－炉霍	489.7	29.122	汶川映秀、小金、丹巴、道孚、炉霍
	S304	邻水－遂宁	245.851	7.475	重庆界、邻水、广安、武胜、遂宁联盟
	S305	隆昌－雅安	338.827	39.026	重庆界、隆昌、富顺、自贡、贡井、荣县、乐山、夹江、洪雅、雅安姚桥
	S306	乐山－汉源	201.536	17.213	乐山、峨眉山、峨边、金口河、汉源
	S307	泸州－盐源	881.311	55.482	泸永桥（重庆界）、泸州、南溪、宜宾、屏山、雷波、昭觉、西昌、盐源、泸沽湖
	S308	合江－珙县	185.933	0	磨刀溪（贵州界）、合江、泸州、纳溪、江安、长宁、珙县巡场
	S309	古蔺－高县	269.858	33.155	贵州界、古蔺、叙永、兴文、高县
	S310	宁南－华坪	275.586	34.644	宁南葫芦口、会东、攀枝花、云南华坪界
	SB06	遂回高速	2.616	0	遂宁船山
国、省道里程合计			18258.753		

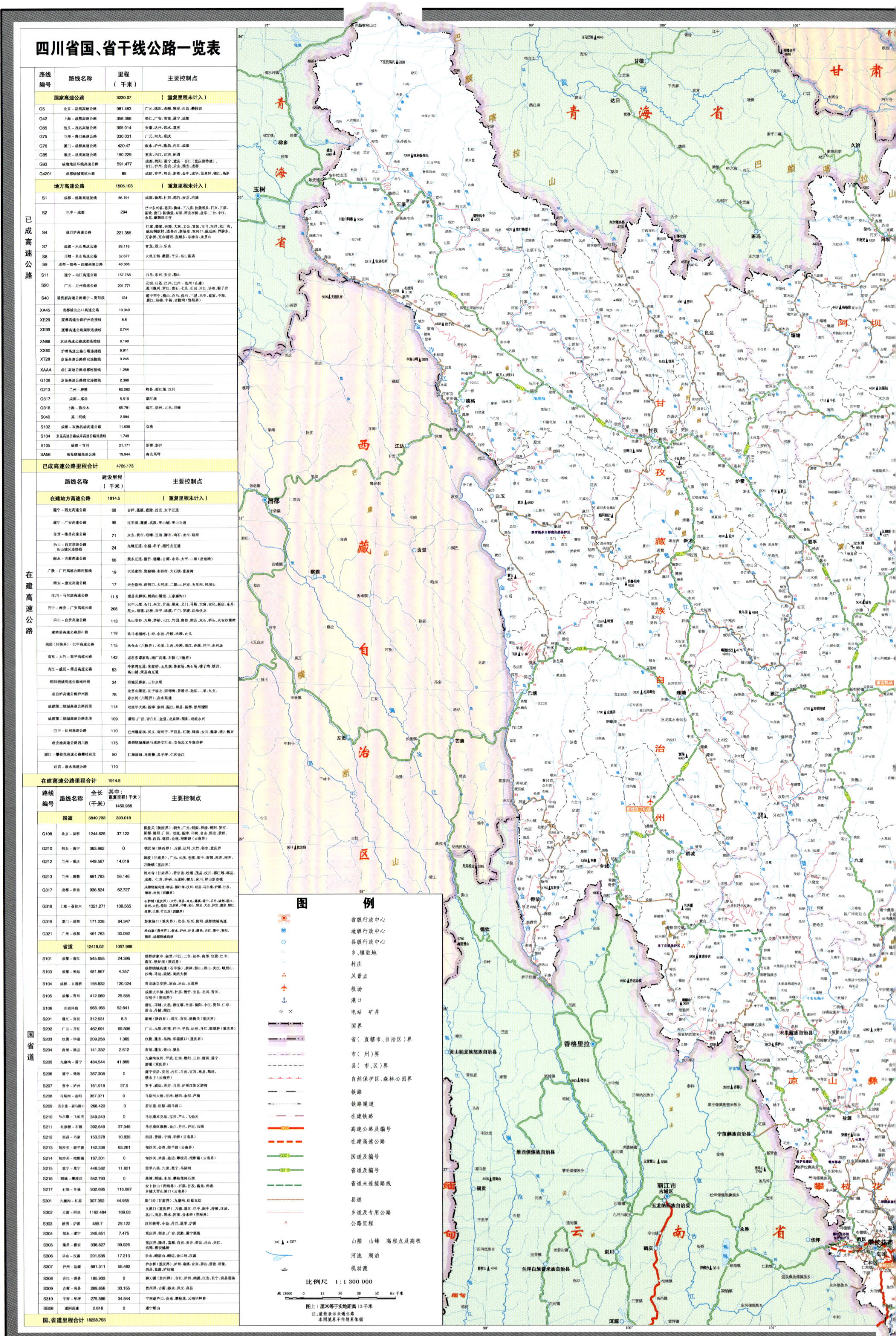

四川省交通运输厅 编制

2013年5月

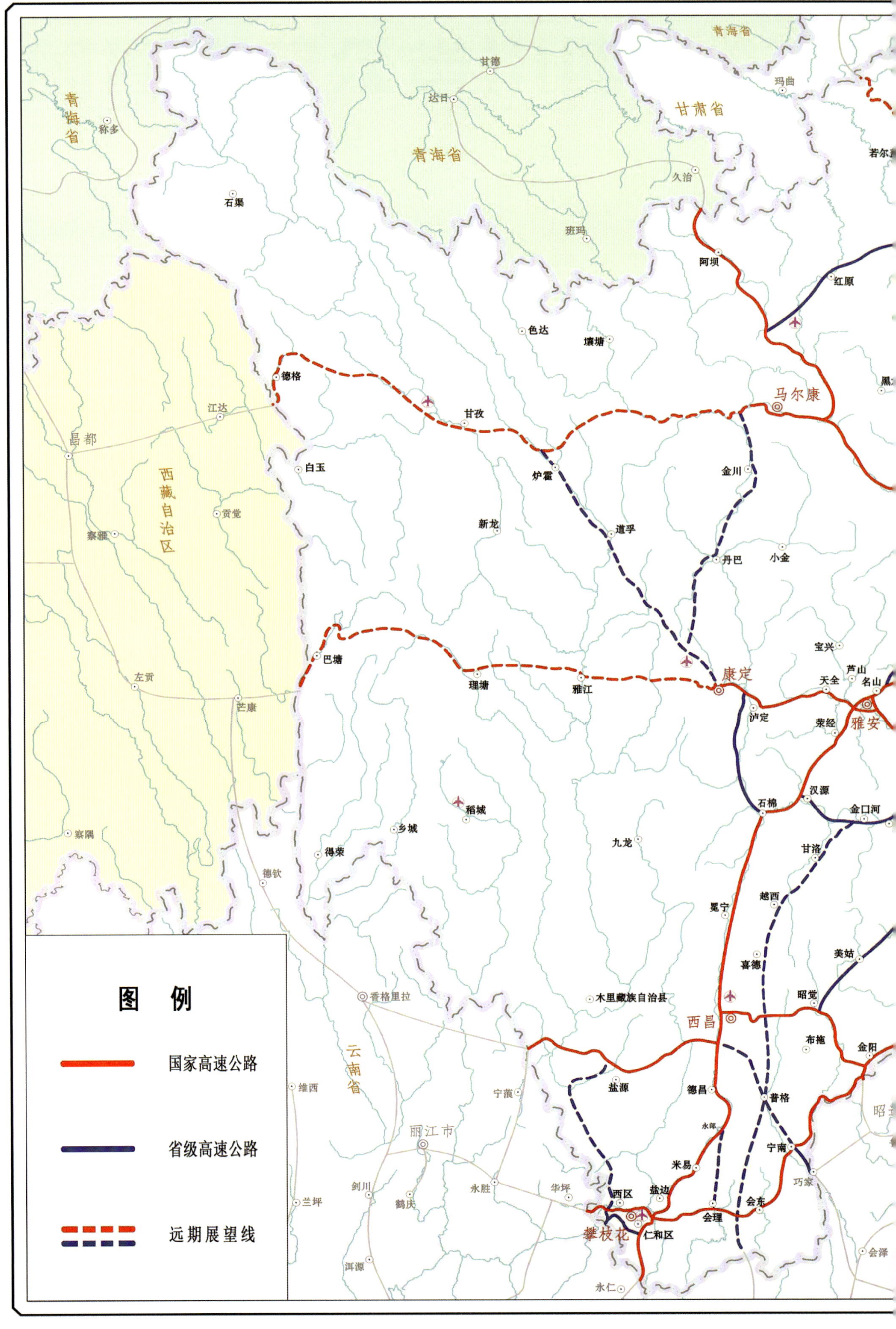

青海省
甘肃省
青海省
青海省
西藏自治区
云南省
玛曲
若尔盖
甘德
达日
称多
久治
石渠
班玛
阿坝
红原
色达
壤塘
马尔康
德格
甘孜
江达
昌都
白玉
炉霍
金川
贡觉
察雅
新龙
道孚
丹巴
小金
宝兴
巴塘
理塘
雅江
康定
芦山
天全
名山
左贡
芒康
泸定
荥经
雅安
汉源
石棉
金口河
稻城
乡城
察隅
得荣
九龙
甘洛
德钦
越西
冕宁
美姑
喜德
香格里拉
木里藏族自治县
昭觉
西昌
布拖
金阳
维西
宁蒗
盐源
德昌
普格
丽江市
永郎
宁南
米易
巧家
剑川
永胜
华坪
西区
盐边
兰坪
鹤庆
会东
会理
攀枝花
仁和区
会泽
洱源
永仁
图 例
国家高速公路
省级高速公路
远期展望线

四川省高速公路网布局规划示意图

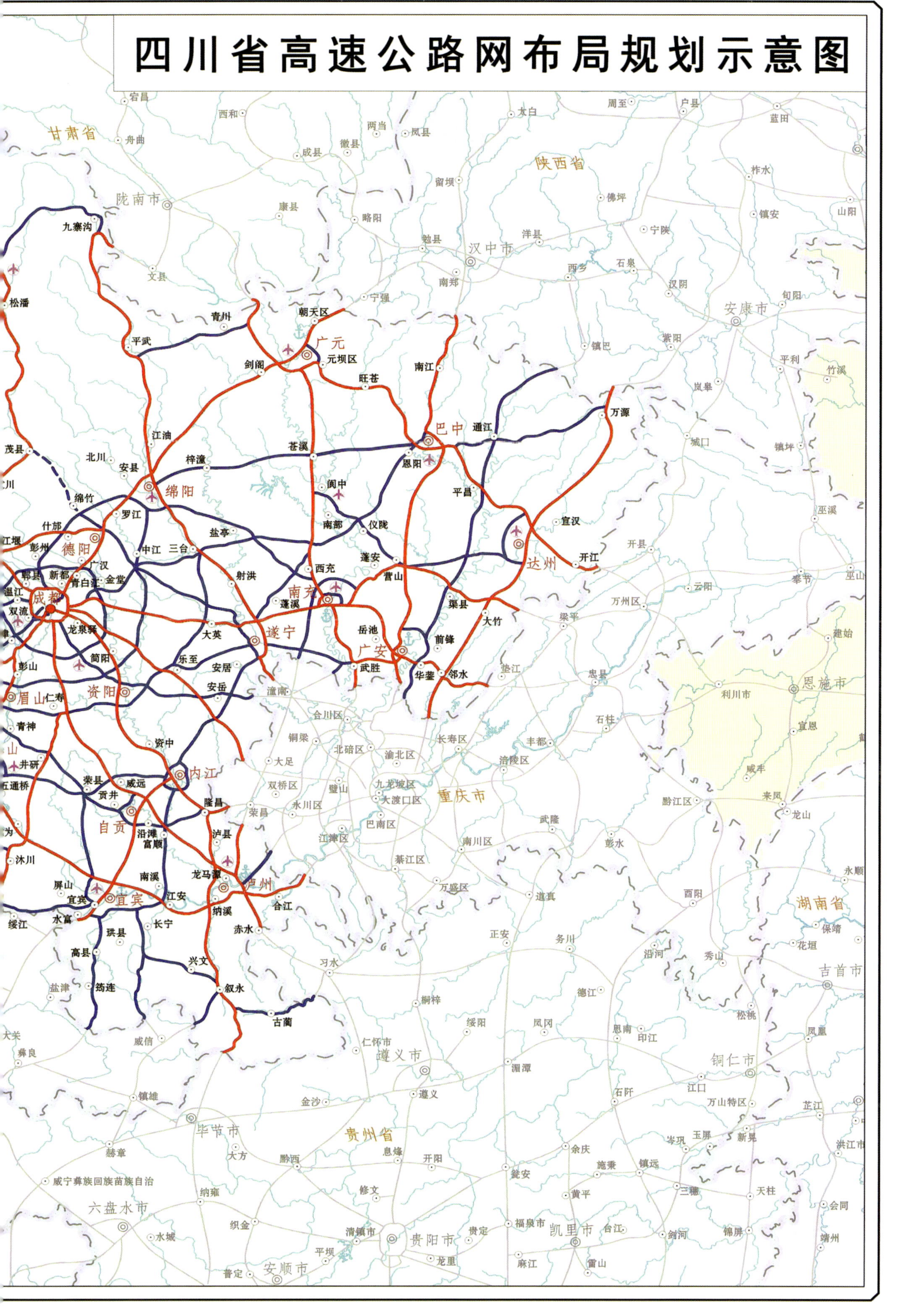

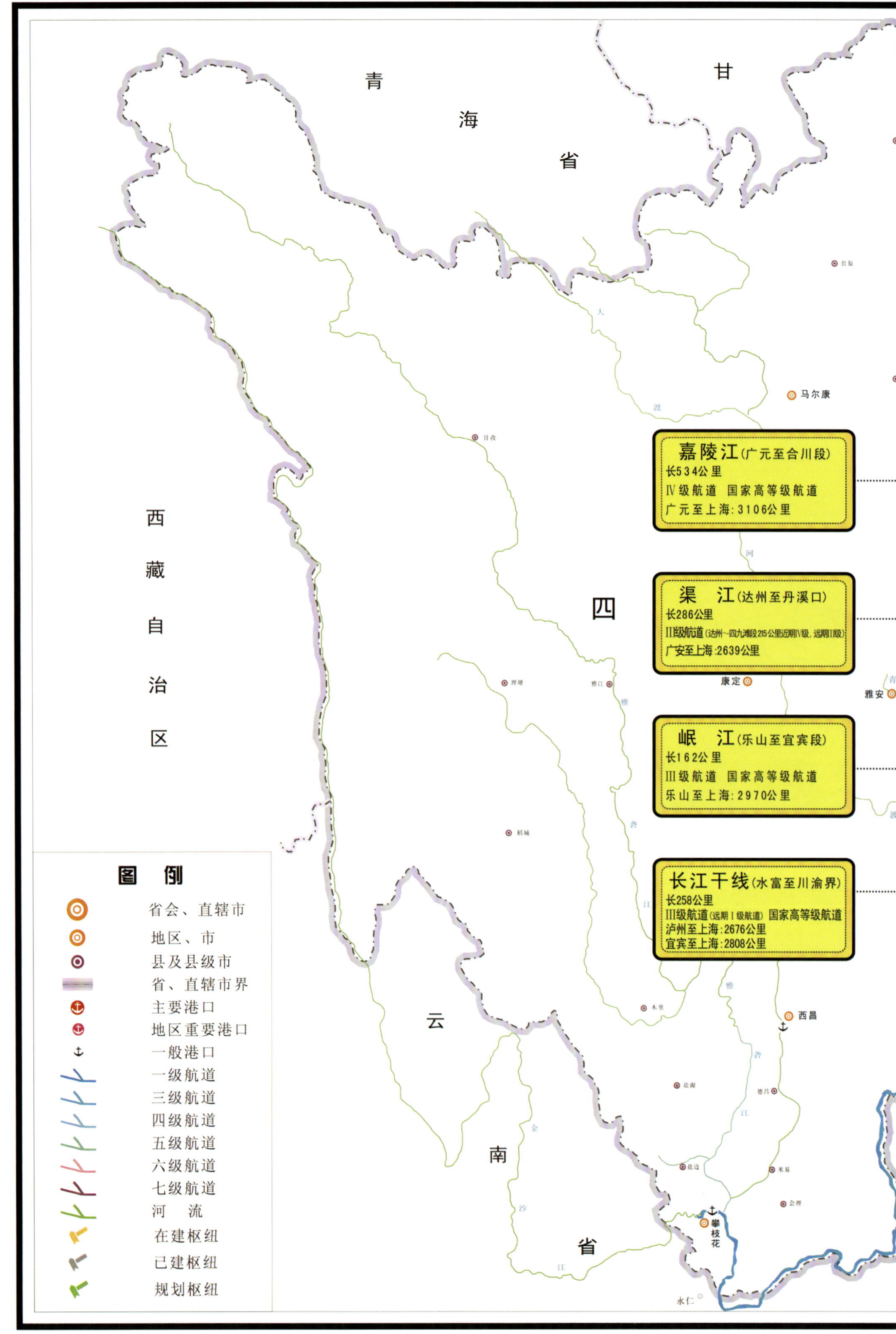

青
海
省
甘
西
藏
自
治
区
四
云
南
省
马尔康
甘孜
康定
雅安
西昌
攀枝花
永仁
嘉陵江(广元至合川段)
长534公里
Ⅳ级航道　国家高等级航道
广元至上海:3106公里
渠　江(达州至丹溪口)
长286公里
Ⅲ级航道
广安至上海:2639公里
岷　江(乐山至宜宾段)
长162公里
Ⅲ级航道　国家高等级航道
乐山至上海:2970公里
长江干线(水富至川渝界)
长258公里
Ⅲ级航道(远期Ⅰ级航道)国家高等级航道
泸州至上海:2676公里
宜宾至上海:2808公里
图　例
省会、直辖市
地区、市
县及县级市
省、直辖市界
主要港口
地区重要港口
一般港口
一级航道
三级航道
四级航道
五级航道
六级航道
七级航道
河　流
在建枢纽
已建枢纽
规划枢纽

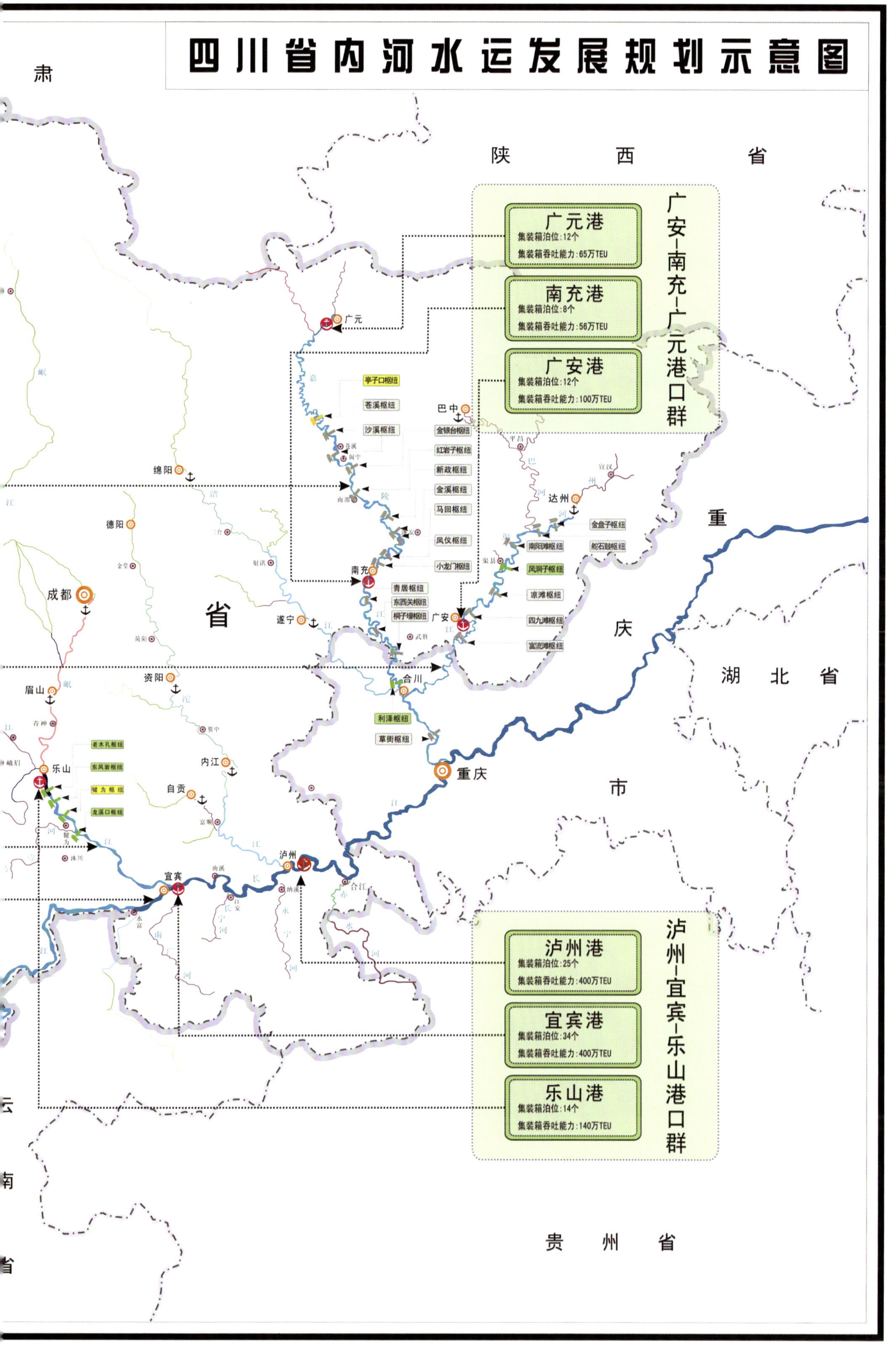

四川省内河水运发展规划示意图
肃
陕　西　省
广安-南充-广元港口群
广元港
集装箱泊位:12个
集装箱吞吐能力:65万TEU
南充港
集装箱泊位:8个
集装箱吞吐能力:56万TEU
广安港
集装箱泊位:12个
集装箱吞吐能力:100万TEU
广元
亭子口枢纽
苍溪枢纽
沙溪枢纽
金银台枢纽
红岩子枢纽
新政枢纽
金溪枢纽
马回枢纽
凤仪枢纽
小龙门枢纽
青居枢纽
东西关枢纽
桐子壕枢纽
利泽枢纽
草街枢纽
巴中
平昌
宣汉
达州
金盘子枢纽
舵石鼓枢纽
南阳滩枢纽
风洞子枢纽
凉滩枢纽
四九滩枢纽
富流滩枢纽
渠县
绵阳
德阳
成都
省
遂宁
南充
广安
合川
重
庆
市
湖　北　省
资阳
眉山
乐山
内江
自贡
老木孔枢纽
东风岩枢纽
犍为枢纽
龙溪口枢纽
重庆
泸州
宜宾
合江
泸州-宜宾-乐山港口群
泸州港
集装箱泊位:25个
集装箱吞吐能力:400万TEU
宜宾港
集装箱泊位:34个
集装箱吞吐能力:400万TEU
乐山港
集装箱泊位:14个
集装箱吞吐能力:140万TEU
云
南
省
贵　州　省

四川交通年鉴
2016
SICHUAN
TRANSPORT YEARBOOK

四川交通年鉴

SICHUAN 2016 TRANSPORT YEARBOOK

四川省交通运输厅交通史志总编室　编

四川科学技术出版社
·成都·

图书在版编目（CIP）数据

四川交通年鉴．2016 / 四川省交通运输厅交通史志总编室编．–成都：四川科学技术出版社，2016.12
ISBN 978-7-5364-8515-0

Ⅰ．①四 … Ⅱ．① 四… Ⅲ．① 交通运输业–四川–2016–年鉴 Ⅳ．①F512.771-54

中国版本图书馆CIP数据核字（2016）第 291232 号

四川交通年鉴2016

出 品 人　钱丹凝
编　　者　四川省交通运输厅交通史志总编室
责任编辑　戴　林
封面设计　益　人
责任出版　鸥晓春
出版发行　四川科学技术出版社
成都市槐树街2号　邮政编码610031
官方微博：http://e.weibo.com/sckjcbs
官方微信公众号：sckjcbs
传真：028-87734039
成品尺寸　210mm × 285mm
印张33　字数 1008 千
印　　刷　深圳市佳信达印务有限公司
版　　次　2016年12月第一版
印　　次　2016年12月第一次印刷
定　　价　268.00元
ISBN 978 -7 - 5364 - 8515 - 0

《四川交通年鉴·2016》分部主任、特约撰稿人

 分部主任 

蒲宜仙　厅公路局
任胜平　厅航务局（省地方海事局、省船舶检验局）
刘　剑　厅运管局
张　钧　厅高管局（厅高速公路交通执法总队）

 特约撰稿人 

蒋林珂　厅办公室
伍美欢　厅文明办
孙秋明　厅法规处
肖　瑶　厅规划处
赵　伟　厅财务处
李阗阗　厅人事处
翟艺阳　厅建管处
宋薇平　厅运输处
黄静兰　厅城客处
陈泓冰　厅安全处
丁　敏　厅审计处
马婧然　厅信访处
付　丽　厅行政审批处
谢富刚　厅科教处
邹齐佳　厅外经外事处
周　磊　厅纪检组（厅监察室）
李　军　厅公安处
单　贝　厅离退休处
李向东　厅直机关党委
凌　晋　省交战办
翁邦柱　厅公路局
郝苑苑　厅公路局
马华卫　厅航务局（省地方海事局、省船舶检验局）
杨钱梅　厅航务局（省地方海事局、省船舶检验局）
蒋大轩　厅运管局
蒋智力　厅运管局
李洪平　厅高管局（厅高速公路交通执法总队）
李济杉　厅高管局（厅高速公路交通执法总队）
蒋旭春　省交通运输工会
刘　霞　四川交职院
匡成刚　厅公路设计院
郑超宇　厅交通设计院
庾湘玲　厅结算中心
鲜晓丽　厅质监局
于天才　厅造价站
杜国艳　厅造价站

程　鸿　监理处
冯元龙　大件处
刘涛声　交通宣传中心
文　静　厅信息中心
王　峣　川高公司
齐高鹏　成渝公司
刘晓蕾　省港航公司
那越辉　省港航公司
余培蓓　川西公司
肖宇涵　川西公司
黄怡昕　成南公司
罗林章　川北公司
李亚玲　川东公司
黄　陶　川东公司
黄进舟　川南公司
郭高州　攀西公司
石　峰　成绵公司
凌　静　雅西公司
王　杰　雅康公司
罗祖红　汶马公司
孙　浩　雅眉乐公司
吴　佩　成德南公司
池济殊　兴蜀公司
马取贵　成都市交通运输委员会
肖　茂　自贡市交通运输局
胡晓莉　攀枝花市交通运输局
曾志刚　泸州市交通运输局
胡　蝶　泸州市交通运输局
李　霞　德阳市交通运输局
林小龙　德阳市交通运输局
张　霜　绵阳市交通运输局
冯传斌　广元市交通运输局
鲁丕华　广元市交通运输局
胡藉文　遂宁市交通运输局
彭高华　内江市交通运输局
邹军燕　乐山市交通运输委员会
程传磊　南充市交通运输局
谢胜东　南充市交通运输局
隆兴银　宜宾市交通运输局
李自东　达州市交通运输局
李胜勇　广安市交通运输局
江　杨　广安市交通运输局
郭　亮　巴中市交通运输局
李艳梅　巴中市交通运输局
崔炳龙　雅安市交通运输局
魏　平　眉山市交通运输局
徐弋淇　资阳市交通运输局
刘世文　阿坝州交通运输局
唐　源　甘孜州交通运输局
钟其富　凉山州交通运输局

SICHUAN
TRANSPORT YEARBOOK
2016 四川交通年鉴

编辑说明

一、《四川交通年鉴》是反映四川交通各方面发展情况的大型专业年鉴，是逐年编纂连续出版的资料性工具书。2016卷是继1987年创刊以来的第30部。全书80余万字、1000多幅图片，反映2015年四川交通的基本面貌、发展状况和取得的新成就、新经验以及出现的新问题。它由四川科学技术出版社出版，国内外公开发行。

二、本年鉴框架结构一般分三个层次：类目、分目、条目。全书设《特载》《概况》《大事记》《交通基础设施建设》《交通运输》《交通管理》《交通行政机关》《交通科技教育文化》《市州交通》《政策法规选编》《荣誉榜》《统计资料》《附录》13个类目。由于内容特点，《特载》《大事记》《政策法规选编》只设两个层次。为了突出年度特色，在彩插部分特设《“十二五”四川交通成就》《2015数字交通》《四川交通要闻》《推进达州交通建设》《推进甘孜藏族自治州公路建设》《推进凉山彝族自治州交通建设》《“三严三实”专题教育》专栏。条目为全书的主要表现形式。

三、本年鉴基本内容分为综合情况、动态信息和辅助资料三部分。主要记述上一年度信息资料，特殊资料、背景资料等适当上溯下延。全书注重体现专业特点、年度特色和时代特征，力求在充分反映成绩和经验的同时，如实反映存在的问题和不足。

四、本年鉴注重收录图片资料，分彩插和内文配图两种形式编录，力求全书图文并茂。彩插以专题化、系列化的形式，重点反映四川交通运输大事、要事和主要建设成就；内文配图以文系图，形象直观地补充反映相关内容。

五、本年鉴稿件和资料由四川省交通运输厅机关各处（室）、厅直有关单位和各市（州）交通运输局（委）及四川省交通投资集团有限公司所属有关单位提供，并经各单位（部门）领导审核和保密审查。主要统计数据以省交通运输厅业务主管部门提供的统计资料为准。

六、本年鉴注重提高实用性，刊载有四川省公路交通图、四川省高速公路网布局规划示意图、四川省内河水运发展规划示意图。

七、为行文简洁，在目录前特制《有关机构（单位）全称简称对照表》和《四川省高速公路全称简称对照表》，在《附录》类目《参考资料》分目刊载《常用缩略语注释》。

八、本年鉴具有双重检索功能，书前列有内文中英文目录和彩插目录，书后配有索引。

有关机构（单位）全称简称对照表

全　称	简　称
中华人民共和国交通运输部	交通运输部
中华全国总工会	全国总工会
中华人民共和国住房和城乡建设部	住建部
发展和改革委员会	发展改革委
经济委员会	经委
纪律检查委员会	纪委
国有资产监督管理委员会	国资委
精神文明建设指导委员会	文明委
中国共产党四川省委员会	中共四川省委
四川省（市、县）人民政府	省（市、县）政府
四川省人民代表大会常务委员会	省人大常委会
中国人民政治协商会议四川省委员会	政协四川省委
中共四川省委直属机关工作委员会	省直机关工委
四川省安全生产监督管理局	省安监局
四川省质量技术监督局	省质监局
亚洲开发银行	亚行
国家开发银行	开行
中国工商银行	工行
四川省交通运输厅	省交通运输厅
四川省人力资源和社会保障厅	省人力资源社会保障厅
四川省国土资源厅	省国土资源厅
四川省交通运输工会委员会	省交通运输工会

全　称	简　称
四川省交通运输厅公路局	厅公路局
四川省交通运输厅航务管理局	厅航务局
四川省交通运输厅道路运输管理局	厅运管局
四川省交通运输厅高速公路管理局 四川省交通厅高速公路交通执法总队	厅高管局 （厅高速公路交通执法总队）
四川交通职业技术学院	四川交职院
四川省交通运输厅工程质量监督局	厅质监局
四川省交通厅公路规划勘察设计研究院	厅公路设计院
四川省交通运输厅交通勘察设计研究院	厅交通设计院
四川省交通运输厅高速公路监控结算中心	厅结算中心
四川省交通运输厅交通建设工程造价管理站	厅造价站
四川省重点公路工程监理处 四川公路工程咨询监理公司	监理处 监理公司
四川省大件公路管理处	大件处
四川省交通宣传中心	交通宣传中心
四川省交通运输厅信息中心	厅信息中心
四川省交通运输厅交通史志总编室	厅史志总编室
四川兴蜀公路建设发展有限责任公司	兴蜀公司
四川省交通运输厅办公室	厅办公室
四川省交通运输厅精神文明办公室	厅文明办
四川省交通运输厅政策法规处	厅法规处
四川省交通运输厅综合规划处	厅规划处
四川省交通运输厅财务处	厅财务处
四川省交通运输厅人事劳动处	厅人事处

全　称	简　称
四川省交通运输厅建设管理处	厅建管处
四川省交通运输厅行政审批处	厅行政审批处
四川省交通运输厅运输管理处	厅运输处
四川省交通运输厅建设管理处	厅建管处
四川省交通运输厅行政审批处	厅行政审批处
四川省交通运输厅运输管理处	厅运输处
四川省交通运输厅安全监督管理处	厅安全处
四川省交通运输厅城市公共客运指导处	厅城客处
四川省交通运输厅审计处	厅审计处
四川省交通运输厅科技教育处	厅科教处
四川省交通运输厅外经外事处	厅外经外事处
四川省纪委驻厅纪检组 监察厅驻厅监察室	厅纪检组 （监察室）
四川省交通运输厅公安处	厅公安处
四川省交通运输厅离退休人员工作处	厅离退休处
中共四川省交通运输厅直属机关委员会	厅直机关党委
四川省交通运输厅战备办公室	厅战备办
四川省国防动员委员会交通战备办公室	省交战办
四川省交通投资集团公司	省交投集团
四川高速公路建设开发总公司	川高公司
四川成渝高速公路股份有限公司	成渝公司
四川成渝高速公路股份有限公司成渝分公司	成渝公司成渝分公司
四川成渝高速公路股份有限公司成雅分公司	成渝公司成雅分公司
四川成渝高速公路股份有限公司成仁分公司	成渝公司成仁分公司
四川成渝高速公路股份有限公司成乐公司	成渝公司成乐公司
四川省港航开发有限责任公司	省港航公司

全　称	简　称
四川嘉陵江凤仪航电开发有限公司	凤仪公司
四川岷江港航电开发有限公司	岷江公司
四川港航嘉陵江金沙航电开发有限公司沙溪分公司	沙溪公司
四川港航嘉陵江金沙航电开发有限公司	金沙公司
四川泸州港务有限公司	泸州港务公司
四川广安承平港务有限公司	承平港务公司
四川长江水运有限公司	长运公司
四川南充都京港务有限公司	都京公司
四川汶马高速公路有限责任公司	汶马公司
四川雅康高速公路有限责任公司	雅康公司
四川川西高速公路有限责任公司	川西公司
四川成南高速公路有限责任公司	成南公司
四川省川北高速公路股份有限公司	川北公司
四川川东高速公路有限责任公司	川东公司
四川攀西高速公路开发股份有限公司	攀西公司
四川成绵高速公路有限公司	成绵公司
四川省川南高等级公路开发股份有限公司	川南公司
四川雅西高速公路有限责任公司	雅西公司
四川成德南高速公路有限责任公司	成德南公司
四川雅眉乐高速公路有限责任公司	雅眉乐公司
成都市交通运输委员会	成都市交委
乐山市交通运输委员会	乐山市交委
阿坝藏族羌族自治州交通运输局	阿坝州交通运输局
甘孜藏族自治州交通运输局	甘孜州交通运输局
凉山彝族自治州交通运输局	凉山州交通运输局

四川省高速公路全称简称对照表

全　称	简　称	全　称	简　称
成都至重庆高速公路	成渝高速公路	宜宾至水富高速公路	宜水高速公路
成都至绵阳高速公路	成绵高速公路	遂宁至重庆高速公路	遂渝高速公路
成都城北出口高速公路	成都城北出口高速公路	西昌至攀枝花高速公路	西攀高速公路
成都至乐山高速公路	成乐高速公路	南充至重庆高速公路	南渝高速公路
内江至宜宾高速公路	内宜高速公路	邻水至垫江高速公路	邻垫高速公路
成都机场高速公路	成都机场高速公路	攀枝花至田房高速公路	攀田高速公路
成都至雅安高速公路	成雅高速公路	都江堰至映秀高速公路	都映高速公路
隆昌至纳溪高速公路	隆纳高速公路	广元至巴中高速公路	广巴高速公路
泸沽至黄联关高速公路	泸黄高速公路	邛崃至名山高速公路	邛名高速公路
西昌卫星基地高速公路	西昌卫星基地高速公路	乐山至宜宾高速公路	乐宜高速公路
广安至邻水高速公路	广邻高速公路	绵阳至遂宁高速公路	绵遂高速公路
达州至重庆高速公路	达渝高速公路	雅安至西昌高速公路	雅西高速公路
成都至都江堰高速公路	成灌高速公路	广元至陕西高速公路	广陕高速公路
广元至南充高速公路	广南高速公路	达州至陕西高速公路	达陕高速公路
成都绕城高速公路	成都绕城高速公路	成都至绵阳高速公路复线	成绵高速公路复线
遂宁至回马高速公路	遂回高速公路	内江至遂宁高速公路	内遂高速公路
成都至南充高速公路	成南高速公路	成都至自贡至泸州至赤水高速公路	成自泸赤高速公路
绵阳至广元高速公路	绵广高速公路	映秀至汶川高速公路	映汶高速公路
南充至广安高速公路	南广高速公路	纳溪至贵州高速公路	纳黔高速公路
成都至温江至邛崃高速公路	成温邛高速公路	达州至万州高速公路	达万高速公路
成都至彭州高速公路	成彭高速公路	广元至甘肃高速公路	广甘高速公路
南充绕城高速公路	南充绕城高速公路	乐山至雅安高速公路	乐雅高速公路

全　称	简　称	全　称	简　称
巴中至南充高速公路	巴南高速公路	攀枝花至大理高速公路	攀大高速公路
成都至德阳至南部高速公路	成德南高速公路	营山至达州高速公路	营达高速公路
宜宾至重庆高速公路	宜渝高速公路	苍溪至巴中高速公路	苍巴高速公路
乐山至自贡高速公路	乐自高速公路	镇巴至广安高速公路	镇广高速公路
巴中至达州高速公路	巴达高速公路	泸州至重庆高速公路	泸渝高速公路
遂宁至资阳至眉山高速公路	遂资眉高速公路	泸州至永川高速公路	泸永高速公路
南充至大竹至梁平高速公路	南大梁高速公路	峨眉至汉源高速公路	峨汉高速公路
巴中至陕西高速公路	巴陕高速公路	南充至潼南高速公路	南潼高速公路
丽江至攀枝花高速公路	丽攀高速公路	乐山至汉源高速公路	乐汉高速公路
绵阳绕城高速公路	绵阳绕城高速公路	石棉至泸定高速公路	石泸高速公路
成都第二绕城高速公路	成都二绕高速公路	宜宾至攀枝花高速公路	宜攀高速公路
遂宁至西充高速公路	遂西高速公路	西昌至昭通高速公路	西昭高速公路
遂宁至广安高速公路	遂广高速公路	西昌至香格里拉高速公路	西香高速公路
自贡至隆昌高速公路	自隆高速公路	永郎至会理高速公路	永会高速公路
内江至威远至荣县高速公路	内威荣高速公路	华坪至丽江高速公路	华丽高速公路
宜宾至叙永高速公路	宜叙高速公路	银川至昆明高速公路	银昆高速公路
巴中至广安至重庆高速公路	巴广渝高速公路	绵阳至九寨沟高速公路	绵九高速公路
成都至安岳至重庆高速公路	成安渝高速公路	北京至昆明高速公路	京昆高速公路
叙永至古蔺高速公路	叙古高速公路	四川南充至重庆潼南高速公路	南潼高速公路
仁寿至沐川至新市镇高速公路	仁沐新高速公路	巴中至万源高速公路	巴万高速公路
雅安至康定高速公路	雅康高速公路	重庆至广安高速公路	渝广高速公路
汶川至马尔康高速公路	汶马高速公路	苍溪至巴中高速公路	苍巴高速公路
宜宾至彝良高速公路	宜彝高速公路	四川马尔康县至青海久治县高速公路	川青高速公路
宜宾绕城高速公路	宜宾绕城高速公路	四川西昌至云南昭通高速公路	西昭高速公路
绵阳至西充高速公路	绵西高速公路	德昌永郎至会理高速公路	永会高速公路

Contents
目 录

国省干线重点公路建设

农村公路建设

汽车站场建设

公路养护

航道建设

港口建设

公路水路勘察设计

交通运输

道路运输

水路运输

交通管理

交通规划

建设管理

运输管理

安全管理

高速公路管理暨交通执法

公路管理

航务管理

道路运输管理

工程质量监督管理

造价管理

工程监理

工会工作

交通科技教育文化

交通科技

交通教育

文明行业创建

交通信息化建设

交通宣传

市州交通

绵阳市交通

广元市交通

遂宁市交通

内江市交通

乐山市交通

南充市交通

宜宾市交通

达州市交通

广安市交通

巴中市交通

雅安市交通

眉山市交通

资阳市交通

阿坝藏族羌族自治州交通

甘孜藏族自治州交通

凉山彝族自治州交通

政策法规选编

荣誉榜

先进名录

人物选介

统计资料

公路水路运输综合统计

公路交通统计

内河航运统计

固定资产投资统计

交通事故统计

附录

参考资料

机构及领导名录

Main Contents

Contents 彩插目录

TRANSPORT ACHIEVEMENT

“十二五”交通成就

“十二五”时期，全省交通运输系统投资总量（6 081亿元）、BOT招商融资总量（1 774亿元）、高速公路新增通车里程（3 335公里）、公路网总里程（31.5万公里）、农村公路总里程（26.8万公里）和新（改）建里程（11.6万公里）、安保工程建设规模（2.44万公里）、争取交通运输部补助资金（949亿元）等多项指标在全国领先。

1 交通运输实现科学发展加快发展

编制完善各类各层规划30多个。主动对接“一带一路”、长江经济带等国家重大战略，73个交通项目纳入中共四川省委、省政府重点推进项目。雅康、汶马藏区高速公路等重点项目开工建设。总投资2 200亿元的“国省干线联网畅通”等8大专项工程和总投资1 965亿元的“农村公路改善提升”等新4项专项工程陆续启动实施。公路水路建设完成投资每年保持在1 000亿元以上并逐年递增，5年完成投资是“十一五”时期（2 100亿元）的近3倍，是建国以来至“十一五”末累计完成投资（3 650亿元）的1.7倍。

2 综合交通运输体系建设取得重大突破

高速公路出川通道由“十一五”末的7个增加到17个，毗邻7个省（市、区）中除青海、西藏外均已连通；高速公路通车总里程达6 016公里，建成和在建总里程达7 564公里，覆盖全省21个市（州）和125个县（市、区）。新（改）建国省干线公路1.4万公里，普通国省道二级及以上（三州三级及以上）公路比重较“十一五”末提升18个百分点。新（改）建农村公路11.6万公里，建制村通达率和乡镇通畅率分别达99%和96%，建制村通畅率达86%，较“十一五”末提高33个百分点。水运“四江六港”重点项目全部建成和在建，全省四级及以上航道达1 321公里，港口吞吐能力突破1亿吨，集装箱吞吐能力达233万标箱，较“十一五”末翻一番。泸州港发展成为具备百万标箱生产能力的国家内河主要港口。

3 交通运输安全和抢险救灾取得重大成绩

建成公路安保工程（路侧护栏）2.44万公里，实现全省乡道及以上公路临水临崖高差3米以上危险路段安保工程全覆盖。建成渡改人行桥319座、渡改公路桥323座，规划的77个溜索改桥项目全部开工并建成62座。道路运输较大以上事故次数和旅客伤亡人数较“十一五”时期分别下降19.5%和21%；水上交通未发生重大安全事故。建成或在建高速公路通达三州州府并覆盖内地80%的贫困县；3 500公里国省干线公路实现改造提升；内地贫困县基本实现“乡乡通油路、村村通硬化路”，三州地区油路通乡率提高21个百分点、硬化路通村率提高33个百分点。奋力抗击“4·20”芦山、“11·22”康定强烈地震和“7·9”汶川特大洪涝灾害，第一时间抢通灾区道路，持续做好保通和灾后重建工作。

4 交通运输服务能力和治理水平明显提升

智慧交通发展迅速。高速公路ETC实现开通运营、全国联网和所有收费站全覆盖。全省177个客运站实现联网售票和WiFi安装全覆盖，全年联网售票量居全国第一。建成交通运行监测及应急指挥系统（一期）工程，实现省及试点市县三级交通运行监测及应急处理的统筹指挥。成都市率先开展公交电子站牌、公交一卡通、交通诱导等系统建设。运输服务提质增效。除甘孜、阿坝外的市（州）均建有一级客运站，150个县建有二级及以上客运站，建成综合客运枢纽15个、公路货运枢纽（物流园区）6个。城市公交覆盖86%的县（市、区），乡镇、建制村通客车率分别达95%和78%。建成高速公路服务区146对，改造41对，40对服务区实现WiFi服务、出行信息查询终端覆盖。公路水路货物周转量均比“十一五”时期翻一番以上。集装箱吞吐总量超过159万标箱，是“十一五”时期的5.5倍。全省开通出川集装箱班轮航线8条，打通泸州、宜宾至武汉、台湾，泸州、宜宾至南京至日本、韩国集装箱江海联运物流通道。泸州港开通多条铁水联运通道。科技创新成果丰硕。荣获国家及省部级科技奖项57项。雅西高速公路被交通运输部确定为“勘察设计典型示范”和“科技示范”双示范项目。在世界范围内首次建立全面完整的公路地震灾害数据库，公路抗震减灾技术研究成果达国际领先水平。

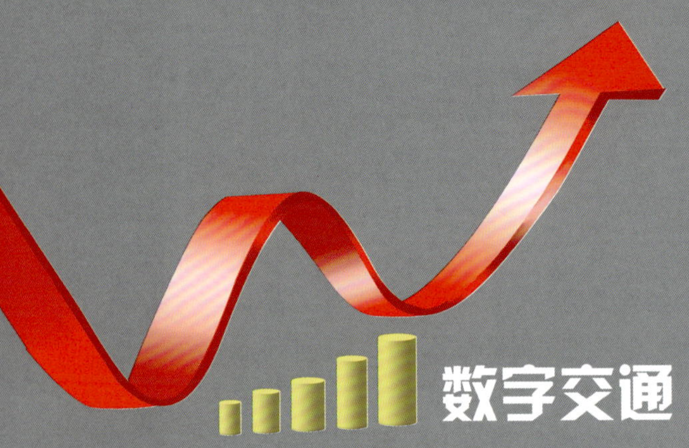

数字交通

2015年四川内河航运建设情况

内河水运完成投资：**38.1**亿元

航道总里程：**10 720.39**公里

2015年四川高速公路建设情况

高速公路建设完成投资：**436.4**亿元

通车总里程：**6 019.595**公里（居全国第五位、西部第一位）

2015年四川公路里程年底达到数（公里）及国省干线投资情况

公路总里程：**315 582.135**

国道：**8 746.867**　省道：**13 840.962**　县道：**40 758.719**

乡道：**52 501.747**　村道：**194 606.201**　专用公路：**5 127.639**

国省干线公路建设完成投资**501.9**亿元

2015年四川交通建设完成投资（亿元）

1 305

2015年四川客货站场建设情况

客货站场建设完成投资：**35.3**亿元

客运站总数：**10 094**个　货运站总数：**14**个　简易站及招呼站总数：**8 108**个

智慧交通及其他专项建设完成投资：**32.5**亿元

2015年四川水路客货运输量

旅客运输量：**2 748**万人次　旅客周转量：**26 264**万人公里

货物运输量：**8 688**万吨　货物周转量：**183.4**亿吨公里

2015年四川公路客货运输量

旅客运输量：**12.4**亿人次　旅客周转量：**671.6**亿人公里

货物运输量：**13.86**亿吨　货物周转量：**1 480.5**亿吨公里

2015年四川农村公路建设情况

新（改）建农村公路：**2.6**万公里（居全国第一位）

建设完成投资：**260.8**亿元

通车总里程：**26.8**万公里

2015年1月16日，全省交通运输工作会议在成都召开。副省长王宁出席会议并讲话，省政府副秘书长戴东昌主持会议，厅党组书记、厅长彭琳在会上作题为“深化改革创新 强化法治建设 努力推动新常态下交通运输持续健康发展”的工作报告。

2015年12月3日，交通运输部部长杨传堂（前右）在成都东公交枢纽向乘客宣讲十八届五中全会精神

2015年3月3日，交通运输部党组副书记、副部长翁孟勇（前右二）在宜宾港听取港口建设运营汇报

2015年5月25日，中共四川省委常委、常务副省长王宁（前右二）视察并指导“4·20”芦山地震交通灾后重建工作

2015年1月16日，全省交通运输工作会议在成都召开

全省交通运输促投资稳增长电视电话会议在成都召开

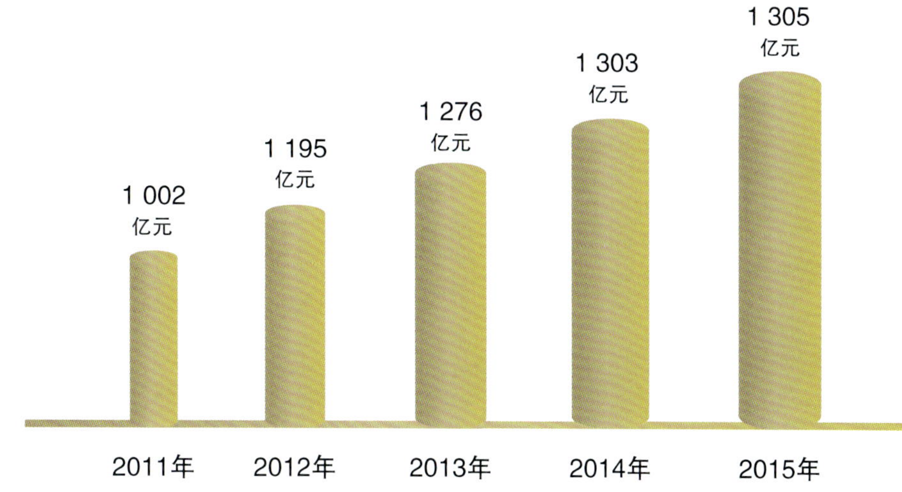

蜀交投

1	4 5
2	6
3	7

1 施工中的雅康高速公路青衣江特大桥

2 巴达高速公路　夏　雨 摄

3 遂广高速公路

4　5　2015年12月27日，营山至达州高速公路全面开工建设。图为营达高速公路效果图

6 汉源大树大桥　李鑫洋 摄

7 攀枝花双江五桥景

1	4
2	
3	5

1 国道317线与卡萨湖　袁　泉 摄
2 国道318线东海路
3 天府大道南延线
4 省道216线、217线理亚路无量河段　周建春 摄
5 省道303线巴朗山垭口段　李　健 摄

1	3
2	4

1 康定县农村公路
2 翠屏区凉姜乡村公路
3 广元港全景
4 广安港

2015年3月26日起，长江干线宜宾至重庆段384公里航道最低维护水深由2.7米提升至2.9米。据测算，提升后该段航道可常年通航1 500吨级以上船舶，产生直接经济效益1.7亿元，带动GDP增加13.6亿元。

2015年3月26日，交通运输部长航局、四川省交通运输厅同泸州和宜宾两市人民政府在泸州召开“2+2”座谈会。四川省交通运输厅党组书记、厅长彭琳，交通运输部长航局局长唐冠军，泸州、宜宾两市领导等出席会议。四川省交通运输厅党组成员、副厅长冯文生出席会议并签署《合力推进长江干线水富至重庆段航道建设工作备忘录》

长江四川段航道升级工程启动

宜宾港改造升级

“链接民生”素描画

相关链接：2015年3月26日，交通运输部长航局、四川省交通运输厅同泸州和宜宾两市人民政府在泸州召开“2+2”座谈会，深入贯彻《国务院关于依托黄金水道推动长江经济带发展的指导意见》，着力落实交通运输部副部长翁孟勇有关长江上游航运发展的指示，合力共建长江四川段“黄金水道”。加快推进长江干线水富至重庆段航道建设、加快长江水系内河船型标准化建设，为更好融入国家“一带一路”“长江经济带”发展战略提供基础支撑。

会上，四方签署《合力推进长江干线水富至重庆段航道建设工作备忘录》，明确到“十三五”期末，基本实现长江水富至宜宾段四级提升为三级航道、宜宾至重庆段三级提升为二级航道的合作目标。四方将本着“统筹协调、加快推进、相互支持、密切配合、各负其责”的原则，主要实施长江干线水富至宜宾段航道建设工程、长江干线宜宾至重庆段航道建设工程。《备忘录》还明确了合作各方建立定期联系合作机制，加强交流和信息沟通，协调推进相关重点工作，并就下一步各方要着力开展的工作进行了分工。

2015年4月10日，南京区域港口群（南京港、合肥港、马鞍山港、淮安港）、唐山港与宜宾港战略合作签约仪式暨“宜宾—南京—唐山（环渤海湾）”“宜宾—南京—日本、韩国”集装箱班轮航线开通仪式在南京港隆重举行。该集装箱班轮航线的正式开通为中国西部地区、中部地区和环渤海湾东北地区乃至东北亚地区串起一条通江达海的水路运输新纽带。通过各港口的统筹协调，配合铁水联运、公水联运系统化运营，将为“北粮南运”“西煤东运”等规模化运输打开新通道，能有效提高综合运输的物流链管理服务水平，最大限度降低大宗物资往来的成本。

2015年4月10日，为携手抢抓国家长江经济带、“一带一路”“京津冀协同发展”三大战略机遇，提升长江“黄金水道”和环渤海湾的联通功能，促进长江流域与东北地区和东北亚地区的商贸物流发展，南京区域港口群（南京港、合肥港、马鞍山港、淮安港）、唐山港与宜宾港战略合作签约仪式暨“宜宾—南京—唐山（环渤海湾）”“宜宾—南京—日本、韩国”集装箱班轮航线签约和开通仪式在南京港举行

相关链接：当前正值国家全力实施长江经济带，长江沿岸地区抢抓战略机遇的关键时期，位于长三角与中西部地区交接点的南京港，是亚洲最大的内河港口，正在加快实施长江经济带区域航运物流中心建设，带动南京区域港口群发展；位于长江“黄金水道”起点的宜宾港紧握长江经济带与丝绸之路经济带交叉点，是四川乃至西部地区通江达海的桥头堡，正在积极打造长江起点国家级航运中心。宜宾港自2010年开港以来，加强与南京港的合作和交流，已在粮食、化工产品、矿产品等货种运输上建立了紧密的业务往来，奠定了良好的合作基础，双方友好互信，合作层次不断提升，合作领域不断拓展。唐山港地处渤海湾北岸，毗邻京津冀城市群，是沟通华北、东北和西北地区的最近出海口，是中国沿海的地区性重要港口，货物吞吐量排名全球港口前十位，是全国知名的“金牌港口”。

在“长江经济带港口物流区域合作联席会”机制的推动下，长江沿线港口物流企业的交流合作日益频繁，区域一体化和合作共赢发展已成为一种趋势。此次签约，是南京区域港口群（南京港、合肥港、马鞍山港、淮安港）、唐山港与四川宜宾港就深化合作达成共识，双方建立了战略联盟合作关系，以实现互惠共赢发展。

万里长江第一城——宜宾　周　详　摄

宜宾港新貌

2015年7月28日，四川高速公路ETC实现全国联网并开通运行。至此，全国已有22个省（市）高速公路ETC实行联网运行。全省高速公路与相邻的4个省（市）12座省界收费站实现ETC联网。

1	4
2 3	5

1 2016年4月28日，省交通运输厅党组书记、厅长汪洋（右二）为ETC储值卡发行仪式揭牌
2 天府新区煎茶收费站ETC开通
3 ETC专用车道及混合车道
4 ETC开通运行，工作人员进行OBU（车载终端）测试
5 全天候开放的机场高速公路ETC专用道

2015年11月14日，交通运输部部长杨传堂在蓉和四川、西藏、云南、贵州、重庆、陕西等西部6省（直辖市、自治区）交通运输部门负责人座谈，听取“十二五”工作情况和“十三五”发展思路汇报。四川省常务副省长王宁、副省长曲木史哈、省政府副秘书长李志强参加调研。

2015年11月14日，交通运输部部长杨传堂和西部6省（直辖市、自治区）交通运输部门负责同志在蓉座谈

2016年四川省第一批高速公路项目投资协议集中签约仪式在成都举行

1
2
3

1 雅西高速公路腊八斤桥
2 金沙江中坝大桥 周 详 摄
3 乐自高速公路凌云段

内江玉王庙互通立交桥

乐峨快速通道

国道317线甘孜雅砻江大桥　袁　泉 摄

2015年12月，厅公路设计院设计的天府新区货运通道建成通车

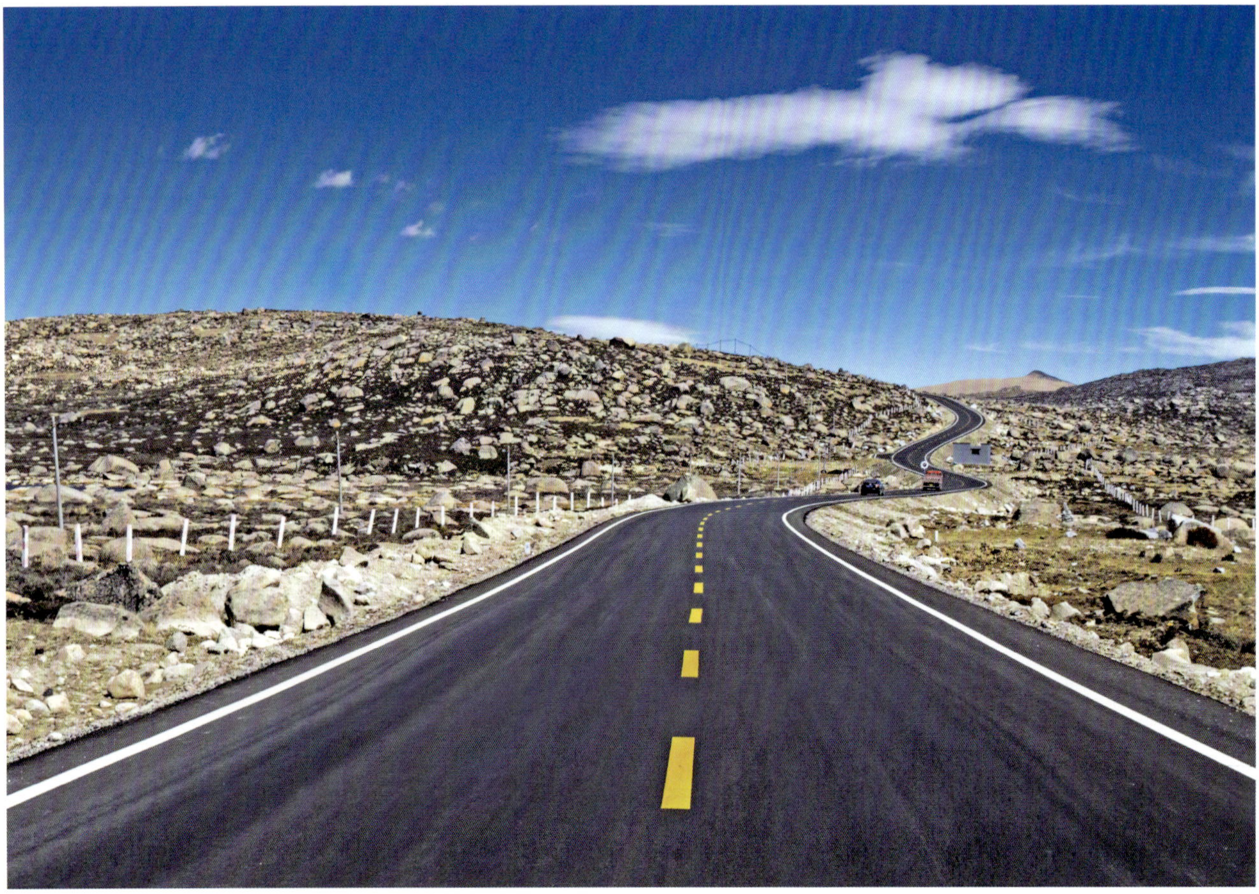

“十二五”时期：

◇贫困边远地区农村公路投资近70亿元，占投资总额66.5%；

◇新（改）建农村公路6 000余公里，占全市新（改）建农村公路里程的54.1%。

农村公路投资

改建农村公路里程

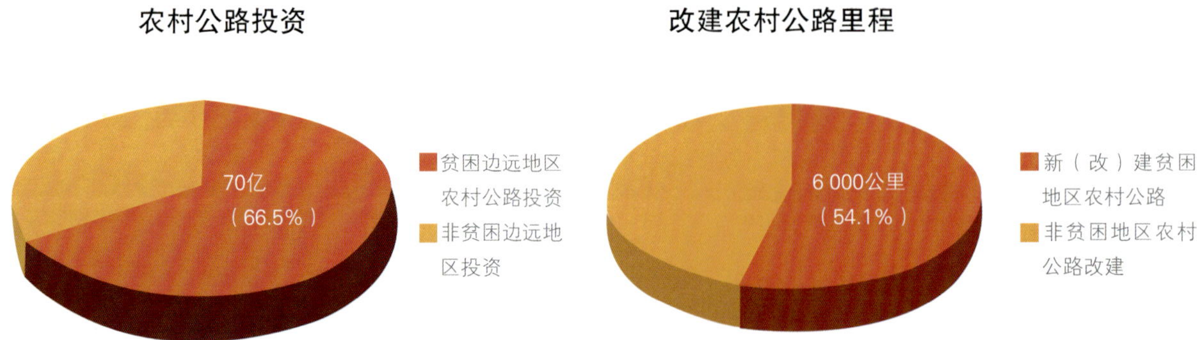

1 省道216线、217线理亚路兔儿山段

2 3 小学生欢快地走在新建的水泥路上

4 广安农村路

5 航务海事部门为大佛景区来往游船提供通航保障

屠小宁 摄

相关链接：交通运输部党组书记、部长杨传堂作出重要批示，对四川公路安保工程予以充分肯定：四川省加大公路安保工程建设力度，实现了全省乡道及以上等级公路危险路段侧护栏全覆盖，大幅减少了交通事故和死亡人数，有效扭转了道路交通安全形势，公路安保工程这条“安全带”既栓紧了安全，也系牢了民心，这离不开中共四川省委、省政府的高度重视，各级地方党委、政府的大力支持和广大干部群众的辛勤努力。公路安保工程是预防和减少道路交通事故的有效措施，是保护人民群众便捷安全出行的“民生工程”。交通运输部在2015年更加贴近民生的10件实事中确定的非常重要的一条就是完成公路安全防护工程3万公里。希望各地各级交通运输主管部门认真学习借鉴四川的有益经验，创新思路，主动作为，进一步加大资金投入，落实责任主体，加强督促指导，完善配套设施，严格质量管理，做好管理养护，力争在“十三五”期间推动公路安保工程再上一个新台阶，为建设“平安交通”做出更大贡献。

1 国道321线内江段安保工程

2 省道216线、217线理亚路护栏

3 山区公路安保设施

2015年11月17日，“泸州—南京—日本”集装箱班轮首航仪式在南京港举行。这是继2014年11月“泸—宁—韩”航线开通后，泸州港开通的又一条近洋外贸航线。该航线采用分段直航接力运输的方式，泸州直航南京船期每周5班，南京港近洋船期密度每周6班，能满足客户市场“到港即发”需求，全程运输时间约10天。

2015年11月17日，“泸州—南京—日本”集装箱班轮首航仪式在南京港举行

相关链接：“泸州—南京—日本”集装箱班轮首航仪式在南京港举行，从日本运至南京港的进口外贸集装箱将在7天后转运到达泸州港，标志着“泸州—南京—日本”近洋外贸航线正式开通。

泸州市交通运输局局长梁中元介绍，该航线是采用分段直航接力运输的方式，泸州直航南京船期每周5班，南京港近洋船期密度每周6班，能满足客户市场“到港即发”需求，全程运输时间约10天，比“泸州—上海—日本”航线节约1-2天时间，运输成本更加节省。“泸州—南京—日本”集装箱班轮航线，是继去年11月“泸—宁—韩”航线开通后又一条经泸州—南京的近洋外贸航线，是四川及滇东、黔北地区开辟的一条重要货物中转通道。

泸州、南京两市都是国家长江经济带规划布局中的重要节点，承担着衔接长江上中下游、推动长江流域经济带发展的职能。今后，在港口航线方面，泸州、南京两港将开展集装箱航线合作，稳定开行定期直达班轮，并力争迅速增量。同时，发展内支线定期直达班轮，将西部地区外贸货物吸引到南京，中转至洋山后出口。

2015年11月26日，全省“政府与社会资本合作”项目推介会暨签约仪式在成都举行。省交通运输厅党组书记、厅长彭琳在会上介绍了20个高速公路PPP项目，总里程2 182公里，总投资3 073亿元。这些项目属于国高网或省高网的重要干线，在整个路网中具有主导性、通道性、贯通性的作用，具有良好的经济效益和社会效益。

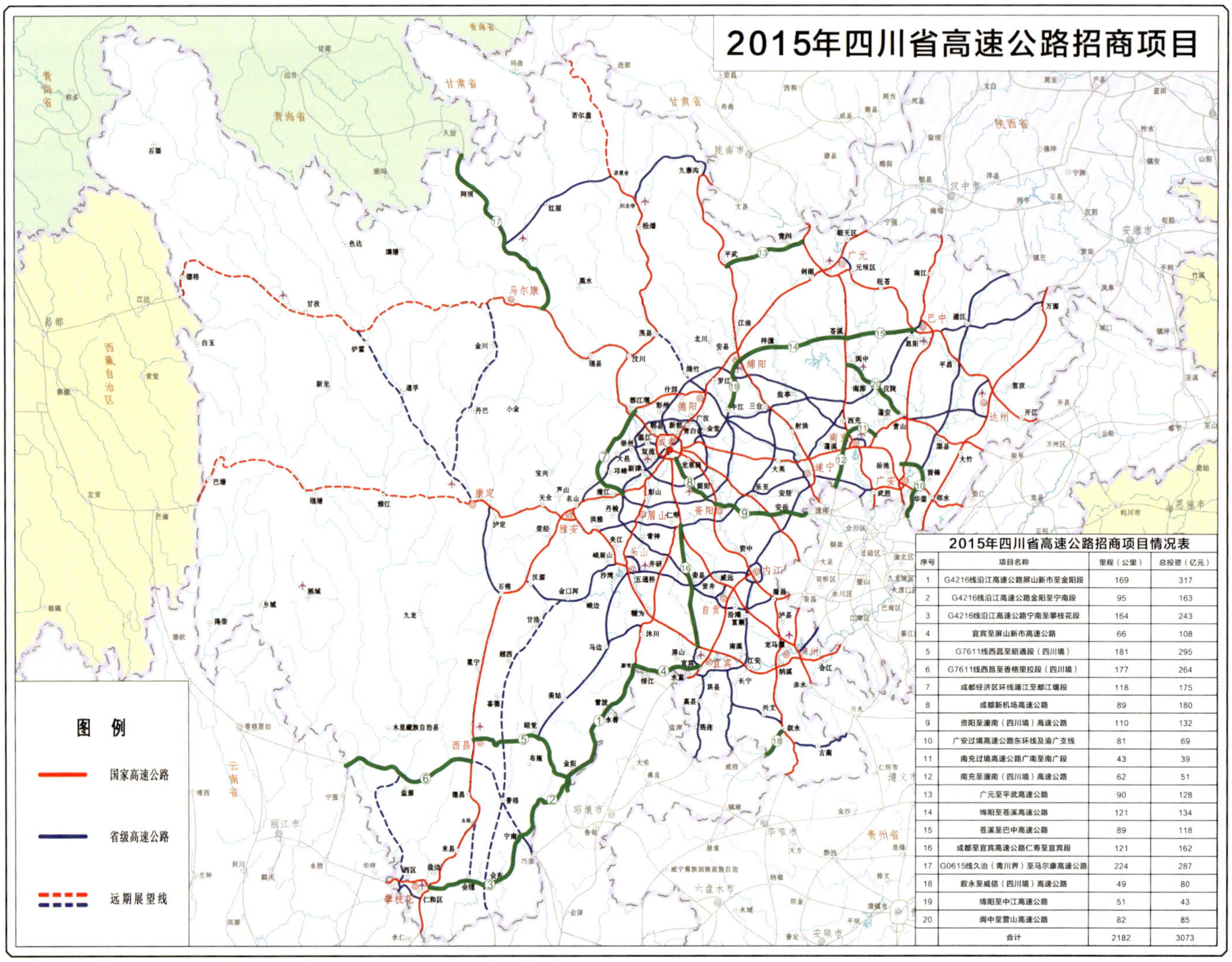

2015年四川省高速公路招商项目

图例

国家高速公路

省级高速公路

远期展望线

2015年四川省高速公路招商项目情况表

序号	项目名称	里程（公里）	总投资（亿元）
1	G4216线沿江高速公路屏山新市至金阳段	169	317
2	G4216线沿江高速公路金阳至宁南段	95	163
3	G4216线沿江高速公路宁南至攀枝花段	164	243
4	宜宾至屏山新市高速公路	66	108
5	G7611线西昌至昭通段（四川境）	181	295
6	G7611线西昌至香格里拉段（四川境）	177	264
7	成都经济区环线蒲江至都江堰段	118	175
8	成都新机场高速公路	89	180
9	资阳至潼南（四川境）高速公路	110	132
10	广安过境高速公路东环线及渝广支线	81	69
11	南充过境高速公路广南至南广段	43	39
12	南充至潼南（四川境）高速公路	62	51
13	广元至平武高速公路	90	128
14	绵阳至苍溪高速公路	121	134
15	苍溪至巴中高速公路	89	118
16	成都至宜宾高速公路仁寿至宜宾段	121	162
17	G0615线久治（青川界）至马尔康高速公路	224	287
18	叙永至威信（四川境）高速公路	49	80
19	绵阳至中江高速公路	51	43
20	阆中至营山高速公路	82	85
	合计	2182	3073

2015年四川省高速公路招商项目图。图上标示出20个PPP项目线路图

20个
高速公路
PPP项目
分三大类

服务国家发展大局的战略型项目

服务成都经济圈的辐射型项目

服务省内经济区发展的联网型项目

实施20个
高速公路
PPP项目
的三种方式

第一种 "BOT"方式

第二种 "BOT+政府补助"方式

即政府给予一定财政资金补助BOT项目建设

第三种 "BOT+政府股权合作"方式

即由政府资金持有的投资人和市场化配置的社会资本共同履行出资人责任，依法组建项目公司负责项目实施

四川路桥首个PPP项目——西昌市绕城公路项目成功签约。图为项目效果图

2015年12月1日，《四川省高速公路条例》正式实施，标志着全省高速公路进入依法管理新阶段，具有重要的里程碑式意义，对进一步提升高速公路服务经济社会发展全局、服务人民群众出行功能，具有十分重要的作用。《四川省高速公路条例》主要亮点和特色有：以地方性法规的形式确立了全省高速公路管理体制和高速公路交通综合执法模式；确立了高速公路通行费收费标准动态调整机制，创新了行业监管方式；开创了全省高速公路入口治超的新格局。

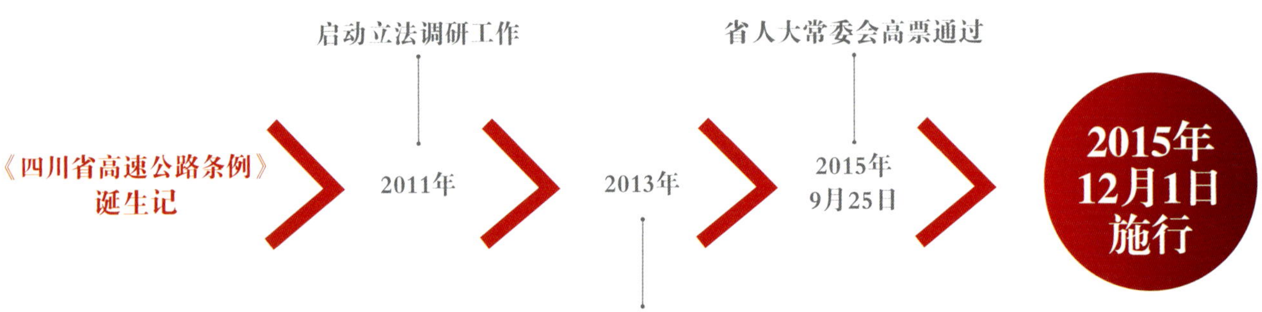

1 2 运政人员开展形式多样的法律法规宣传

2015年12月25日，四川举行2015年底重大项目集中开工暨岷江犍为航电枢纽工程开工仪式。副省长甘霖宣布开工，省政府副秘书长李志强主持集中开工仪式。

2015年12月25日，四川举行2015年底重大项目集中开工暨岷江犍为航电枢纽工程开工仪式

相关链接：

岷江航电综合开发共包括6个项目，分别是老木孔、东风岩、犍为、龙溪口4级航电枢纽，龙溪口至宜宾合江门航道整治和乐山港建设。此次开工的犍为枢纽项目，是岷江下游河段航电规划的第三个梯级，是以航运为主，结合发电，兼顾供水、灌溉的水资源综合利用工程。该项目被列入重大水运设施开工建设国务院督查项目，其坝址距乐山市约57公里，距犍为县城约3公里。坝址左岸有国道213线通过，右岸有犍为县级公路通过，并与附近成乐高速公路、乐宜高速公路、省道104线、省道306线相联系，坝址对外交通便利。预计2019年12月船闸通航，首台机组发电；2020年11月最后一台机组安装完毕，工程完工。

犍为航电枢纽工程投入后，将渠化库区航道约18公里，淹没库区险滩3处，与河道天然枯水水面线相比，航道水深增加约5~12米，大大改善库区通航条件。通过枢纽的过坝运量预测2020年、2030年、2040年分别为544万吨、1 146万吨和1 694万吨。

按照省政府的总体部署，在犍为枢纽项目开工建设的同时，同步推进老木孔枢纽和龙溪口枢纽前期工作，2016年力争实现老木孔枢纽和龙溪口枢纽开工建设，2017年开工建设东风岩枢纽、乐山港和岷江下段81公里三级航道整治工程。

考虑生态环保，规划经过多次修改。最初的方案规划了水位相互衔接的6座梯级航电枢纽，从龙溪口到宜宾段的2个枢纽，因位于珍稀鱼类国家级自然保护区的实验区和缓冲区而最终取消，这81公里采取更为生态的整治方式，保留的4个枢纽建有专门的鱼道。

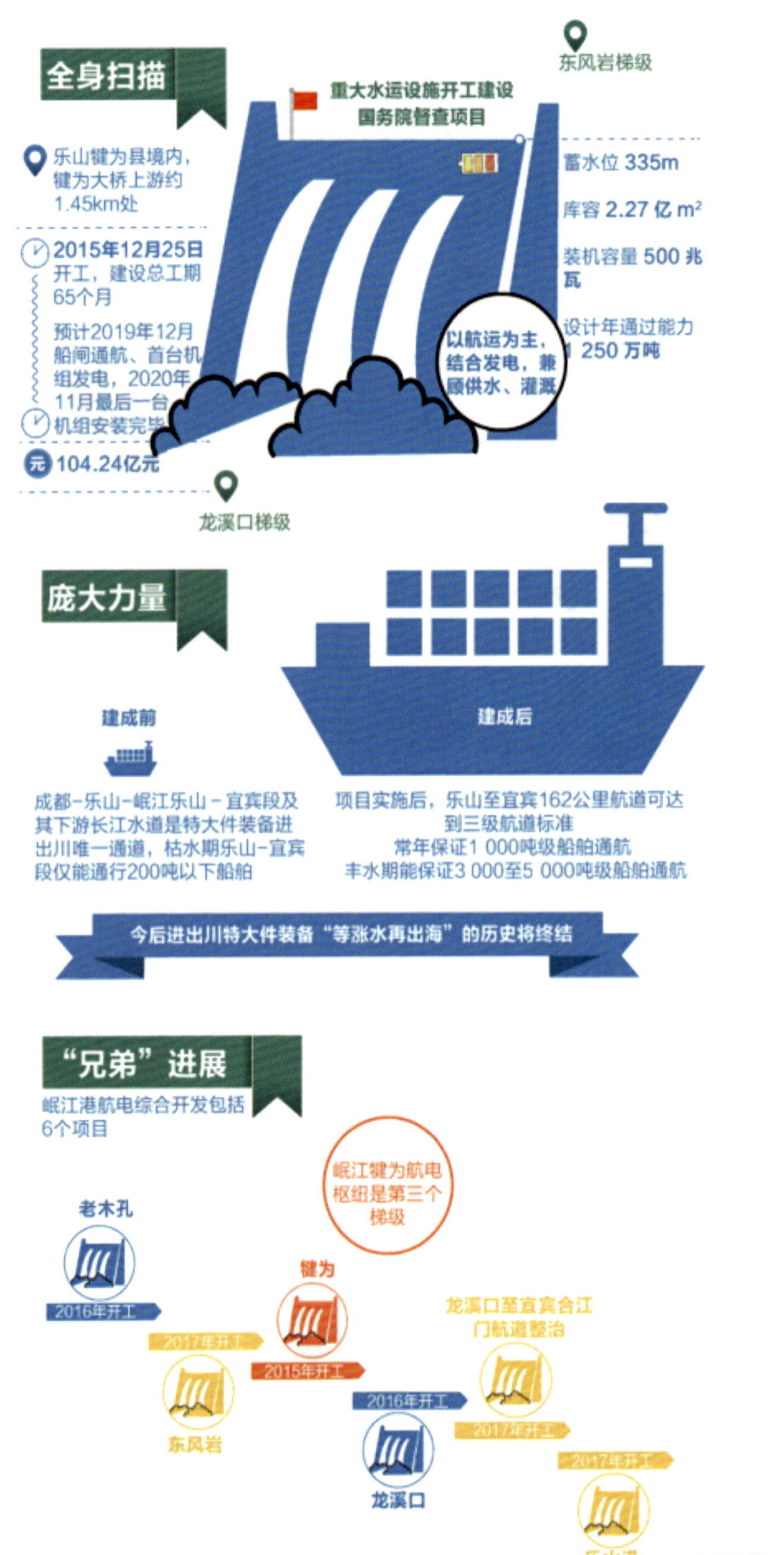

一图看懂岷江港航电综合开发

2015年12月31日，成都第二绕城高速公路东段建成通车。二绕全线通车标志着四川高速公路通车总里程超过6 000公里，位居全国各省（直辖市、自治区）第五、西部第一，是四川交通建设史上的重要里程碑。建成通车的二绕对于改善整个成都综合交通运输环境和四川高速公路网络具有重要意义，能有效分流城市交通，带动成都平原物流业和经济的健康发展。

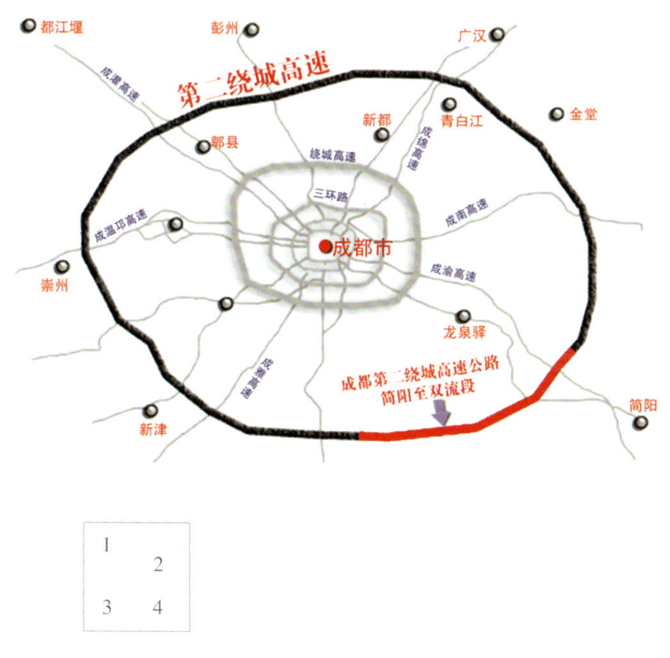

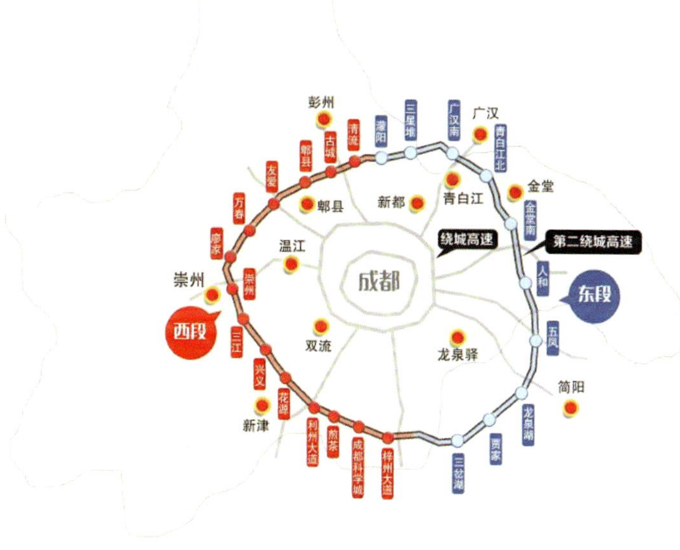

1 成都第二绕城高速公路经过区域示意图

2 成都第二绕城高速公路24个出入口示意图

3 成都第二绕城高速公路东段　王眉灵　摄

4 成都第二绕城高速公路西段府河特大桥路面　高月谨　摄

1 成都第二绕城高速公路西段与成温邛高速公路互通立交 高月谨 摄
2 成都第二绕城高速公路东段监控中心
3 成渝高速和成都第二绕城高速公路互通立交工程
4 成都第二绕城高速公路简阳至双流段
5 成都第二绕城高速公路广汉段

SRBG

VOLVO

2014年10月17日，省交通运输厅会同省发展改革委、省财政厅印发《达州市2014—2017年公路水路交通建设推进方案》（以下简称“达推”方案）。2014年12月23日，达州市召开全市公路水路交通建设3年集中攻坚会议。

“达推”方案规划总投资333亿元。其中，高速公路投资146.9亿元，国省干线公路投资137亿元，农村公路投资38.8亿元，运输站场投资7.6亿元，内河水运建设投资2.7亿元。至2017年底，达州市力争建成高速公路174公里，新（改）建国省干线公路646公里，改造农村公路3 800公里（县乡道路1 300公里、通村水泥路2 500公里），完成县级及以上汽车站点改造14个（其中提升改造项目8个、新建县级及以上站场6个），建成渡改人行桥49座，重点推进渠江风洞子航电枢纽、渠江达州至广安段航运配套工程建设等。构建对外出口通道29个，基本建成农村物流服务体系，渠江通航能力显著提高，力争形成四川东向交通“桥头堡”。

“达推”方案

总投入333亿元

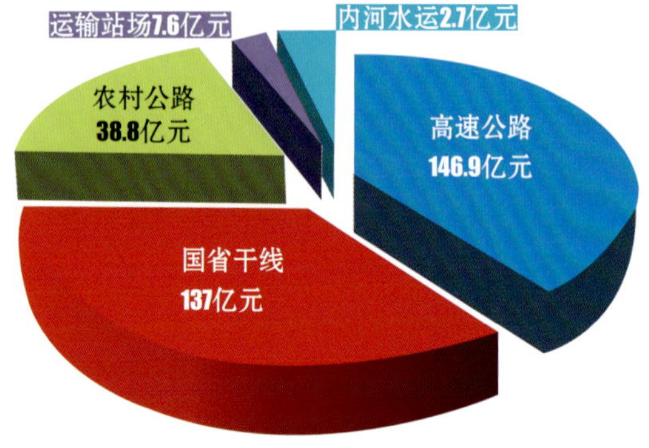

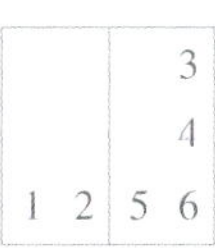

1 2014年12月23日，达州市召开公路水路交通建设3年集中攻坚电视电话会议

2 2015年5月16日，省交通运输厅与达州市就实施“达推”方案、打好交通建设3年攻坚战、为老区群众脱贫致富创造交通条件等问题在达州市举行座谈

3 2015年12月10日，建成通车的南大梁高速公路渠县至大竹段，全长34公里。至此，南大梁高速公路渠县至大竹段除长8.1公里的华蓥山隧道外，其余均建成通车　刘玉平 摄

4 2015年，建成投运的达（州）宣（汉）快速通道通川区罗家山段　何其伦 摄

5 2015年10月，完成大中修改造的国道318线渠县段

6 摄于2015年4月的省道204线平桥至渠县段11公里处　任小春 摄

	2	8
1	3	
	4	
	5	9 10
6	7	11 12

1　2015年底，完成改造的宣汉县县道南（坝）樊（哙）公路　张桂云 摄

2　摄于2015年的达州万源市八台山旅游公路

3　达州开江县荷花基地旅游公路

4　2015年8月，改造后的万源市县道罗（文）通（江）公路

5　达州市宣汉县乡道宣（汉）清（溪）路

6　2015年，达州万源村道掠影

7　2015年，达川区定井寨村新修的连户水泥路　何其伦 摄

8　摄于2015年7月的达州山路九道拐　丁洪海 摄

9　10　2015年5月2日，建设中的达州市金南大桥　何其伦 摄

11　2015年9月18日，完成改造提升的渠县汽车站

12　2015年9月20日，全面完工并投入使用的达州大竹旅游集散中心

推进甘孜藏族自治州公路建设

TuiJin Ganzi Zangzu Zizhizhou Gonglu Jianshe

2009—2015年，甘孜州先后实施两轮公路建设推进方案，即《四川省甘孜藏族自治州2009—2012年公路建设推进方案》（以下简称“老甘推”方案）和《四川省甘孜藏族自治州2013—2015年公路建设推进方案》（以下简称“新甘推”方案）。两轮“甘推”方案规划交通重点项目39个，计划完成总投资500余亿元。

“新甘推” 方案为四川省交通运输“八大专项工程”之一，是在“老甘推”方案实施基础上结合国家发展改革委《“十二五”支持新疆自治区、新疆生产建设兵团和四川云南甘肃青海四省藏区经济社会发展规划建设项目方案》和甘孜州公路建设发展实际，由省交通运输厅和省发展改革委、省财政厅统筹编制并联合印发实施。

根据“新甘推”方案，2013—2015年，甘孜州力争完成新（改）建公路6 839.1公里，完成投资335亿元，形成以国道317线、318线，省道211线、215线和217线为主骨架的干线公路网。至2015年，甘孜州国省干线三级及以上公路比重由34%提升到89%，州府至县城所在地、重要旅游景区基本实现三级及以上公路连接，形成环贡嘎山旅游环线和以康定机场为中心的两小时交通圈，实现98.1%的乡镇通油路和98.3%的建制村通公路。

相关链接：“十二五”期间，甘孜州交通运输完成投资420亿元，是“十一五”时期68.8亿元的6倍。开工雅康高速公路等交通重点项目30个3 050公里，完成28个；国省干线建成通车2 879公里，是“十一五”时期国省干线及旅游公路592公里的5倍。建成通乡油路1 997公里，是“十一五”时期935公里的2倍；建成通村公路11 641公里，其中通村硬化路4 920公里，是“十一五”时期57.7公里的85倍。截至2015年底，全州通车里程达31 879公里，除得荣、乡城两县外，其余16县均通三级以上等级公路。

1	2
3	4
5	6

1 2013年10月30日，甘孜州举行2013—2015年交通重点建设项目集中开工仪式

2 2014年10月7日，省政府副省长王宁（正面前排中）调研甘孜州交通运输建设，甘孜州副州长汪洋（正面前排左二）、省交通运输厅副厅长张琪（正面前排右一）参加调研

3 2013年4月10日，甘孜州副州长汪洋（前右二）调研瓦丹路建设情况

4 2014年7月1日，省交通运输厅副厅长周道平（前排右三）调研省道215线瓦九路鸡丑山隧道建设情况

5 2015年8月20日，雅康高速公路坎坡坝大桥施工场景

6 国道317线甘孜段改（扩）建施工现场

高尔寺山隧道

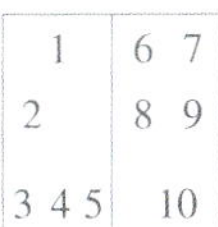

1 2012年，完成改（扩）建的国道317线甘孜炉霍至马尼干戈段路面

2 摄于2014年8月的国道317线卡萨湖段

3 2011年4月，国道318线东海路海拔4 718米的卡子拉山口段施工场景

4 2014年10月，在建的国道318线改（扩）建工程高尔寺山隧道

5 摄于2013年10月的国道318线剪子弯山段

6 摄于2014年6月的泸定县许坭乡农村公路

7 摄于2014年6月的国道318线折多山段

8 摄于2014年6月的国道318线茅垭坝段

9 摄于2014年10月的国道318线雅江段　高月谨 摄

10 2014年6月，作为“甘推”工程典范项目的省道216线、217线理塘至稻城亚丁公路面貌

推进凉山彝族自治州交通建设

TuiJin Liangshan Yizu Zizhizhou Jiaotong Jianshe

为加快改善凉山州公路水路交通运输条件，促进凉山州经济社会发展，省政府于2013年8月30日启动实施《四川省凉山彝族自治州2013—2015年公路水路交通建设推进方案》（以下简称“凉推”方案），专项支持凉山州交通建设。凉山州打响为期3年的交通大会战。

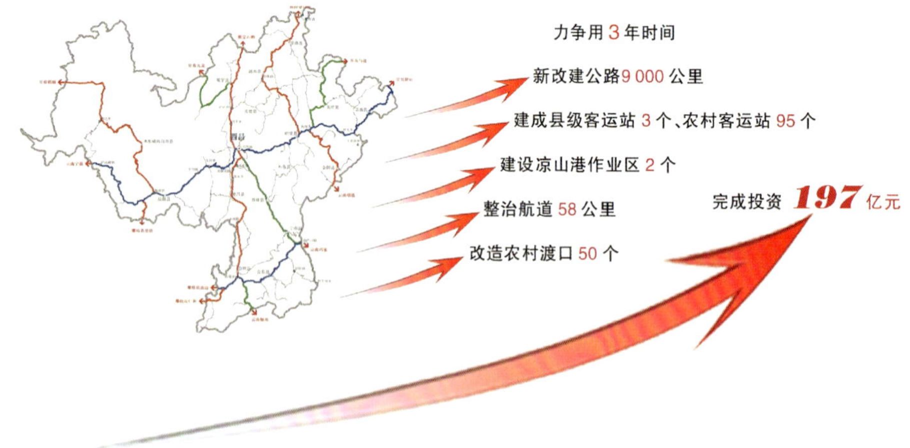

截至2015年底，“凉推”方案累计完成投资158亿元，为3年规划期投资（197亿元）的80.2%。国道5线京昆高速公路泸黄试验段开工建设。34个国省干线项目全部开工并建成18个791.1公里。建成农村公路9 133公里，为规划期建设任务7 500公里的122%。98个县乡客运站、50个渡口码头全部建成。雷波港3个港区项目水下工程提前完工，金沙江向家坝库区58公里航道整治前期工作加快展开。

2013年8月30日，凉山州举行2013—2015年公路水路交通建设方案推进大会

		1
2	3	4
5	6	

1 围绕“凉推”方案，省交通运输厅多次与凉山州碰头协商研究，携手推动凉山州公路水路交通建设。图为2013年6月13日，省交通运输厅与凉山州政府在成都进行座谈

2 摄于2014年1月的国道5线京昆高速公路雅西段西昌互通立交　李云雪 摄

3 2014年，国道5线京昆高速公路泸黄试验段建设场景

4 2014年3月，“凉推”工程建设中铺筑油面现场

5 摄于2014年9月的国道108线白果段　李云雪 摄

6 摄于2014年6月的国道108线会理段

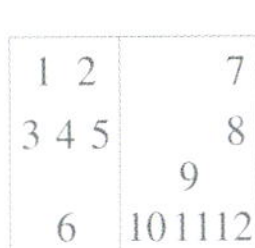

1　2015年10月，建设中的省道212线凉山段　钟其富 摄
2　2013年3月，凉山州农村公路建设场景
3　省道307线昭觉普诗乡段掠影
4　2013年9月，凉山州城乡客运班车行驶在路况良好的路面上
5　摄于2013年3月的会理至太平镇通乡油路
6　2014年10月，凉山州通乡公路掠影　李云雪 摄
7　2015年10月，布拖通乡油路面貌　钟其富 摄
8　2015年10月，建设中的宁南县金沙大桥　钟其富 摄
9　2015年12月，金沙江特大桥鱼鲊大桥。该桥全长1 599.7米，宽18.5米，建成投用后改变了凉山州境内国道断头路依靠轮渡运输现象　李树斌 摄
10　摄于2014年12月的雷波客运中心站　李云雪 摄
11　摄于2015年12月的西昌客运中心　李云雪 摄
12　2014年12月，已投用的凉山雷波港回龙场码头　李云雪 摄

三严三实”专题教育

2015年，省交通运输厅党组扎实开展“三严三实”专题教育。召开10次厅党组暨中心组专题学习（扩大）会，厅党组和厅直各单位党组织主要负责人带头讲专题党课。举办县处级干部、优秀中青年干部读书班等。认真开展“三个专题”学习研讨，召开民主生活会和组织生活会。在全行业开展向践行“三严三实”先进典型李伟同志学习活动并组织报告团巡回宣讲。建立厅28项整改措施及制度清单以及党的建设制度“废改立”清单126项。厅党组在省直机关“三严三实”专题教育暨领导班子思想政治建设推进会、党的建设制度“废改立”工作推进会上作交流发言。

2015年5月26日，省交通运输厅“三严三实”专题教育启动。图为厅党组书记、厅长彭琳为200余名党员干部讲题为“认真学习践行三严三实，奋力推进全省交通运输持续健康发展”的专题党课

相关链接：“三严三实”指严以修身、严以用权、严以律己，谋事要实、创业要实、做人要实。2014年3月9日，中共中央总书记、国家主席、中央军委主席习近平在十二届全国人大二次会议安徽代表团参加审议时讲话，强调作风建设永远在路上，各级领导干部都要“既严以修身、严以用权、严以律己，又谋事要实、创业要实、做人要实”，称为“三严三实”讲话。2015年4月，中共中央办公厅印发《关于在县处级以上领导干部中开展“三严三实”专题教育方案》，对2015年在县处级以上领导干部中开展“三严三实”专题教育作出安排。

1
2
3

1 2015年5月26日，专题党课会场场景

2 2015年4月14日，省交通运输厅党组召开中心组专题学习（扩大）会，深入学习贯彻中共中央和中共四川省委关于推进“四个全面”系列部署要求

3 2015年4月17日，省交通运输厅召开贯彻落实全省领导班子思想政治建设工作会议精神推进会

开展“三严三实”专题教育

1 为深入学习贯彻习近平总书记系列重要讲话精神，结合“三严三实”专题教育开展，省交通运输厅于2015年5月中下旬、6月上旬分别举办了两期处级干部读书班，对副处级以上干部进行全覆盖集中培训。图为5月18日处级干部读书班场景

2 2015年6月29日，省交通运输厅庆祝建党94周年暨“创先争优”表彰大会现场

3 自2015年7月30日起，李伟同志先进事迹巡回报告团分赴广安、资阳、乐山、广元等地宣讲。图为8月12日，交通职工观看李伟同志先进事迹专题片《生命在高速路上延伸》

特载

TE ZAI

部省领导关怀四川交通运输

2015年11月12日，交通运输部党组书记、部长杨传堂作出重要批示，对全省公路安保工程予以充分肯定：四川省加大公路安保工程建设力度，实现了全省乡道及以上等级公路危险路段侧护栏全覆盖，大幅减少了交通事故和死亡人数，有效扭转了道路交通安全形势，公路安保工程这条“安全带”既栓紧了安全，也系牢了民心，这离不开四川省委、省政府的高度重视，各级地方党委、政府的大力支持和广大干部群众的辛勤努力。公路安保工程是预防和减少道路交通事故的有效措施，是保护人民群众便捷安全出行的民生工程。交通运输部在2015年更加贴近民生的10件实事中确定的非常重要的一条就是完成公路安全防护工程3万公里。希望各地各级交通运输主管部门认真学习借鉴四川的有益经验，创新思路，主动作为，进一步加大资金投入，落实责任主体，加强督促指导，完善配套设施，严格质量管理，做好管理养护，力争在“十三五”期间推动公路安保工程再上一个新台阶，为建设“平安交通”作出更大贡献。

2015年9月21日，中共四川省委常委、组织部长范锐平在交通运输厅《关于2015年上半年交通运输工作情况和下半年工作安排的报告》上作出重要批示：“交通厅的工作很主动，很扎实，要帮助宣传。”

2015年12月8日，中共四川省委常委、省纪委书记王雁飞在省委巡视办呈报的《四川省交通运输厅党组关于立行立改的情况报告》上批示：省交通厅党组主动把党风廉政建设主体责任扛在肩上，高度重视巡视工作整改，体现了很高的政治意识和纪律意识，很好。可发简报予以宣传。

2015年7月17日，四川省副省长曲木史哈在四川省交通运输厅《关于2015年上半年交通运输工作情况和下半年工作安排的汇报》上批示：上半年全省交通运输工作开局良好，实现了时间过半任务超额完成的成效。下半年要突出重点狠抓项目推进工作，通过改革创新促进交通建设稳步发展，提高物流运输与管理水平，指导好市（州）抓好大会战。确保研究编制的“十三五”交通规划可行有效。

（本栏目供稿单位：厅办公室）

坚持五大发展理念　推进交通强省建设
为决胜全面小康建设经济强省提供坚实保障

◎ 四川省交通运输厅党组书记、厅长　彭 琳①

召开2015年全省交通运输工作会议，主要是贯彻落实中共党的十八大、十八届三中、四中、五中全会和习近平总书记系列重要讲话以及中共四川省委十届三次、四次、五次、六次、七次全会精神，按照中央、中共四川省委经济工作会议和全省脱贫攻坚大会、全国交通运输工作会议部署，总结“十二五”交通运输工作，分析形势，研究“十三五”期交通运输发展总体思路，部署2016年重点工作。

① 彭琳任职时间：2013年1月至2016年2月

“十二五”全省交通运输工作情况

“十二五”时期特别是中共四川省委十届三次全会以来，在中共四川省委、省政府的坚强领导下，全省交通运输系统紧紧围绕构建畅通安全高效的现代综合交通运输体系总体目标，努力克服重大自然灾害和宏观经济下行等多重考验，开拓创新，砥砺奋进，迎来历史上发展速度最快、发展质量最好、发展成效最佳的时期，实现基础设施由“补欠账”到“促发展”，服务水平由“保基本”到“上档次”的重大转变，取得了投资总量（6 081亿元）、BOT招商融资总量（1 774亿元）、高速公路新增通车里程（3 335公里）、公路网总里程（31.5万公里）、农村公路总里程（26.8万公里）和新（改）建里程（11.6万公里）、安保工程建设规模（2.44万公里）、争取交通运输部补助资金（949亿元）等多项指标在全国各省（直辖市、自治区）领先的优异成绩，为全省实施“三大发展战略”（多点多极支撑发展战略，“两化”互动、城乡统筹发展战略，创新驱动发展战略）、实现“两个跨越”（由经济大省向经济强省跨越、从总体小康向全面小康跨越）提供了有力保障。

（一）着力规划先行项目为本，交通运输实现科学发展加快发展

始终把规划先行作为承接国家战略、服务全省大局、引领交通发展的重中之重，五年来编制完善并认真组织实施各类各层规划30多个。特别是中共四川省委十届三次全会确立构建畅通安全高效的现代综合交通运输体系以来，主动对接“一带一路”（详见《附录》，下同）和长江经济带等国家重大战略，三年来有73个交通项目纳入中共四川省委、省政府重点推进项目，约占全省重点项目的四分之一；雅康、汶马藏区高速公路等一大批重点项目实现开工建设；总投资2 200亿元的“国省干线联网畅通”等八大专项工程（详见《附录》，下同）和总投资1 965亿元的“农村公路改善提升”等新4项专项工程陆续启动实施，交通基础设施投资持续增长，投资结构不断优化。“十二五”期全省公路水路建设完成投资每年都保持在1 000亿元以上并逐年递增，五年完成投资是“十一五”期（2 100亿元）的近3倍，是建国以来至“十一五”期末累计完成投资（3 650亿元）的1.7倍。

（二）着力打开通道完善路网，综合交通运输体系建设取得重大突破

一是高速公路出川通道由“十一五”期末的7个增加到17个，毗邻7省（直辖市、自治区）中除青海、西藏外均已连通；高速公路通车总里程达6 016公里，建成和在建总里程达7 564公里，覆盖全省21个市（州）和125个县（市、区）。二是新（改）建国省干线公路1.4万公里，普通国省道二级及以上（三州三级及以上）公路比重较“十一五”期末提升18个百分点。三是新（改）建农村公路11.6万公里，建制村通达率和乡镇通畅率分别达99%和96%，建制村通畅率达86%，较“十一五”期末提高33个百分点。四是水运“四江六港”（详见《附录》，下同）重点项目全部建成和在建，全省四级及以上航道达1 321公里，港口吞吐能力突破1亿吨，集装箱吞吐能力达233万标箱，较“十一五”期末翻了一番。泸州港发展成为具备百万标箱生产能力的国家内河主要港口。

（三）着力服务群众改善民生，交通运输安全和抢险救灾取得重大成绩

一是大力实施路侧护栏、渡改桥、农村客运等“民生工程”。2013—2015年建成公路安保工程（路侧护栏）2.44万公里，实现全省乡道及以上公路临水临崖高差3米以上危险路段安保工程全覆盖。建成渡改人行桥319座、渡改公路桥323座，规划的77个溜索改桥项目全部开工并建成62座，惠及近千万临河群众。二是以超限超载为切入点，大力开展道路交通安全综合整治行动，强化安全监管制度建设、措施创新和责任落实，道路运输较大以上事故次数和旅客伤亡人数较“十一五”期分别下降19.5%和21%。水上交通未发生重大安全事故，安全生产形势持续好转。三是努力改善贫困地区和民族地区交通运输条件。建成或在建高速公路通达三州州府，并覆盖内地80%的贫困县；川藏公路国道317线、国道318线等3 500公里国省干线公路实现改造提升；内地贫困县基本实现“乡乡通油路、村村通硬化路”，三州地区油路通乡率提高21个百分点、硬化路通村率提高33个百分点。四是奋力抗击“4・20”芦山、“11・22”康定强烈地震和“7・9”汶川特大洪涝灾害，第一时间抢通灾区所有道路，并持续做好保通和灾后重建工作。

（四）着力强化管理改进服务，交通运输服务能力和治理水平明显提升

一是智慧交通发展迅速。高速公路ETC实现开通运营、全国联网和所有收费站全覆盖三大跨越。全省177个客运站实现联网售票和WiFi安装全覆盖，全年联网售票量居全国各省（直辖市、自治区）第一。建成交通运行监测及应急指挥系统（一期）工程，实现省及试点市县三级交通运行监测及应急处理的统筹指挥。成都市率先开展公交电子站牌、公交一卡通、交通诱导等系统建设，公共交通服务水平迈上新台阶。二是运输服务提质增效。高标准推进汽车客运站提升改造，除甘孜州、阿坝州外其余市（州）均建有一级客运站，150个县城建有二级及以上客运站，建成综合客运枢纽15个、公路货运枢纽（物流园区）6个。城市公交覆盖86%的县（市、区），乡镇、建制村通客车率分别达95%和78%。建成高速公路服务区146对，改造41对，40对服务区实现WiFi服务、出行信息查询终端覆盖。公路水路货物周转量均比“十一五”

期翻了一番以上。集装箱吞吐总量超过159万标箱，是“十一五”期的5.5倍。全省开通出川集装箱班轮航线8条，打通泸州、宜宾至武汉、台湾，泸州、宜宾至南京至日本、韩国集装箱江海联运物流通道。泸州港开通多条铁水联运通道。三是科技创新成果丰硕。荣获国家及省部级科技奖57项。雅西高速公路被交通运输部确定为“勘察设计典型示范”和“科技示范”双示范项目。在世界范围内首次建立完整的公路地震灾害数据库，公路抗震减灾技术研究成果达到国际领先水平。大力推进节能减排，营运客车和货车的单位运输周转量能耗分别下降6%、12%，公交车中清洁能源车辆占84.9%。四是质量监督扎实有效。建立省市县分级负责的三级质量监督体系，全面推行监督工作标准化。创新采用“监督组+专家+第三方检测单位”模式，全面推行向社会购买服务的政府监督抽检方式。深入开展施工标准化活动，工地建设、施工工艺、现场管理水平明显提升。五是行业稳定工作成效明显。坚持依法做好信访工作，全省交通运输信访形势稳定可控。扎实开展矛盾纠纷排查调处和反恐防范工作，为全社会安全稳定作出积极贡献。

（五）着力依法行政改革创新，交通运输法治部门建设迈上新台阶

一是推动出台实施《四川省道路运输条例》等一系列创新行业管理的法规规章，在全国首创高速公路建设运营服务质量与通行费标准挂钩等管理措施。二是进一步深化交通建设筹融资体制改革。省政府修订《全省高速公路BOT项目管理办法》，加快制订“BOT+政府补助”“BOT+政府股权”等系列办法，在高速公路建设领域基本形成PPP（详见《附录》，下同）模式运作制度体系。积极通过政府与社会资本的多元合作全面拓宽交通建设资金来源。三是以行政审批制度改革为突破口，加快政府职能转变，省本级行政审批事项由55项精简到16项，行政审批“两集中、两到位”（详见《附录》，下同）和省市县三级联动审批工作加快推进。四是严格规范公正文明执法。以交通执法“四统一”（详见《附录》，下同）建设和“三基三化”（详见《附录》，下同）工作为抓手，深入开展执法服务形象大提升和“亲民和谐”执法活动，试点交通综合执法改革，执法标准化、规范化、科技化水平明显提升。

（六）着力从严治党反腐倡廉，交通运输干部队伍素质和能力进一步提高

一是始终把贯彻落实中共中央、中共四川省委管党治党重大部署作为重要政治责任，深入开展党的群众路线教育实践活动、“三严三实”（详见《附录》，下同）专题教育等系列活动，在思想上政治上行动上始终与中共党中央保持高度一致。二是从严从实加强党风廉政建设，认真落实“两个责任”，努力创建反腐倡廉先进典范。三是切实加强党员干部教育管理监督，进一步完善干部选拔任用和考核评价机制，着力建设信念坚定、为民服务、勤政务实、敢于担当、清正廉洁的交通运输干部队伍。高速公路交通执法第六支队原支队长李伟同志被追授为全省践行“三严三实”优秀党员领导干部。四是持续加强和改进作风建设，推进正风肃纪常态化。深化“富民路·连心桥”以评促建活动，政风行风满意度测评排位逐年上升。五是充分发挥民主党派、群团组织重要作用，系统推进精神文明建设，行业凝聚力不断增强。

2015年是“十二五”期收官之年，全省交通运输系统认真贯彻中共四川省委、省政府的决策部署，保持发展定力，深化改革创新，主动担当作为，奋力推进全省交通运输跨越发展，圆满完成各项任务。一是完成投资再创新高。全年完成投资1 305亿元，超过上年水平，继续位居全国各省（直辖市、自治区）第一。二是脱贫攻坚开局良好。研究制订总投资2 450亿元的精准扶贫专项方案和《大小凉山地区交通建设推进方案》等3个攻坚方案，为打好交通脱贫攻坚战奠定了良好基础。三是重大项目有力推进。绵西、营达等4条高速公路，长江宜宾至重庆航道“三升二”（三级航道升二级航道，下同）单滩整治，岷江港航电综合开发犍为枢纽等项目实现开工建设，成都二绕东段等9个高速公路项目506公里建成通车，全省高速公路通车里程突破6 000公里。四是普通公路加快发展。新（改）建国省干线公路2 400公里、农村公路2.6万公里，全面超额完成中共四川省委、省政府确定的“民生工程”目标任务。国省干线公路路况和管理养护水平不断提升，路面性能指数（PQI）提升到87.5，迎接交通运输部检查工作实现排名升位。五是灾后重建快速推进。国道108线雅安至荥经段、国道318线雅安至二郎山段和3条经济干线公路基本完成重建，国道351线多功至芦山县城段建成通车，农村公路累计建成1 390公里，占规划目标的96%，汽车客运站和水运项目全部完工。国道213线映秀至汶川段全面开工建设，省道303线巴朗山隧道全线贯通，绵茂路汉旺至清平段基本建成。六是服务能力明显提高。高速公路ETC用户突破110万，日均通行超过26万辆次。改造高速公路收费站26处，4对高速公路服务区被评为全国百佳示范服务区，19对服务区被评为全国优秀服务区。泸州市入选交通运输部综合运输服务示范城市建设。港口集装箱吞吐能力较上年新增33万标箱，完成集装箱吞吐量62万标箱，比上年增长40%，其中铁水联运集装箱吞吐量2.5万标箱，比上年增长125%。七是安全形势稳中向好。大力开展道路交通安全综合整治深化巩固年行动，超限5吨以上货车违规进入高速公路数量大幅下降，普通公路超限率控制在4%以下，行业重大以上生产安全事故“零发生”。八是改革创新不断深化。积极推进9个方面30项改革工作，通过政府购买服务方式筹措交通建设资金，交通运输部PPP试点项目国道0511线德阳至都江堰段签订投资协议及特许权协议。九是依法行政持续推进。推动出台《四川省高速公路条例》和《四川省港口管理条例实施办法》，研究完善7个方面32项管理制度。清理公布部门权力事项，启动行政审批网上服务平台建设。此外，审计、交通战备、史志年鉴、信息宣传、群团、离退休等各项工作都取得较好成绩，为行业持续健康发展提供有力保障。

五年来，在推进全省交通运输科学发展加快发展的实践中，深刻体会到，必须始终做到“五个坚持”：一是坚持在服务大局中体现担当。强化责任感和使命感，围绕中心，找准定位，坚决贯彻落实中共中央和中共四川省委、省政府稳增长、重大战略实施、扶贫攻坚等重要决策部署，在服务大局中务实进取、体现担当。二是坚持在开放共赢中促进发展。注重研究制订政策，充分调动各类市场主体的积极性，积极争取地方各级党委政府的重视和支持，加强与相关部门的协作配合，汇聚全社会资源，形成推动发展的强大合力。三是坚持在改革创新中增添动力。以问题为导向，以法治为轨道，深化改革推动创新，着力破除体制机制性障碍，催生发展动能，加快职能转变，提高管理水平。四是坚持在系统推进中提升能力。站在长远高度，运用系统思维，整体谋划交通运输发展，坚持高速公路、国省干线、农村公路、内河水运建设齐头并进，改善基础设施与改进管理服务共同发力，建设、管理、养护、运输、安全“五位一体”协调推进，努力实现持续健康全面发展。五是坚持在从严治党中强化保障。大力加强党的建设，严格落实党风廉政建设“两个责任”，积极践行群众路线，大兴“三严三实”之风，把纪律和规矩挺在前面，确保交通运输事业行稳致远。

“十三五”时期交通运输发展形势和主要任务

“十三五”期，全省交通运输处于全面建设小康社会决胜阶段的关键时期，总体需求依然旺盛，发展空间不断拓展，发展动力转换逐步加快，改革红利持续释放，但同时也面临转型发展任重道远、刚性约束持续增强、利益诉求趋于多元的多重压力，机遇与挑战并存。认清形势，站高谋远，牢固树立和贯彻落实创新、协调、绿色、开放、共享的发展理念，主动担当，积极作为，努力在新常态下推动交通运输发展新跨越。

（一）推进四川向经济强省跨越，必须贯彻落实好“创新”理念，充分发挥交通运输的先行官作用

一要大力推进体制机制创新，以治理体系和治理能力现代化为目标，以推动综合交通运输体系深度融合、协同发展为方向，以稳定交通运输资金保障为重点，不断深化体制机制改革，激发交通运输发展的内生动力。二要注重管理方式创新，适应简政放权的要求，创新运输市场管理方式和监管模式，深入研究推动城际客运、交通物流等转型发展的引导政策，更好地发挥市场配置资源的决定性作用。三要突出科技创新，大力发展“互联网+交通运输”，培育新业态，释放新需求，创造新供给，以科技创新支撑交通运输的全面创新。

（二）服务全省多点多极支撑战略，必须贯彻落实好“协调”理念，全面提升交通运输的服务保障能力

一要更加注重统筹区域和城乡交通协调发展，科学布局五大经济区交通基础设施建设，进一步完善中心城市快速交通网，加大对民族地区、革命老区、贫困地区的支持力度，加强交通主动脉和毛细血管间的互联互通，加快推进区域和城乡交通一体化。二要更加注重统筹各种运输方式协调发展，加快综合客货枢纽建设，优化运输组织结构，促进各种运输方式深度融合。三要更加注重统筹建管养运协调发展，坚持全寿命周期成本理念，把建设、管理、养护、运输摆到同等重要位置，建立健全分级负责的公共财政长效保障机制，推动交通运输发展水平的整体提升。

（三）适应新常态和引领新常态，必须贯彻落实好“绿色”理念，实现交通运输可持续健康发展

一要推进交通基础设施规划、设计、施工、运营、养护、管理全过程的绿色化，全面提高资源节约集约利用水平。二要建立科学合理的运输分担方式，宜路则路，宜水则水，大力发展多式联运，不断提高运输组织化程度。三要落实公交优先战略，大力发展公共交通，实施新能源汽车推广计划，倡导低碳绿色出行。四要加强顶层设计和标准、法规研究，着力从结构性、技术性、管理性三个方面构建技术政策和激励政策体系，形成推动绿色交通发展的长效机制。

（四）融入国家发展新格局，必须贯彻落实好“开放”理念，拓展交通运输发展的新空间

一要加快衔接国际运输大通道，强化与周边省区的基础设施互联互通，推动进出川通道建设，形成横贯东西、沟通南北、通江达海、便捷高效的综合立体交通走廊。二要深度融入全球产业链、价值链、物流链，推动多种运输方式有效对接和信息开放共享，促进形成物畅其流、经济便捷的综合运输体系。三要大力发展国际运输、省际运输和大件运输，积极培育货运龙头骨干企业，着力提升运输服务水平。

（五）切实保障和改善民生，必须贯彻落实好“共享”理念，全力提高交通运输公共服务均等化水平

一要努力建设人民满意交通，把实现好、维护好、发展好人民的根本利益，作为一切交通运输工作的出发点和落脚点。二要深化研究交通扶贫攻坚的目标、任务，发挥好交通运输“保基本、兜底线”的作用。三要把贴近民生、服务

群众的实事办好，推进农村公路、渡改桥、农村客运站等交通“民生工程”尽快落实落地，早日见到成效。四要积极创新交通运输公共服务提供方式，加快城乡客运一体化建设步伐，增加更多出行选择，改善群众出行体验，更多关注弱势群体出行，不断增加人民群众的幸福感。

“十三五”期全省交通运输发展的总体思路是：全面贯彻中共中央党的十八大和十八届三中、四中、五中全会和习近平总书记系列重要讲话精神，认真落实好中共四川省委、省政府重大决策部署，紧紧围绕“四个全面”战略布局，坚持创新、协调、绿色、开放、共享发展理念，着力完善交通基础设施网络，着力优化交通运输供给结构，着力改善运输服务品质，着力提高行业治理水平，全力推进“四个交通”发展，奋力向交通强省迈进。到2020年，建成一个网络、补齐两个短板、夯实三大基础、强化四项能力，基本建成畅通安全高效的现代综合交通运输体系，交通运输总体发展水平达到全国先进，为全省决胜全面小康、建设经济强省提供坚实的交通保障。重点抓好以下几方面工作：

（一）建成外畅内联、结构合理的省域高速公路网。加快省际和连接省内五大经济区、四大城市群的高速公路建设，推进拥堵路段扩容改造，到2020年底，全省高速公路通车里程超过8 000公里，建成和在建里程达10 000公里，建成高速公路进出川通道24条，高速公路覆盖全省城镇人口10万以上城市，基本形成全省高速公路网，建成和在建规模进入全国前三。全力推动高速公路路况稳中有升，优路率达90%。

（二）补齐贫困地区、民族地区两个区域交通短板。在整体推进《四川省基础设施建设扶贫专项方案》交通项目的基础上，突出四大片区，全力打好贫困地区、民族地区交通大会战。一是加快推进高速公路向贫困地区、民族地区延伸。尽快实现三州州府都有高速公路连接。到2020年底，基本实现高速公路对除三州外的贫困县全覆盖。二是加快推进贫困地区、民族地区国省干线公路提档升级，五年新（改）建国省干线公路5 900公里。到2020年底，所有贫困县至少形成两个二级及以上（三州三级及以上）的对外公路通道。三是加快推进贫困地区、民族地区农村交通发展，五年新（改）建农村公路5万公里以上。到2020年底，实现所有乡镇、所有建制村通硬化路；所有贫困县建有功能较为完善的县级客运站，具备条件的乡镇建有乡镇客运站（停靠站），具备条件的建制村建有招呼站（牌）并开通客运班线；全面取消一类渡口，具备条件的地方取消二类以上渡口。

（三）夯实国省干线、农村公路、港口航道三大基础。一是着力推进普通国省干线公路提档升级，规划实施整体改造1.2万公里、路面改造3 300公里。到2020年底，普通国道二级及以上比重达70%，内地二级、三州三级及以上比重达90%，普通省道二级及以上比重达30%、三级及以上比重达50%。实施普通国省道大中修工程1万公里，建成机械化养护与应急保通中心130个以上，普通公路列养率达到100%。二是全面推进“四好”农村路建设，加快乡镇村通畅、县乡道改善提升、村道完善和配套设施完善工程建设，新（改）建农村公路9.7万公里。三是全面推进高等级航道达标升级，到2020年底，长江干线全面升级，岷江、嘉陵江全面达标，渠江全线贯通，金沙江有序开发，全省航道达标升级总里程达1 692公里、达标率100%，高等级航道网络基本建成。加快构建枢纽互通的港口体系，全省港口集装箱吞吐能力达300万标箱。加强航道养护管理，高等级航道二类以上维护全覆盖，三级及以上航道昼夜通航率达100%。

（四）强化运输保障、安全应急、信息服务和行业治理四项能力。一是加强公路水路运输保障能力建设。加快建设道路运输综合枢纽，到2020年底，道路客运枢纽实现“三个有”（即每个市<州>至少建有1个道路客运枢纽，所有铁路客运站、所有民航机场均建有与之衔接的道路客运枢纽，60%以上市<州>建有公路货运枢纽<物流园区>）。加快城乡客运一体化发展，乡镇和具备条件的建制村通客车率达100%。推进公交优先发展，设区城市公共交通占机动化出行比例达60%。加快货运专业化现代化步伐，大力发展甩挂运输，打造泸州港、宜宾港集装箱公水、铁水多式联运示范工程。努力把大件运输通道建成集公水联运、智慧公路、绿化美化、舒适安全和低碳环保为一体的绿色交通生态走廊。认真抓好节能减排工作，到2020年底，清洁能源及新能源公交车和出租车占比均达90%，营运车辆、船舶单位运输周转量能耗和二氧化碳排放较2015年均下降5%左右。二是健全安全风险预防控制体系。加强生命安全防护工程建设，推进农村公路窄路基加宽，消除干线公路现有危桥。规划建设渡改公路桥223座，渡改人行桥134座，有条件的地方全面取消江河渡口。建成省、市、县三级联动的交通运输应急指挥体系。推进交通监测监控体系建设，实现对重点公路、航道、码头、在建设施的实时监测，对“两客一危”（详见《附录》）车辆实时位置监测覆盖率达100%。三是推动“互联网+交通运输”进程。加快推进出行信息在线服务、货运服务在线融合、行业管理在线协作、要素资源在线集成等4个方面重点工作，到2020年底，建成四川智慧交通体系框架。四是提升行业治理能力水平。深化交通投融资体制改革，鼓励社会资本加大对交通基础设施建设的投入力度，健全完善对交通公共产品的财政保障机制。逐步理顺建设养护管理体制，探索建立公路、航道养护市场化运行机制。推进法治政府部门建设，建立健全权力清单、责任清单、负面清单制度，规范公正文明执法。

（2016年1月19日省交通运输厅党组书记、厅长彭琳在全省交通运输工作会议上的讲话）

促投资 稳增长

确保“十三五”交通运输工作开好局、起好步

◎ 四川省交通运输厅党组书记、厅长 汪 洋[①]

召开全省交通运输促投资稳增长工作推进会，主要任务是：深入贯彻中共四川省委、省政府和交通运输部关于扩大有效投资和消费的决策部署，按照全省2016年投资和重点项目工作暨“项目年”动员会议、交通运输部促投资促消费稳增长电视电话会议要求，动员各地、各单位进一步统一思想、提高认识，主动作为、勇于担当，以更大的决心、超常的举措，全力推进和落实2016年交通运输促投资稳增长各项工作，为宏观经济平稳运行提供支撑保障，确保“十三五”交通运输工作开好局、起好步。

全面贯彻落实中共四川省委、省政府和交通运输部关于促投资稳增长的部署要求，要把握好以下三个方面。

统一思想，深刻认识抓好交通运输促投资稳增长工作的重要意义

当前，宏观经济下行压力仍然较大，实体经济面临较大困难，经济运行不稳定因素较多。受经济下行等因素影响，各级财政收入增速回落，特别是2016年交通运输部预计车购税将较大幅度减收，用于交通建设的车购税资金规模将比去年显著减少。大环境困难重重，但危中有机、危中寻机，综合行业来看，交通运输大有可为、大有必为，迎来难得的发展机遇。

一是从发展形势看，经济下行压力之下，交通运输比较优势凸显，成为促投资稳增长的重要抓手。交通运输作为基础性、先导性、服务性产业，投资具有规模大、效益好、见效快、带动力强的特点，在当前经济结构调整、推进供给侧改革，去产能、去库存的大背景下，进一步加快交通基础设施建设，扩大交通建设有效投资，成为当前稳定经济增长、增强发展后劲最直接、最有效的举措。中共四川省委书记王东明多次强调，“要着力优化投资结构，对接国家重点投资领域，抓住钢材、水泥等价格较低的有利时机，加快推进交通等基础设施建设”。四川省省长尹力在全省2016年投资和重点项目工作暨“项目年”动员会议上要求“紧紧围绕构建现代综合交通运输体系，全面畅通进出川大通道和构建川内大网络，加快重点交通项目建设”。交通运输部部长杨传堂在交通运输部促投资促消费稳增长电视电话会议上明确要求“采取有力举措，扩大有效投资，充分发挥交通运输发展对稳增长的关键作用”。交通运输部副部长戴东昌也提出要“加快推进和落实2016年交通运输促投资稳增长各项重点工作，确保‘十三五’交通运输工作开好局、起好步”。要提高认识，统一思想，贯彻落实好中共中央、省委、省政府和交通运输部的部署要求。

二是从发展需求看，交通运输挖潜增长空间巨大，目标规划明确，加快发展正当其时。全省交通运输发展依然存在总量不足、结构不优、区域城乡发展不均衡等问题，特别是贫困地区、民族地区的交通发展仍然相对滞后。从交通自身供给侧改革来讲，“十三五”期，全省交通运输发展仍处于完善网络、优化结构的关键时期，随着“三大战略”的落地实施，精准扶贫攻坚的强力推进，以及人民群众对交通运输需求的不断提高，全省交通运输值得继续挖掘的增长空间还很巨大。与此同时，交通精准扶贫攻坚方案、新一轮甘推、凉推等12个专项方案已全部印发实施，交通运输部“十三五”发展规划已基本确定，全省“十三五”交通运输发展规划也

① 汪洋任职时间：2016年2月—

已编制完成，未来一段时期的发展思路和目标任务基本上已经确定，相关投资政策也已基本落地。同时，2016年的工作目标和建设任务已明确，乘势而上，抓好各项工作推进。

三是从发展机遇来看，多重政策利好叠加，融资建设成本降低，加快发展机遇好、支撑强。首先是稳增长带来的政策机遇。为应对经济下行压力，国家围绕“长江经济带”“一带一路”等发展战略，进一步加大对交通等基础设施建设的支持力度，在项目审批、资金支持、土地保障等方面将给予优先保障，支持各省特别是西部地区推动一批项目加快实施。中共四川省委、省政府强力实施精准扶贫攻坚和“项目年”活动，交通项目建设也将得到重点保障。绵阳至九寨沟、宜宾新市至攀枝花沿江高速、德阳至都江堰、马尔康至青海久治、康定至新都桥高速等一批重大交通项目正好抢抓机遇、加快推进。其次是宽松货币政策带来的有利机遇。财政专项转移支付力度将进一步加大；中央专项建设基金、地方政府债券将向交通建设项目重点倾斜；财政部设立1 800亿的PPP专项基金，国开行、农发行等政策性银行在贷款投放等方面将对交通运输行业重点支持；政府创新拓宽筹融资机制的环境更趋宽松，企业融资难度更小、成本更低。另外，钢材、水泥等建筑材料的价格持续走低，交通项目建设成本有效降低，也将有利于交通建设的加快推进。

明确目标，全力做好交通运输促投资稳增长各项工作

2016年是两个五年规划承上启下的一年，交通运输发展能否开好局、起好步，意义十分重大。大家务必要把握有利条件，聚力攻坚克难，积极主动作为，切实抓好促投资稳增长各项工作。

一是保重点，确保完成全年交通建设任务。2016年，重点是全力推动高速公路、水运等重大项目建设，强力实施交通精准扶贫攻坚，全面推进普通国道提档升级、农村公路改善提升等12个专项工程，全年确保完成交通建设投资1 100亿元，力争完成1 400亿元。各地区、各单位务必要按照省政府“项目年”部署要求，将项目建设摆在更加突出的位置来抓，按照“项目年”交通运输建设方案，凝心聚力大抓项目、抓大项目、抓好项目，努力形成更多实物工作量和有效投资。首先，要抓好高速公路、重点水运等重大项目建设，确保建成巴广渝、成安渝、宜叙、叙古等4个项目；确保开工仁沐新、绵九、成都经济区环线德阳至都江堰段和德阳至简阳段、成都新机场高速公路等11个高速公路项目，力争宜宾新市至攀枝花等8个高速公路项目和岷江港航电龙溪口、老木孔枢纽工程等重点水运项目开工建设；此外，还要完成一批重大项目的前期储备，持续保持发展动力和后劲。其次，要抓好专项工程攻坚。要紧紧围绕普通国道提档升级、农村公路改善提升、渡改桥等专项工程，加快推进国道317线马尔康至俄尔雅塘段和雀儿山隧道、雅安市 “3+5”干线公路灾后恢复重建等重点干线公路项目建设，尽快新开工国道215线得荣县城至二龙桥段、国道245线仪陇新政至马鞍公路、省道450线理县至小金公路等一批干线公路项目，集中力量加快推进以通乡通村公路为重点的农村公路建设，全年确保完成“3个2”目标，即新（改）建国省干线公路2 000公里、实施国省干线大中修工程2 000公里、新（改）建农村公路2万公里。

二是兜底线，坚决打好交通精准扶贫攻坚战。全面建成小康社会，最艰巨最繁重的任务在农村，最突出的短板在贫困地区、民族地区。中共中央和四川省高度重视交通精准扶贫攻坚工作。4月20日中华人民共和国国务院总理李克强主持召开国务院常务会议，部署交通基础设施扶贫，提出以革命老区、民族地区、边疆地区和贫困地区为重点，实施“双百”工程：即百万公里农村公路和高速公路、铁路、机场等百项骨干通道工程，到2020年在贫困地区建成广覆盖、深通达、提品质的交通网络。中共四川省委、省政府将交通精准扶贫攻坚作为基础扶贫攻坚方案的重要内容强力推进实施，省政府还专门批准实施新一轮甘孜州推进方案、大小凉山推进方案、南充市推进方案、达州市推进方案等扶贫专项工程。年内，交通运输部和四川省政府还将签订“十三五”交通扶贫共建协议。今后，中央车购税资金、省级交通专项资金将全力向贫困地区、民族地区倾斜，优先保障、优先供给。2016年，全省要脱贫2 568个村，解决1 000个以上的建制村通畅问题，建成渡改桥115座以上，还要抓好“溜索改桥”收尾工程，任务十分艰巨。下一步，四川省要将扶贫攻坚各项任务进一步细化量化，分解到各地、各单位，并加强督导检查，严格目标考核。各地区、各单位要把交通精准扶贫攻坚作为一号工程、作为一项重大政治任务，以目标为总揽，以问题为导向，认真梳理自身发展短板，采取超常措施加快发展，特别是要实施好通乡油路、通村硬化路以及通撤并建制村硬化路的建设。再次强调，甘孜、凉山、南充、达州、乐山5个市（州），是交通扶贫攻坚任务较重的地区，省里专门制订了推进方案，要切实加强组织领导，制订具体实施计划，分解目标任务，落实责任分工，要把专项工程实施好，尽快把历史欠账补起来。

三是扩增量，努力扩大有效投资和消费。交通运输不仅是促投资的重点领域，也是扩大消费的重要环节。交通运输服务品质的提升，将会引导和促进消费的加速升级。要着力引导相关领域的消费升级，为实体经济转型、扩大内需、拉动消费创造良好条件，加快形成新兴经济增长点。第一，要围绕运输枢纽建设培育新兴增长点。全面推进道路客运枢纽全覆盖工程，建成江安县客运总站等7个项目，开工建设广汉城际列车客运站等10个项目，并加快推进成都天府新区新津公路货物集散中心、南充传化公路港等一批具有较强公共服务功能和区域辐射能力的货运枢纽和物流园区建设。第二，要围绕公路管养配套设施建设和旅游产业公路建设培育新兴增长点。继续实施好普通国省道大中修工程，加强公路应急和保通中心、养护管理站等管养设施建设，提升公路管养能力和路况服务水平；加强农村公路生命安全防护工程、危桥改造工程、村道窄路面加宽、路网结构改造工程等建设，提升路网整体安全保障能力和服务水平；推动扶贫旅游路、资源路、产业路建设，促进当地旅游和资源开发以及产业的合理布局。第三，要围绕交通运输新业态培育新兴增长点。加快实施“互联网+交通运输”行动计划，推动四川省交通运行监测与应急指挥系统二期工程等11个续建项目建设，尽早启动普通公路治超管理系统等6个项目，进一步扩大高速公路ETC适用范围，推进县级以上城市客运站的联网售票和WiFi网络全覆盖工程，以信息化引领交通运输服务的现代化。

真抓实干，推动交通运输促投资稳增长举措落到实处

一分部署，九分落实。认识再明确，目标再清晰，关键还是要靠实际行动。各地区、各单位一定要按照省委、省政府和交通运输部的统一部署，采取切实有效措施，持之以恒，坚持不懈，狠抓工作落实，推动交通运输稳增长各项举措尽快落地。

一是要全力加快项目建设步伐。已经开工的项目，要营造良好建设环境，加强地材、征拆的保障工作，推动项目加快建设，尽可能多的形成实物工作量；计划开工的项目，要进一步加快前期工作，落实好资金、土地等建设要素，推动项目尽早开工建设，形成新的投资增长点。另外，规划内的项目，要全面启动项目前期工作，在项目审批等方面进一步加快进度，全力做好项目储备，努力保持发展后劲。

一定要切实抓好项目前期工作。随着新预算法的实施和车购税管理的调整，对项目前期工作提出了更高的要求。从2017年起，部里要求申报车购税计划的重点项目必须在上一年8月底前上报相关前期工作批件。现在，有些地方对于项目前期工作不重视、前期经费不落实，甚至连前期工作要求和程序都不清楚，导致规划项目的前期工作进展十分滞后，不仅影响项目建设的加快推进，还将影响中共中央和四川省级补助资金的争取。为加快扭转这种局面，“十三五”期，中央和省都将实行项目库动态管理。根据部省相关规划，建立五年规划项目库，在此基础上形成三年滚动计划库和年度资金计划安排方案。对未纳入项目库的项目，不支持开展相关前期工作，也不安排年度资金计划。原则上，项目库一年更新一次。对前期工作成熟的项目，优先纳入规划项目库。各市（州）、各县区也要建立完善相应的项目库，并形成按月跟踪、按季考核的工作机制。厅里将形成专门的前期工作督导机制，进一步加强前期工作督导考核，对前期工作开展较好的地区，在项目安排、资金计划等方面给予倾斜。

二是要全力做好建设资金保障。资金是推进项目顺利建设的关键因素。2016年，第一批用于交通建设的省级补助资金计划96.5亿元已全部安排下达，第二批安排方案正在抓紧研究；第一批中央车购税资金计划也即将下达。这些资金都来之不易，各地一定要管好用好，及时拨付使用，避免形成沉淀。通过2016年的摸底发现，有些市（州）部省补助资金存在严重的沉淀现象，辛辛苦苦筹集到的资金，却形不成有效投资、趴在账上“睡大觉”。厅里多次督导，效果还是很明显，但消化存量资金的任务还是很重，大家一定要高度重视，务必确保2014年及以前的存量资金在今年6月底前全部执行完，2015年的存量资金在2016年年底前要基本执行完毕。从2016年4月起厅将启用信息化系统，对资金使用情况全程进行跟踪监督，逐步建立长效机制。这项工作，厅里将进行重点督办，对落实不好的地区，纳入计划管理“负面名单”。

在用好部省补助资金、加快消化存量资金的基础上，各地区、各单位还要开动脑筋，各尽所能、各显神通，全力拓展融资空间，努力破解资金难题。第一，要推动建立交通建设的公共财政保障机制。目前，各地交通运输发展的公共财政保障机制还不健全，部分地区仍然存在等、靠、要的情况，导致项目配套资金没有纳入财政预算保障，难以及时足额落实，影响项目顺利推进。按照财税体制改革的有关要求，正在探索建立责权利更加明晰的交通建设管理新模式，推动省级层面出台政策推动各级政府落实财政筹融资责任。各市（州）、各县区也要主动作为，向中共党委、政府做好汇报，建立完善交通建设的公共财政保障机制。第二，要用足用好中央专项建设基金。交通运输部正在协调相关部门提高中央专项建设基金对高速公路项目的支持力度，以缓解高速公路项目资本金压力，增强吸引社会投资的能力；同时，争取扩大中央专项建设基金的使用范围，将重点水运枢纽、一级收费公路、综合客货运枢纽等项目纳入安排。厅里正在会同相关部门筛选项目，希望有关市（州）、单位积极主动，抓紧梳理具备条件的项目，共同做好申报工作。第三，要积极争取政府债券倾斜支持。2016年，财政部拟安排地方专项债券、一般债券规模较上年增加较多，力度不小。积极与财政厅衔接协调，最大限度地争取地方政府债券对交通精准扶贫攻坚等交通建设项目的支持。各市（州）、各单位也要积极做好相关工作。第四，要切实用好政策性金融机构的支持政策。国开行、农发行将交通运输行业作为优先支持、重点支持的领域，为缓解交通建设资金压力给予很大的帮助。2016年，省交通运输厅与农发行签订协议，通过政府购买服务的方式，解决了农村公路改善提升工程73.6亿元的省级资金筹集问题。2016年，专门转发《交通运输部 中国农业发展银行关于用好抵押补充贷款资金支持农村公路建设的通知》，指导各地切实用好农发行的补充抵押贷款。各地区、各单位要主动加强与相关银行的衔接协调，充分利用好农发行、国开行等相关金融机构的支持政策。第五，要创新推广PPP等新模式在交通领域的应用。PPP模式将逐步成为社会资金参与交通建设、填补政府资金缺口的最重要方式。大家要总结省道212线宜宾至高县公路、旺苍县城至陕西宁强界公路等项目的PPP试点经验以及成都市建设—租赁—移交模式，进一步加强探索创新，争取吸引更多的社会资本积极参与交通运输建设。

三是要全力抓好项目督导考核。全省公路水路重点交通项目建设目标任务和1 400亿元的年度投资目标，已细化分解到各地区、各单位，将作为2016年的主要考核指标。对于重大建设项目、重要专项方案的进展情况以及年度投资目标的完成情况，厅里将建立月报制度，按月跟踪、按季考核。同时，还将进一步加强厅领导联系市州督导重大项目的机制，形成“月报季会”制度，厅领导每季度至少对所联系的市（州）以及重大项目专项督导检查一次，并召开督导协调会，及时解决督导中发现的各种问题，承办处室和部门要每月形成项目督导进展报告，真正做到“了解情况深入、督导协调到位、解决问题见效”，真切了解项目推进中的问题困难，切实帮助解决实际问题，全力服务项目顺利推进。厅党组将按照“谁积极就支持谁，谁干得好就多支持谁”的原则帮助各地推动交通建设，对重大项目推进不力、重要专项实施不好、投资目标完成不好的地区，将进行黄牌警告和专项督办，并视情况纳入计划管理“负面名单”，减少或暂停项目资金计划的安排。各地区、各部门也要建立相应的领导督导联系机制，并进一步分解细化目标任务，做到分级压实责任，层层传导压力。对于重点项目、重要方案，各级交通运输部门的主要负责同志要亲自抓，亲自协调，建立清单、形成台账，实行动态跟踪管理，发现问题要及时采取措施加以解决，确保年度目标任务保质保量完成。

再次特别强调防汛工作，根据气象水文部门预测，今年汛期较往年提前近半个月时间，暴雨、洪涝灾害易发高发，行业防汛任务十分艰巨。各地各单位一定要做好防大汛、抗大险、救大灾的思想准备，提前研判、及早部署、落实责任，抓紧制订安全度汛工作方案，全面做好安全应急各项准备，并严格落实避险防范措施，确保一旦发生灾害能够及时处置，确保将灾害损失降到最低。

做好交通运输促投资稳增长工作责任重大，任务艰巨。省交通运输厅要在中共四川省委、省政府和交通运输部的坚强领导下，主动作为、勇于担当，抢抓机遇、攻坚克难，以严的精神和实的作风，把促投资稳增长各项任务落到实处，确保完成年初确定的各项工作目标任务，使交通运输真正成为发展的先行官，为决胜全面小康、建设经济强省作出新的更大贡献！

（摘自四川省交通运输厅党组书记、厅长汪洋2016年4月26日在全省交通运输促投资稳增长工作推进会上的讲话）

雅康高速公路天全乐英大桥在建施工现场　　覃　凌　摄

概况
GAI KUANG

四川概况

SICHUAN GAIKUANG

区　位　**地理区位**　四川简称“川”或“蜀”，地理位置东经97° 21＇~108° 31＇，北纬26° 03＇~34° 19＇，东西长1 075公里，南北宽921公里，东邻重庆，南连贵州、云南，西靠西藏，北接陕西、青海、甘肃。辖区面积48.5万平方公里，占全国总面积的5.05%，居新疆、西藏、青海、内蒙古之后，列全国第五。四川以其独特的地理环境、丰富的自然资源以及开发较早的农耕经济而享有“天府之国”的美誉。

经济区位　四川四面环山，气候多样，资源和物产富足，历来是中国西部地区具有重要经济地位的省份。四川虽然存在不沿边、不靠海的先天不足，但亦有其独特条件和巨大潜力：从地理位置来看，四川作为西部10个省（直辖市、自治区）之一，与除新疆、宁夏外的其他7个省（直辖市、自治区）接壤，是中国西部地区人流、物流、信息流的重要通衢，是云、贵、藏、青、甘等省（自治区）经济发展的重要依托，是西南、西北和中部地区的重要连接点；从区域市场来看，四川是西部特别是西南地区各种经济要素和商品的重要集散地；从交通条件来看，四川是承接华南、华中，连接西南、西北，沟通中亚、东南亚的重要交汇点和交通走廊。四川特有的区位优势，使四川有条件成为辐射国内市场和“一带一路”国际经济格局的西部经济高地。

长江三峡航道　　厅航务局 供稿

地貌特征　四川境内有青藏高原、云贵高原、横断山脉、秦巴山地和四川盆地五大地貌单元，地势西高东低，高差悬殊。以龙门山、邛崃山和大凉山主脊线为界，四川地貌可分为两大地貌区域:东部是盆地，西部是大幅隆起的高原和山地。东部盆地周边山地海拔1 000~3 000米，盆底海拔200~750米，属中国地势划分的第二阶梯上相对凹陷部分；西部山地海拔多在4 000米以上，属中国地势划分的第一阶梯。四川山脉连绵，江河纵横。其盆地东南缘，长江两岸海拔在250米左右，西部的贡嘎山海拔为7 556米，高差超过7 300米，全国罕见。

地貌类型复杂多样是四川地貌的另一大特征。平原、丘陵、山地和高原4种内陆地貌类型齐全。平原分布于盆地西部及河流两岸；丘陵分布于盆地中部及盆东平行岭谷底部；山地主要分布于凉山州、甘孜州、阿坝州的东南部，高原分布于川西北的甘孜州和阿坝州境内。

气候特征 四川地处亚热带地区，东、西部地貌差异显著，气候复杂多样，尤以气候垂直特征明显，为中国气候带最多的省区之一。如川西高山峡谷地区以亚热带为基带，从下至上依次呈现暖温带、温带、寒温带和永冻带气候特征。这种复杂多样的气候为四川立体农业的发展提供了得天独厚的优越条件。

四川气温差异显著。根据热量、降水、日照的差异，大致可分为东部盆地、川西高原和川西南山地三大区域。东部盆地年平均气温在14℃～19℃之间，春季气温回暖早，夏季长但少酷热，秋季低温来得早，冬季温暖而少霜雪；川西高原地区年平均气温低于8℃，气候垂直变化明显，气温低，多霜雪，雨量小，日照丰富；川西南山地谷地年平均气温在15℃～20℃之间，山地年平均气温在5℃～15℃之间，冬暖夏凉，四季不分明。

资　源 **土地资源** 四川总面积48.5万平方公里，全省陆地总面积4 840.6万公顷，其中耕地面积397.61万公顷。

四川土壤类型丰富，垂直分布特征明显。平原、丘陵主要为水稻土、冲击土、紫色土等，是农作物的主要产区。高原、山地依海拔高度分别分布不同土壤，其中多数有利于不同作物的生长。占比重较大的紫色土富含钾、磷、钙、镁、铁、锰等元素，土质风化度低、土壤发育浅、肥力高，极利于农业生产。四川湿地资源极其丰富，主要类型有河流湿地、湖泊湿地、沼泽和沼泽化草甸湿地及库塘四大类。九寨沟高山湖泊群湿地、若尔盖高原泥炭地、黄龙钙化湿地群、泸沽湖湿地等湿地景观闻名全球。

水资源 四川大部分地区位于亚热带季风气候区，雨量充沛，河流水系发育良好，地表水、地下水和重复水储量巨大，其中以河川径流量最为丰富。境内流域面积50平方公里及以上河流共有2 816条，号称“千河之省”。水资源总量约2 616亿立方米（其中地下水资源量616亿立方米），为长江径流三大补给区之一。其中，岷江年径流量900亿立方米，为长江各大支流之冠。四川充足的水资源所蕴藏的水能，占全国的四分之一。

生物资源 四川复杂的地形结构、气候类型和充裕的雨水为多种生物的生长繁衍提供了良好的自然条件，成为连缀华中、西南和青藏高原三大动植物区的走廊地带，古今动植物同存，数量种类繁多，素有“中国植物缩影”和“物种富乡”之誉，为全球25个生物多样性热点地区之一。仅高级植物就有1万余种，占中国植物总类的三分之一，居全国第二，其中国家重点保护植物达63种。四川还是药用植物的主要产地和油料植物的生产基地，经济林木的栽培历史悠久。四川境内的野生动物种类占全国的46.4%，居全国第二。其中有脊椎动物近1 300余种，占全国的45%以上。全省有国家一级保护动物32种、二级保护动物113种，分别占全国的34.3%和40.1%，举世闻名、被誉为“国宝”的大熊猫就主要生活在四川。四川的毛皮用动物和药用动物种类繁多。全省雉类资源亦极为丰富，雉科鸟类达20种，占全国雉科总数的40%，其中有许多珍稀濒危雉类，如雉鹑、四川山鹧鸪、绿尾虹雉等。近年来，四川省境内新纪录鸟类19种。

矿产资源 四川地质构造复杂，地层发育完整，成矿条件有利，是中国少数矿藏资源极为丰富的省份之一。全省矿产种类齐全，储量丰富，已查明资源储量的矿种、矿区分别为101种和1 906处，其中有43种矿产的保有资源储量位居全国前5位。全省矿产资源分布相对集中，区域特征明显，地域组合较好，伴生矿种多，易于开采冶炼，为西部乃至全国的矿物原材料生产和加工大省。

旅游资源 四川拥有秀美的山川和独特的人文景观，是中国旅游资源种类繁多、门类齐全的省区之一。有世界自然与文化遗产5处。其中，自然遗产3处（九寨

世界自然遗产——九寨沟。图为九寨沟芦苇海　　厅史志总编室 供稿

沟、黄龙、四川大熊猫栖息地），自然和文化双重遗产1处（峨眉山—乐山大佛），文化遗产1处（青城山—都江堰）。列入联合国《世界生物圈保护区》的有4处（九寨、卧龙、黄龙、稻城亚丁）。国家级风景名胜区14处，省级风景名胜区80处。A级旅游景区255个，中国优秀旅游城市21座。国家级自然保护区27个，省级自然保护区70个。卧龙、蜂桶寨、喇叭河、草坡、鞍子河、黑水河6个大熊猫自然保护区作为大熊猫世界自然遗产地最精华区域进入《世界自然遗产名录》。国家级森林公园32处，省级森林公园54处。已发现地质遗迹220余处，有兴文和自贡2处世界级地质公园，国家级地质公园14处，其数量居全国前列。国家级历史文化名城8个，全国重点文物保护单位128处，省级文物保护单位1 062处。

人口民族宗教 四川是中国人口大省。据2015年全国1%人口抽样调查资料测算，全年出生人口84.0万人，人口出生率10.3‰；死亡人口56.6万人，人口死亡率6.94‰；人口自然增长率3.36‰。年末常住人口8 204.0万人，比上年末增加63.8万人。其中，城镇人口3 912.5万人，乡村人口4 291.5万人，城镇化率47.69%，比上年提高1.39个百分点。由于经济发展水平和自然条件原因，人口分布呈东多西少特征。

乐山大佛 田捷砚 摄

四川民族众多。除汉族外，还有55个少数民族，其中世居少数民族有彝、藏、羌、苗、回、土家、纳西等14个。四川拥有中国最大的彝族聚居区、第二大藏族聚居区、唯一的羌族聚居区，为全国第五大少数民族省份。

四川有佛教、道教、伊斯兰教、天主教、基督教5种宗教。汉族地区佛教、道教分布较广；川西高原上的甘孜、阿坝和凉山州木里县是藏族聚居地，居民信仰藏传佛教；信仰伊斯兰教的回族群众主要分布在川西北和川西南的阿坝、凉山等地区；天主教、基督教的信众多分布在长江沿线的大中城市及农村。

历史沿革 四川是中国古人类文化发源地之一，也是中国经济开发较早的地区之一。旧石器时代晚期，中国境内最早原始人类之一的资阳人就生活在四川，并使用旧石器从事生产。古史传说的“蚕丛时代”即指四川古人类以养蚕著称的时代，“蜀”之得名亦与之有关。从新石器时代晚期到青铜器时代，两个较大的奴隶制国家——巴国和蜀国的人民就已在今四川盆地东部和西部辛勤垦殖，创造了灿烂的“巴蜀文化”。20世纪80年代后期，广汉三星堆、新津宝墩、都江堰芒城、郫县古城、温江鱼凫城、成都金沙等一系列考古发掘证实，早在距今4800—4000年左右的成都平原，已逐渐形成分布密集、规模庞大的古城群。

公元前316年，秦灭巴、蜀，分置巴郡和蜀郡。从此，今四川地区进入中央王朝直接统治之下。战国秦昭王时，蜀守李冰兴建都江堰，灌溉成都平原，农业迅速发展，四川至今仍受其惠。秦末，刘邦以巴蜀为战略后方，出兵关中，建立汉朝。汉武帝元封五年（公元前106年），以今四川地域为中心，置益州，故四川又有“益州”之称。两汉时期，四川经济进一步发展，文翁兴学，开创西汉一代官学制度；牛耕、铁农具普遍使用，蜀酒已有特色；工矿业、手工业、商业相当发达。成都与洛阳、邯郸、临淄、宛城同为五都之一，世称“西都”。221年，刘备建立蜀汉政权，定都成都。263年，蜀汉为魏所灭。此后，四川先后成为两晋南北朝的统治区。在此期间，四川因多次卷入战祸，经济曾一度衰落，但其所受灾难较北方为轻，加之其间先后出现过几个较为安定的时期，故时有“天下多乱，惟蜀得免”之说，不断有人入蜀避乱，并带来技术和资财，为四川经济的再次发展提供了有利条件。隋炀帝大业三年（607年），废州置郡，实行郡县二级制，设蜀、巴等24郡。唐代实行道、州（府）、县三级制，今四川地区属剑南东、西两道和山南西道，致有“剑南三州” 之称。其时四川经济进入再次发展的高潮，成都平原成为全国最发达的地区之一，时称“扬一益二”。907年，王建建立前蜀；934年，孟知祥建立后蜀。965年，北宋灭蜀。真宗咸平四年（1001年），分今四川地区为益州路（后改成都府路）、梓州路（后改为潼川府路）、利州路和夔州路，总称“川峡四路”，简称“四川路”，“四川”之名即由此而得。宋代是四川经济文化又一个大发展时期，确立都江堰岁修制度并沿袭至今，设置“茶马司”以茶易马，其蜀锦、麻纸、印刷和刻书均居当时先进行列，深井钻凿技术更是领先世界，交通运输和商业也较发达，世界上最早的纸币——交子始现成都，成都地位仅次于汴京和临安，被誉为“名都乐园”。元朝在各地置行中书省。至元二十三年（1286年），合并川峡四路置“四川等处行中书省”，简称“四川行省”，此为四川建省之始。1362年，红巾军将领明玉珍在川称帝，国号大夏。1371年，明军灭大夏，统一四川。明末农民起义军首领张献忠由湖广溯江而上，第五次入川，在成都建立大西政权。1659年，清军入川，四川归于清王朝版图。清王朝对四川采取一系列休生养民政策，使四川经济得以迅速恢复并发展，其中“湖广填四川”和“改土归流”政策影响尤为深远。其时红苕、玉米等新型粮食作物普遍种植，烟叶、蚕丝业继续发展，糖、酒业逐步兴盛，特别是以自贡为中心的盐场具有相当规模。

民国初年，四川出现长达近20年的军阀混战局面。第二次国内革命战争期间，中共四川省委先后组织领导20次武装起义。1932年，红四方面军主力入川，建立川陕革命根据地。抗日战争时期，四川成为抗日大后方和中国抗日的兵源、财源、粮食和物资基地。1949年12月，四川解放。1950年，四川划分为川西、川东、川北、川南4个行署和重庆市、西康省。1952年，四川恢复省制，重庆由直辖市改为省辖市。1955年，西康省撤销，金沙江以东各县并入四川。1997年，重庆又改设为直辖市。至2015年，四川省共有地级行政区划21个，其中副省级市1个、地级市17个、民族自治州3个；有县级行政区划183个，其中市辖区51个、县级市16个、县112个、民族自治县4个。

经济建设 四川经济开发较早，历史上就以畜牧农耕、凿井煮盐、养蚕织锦著称。近年来，四川遭受了“5·12”汶川特大地震、“4·20”芦山强烈地震以及特大山洪泥石流等重大自然灾害，又经历了国际金融危机、国内经济下行等严峻考验，面对严峻复杂形势和特殊困难，中共四川省委、省政府带领全省人民认真贯彻中央决策部署，坚持以党的十八大精神统揽全省工作，沉着应对多重困难挑战，保持专注发展定力，深入实施“三大发展战略”，奋力推进“两个跨越”，统筹稳增长、调结构、促改革、惠民生等各方面工作，全省经济社会发展稳中有进、稳中向好。2015年，全省实现地区生产总值30 053.1亿元，比上年增长7.9%。全年地方一般公共预算收入3 355.4亿元，比上年增长7.9%，其中税收收入2 353.5亿元，增长1.8%。一般公共预算支出7 497.5亿元，增长10.5%。完成全社会固定资产投资25 973.7亿元，比上年增长10.2%。社会消费品零售总额13 877.7亿元，增长12.0%。粮食产量达3 442.8万吨，增产2.0%。城镇居民人均可支配收入26 205元，增长8.1%；农村居民人均可支配收入10 247元，增长9.6%；居民消费价格上涨1.5%。

四川工业门类齐全，发电量、天然气等产品产量均居西部各省（直辖市、自治区）第一位，机械、电子等行业在全国占有重要地位。近年来，结构调整和产业发展取得重要进展，投资消费持续扩大。2015年，全省全部工业增加值12 084.9亿元，比上年增长7.6%，对经济增长的贡献率为45.6%。年末规模以上工业企业13 338户。全年规模以上工业增加值增长7.9%。在规模以上工业中，轻工业增加值比上年增长9.3%，重工业增加值增长7.3%。规模以上工业41个行业大类中有36个行业增加值增长。其中，电力、热力生产和供应业增加值比上年增长2.3%，酒、饮料和精制茶制造业增长11.4%，非金属矿物制品业增长20.1%，汽车制造业增长10.0%，农副食品加工业增长5.6%，化学原料和化学制品制造业增长11.6%，纺织业增长13.2%，计算机、通信和其他电子设备制造业增长2.5%，石油和天然气开采业增长17.7%，医药制造业增长12.3%。全年规模以上工业企业实现主营业务收入37 876.3亿元，增长1.7%。实现利税总额3 887.9亿元，下降2.5%。盈亏相抵后实现净利润2 044.0亿元，下降5.3%。其中，国有控股工业企业实现净利润529.8亿元，增长16.5%；股份制企业1 716.5亿元，增长4.7%；外商及港澳台投资企业230.9亿元，下降53.6%。

四川现代农牧业发展显现成效。2015年，粮食作物播种面积645.4万公顷，比上年下降0.2%；油料作物播种面积129.8万公顷，增长1.0%；中草药材播种面积11.2万公顷，增长3.7%；蔬菜播种面积135.0万公顷，增长2.6%。全年粮食总产量3 442.8万吨，比上年增长2.0%，其中小春粮食增产1.9%；大春粮食增产2.0%。经济作物中，油料产量307.6万吨，增产2.2%；烟叶产量22.2万吨，减产1.0%；蔬菜产量4 240.8万吨，增产4.2%；茶叶产量24.8万吨，增产6.2%；园林水果产量806.5万吨，增产6.2%；中草药材产量43.9万吨，增产3.7%。全年生猪出栏7 236.5万头，比上年下降2.8%；牛出栏295.5万头，增长6.0%；羊出栏1 698.0万只，增长4.0%；家禽出栏66 154.9万只，增长2.3%。禽蛋产量增长0.9%，牛奶产量下降4.7%。全年完成荒山荒（沙）地造林29.2万公顷。其中，完成天然林资源保护工程5.2万公顷，完成退耕还林工程7.2万公顷；年末实有森林管护面积1 771.0万公顷。年末全省共有湿地公园43个，其中省级湿地公园19个，国家湿地公园24个。年末森林覆盖率36.02%，比上年提高0.26个百分点。全年水产养殖面积20.2万公顷，比上年增长1.5%；水产品产量138.7万吨，增长4.5%。全年新增农田有效灌溉面积6.8万公顷，年末有效灌溉面积273.4万公顷。全年新增综合治理水土流失面积23.0万公顷，累计838.9万公顷。新解决饮水困难人口471万人。新增农业机械总动力240.1万千瓦，年末农业机械总动力4 400.2万千瓦，增长5.8%。全年农村用电量174.8亿千瓦小时，增长3.1%。

四川是西部最大的市场和物资集散中心，商业机构门类齐、网点覆盖面广，为全国贸易大省。2015年，全省社会消费品零售总额13 877.7亿元，比上年增长12.0%，其中商品零售额11 921.7亿元，增长11.9%。在限额以上企业（单位）商品零售额中，粮油、食品、饮料、烟酒类增长19.1%，服装、鞋帽、针纺织品类增长12.3%，日用品类增长19.4%，化妆品类增长15.7%，金银珠宝类增长5.0%，家用电器和音像器材类增长10.9%，家具类增长20.3%，建筑及装潢材料类增长13.8%，汽车类增长6.3%，石油及制品类下降3.6%。

四川招商引资和经贸合作取得重大成果，承接产业转移规模与质量明显提升，电子信息、汽车制造、油气化工等产业快速崛起。全年实际利用外资104.4亿美元，比上年下降2.0%。新批外商直接投资企业319家，累计批准10 791家。外商投资实际到位资金100.7亿美元。落户四川的境外世界500强企业219家。年末驻川外国领事机构15家。全年对外承包工程新签合同金额45.3亿美元，完成营业额54.6亿美元，比上年下降23.5%。境外投资企业累计537家。全年在履约的国内省外投资项目8 623个（含往年结转项目），实际到位国内省外资金9 116.0亿元，比上年增长3.6%。全年进出口总额3 190.3亿元，比上年下降26.0%。其中，出口额2 056.5亿元，下降25.3%；进口额1 133.8亿元，下降27.2%。全年以加工贸易方式进出口1 449.2亿元，比上年下降17.1%，占全省进出口总额的45.3%；以一般贸易方式进出口1 295.3亿元，下降23.5%，占全省进出口总额的40.5%。区内物流货物方式进出口323.8亿元，下降53.8%，占全省进出口的10.1%。

四川立足省情，积极推进旅游产业由资源优势向经济优势的转变，并将其作为支柱产业之一予以重点培育，提出发展大旅游、建设旅游经济强省的目标，制订一系列促进旅游业加快发展的政策措施，推动旅游业较快发展。2015年接待国内旅游者5.9亿人次，比上年增长9.2%；国内旅游收入6 137.6亿元，增长26.9%。接待入境旅游者273.2万人次，增长14.1%；实现旅游外汇收11.8亿美元，增长37.9%。全省旅行社组织出境游客总人数为195.8万人，增长58.2%。全年实现旅游总收入6 210.5亿元，增长27.0%。

四川作为西部综合交通枢纽主体骨架地位正在形成。2015年，大力推进出川通道和交通枢纽建设。绵西、营达等4条高速公路，长江宜宾至重庆航道“三升二”单滩整治，岷江港航电综合开发犍为枢纽等项目开工建设。成都二绕东段等9个高速公路项目506公里建成通车，全省高速公路通车里程突破6 000公里。新（改）建国省干线公路2 400公里、农村公路2.6万公里。国省干线公路路况和管理养护水平不断提升，路面性能指数（PQI）提升到87.5。全年公路、铁路、航空和水路等运输方式完成货物周转量2 500.1亿吨公里，比上年增长6.3%；完成旅客周转量1 623.8亿人公里，增长6.0%。铁路营运里程4 710公里；高速公路通车里程6 016公里；内河港口年集装箱吞吐能力233万标箱。

国道317线俄岗路　　袁　泉　摄

四川形成以微波、光纤、卫星、程控电话、无线寻呼、图文传真等组成的现代通信体系，实现县以上城市电话自动化，市（州）以上城市交换程控化，省到市（州）通讯传输数字化。2015年四川邮电业务总量

1 281.1亿元，比上年增长24.7%。其中，邮政业务总量138.6亿元，增长18.1%；电信业务总量1 142.5亿元，增长25.6%。年末拥有局用交换机容量（含接入网）754.7万门；移动电话交换机容量15 691.3万户。年末固定电话用户1 353.4万户，移动电话用户6 872.0万户。固定电话普及率16.6%，移动电话普及率84.4%。固定互联网用户1 026.4万户，移动互联网用户5 476.6万户，长途光缆线路长度6.0万公里，本地网中继光缆线路长度59.6万公里，接入网光缆线路长度95.9万公里。

科技文化教育 2015年，在川国家级重点实验室13个、省部级重点实验室280个，国家级工程技术研究中心16个、省级工程技术研究中心152个。全省有中国科学院院士27人、中国工程院院士35人。全省全年共申请专利110 746件，获得授权专利64 953件，其中申请发明专利40 437件，获得授权的发明专利9 105件。行政机关立案处理专利案件896件，审理结案891件，结案率99.4%。实施专利项目10 109项。全年认定高新技术企业2 707家；国家级农业科技园区9个；国家创新型（试点）企业26家，其中创新型企业14家，创新型试点企业12家；省级创新型企业1 623家，其中试点企业490家，培育企业1 107家；重点产业技术创新联盟30个，其中国家试点联盟2个，国家重点培育联盟1个；国家备案联盟7个。全年共登记技术合同11 262项，成交金额295.8亿元。完成省级科技成果登记2 303项。

雅西高速公路干海子特大桥 厅史志总编室 供稿

悠久的历史赋予四川兼容并蓄、追求和谐的文化传统，光灿夺目的古蜀文明为四川社会主义先进文化建设积淀了丰厚底蕴。2015年，全省有文化系统内艺术表演团体52个，艺术表演场所45个，文化馆207个，文化站4 579个，公共图书馆203个。国家级文化产业示范基地15个，省级文化产业示范基地55个。有博物馆222个，文物保护管理机构174个，全国重点文物保护单位230处，省级文物保护单位969处，市、县级文物保护单位6 400处。全省博物馆纪念馆免费开放工作进入常态，全年接待观众2 700万人次。国家级非物质文化遗产名录139项，省级非物质文化遗产名录522项。有无线广播电台1座，电视台1座，广播电视台165座，中短波发射台和转播台36座。广播综合覆盖率97.1%；电视综合覆盖率98.3%。有线电视用户1 498万户。全年出版地方报纸137种，出版量16.0亿份；出版期刊353种，出版量5 866万册；出版图书10 379种，出版量21 738万册；出版音像制品135种，电子出版物422种。档案馆247个，其中国家综合档案馆204个。国家综合档案馆全年向社会开放各类档案599.8万卷。

四川已形成初等教育、中等教育、高等教育相互衔接，普通教育、职业教育、成人教育协调发展的教育体系。2015年，全省有各级各类学校2.4万所，在校生1 514.7万人，教职工102.1万人，其中专任教师84.5万人。有小学6 487所，招生93.5万人，在校生541.7万人，小学学龄儿童入学率99.7%；初中3 864所，招生80.7万人，在校生246.4万人；特殊教育124所，招生2 398人，在校生1.2万人；普通高中726所，招生49.0万人，在校生147.1万人；中等职业教育550所，招生44.1万人，在校生110.8万人。职业技术培训机构4 591个，职业技术培训注册学员272.1万人次。有普通高校109所。普通本（专）科招生43.7万人，增长6.7%；在校生138.8万人，增长4.5%；毕业生36.2万人，增长6.8%。研究生培养单位38个，招生2.9万人，在校生9.0万人，毕业生2.5万人。成人高等学校15所，成人本（专）科在校生40.4万人；参加学历教育自学考试62.2万人次。

（本栏目供稿人：交 鉴 钟 文）

（本栏目资料和数据主要参考《2015年四川省国民经济和社会发展统计公报》《四川统计年鉴》2016卷及相关部门官方网站）

四川交通历史与现状

SICHUAN JIAOTONG LISHI YU XIANZHUANG

古代交通 **陆路交通** 商周时期，四川陆路交通就有所开拓。“武王伐纣，蜀亦从行”（《华阳国志·序志》），“武王伐纣，实得巴蜀之师”（《华阳国志·巴志》）。在广汉三星堆和成都金沙遗址，出土过与中原地区玉器形制完全相同的玉璧、玉璋、玉琮等。这些都证明早在商周之际，四川盆地与外界已有密切的联系。在《蜀王本纪》和《华阳国志·蜀志》中保存的五丁开山、石牛开道、武都担土、山分五岭等神话传说，正是巴蜀先民辟山开道的有力说明。

明月峡古栈道　　厅史志总编室 供稿

古代四川与中原地区的联系要翻越秦岭和大巴山，故交通道路的开辟多选择在河谷，并修栈道以克服艰险。穿越秦岭的通道有4条：陈仓道、褒斜道、傥骆道、子午道；穿越大巴山的通道有3条：剑阁道、米仓道、洋巴道；从渭水上游翻越秦岭西段和岷山的通道有2条：仇池道和阴平道。

秦汉三国时期，是古代巴蜀交通大发展并形成基本格局的时期。陆路交通最大的变化是，相当一部分道路，由过去只能供人、畜行走的窄道，转为可通马车的大道。两汉时期，蜀中较为重视修治道路。官府或征调民力大规模治路，或私人捐款修路建桥，并勒碑石记其事，一时蔚为风气。

巴蜀地区的交通，在前代奠定的基础上，经过南北朝和隋唐时期的发展，有了较大改善。州县之间，道路相通，往来便捷，北经关中，可以直入长安，达于中原。

宋代，成都到长安的川陕干道，仍是四川主要的陆路交通干线。该路经汉州（今四川广汉）、绵州（今四川绵阳）、剑州（今四川剑阁）、过剑门关而达利州（今四川广元），再经金牛道而达兴元府（今陕西汉中）。此外，由阆州、巴州而到汉中的米仓道，是四川通往陕西的另一条重要陆路干线。

元朝十分重视交通建设，在全国广阔的领域建立“站赤”制度，首次在西南边疆省区设置站赤。“元制站赤者，驿传之译名也。”（《元史·兵志》）陆站以成都辐射全川，有的达于外省，历史形成的几条主要交通干线基本沿用，个别有所调整。明代四川陆路交通在元代基础上进一步改善和发展，特别是藏族地区的交通发展，从此改变历史上由甘肃、青海入藏为主要通道的格局。

清代四川驿站，沿袭明制。驿站分东南西北四路，驿站管理以驿丞专司和地方州县管理两种形式进行。清代四川交通的一项突出成就，是康熙四十五年（1706年）建成川藏交通的大渡河上第一桥——泸定铁索桥。

在陆路交通技术方面，巴蜀先民最突出的创造，就是在高山峡谷地带发明栈道建设技术。栈道有石栈和木栈两种，《四川通志》载："考此特殊工程，有木栈与石栈之分。木栈施于森林茂盛山地，系斩伐原始森林，铺木为路，或杂以土石。石栈则施于悬崖绝壁，无径可通之处，或缘岩凿孔，插木为桥。"蜀人在交通技术方面的另一贡献就是发明索桥。川西山区河流湍急、峡谷深陷，建桥相当困难，当地人民因地制宜发明了索桥，其制虽艰，但往来迅速，行旅方便。由于四川古代造索桥系用竹索，所以也称笮桥，其后演进，有溜筒等形制。

四川古道交通的嬗变与演进，绵延3 000余年，直至20世纪初引进欧美汽车和筑路新技术为标志的公路交通的出现，始以质的变化而告终。古代道路交通与近代公路交通，是历史发展过程中的两个不同阶段，四川古道交通，对促进区域内外经济和文化交流，社会发展作出了巨大贡献，也为近现代四川公路、铁路交通建设，提供了有益的借鉴。

水路交通 四川内河航运历史悠久。据《尚书·禹贡》记载，蜀国运往夏王朝的贡品，即沿嘉陵江转汉水、渭水、黄河而达夏都。战国时期，长江逐步发展成为进出川的重要交通路线。《史记·张仪列传》记载："秦西有巴蜀，方船积粟，起于汶山，浮江已下至楚三千余里。"西汉以来，巴蜀造船技术发展迅速。唐宋时期，商品运输繁盛，万斛之舟来往于成都、维扬（今扬州）之间。清代，四川航运又有发展。重庆开埠以后，西方列强带来轮船和治河技术，四川内河航运开始变革，轮船运输业兴起。总体而言，四川内河航运仍依赖自然河道通航，天然港口靠船，航道缺乏整治，港口疏于建设，船舶修造工业薄弱，四川内河航运业仍十分落后。

现代交通 **公路交通** 四川公路交通始于1913年，川督兼民政长胡景伊倡修成都至灌县（今都江堰市）马路，至1925年冬建成，长55公里，次年开行汽车。1925—1949年，为四川公路交通初创阶段。20余年间，川、康两省建成公路8 742公里，但不少公路晴通雨阻。全省仅有汽车4 000余辆，由于公路和汽车数量少，全省陆路交通大部分地区仍依靠人力和畜力运输。

20世纪50年代，四川集中力量修建成阿、沐石、宜西、东巴、川藏等干线公路，少数民族地区交通状况大为改观。1958—1965年，国家对公路建设实行"依靠地方、依靠群众、普及为主"的方针，四川出现全民修路的热潮。各地新（改）建一批国防、经济干线，修通一批支农和调运"死角粮"的公路，新（改）建一批支援"三线"建设的重点公路和林业专用公路，公路数量大幅度增长。全省新建公路17 900公里，是"一五"时期总和的3倍还多；新增通汽车的县城40个；新建大中型桥梁34座，改渡为桥28处，基本形成以国省干线公路为骨架，以县乡公路、机耕道、架车路、驮运路为纵横经络的道路网。

1966—1976年，四川除白玉、得荣两县外，各县均通汽车。通车的人民公社达全省人民公社总数的75.5%；全省新建各种大桥295座44 072米，并建成第一座混凝土斜拉桥和主孔跨径116米的九溪沟石拱桥。

20世纪80年代，中共四川省委、省政府提出要像抓农业那样抓交通，并要求"全省动员、各方出力、艰苦奋斗，支援交通建设"。由眉山倡导并推广到全省的公路加宽改造，拉开公路技术改造的序幕，四川公路建设开始从"数量型"到"质量型"的转变。这一时期，四川公路建设的特点是既重视公路建设的数量，又强调公路的质量，尤其重视高等级公路的发展。通过多渠道筹集建设资金，在加宽干线公路，改造大中城市进出口公路，兴建高等级公路，修建大型公路桥梁，加快老、边、少地区的公路建设，加强已成公路的养护，建设"标美路"等方面做出显著成绩，为加快四川经济发展奠定了基础。1988年，全省实现县县通公路。

至1990年底，全省公路总里程达9.7万公里，居全国第一位，其中建成二级以上高等级公路717公里。5年共新建和改造山区公路1万公里，新建桥梁1 820座6.9万米。重点整治干线油路700公里，建成标美路1 700公里、整形路4 100公里，公路好路率由1985年的37%提高到56.8%。公路运输站点进一步向农村延伸，全省1万多个公路运输站点的85%均分布在县城和县以下广大农村。

"八五"期间，通过采取"以工代赈""公路建设大包干"和开展"交通发展年"等活动，全省新（改）建公路10 458公里，公路总里程达100 724公里。其中，等级路59 707公里、二级以上高等级公路2 876公里。公路好路率从"七五"期末的56.8%提高到74.2%。全省新（改）建县级以上汽车站111个。"八五"期间四川公路建设最突出的成果，是1995年9月建成通车的全长340.2公里的成渝高速公路。该路的建成结束四川没有高速公路的历史，对四川及整个西南地区经济社会的发展具有重大意义。内宜高速公路、二郎山隧道、万县长江大桥、涪陵长江大桥等重点建设项目的相继开工，成绵高速公路的部分通车，都是"八五"期间公路建设取得的重大成就。

"九五"期间，四川交通抓住国家实施西部大开发战略的契机，以空前的建设规模和超常规的发展速度，取得瞩目成就。全省以高速公路为主骨架的三级路网建设取得突破性进展，除建成成绵、成都城北出口、成都机场、内宜、成乐、成灌、国道108线西昌泸沽至黄联关段、隆纳、成雅、达渝罗江至大竹段、广邻等11条高速公路外，还有在建高速公路500公里。至2000年底，行政区划调整后的四川，公路总里程达108 529公里，居全国第二位，其中高速公路通车里程1 000公里，居西部第一、全国第六；二级以上公路9 000公里，比1995年净增6 617公里；高级、次高级路面铺装率33%，比1995年提高14%。全省99%的乡和86%的村通公路，基本形成以成都为中心、以国省干线公路为骨架，连接城乡、沟通山区、贯通相邻省（直辖市、自治区）的公路交通网络。

成南公司高速公路路网示意图　　成南公司 供稿

“十五”期间，四川交通发展任务重，投资规模大，增长速度快，建设质量好。主要表现为：全省交通基础设施建设完成投资751.6亿元，比“九五”期间增长59%，超过新中国成立至“九五”期末完成投资的总和；建成成南、绵广、南广、达渝、成都绕城、成彭、成温邛等759公里高速公路，高速公路通达17个市（州）；全面完成47个项目、4 276公里三州通县油路建设任务，使三州州府所在地与各县城间全部以油路相连，行车时速平均提高1倍以上，实现三州交通事业一步跨越20年。至2005年底，全省公路总里程达11.5万公里，比“九五”期末增加2.4万公里。其中，高速公路通车里程1 759公里，新增759公里；二级以上公路1.3万公里，新增4 000公里；公路密度为每百平方公里23.5公里，增加5公里；高级、次高级路面铺装率42%，提高7.6个百分点。

“十一五”期间，按照中共四川省委九届四次全会确定的建设西部经济发展高地的战略定位和构建西部综合交通枢纽的战略部署，四川交通发展的主要任务是构建枢纽、打开通道、完善路网、支撑高地，变“蜀道难”为“蜀道通”。其具体目标：一是确保到2012年全省高速公路通车里程达到3 500公里，力争超过3 800公里；建成12条出川高速公路通道，初步形成贯通南北、连接东西、通江达海的西部公路交通枢纽，实现成都与周边多数省市中心城市朝发夕至，形成北抵环渤海、东达长三角、南至珠三角和北部湾等经济区及出海港口的22小时公路交通圈。二是到2012年基本完成7个干线公路出川通道和九寨、川东北、川南、川中、川西5条经济环线的改建任务，并改造国省干线公路8 348公里，力争实现全省国省干线公路中二级以上公路达到1.6万公里，占国省干线公路总里程的80%。三是加快实施“十一五”农村公路规划内剩余5万公里的农村公路建设任务，并到2011年改建农村断头公路17 355.8公里，使内江、眉山、攀枝花、遂宁、资阳、自贡、宜宾、广安等8个市提前实现“油路到乡、公路到村”，眉山、自贡、遂宁、内江等平原微丘地区实现60%的村通水泥（油）路。四是加快实施国家公路运输枢纽总体规划和市县两级公路运输站场布局规划，力争超额完成建成1 700个农村客运站的“十一五”规划目标。

“十二五”时期，在中共四川省委、省政府的坚强领导下，全省交通运输系统紧紧围绕构建畅通安全高效的现代综合交通运输体系总体目标，努力克服重大自然灾害和宏观经济下行等多重考验，开拓创新，砥砺奋进，迎来历史上发展速度最快、发展质量最好、发展成效最佳的时期，实现基础设施由“补欠账”到“促发展”，服务水平由“保基本”到“上档次”的重大转变，取得投资总量（6 081亿元）、BOT招商融资总量（1 774亿元）、高速公路新增通车里程（3 335公里）、公路网总里程（31.5万公里）、农村公路总里程（26.8万公里）和新（改）建里程（11.6万公里）、安保工程建设规模（2.44万公里）、争取交通运输部补助资金（949亿元）等多项指标在全国领先的优异成绩，为全省实施“三大发展战略”、实现“两个跨越”提供有力保障。

2015年是“十二五”规划收官之年，全省交通运输系统认真贯彻中共四川省委、省政府的决策部署，圆满完成各项任务。一是完成投资再创新高。全年完成投资1 305亿元，超过上年水平，继续位居全国第一。二是脱贫攻坚开局良好。研究制订总投资2 450亿元的精准扶贫专项方案和《大小凉山地区交通建设推进方案》等3个攻坚方案，为打好交通脱贫攻坚战奠定了良好基础。三是重大项目有力推进。绵西、营达等4条高速公路、长江宜宾至重庆航道“三升二”单滩整治、岷江港航电综合开发犍为枢纽等项目开工建设，成都二绕东段等9个高速公路项目506公里建成通车，全省高速公路通车里程突破6 000公里。四是普通公路加快发展。新（改）建国省干线公路2 400公里、农村公路2.6万公里，全面超额完成中共四川省委、省政府确定的“民生工程”目标任务。国省干线公路路况和管理养护水平不断提升，路面性能指数（PQI）提升到87.5，迎接交通运输部检查工作实现排名升位。五是灾后重建快速推进。国道108线雅安至荥经段、国道318线雅安至二郎山段和3条经济干线公路基本完成重建，国道351线多功至芦山县城段建成通车，农村公路累计建成1 390公里，为规划目标的96%，汽车客运站和水运项目全部完工。国道213线映秀至汶川段全面开工建设，省道303线巴朗山隧道全线贯通，绵茂路汉旺至清平段基本建成。六是服务能力明显提高。高速公路ETC用户突破110万，日均通行超过26万辆次。改造高速公路收费站26处，4对高速公路服务区被评为全国百佳示范服务区，19对服务区被评为全国优秀服务区。泸州市入选交通运输部综合运输服务示范城市建设。港口集装箱吞吐能力较上年新增33万标箱，完成集装箱吞吐量62万标箱，比上年增长40%，其中铁水联运集装箱吞吐量2.5万标箱，比上年增长125%。七是安全形势稳中向好。大力开展道路交通安全综合整治深化巩固年行动，超限5吨以上货车违规进入高速公路数量大幅下降，普通公路超限率控制在4%以下，行业重大以上生产安全事故“零发生”。八是改革创新不断深化。积极推进9个方面30项改革工作，通过政府购买服务方式筹措交通建设资金，交通运输部PPP试点项目国道0511线德阳至都江堰段已签订投资协议及特许权协议。九是依法行政持续推进。推动出台《四川省高速公路条例》和《四川省港口管理条例实施办法》，研究完善7个方面32项管理制度。清理公布部门权力事项，启动行政审批网上服务平台建设。

乐山码头大件运输 厅史志总编室 供稿

公路运输 20世纪50年代，全省60%的县不通汽车，大部分地区依靠人力和畜力运输。全省仅有4 000余辆汽车，且大多是拼凑起来的“万国牌”，车辆性能差，运效低。

20世纪50年代后期，四川公路客货运输迅速发展。1960年，全省民用汽车拥有量达1.52万辆，完成社会客、货运量分别为1 503万人次和1 644万吨，比1949年分别增长2.1倍、77.3倍和42.8倍。

20世纪70年代，全省公路运输业有了更快的发展。1970年，全省民用机动车已达2.65万辆。其中，汽车2.59万辆，完成社会客、货运量2 283万人次和2 466万吨。到1978年，民用机动车发展到12.8万辆，其中汽车拥有量6.05万辆，比1949年分别增长25倍和11.3倍，社会客、货运量分别为7 185万人次和4 824万吨。

1997年初，全省民用机动车拥有量122.1万辆，其中汽车54.2万辆，比1978年分别增长8.5倍和8倍；完成社会客货运量11.83亿人次和4.3亿吨，比1978年分别增长15.4倍和8倍；全行业拥有经营业户31.3万户，从业人员达88.2万人。公路运输在全省综合运输体系中居主导地位，客运、货运、维修、搬运装卸、运输服务五大市场突飞猛进地发展，1996年驾驶员培训也纳入交通行业管理。

“八五”期间，四川实施“一长一短一点”（超长客运、出租汽车客运、汽车站点建设）发展战略，取得显著成效。“九五”期间，为进一步培育、发展、规范客运市场，又提出并实施“三大系统”（跨省超长客运系统、直达快速客运系统、农村客运系统）发展战略。“南下、北上、东进、西出”，建立以民工疏运为主的跨省超长客运系统。1993—1997年，跨省超长客运创营业收入10亿余元，其中，企业纯利润1亿元以上。截至1998年底，全省已开通20个省（直辖市、自治区）的跨省客运班车，省际客运班线发展到297条、1 584班，最长的班线成都—伊宁单程达3 445公里，全省民工年疏运量近200万人次。1998年以后发展以高速公路为龙头的直达快速客运系统。直达快速客运以成都—重庆、成都—绵阳、内江—自贡高速公路为载体，实行高速公路客运经营权有偿使用和客运线路专营，并将一流的车辆，一流的服务，一流的管理以及“航空式”优质文明服务引入公路运输。拓展以县城为中心，乡镇为结点，站场为依托，干支相连，乡村相通的农村客运系统。

2000年，四川道路运输能力明显增长，全省道路客运量增长逾20倍，旅客周转量增长近22倍，道路货运量增长逾15倍，货物周转量增长逾36倍。道路运输在四川综合运输体系中独占鳌头，承担社会新增客、货运量中的95%和55%。

2005年，迎来道路运输业发展的新时期，客运市场的内涵不断丰富，以高速公路为依托的全省快速客运网络辐射到18个市（州）；以旅游包车为主、旅游班车为辅的旅游客运网络形成，旅游客运车辆发展到2 563辆；跨省超长客运线路延伸到全国24个省（直辖市、自治区）；出租汽车发展到21个市（州）政府所在地和142个县级城市，车辆达3.18万辆；农村客运车辆发展到2.62万辆，乡村客车通达率分别达99%和88%。

2013年，全省客运车辆达5.2万辆，城市公交车、出租汽车发展到2.69万辆和4.29万辆。发展省际市际客运班线118条，新开通32条高速直达客运班线。通公路的乡镇、行政村客车通达率分别达到95%和77%，比上年分别提高2.5%和1%。全省营运货车58.5万辆，总吨位262万吨、比上年增长4.7%。集装箱车辆达到1 535辆，比上年增长5.2%。全省公路客、货运量分别完成27.69亿人次和17.33亿吨，比上年分别增长4%和9.4%。

2014年，全省公路客运量、货运量分别完成12.6亿人次和14.2亿吨，分别比上年增长2.1%和下降6.3%，旅客周转量、货物周转量分别完成630亿人公里和1 510.5亿吨公里，分别比上年增长5.2%和18.6%；道路货运加快转型升级，发展城际货运专线班车、集装箱等专业运输，推进甩挂运输试点。全省新增集装箱车辆111辆，总数达1 651辆。

2015年，四川道路运输客运量、旅客周转量、货运量、货物周转量、高速公路货运量分别完成12.34亿人次、632.82亿人公里、15.04亿吨、1 693.26亿吨公里、11.22亿吨，比上年分别增长-2.6%、0.4%、5.8%、12.1%、7.2%。

内河航运 1950年，四川初建重庆港九龙坡码头。从1953年起，交通部和各级政府先后组织对长江干流和运输任务重的中小河流进行重点建设。由交通部投资整治长江“日航困难，夜航危险”的航段，配置“锁链”式航标，重庆至宜昌的轮船实现分段夜航，适应每年100多万吨粮食外调和大批工业品进川运输的需要；由省投资将金沙江屏山至新市镇、乌江涪陵至彭水、岷江乐山至宜宾开辟为轮船航道，同时大力开辟和整治小河支流，使其与干流衔接。从1952年至1957年，全省开辟与整治26条小河1 385公里。

南充港都京作业区多用途码头效果图 厅史志总编室 供稿

1958—1960年，交通部长江航务局和四川省交通厅先后对长江干流航道进行大规模整治，并增加绞滩、航标、信号台等助航设施，同时还分别整治嘉陵江南充至重庆航段及渠江航道、乌江航道，并试点开辟金沙江航道，使重庆至宜宾段航标实现电气化、乌江绞滩实现机械化。1961年，四川航道里程17 181公里，比1957年净增5 073公里。此期，四川加快长江宜宾港、重庆港、涪陵港和万县港四大港口建设。扩大港口规模，增设泊位和锚地，增加缆车、浮吊、岸吊等设备，使其码头装卸条件大大改善，基本能适应运输需要。

1966—1976年，四川对长江大渡口至江津蓝家沱航道进行全面整治，将嘉陵江南充至广元木船航道开辟为轮船航道。交通部长江航务局在重庆蓝家沱、猫儿沱新建两个大型装卸作业区，四川省投资建成乐山王浩儿大件码头、四川维尼纶厂黄磏中转站码头、泸州天然气化工厂尿素码头。同时，各地集体航运企业自力更生发展机动船舶，全省70%的木船实现机械化，由此带动水运制造业的迅速发展。20世纪80年代，四川逐步建成由60多家大、中、小企业组成的协作配套的水运制造业体系，实现船舶的自造自修。

20世纪80年代，随着改革开放的深入，四川内河航运发展迅速。至1996年，四川内河航运的发展变化主要表现为：①轮船通航里程大幅度增加。1950年全省仅有长江干流和嘉陵江等约10%的航道能通行轮船。通过不断整治和渠化航道，到1996年全省轮船通航里程达4 724公里，比1950年增长近3倍。长江航道经过综合治理后，1 500吨～3 000吨级的大型船队可由上海直达重庆，长江川境段全面实现夜航。②部分港口装卸实现机械化。机械化的装卸码头分别与铁路、公路相衔接，实行水陆联运。③运输实现机动化。20世纪50年代初期，四川省地方航运部门仅有小轮船6艘（172吨、853客座、4 865千瓦），省内水路运输主要靠木船。1956年开始木船机动化改造，1996年，全省地方航运部门共有各种机动船1 127艘（24 515吨、109 654客座、221 035千瓦），运输驳船2 102艘（546 962吨），当年完成客运量和旅客周转量分别比1950年增长31.58倍和669倍，货运量和货物周转量分别比1950年增长14.72倍和33.07倍。④客货轮加快更新换代。20世纪80年代船舶更新换代更为迅速。客轮船型愈加美观，机型愈发先进，设施日趋齐全；货轮全部使用大功率内燃机，拖带能力成倍提高。川江船舶动力装置实现内燃机化，机型实现系列化，船体实现钢质化，蒸气机、杂牌柴油机和木质轮船被淘汰，高速气垫船、水翼船发展迅速。⑤水上旅游运输兴起。20世纪70年代末，长江水上旅游运输逐步兴起。其后大宁河、岷江、嘉陵江和乌江水上旅游运输发展迅速。至20世纪90年代中期，全省仅进出川旅游客运企业就发展到27家，旅游客船发展到122艘、5.24万客座。1996年，全省水上客运量达5 310万人次、旅客周转量达35.9亿人公里。⑥水运制造业有长足发展。全省有大中小型造船厂60多个，既能建造适合行驶中小河流的拖轮、客轮、驳船，又能建造行驶长江等大河的大型客货轮、高档豪华旅游船舶和高速气垫船舶，实现船舶建造不出省。采用的“双尾”和“平头涡尾”新船型，船舶时速由27公里提高到32公里，达到国内先进水平。

1997年，重庆市划归中央直辖，四川及时调整水运发展规划，一方面实施“以陆补水”政策，一方面加快水运基础设施建设，并积极探索水资源综合利用，走出一条“以电养航、滚动开发”“水陆并举、以副补航”的新路子。

“九五”期间，全省建成航电枢纽工程2个，渠化航道108公里，整治航道491公里、险滩73个，使全省3～7级航道达2 383公里，占航道总里程6 089公里的39.14%。2000年6月竣工的乐山大件码头，码头岸线长115米，设计750吨泊位1个。其直立式桥吊跨度39米、高28.5米，起重最大单件550吨，是当时国内内河起重和跨度最大的桥吊，被誉为“岷江大力神”。

“十五”期间，四川内河航运基础设施建设的重点是嘉陵江航道梯级开发，渠江渠化，二滩库区港口、南充港和宜宾菜园沱码头建设，并充分借用长江“黄金大通道”建成与高速公路衔接的水运主通道，以形成港航配套、干支相通、通江达海的水陆联运网络。2005年底，嘉陵江渠化开发初见成效，规划建设的13个航电枢纽已建成4个、在建7个，渠化四级航道112公里；建成渠江金盘子航电枢纽；完成岷江大件航道续建工程和岷江成都至乐山段航道整治工程，整治航道348公里；建成泸州集装箱码头、二滩库区港口、广安港、南充港一期工程等重点项目，新增港口泊位19个，全年港口新增吞吐能力318万吨、200万人次、集装箱2.5万标箱。建成农村渡口1 307个。

2008年，泸州港多用途码头二期工程进展顺利，泸州港二期续建工程及进港铁路、宜宾港志城作业区一期工程实现开工。长江干线宜宾以下全线实现千吨级船舶昼夜通航。嘉陵江航道渠化整治工程进展顺利，渠化四级航道216公里，建成新政等航电枢纽。

2009年，根据《泸州—宜宾—乐山港口群布局规划》《宜宾港总体规划》《乐山港总体规划》等规划，

嘉陵江桐子壕航电枢纽船闸　　厅史志总编室 供稿

加快推进泸州港二期续建工程和宜宾港志城作业区一期工程建设，泸州港多用途码头二期工程形成生产能力，全省港口集装箱吞吐能力从2007年的5万标箱提升到50万标箱；长江宜宾至泸州段整治工程完工，宜宾以下实现千吨级船舶昼夜通航；嘉陵江川境段13级航电枢纽已建成8级、在建5级；《岷江（乐山—宜宾段）航电开发规划》经省政府批准实施，岷江航电综合开发和作为成都经济区水运口岸的乐山港项目前期工作全面启动。

2010年，水运港口建设迈上新台阶。宜宾港用两年时间建成并开港试运营，全省港口集装箱吞吐能力由3年前的5万标箱提升到100万标箱。广安港及渠江广安段航运工程实现当年制订规划和提出项目、当年开工建设，提前2年实现全省港口集装箱吞吐能力建成和在建规模达到200万标箱的目标。岷江航电和港口综合开发确定建设、养护、运营一体化模式和业主组建原则，前期工作加快推进。嘉陵江沙溪、凤仪场枢纽实现设计蓄水，嘉陵江川境段规划的13级航电枢纽累计建成11级，在建2级。

2011年，“四江六港”水运主通道和重要港口建设加快推进。全年完成投资25亿元。岷江港航电综合开发前期工作全面加快。宜宾港后方陆域及港区配套设施工程完工。泸州港进港铁路建成投运。泸州港二期续建工程、广安港一期工程加快建设。南充港、广元港开工建设，全省港口集装箱吞吐能力建成和在建规模达到233万标箱。嘉陵江渠化工程和渠江广安段航运工程等水运主通道加快建设。积极推进长江川境段航道等级提升工程，水富至宜宾段三级航道整治工程完成工程可行性研究编制。组织开展岷江（成都—乐山段）、渠江（达州—广安段）、沱江、涪江、金沙江等5条重要河流水运资源调查工作。

2012年，省政府出台《关于加快长江等内河水运发展的实施意见》，泸州港建成全省首个百万标箱大港，嘉陵江渠化工程、渠江广安段航运工程、南充港、广元港等水运重点项目加快推进，岷江港航电综合开发前期工作取得实质性进展。

2013年，广安港新东门作业区、南充港都京作业区一期工程投入试运营，全省港口集装箱年吞吐能力达193万标箱。嘉陵江苍溪航电枢纽工程全面建成。岷江港航电综合开发前期工作积极推进。渠江广安段航道整治工程加快推进。

2014年，内河水运建设加快推进。广元港红岩作业区一期工程、宜宾港志城作业区重件泊位、南充港化工园区专用码头建成投运。渠江四九滩至丹溪口航道整治工程基本完成。眉山市岷江汉阳航电枢纽建成投运。积极推进岷江港航电综合开发和嘉陵江川境段航运配套工程建设。全省新增三级高等级航道里程71公里，四级及以上高等级航道里程达到1 015公里；新增港口集装箱吞吐能力25万标箱，港口集装箱年吞吐能力达218万标箱。

2015年，南充港都京作业区一期工程总投资完成投资2.5亿元，为年度计划的100%。广元港红岩作业区一期工程主体全部完成，港务大楼装修、智能生产设备安装、控制系统施工处于收尾工作。广安港新东门作业区一期工程完成投资0.58亿元。南充港河西作业区化工园区专用码头工程完成投资4亿元，为年度计划的100%，12月30日开港试运行。

铁路交通 四川修建铁路酝酿于清光绪二十九年（1903年）。时任四川总督的锡良奏准由四川自行集资修建成都经重庆至宜昌达汉口的川汉铁路，并于1904年1月在成都设立川汉铁路公司。辛亥革命终结清朝，川汉铁路停建。抗日战争时期，曾动工修建成渝铁路，但因财力物力困难未能铺设轨道。至1949年底，四川仅有一条全长67公里的准轨铁路——綦江铁路，专门为重庆钢铁厂运输煤焦和铁矿石，附带承担少量旅客和其他民用物资运输业务。

1952年7月，新中国第一条铁路成渝铁路全线建成通车，实现四川人民40年的愿望。1958年11月，第一条出川铁路宝成铁路建成通车。1959年11月，内昆铁路内江至安边段建成通车。1964年，中共中央制订加快西南“大三线”（战略后方基地）建设的重大决策，国务院把成昆、川黔、贵昆和襄渝铁路作为西南“大三线”建设的重点工程，组建西南铁路建设指挥部，调集铁道兵和铁路职工31万人参建。1965年7月，川黔铁路建成通车；1970年7月，成昆铁路建成通车；1973年10月，经陕西通往湖北的襄渝铁路全线通车。同时，配套建成一批铁路支线和专用线。

1975—1990年，四川铁路建设的重点为干线电气化改造。1975年7月，中国第一条电气化铁路宝成铁路实现全线电气化，襄渝铁路（达县以北）和成渝铁路也先后完成电气化改造。1990年，四川准轨铁路营运里程2 795公里，比中华人民共和国成立初期增长40倍，初步构成全省的铁路骨架，其中有4条干线出川，从东、南、北3个方向与全国铁路网连通。省内各类型牵引机车597辆，其中内燃、电力机车比重达73%，宝成、成渝、成昆、川黔线（四川境内段）的牵引动力全部实现电气化或内燃化。在成都铁路局所属的川铁路线中，50千克以上的重型钢轨占正线的90.4%；各类旅客列车1 349辆，品类齐全，乘坐舒适，部分卧车还装有空调设备；四川开行直达北京、上海、广州、合肥、浦口、西安、太原、郑州、武汉、兰州、乌鲁木齐、贵阳、昆明等大城市和省内沿线市县之间的特快、直快或其他旅客列车。1990年与1953年相比，客运量由359万人次增加到4 094万人次，增长10.4倍；货运量由240.7万吨增加到6 022万吨，增长24倍。1990年，铁路运输所承担的客、货周转量分别占四川综合运输体系客、货周转量的31.9%和75.2%。

1991年12月，川黔铁路实现全线电气化；1992年6月，达成铁路开工建设；1992年12月，宝成铁路（四川境内）复线开工建设；1993年，成昆铁路（四川境内）电气化改造开工；1997年，达万铁路（四川境内72公里）开工建设；1998年，内昆铁路新建水富至梅花山段（川境内25公里）开工建设；1999年，内宜铁路电气化建设开工。

至2001年底，达成铁路和成昆铁路电气化改造工程、宝成铁路复线工程、成都铁路枢纽工程相继竣工投入营运，内昆铁路、达万铁路、筠连铁路和泸叙铁路正加紧建设，全省铁路营运里程达4 000多公里。2002年，四川境内的宝成、成渝、内昆、襄渝等干线铁路全部实现电气化；总投资5亿元，历时近8年的成都铁路西环线通过验收投入试营运，成都成为中国率先拥有中心城市铁路环线的省会城市。渝怀、遂渝、万宜3条新线开工。

2012年，四川铁路客运量、旅客周转量分别为7 997万人次、303亿人公里，货运量、货物周转量分别为8 867万吨、818亿吨公里。

2013年，四川加快成绵乐城际铁路、兰渝铁路等在建铁路项目。西成客专于3月实现开工建设；成蒲铁路于8月底完成招标实现开工建设；成兰铁路取得环保部变更环评批复，于9月份恢复施工，全面开工建设；成贵铁路、成昆铁路扩能改造成峨段和米攀段3个项目于12月底实现开工建设。川藏铁路成都（朝阳湖）至雅安段可行性研究报告审批前置要件齐备，初步设计完成审查；川藏铁路雅安至康定（新都桥）段及成都枢纽接轨方案的可行性研究报告完成初审，国土、环保等要件编制工作加快推进；成昆铁路扩能改造峨眉至米易段项目建设书获批复。

2014年，四川铁路客运量、旅客周转量分别为8 778万人次、277亿人公里，货运量、货物周转量分别为7 165万吨、678亿吨公里。

2015年，四川铁路客运量、旅客周转量分别为9 078万人次、272亿人公里，货运量、货物周转量分别为6 146万吨、686亿吨公里。

航空交通 1931年8月，中国航空公司重庆办事处成立，为四川最早的民用航空机构。同年10月21日，沪蓉航线汉口至重庆航段通航。1933年6月4日，重庆至成都航段通航，全长1 981公里的沪蓉航线贯通。1935年，中国航空公司先后开辟重庆至贵阳、重庆至昆明航线；欧亚航空公司开辟西安至成都航线。同时，中国航空公司在重庆珊瑚坝建设机场。成都、南充、内江等地修建简易机场。1938年10月，四川航线由战前的8条增至17条。抗战胜利后，四川开通飞往越南河内、缅甸仰光等国际航线。1946年7月，四川有简易机场28个。

1949年底，中国人民革命军事委员会民航局驻渝办事处在重庆成立。1950年8月1日，开通天津经北京、汉口到重庆的航线。陆续开通重庆至成都、昆明、贵阳等地的航线。至1954年，四川先后开通12条国内航线，分别以重庆或成都为起点，通达北京、天津、上海等12个大中城市。

1956年，民航重庆管理处迁至成都，1957年1月，更名为民航成都管理处。至1978年，四川拥有各型民航飞机31架。同时，四川从1955年开始组建民航飞行队伍，到1978年共有各类空勤人员469名。1959年、1966年，成都双流机场和重庆白市驿机场先后改（扩）建，“三线”建设时期又新建西昌青山机场。1955—1978年，四川开辟新航线72条，分别通往省外各主要大中城市和省内的成都、重庆、西昌、南充、达县、泸州等；共飞行86 242个班次，完成运输总周转量20 399.11万吨公里、旅客运输量198.1万人次、货邮运输量111 785.6吨。1956年5月29日，四川使用CV-240型飞机飞越号称“世界屋脊”的喜马拉雅山脉，试航北京经成都至拉萨

塔公至康定机场公路 厅史志总编室 供稿

成都机场高速公路　　高月谨 摄

率先引进5架国产“新舟60”和5架巴西EMB145飞机，投入以中国西部地区为重点的支线航空运输，当年，该公司开通飞行国内航线130多条，形成以成都、重庆为基地，辐射全国各主要城市的干支线航空运输网络。此期，四川机场建设取得突破性进展。新建广元机场、绵阳机场、攀枝花机场、九寨黄龙机场、南充机场；成都双流国际机场扩建工程完工，成为中国五大航空港之一。2007年，四川民用航空完成的全社会客运量、货运量分别达1 713万人次、32万吨。2008年，20个国内航空公司和外国的航空公司开通飞行四川地区的航线，基本形成以成都双流机场为枢纽、涵盖省内和西藏的轮辐式航线网络。2009年，四川民用航空完成全社会客运量、货运量分别达1 947万人次、32万吨。2010年6月30日，四川与中国民用航空局在成都签署《关于加快推进四川民航发展的会谈纪要》。民航局与四川省政府承诺在四川省民用机场体系的完善、成都双流国际机场航空枢纽建设、支线机场建设和运营、基地航空公司发展、通用航空业务发展等方面，加大政策、资金的支持力度，共同协调解决四川民航建设、改革与发展等重大问题，积极推进四川省民航重大项目建设与发展。

航线成功；1965年3月1日，四川使用伊尔-18型飞机正式开航该航线。成都双流国际机场1978年发运旅客第一次超过10万大关，达112 655人次。

1979—1998年，民航管理体制由军队领导为主的政企合一体制逐步改为企业体制。1986年9月19日，四川省航空公司（1992年更名为四川航空公司）成立。1987年10月15日，成都双流机场体制改革，独立经营核算。1998年，四川拥有波音、图-154、运-7、空客A321等各型运输和通用航空飞机59架。空勤人员总数增多，人员结构发生变化，飞行领航员、机械员、通信员较1978年前大为减少。1998年与1978年相比，空勤人员总数增加3.3倍，其中驾驶员增加2.6倍、乘务员增加15.2倍。同时，新建和改（扩）建一大批机场。成都双流国际机场改（扩）建后，3 600米的主跑道可供波音747-400型飞机起降；西昌青山机场改造后，成为可适应各类大型飞机起降的国家一级机场。此外，南充都尉坝、达川、宜宾、泸州等机场均进行了扩建；绵阳、广元和阆中等机场新建工程进展顺利。四川共开辟新航线323条，其中国内干线303条、地方航线13条、国际和地区航线7条，还开通成都至新加坡、泰国曼谷等国际航线以及成都至日本广岛、马来西亚吉隆坡等国际客货包机航线。1998年，四川经营飞行的航线达200余条，通达国内外70余个大中城市，仅成都飞往各地的航线就有53条。

1999年，泰国安琪尔航空公司开通曼谷至成都定期航线，成都双流国际机场首次接纳外航定期航班。2000年，中国西南航空公司引进波音737-800客机2架，新开辟成都—武汉—温州、成都—泰国普吉等国内、国际航线8条，至当年底，该公司已拥有以波音、空中客车为主体的飞机40架，开通飞行国际、地区和国内航线190多条，通航城市60余个，其航线总里程达21万公里，实现安全飞行10余万小时，并创造成都—拉萨航线安全飞行35年的纪录。2000年，四川航空公司在国内

2013年，民航方面围绕建设“一个枢纽，三个网络”的工作目标，进一步巩固和强化现有双流机场区域性枢纽机场优势地位，积极推进成都国家级国际航空枢纽和西部地区门户枢纽建设，加快成都新机场前期工作，推进支线机场项目建设。

南充机场扩建工程、阿坝红原机场、稻城亚丁机场建设推进顺利，其中稻城亚丁机场9月16日正式通航，阿坝红原机场于9月进行校飞，南充机场民航扩建工程完工。开展成都新机场前期工作，项目选址报告已获得国家民航局批复，项目预可行性研究报告、立项申报相关要件专题报告已编制完成，并经过中咨公司预评审，立项请示于12月底报国务院、中央军委审批。巴中机场、乐山机场、甘孜机场、达州机场迁建选址报告已获国家民航局选址批复，并已编制完成预可行性研究报告，其中巴中、甘孜机场预可行性研究报告已报国务院、中央军委。

2014年，四川民用航空完成全社会客运量、货运量分别为3 752万人次、45万吨。

2015年，四川民用航空完成全社会客运量、货运量分别为4 204万人次、46万吨。

（本栏目撰稿人：岑 松）

大事记

DA SHI JI

2016

四川交通年鉴

2015年四川交通运输大事记

5日　截至2014年12月底，全省高速公路电子不停车收费系统（ETC）专用车道数已达504条，覆盖242个收费站，覆盖率达64%；ETC客服网点数达393个，用户数达17万个。

7日　省交通运输厅出台《治理车辆超限超载联合执勤执法工作规定》，明确联合执勤执法实行"政府主导、部门协作、区域联动、各司其职、齐抓共管"工作机制。

13日　省交通运输厅出台《跨市（州）超限运输省市联网审批管理办法》《四川省公路超限运输车辆护送管理办法》。

14日　乐山市金口河区发生5.0级地震，省交通运输厅第一时间部署地震应急处置工作。

16日　四川省2015年交通运输工作会议召开。省交通运输厅党组书记、厅长彭琳在会上作题为"深化改革创新　强化法治建设　努力推动新常态下交通运输持续健康发展"的工作报告。

29日　全省高速公路管理工作会议召开。要求把打造"法治、智慧、平安、绿色、民生"高速公路作为工作目标，高速公路管理达到西部领先、全国一流的水平。

3日　巴广渝高速公路广安至川渝界建成通车试运营，结束岳池县伏龙乡、罗渡镇与枣山物流商贸园区广罗乡不通高速公路的历史。

4日　中共四川省委宣传部、省直机关工委下发《关于2015年度党组（党委）中心组理论学习先进单位的通报》，厅党组被表彰为"2015年度党组（党委）中心组理论学习先进单位"。

Δ　2015年度四川省工程勘察设计"四优"奖评选，厅交通设计院设计项目"重庆市嘉陵江航运开发草街航电枢纽船闸工程”获优秀工程设计一等奖，设计项目“四川巴中至南充（南部）高速公路B1合同段工程设计”等六个项目分别获二、三等奖。

15日　省交通运输厅被省政府评为2014年度四川省政务服务先进集体。

28日　全省一、二级城市政府所在地的121个汽车客运站实现联网售票。截至27日24时，全省联网售票系统累计售出汽车票69 050张。

3月

5日　全国交通运输系统依法行政会筹备会在四川召开。会议要求全面推进交通运输法治政府部门建设，并研究推进交通运输综合行政执法改革工作。

7日　第十二届全国人大代表、省交通运输厅厅长彭琳做客新华网两会特别节目“新华会客厅”，接受采访并就四川交通的建设和发展与广大网友进行交流。

12日　全省交通战备工作会议召开。会议部署2015年重点工作，表彰2014年度全省交通战备目标管理优秀单位。

13—14日　交通运输部党组副书记、副部长翁孟勇一行莅临四川，指导“溜索改桥”工程和长江“黄金水道”工程推进工作。现场考察长江水富至宜宾航道及宜宾港。

17日　2015年三峡南线船闸检修期通航保障工作圆满完成。

26日　合力共建长江四川段“黄金水道”座谈会在泸州召开。交通运输部长航局、省交通运输厅和泸州、宜宾两市政府四方签署《合力推进长江干线水富至重庆段航道建设工作备忘录》，明确到“十三五”期末，基本实现水富至宜宾段四级提升为三级航道、宜宾至重庆段三级提升为二级航道的合作目标。

Δ　长江干线宜宾至重庆段384公里航道最低维护水深由2.7米提升至2.9米。据测算，提升后该段航道可常年通航1 500吨级以上船舶，产生直接经济效益1.7亿元，带动GDP增加13.6亿元。

27日　四川交职院国家职业技能鉴定所（川-012）顺利通过质量管理体系第三方审核，成为四川省首批通过质量体系认证的鉴定站所，也是全国在建的1万家国家职业技能鉴定所中第199家通过验收的鉴定所。

△　全省“溜索改桥”项目建设推进会议召开。省交通运输厅与相关市（州）交通运输局（委）签订项目建设目标责任书。

1日　交通运输部“十三五”规划编制西部片区调研座谈会在川召开。四川、内蒙古、广西、重庆、贵州、云南、陕西、甘肃、青海、宁夏、新疆交通运输厅（委）的代表对重大政策调整的认识及对策、对交通运输部“十三五”公路发展规划的建议、对“十三五”中央投资政策的建议等内容展开座谈，积极提出意见和建议。

Δ　一季度，宜宾港货物吞吐量达402万吨，其中集装箱52 863标箱，比上年增长96%。

4—6日　清明节期间，全省高速公路网总流量约532万辆次，比上年同期增长18%。

Δ　全省道路旅客运输运行平稳有序，累计完成客运量860.44万人次，比上年增长1.71%。

9日　全国交通运输依法行政工作会议在北京召开。会议研究部署依法治国、加快交通运输法治政府部门建设工作。省交通运输厅厅长彭琳作《坚持依法行政，用法治引领和保障交通运输改革发展》大会交流发言。

10日　南京区域港口群、唐山港、宜宾港签订战略合作协议，开通“宜宾—南京—唐山（环渤海湾）”“宜宾—南京—日本、韩国”集装箱班轮航线。

16日　一季度全省完成交通建设投资249.07亿元，较上年同期增长7.08%。

Δ　《四川省农村公路条例》开始立法调研工作。重点对农村公路基本情况，建设规划的编制和报批程序，建设项目的勘察、设计、施工、监理和验收，农村公路养护的基本情况、管养机构、资金使用及考核，路政管理的工作情况及问题，现行法规制度与现实的不适应问题等6个方面内容进行调研。

20日　全国ETC联网片区推进工作会议在成都召开。

Δ　四川交职院与VTC（香港职业训练局）签署合作协议。双方将以结对方式，促进内地与香港两地职业教育学生、骨干教师交流。

21日　厅高速公路交通执法第六支队原支队长李伟（已故）被评为“2014年感动交通年度人物”。

23日　交通运输部召开行业经济运行形势分析电视电话会，要求加快推进交通运输稳增长各项措施的落地。省交通运输厅党组书记、厅长彭琳在大会上作交流发言。交通运输部长杨传堂充分肯定四川在落实稳增长工作上取得的成绩：四川省交通运输厅在落实稳增长工作上，做到规划引领、提前谋划、创新机制，多举措保持投资稳定增长，确保项目落地开花，有四川特色，经验值得大家学习借鉴。

Δ　《四川省道路运输安全生产重点监管名单管理规定》出台。鼓励社会组织或个人对安全生产重点监管名单管理工作进行监督，发现违法行为，有权向省级道路运输管理机构举报。

27日　全国交通运输行业精神文明建设暨新闻宣传工作会召开，四川省交通运输厅新闻宣传工作受到交通运输部部长杨传堂的充分肯定。

21日　省第十二届人大常委会第十六次会议对《四川省高速公路条例（草案）》进行一审（立法必要性审议）表决并顺利通过。

25日　副省长王宁调研芦山“4·20”灾后重建交通重点项目建设推进情况。

Δ　四川省公路综合管理平台正式启用。将整合全省普通公路的信息资源，进一步提升工作效率，为领导决策提供数据支撑，也将使四川普通公路信息化水平迈上一个新的台阶。

29日　省交通运输厅召开厅行政审批处成立及干部任免宣布会，厅行政审批处将从6月1日起正式运行。

6月

1日　截至5月29日，全省高速公路ETC用户累计突破60万，提前完成年度目标任务。

16日　四川省ETC全国联网实车测试启动，该次实车测试至6月底结束，交通运输部路网中心将从实车通行、静态数据获取、异常情况处理、人工刷卡四方面对四川省15个收费站进行ETC实车测试，以保障四川省高速公路ETC按期实现与全国联网。

24日　交通运输部召开贯彻落实“四个全面”战略布局，当好发展先行官动员部署电视电话会，省交通运输厅厅长彭琳在四川分会场作典型发言。

Δ　国道318线雅安城区过境段灾后重建项目(北外环线)建成通车。北外环线的建成通车，解决国道108线和318线穿城而过的问题，不仅分担雅安城区交通压力，也为雅安城区的发展预留出足够的交通承载空间。

30日　泸州与攀枝花签订港口物流发展战略合作框架协议，将进一步促进两地之间感情加深、经济共赢。

5日　中共四川省委副书记、宣传部部长尹力调研汶马高速公路工作推进情况。尹力指出，汶马高速公路是四川重点基建项目，广大建设人员要增强做好重点工程建设工作的责任感和紧迫感，安全、高效地建设好汶马高速公路。

6日　交通运输部海事局和中国海员工会表彰2015年度“全国优秀船员”和“全国优秀船员家属”。四川省南充市嘉陵江航道管理局航政16号船长曾玉文、雅安市搭沟漩渡口渡船驾驶员王永琼获“全国优秀船员”称号，南充市火炬航运公司肖素珍、资中县航威建材公司刘玉林获“全国优秀船员家属”称号。

Δ 国道318线东海路高尔寺隧道平导洞顺利贯通。

Δ 国家发展改革委正式印发《关于岷江犍为航电枢纽工程可行性研究报告的批复》，同意建设岷江犍为航电枢纽工程。岷江犍为航电枢纽工程是岷江乐山至宜宾段航电规划的第三个梯级，项目总投资估算105亿元。

10日 汶马高速公路控制性工程狮子坪隧道群进入全面施工阶段。

13日 四川省川东北公水物流服务联盟正式成立。该联盟是由广安承平公司发起，南充都京公司、长运公司等6家成员公司组成，并于5月通过省政府口岸与物流办的审定，列入四川省2015年重点物流项目，获得省现代物流业发展专项资金支持。

Δ 省政府秘书长、中共雅安市委书记叶壮检查交通灾后重建项目推进情况。要求全力确保完成交通灾后重建节点目标任务，相关县（区）要全力做好要素保障工作，为抢抓进度创造良好的环境。

Δ 省交通运输厅与甘肃省交通运输厅举行交通运输工作座谈会。签订《关于武都经九寨沟至绵阳高速公路川甘两省同期建设的协议》。

14日 中央财经领导小组办公室副主任杨伟民赴泸州港调研。他要求泸州进一步做大做强港口航运，不断完善集疏运体系，加快建设重要区域性综合交通枢纽，为泸州、四川乃至全国交通和经济社会发展进步作出新贡献。

Δ 全省开展汽车维修经营者非法改拼装货车专项整治行动。从7—11月，分三阶段在全省一、二类汽车维修企业和三类车身修理业户中开展专项整治。

Δ 雅康高速公路二郎山特长隧道康定端斜井正式施工，二郎山隧道主洞、地下风机房和斜井进入同步施工阶段。

Δ 全省交通运输依法行政工作会议在成都召开。

16日 2015年交通重点项目银企对接会召开。省政府金融办、省交通运输厅深化银政银企合作，会议签署4项重大战略合作协议和项目贷款协议。

Δ 四川省交通企业分别与国家开发银行四川省分行、中国农业发展银行四川省分行签署《战略合作协议》。四川兴蜀公路建设发展有限责任公司与中国农业发展银行四川省分行签订四川省农村公路改善提升工程贷款协议；四川藏区高速公路有限责任公司与国家开发银行四川省分行签订汶马高速公路项目贷款协议。

Δ 省交通运输厅联合省公安厅等12厅（局）共同发布《关于加强客货运车辆超员超限超载源头治理的通告》及《关于加强普通公路客货运车辆超员超载治理的通告》。对道路客货运车辆的生产、销售、装载、运输等源头治理和路面执法等提出明确要求。

Δ 《道路旅客运输企业安全生产规范》等交通运输行业四项地方标准通过省质监局评审。

Δ 交通运输部规划研究院、厅航务局和厅交通设计院组成调研组到广元、达州、广安、南充等4个市开展《四川省内河水运发展战略研究》现场调研。

20日 省政府批准全省新增95个超限检测站。

22日 国道318线东海路理塘隧道正式通车。

28日 四川高速公路ETC实现全国联网并开通运行。至此，全国已有22个省（市）高速公路ETC实行联网运行。截至7月，全省高速公路与相邻的4个省（市）12座省界收费站实现ETC联网。

29日 全省道路运输行业全面启用重点机动车及其驾驶员安全管理信息共享平台。该平台综合公安、交通、农机部门对重点机动车、驾驶人等各类违法行为的实时数据，实现对进入共享平台的重点机动车、驾驶人、机动车黑名单、驾驶人黑名单的联网查询。

25—30日 全国政协考察团在四川考察川藏大通道建设工作。

8月

1—2日 交通运输部在成都组织召开岷江犍为航电枢纽工程初步设计专家评审会。岷江犍为航电枢纽工程初步设计通过交通运输部评审。

6日 汶马高速公路米亚罗3号隧道左线进口管棚施工顺利完成，隧道左线正式进洞。

10日 省交通运输厅召开《收费公路管理条例（修订征求意见稿）》征求意见座谈会，开展《条例》在全省的征求意见工作。

11日 汶马高速公路汶川1号隧道正式进洞施工。

Δ 全省高速公路ETC用户累计达80万。至此，ETC

车辆日均通行量在20万辆次以上（其中外省ETC用户1万余辆），ETC交易额占车辆通行总交易额的15%。

12日　宜宾市筠连县两条重要乡镇联网断头公路（龙孔路、龙蒿路）建成通车，方便了三个乡镇群众出行，这对促进沿线资源开发和产业发展、带动山区经济发展将起到重要作用。

Δ　四川省铁路水路物流服务联盟筹建（成立）大会在泸州召开。会议审议通过《四川铁水物流服务联盟章程》，表决通过《四川铁水物流服务联盟理事会理事推荐选举办法》。

14日　成都市五洛快速通道金堂段全面完工。五洛快速通道为成都市市域快速通道建设项目，并列入全省干线公路联网畅通工程。

18日　全省道路交通安全综合整治新闻通气会召开，货车“双超”治理取得显著成效，截至7月，全省高速公路未发生一起因货车超限、刹车失灵引发的较大以上事故。

19日　省法制办、省交通运输厅及厅运管局组成调研组，赴成都、绵阳等市，就修订《四川省道路旅客运输管理办法》《四川省道路货物运输管理办法》《四川省机动车维修管理办法》和《四川省机动车驾驶员培训管理办法》等四部政府规章进行立法调研。

22日　叙古高速公路螺丝寨特大桥主桥顺利合龙，为实现叙古高速公路通车目标打下坚实基础。

24日　雅康高速公路前碉沟大桥主墩顺利封顶，标志着该桥进入上部构造施工阶段，为雅康高速公路如期建成通车打下坚实基础。

26日　乐山市金口河区精准扶贫交通项目枕头坝电站3号公路路面改建工程和新建村通村道路改建工程正式开工。

1日　全省客运车辆、危险品货物运输车辆和普通货运车辆正式使用统一格式带防伪二维码的机动车维修竣工出厂合格证。

6日　省发展改革委、省财政厅发文延长《四川省公路路产损坏、占用赔（补）偿费收费标准》执行期至2017年8月31日。

Δ　《四川省道路客运联网售票运行服务规范（试行）》出台。

7日　教育部公布首批现代学徒制试点单位名单。四川交职院成为全国100所、全省3所被纳入试点的高职院校之一。

Δ　厅交通设计院承担设计的“宜宾港志城作业区一期工程”荣获省住建厅颁发的“2014年度四川省优秀工程勘察设计二等奖”。

8日　《四川省道路运输车辆卫星定位系统车载视频终端视频功能核验办法（试行）》出台。规范全省道路客运车辆卫星定位系统车载视频终端视频功能核验工作。

9日　《四川省道路运输汽车客运站及客运车辆WiFi应用技术要求（试行）》出台。规范全省道路运输汽车客运站及客运车辆WiFi覆盖应用和统一管理。

Δ　省交通运输厅与凉山州、乐山市召开座谈会，共商大小凉山扶贫攻坚交通推进方案。厅党组书记、厅长彭琳要求加快制订大小凉山交通建设推进方案，重点支持建设国省干线和高速公路建设。

15日　全国危险品货物运输电子运单管理制度试点工作座谈会在成都召开，交通运输部运输服务司巡视员徐亚华对四川省试点工作取得的成效给予充分肯定。

21日　《〈四川省港口管理条例〉实施办法》出台。

8日　宜宾港集装箱吞吐量保持高速增长态势。截至9月30日达14万标箱，年内有望达20万标箱。

10日　雅康高速公路麻岗山隧道实现双向贯通，为雅康高速公路第3条主线双向贯通的隧道。

16日　交通运输部正式印发《关于岷江犍为航电枢纽工程初步设计的批复》。标志着犍为枢纽已经具备开工建设条件，为确保实现年内开工建设目标奠定坚实基础。

20日　1—9月，省政务中心交通运输厅窗口累计收到申请74 596件、受理74 518件、办结74 463件。行政审批事项现场办结率、按时办结率和省政务中心办事测评系统测评群众满意率均为100%。

21日　马来西亚国立大学（UKM）代表团访问四川交职院，就教师交流、科研合作、文化交流、留学直通车等项目进行探讨，双方同意建立正式的合作关系，并签署合作谅解备忘录。

Δ　副省长甘霖赴内江市调研综合交通规划建设。甘霖强调，要扎实做好综合交通规划建设各项工作，为全省经济稳增长提供有力支撑。

22日　四川省地方海事局在长江泸州、宜宾两市交界水域开展水上无预案应急演练。

23日　全省甩挂运输项目入选全国试点目录。四川省企业联盟公路甩挂运输试点项目由成都金桥物流有限公司、攀枝花市安和工贸有限责任公司承担，试点期限为2年。

25日　泸州港至水富港集装箱往返班轮开行。加速推进云南融入长江经济带的步伐，促进长江上下游跨区域合作，强力支撑泸州、水富两地及沿线腹地产业经济发展。

3日　交通运输部“十二五”全国国省干线公路养护管理规范化检查组在四川省开展为期11天的检查。检查组将对成都、甘孜、攀枝花、宜宾等市（州）“十二五”国省干线公路养护管理规范化情况开展检查。

5日　厅运管局在全省道路运输行业内分3个阶段开展为期2年的道路运输安全生产隐患排查治理攻坚行动。

5—6日　中国港口协会、省政府口岸与物流办公室、宜宾市政府联合举办“推进我国双港联动发展研讨会暨长江上游川滇黔地区多式联运发展合作论坛”。该次活动以“推进水运港口与内陆港联动发展、加快长江经济带多式联运通道建设、促进长江经济带与陆上南方丝绸之路经济带深度融合”为主题。

11日　全省“十二五”全国干线公路养护管理检查路况检测工作顺利完成。检测工作历时13天，途经9 000余公里，抽检普通国省干线公路19段、937.627公里，抽检高速公路16段、1 147.95公里，保质保量地完成交通运输部下达的抽检任务。

12日　省道303线巴朗山隧道全面贯通。预计于2016年7月通车运营。通车后从成都到四姑娘山的车程将由5小时缩短至3小时。

Δ　全省高速公路ETC用户达100万，并以日均新增3 000余个的速度稳步增长。

14日　交通运输部部长杨传堂调研西部地区交通运输工作。中共四川省委常委、常务副省长王宁，副省长曲木史哈，省政府副秘书长李志强参加调研。

17日　“泸州—南京—日本”集装箱班轮首航。该航线采用分段直航接力运输方式，泸州直航南京船期每周5班，南京港近洋船期密度每周6班，能满足客户市场“到港即发”需求，全程运输时间约10天。

23日　长江干线四川段航道升级工程启动。

Δ　部、省合力共建长江四川段黄金水道座谈会在泸州召开。

Δ　雅康高速公路控制性工程喇叭河特长隧道右线掘进突破2 000米大关。

25日　省人大常委会召开《四川省高速公路条例》新闻发布会。会议强调要充分认识条例颁布实施对明确高速公路管理体制、加强高速公路行业监管及提升服务等重要意义，加强宣传贯彻，强化监督检查，务求工作实效。

Δ　国道210线、318线大竹段大中修工程全面完工实现全线通车。

26日　四川省“政府与社会资本合作”项目推介会暨签约仪式在成都举行。省交通运输厅党组书记、厅长彭琳在现场推介20个高速公路PPP项目，总里程2 182公里，总投资3 073亿元。

1日　四川交职院学生周翔、冯鑫、郭人萍获“全

国大学生数学建模竞赛”四川省二等奖。

8日　雅安市政府与省交通运输厅举行交通运输发展战略合作协议签约仪式。

10日　遂西高速公路正式通车。该项目是《四川省高速公路网规划（2011年调整方案）》的重要连接线，连接内遂、成南、广南、成德南等省内多条高速公路，全省高速公路网进一步完善。

Δ　南充经大竹至梁平(川渝界)高速公路渠县至大竹段（除华蓥山隧道外）全部建成通车。南大梁高速公路是国家高速公路网张家界至南充高速公路重要组成部分，是四川省东向出川大通道。

11日　全省农村公路精准扶贫攻坚现场会在仪陇召开。会议要求到2020年全面建成“外通内联、通村畅乡、班车到村、安全便捷”的农村交通运输网络。

14日　2015年全国城市客运标准化技术委员会年会暨“十三五”期城市客运标准编制需求座谈会在成都召开。

16日　雅攀高速公路泸黄段改（扩）建工程泸沽至漫水湾试验段开工。全长10.8公里，估算投资约5亿元，建设工期为2年。

Δ　芦山地震灾后恢复重建农村公路基本完工。该项目涉及雅安市四县两区，总长1 172公里，除世行贷款2个项目24公里正在进行前期工作外，其余1 148公里灾后恢复重建工程全部完工，完工率约为98%。

17日　《四川省道路零担货运禁限运物品安全查验管理办法（试行）》正式实施。

17—18日　副省长曲木史哈赴凉山州调研交通扶贫攻坚工作。他肯定了凉山州首轮交通大会战取得的成绩，并就做好新一轮大小凉山地区公路水路交通大会战作出重要指示。

17—19日　省交通运输厅厅长彭琳赴理县调研交通精准扶贫工作。察看理县古尔沟镇小沟村、薛城镇水塘村和甲米村的农村公路建设情况，并随机走访多个贫困户。

20日　宜宾港集装箱年吞吐量首次突破20万标箱，达200 056标箱，完成年度目标任务133.37%，比上年增长66.27%，比原定计划提前10天实现全年吞吐量20万标箱的奋斗目标。

21日　全省启用新版包车客运管理信息系统。全省省际、市际、县际、县内旅游包车和普通包车客运标志牌发放全部实现信息化管理。

24日　省交通运输厅厅长彭琳赴金口河区开展脱贫攻坚专项督查。他要求要坚决把精准扶贫脱贫落到实处，做到在作风上更加务实。

25日　全省举行2015年交通建设重大项目集中开工暨岷江犍为航电枢纽工程开工仪式。副省长甘霖宣布开工，省政府副秘书长李志强主持集中开工仪式。

26日　广陕广巴高速公路连接线（19公里）、自隆高速公路（50公里）、内威荣高速公路（63公里）、宜叙高速公路宜宾至长宁段（40公里）等项目建成通车，川内高速公路网进一步完善。

27日　营达高速公路全面开工。该项目为BOT项目，是《四川省高速公路网规划（2014—2030年）》阆中至达州高速公路的组成路段。线路全长98公里，总投资约103亿元。

28日　省交通运输厅召开二郎山和鹧鸪山隧道管理处划转移交工作座谈会。从2016年1月1日零时起，二郎山和鹧鸪山隧道管理处分别正式由甘孜州和阿坝州政府接管。

Δ　巴广渝高速公路广安段通车试运营。该路是国家高速公路网宁夏银川—云南昆明高速公路（国道85线）的组成部分，是《四川省高速公路网规划（2011年调整方案）》中7条南北纵线之一，对于提升川东北地区综合交通运输枢纽地位，促进广安、南充、巴中经济社会发展，具有十分重要的意义。

Δ　雅康高速公路青衣江特大桥大兴岸主桥顺利合龙。青衣江特大桥全长1 426米，是雅康高速公路控制性工程之一。

30日　遂广高速公路正式通车试运营。全长约103公里，遂宁至重庆的车程时间将缩短至1小时。

31日　成都二绕高速公路东段建成通车。四川高速公路通车总里程超过6 000公里，位居全国各省（直辖市、自治区）第五、西部第一。副省长曲木史哈，省交通运输厅党组书记、厅长彭琳等在二绕高速公路东西段交汇处看望慰问高速公路建设者、管理者代表。

（本栏目供稿单位：厅办公室）

交通基础设施建设

JIAOTONG JICHU SHESHI JIANSHE

2016

四川交通年鉴

综　述　2015年，全省公路水运交通基础设施建设完成投资1 305亿元，连续5年超千亿元并保持全国第一。其中，高速公路完成436亿元，国省干线完成502亿元，农村公路完成260亿元，站点建设完成35亿元，水运建设完成38亿元。

高速公路建设　新建成通车成都二绕东段、内威荣、自隆、广巴广陕连接线、遂西、遂广、宜叙高速公路宜宾至长宁段、南大梁剩余段、巴广渝广安段等9个（段）高速公路项目，通车总里程达6 016公里，居全国第五、西部第一，全省高速公路骨架路网基本形成。新开工绵西、营达、攀大、内江城市过境等4个高速公路项目307公里。绵阳至九寨沟、仁寿经沐川至新市高速公路井研至新市段、成都新机场高速公路、成都新机场经资阳至潼南、成都经济区环线简阳至德阳段、成都经济区环线都江堰至德阳段等6个项目共810公里完成前期工作。

国省干线及农村公路建设　新（改）建国省干线公路2 400公里、农村公路2.6万公里，超额完成中共四川省委、省政府确定的民生工程目标任务。国省干线公路路况和管理养护水平不断提升，路面性能指数（PQI）提升至87.5，迎交通运输部检查实现排名升位。

内河水运建设　长江宜宾至重庆航道“三升二”（三级航道升二级航道）单滩整治、岷江港航电综合开发犍为枢纽等项目实现开工建设。

汽车客运站提升改造工程　加快推进汽车客运站提升改造工程，建成投运客运站79个，在建49个。

汶川、芦山地震灾后交通恢复重建工程　国道108线雅安至荥经段、国道318线雅安至二郎山段和3条经济干线公路基本完成重建；国道351线多功至芦山县城段建成通车；农村公路累计建成1 390公里，占规划目标的96%，汽车客运站和水运项目全部完工。国道213线映秀至汶川段全面开工建设，省道303线巴朗山隧道全线贯通，绵茂路汉旺至清平段基本建成。

（厅建管处）

重建的绵竹绵齐孝路　　监理处 供稿

高速公路建设

GAOSU GONGLU JIANSHE

成都二绕高速公路东段通车　2015年12月31日，成都二绕高速公路东段通车。路线位于成都市、简阳市、广汉市境内，起于彭州市濛阳镇南侧成汶铁路附近，经广汉、青白江、金堂、龙泉、简阳、双流，止于双流县双河村华大路附近，线路全长108.894公里。采用双向六车道高速公路技术标准建设，设计时速100公里，路基宽33.5米，分离式路基宽16.75米，汽车荷载等级采用公路Ⅰ级。

（厅质监局）

遂西高速公路　　厅史志总编室 供稿

遂西高速公路通车　2015年12月10日，遂西高速公

路通车。路线起于遂宁市蓬溪县吉祥镇涪山坝，以双江枢纽互通与绵遂高速公路交叉，经南充市嘉陵区、西充县，止于西充县太平镇贾家湾，以太平枢纽互通与广南高速公路相接。路线全长67.644公里（遂宁境32.540公里）。全线采用双向四车道高速公路技术标准建设，设计时速80公里，路基宽24.5米，桥涵设计汽车荷载等级采用公路I级。项目概算总投资49.46亿元。

（厅质监局）

自隆高速公路通车 2015年12月28日，自隆高速公路通车。路线由主线和成自泸赤高速公路、乐自高速公路连接线组成，全长70.63公里，主线起于乐自高速公路与内宜高速公路连接的永安枢纽互通，经沿滩城南至富顺县城北，在何坝与成自泸高速公路交叉，跨沱江，经狮市镇北，连续跨越成渝铁路、国道321线，在金鹅镇与成渝高速公路相接，止于迎祥枢纽互通。主线全长50.848公里（自贡境31.53公里），双向四车道，设计时速80公里，路基宽24.5米；汽车荷载等级采用公路Ⅰ级，沥青混凝土路面。连接线长19.87公里，起于威远县界牌镇以北的成自泸高速公路，在四方村以南与省道207线相交，设向家岭互通在回龙湾与省道305线相交，止于贡井区桥头镇，与乐自高速公路相连。

（厅质监局）

自隆高速公路　厅史志总编室 供稿

遂广高速公路通车 2015年12月30日，遂广高速公路通车。路线起于遂宁市蓬溪县金桥乡接绵遂高速公路，经蓬溪县高坪镇、三凤镇、蓬南镇，广安市武胜县赛马镇、金牛镇、龙女镇、沿口镇、飞龙镇、岳池齐福镇，止于广安市枣山镇接沪蓉高速公路。路线全长102.941公里（遂宁境30.541公里），采用双向四车道高速公路技术标准建设，设计时速80公里，路基宽24.5米，桥涵设计汽车荷载等级采用公路I级。项目概算总投资70.63亿元。

（厅质监局）

遂广高速公路武胜嘉陵江大桥　厅史志总编室 供稿

巴南广高速公路通车 2015年10月12日，巴南广高速公路通车。路线起于巴中市桃园至巴中高速公路枣林镇田家坝大桥，经巴中市经济开发区、恩阳区，南充市仪陇县、营山县、蓬安县，广安市广安区、广安枣山物流商贸园区、岳池县等9个区县，在岳池县伏龙乡接重庆至广安高速公路。路线全长208.5公里（广安境72.24公里），采用双向四车道高速公路技术标准建设，设计时速80公里，路基宽24.5米，桥涵设计汽车荷载等级采用公路Ⅰ级。项目总投资176.44亿元。

（厅质监局）

内威荣高速公路通车 2015年12月26日，内威荣高速公路通车。路线全长62.761公里，主线起于与内遂高速公路相接的冷家湾枢纽互通，经朱家桥、玉皇观、尹家、威远规划区北侧、铺子湾，于庆卫镇附近接成自泸高速公路，再经镇西、高山铺，止于荣县规划区南侧双土地。采用双向四车道高速公路技术标准建设，设计时速80公里，路基宽24.5米，桥涵设计汽车荷载等级采用公路Ⅰ级，沥青混凝土路面。

（厅质监局）

广陕广巴高速公路连接线通车 2015年12月26日，广陕、广巴高速公路连接线通车。路线起于广陕高速公路上西坝吴家浩，经瓷窑铺、水柜村、大石镇，止于张家湾，接广南、广巴高速公路连接线。全长19.46公里，采用双向四车道高速公路技术标准建设，设计时速80公里，路基宽24.5米，沥青混凝土路面，桥涵与路基同宽，桥涵设计汽车荷载等级采用公路Ⅰ级。全线设大中桥20座，长隧道1座、中短隧道3座，互通式立交5处，匝道收费站3处、养护工区1处。

（厅质监局）

广陕、广巴高速公路连接线南河大桥　　厅史志总编室 供稿

雅康高速公路建设进展顺利 雅康高速公路是国家高速公路网雅安至叶城（新疆喀什）高速公路的重要组成部分。路线起于雅安市雨城区草坝镇，接乐雅高速公路，西经天全县、泸定县，止于康定城东，全长约135

雅康高速公路沿线地貌　　雅康公司 供稿

公里。采用双向四车道高速公路技术标准建设，设计时速80公里，路基宽24.5米。桥隧比82%。交通运输部批复概算总投资230亿元，建设工期5年。项目具有地形条件极其复杂、地质条件极其复杂、气候条件极其恶劣、生态环境极其脆弱、工程施工极其困难等5大特点，是全省乃至全国桥隧比最高、施工难度最大的在建高速公路之一。

2015年，雅康高速公路完成概算投资38.6亿元，为年度计划102%；累计完成71亿元，占概算31%。路基挖方完成总量的30%，累计完成43%；桥梁下部构造完成20%，累计完成30%；隧道开挖完成20%，累计完成28%。其中，草对段路基、桥梁下部构造、隧道开挖均完成总量的60%。二郎山特长隧道全长13.4公里，已开挖7.7公里，累计完成57%，预计2017年6月底贯通。大渡河特大桥完成桩基100根，累计完成100%；隧道锚开挖159米，累计完成100%；重力锚63万立方米，累计完成100%；索塔43米，累计完成23%。

（雅康公司）

汶马高速公路建设进展顺利 汶马高速公路起于汶川县城以南凤坪坝、接映汶高速公路止点，设汶川枢纽互通连接映汶高速公路、汶马高速公路和汶九高速公路；沿杂谷脑河上行、与国道317线平行布线，经理县克枯、龙溪、桃坪、通化、木卡、薛城、蒲溪、甘堡至理县县城，再经理县朴头、古尔沟、沙坝、夹壁至米亚罗镇，穿越鹧鸪山，沿梭磨河下行，经马尔康县梭磨、止于马尔康县卓克基，全长172公里。主线设置桥梁117座61 143米（包括互通及服务设施主线），隧道30座88 859米，桥隧比例约86.5%。设置互通式立交10处，服务区4处，停车区3处，管理分中心3处，养护工区4处和主线收费站1处。交通运输部批复总工期6年，项目总投资约287亿元。汶马高速公路具有极其复杂的地形、极其复杂的地质、极其复杂的气候条件、极其脆弱的生态条件、极其复杂的工程建设环境等特征，控制性工程为鹧鸪山隧道、狮子坪隧道群、汶川枢纽互通。

2015年，完成概算投资32.46亿元，为年度计划101%，累计完成47.72亿元，占概算16.6%。路基挖方完成415万立方米，占工程总量的29.27%；抗滑桩360根，占工程总量的30.2%；其他防护工程36.36万立方米，占工程总量的24.67%；桥梁工程桩基3 016根，占工程总量的39.16%；墩柱759根，占设计总量的14.07%；涵洞6.9道，占工程总量的6.41%；隧道工程单洞开挖支护32 226.47米，占工程总量的14.87%；单洞二衬19 513.1米，占工程总量的10.82%。其中，先期开工的鹧鸪山隧道累计完成单洞开挖支护9 901米，占工程总量的56.3%，单洞二衬9 385米，占工程总量的53.3%。

（汶马公司）

2015年，汶马高速公路C5标段桥梁架设现场　　汶马公司 供稿

国省干线重点公路建设

GUOSHENG GANXIAN ZHONGDIAN GONGLU JIANSHE

概况 2015年，全省普通国省干线公路建设投资完成477.7亿元，新（改）建公路2 472公里，分别为年度目标的136%、164%。其中联网畅通工程完成投资277.3亿元，为年度目标的123%；新（改）建公路621.4公里，为年度目标的103%。“凉山州公路交通建设推进方案”完成投资36.8亿元，为年度目标的105%；新（改）建公路351.8公里，为年度目标的175.9%。“甘孜州公路建设交通推进方案”完成投资41.3亿元，为年度目标的158%；新（改）建公路381公里，为年度目标的100%。芦山地震灾后恢复重建完成投资19.6亿元，为年度目标的103%；新（改）建公路368.3公里，为年度目标的105%。其中国道108线雅安至荥经段、雅安至望鱼至瓦屋山公路2个项目建成。国道351线乐英至芦山段17.5公里建成。“5・12”汶川特大地震灾后重建续建项目黄土梁公路隧道、巴朗山公路隧道实现贯通。

国省干线公路建设管理 2015年，厅公路局全面推进国省干线公路建设管理。一是加强制度建设。相继印发《四川省普通国省干线公路建设管理办法》《四川省普通国省干线公路建设项目设计变更管理办法》配套文件《普通国省干线公路施工招标核心条款》《普通国省干线公路建设项目建设管理法人资格标准》。为规范全省电站淹没还建道路管理，厅公路局协同省扶贫移民局和省发展改革委制订《协同推进我省大中型水利水电工程涉及公路复（改）建工作意见》，并联合上报省政府办公厅。二是严把设计审批关。2015年完成国省干线公路建设项目设计审批100个和竣工验收8个，其中批复初步设计67个、施工图设计21个、设计变更12个。所有行政审批项目均进入省政务中心登记，避免体制外循环。为确保设计批复质量，厅公路局坚持设计方案现场审查制度，实地了解项目建设方案的合理性，并督促咨询审查单位派专家赴现场核实。所有竣工验收项目在资料审查结束后，均进行现场审查，确保项目实际工程质量满足验收要求。三是加强地方公路建设市场监管，维护建设市场秩序。按省交通运输厅统一部署，开展国省干线公路建设市场秩序专项整治行动，重点整治招投标、转包分包、设计变更、资金拨付方面的违法违规行为。各项目业主对全省141个项目，661个合同段自检，市（州）交通运输主管部门抽查，厅公路局对眉山、达州和广元的活动开展情况进行督导，并随机抽查15个项目。同时对普通国省干线公路建设项目参建单位进行信用考核，通过信用评价考核奖优罚劣，对信用低的单位进行警告处罚，督促其按合同履约，规范建设行为。四是打造精品工程。督促指导实施省道216线、省道217线理塘至亚丁公路示范工程实施方案组织实施，精心创建“北有川九路、南有理亚路”，全面完成示范工程建设任务。

公路专项工程建设督导 2015年，厅公路局推进“八大专项工程”建设，强化精细化管理，按照“八大专项工程”专项规划和年度目标，分别制订《联网畅通工程2015年实施方案》“凉推方案国省干线公路建设

2015年1月，完成渡改公路桥后的达州宣汉县明月大桥　　交通宣传中心 供稿

2015年实施方案”“甘推方案国省干线公路建设2015年实施方案”“芦山地震恢复重建项目国省干线公路建设2015年实施方案”等，落实专项督导工作人员，对凉山州推进方案项目、甘孜州专项方案、联网畅通工程项目、芦山地震重建项目、香港援建项目等重点项目实行专人督导制度，每月进行一次现场检查，并形成专项工作报告。为推进大小凉山彝区公路建设，专门制订“四川省大小凉山彝区交通扶贫攻坚督导方案”。对普通干线公路项目实行片区联系制度，定期进行督导检查。全年，向中共四川省委、省政府专报重点项目推进情况6次。

施工标准化建设 2015年，厅公路局在全省公路行业推行施工标准化建设。指导各市（州）在公路设计中路面采用双水稳、双面层设计，对桥梁采用统一跨径，制订《普通公路施工标准化指南》，细化标准化要求。施工标准化要求纳入《普通国省干线公路施工招标核心条款》。项目实施过程中，要求路面工程的基层和面层混合料都必须采用拌合楼集中机械拌合、摊铺机铺筑，桥梁梁板采用预制场集中预制等施工工艺，确保工程质量。

（本栏目供稿单位：厅公路局）

农村公路建设

NONGCUN GONGLU JIANSHE

概　况 2015年，全省农村公路完成投资260.8亿元，新（改）建农村公路25 994公里，为交通运输部确定年度目标的173.3%。全省实现96%的乡镇和86%的建制村通硬化路，尤其是三州地区实现84%的乡镇和48%的建制村通硬化路，初步形成以县城为中心、覆盖乡村的农村公路网络。农村公路一次性验收合格率达96%。乡镇通畅率、建制村通畅率分别比2014年提高2.3、5.3个百分点。完成安保工程6 892公里，实现全省普通国、省、县、乡道临崖、临水3.0米以上安全隐患路段全覆盖。建成渡口改桥133座，其中渡改公路桥65座、渡改人行桥68座；规划内77座溜索改桥全面开工并建成62座，完成交通运输部确定的80%以上项目完工的年度目标。

农村公路养护管理 2015年，全省创建省级养护管理示范乡镇45个，文明示范路49条902公里，95%以上乡镇建立了交通管理站。全省农村公路列养率达100%，优、良、中等路的比例上升到61.4%，全年到位管养资金29.25亿元。2011—2015年5年交通运输部、省政府投入贫困地区补助资金占全省补助资金总额的73.7%。先后制订并实施甘孜州、凉山州、达州市等交通专项推进方案，共解决贫困地区122个乡镇、8 023个建制村的道路通畅问题，至年底，全省贫困地区乡镇、建制村通硬化路比例分别达到90%和68%，乡镇和建制村客车通达率分别为88.2%、42.2%。同时，在年内推动出台《四川省人民政府关于进一步促进四川省农村公路建管养运协调发展的意见》，行业管理规章制度日益完善。

农村公路发展典型示范 在全省农村公路发展中，四川省先后推广南充市仪陇县、南部县，巴中市平昌县，阿坝州金川县，达州市宣汉县和凉山州雷波县农村公路建设的成功经验和做法，将甘孜州甘孜县、泸定县和阿坝州松潘县、若尔盖县等县作为推广“金川经验”的第二批示范县。2015年12月11日，省交通运输厅在南充市仪陇县召开全省21个市（州）、88个贫困县政府分管领导和交通运输局局长参加的全省农村公路精准扶贫攻坚现场会，印发《推进“四好农村路”建设工作方案》《“四好农村路”建设技术指南》。从2016年起，在每个市（州）至少创建1个“四好农村路”示范县的基础上，推出第一批省级示范县，到2020年，全省至少

2015年，平昌县农村公路养护道班人员养护作业现场
交通宣传中心 供稿

创建100个“四好农村路”示范县、1万公里以上示范路。

农村公路建设质量 2015年，厅公路局在农村公路建设领域严格专家现场审查制度，优化完善设计文件，推广先进施工工艺，严格路面施工标准化要求，强化过程监管和交竣工验收，公路建设质量不断提高。大力推行农村公路建设“七公开”（详见《附录》），逐步建立“政府监督、专群结合”的农村公路建设质量监管体系，全省建立57个县级公路质量监督站，县（市、区）基本建立农村公路实验检测室，农村公路一次性验收合格率达96%。

办理群众信访及宣传 2015年，厅公路局全年办理省人大代表和省政协委员关于农村公路的议案、提案5件。配合完成一期“阳光政务”上线活动，对群众反映的有关农村公路的问题进行全面跟踪调查，并将调查结果及时反馈群众及省纠风办；及时办理省长信箱、厅长信箱转来的有关农村公路信访和投诉信件20件；受理群众关于农村公路的来信来访30多件。同时，在交通运输部农村公路网站刊发有关四川农村公路工作的稿件200余篇；有效地宣传农村公路发展成绩，为农村公路发展营造良好的社会氛围。

（本栏目供稿单位：厅公路局）

汽车站场建设

QICHE ZHANCHANG JIANSHE

汽车客运站提升改造工程 2015年，全省汽车客运站提升改造工程进展良好。基本情况如下：一是改造背景。2013年，中共四川省委经济工作会议和省委十届三次全会提出“构建畅通高效的现代综合交通运输体系、加快形成西部综合交通枢纽”的总体战略部署。中共四川省委、省政府针对全省汽车客运站整体形象差、设施设备不齐全、科技信息化水平不高、综合运输衔接不畅、不能满足全省构建现代综合交通运输体系发展要求等方面的问题，要求加快推进道路客运站场建设，完善枢纽功能，提升硬件水平，提高服务能力，充分发挥道路运输在综合运输体系中的基础性作用和集疏运功能，决定对汽车客运站场实施提升改造。省交通运输厅牵头，与省财政厅、省发展改革委研究制订《四川省2013—2015年汽车客运站提升改造工程实施方案》，工程将全面提升全省汽车客运站的整体形象和服务水平，可实现多种交通运输方式高效衔接。二是改造内容。提升改造工程按照有效衔接、高效运转，优化环境、突出特色，完善功能、提升服务、创新驱动、科学管理原则，采取新建、原址改造、局部完善等3种建设方式，以两种及以上运输方式相衔接的县级及以上枢纽客运站为改造重点。提升改造工程主要项目为：综合交通能力提升改造。包括完善人流、车流等运输流线，优化与铁路、港口、机场、城市公共交通等多种运输方式的交通组织模式，合理设置信号灯、引导标志等导向设施；站容、站貌提升改造。包括对汽车客运站外观、标志、标识、站务用房等提升完善；服务设施完善更新。包括对售票系统、候车系统等站务服务设施和旅客、行包、车辆、小件快运安检系统等安全设施以及站务管理系统、自动售票系统等信息化设施进行完善更新。三是改造效果。至年底，全省汽车客运站提升改造工程规划建设的183个项目全部实现开工建设，建成134个，占比73.22%；累计完成投资40.93亿元，占规划投资50.5亿元的81.05%。全省183个县（市、区）实现内地二级、三州三级汽车客运站全覆盖，其中超过80%的县至少有一个功能完善、环境优美、衔接顺畅、安全舒适，服务水平全面提升，实现多种交通运输方式高效衔接的汽车客运站。

绵阳北川客运站 绵阳北川客运站系2008年“5·12”汶川特大地震灾后异地重建的客运站，按照部颁一级车站标准设计施工。改造工程属局部完善项目类，于2014年9月正式开工建设，2015年2月竣工。设置站前广场、主站房、上下旅客及发班待班、辅助（例检、洗车）三大功能区，售票窗口9个、检票口8个、发车位17个。车站宏伟大气，造型新颖别致，候车大厅宽敞舒适，标识标牌清晰明朗，站场布局合理，功能细化明确，各项服务设施设备齐全，为乘客出行提供优质高效的服务硬件。

绵阳平政汽车站 绵阳市通力汽车运输有限公司平政

绵阳平政客运站改造后的外观　　厅运管局 供稿

汽车站与成绵、绵广高速等公路相连接，是流动人口较为集中的枢纽和旅客集散地段，属一级汽车客运站。车站营运线路共84条，营运班车520辆，日发班车800多班次、客流量1.1万人次。车站于2014年10月实行半封闭式升级改造，2015年8月投入使用。提升改造后的平政车站将进一步为广大旅客提供安全、舒适、便捷的乘候车环境，树立良好的窗口形象。

绵阳江油客运站　绵阳江油客运站系“5·12”汶川特大地震灾后重建，项目2013年初投入试营运，为一级汽车客运站。2014年9月该站实施提升改造（局部完善），2015年5月完工。客站占地42 354.5平方米，设置站前广场、主站房、上下旅客及发班待班、辅助（例检、洗车及维修）四大功能区，有售票窗口8个、检票口8个、发车位31个。车站设计宏伟大气，造型新颖别致，候车大厅宽敞舒适，标识标牌清晰明朗，站场布局合理，为广大旅客出行提供舒适、便捷的硬件设施。

绵阳南湖汽车站　绵阳南湖汽车站隶属于四川富临运业集团股份有限公司绵阳分公司，按一级汽车客运站标准修建。占地面积36 685平方米，设计发车位22个，日发送班车800班次、接送旅客2万人次。2014年4月实施提升改造（局部完善），改造项目20余项，于2015年11月竣工，提升改造后，车站的整体环境、外观形象、设施、设备、服务功能都得到进一步完善和提升，车站内外焕然一新。

德阳绵竹市汽车客运中心站　德阳绵竹市汽车客运站占地面积42 021平方米，建筑面积8 400平方米，设计日发旅客为1万人次。该站于2014年6月启动提升改造工程建设，2015年12月完工，主要对车站各种站房、站前广场、停车区和智能化设备进行改造，提升改造后车站功能区域布局更加合理，整体形象有了显著变化，为候车旅客提供更加安全、便捷、舒适的服务环境，同时让广大旅客感受现代化的氛围，充分展示交通窗口对外服务良好形象。

崇州客运中心站　崇州客运中心站属原址改造项目，于2015年9月竣工。候车大厅、发班区、信息系统全面完善。改造后的客运中心站，日输送旅客约8 000人次，给旅客提供焕然一新、舒适、安全、优美的乘车、候车环境。

攀枝花市汽车客运中心站　攀枝花市汽车客运中心

改造后的攀枝花市汽车客运中心站外观　　厅运管局 供稿

站位于金沙江大道西段142号，为一级汽车客运站。该站于2015年10月启动局部完善提升改造工程建设，于2015年12月完工，主要对车站站前广场、建筑外立面、标识、标志、站务用房、站务服务设施、安全设施、信息化系统建设等进行改造升级。改造后的客运中心功能区域分布更加合理，智能化信息系统更加完善，为旅客提供一个环境舒适的现代化乘车环境，树立良好的窗口形象。改造后，该站共开通省际、省内、市内线路57条，平均日发班车255班次，输送旅客2 100人次。省际班车通达丽江、香格里拉、宁蒗、昆明、腾冲等地市，省内班车通达南充、武胜、会东、会理、西昌、米易等市县。

彭山区客运中心站 彭山区客运中心站总建筑面积为3 349平方米，为二级汽车客运站，日发送旅客量6 000人次，旅客最高聚集人数600人，日例检车辆数达200辆。车站于2013年10月开工建设，2015年8月完成主体工程建设。设计采用现代建筑风格辅以传统大坡屋顶，体现川西建筑风格的地域元素，外观简洁大气，以创造出大众性、严谨性、示范性、科学性和可持续发展的新型室内外空间环境、生态环境、人文环境。在建筑形式、建筑技术及材料、设备先进、新颖、耐用。车辆及行人交通流线设计科学、合理，体现出以人为本的原则，方便快捷，基本实现零换乘，为乘客创造安全、舒适的乘车环境，使客运站及整个交通中心形成各具特色的功能区，整体风格统一。

彭州客运中心站 彭州客运中心站占地面积31 666平方米，为二级客运站。主要功能为县域客流出行，换乘方式为城乡客运。该站于2014年5月启动提升改造工程（原址改造），2015年7月底完工。客运站改造完成后，占地面积31 666平方米，建筑面积3 600平方米、站前广场面积5 000平方米、停车场面积2.5万平方米，发车位23个，设计日发送旅客量1万人次。

成都十陵客运站 成都十陵客运站是成都市十大主枢纽车站之一，系国家一级客运站。2015年十陵客运站投入2 241万元对客运站站房外立面、站前广场、售票大厅、信息化系统进行提升改造。改造后的十陵客运站为旅客出行乘车提供更加舒适的环境。

大英县汽车客运站 大英县汽车客运站于2014年8月启动提升改造工程，于2015年5月竣工。站体按照国家二级客运站标准投建，占地面积2万多平方米，有进站营运车辆147辆，开通班线26条，其中跨省班线2条、超长班线1条、跨地市班线7条、跨县班线8条、县内班线9条；日均发班车243班次，发送旅客1 000人次，是一个功能齐全的现代化长短途综合客运站。

蓬溪客运站 蓬溪客运站（原蓬溪汽车客运中心）提升改造工程（局部完善）于2014年9月正式开工建设，2015年5月改造完成投入运营。有进站参营客车221台，日发班车479班次、发送旅客5 000余人次，属二级客运站。改造工程主要涉及维修站侯车厅、售票厅，电子监控设施、信息化设施等进行改造升级。改造后为广大旅客提供更加安全、舒适、便捷的乘车环境。

德昌县汽车客运中心 德昌县汽车客运中心位于德昌县城东南区，为二级汽车客运站，总用地面积14 027平方米。全站设有候车大厅安检处、车辆进站检查口、车辆例检处、车辆调度室、售票处、检票处、出站检查处、重点旅客候车室、警务室、母婴候车室、保洁组、办公室、站长办公室、问询处、小件寄存处、广播室等部门。车站于2014年2月正式启动提升改造工程建设，于2015年6月完工。对候车厅、车辆安检处、购票厅、母婴室等提档升级改造，乘车环境优化、服务能力提升，为更好的服务与旅客出行提供舒适、温馨、便捷的服务。

西昌汽车客运中心 西昌汽车客运中心位于西昌市三岔口南路412号，隶属于四川省西昌汽车运输（集团）有限责任公司，为一级汽车客运站，主要承担凉山州境内东南方向及毗邻省份的部分客运班线、旅游专线、旅游包车等道路客运任务。有班线19条，日发班车247班次，日均最高运送旅客4 200人次。车站于2015年9月实施提升改造，2015年12月底完工。提升改造后，客运中心在外墙的整体装修上简洁、现代又不失沉稳，站前广场增设可供旅客小憩和候车的长廊和石凳，设有公交车、出租车、社会车辆以及旅客专用通道，候车厅、售票厅、卫生间改造升级。车站将继续以开放式、现代化、人性化的道路运输站场为己任，以更好、更优的服务展现道路客运人的风采，让老百姓的出行更方便、更安全、更舒适。

西昌旅游集散服务中心 西昌旅游集散服务中心（西站）位于航天大道西延线与长安西路交汇处，总投资7 500万元以上，设计日发送班车500班次，运送旅客1.5万人次，占地面积53 734平方米，总建筑面积70 954平方米。是一个集高速客运、超长客运、旅游客运、班线客运、城乡公交客运、出租汽车客运为一体的集散服务中心。车站于2014年4月正式启动提升改造项目，2015年12月完工。主要对信息化系统（含售票系统、安检、监控和安防）、客车安检区、客车停车场地面、候车大厅公厕、售票厅、标志标牌等进行升级改造。改造

西昌旅游集散服务中心　　厅运管局 供稿

后的西站服务功能进一步完善，安全防范能力提升，改善旅客乘车环境，最大限度地为来西昌、来凉山观光旅游、休闲度假、商务往来的宾客和出行的旅客提供“优质、安全、舒适、便捷”的服务。

长宁县汽车客运站　长宁县汽车客运站位于长宁镇竹都大道一段，为二级汽车客运站，占地面积17 456平方米，站务用房建筑面积3 520平方米绿化率30%，是花园式风格的汽车客运站。车站有参营企业20家，参营车辆132辆，营运线路27条，其中县内班线14条、县际班线5条、市际班线3条、省际班线5条。日发班车270余班次，运送旅客5 000余人次。该站于2014年11月20日对候车大厅、售票厅、发车站台及雨棚、检车位、站前广场、厕所、营运停车场实施改造，增设设施设备，更新完善信息标识。2015年6月竣工。改造后提升车站整体形象、服务质量和水平，为旅客提供安全、便捷和舒适的乘车环境。

资阳市汽车客运中心　资阳市汽车客运中心为一级客运站，占地面积48 391.5平方米，设计发车位26个，日发送旅客1.5万人次，旅客最高聚集人数2万人。车站于2015年7月实施提升改造，于2015年12月竣工。主要对车站总平面（场地设施）、建筑设施、室内外装修、设施设备及信息化系统等进行改造升级。改造后的车站实现网上售票、全新的智能化系统售票、自助售取票、全新的智能高清监控系统、站台多媒体显示系统、候车厅语音系统、停车场智能管理系统，真正实现客运站全智能化管理。

自贡市汽车客运总站　自贡市汽车客运总站隶属于四川省汽车运输自贡集团有限公司，作为自贡市的龙头道路运输企业，肩负着该市大部分的道路客运任务，该站占地面积56 695平方米，建筑面积18 770平方米，属于一级站。按照省交通运输厅、省发展改革委、省财政厅的要求，自贡汽车客运总站被列为原址改造工程项目，对站务功能、外观装饰、站前广场、信息化硬件设施、站内服务硬件设施、驾乘人员休息室等进行改造和完善，于2015年2月完工，投入资金近2 500万元。自贡汽车客运总站提升改造后，提高了旅客出行乘车舒适度，提升了汽车客运站整体形象，使自贡汽车客运总站上升到一个新的档次。

松潘县川主寺旅游客运中心　松潘县川主寺旅游客运中心总占地面积14 731平方米，车站于2014年8月实施提升改造工程建设，2015年8月竣工。主要对车站站房、上下客区、站前广场、公交车和出租车停靠处、客车停车区、配电房等改造升级，并强化车站信息化管理系统。提升改造完成后，车站功能区域布局更加合理，整体形象焕然一新，给旅客出行提供更加安全、舒适、

阿坝州松潘县川主寺旅游客运中心外观　　厅运管局 供稿

便捷的乘候车环境。

汶川汽车站 汶川汽车站位于汶川县威州镇万村，靠国道213线，设计为二级客运站。车站于2015年5月13日完成提升改造后投入营运，候车大厅可容纳300余人，进站参营车辆87辆，站场可同时容纳50辆长途客车停放，日输送旅客2 000人次。车站占地面积12 478平方米，设计8度抗震等级，采用羌族特色建筑风格装饰，大面积使用象牙黄色彩，细部加入羌红为点缀，将古老羌族特色建筑文化与现代科学建筑完美结合，让现代化建设规模的车站建筑展现出浓郁的羌族文化色彩。

马尔康客运中心 马尔康客运中心（阿底车站）于2015年5月启动提升改造工程，2015年12月竣工。改造后的车站占地面积7 000平方米，设计日发班车46班次（包括农村客运）、日均客运量700多人次。主要改造项目有售票厅、候车大厅、客服中心、车辆安检区、站台、停车场、站前广场；增设2台自动取票机，安装电子显示屏幕，提升电子信息化系统功能；售票窗口3个，其中一个是残疾人专用窗口。该站不断改善服务环境，优化服务流程，提升服务质量，为广大旅客、司乘人员营造“舒适、温馨、和谐”的服务环境，提供“安全、快捷、高效”的服务质量。

渠县中心汽车客运站 渠县中心汽车客运站占地面积46 681平方米，建筑总面积13 615平方米。设有发车位30个，日发送旅客5 000人次，属二级客运站。2015年6月启动提升改造工程，2015年10月竣工，主要对车站总平面（场地设施）、建筑设施、室内外装修、导视系统及信息化管理系统等进行改造。改造升级后的车站将为旅客出行提供更舒适、快捷的乘车环境，服务网络更加广泛、功能更加齐全、管理更加先进，成为渠县高品质的标志性客运建筑。

大邑客运站 大邑客运站于2015年1月启动原址改造（提升改造），5月30日竣工，主要进行了前广场重新规划改造，前立面干挂花岗石、大厅内装（墙面、柱均干挂花岗石）、大厅金属格栅吊顶，新建公厕140平方米，扩建候车大厅400平方米，消防系统改造升级。该站融合公交始发站、客运站为一体，占地面积21 077.2平方米，总建筑面积3 000平方米。设置班线车发车位18个和3条公交车发车站台，设计日发送旅客1.2万人次。

甘孜州白玉汽车客运站 甘孜州白玉汽车客运站位于甘孜州白玉县建设镇亚通村，建设占地面积2 854.76平方米，为三级站，设计发车位11个，待班停车位5个，售票窗口2个，日运输旅客300人次。于2015年4月启动提升改造工程建设，2015年12月完工，主要对停车区、带班区、发班区、候车厅、售票厅、安全监控系统等进行改造，改造后，车站建筑风格体现民族风格，大面积采用通透玻璃幕墙，使客运站具有通、透、亮的建筑风格，墙体采用米黄色真石漆，局部运用石材装饰，既体现节能环保的理念又赋予建筑艺术生命力。

甘孜汽车客运站 甘孜汽车客运站（康北汽车站）位于甘孜州甘孜县甘孜镇，于2014年4月启动提升改造工程建设，2015年12月完工。建设占地面积15 689平方米，为二级站。设计发车位13个，停车位90个，日均发送客流量5 000人次。该次提升改造主要对停车场、发班区、候车厅、售票厅、车站信息化系统进行改造升级，改造后舒适、便捷、温馨的环境受到乘客一致好评。

广安汽车总站 广安汽车总站隶属广安宏泰运业有限责任公司，始建于2001年11月，2003年4月竣工投入使用，为二级汽车客运站。设有微机售票窗口8个，联网售票自助取票机2台，发车位21个，共有参营车辆200余台，经营广东、贵阳、康定、资阳等省（市、县）际及农村客运班线40余条，日发班400余班次，日均旅客周转量5 000余人次。广安汽车总站提升改造工程于2014年8月10日开工建设，2015年2月13日竣工。工程重点为场地设施、建筑设施、信息化建设、导视系统及屋顶层防水等项目，增添部份服务设施设备，车站的服务能力提升。

广元市汽车客运站 广元市汽车客运站位于广元市城区中心位置，地处川、陕、甘三省交界汇焦处，具有三省中转疏运职能，是交通部最早核定的一级汽车客运站，是广元地区唯一具有道路旅客超长运输，旅游运输，高速经营资格的专业运输企业。2014年8月至2015年6月，对车站实施整体改造提升，改造后的车站具有微机售票、X光行包检查、检票激光扫描、IC卡报班、GPS卫星监控等软硬件系统。该站占地面积近20 010平方米，建筑面积9 800平方米，有售票窗口13个、发车站台20个、参营车380余辆，营运班线93条，年输送旅客250余万人次。

内江高速公路客运中心站 内江高速公路客运中心站为一级客运站，于2015年3月完成提升改造工程，占地约66 700平方米，设计日发班车650班次、运送旅客1.5万人次。该站距离成渝高速公路、内宜高速公路收费站处仅200米，是川南重要的交通枢纽和物资集散地。根据《四川省汽车客运站建设标准》，提升改造工程（局部完善项目）主要涉及总平面流线及设施、建筑内部功能、内外装修、导讯系统、信息化系统等完善升级。改造后的中心站以焕然一新的面貌，得到广大旅客的一致好评。

（本栏目供稿单位：厅运管局）

公路养护

GONGLU YANGHU

概况 2015年，厅公路局扎实推进公路养护工作。指导各地公路养护管理机构构建信息管理机制，利用季度监控和年度路况检测，科学制订养护作业计划，加强养护作业区管理和工程验收，强化路况热点问题跟踪，及时处治公路病害，维持公路通行能力。加强水毁道路恢复、灾害防治和安保工程行业指导和督查力度，全面梳理三类项目区域分布、工作阶段，针对交通运输部检查要求分析存在问题和解决措施，针对进度滞后、管理不规范、规模变化等常见问题，专项督办，对设计资质、规模控制、完成时间提出明确要求。4月初开展汛期地质灾害防治和防汛工作部署，完善隐患台账、加强预警监测、完善应急预案、做好应急准备，加强养护巡查、应急值守和信息报送，强化部门联动和信息共享；开展汛前桥梁基础检查，认真做好桥梁监测、预警防范工作，严格落实四、五类桥汛期关闭交通工作；进一步加强节假日和黄金周的公路保通保畅工作。做到早部署、早安排、早检查、早整改，并对重要地区、路段和地点进行抽查和暗访，及时掌握工作开展情况。及时向交通运输部专题报告水毁、绿化统计、信息、报表相关工作，争取部资金支持。重视媒体和群众反映的路况热点问题，认真做好省长信箱、厅长信箱来信及新闻媒体爆料信息的核实、回复。对国道213线沐川段、茂县段，国道213线资中段、国道210线邻水段，省道103线夹江段、省道318线乐至段、简阳段等进行调查回复。

干线公路管养迎检工作 2015年是全国干线公路管养检查年。厅公路局以迎检为抓手，拟订公路养护管理迎检提升位次的总体目标。一是提出迎检工作重点：路况以“国道挂牌督办路段、未抽中的国道、围绕国道的省道迂回线”为重点。以“落实‘十二五’重点工作、规范路容路貌和路域环境供资料佐证”为抓手。二是推出示范路专项活动。部署各市（州）50公里迎检示范路建设专项行动，集中整治路容路貌和路域环境，提供路况改善和路容路貌、路与环境规范工作样本。三是形成市（州）迎检任务清单。开展全省路况现状及发展趋势分析，分市（州）形成迎检任务清单，分路线、路段形成PQI（路面使用性能评价，下同）目标值。四是形成厅公路局内部迎检工作方案。根据交通运输部检查要求，结合处室职责，将准备工作分解、细化，落实到具体处室，明确牵头部门、配合部门和各自的工作内容、质量要求和时间节点。五是制订《2015年度省补大中修建议计划》。比较历年计划的匹配比重，结合路况变化趋势，形成《2015年度省补大中修工程建议计划》，实现对2014年度路况监测检出的次差等路的全覆盖，沿线设施、平交道口、路容路貌和路域环境治理纳入大中修设计批复范畴。同时，加强检查督促，分类指导，建立工作推进情况定期分析制度，定期分析基础数据，定期汇集工作报表，分析推进情况，对照年度目标，定期通报，在厅公路局网站逐月公布。根据阶段性工作重点，约谈推进不力市（州）。上下联动，以厅领导名义向市（州）政府主要领导发短信通报问题，传递工作压力，发挥负面清单。从7月开始，每月24日在成都召开迎检项目分析会，及时通报汇总目标进展，发掘工作亮点，剖析存在问题，建立项目台账。截至年底，共出迎检专刊7期、项目统计报表12份、网站信息45条、向市（州）领导发送短信达百条。全省干线公路路况检测PQI达87.5，比“十一五”期提高10个点，公路管养规范化工作得到部检查组的充分肯定。

公路大中修工程 2015年4月，厅公路局严格按照“两集中、两到位”（详见《附录》）的要求，将大中修、病危桥审批项目全部纳入省政务中心管理。同时，针对督导检查过程中发现的问题，完善大中修项目设计批复，明确补助路段、线形组合、路基状况、大中修方案、施工工艺等，将纳入批文内容予以强化。至年底，公路大中修项目已开工建设316个项目3 823.55公里，占项目总里程的90.3%。其中，完工项目200个2 256.63公里。完成前期工作项目31个412.06公里，累计完成投资

69.49亿元。完成审批项目98个，成都、乐山、遂宁、自贡、攀枝花、德阳、阿坝、雅安、凉山、眉山、甘孜等11市（州）项目批复完毕。

公路桥隧检查复核 2015年，全省130座干线公路隧道中，排查出的73座隧道有60座完成治理，整改率达82.2%。在全省各地自检基础上，厅公路局抽取14座特大桥（含大型桥梁）及2座特长（含长隧道）进行检查和技术复核。在危（病）桥改造中，对6个车购税补助项目、21个省补项目和此前未完成的38个项目进行定点跟踪，精确掌握工作进展，对工作推进情况进行通报，对整改不力的市（州）进行约谈和挂牌督办，部省补助的危桥改造项目已基本完工，实现“十二五”期工作目标。吸取桥隧管养、在基础调研、征求意见、会议讨论及专家审查的基础上，对桥隧管理及应急处置制度进行全面修订完善，发布《四川省普通国省干线公路桥梁养护管理办法》《四川省普通国省干线公路桥梁突发事件应急预案》《四川省普通国省干线公路长大隧道突发事件应急预案》，隧道养护管理办法完成修订工作，进入审批程序。

养护基础设施建设 2015年，厅公路局加强养护基础设施建设。一是对地方有建设积极性的养护中心和养护站进行调查摸底，拟订43个养护中心、87个养护站的补助计划，项目总投资10.7亿元，拟维修17个、改建70个养护站，建成养护中心22个。二是开展养护中心及养护站设计规范及建设标准的研究，根据研究成果制订并印发《四川省养护站和养护中心外观形象设计规范》，起草《四川省普通公路养护站建设标准（征求意见稿）》，交通运输部检查抽中的养护站及部分养护中心已按印发的设计规范统一外观形象，得到部专家组的认可。三是指导地方依托公路管理信息化平台，集成管理资源、整合管养数据，依托信息手段提高工作效率。部检时抽中的成都、宜宾、攀枝花、甘孜等地养护站已通过信息化检查；以大中修、病（危）桥改造和日常管理养护技术为依托，共振碎石化、硅藻土改性沥青、橡胶沥青，以及成都、阿坝、广元等地的路网运行监控技术，攀枝花的桥梁成建制管养制度等都得到部检查组的认可。

养护体制机制调研 2015年，厅公路局委托公路养护技术国家工程研究中心开展四川公路养护体制调研，通过对发展方向判断和借鉴国内外先进经验，结合四川实际设计养护管理体制，调研报告初稿，8月初初审，12月，在南充、内江、资阳等地座谈，补充调研资料，深入了解行业需求，核实工作建议。完成养护管理规范化报告撰写和内部评审工作，形成《四川省普通国省道养护管理规范化建设实施标准》等规范性文件，修订《普通国省干线公路养护年度考核办法》《四川省普通国省干线公路桥梁养护管理办法》《四川省普通国省干线公路桥梁突发事件应急预案》《四川省普通国省干线公路长大隧道突发事件应急预案》《普通国省干线公路大中修设计质量评分办法》等5个文件。

（本栏目供稿单位：厅公路局）

2015年，南部县公路养护与应急保通中心　　交通宣传中心 供稿

航道建设

HANGDAO JIANSHE

重点航道建设 渠江四九滩至丹溪口航道整治工程位于广安市渠江干线，按照内河三级航道标准建设航道70.9公里，航道尺度为2.4米×60米×480米，整治主要滩险12处，概算投资2.42亿元，于2012年开工建设。2015年完成投资0.2亿元，为年计划的100%，累计完成投资1.9亿元。

渠江富流滩船闸改（扩）建工程增建三级船闸1座，尺度为200米×23米×4.2米(长×宽×门槛水深)，于2011年开工建设，2015年完成投资0.71亿元，占年度计划的71%，累计完成投资4.59亿元。船闸主体建筑工程完成92%，设备采购及安装完成48%。工程土石方开挖回填基本完成，船闸主体结构除右闸墙变更设计和上游引航道受罗渡大桥拆除占用部分外，混凝土浇筑基本完成。

嘉陵江亭子口枢纽位于广元市苍溪县，按照四级航道标准建设500吨级垂直升船机1座，渠化航道150公里，装机110万千瓦，投资168亿元。累计完成投资77.9亿元，工程主体基本建成，升船机土建工程基本完成。

向家坝枢纽通航建筑物工程位于四川省宜宾县，为2×500吨级升船机一座。通航建筑物土建工程基本完成。

岷江犍为航电枢纽工程位于乐山市犍为县，建设三级船闸和装机容量50万千瓦电站各1座，船闸尺度为220米×34米×4.5米，单向年通过能力为1 474.67万吨，渠化航道20.2公里，于2015年12月25日开工建设。

（厅航务局）

岷江犍为航电枢纽工程 2015年2月2日，省交通运输厅厅长彭琳主持召开岷江港航电综合开发推进工作组工作会议，梳理岷江港航电综合开发项目推进情况，研究安排重点工作任务。会议强调，要围绕目标任务和时间节点，结合项目推进情况，尽快研究形成资金平衡、支持政策、移民安置、特殊上网电价等工作方案，务必确保年内开工建设犍为枢纽项目。7月7日，国家发展改革委正式印发《关于岷江犍为航电枢纽工程可行性研究报告的批复》，同意建设岷江犍为航电枢纽工程。8月1日—2日，交通运输部组织召开岷江犍为航电枢纽工程初步设计专家评审会。与会领导、专家和代表查看了工程现场，听取设计单位对“初步设计”的介绍和技术审查咨询单位的咨询意见，一致同意并通过岷江犍为航电枢纽工程“初步设计”。12月25日，四川省举行2015年底重大项目集中开工暨岷江犍为航电枢纽工程开工仪式。省政府副秘书长李志强主持开工仪式，副省长甘霖讲话并宣布开工。岷江犍为航电枢纽项目的开工标志着多年来的岷江港航电综合开发项目迈出历史性的一步。项目全部实施后，长江航道将向四川腹地延伸162公里，可形成常年1 000吨、丰水期3 000吨的通航能力，助推成都经济区连接长江水道、通江达海。

（厅航务局）

合力共建长江四川段“黄金水道”座谈会 2015年3月26日，交通运输部长航局、省交通运输厅同泸

合力共建长江四川段“黄金水道”座谈会备忘录签字现场　　厅航务局 供稿

州、宜宾两市政府在泸州召开“2+2”座谈会，贯彻《国务院关于依托黄金水道推动长江经济带发展的指导意见》，落实交通运输部副部长翁孟勇有关长江上游航运发展的指示，合力共建长江四川段“黄金水道”。省交通运输厅厅长彭琳，长航管理局局长唐冠军，泸州、宜宾两市领导出席会议并讲话。会上，四方本着“统筹协调、加快推进、相互支持、密切配合、各负其责”的原则，签署《合力推进长江干线水富至重庆段航道建设工作备忘录》，明确到“十三五”期末，基本实现水富至宜宾段四级提升为三级航道、宜宾至重庆段三级提升为二级航道的合作目标。《备忘录》还明确合作各方建立定期联系合作机制，加强交流和信息沟通，协调推进相关重点工作，并就下一步各方要着力开展的工作进行分工。省交通运输厅副厅长冯文生出席会议并签署《备忘录》。交通运输部长航局与厅航务局签订《长江水系“十二五”期内河船型标准化工作目标责任书》，明确厅航务局辖区内河船型标准化的10项工作任务。

（厅航务局）

《航道法》宣传与执法培训 2015年5月27日—29日，厅航务局在成都举办全省航务海事系统《航道法》贯彻实施及航道执法管理业务培训。该次培训讲解《航道法》的立法背景和重大意义，逐条解读条文内容，结合全省航道管理工作实际，对《航道法》的重点制度与亮点、航道执法程序规范与执法案例等进行深入细致的分析，并组织讨论交流进一步规范和加强航道管理工作的方式方法。来自各市（州）航务、航道（船闸）管理机构（单位）负责人共计110余人参加培训。

（厅航务局）

航道养护技术考核 2015年8月3日—20日，厅航务局检查组对广元、南充、宜宾、自贡等市2014年度航道养护技术进行考核，开展四川省内河高等级航道养护管理体制调研。检查组一行听取相关市航道管理部门关于2014年度航道养护管理技术总结，详细了解并检查航道日常养护管理、资料归档、航道养护专项资金投入、航道维护设备保养等工作。按照《航道养护管理规定》相关要求，检查组对各地航道养护管理考核项目进行评分，对检查中发现的问题给出综合评价意见。从考评的总体情况看，全省航道养护管理符合相关技术规范，基本达到航道养护效果。

（厅航务局）

泸州火焰碛航段浚深工程启动 2015年11月23日，交通运输部长江航务管理局局长唐冠军主持泸州火焰碛航段浚深工程启动开工仪式。该工程拉开长江干线宜宾至重庆河段航道等级提升的序幕，将为全河段系统整治建设奠定良好基础。省交通运输厅副厅长张琪表示，省交通运输厅将继续会同沿江泸州、宜宾两市人民政府，在中共四川省委，省政府领导下，进一步深化落实《加快四川长江水运发展深化合作备忘录》约定事项，积极配合交通运输部长航局加快推进宜宾至重庆航道建设工程项目后续前期工作，主动做好项目建设的外协保障等工作，及时协调解决工作中的问题，为项目建设创造良好的外部条件和建设环境。

2015年11月23日上午，泸州火焰碛航段浚深工程启动　　厅航务局　供稿

（厅航务局）

航电枢纽建设概况 2015年，全省航电枢纽建设累计完成投资25.6亿元。岷江港航电综合开发取得重要进展。岷江犍为航电枢纽作为国家长江经济带发展战略和省重点建设项目，争取到省、乐山市专项资金各10亿

元，于3月取得省发展改革委关于枢纽上网电价的承诺函，于7月取得国家发展改革委关于枢纽工程可行性研究报告的批复，于10月取得交通运输部关于枢纽初步设计报告的批复。12月25日，犍为航电枢纽正式开工建设，标志着历时近20年的岷江港航电开发实现历史性突破。岷江老木孔、龙溪口等航电枢纽前期工作有序推进。电力生产运营有序开展。全年完成上网电量30.98亿千瓦时，实现产值8.93亿元（含税，下同）。其中，苍溪航电枢纽完成上网电量2.12亿千瓦时，实现产值0.63亿元；沙溪航电枢纽完成上网电量3.11亿千瓦时，实现产值0.98亿元；金银台航电枢纽完成上网电量4.95亿千瓦时，实现产值1.4亿元；新政航电枢纽完成上网电量4.4亿千瓦时，实现产值1.23亿元；金溪航电枢纽完成上网电量5.76亿千瓦时，实现产值1.56亿元；凤仪航电枢纽完成上网电量3.25亿千瓦时，实现产值1亿元；小龙门航电枢纽完成上网电量1.74亿千瓦时，实现产值0.52亿元；桐子壕航电枢纽完成上网电量4.39亿千瓦时，实现产值1.25亿元；金盘子航电枢纽完成上网电量1.26亿千瓦时，实现产值0.36亿元。筹融资工作持续加强。全年完成融资28.65亿元，新增银行贷款授信11亿元，通过置换高息贷款、加强资金调度、完善资金计划等措施，进一步降低公司负债规模及融资成本。各航电枢纽均完成年度目标任务，全年未发生质量安全责任事故。

（省港航公司）

岷江犍为航电枢纽工程正式开工建设 2015年12月25日，四川省2015年底重大项目集中开工暨岷江犍为航电枢纽工程开工仪式在乐山犍为县举行。副省长甘霖出席开工仪式并致辞，省政府副秘书长李志强主持开工仪式。省交投集团董事长、党委书记朱以庄介绍岷江犍为航电枢纽开工准备情况。

甘霖指出，该次集中开工项目是全省稳投资、稳增长的重点项目之一。地方各级政府和相关部门要加大政务服务和政策支持力度，强化要素保障，切实推进项目投资、建设，及时协调解决影响项目实施的突出问题，加快推进项目建设。各项目业主、施工、监理等单位要严格落实项目建设管理制度，在确保质量安全和施工安全的前提下，加快工程进度，确保项目早竣工、早投产、早见效。

朱以庄表示，省交投集团、省港航公司与乐山市、犍为县政府及相关部门紧密配合，顺利完成工程开工准备。公司将充分发挥专业技术、管理优势，优化工程设计，完善施工组织方案，严格落实施工标准化、管理精细化要求，加强项目建设质量安全进度管理，努力为全省现代综合交通枢纽体系建设和长江经济带发展战略加快实施作出贡献。

（岷江公司）

岷江犍为航电枢纽工程报告获批复 2015年7月7日，国家发展改革委正式批复岷江犍为航电枢纽工程可行性研究报告，标志着犍为枢纽具备合法建设条件，为项目年内开工建设创造了重要条件。

省港航公司、岷江公司积极协调设计单位，及时编制、修改完善犍为枢纽工程可行性研究报告，多次到京向国家有关部委汇报，得到相关部门的理解和支持。经过各方近3年的共同努力，犍为枢纽工程可行性研究报告顺利通过国家发展改革委中咨公司的评估和交通运输部规划研究院的审查；交通运输部、国家发展改革委也先后出具关于枢纽工程可行性研究报告的审查意见和批复。

犍为航电枢纽是规划建设的岷江（乐山—龙溪口）航电梯级开发方案中的第3级，枢纽装机容量50万千瓦，规划等级为三级航道。项目估算总投资约105.022亿元，其中交通运输部已明确安排9.975亿元资金用于该项目基础设施建设。省港航公司、岷江公司将继续积极推进犍为枢纽开工准备各项工作，确保工程年内顺利开工建设。

（岷江公司）

岷江犍为航电枢纽工程初步设计通过审查 2015年8月1日—8月2日，交通运输部在成都组织召开岷江犍为航电枢纽工程初步设计专家评审会。

岷江（乐山至宜宾）162公里航道是国家批准的高等级航道，也是四川重大装备出川的唯一水上通道。岷江犍为航电枢纽工程位于岷江下游乐山市犍为县境内，是岷江下游（乐山—宜宾）航电规划的第3个梯级，总装机容量500兆瓦，规划等级为三级航道，项目估算总投资约105亿元，其中交通运输部在项目可研批复中明确国家安排资金约10亿元。犍为航电枢纽是国务院《长江经济带综合立体交通走廊规划（2014—2020年）》中规划重点项目，加快实施该项目是中共四川省委，省政府贯彻落实长江经济带发展战略，构建长江经济带综合立体交通走廊的重要举措。6月19日，犍为航电枢纽工程初步设计已顺利通过省交通运输厅组织的预审；7月7日，国家发展改革委正式批复犍为航电枢纽可行性研究报告。

审查会期间，与会领导、专家实地踏勘枢纽现场，并听取了设计单位和审查咨询单位关于岷江航电犍为枢纽工程初步设计的报告。专家组从水文、地质、概算、施工、移民、机电、金结等方面对项目初步设计报告成果进行了科学严谨、全面细致地专业评审，形成宝贵的指导意见。会议认为犍为枢纽初步设计报告符合国家发展改革委对该工程可行性研究报告批复要求，达到交通运输部对初步设计文件编制规定的内容和深度要求，一致同意通过审查。省港航公司、岷江公司按照专家意见要求，会同设计单位加紧修改、完善犍为航电枢纽初步设计报告，为年内工程顺利开工建设奠定基础。

（岷江公司）

岷江犍为航电枢纽工程初步设计获批复 2015年10月8日，交通运输部正式出具《关于岷江犍为航电枢纽工程初步设计的批复》，认为犍为航电枢纽初步设计基本符合航道工程初步设计文件编制规定的内容和深度要求，核定工程总概算投资为104.239亿元，并对工程建设内容和规模、枢纽总体布置、建设工期等进行批复。标志着犍为航电枢纽工程建设标准、规模和方案全部得以明确，全面进入工程建设实施阶段，为工程年内合法开工建设和投资控制奠定坚实基础。

（岷江公司）

犍为航电枢纽开工协调会 2015年11月30日，犍为航电枢纽开工协调会在犍为航电枢纽临时建设营地召开。中共乐山市委副书记、市长张彤，省港航公司董事长贺晓春等出席会议。

会议分别听取乐山市交委、犍为县政府、岷江公司等单位工作汇报并重点研究讨论犍为航电枢纽征地移民安置、开工筹备、现场施工保障等问题。张彤指出，犍为枢纽开工准备工作快速有序开展。乐山市、犍为县相关部门要继续抓好征地移民安置，确保安置到位、群众稳定；市、县、企要共同做好施工交通保障和现场组织，确保工程全面、连续施工；各方要进一步做好开工筹备工作，确保工程顺利开工。

贺晓春表示，省港航公司将切实做好施工组织、工程设计、建设协调等工作，将项目打造成为独具特色的现代化优质精品工程。

（岷江公司）

冯文生调研岷江犍为航电枢纽 2015年12月9日，省交投集团总经理冯文生，中共乐山市委常委、副市长黄平林一行调研犍为航电枢纽开工准备工作并召开专题座谈会。

冯文生一行实地察看岷江航电鱼类增殖放流站及犍为航电枢纽建设营地选址、枢纽工程坝址，听取犍为枢纽项目概况、开工准备、施工布置等情况汇报。在犍为枢纽临时建设营地召开专题座谈会，重点研究犍为枢纽开工用地、征地移民安置、施工组织、开工仪式方案等工作。他指出，犍为航电枢纽作为国家、省、市重点水运工程项目，开工准备工作推进务实有效，希望乐山市、犍为县继续加大支持协调力度，按计划及时交付枢纽开工所需剩余建设用地、鱼类增殖放流站及建设营地用地。省港航公司要在乐山市的指导、支持下，加强与犍为县沟通、协调、配合，做好征地移民、维稳及开工准备工作，确保航电枢纽顺利开工建设；切实按照工程建设要求抓好工程招标、施工组织和质量、安全管理。

（岷江公司）

张琪调研犍为航电枢纽 2015年11月10日，省交通运输厅副厅长张琪一行到犍为航电枢纽调研并召开犍为枢纽建设座谈会。厅航务局局长刘孝明，乐山市副市长黄平林，省港航公司董事长贺晓春等陪同调研。

2015年11月10日，省交通运输厅副厅长张琪（前排左三）调研犍为航电枢纽开工准备工作 省港航公司 供稿

张琪一行先后察看岷江航电鱼类增殖放流站及业主营地选址、犍为航电枢纽坝址、中坝储料场，听取项目概况、征地移民、开工准备等工作汇报。

张琪指出，岷江港航电综合开发是四川“十三五”规划期最重要的水运建设项目，在有关各方的共同努力下，犍为航电枢纽年内开工建设加紧推进。市企各方要紧紧围绕项目年内开工目标，加强协调配合，重点抓好征地移民、开工准备、工程建设管理工作。省交通运输厅将加强协调，积极为犍为航电枢纽争取部、省专项资金。

（岷江公司）

李曙光调研凤仪航电枢纽 2015年1月8日，省经信委副主任李曙光到凤仪航电枢纽调研生产经营情况。李曙光认真听取凤仪公司及港航公司控股其他嘉陵江航电枢纽项目的建设经营情况后指出，公司要结合嘉陵江航电枢纽项目公益性强、投资大、效益差等实际情况，加强向省级有关部门汇报，争取特殊电价政策；在售电形势相对紧张情况下，省经信委将在发电计划安排上继续给予省港航公司控股航电枢纽帮助和支持，确保航电枢纽持续健康运营，实现国有资产保值增值。

（凤仪公司）

凤仪航电枢纽工程获“2014年度生产建设项目水土保持生态文明工程”称号 2015年4月，凤仪航电枢纽工程被省水利厅评为“2014年度生产建设项目水土保持生态文明工程”。

凤仪公司高度重视水土保持生态建设，严格落实防治责任，制订相关管理制度和考核办法，认真组织实施水土保持措施设计，有效控制生产建设项目可能产生的水土流失危害，后续植被恢复情况良好，保护并在一定程度上改善周边环境，为四川水土保持生态文明建设作出了积极贡献。

（凤仪公司）

桐子壕公司自主研发技术获得国家发明专利 2015年，由桐子壕公司自主研发的“灯泡贯流式水轮发电机组一、二次冷却水混合利用系统”获得国家知识产权局发明专利授权。该项技术成功解决灯泡贯流式水轮发电机组发电机冷却困难的行业难题，在夏季高温季节能够较好的降低机组温度，避免因发电机温度过高，机组出力降低而导致的经济损失，有效提高机组运行效率，为枢纽安全生产创造了条件。

（桐子壕公司）

嘉陵江川境段航运配套工程二期工程初步设计评审会 2015年9月25日，厅航务局在成都主持召开嘉陵江川境段航运配套工程二期工程初步设计评审会。

嘉陵江川境段航运配套工程二期工程建设范围为嘉陵江干流广元—金溪枢纽段319公里航道，属嘉陵江川境段的上段，概算总投资为7.26亿元。与会专家对报告中的工程整治措施、配套支持保障系统等内容进行细致、深入的评审，一致认为设计成果参照标准合理，处理措施正确，编制深度满足要求，原则上同意通过评审。省港航公司将根据专家意见进一步完善报告。

（江源公司）

新政沙溪苍溪凤仪航电枢纽通过大坝甲级安全注册 2015年10月，经国家能源局大坝安全监察中心批复，新政、沙溪、苍溪、凤仪航电枢纽大坝顺利通过大坝甲级安全注册。

2015年以来，4家单位按照《水电站大坝运行安全监督管理规定》要求，进一步完善大坝运行管理报告，明确大坝管理机构，建立健全大坝安全管理规章制度和操作规程，先后通过由国家能源局组织的大坝安全注册现场检查。4家单位该次通过大坝甲级安全注册后，将严格按照国家有关规定和要求，一是进一步建立健全大坝安全管理规章制度，加紧完成工程档案资料的编目及验收、运行期资料的编目工作；二是加强日常对水工建筑物巡视、监测工作，确保枢纽水工建筑物安全稳定运行；三是尽快完善完成大坝安全管理信息系统，加强对大坝安全的日常管理和实时监控，提高大坝安全管理水平，有力保障沿江群众生命财产安全。

（省港航公司）

港口建设

GANGKOU JIANSHE

重点港口建设 南充港都京作业区一期工程总投资13.32亿元，累计完成11.09亿元，完成总投资的83%，2015年完成投资2.5亿元，为年度计划的100%。港口总体完成土建工程85.1%，设备采购安装完成22.5%。前沿框架全部完成，后方陆域和生产辅助区基本完成，港口生产机械基本完成安装并投入运行，港务大楼主体结构完成。

广元港红岩作业区一期工程概算批复投资7.06亿元，2014年12月27日开港试运行。工程主体全部完成，港务大楼装修、智能生产设备安装、控制系统施工处于收尾工作。

广安港新东门作业区一期工程总投资12.59亿元，已于2013年1月15日开港试运行，完成总投资的74%，2015年完成投资0.58亿元，累计完成投资9.33亿元。工程港口前沿框架、陆域堆场、生产辅助区基本建设完成，完成交工验收准备。

南充港河西作业区化工园区专用码头工程总投资8.9亿元，为一类河港，建设8个500吨级泊位，中远期停靠1 000吨级船舶，设计年吞吐量件杂货195吨。2015年完成投资4亿元，为年度计划的100%，累计完成投资7.17亿元，完成总投资的81%。2015年12月30日开港试运行。

（厅航务局）

泸州港进境粮食指定口岸正式投运 2015年1月15日，从澳大利亚进口876吨大麦的40个集装箱在泸州港卸载，经"一关三检"后进入港口进口粮食储备仓库堆存，标志着泸州港进境粮食指定口岸正式投入运行，结束国外进口粮食不能直接在四川入境的历史。泸州港也成为全省第一家正式投运的进境粮食指定口岸。

2015年1月15日，泸州港进境粮食指定口岸正式投运 省港航公司 供稿

泸州港进境粮食指定口岸已建成7 300平方米的进口粮食储备仓库，11 000平方米的查验场地，750平方米的查验平台，进境粮食接卸能力达每年100万吨。泸州港进境粮食指定口岸投入运行，将有效降低进口粮食物流运输成本，促进四川及西南地区白酒、饲料加工等以进口粮食为原料的产业发展，服务和带动腹地开放型经济加快发展。

（泸州港务公司）

国务院第七督查组调研泸州港 2015年6月8日，国务院第七督查组副组长、国家发改委副主任连维良率财政部、农业部、国务院办公厅等国家部委相关领导到泸州港调研。中共泸州市委书记蒋辅义，中共泸州市委副书记、市长刘强，中共泸州市委常委、常务副市长曹俊杰陪同调研。

连维良一行先后实地调研泸州港集装箱堆场和前沿平台，听取关于泸州港集疏运体系、货源腹地及班轮班列等情况的汇报，详细询问泸州港生产经营情况，对泸州大力发展外向型经济和港口物流产业表示肯定。

（泸州港务公司）

国务院安委会综合督查组检查泸州港安全工作 2015年8月29日，农业部副部长于康震带领国务院安委会综合督查组第八组，对泸州港安全生产工作进行突击检查。泸州市市长刘强、副市长张文军及省市相关部门负责人参加检查。

督查组成员仔细查阅相关资料，详细询问公司安全生产情况，充分肯定港口安全工作整体情况，要求公司必须严格落实安全生产主体责任；严禁违规吊装、储存危化品集装箱；加大安全隐患排查整治力度；加强海关监管区外贸集装箱的安全监管，必须分类堆存，并配置相应安全、消防设施；完善各种应急救援预案，并定期对员工进行培训学习和实施演练，提高各种突发事件的应急处置能力。

（泸州港务公司）

何建中调研泸州港 2015年2月5日，交通运输部副部长何建中一行到泸州港调研。省政府副秘书长戴东昌，省交通运输厅厅长彭琳，中共泸州市委书记蒋辅义，中共泸州市委常委李晓宇，厅航务局局长许东明等陪同调研。

何建中实地调研进港铁路专线、进境粮食指定口岸仓库及码头堆场，详细了解有关泸州港集疏运体系及市场腹地、园区规划、铁水联运、进口粮食口岸、港口战略合作等情况，对泸州港多式联运取得的成绩表示肯定，要求泸州港紧抓长江经济带建设的重要战略机遇，加快长江航道川境段升级工作进度，推动港口持续健康发展。

（泸州港务公司）

高烽调研泸州港 2015年10月29日，四川省政协副主席、秘书长高烽到泸州港调研，中共泸州市委副书记曹建国，市政协主席喻双等陪同调研。

高烽一行实地察看码头前沿及集装箱堆场，听取关于港口集疏运体系、物流通道等情况的汇报，详细了解货源情况、川江航道升级、铁水联运、港口吞吐量和港口建设经营等情况。高烽强调，泸州港要做好港口的建设发展规划，配合泸州市政府做好招商引资工作，充分发挥“天府首港”的区位优势，更好地为泸州、西南经济区乃至四川的社会经济发展作出更大贡献。

（泸州港务公司）

陈英明调研泸州港多式联运 2015年8月28日，中国港口协会常务副会长陈英明到泸州港调研多式联运。陈英明一行先后实地查看进境粮食指定口岸仓库、进港铁路专线及集装箱堆场，听取关于泸州港集疏运体系、港口战略合作、水水中转及班轮班列等情况的汇报，详细询问货源腹地、港口生产经营、无水港设立、龙溪口二作业区规划建设等情况。陈英明指出，中国港口协会十分重视和泸州港的联系，支持开展川江航道升级工程，进一步促进内河航运的发展，港口建设与区域经济协调发展。

（泸州港务公司）

交通运输部水运局调研泸州港转型升级工作 2015年1月8日，交通运输部水运局相关领导到泸州港调研港口转型升级工作。

调研组一行实地查看了进港铁路专线、集装箱堆场及码头前沿平台，听取泸州港关于港口物流战略合作、铁水联运、港口功能转型升级等情况汇报，对泸州港在转型升级上取得的成绩表示肯定，建议泸州港一是大力发展临港产业，加快调整产业结构，以港口为依托吸引大进大出、大运量产业临港布局，加快产业转型升级以支撑港口发展；二是拓展现代港口服务功能，加快港口集疏运体系建设，大力发展集装箱江海和水陆联运；三是积极争取国家、省、市适当的政策扶持，降低通道成本，形成“虹吸效应”吸引周边货源。

（泸州港务公司）

渡改人行桥建设 2010—2015年，全省渡改人行桥下达计划总数为564座，已完成430座，占计划总数的76.24%，在建94座，未开工40座，其中2014年下达计划162座，已完成87座，在建47座，未开工28座，完成率53.7%。2015年建设完成105座，完成年度100座建设目标。

（厅航务局）

南充市营山县渡改人行桥 厅航务局 供稿

遂宁市大英县佛尔岩人行索桥 厅航务局 供稿

巴中市通江县七道河渡改人行桥 厅航务局 供稿

广安岳池平滩渡改人行桥 厅航务局 供稿

公路水路勘察设计

GONGLU SHUILU KANCHA SHEJI

厅公路设计院工作概况 2015年，省交通运输厅公路设计院市场营销、生产、科研等工作取得进展。

市场营销 全年签订合同502份，合同总金额7亿元，其中省内项目占83%；中标成都新机场高速公路、资阳至潼南高速公路等重大项目及成温邛高速公路、成彭高速公路改造等项目。取得广东惠清路、甘肃甜罗路、云南沾会路等高速公路项目勘察设计与咨询业务。取得陕西省代交通运输部审查和广东、西藏、新疆（省、自治区）等地区代省交通运输厅审查项目，省外市场比例达15%。以自主经营模式为主，取得凉山、阿坝、甘孜、泸州、广安、南充、攀枝花等多个市（州）地方重点项目，自主经营占全院合同总额50%以上。

生产任务 完成产值7.55亿元，其中勘察设计产值5.5亿元，非勘察设计产值2.05亿元。完成《四川省综合交通运输“十三五”发展规划》《四川省普通国道提档升级建设推进方案（2015—2020年）》等5个重点规划项目及甘孜州、阿坝州等18个地方规划项目；及时推进和修改完善双流机场第二高速公路、九绵路等16个重点项目共1 889公里工程可行性研究报告，保障了重点项目储备。修改完成9个重点项目共1 196公里初步勘察设计；完成多个省重点项目施工图勘察设计；基本完成宜攀沿江高速公路494公里的总体方案设计。完成多个公路改建工程初设、施设工作和甘孜州46座溜索改桥工程等项目勘察设计，全部项目实现合同履约，满足业主要求和建设需要。对雅康、汶马高速公路等25个重点项目共派出常驻设计代表49人，完成后期服务任务。2015年8月，及时派人投入泸州市叙永县泥石流等重大地质灾害抢险救灾，优质完成应急抢险技术保障任务。

科研成果 获8项科学技术奖。其中，获中国公路学会科学技术特等奖、四川省科学技术进步一等奖、湖北省技术发明一等奖、广西省科学技术进步一等奖各1项；获13项部、省级优秀勘察、设计、咨询奖，其中6项为部省级一等奖；获3项发明专利和4项实用新型专利授权。主编的交通运输部行业标准《公路钢管混凝土拱桥设计规范》及5项地方标准颁布执行。

基地与标准化建设 完成路面实验室土建和设备安装工作，正式获批成立全省唯一一家“四川省路面结构材料及养护工程实验室”；加快推进“地质灾害防治技术国家工程实验室温江试验中心”建设，自主研发和建设的六自由度大吨位伺服协调加载系统完成基坑土建和安装；加快推进“四川省公路智能服务系统”建设，完成一期工程，启动开展二期工程；四川省交通工程检测设备计量检定站检定业务逐步增长，业务范围扩展至重庆、广西、云南等省市。按照省交通运输厅部署开展“四川公路设计产品标准化研究与应用”研究，编制完成《四川省高速公路标准化设计导则》《四川省高速公路机电设施设计指南》《四川高速公路服务区设计指南》及桥梁、隧道专业部分通用设计图、参考图。

管理工作 优化内设机构，成立北京、上海、新疆、福建4个省外分院和智慧交通研究所；增设岩土工程二分院，撤销工程造价分院。加快博士后创新实践基地建设，加强与西南交大、广西大学、同济大学等高等院校合作。举办职工教育培训60余次，培训1 800余人次，推荐各类专家47人次，产生四川省学术和技术带头人等各类专家10人。完善管理体系，启动三标合一管理体系E版文件修编工作，细化运作流程，强化过程控制，确保产品合格率达100%，安全生产无事故。举办2期法律专题培训讲座，加强法律顾问咨询工作，对现有规章制度进行法律评审，确保各项工作依法合规运行。

2015年，厅公路设计院荣获“全国交通运输系统先进集体”称号。

2015年5月，交通运输部、共青团中央表彰一批近两年工作业绩突出、业务能力精湛、工作作风过硬、社会评价优良的优秀青年集体，厅公路设计院隧道与地下工程分院获“2013—2014年度全国青年文明号”。也是该分院继2008年、2013年后第3次被继续认定为“全国青年文明号”。

2015年5月，第二季全国“最美青工”主题活动评选结果正式揭晓，厅公路设计院林智敏作为全省唯一代表，从全国近500名候选人中脱颖而出，获“全国最美青工”称号。

（匡成刚　刘　扬）

路面结构材料及养护工程实验室　2015年12月，四川省发展改革委正式批复同意厅公路设计院成立全省道路工程领域第一个权威性省级实验室——四川省路面结构材料及养护工程实验室。实验室作为专业从事道路工程路面结构材料及养护研发与推广的省级创新平台，为路面结构材料及养护提供技术支持，重点围绕长寿命路面结构、四新技术、路况快速检测、养护工程设计及养护分析决策管理五大领域，开展关键技术、新材料研发、软件开发及工程化验证；解决路面发展难点问题，推进相关标准制订及产业化示范，建设高起点、高标准和高目标的开放式科技创新平台。

（匡成刚）

签署院校战略合作协议　2015年9月29日，厅公路设计院与广西大学签署战略合作协议。根据协议，双方将坚持“资源共享、互利共赢、共同发展”和“需求导向、全面开放、深度融合、创新引领”的原则，汇聚双方一流人才团队、优势学科平台、优质科研资源等创新要素协同开展科技创新。

（匡成刚）

《四川省普通国道提档升级建设推进方案（2015—2020年）》项目简介　2015年，厅公路设计院编制《四川省普通国道提档升级建设推进方案（2015—2020年）》（以下简称《方案》）。《方案》围绕构建长江经济带综合立体交通走廊和全面建成小康社会发展目标，按照突出重点、分类指导、低碳集约、整体统筹的基本原则，推进普通国道提级改造，提高普通公路公共服务水平，发挥普通国道在非收费公路体系中的主体功能和作用。

2015—2020年，以五大经济区及四大城市群互联通道、区域中心城市辐射县级行政节点通道、民族地区与集中连片特困地区发展通道为重点，推进普通国道改造建设，提升公路技术等级、路况水平和养护管理能力。规划期内，全省普通国道建设总规模12 340公里（其中路面改造4 000公里），配套建设养护设施1 004个，匡算总投资1 480亿元。

到2020年，普通国道整体技术状况和等级水平显著提高，二级及以上公路比重达70%，内地二级、三州三级及以上公路比重达96%，路况水平全面提升，充分发挥普通国道在长江上游综合立体交通走廊中应有的功能和作用。应急处置和通行保障能力明显增强，县级及以上政府所在地实现二级及以上（三州三级及以上）普通国道100%连通，全省32条普通国道中，27条实现二级及以上（三州三级及以上）全线贯通，公共服务能力和水平进一步提升。服务区域和新型城镇化发展经济通道不断完善，全省普通国道一级公路里程分别达3 600公里以上，城市群城际之间、区域中心城市与县城之间、重要县城之间快速通道网络进一步完善，城市过境交通压力有效缓解。

（综合交通规划分院）

广安过境高速公路东环线及渝广高速支线设计简介　广安市过境高速公路东环线及渝广高速支线项目是四川省、重庆市、广安市及合川区公路网重要组成部分，项目连接广安区、前锋区、华蓥市、岳池县及重庆合川区，位于川渝经济合作区域，是广安主城区过境交通重要通道和川渝合作高速公路支线。采用双向四车道高速公路技术标准建设，设计时速80公里，路基宽25.5米；同步建设的前锋连接线采用双向四车道一级公路标准建设，设计时速60公里，路基宽23米。推荐方案路线长81.382公里（四川境69.646公里，重庆境11.736公里），前锋连接线13.022公里。

（勘察设计四分院）

资阳至潼南高速公路A1标段设计简介　资阳至潼南（川渝界）高速公路A1标段路线长55.78公里，起于简阳市江源镇成都经济区环线高速公路，顺接成都新机场高速公路；向东与成渝高速公路、遂资眉高速公路相接，止于雁江区回龙乡巡泗村，与成都新机场高速公路构成连接天府新区和两江新区最便捷通道。项目采用双向六车道高速公路技术标准建设，设计时速80公里，路基宽34米，全线设互通式立交9处，平均间距6.16公里。

（勘察设计三分院）

沾会高速公路设计简介　2015年，厅公路设计院完成沾益至会泽高速公路项目设计。项目位于云南省曲靖市，是国家高速公路网国道56线杭瑞高速公路和国道85线银昆高速公路联络线。同时，项目直接连接曲靖市沾益县与会泽县，是云南省和滇东北地区重要的联络通道。

项目以通行小客车为主，采用四车道高速公路标准设计，设计时速80公里，路基宽24.5米，设计汽车荷载为公路Ⅰ级，项目主线全长35.053公里，设置4处互通式立交，连接线2处1.702公里，服务区1处。主线设置桥梁（含互通式立交主线桥梁）44座9 430米，占路线里程26.90%；主线隧道6座6 273米，占路线里程17.89%；桥隧比44.80%。项目于2015年7月开工建设。

项目主要控制性节点工程为牛栏江特大桥和打板坡枢纽互通，牛栏山特大桥上部结构采用预应力砼先简支后结构连续T梁和预应力砼连续刚构；下部结构采用钢

沾会高速公路牛栏江特大桥效果图　　厅公路设计院 供稿

筋砼薄壁箱式桥墩，引桥下部结构空心方墩、桩基础，全长548米。

打板坡枢纽互通位于项目终点板坡村，与国道85线银昆高速公路相接，采用复合互通形式。

（勘察设计四分院）

兴文至石海段改造公路设计简介　省道312线兴文至石海段位于宜宾市兴文县境内，是石海景区与宜叙、纳黔高速公路相接的重要通道，原公路技术等级为三级，目前道路通行能力严重不适应。

改造路线起于兴文县城原省道309线与古高路平交处，向南经麒麟乡、石海镇，至石海景区门口。全线基本沿原路改建，全长24.345公里，路基宽8.5～12米，按二级公路标准改建设计，一般路段设计时速60公里，个别路段采用二级公路下限时速40公里改建。项目止于国家级风景名胜区内，改造通过生态防护，形成乔、灌、草结合的边坡坡面，美化了路容，节约了土地。

项目于2015年5月开工建设，同年12月竣工通车。

（勘察设计四分院）

德州至米易段改建公路设计简介　德昌县德州镇至米易段公路改建工程是《四川省凉山彝族自治州2013—2015年公路水路交通建设推进方案》规划等级改造公路项目之一，根据《四川省普通省道网布局规划（2013—2030年）》，项目已规划为省道219线。

项目起于老德盐路与西环路交叉口，止于德昌县与米易县交界处。路线全长49.959公里，采用双向双车道，三级公路标准设计，设计时速30公里，路基宽7.5米～8.5米，沥青砼路面；桥梁与路基同宽，设计荷载等级为公路Ⅰ级。项目于2016年3月开工建设。

项目设计中引入城市道路设计理念和思路，采用“雨箅子+横向排水管+路基边沟”组合排水方式，缩减公路用地，降低房屋拆迁面积。

（勘察设计四分院）

成都至南江公路仪陇段改造工程设计简介　2015年，厅公路设计院完成省道成都至南江公路仪陇段改造工程项目设计。省道101线成南公路起于成都市，经德阳市、绵阳市、南充市，止于巴中市，路线总长约547公里，仪陇县境内长度31.474公里。项目作为仪陇县境内的集散主干线，北至巴中，南接南部，与规划待建的新马公路平行，构成仪陇县南北纵线主骨干网。

项目起于南部县、仪陇县交界的康家湾，止于仪陇县、巴中市恩阳区交界的白果坪，全长31.474公里，采用二级公路标准设计，设计时速60公里（局部路段时速40公里）；路基宽12米，沥青砼路面，设计荷载等级为公路Ⅰ级。

项目设计将传统浆砌挖方边沟改为矩形盖板边沟，使路幅与边坡顺适衔接，美化路容景观，增加行车安全性。

（勘察设计四分院）

广西沿海高速公路路面改建工程项目简介　项目是广西公路网主骨架纵向干线桂海高速公路的重要路段和广西“四纵六横三支线”高速公路网中“纵4”线南丹至东兴和“横6”线合浦至那坡公路主要构成路段。2015年6月，主体工程完工。

2015年，广西沿海高速公路铺筑完成沥青路面　　厅公路设计院 供稿

项目是厅公路设计院在省外推广“三环路集成模式”第一个大型项目，配备路面专业技术团队，依托项目自建实验室，提供全面路面技术监控服务，全面贯彻

设计意图，提供技术指导服务，监控项目质量。项目投入技术人员46人，高级职称人员10人，中级职称人员16人。

（厅公路设计院）

德阳至都江堰高速公路设计简介 国道0511线德阳至都江堰高速公路是国高网规划的京昆高速公路联络线，是德阳以北及以东地区前往阿坝、甘孜、西藏地区唯一一条便捷高速公路通道，也是连接成都、德阳、资阳、眉山等市的重要城际通道。因其“城镇密集、综合交通体系密集、风景名胜区密集、控制性地物密集”特性，项目互通规模大，桥梁比例高。

主线起点至成灌高速公路段设计时速120公里，路基宽34.5米，双向六车道；止点都汶高速公路共线路段设计时速120公里，路基宽42米，双向八车道；绵竹延伸线设计时速80公里，路基宽25.5米，双向四车道。主线全长91.421公里，互通立交16处，桥梁156座40 991米，桥梁比44.8%；绵竹延伸线全长17.972公里，互通立交2处，桥梁73座33 687米，桥梁比20.5%，初步概算149.8亿元。

（勘察设计二分院）

成雅快速通道雅安段项目简介 2015年，厅公路设计院完成成雅快速通道雅安段工程可行性研究报告。项目连接成新蒲快速通道，止于对岩镇，接国道108线。路线全长60.37公里，其中蒲江至永兴全长30.88公里，设计时速80公里，路基宽28米，双向四车道；永兴至对岩全长29.49公里，设计时速60公里，路基宽18米，双向四车道。推荐方案总投资估算32.73亿元，设置特大桥1座1 923米，大桥16座4 396.5米，中桥12座616.5米，短隧道3座1 465米。

（勘察设计二分院）

杨柳桥至黄泥梁子段公路设计简介 2015年，厅公路设计院完成国道227线杨柳桥至黄泥梁子（米易界）段公路设计。项目主要沿既有县道0932线布设，起于国道348线（原省道307线）盐源县双河乡杨柳桥村，经树河镇、甘塘乡，止于盐源县和米易县交界处雅砻江边黄泥梁子，接规划建设的雅砻江特大桥。路线全长61.093公里，采用三级公路技术标准设计（局部困难路段降低部分技术指标），设计时速30公里，路基宽7.5米，沥青混凝土路面，双向二车道；涵洞224道2 816.1米，小桥6座126米，中桥9座414米，大桥2座216米，平面交叉18处，桥隧比例1.24%。项目总投资5亿元。

（勘察设计五分院）

泸黄高速公路加宽改造试验段设计简介 泸黄高速公路是京昆高速公路重要组成路段，原路于2000年建成通车，路线全长70公里，路基宽19.5米。加宽改造工程泸沽至漫水湾试验段是四川省第一条开工建设的高速公路改扩建工程，也是地形地质条件复杂、加宽改造实施难度大的路段。项目起于泸沽互通，止于漫水湾互通，全长10.866公里，设计时速80公里，部分路段路基宽24.5米，双向四车道；部分路段路基宽32米，双向六车道。利用桥涵维持原设计荷载标准，新建桥梁设计荷载标准为Ⅰ级。项目改造大桥2座527.8米、中桥6座289.2米、小桥17座333.3米、涵洞44道，泸沽、漫水湾互通立交2处，下穿分离式立交1座，人行天桥2座。项目2015年底开工建设，工期2年。

（勘察设计三分院）

凉山州金沙江溜索改桥项目简介 2015年10月，厅公路设计院设计的金沙江溜索改桥项目开工建设。项目包括金阳县对坪西营组一村溜索改桥和布拖县冯家坪村溜索改桥工程。

金阳县对坪溜索长325 米，主要连通四川省金阳县对坪镇与云南省巧家县东坪镇太平场移民安置点，直接涉及四川岸人口8 000 人，云南岸人口1 193 人。设计的金阳对坪金沙江特大桥全长1.707公里，其中桥梁长391.9米，宽10.5米。主桥采用净跨径280米上承式劲性骨架钢筋混凝土拱桥，总造价1.21亿元。

金阳对坪金沙江特大桥效果图　　厅公路设计院 供稿

布拖县冯家坪溜索（云南境称“鹦哥溜索”）有“亚洲第一高溜”称号，离金沙江面260米，长470米。设计的布拖冯家坪金沙江特大桥全长8.521公里，其中桥梁长385.2米，宽9米。主桥采用净跨径260米上承式劲性骨架钢筋混凝土箱拱，总造价1.68亿元。

（桥梁勘察设计分院）

箐口山隧道勘察设计简介 2015年，厅公路设计院完成箐口山隧道勘察设计工作。国道353线箐口山隧道是原省道307线雷波县境内一段，根据《国家公路网规划（2013年—2030年）》调整为国道353线。项目起于雷波县马湖乡附近，设置长度2.281公里隧道穿越箐口山，止于箐口乡红岩村，全长5.855公里。项目按三级公

箐口山隧道效果图　　厅公路设计院 供稿

路标准设计，设计时速40公里，总投资预算2.02亿元。

项目海拔相对较高，原路纵坡较大，地表水系较发达，每年11月中旬至次年3月下旬，冰雪灾害特别严重。针对隧道洞口浅埋进洞、缓倾软硬岩互层、构造破碎带、涌突水、逆坡排水五大不良地质，设计拟定支护参数和处治方案，根据“新奥法”施工原理，创新设计理念，落实隧道信息化施工措施和工程数量。

（隧道与地下工程分院）

黄土梁隧道勘察设计简介　黄土梁隧道是九绵高速公路控制性工程，具有海拔较高、工程复杂、施工周期长等特点。项目入口位于阿坝州九寨沟县浦南村，穿黄

黄土梁隧道绵阳端洞口效果图　　厅公路设计院 供稿

土梁至绵阳市平武县，按全部控制出入、全立交四车道高速公路标准设计，设计时速80公里。先期开工路段长15公里，总投资39亿元，含超双洞特长隧道1座13 006.5米。项目左线长13 013米，右线长13 000米，最大埋深1 092米；隧道九寨沟端设置施工支洞1座235米辅助主洞施工，设置通风斜井1组；绵阳端设置通风竖井1组。项目勘察期间，多次调研在建省道205线黄土梁特长隧道设计施工情况，优化了支护参数；针对隧道大变形、涌突水、岩爆等不良地质条件，引入“预设计”概念，按不良地质“强、中、弱”等级分别设计应对措施。

项目于2015年底开工，建设期6年。

（隧道与地下工程分院）

厅交通设计院工作概况　2015年，厅交通设计院生产、经营、设计、管理等方面取得进展。

生产任务　完成凉山港、自贡港总体规划，长江（水富—宜宾段）航道整治工程预可行性研究和工程可行性研究、广元港张家坝作业区（一区）一期工程可行性研究、岷江犍为航电枢纽船闸工程初步设计、黄河银川段航运建设二期工程初步设计、嘉陵江川境段航运配套工程一期工程（小龙门、凤仪场、马回库区）航道整治施工图设计、宜宾港志城作业区散货泊位工程施工图设计等60余个水运项目各阶段勘察设计工作；完成旺苍县交通运输“十三五”发展规划、中江县“十三五”交通专项规划、马尔康至甘孜界高速公路预可行性研究、绵阳至苍溪高速公路工程可行性研究、郎木寺至川主寺高速公路工程可行性研究、成都经济区环线高速公路蒲江至都江堰段工程初步设计、成德南槐树互通至遂西高速西充西互通连接线工程初步设计、国道245线乌斯河至甘洛县城段改建工程施工图设计、省道217线甘洛至石棉公路（甘洛境）改建工程施工图设计、省道101线河东至楠木段公路改造工程施工图设计等100余个公路专业项目各阶段勘察设计工作；承担成彭高速公路综合改造工程可行性研究、干线公路联网畅通工程国道108线绵阳市城区过境段工程可行性研究、四川省交通运输监测与应急指挥系统（二期）工程可行性研究等10余个代省发展改革委审查项目；加强在建水运公路共95个项目后期服务，建立后期服务重大设计变更工作机制，全年组织设计及工地回访共计80次。

市场经营　新增项目300余项，新增勘察设计合同产值5.7亿元。合同产值实现平稳过渡，公路专业合同产值结构逐步优化，努力开拓新业务市场；市场业务收入创历史新高；资质能力建设实现突破；强化市场战略合作，自主经营模式初见成效；加强经营管理工作，拟定工作制度，规范经营管理。

质量管理和科研项目　QES（质量、环境、安全，下同）三体系建设正式完成并持续运行，勘察设计全过程有效控制，勘察设计产品成果合格率达100%。14个项目获四川省优秀勘察设计、四川省优秀咨询成果奖项，其中《重庆市嘉陵江航运开发草街航电枢纽船闸工程》获四川省优秀勘察设计一等奖，《厦门至成都公路黔川界至纳溪段高速公路A2合同段工程》获四川省优秀勘察设计二等奖，《成都经济区环线高速公路简阳至蒲江段工程可行性研究报告》获四川省优秀咨询成果一等奖。新立项“嘉陵江渠化工程科技成果推广及航运发展关键技术研究”等8项科研项目，“金沙江翻坝运输关键技术研究”等12项科研项目有序推进，“山区大水位差散货码头装卸工艺关键技术研究”等7个科研项目通过验收。积极参与设计指南编制等新任务。按省交通运输厅要求参与《四川省高速公路标准化设计导则》《四川省

高速公路机电设施设计指南》《四川省高速公路服务区设计指南》编制和《加强交通运输行业科技成果转化工作的意见》推进。

行政管理 能力建设取得新突破。取得工程勘察综合甲级资质，工程咨询评估资质升为甲级，取得工程招标代理资质和市政咨询资质。出台和修订《对投资企业财务管理的规定（试行）》《固定资产管理办法（试行）》等12项管理制度。启动BIM研发工作，获得“新川工业园C线南、北段市政工程”BIM设计项目，在全国“创新杯”建筑信息模型（BIM）设计大赛中获“最佳基础设施类三等奖”“最佳BIM应用企业奖”，在四川省第三届建筑信息模型（BIM）大赛获基础设施组一等奖。

（厅交通设计院）

绵阳至苍溪高速公路工程可行性研究简介 2015年1月5日—8日，省交通运输厅在成都组织召开《绵阳至苍溪高速公路工程可行性研究报告》（以下简称《工可报告》）审查会。厅交通设计院编制的《工可报告》通过评审。

绵阳至苍溪高速公路是《四川省高速公路网规划（2011年调整方案）》7条东西横向路线之一，是川东北地区的高速公路网的重要组成部分。项目起于绵遂高速公路，对接绵阳城区一号桥东沿线，向东经绵阳市沉抗镇、魏城镇、徐家镇，梓潼县石牛镇、东石乡、马迎乡，剑阁县国光乡、白龙镇，苍溪县白桥镇，沿亭子口电站下游跨越嘉陵江，止于苍溪县以北广南高速公路（对接苍巴高速公路）。路线全长121.249公里，设计时速80公里，路基宽24.5米，桥隧比例46.8%，估算总投资133.64亿元。

（厅交通设计院）

省道468线会东县城至野牛坪段改建公路工程可行性研究简介 2015年1月13日，厅交通设计院编制的会东县城经铅锌镇至野牛坪段公路改建工程可行性研究报告通过评审。

项目位于凉山州会东县境内，是《四川省凉山彝族自治州2013—2015年公路水运交通建设推进方案》的重要路线，为新增省道468线。设计方案基本沿原县道XW21线和XW23线改建，起于会东县城，东南走向，经海坝乡、拉马乡、发箐乡、双堰乡、铅锌镇、小街乡、松坪乡，止于野牛坪乡，全长109.753公里。

（厅交通设计院）

国道356线金阳县至通阳大桥段改建公路设计简介 2015年1月21日，厅交通设计院设计的国道356线金阳县城至通阳大桥段公路改建工程施工图设计文件通过评审。

项目是《四川省凉山彝族自治州2013—2015年公路水路交通建设推进方案》重要路线，是连接云南昭通、雷波、布拖、宁南、金阳的陆路通道，起于金阳县城环城公路北街（接省道208线金阳县城至庆恒大桥段公路改建工程），经金阳河特大桥、务科村，止于木府乡仓房村（接溪洛渡水电站省道208线金阳段淹没复建公路工程），全长27.418公里。

（厅交通设计院）

省道206线武胜县境内段公路工程可行性研究简介 2015年9月8日，厅交通设计院编制的《省道206线武胜县境内段（含嘉陵江大桥）公路工程可行性研究报告》通过评审。

项目是《四川省普通省道网布局规划（2014—2030年）》北南纵线阆中至清平（武胜）的一段，是武胜境内新增省道，也是四川省国省干线路网调整后武胜境内唯一省道。路线起于岳武路武胜与岳池交界位置处，经飞龙镇、白坪乡、猛山乡、乐善镇、永胜乡、街子镇、中心镇、清平镇，止于武胜县与重庆市合川区交界的棕湾村附近，与规划的三级道路相接。路线全长44.267公里（嘉陵江大桥23米），设计时速60公里，路基宽10米。

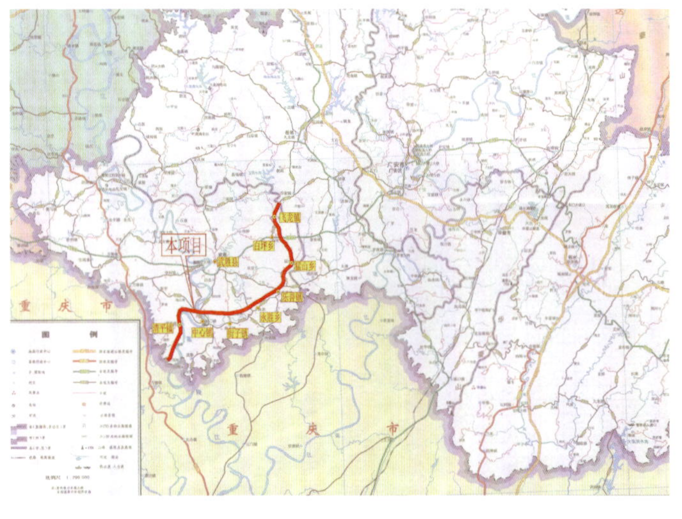

省道206线武胜县境内段项目示意图　　厅交通设计院 供稿

（厅交通设计院）

国道353线大岩洞至雷波县城段改建公路设计通过评审 2015年10月14日，厅交通设计院设计的国道353线大岩洞至雷波县城段改建工程两阶段施工图通过评审。

项目是“凉推”重要工程之一，位于凉山州雷波县境内，原路起于雷波县与屏山县交界处大岩洞大桥雷波岸，经中田乡、黄琅镇、马湖风景区、马湖乡、汶水镇、雷波县城，止于雷波县南田乡金沙口，路线长90.77公里。

（厅交通设计院）

水富至宜宾段航道整治工程预可行性报告通过评审 2015年1月27日—28日，厅航务局在宜宾主持召开《长江干线（水富—宜宾段）航道整治工程预可行性研究报告》（以下简称《预可报告》）审查会议。与会人员和专家踏勘长江干线（水富至宜宾段）航道整治工程现场情况，讨论航道现状、建设必要性、建设可能性、建设条件、建设规模、建设方案和经济评价等问题，一致认为厅交通设计院编制的《预可报告》基本达到预可行性研究广度深度要求，可通过评审。

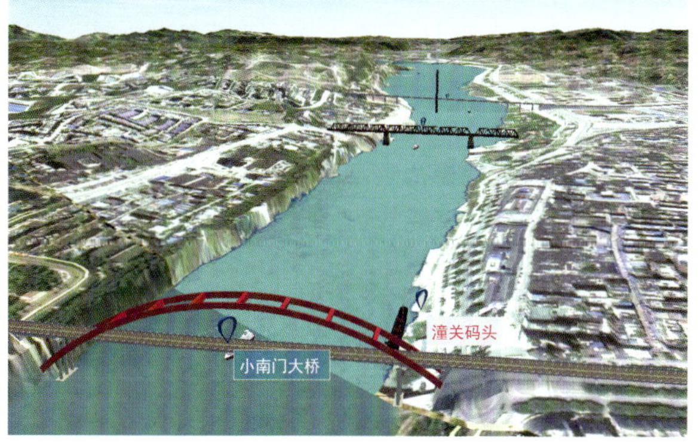

长江干线水富至宜宾航道整治工程BIM示意图　厅交通设计院 供稿

长江干线水富至宜宾段是长江"黄金水道"重要组成部分，《国务院关于依托黄金水道推动长江经济带发展的指导意见》提出"研究论证宜宾至水富段航道整治工程"；《四川省人民政府贯彻国务院关于依托黄金水道推动长江经济带发展指导意见的实施意见》提出"研究论证长江上游宜宾至水富段30公里航道整治工程，将航道等级由四级提升至三级"。《预可报告》通过审查，是项目前期工作里程碑事件，有力推动前期整体工作进展。

（厅交通设计院）

锦江生态带整治项目安全评价报告通过评审 2015年2月6日，厅交通设计院编制的《天府新区锦江生态带整治项目（一期）1、2、3号闸工程通航安全评估报告》通过评审。

天府新区锦江生态带整治项目范围为华牧路至蜀蓉大街西段，是天府新区"一区、一城、一带"近期建设重要内容，主要作用是防洪、城市景观、通航。河段全长10.9公里，为解决锦江枯期流量不足、河滩裸露现状，河段内设置三级景观闸进行枯期蓄水，船闸级别按通航设计最大船舶吨级确定为五级，船闸有效尺度为120米×12米×2.5米（长×宽×门槛水深），从上至下依次为1号闸、2号闸和3号闸，闸型采用2米×75米橡胶坝。工程等级为Ⅱ等，规模为大（2）型，设计洪水标准50年一遇，校核洪水标准200年一遇。

（厅交通设计院）

银川段航运建设一期工程设计简介 2015年3月7日，宁夏回族自治区交通运输厅在银川组织召开《黄河银川段航运建设一期工程（金水游乐园滩群及西夏影视城、龙盘湾客运码头）施工图设计》（以下简称《施设》）审查会。厅交通设计院编制的《施设》方案设计标准、建设方案的规模及内容符合初步设计批复文件要求；执行技术规范和强制性标准符合相关规定；航道整治建筑物及码头平面布置合理，航道整治建筑物、码头水工建筑物结构可行，顺利通过审查，为打造银川滨河新区全域5A级景区奠定了基础。

（厅交通设计院）

黄河银川段航运建设一期工程码头效果图　厅交通设计院 供稿

渠江风洞子航电枢纽预可行性研究简介 2015年4月7日，省工程咨询研究院在成都组织召开《渠江风洞子航电枢纽工程预可行性研究报告》（以下简称《预可报告》）评估会。风洞子航电枢纽工程是渠江渠化工程七级实施方案第四级，规划坝址位于渠县县城，上游回水与南阳滩梯级尾水相衔接，下游与凉滩梯级回水相连。项目建设将以航运为主，兼顾发电，并起到完善综合交通体系作用。

（厅交通设计院）

岷江航电犍为枢纽工程初步设计简介 2015年7月31日—8月2日，交通运输部在成都组织召开岷江犍为航电枢纽工程初步设计专家评审会议。厅交通设计院编制的《岷江航电犍为枢纽工程初步设计报告》通过评审。

项目设计通航建筑物为Ⅲ级船闸，通航标准为通航2×1 000吨级船队。船闸输水系统采用闸墙长廊道闸底横支廊道形式，船闸有效尺度220米×34米×4.5米（有效长度×闸室宽度×门槛水深），单向年通过能力1 474.67万吨，满足设计水平年（2040年）过坝货运量要求。

（厅交通设计院）

广元港张家坝作业区一期工程可行性研究简介 2015年10月13日，厅航务局在苍溪组织召开《广元港苍溪港区张家坝作业区（一区）一期工程可行性研究报告》（以下简称《工可报告》）审查会议。厅交通设计院编制的《工可报告》通过评审。

项目设计新建4个500吨级多用途泊位（中远期停靠1 000吨级），年吞吐量213万吨，年通过能力221.9万吨，工程总投资9.23亿元。

（厅交通设计院）

2015年10月13日，厅航务局在苍溪组织召开项目评审会
厅交通设计院 供稿

资阳市综合交通运输“十三五”发展规划简介 2015年，监理公司公路工程设计院完成资阳市综合交通运输“十三五”发展规划编制工作，并通过资阳市交通运输局审查。该规划围绕资阳市建设航空新都市和空港新区，打造航空新都市的目标，实地调研当地交通发展现状，研判经济社会发展趋势，综合形成涵盖“公铁水空”四位一体综合交通基础设施建设、公路养护与管理、交通运输服务体系、科技与信息化发展、安全与应急体系保障体系建设等领域发展报告，形成交通运输规划编制依据的基础。

（监理公司公路工程设计院）

广安市交通运输“十三五”发展规划简介 2015年，监理公司公路工程设计院完成广安市交通运输“十三五”发展规划编制工作。规划围绕广安市加快构建区域综合交通枢纽总体目标，针对广安交通在区域对外运输通道建设不足、综合运输方式发展不协调、客货运输发展能力滞后等现状，结合《广安市国民经济与社会发展第十三个五年规划纲要》对广安交通运输发展的要求，编制完成涵盖基础设施、运输服务、科技与信息化、安全与应急、交通战备、绿色交通等领域的交通发展综合规划，可对广安市“十三五”交通运输发展目标提供指导。

（监理公司公路工程设计院）

中江至金堂快速通道工程可行性研究报告通过评审 2015年，监理公司公路工程设计院编制的中江至金堂快速通道工程可行性研究报告通过评审。

项目联结中江、金堂、龙泉驿等县（区），是缩短全域通行时间的交通大动脉，是四川省干线联网畅通工程重要集散公路。项目起于省道101线中江县城东望城垭与中江县二环路北三段交叉口处，经辑庆、兴隆、三合碑，止于五凤镇与洛带镇交界处，与成洛大道（东延线）相接，路线全长70.357公里，设计时速60公里，双向四车道，路基宽23米。

（监理公司公路工程设计院）

金阳至布拖县城改建公路工程可行性研究报告简介 2015年，监理公司公路工程设计院编制完成国道356线金阳界至布拖县城段改建工程可行性研究报告。

项目是国道356线金阳界至布拖县城公路一段，起于金阳、布拖两县交界处，经土沟乡、地洛乡、补洛乡、火烈乡，止于布拖县城环城公路。推荐方案路线全长84.111公里，三级公路标准，投资估算112 463.467万元。

（监理公司公路工程设计院）

布拖县至冯家坪段改建公路工程可行性研究报告简介 2015年，监理公司公路工程设计院编制完成省道464线布拖县至冯家坪段公路改建工程可行性研究报告。

项目是省道464线乐跃（德昌）至罗家坪（布拖）一段，位于布拖县境内。路线起于布拖县城环城路公路，经拖觉镇、包谷萍乡、龙潭镇、止于冯家坪，与沿江路国道353线布拖段衔接。推荐方案路线全长81.405公里，三级公路标准，投资估算103 494.79万元。

（监理公司公路工程设计院）

2015年，监理公司公路工程设计院技术人员在高海拔藏区开展野外测设工作 监理公司公路工程设计院 供稿

雷波至攀枝花段改建公路工程可行性研究报告简介 2015年，监理公司公路工程设计院编制完成金沙江雷波经宁南、会东至攀枝花界段（热水河至西溪河金阳段）公路改建工程可行性研究报告。

项目是凉山州国道353线一段，是川南经济区与攀西经济区便捷通道，也是攀西经济区经宜宾港、泸州港通江达海的重要通道。路线沿川滇交界的金沙江布设，起于热水河，经谷德乡、洛觉乡、马依足乡、金阳县城、木府乡、芦稿镇、对坪镇，止于西溪河，推荐方案路线全长85.532公里，三级公路标准，其中桥梁21座2 659米，总投资10.46亿元。

（监理公司公路工程设计院）

金阳丙底至土沟段公路工程可行性研究报告简介 2015年，监理公司公路工程设计院编制完成国道356线金阳丙底至土沟段公路工程可行性研究报告。

项目是凉山州金阳县重要通道，起于丙底乡韦巴则洛村（省道208线与乡道001线接点），经丝窝乡、南瓦乡、地洛村，止于土沟村西溪河左岸，与国道356线金阳界至布拖县城段改建工程相接，推荐方案路线全长44.574公里，三级公路标准，其中桥梁6座831米，总投资44 661.22万元。

（监理公司公路工程设计院）

清江至淮口段提档升级工程勘察设计简介 2015年，监理公司公路工程设计院完成省道422线金堂县清江至淮口段提档升级工程勘察设计工作。

项目是《四川省普通省道网布局规划（2014—2030年）》中省道422线一段，在金堂县境内呈西北至东南走向，起于广汉市与金堂县边界处，经清江镇、北河三桥、三星大学城、盘龙寺大桥、洲城大桥、五里大道、成阿大道、成阿工业园，止于成阿工业园东北角金乐路与金堂大道的平面交叉口处。路线全长46.137公里，赵淮路段采用二级公路标准设计，设计时速40公里，路基宽12米；其余路段采用一级公路标准设计，设计时速60公里，路基宽23米。初步设计批复概算投资金额80 223万元。

（监理公司公路工程设计院）

省道305线雅安境内路段大中修工程设计简介 2015年，监理公司公路工程设计院完成省道305线雅安境内路段大中修工程勘察设计工作。

项目是雅安市公路网重要组成部分，是连接雅安市和眉山市交通干线。路线起于雅安市雨城区草坝镇，止于姚桥镇国道108线，全长18.37公里，沥青混凝土路面，二级公路标准。项目修复原道路病害，同时加铺沥青混凝土罩面层，施工图批复预算投资为2 424.92万元。

（监理公司公路工程设计院）

金旌快速通道勘察设计简介 2015年，监理公司公路工程设计院完成金旌快速通道建设工程勘察设计工作。

项目是连接金堂县清江镇和赵镇的主要通道，位于广汉市与金堂县交界处新水碾村，沿线经清江镇，与北河三桥桥头相接。路线全长8.4公里，采用一级公路标准设计，设计时速60公里，路基宽23.0米，沥青混凝土路面。大中桥设计洪水标准100年一遇，路基设计洪水标准50年一遇，设计荷载等级公路Ⅰ级，新建大桥1座670米。

（监理公司公路工程设计院）

养马渡口渡改车行桥工程勘察设计简介 2015年，监理公司公路工程设计院完成简阳市养马渡口渡改车行桥工程勘察设计工作。

项目西岸位于养马镇下塘口三棉厂，东岸位于壮溪乡方家坝莲花寺，起点与县道186线石龙路相接，止于壮溪乡村路。路线全长0.531公里，路基宽30米，桥梁长度386米，桥宽30米，设计洪水标准100年一遇，航道等级五级。推荐方案主桥采用4×50米简支T梁，投资概算总额8 452.67万元。

（监理公司公路工程设计院）

施家镇环溪渡口渡改人行桥工程勘察设计简介 2015年，监理公司公路工程设计院完成简阳市施家镇环溪渡口渡改人行桥工程勘察设计工作。

项目位于简阳市施家镇，西岸位于环溪村9组，东岸位于施家镇环溪村8组，起点与环溪村9组村路相接，止于施家镇环溪村8组乡道。路线全长0.198公里，桥梁长140米，上部采用7~20米简支空心板桥，宽3.5米，净宽3.0米，投资概算总额299.96万元。

（监理公司公路工程设计院）

专文

战天险只为人心暖　铸精品何惧铁索寒

——厅公路设计院溜索改桥勘察工作纪实

匡成刚　王　刚

2015年9月26日，随着最后一台钻机从金沙江边高高的陡崖上缓缓抬下来，厅公路设计院承担的溜索改桥项目的外业实地勘察工作全部完成。近3个月鲜为人知的艰苦奋战终于告一段落，项目组的人们情不自禁地欢呼起来。

2015年7月，该院承担了凉山州金阳对坪、冯家坪溜索改桥及金阳河大桥的勘察设计任务，现场地质钻探率先进场作业。项目位于金沙江深切河谷地段，交通条件极差，山高坡陡，地势险峻，岩溶发育，地质条件极为复杂，自然环境极其恶劣。当地交通闭塞，项目组勘察人员和设备都只能通过简易溜索到达金沙江对岸。只有两条悬空缆索连接载运栏框，加之突然起风，已到江心的栏框突然剧烈抖动，望着脚下两百多米高的江面，大家在惊吓之余深刻感受到此次溜索改桥工程的意义重大。钻孔位置大多分布于高陡斜坡上，几乎所有钻孔都要修筑施工便道，重达2吨的勘探设备只能采用肩挑背扛的原始方式搬运。羊肠小径蜿蜒曲折，且大多数斜坡倾角都在30°以上，人员上下都需采用安全绳辅助攀爬，险象环生。

钻探期正值雨季，又恰逢省道307线西昌至昭觉段及省道208线昭觉至金阳段改造修路，该路段泥泞不堪，项目车辆多次陷入泥潭，进退两难，合力推车更是家常便饭。加之沿途路基塌方、岩石崩塌和滚石等地质灾害频发，对勘察技术人员和钻探工人及设备进出场也带来了极大的危险和难度。在刚进场不久，一直径约3米的滚石突然落下，滚石与项目车辆仅仅相隔2米，生死就在毫厘之间。钻探工地更是经常遭受落石、滚石的袭击，常有钻探机具、设备被砸坏。为保证工期，钻探机班工人们只能在确保安全的情况下争分夺秒地抢修钻具，与时间赛跑。大凉山多变的天气、恶劣的自然环境、生活条件的艰苦再加上水土不服，项目部人员李博、樊小青、易康明等相继病倒，出现高烧、腹泻等症状，连续输液2～3周。但他们依然选择坚守岗位。任务重，工期紧，所有机班工人都加班加点，不怕累、不怕苦，从进场到最后结束外业钻探工作，几乎所有钻探工人都病倒过，但是他们都忍受病痛坚持工作，没有人给项目拖后腿。

厅公路设计院勘察人员乘坐溜索过江　　厅公路设计院 供稿

在近3个月时间里，项目组勘察技术人员和钻探工人们始终驻守工地一线，放弃节假日休息，全力以赴开展地质勘察工作，不怕苦、不怕累、不惧危险，保证项目工程的顺利推进。

厅公路设计院勘察人员徒步开展地质调查　　厅公路设计院 供稿

在不久的将来，这些溜索将成为历史，被安全便捷、高质量的现代化桥梁取代。项目组的同志们希望通过自己的艰辛努力和精心工作，扎实做好溜索改桥工程的前期基础工作，保障工程建设顺利实施，确保工程质量，力争精品工程，让在这里的农牧民群众尽快告别高原“孤岛”的生活，让山不再险、水不再苦，让祖祖辈辈依靠溜索出行的人们走向更加美好的明天。

注：溜索，大多数人都极为陌生，却是凉山州冕宁、布拖、金阳三县雅砻江和金沙江沿岸的人们再熟悉不过的交通工具。在大江之上、两山之间，一根悬空的铁索飞越深谷和江河，这就是溜索。在火车全面提速，民航运力大幅提升的今天，偏远少数民族地区却依然有人过着“命悬一线”的生活，溜索是他们使用的唯一渡河工具，极其原始也充满危险。溜索在特定的时期解决了当地交通阻碍，却难以适应当地发展的步伐，溜索改桥工程应运而生。该工程是国家为改善偏远少数民族地区群众出行条件的重要举措，对提高彝族贫困地区广大人民群众物质文化生活水平具有极其重要的意义。

交通运输
JIAOTONG YUNSHU

2016

四川交通年鉴

综　述　2015年，四川道路运输客运量、旅客周转量、货运量、货物周转量、高速公路货运量分别完成12.34亿人次、632.82亿人公里、15.04亿吨、1 693.26亿吨公里、11.22亿吨，比上年分别增长-2.6%、0.4%、5.8%、12.1%、7.2%。全省道路货物周转量增速高于全省GDP7.9%的增速，与经济发展保持协调。水路运输完成客运量、旅客周转量、货运量、货物周转量、港口货物吞吐量、集装箱吞吐量分别为2 740.43万人次、2.63亿人公里、8 690.29万吨、191.39亿吨公里、9 564.22万吨、62.08万标箱，比上年分别增长2.37%、-1.04%、3.94%、24.10%、4.42%、40.74%。

年内，四川交通运输呈现以下特点：一是基础设施建设成效显著。道路运输站场完成投资35.2亿元，比上年增长116%。规划建设汽车客运站提升改造工程183个项目全部开工建设，累计完成投资40.93亿元，建成134个；“4·20”芦山地震灾后恢复客运站建设24个项目全部完工；集中连片特困地区汽车客运站年内建设完工乡镇等级站146个、村级招呼站876个。二是运输服务能力持续提高。城乡客运一体化进一步加快。快速化客运网络不断完善，调整或新开通高速公路直达班线37条，优化省市际客运班线途经线路79条，高速直达班线达1 007条，乡镇、建制村客车通达率较上年分别提高1个百分点，达98%和80%。城市客运快速发展。全省183个县（市、区）城市有158个发展有城市公交，共有经营业户245户，运营车辆2.8万辆；公交专用道474公里、综合客运枢纽31个、公交调度指挥中心1个、公交车进场率82%；运营线路2 316条、线路总长度3.39万公里、年运营里程157 296.7万公里、年客运量448 491.2万人次，其中成都市发展快速公交线路2条。全省有177个县（市、区）发展出租汽车，共有经营业户1 300户，运营车辆4.42万辆；年运营里程634 101.4万公里、年客运量192 441.1万人次。成都地铁线路运营里程85.98公里，安全运营1 900余天，累计客运量达10.27亿人次。运输服务信息化程度不断提升。加快推进四川省“12328”交通运输服务监督电话系统建设和运行工作，省“12328”交通运输服务监督电话监督管理中心于2015年5月成立并正式运行，“12328”电话系统全年受理业务210 983件，每季度按交通运输部要求及时准确报送信息数据报告。ETC专用车道达938条，其中主线收费站至少2条，覆盖率100%，匝道收费站覆盖率不低于90%，用户总量突破110万。三是交通物流发展持续向好。全省载货汽车509 753辆，载重2 990 338吨位，平均每车5.87吨。其中，大型货车占比36.41%，比上年增加2.39%；中型货车和小型货车占比为4.86%和55.43%，较上年分别减少0.85%和2.66%；载货汽车车型逐渐向大型货车转变。甩挂运输发展加快，试点工作深入推进。全省货运汽车中牵引车达16 785辆，挂车达19 148辆，比上年分别增加33.71%和31.87%。达州达运物流甩挂项目、宜宾欣联物流甩挂运输试点项目准备试点验收工作，宜宾安吉物流甩挂运输项目因规模调整年内申请延期验收；四川企业联盟公路甩挂运输试点项目，由成都金桥物流有限公司和攀枝花市安和工贸有限责任公司联合开展甩挂运输，降低物流成本，提高运输效率。城市配送试点工作大力推进，成都、广元率先开展试点，其中成都充分利用成熟的物流园区规划，调整部分园区功能为城市配送服务，推进共同配送模式。积极推进四川省交通运输物流公共信息平台建设工作，联合交通运输部规划院在全省范围内广泛开展平台建设前期调研工作。印发《贯彻落实四川省物流业发展中长期规划（2015—2020年）主要任务分工方案的通知》，明确全省交通物流发展工作思路和2020年发展目标，形成6个方面35项具体任务的分工方案。四是重大运输保障能力不断提升。圆满完成春运、十一“黄金周”客运等重大道路运输保障任务，其中春运疏运旅客1.53亿人次，比上年增长1.45%。其中，道路运输完成客运量1.43万人次，比上年增长1.95%；水路运输完成684.41万人次，比上年下降8.12%。全年经省政务中心审批以公路水路联运方式运输进出川大型设备250件（套），总重19 416.93吨，其中，单体200吨以上10件（套）。完成岷江单件最重达940吨的彭州石化特大型设备、嘉陵江总重606吨的超大设备等大件运输任务共772批次、17.33万吨。建立三峡通航保障合作机制，确保全省集装箱快班轮和重点急运物资过坝运输得到优先保障，全省重大件、原油、汽车零配件和外贸物资等关系国计民生的重点急运物资的运输畅通和行业稳定。五是水路运输市场发展加快。全省水运企业198家，其中省际水运企业83家，新增2家。船舶7 489艘、118.6万载重吨、8.07万客位，千吨级以上船舶平均吨位超过2 460吨。新投入运营1 000载重吨以上标准船舶8艘、3.53万载重吨。船舶工业发展良好，有三级四类以上船舶生产企业68家，实现产值3.37亿元。三峡过闸船舶标准化率达79.9%，比上年上升3.47%。水路集装箱运输发展加快。完成铁水联运集装箱吞吐量2.5万标箱，比上年增长125.13%。宜宾港与南京区域港口群、唐山港、武汉新港签署战略合作协议，泸州港与成都、武汉、攀枝花签订《港口物流战略合作框架协议》。打通宜宾、泸州至日本、韩国等集装箱江海联运物流通道。宜宾港、泸州港在成都、攀枝花、昆明等设立无水港或陆港设立作业区。泸州港至攀枝花铁水联运班列试运行。

（厅运输处）

道路运输

DAOLU YUNSHU

城市客运快速发展 2015年，全省进一步提升城市客运运能，优化城市客运综合体系，基本确立了公共交通在城市交通系统中的主体地位，公共交通的服务能力和服务质量显著提升，公众满意度大幅提高。主要措施有三方面：一是城市公交覆盖范围进一步扩大。广安市前锋区、雅安市宝兴县新开通城市公交，全省开通城市公交县（市、区）总数达160个；城市公交新能源汽车推广成效显著，新增新能源汽车535辆，占新增及更换车辆比重的26%；新开通城市轨道交通里程26.65公里，增幅为44.9%，达85.98公里，日均运输旅客92.97万人次。二是深化开展出租汽车优质服务活动，出租汽车服务质量明显提升。全省各地推荐出活动期间表现突出的474名优质服务驾驶员，进一步树立行业典型。三是组织完成2014年度出租汽车服务质量信誉考核。全省共评选出AAA、AA、A、B级出租汽车企业34、327、75、10家。与2013年考核结果相比，优良、合格企业分别增加6家、65家，所占比例分别上升1%、7%，基本合格、不合格企业分别减少22家、1家，所占比例分别下降7%、1%，全省出租汽车企业服务质量信誉明显好转。

（张　菁）

春　运 2015年2月4日—3月15日，全省日均投入4.9万辆客车，累计完成道路客运量1.46亿人次，比上年增长1.95%。其中，春节期间完成客运量2 357.25万人次，比上年增长0.86%。春运客流特点总体呈现“前低后高”趋势。即春运前期的旅客疏运压力相对较轻，春运后期，由于民工集中返岗出行和农村地区走亲访友、参加各种民俗节庆活动的客流频繁，呈现省际长途客运和农村短途客运旅客流量大幅增加的特点。主要措施：一是加强运输组织。根据春运期间客流特点，各级道路运输管理机构、运输企业和客运站做到科学统筹，严密组织，有力保障旅客出行需求。完善运输组织和运力保障方案，春节前期重点保障以成都为中心的返乡民工相对集中地，春节后重点保障巴中、南充、广元、泸州、达州、广安等劳务输出集中地；延长车站发班和收班时间，加密发班班次，最大限度加大运力供给；做好城市公交和出租汽车的组织调度，重点组织好火车站、汽车站、地铁站、码头、机场等旅客集中地点的城市公交调度工作；对已开通多条高速公路的地区，在客运高峰时期采取双线运行方式，加快车辆周转速度，提高运输效率；深入民工集中地组织开行民工包车班次，解决富士康等大企业的民工集中返乡带来的突发性客流出行需求。二是强化安全监管。严格“三把关一监督”（详见《附录》，下同）源头安全监管，全面开展企业资质、人员资格和车辆状况检查、检测；集中对驾驶员、站务人员开展专项春运安全教育培训，强化责任意识和安全意识；加强车辆动态监控，落实车辆GPS管理制度；严格执行“三不进站、五不出站”（详见《附录》，下同）管理规定，做好车辆安全例检工作；严格超长客运安全管理，认真落实各项长途客运安全管理措施，严格落实凌晨2点至5点停车休息制度和接驳运输工作；做好农村客运安全管理工作，重点防范超载运输，确保农村客运安全；重点加强客运站等人员密集场所安保防范工作，积极协调公安、武警、消防等部门，加大警力投入，加强人员疏导和安全管理，确保整个春运秩序良好，春运期间未发生一起源头安全责任事故。三是强化应急工作。各级道路运输管理机构加强与公安、气象等部门衔接协调和信息互通，进一步夯实联勤联动工作机制，完善春运工作应急预案，及时妥善处置各类突发情况。成都、自贡、遂宁、内江、南充、广元、乐山等地在春运高峰期启动应急运输预案，全省道路运输行业准备应急运力5 100辆，调用4 100辆。四是提升服务品质，深入开展“情满旅途”和“农民工平安返乡返岗”活动。及时发布出行信息，全省21个市（州）政府所在地城市的34个客运站开通站长微博，发布班次和票务信息，为旅客提供及时有效的出行信息；积极拓宽售票渠道，大力推广联网售票、电话订票、预售票、送票上门等多种售票方式，其中联网售票系统覆盖全省20个市

（州）112个客运站，春运期间联网售票33万张，日售票量最高达2.2万张；全力提升客运站服务水平，全省二级以上客运站开展感受温馨“小红帽”便民服务活动，部份车站开通免费WiFi服务，成都东站汽车客运站和城北客运中心等与铁路相衔接的客运站实行24小时开放候车室，提供免费开水服务，加强食品、饮料等生活必需品储备，确保旅客在客运站不受冻、不挨饿；乐山汽车客运站积极践行“服务质量无止境、微笑伴您满意行”活动，努力为旅客提供“四个一、五个心”服务；南充汽车客运站组建“匡红艳爱心班”，推出“返乡民工报平安电话”；达州市运输集团公司联合各相关企事业单位，开展“温暖回家路，欢喜过大年”大型惠民活动，制作“家在达州”新春礼包20万份免费派送给旅客；联合新闻媒体开展免费赠票活动，取得良好的社会效益。成都运管处联合新浪四川、成都商报开展“情满回家路”赠票活动，由客运企业提供春运热门线路600张车票，免费赠送给春节前后仍坚守在工作岗位的旅客；积极开展农民工平安返乡（岗）安全优质服务劳动竞赛活动。根据民工出行需求组织开行民工包车，让民工享受到“门对门”“点到点”的直达运输服务；成都运管处组织开展从富士康园区厂门到家门的直达包车运输活动，确保务工人员及时、安全返乡；内江运管处举行欢迎农民工平安返乡和出行仪式，并赠送110份节日礼物；强化不同运输方式衔接服务。自贡市开通自贡汽车客运总站至江北机场的直达客运专线，为旅客提供道路客运和航空运输无缝衔接的运输服务；乐山市增投20辆客车，用于高铁站与主城区各客运站之间的旅客摆渡接驳，为旅客提供多种运输方式的联程服务；落实运政投诉电话值守制度。加强“96515”“12328”运政投诉电话值守工作，认真受理和处理群众投诉，维护广大旅客合法权益，全省春运期间受理和查处客运车辆违法违规经营9 600余起。

（文德立）

道路运输信息化建设 2015年，厅运管局在道路运输信息化建设方面主要开展了以下工作：一是6月成立科技信息处。二是编制完成《四川省道路运输信息化总体规划（2015—2020）》《四川省交通运输厅道路运输管理局信息化建设管理办法》。三是按照《四川省道路运输信息化总体规划（2015—2020）》，启动四川省道路运输综合管理与服务信息平台建设前期工作。四是全面推进四川省道路客运联网售票系统二期工程建设，完成联网车站177个。五是全面推进汽车客运站及客运车辆WiFi免费上网工程建设，制订《四川省道路运输汽车客运站及客运车辆WiFi覆盖应用要求（试行）》。全省85个三级以上客运站、1 672辆客车均实现WiFi覆盖。六是做好全省汽车二级维护信息化管理系统和汽车综合性能检测信息化管理系统安装使用工作。汽车二级维护信息化管理系统安装工作全部完成，共安装2 334家。53家汽车综合性能检测机构试点安装电子监控系统，占应安装总数的47%。七是推进信息化技术在道路运输动态监督管理应用。全省已有193 319辆营运车辆安装使用卫星定位装置，13 513辆营运客车安装使用3G车载视频系统。八是升级完善客运管理信息系统。将省际、市际、县际、县内包车全部纳入客运管理系统应用，实现“指尖上”的包车信息查询与业务办理，并同步搭建全省包车客运网约平台，配置零散的出行需求。九是开展危险货物电子运单试点。全面启用道路危险货物运输电子运单系统，成都、泸州23家试点企业共计生成运单5 421单。十是推进公交一卡通应用升级和互联互通。在保障正常使用现有城市公交IC卡的同时，积极推进车载刷卡机具技术升级，兼容金融IC卡刷卡和智能手机NFC支付功能，完成成都市中心城区11 000余台车载刷卡机具的升级改造。十一是推进汽车维修公众服务平台试点。成都市完成汽车维修公众服务平台系统试点方案，并在部分汽车维修企业进行初步试点。

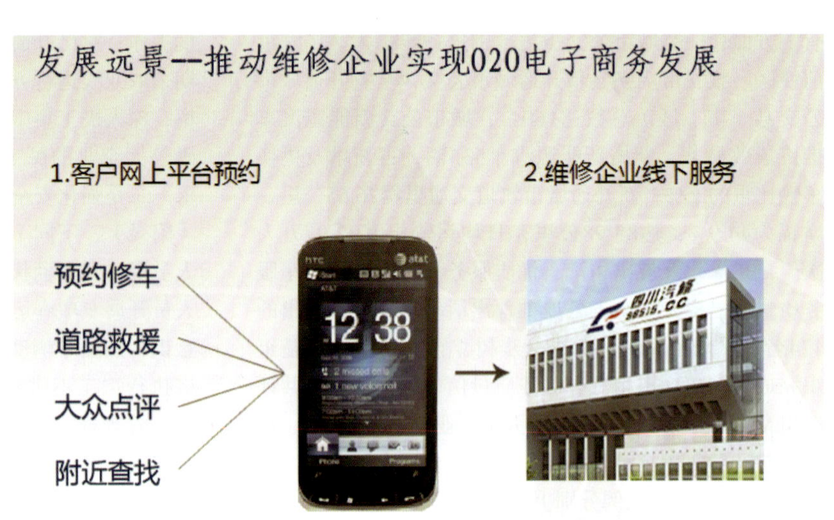

汽车二级维护未来扩展电子商务应用展示图　　厅运管局 供稿

（田智猛）

道路运输法制建设 2015年，厅运管局继续加强道路运输法制建设。一是在省政府法制部门的指导下，开展《四川省道路旅客运输管理办法》《四川省道路货物运输管理办法》和《四川省机动车维修管理办法》3部行政规章的对应修正工作，依照法定程序征求意见、调研论证，在成都、绵阳等地实地调研，听取基层运管机构和相关企业的意见。在充分吸纳各方意见的基础上，形成3部行政规章的修正送审稿，及时上报省政府法制部门。二是深化改革和制度建设工作。制订《围绕促进“四个转变”深化道路运输改革重点工作推进方案》，明确深化出租汽车管理制度改革、提升道路运输服务质量和服务水平、开展客运行业市场化改革、四川省道路运输市场信用体系建设调研、创新道路运输行业安全监管方式等五项改革。同时，加快构建科学规范、运行有效的制度体系，拟订《2015年道路运输业制度建设计划》，并按照进度安排狠抓督促落实，先后建立完善《四川省道路运输安全生产约谈办法》《四川省道路运输安全生产重点监管名单管理规定》《四川省汽车客运站服务质量信誉考评办法》《四川省城市公共汽车运营服务规范》等多部行业规范制度，逐步提高全省道路运输行业规范化管理水平。三是深化行政审批制度改革，大力推进简政放权。探索构建“三张清单”。加强行政权力运行平台建设，规范行政权力运行，梳理道路运输行业行政权力清单和责任清单，明确道路运输管理职责边界。探索推进负面清单制度。继续做好驻省政府政务服务中心窗口业务指导。窗口全年接件1 515件，其中客运线路许可 1 241件、道路旅客运输经营许可 34件、外商投资道路运输业立项审批5件、受理机动驾驶培训教练员资格认定235批（次），按时办结率和群众评议满意率均为100%。四是行业法治理念显著增强。坚持法治教育与法治实践相结合，努力建立权责明确、行为规范、监督有效、保障有力的执法体制，通过学习和教育，切实增强运管干部职工的法治思维和法治理念。“六五普法”期间，组织开展中共党的十八届三中、四中全会精神以及《四川省依法治省纲要》《四川省依法治省指标体系》《行政诉讼法》《立法法》学习；每年组织全省道路运输法制干部开展依法行政法制教育专题培训；坚持每月办公例会学法制度。法律法规宣传多渠道展现。通过开展交通“法律七进”（详见《附录》，下同）活动，利用“12·4”法制宣传日、春运、十一“黄金周”及寒暑假等运输高峰期开展法律咨询、发放普法宣传材料，利用新媒体新技术播放交通法治动漫、公益广告等普法宣传片等活动，营造良好的交通法制环境。年内，厅运管局被评为交通运输部“六五普法”先进单位。

（胡　松）

联网售票工作　2015年，厅运管局继续推进四川省道路客运联网售票系统建设。2月4日春运开始，全省道路客运联网售票系统一期工程投入试运行。全力推进二期工程建设，全省道路客运数据中心、道路客运联网售票数据中心，道路客运联网售票系统、道路客运联网售票清分结算系统、道路客运公众出行信息服务系统先后建成并投入试运行，电子客票选择系统在德阳市南站开展试点，完成联网车站177个。不断优化网站购票功能，开通手机购票APP，丰富购票形式，提升用户体验。全省联网售票系统公众点击率和社会知名度逐日攀升。2015年2月4日—12月31日，全省联网售票系统累计售票达424万张。

（田智猛）

2015年，成都市汽车客运联网售票系统大大方便旅客在网上购票，现场取票

厅运管局 供稿

水路运输

SHUILU YUNSHU

水路货物运输 2015年，全省完成水路运输货运量8 688万吨、货物周转量183.5亿吨公里，分别比上年增长3.9%和19.0%。主要货物运输量总体保持较快增长，化肥及农药、非金属矿石、石油、金属矿石、化工原料及制品、煤炭及制品、矿建材料等运输量有不同程度增长。岷江大件运输完成72批次、1.67万吨，比上年分别下降58.38%、60.15%。

（厅航务局）

港口货物吞吐量 2015年，全省完成港口货物吞吐量9 564万吨，比上年增长4.42%。其中，泸州港、宜宾港货物吞吐量分别完成3 247万吨、1 788万吨，分别比上年增长3.61%、25.3%。全省港口集装箱吞吐量达到62.08万标箱，比上年增长40.74%。其中，泸州港、宜宾港集装箱吞吐量分别完成42.04万标箱、20.01万标箱，分别比上年增长31.13%、66.33%。

（厅航务局）

水路旅客运输 2015年，全省水路旅客运输完成客运量2 748万人次、旅客周转量2.63亿人公里，比上年分别增长2.61%和-1.02%。春运期间，全省日均投放客（渡）船3 086艘9.20万客位，完成旅客运输量684.41万人次，比上年下降8.12%；十一“黄金周”期间，全省日均投放客（渡）船2 943艘8.4万客位，完成旅客运输量178.4万人次，比上年下降17.3%。通过精心组织、合理调配运力、强化现场监管，重大节假日期间未发生旅客滞留、投诉，水路客运秩序井然。

（厅航务局）

水运企业及运力 2015年底，全省拥有水运企业共198家，其中，省际水运企业83家，万吨船舶运力以上水运企业29家。全省拥有运输船舶7 489艘、总运力达118.6万载重吨，省际船舶552艘84万载重吨，其中通过三峡船闸船舶达到279艘68.68万载重吨，过闸船舶标准化率达79.9%。全省共有1 000载重吨以上标准船舶317艘80万载重吨，新投入营运1 000载重吨以上标准船舶8艘3.53万载重吨。

（厅航务局）

长运公司获电力大件运输总承包甲级资质 2015年4月，经中国水利电力物资流通协会审查核准，长运公司成功取得电力大件运输总承包甲级资质。

长运公司整合港口、水路、铁路、公路等运输资源，大力发展大件运输总承包业务，先后顺利完成三峡电站转轮、定子，彭州石化，上海宝钢，深圳前湾电厂，南充晟达100万吨PTA（精对苯二甲酸），中石化元坝等重大项目的大件设备运输任务，逐步从传统水路运输经营人向全程物流服务商转变。公司取得电力大件运输总承包甲级资质，可采用铁路、公路、水路的运输方式，独立承担运输长40米、宽6米、高5米，重量300吨及以上的大件货物，有利于进一步提升公司电力大件运输总承包的市场竞争力。

（长运公司）

重点物流项目 2015年5月，省港航公司“四川省物流铁水服务联盟”“川东北公水物流服务联盟”和“公铁水综合运输管理信息平台”3个物流项目被省政府口岸与物流办公室列为2015年省重点物流项目，获得省现代物流业发展专项资金支持。

省港航公司按照国家推进港口航运产业转型升级的要求，结合省现代物流业主要发展方向，整合港航物流优势资源，大力发展铁路水路联运和公路水路联运业务，推进综合物流信息平台的建设。该次获批实施省重点物流项目，将进一步提升公司港航物流业务水平，推动四川港航物流业加快发展。

（省港航公司）

攀枝花泸州签订港口物流发展战略合作协议 2015年6月26日，攀枝花市和泸州市签订《港口物流发展战

2015年6月26日，泸州港与攀枝花物流企业在攀枝花市签订《泸州港攀枝花陆港合作协议》

省港航公司 供稿

略合作框架协议》，泸州港务公司与攀枝花新启物流公司签订《泸州港攀枝花陆港合作协议》。

协议的签订，将进一步促进攀枝花—泸州港集装箱铁水联运班列的开通，发挥水路、铁路运输的比较优势和组合效应，为攀枝花及周边货物运输提供便捷的物流通道。泸州港攀枝花陆港的建设也将进一步扩大泸州港腹地范围，提升港口发展质量和水平，优化物流资源配置，支撑腹地城市经济社会发展。

（泸州港务公司）

泸州港当选中国港口协会集装箱分会五届副会长单位 2015年6月，泸州港务公司当选中国港口协会集装箱分会五届副会长单位。

泸州港加快推进泸州港二期续建工程、进境粮食口岸等基础设施建设，依托进港铁路专用线大力开拓铁路水路联运市场，与民营企业合资组建泸州港供应链公司发展混合所有制经济，联合大型物流企业共建昆明无水港，全面整合各方优势资源，不断优化延伸集装箱班轮航线，不断增开铁水联运集装箱班列，港口集装箱业务发展迅猛，对区域经济的快速发展作出贡献，得到社会各界的认可。

（泸州港务公司）

四川广安港至重庆果园港集装箱定期班轮首航成功 2015年6月29日，四川广安港—重庆果园港集装箱定期班轮成功首航，装有广安诚信化工400吨亚氨基二乙腈20个集装箱的千吨级集装箱班轮“川江002号”驶离四川广安港，开往重庆果园港，抵达果园港后将通过水水中转运输至目的地湖北荆州。广安港将在丰水期稳定开行至果园港的集装箱班轮，每月开行两个班次，标志着广安港逐步从试营运转为正式营运。

重庆果园港集装箱定期班轮成功首航，为川东北地区企业提供稳定的出川水路运输支持，对川东北地区物流产业发展和经济繁荣起到积极的推动作用。

（承平公司）

川东北公水物流服务联盟正式成立 2015年7月9日，川东北公水物流服务联盟在广安正式成立。会议审议通过《四川省川东北公水物流服务联盟章程》及资金使用管理办法，召开第一届成员代表大会和第一届理事会会议。

川东北公水物流服务联盟是由广安承平公司发起，南充都京公司、长运公司等7家成员公司组成的物流联盟，并于5月顺利通过省政府口岸与物流办的审定，列入省2015年重点物流项目，获得省现代物流业发展专项资金700万元支持。联盟的建立将充分发挥广安港物流节点的综合使用功能，有效整合物流资源，提升物流运行效率，降低综合物流成本，加快打造川东北新型物流服务体系，实现科学物流、效率物流、环保物流，促进川东北区域乃至四川省现代物流服务的发展。

2015年7月9日，川东北公水物流服务联盟在广安正式成立

省港航公司 供稿

（承平公司）

2015年11月17日，"泸州—南京—日本"集装箱航线成功开通　　省港航公司 供稿

南充港打造"一站式"全程物流服务平台 2015年7月16日，第二批装有塑料颗粒HQ（苯二酚）的18个集装箱在重庆佛耳岩码头通过水水中转后顺利抵达南充港，随后货物通过公路运输直接运抵目的地，标志着南充港"一站式"全程物流服务营业模式初步形成。南充港可根据客户的实际需要，通过港口将公路运输与江海船公司连接起来，整体解决企业货物运输需求，实现货物从工厂到客户的"门对门"全程服务。都京公司将不断完善港口设施和集装箱配送系统，继续加强与重点客户的战略合作，加强货源开发力度，吸引更多的内外贸货物通过重庆港到南充港的水水中转形式实现干支线的对接，进一步发挥南充港作为川东北枢纽港口的重要作用，推动港口效益持续增长。

（都京公司）

泸州港至水富港集装箱往返班轮成功开行 2015年10月8日，装有19个硫磺重箱和36个空箱的千吨级集装箱班轮"川集28"驶离泸州港，10月11日成功抵达水富港；10月24日，装有39个化肥重箱的"川集28"从水富港出发，10月25日，成功抵达泸州港，标志着由泸州港、水富港、长运公司三方合作开行的泸州港—水富港水水中转集装箱班轮成功首航。

泸州港—水富港集装箱往返班轮的正式开通，对促进泸州、水富两地及沿线地区现代物流和区域经济发展有着深远意义。泸州港实现航线经营人的突破，拥有首个稳定的集装箱"喂给港"，扩大和增强泸州港对川滇黔腹地的辐射范围和渗透力；推动水富至泸州往武汉、南京、上海等长江中下游航线的开发，加速推进云南融入长江经济带的步伐；促进长江上下游跨区域合作，强力支撑泸州、水富两地及沿线腹地产业经济的发展，更好地服务于长江经济带建设。

（泸州港务公司）

泸州至南京至日本集装箱航线成功首航 2015年11月17日，泸州—南京—日本集装箱航线首航仪式在南京港成功举行。继2014年开通泸州—武汉—台湾及泸州—南京—韩国集装箱航线后，泸州港成功开辟又一条近洋航线，标志着泸州港参与国际航运竞争与合作不断向深层次迈进。

泸州—南京—日本集装箱航线的正式开通，将进一步完善泸州港内外贸航线网络，为西部地区搭建起连接华东、沟通东南亚、走向世界的江海联运外贸物流通道。该航线采用分段直航接力运输的方式，有效减少运输时间，节约运输成本，为四川和滇东、黔北地区企业打造一条新的外贸进出口通道，进一步扩大和增强泸州港对川滇黔腹地的辐射范围和渗透力。

泸州港加强与长江中下游港口的合作，已开通泸州到上海、武汉、南京等地的国内支线集装箱班轮航线，以及泸州到台湾、韩国的近洋集装箱班轮航线；利用进港铁路专用线优势，开通泸州至成都、昆明、乐山等地铁路水路联运集装箱班列，持续优化以港口为核心节点的物流通道，提升物流要素市场配置的效率，助推川滇黔航运物流中心的建设。

（泸州港务公司）

广安港首批"广安造"商品出口启航 2015年12月10日，广安港首批"广安造"产品出口启航仪式在广安港举行。

在启航仪式上，首批次20个分别出口迪拜和香港的集装箱通过海关查验，装入千吨级集装箱船舶运往重庆寸滩港，通过江海联运，经长江"黄金水道"出海，运输至目的地。标志着广安港外贸进出口货物通关一体化业务正式展开。

自2013年1月开港试运行以来，广安港多措并举，大力提升港口核心竞争力，一是依托港口资源，开拓新型市场业务；二是整合运输资源，积极开展多式联运；三是引入供应链金融体系，为客户企业提供全方位金融保障服务。该次广安港首批"广安造"商品出口成功启航，实现广安港进出口货物通关一体化，不仅降低外贸企业物流运输成本，增加外贸企业进出口竞争力，还有利于引入外贸企业入驻广安，对广安乃至川东北地区的外贸产业快速发展具有重要意义。

（承平公司）

交通管理
JIAOTONG GUANLI

2016

四川交通年鉴

交通规划

JIAOTONG GUIHUA

交通项目建设规划编制 2015年，省交通运输厅围绕构建畅通安全高效的现代综合交通运输体系总体目标，主动对接“一带一路”、长江经济带等国家重大战略，不断强化规划，优化完善交通发展规划体系。一是按照省政府“十三五”规划编制工作安排部署，加快修改完善四川省《公路水路交通运输“十三五”发展规划》“1+14”体系的初步成果。二是省交通运输厅会同省发展改革委组织铁路、民航、邮政等部门，全面启动《综合交通运输“十三五”发展规划》的研究编制工作，并形成初步成果。三是研究制订普通国省公路提档升级、农村公路改善提升、公路安保全覆盖、溜索改桥等4大工程方案，并经省政府批准后全面启动实施。四是编制完成并经中共四川省委、省政府批准后印发的实施交通精准扶贫攻坚方案，编制完成并报请审定新一轮“甘推”、新一轮“凉推”“南推”（详见《附录》，下同）等3个交通扶贫专项方案。五是组织编制并报请审定高等级航道达标升级、“互联网+交通运输”专项行动、道路客运枢纽全覆盖工程、新一轮渡改桥工程等4个专项方案。

2015年，遂西高速公路赤城湖1号大桥施工现场　　交通宣传中心 供稿

交通建设计划执行 2015年，省交通运输厅完善机制、强化管理考核，加强计划工作管理。一是努力完善计划管理机制。通过制订各类专项工程或方案，组织开展三年滚动项目库和五年规划项目库等相关工作，动态补充和完善重点项目库，并以此为抓手，保障项目计划的合理安排。二是全力做好计划下达工作。编制下达2015年交通建设年度投资目标任务和全省重点交通项目建设计划，并落实项目进展和资金，累计争取和转下达2015年部车购税补助资金223.3亿元、安排下达省补助资金110.5亿元。三是不断强化计划考核手段。严格执行《四川省交通建设计划管理办法（试行）》，完善“负面清单”管理机制。2015年，全省公路水路交通建设完成投资1 305亿元，比上年增长0.2%。交通建设完成投资额连续5年超千亿元。全省公路总里程达31.5万公里，居全国第一，高速公路通车里程达6 016公里；全年新（改）建农村公路2.6万公里，农村公路总里程达26.8万公里（规划调整后），均居全国第一。

项目前期工作 2015年，省交通运输厅合理制订前期工作计划，完善项目跟踪督导机制，强化项目质量管理。一是加快推进高速公路前期工作。绵西高速公路、攀大高速公路、营达高速公路、内江绕城高速公路等4个共305公里项目实现开工建设，顺利完成年初确定的“新开工300公里”目标。同时，成都经济区环线德简段（105公里）获得项目核准批复；仁沐新、荣泸、绵九、泸黄加宽改造等4个国高网项目（526公里）通过交通运输部行业评审，成都新机场高速等20个项目（约2 500公里）已完成工程可行性报告。二是有序推进普通国省干线公路前期工作。以加快推进“八大专项工程”等专项方案为抓手，督促指导和有序推进国省干线公路建设。完成28个具备条件的国省干线公路项目行业审查，为项目的及时批复和顺利开工建设提供了前期工作保障。三是重视推动内河水运项目前期工作。积极完善协调联动机制，通过并联交叉作业、单滩整治等方式，实现岷江犍为枢纽、长江宜宾至重庆段航道“三升二”等工程顺利开工；加快推进嘉陵江利泽枢纽、渠江风洞子航电枢纽等项目前期，其中嘉陵江航运配套二期工程已具备开工建设条件。四是扎实推进客运站点和智慧交通建设。规划183个汽车客运站提升改造项目的前期工作全面完成，并实现开工建设；公路水路建设与运输市场信用信息服务系统等3个信息化项目已获工程可行性研究报告批复；公路水运工程质量安全监督管理平台等7个信息化项目的前期工作全面完成，具备开工条件。

公路收费管理 2015年，省交通运输厅继续强化公路收费项目审批。一是完善收费定价机制。研究制订《四川省高速公路特大桥梁和隧道加收车辆通行费审核审查试行办法》，省政府已批准实施；《四川省高速公路车辆通行费与工程建设与运营服务质量挂钩管理办法》上报省政府审定。二是开展收费审查工作。完成成都二绕高速公路、绵阳绕城高速公路等9个高速公路项目收费立项审查审批和遂资眉高速公路眉山段等7个项目试收费审查审批工作，完成广元、广安、眉山等市 10个一级收费公路项目收费立项审查审批。组织实施重大节假日免收小型客车通行费工作，确保节日期间收费公路的安全、有序和畅通。指导全省高速公路电子不停车收费系统建设，实现ETC全国联网运行。

交通综合数据统计 2015年，省交通运输厅按时完成交通统计报送工作。及时组织完成交通运输部和省级相关部门布置的40套（300余张）行业统计报表的报送任务，认真开展交通经济运行分析等日常统计相关工作，及时发布各类统计年报。厅规划处会同厅信息中心和厅公路局、厅高管局等单位继续推进“国家公路网交通情况调查数据采集与服务系统”省级工程建设，以及“交通运输统计监测与投资分析系统”后续应用开发和交通运输部、省政府对接，不断强化统计信息化建设。组织全省公路运管、航务部门技术骨干积极参加交通运输部的统计培训，圆满完成全国公路水路运输量小样本抽样调查等专项统计工作。

（本栏目供稿单位：厅规划处）

建设管理

JIANSHE GUANLI

高速公路建设管理 2015年，省交通运输厅按照四川省《高速公路建设推进工作方案（2013年—2017年）》的总体安排，制订《四川省高速公路建设推进工作2015年实施方案》，确定年度总体目标和阶段任务，进一步健全完善项目建设工作体系和管理体系，落实项目业主实施主体责任。加强与省重点办、省电力公司及成都铁路局等省级管理部门的协调沟通，建立项目推进重大问题的常态化协调会商机制，力争第一时间沟通，第一时间解决。建立对通车项目定期督导制度，每周收集通车项目进展情况，每半月对所有通车项目进行一次现场督导，及时准确掌握工地一线建设进度、工程质量和安全生产等情况，督促落实解决建设过程中的困难和问题，及时报告制约项目通车目标的重大问题，确保高速公路建设目标的圆满完成。

针对高速公路竣工验收工作滞后的常见问题，省交通运输厅以省交通建设联系会议办公室名义召集省发展改革委、省财政厅、省审计厅等部门召开会议专题研究，组织制订《关于规范高速公路竣工验收工作的通知》，对竣工验收及其前置要件办理进一步明确，理顺长期制约高速公路竣工决算审计的工作程序。同时，按

2015年，遂西高速公路施工现场　　监理处 供稿

照交通运输部公路建设管理体制改革的统一部署，组织制订全省《深化公路建设管理体制改革工作推进方案》，将改革分解成全面落实项目法人责任制、创新项目建设管理模式、推行设计施工总承包试点等9大改革任务。

招投标管理　2015年，省交通运输厅依据省有关规定，将全省高速公路建设项目招标投标全部统一纳入省公共资源交易平台集中交易。组织制订《交通重点建设项目招标投标异议和投诉处理办法》，规范招标投标活动的异议和投诉处置程序，高速公路招标投标实现统一规范管理。

从业单位信用和建设市场管理　2015年，省交通运输厅完成2014年度从业单位信用评价工作。年度评价共有218个项目参与，涉及1 139个合同段、287家从业单位，评出AA级从业单位22家，A级从业单位16家，C级从业单位11家，D级从业单位1家。组织完成2015年第一季度、第二季度、第三季度从业单位信用考核，共完成约1 200个合同段信用考核工作。发布2015年从业单位不定期信用考核处理结果，对8家从业单位在不定期考核中的失信行为进行信用处罚。配合省住建厅完成268家施工企业新增资质审查、67家监理企业资质审查以及4 782位注册建造师资格审查。

（本栏目供稿单位：厅建管处）

运输管理
YUNSHU GUANLI

概　况　2015年，全省道路水路运输管理工作有序有效。完成全省道路水路春运工作组织任务，强化行业春运考核评价，提升春运服务质量和水平；开展《贯彻落实<交通运输部关于改进提升交通运输服务的若干指导意见>任务分工方案》《四川省交通运输厅关于改进提升交通运输服务工作2014年重点任务分工方案》的完成情况跟踪及考核，下发《四川省交通运输厅关于印发2015年改进提升交通运输服务重点工作及分工方案的通知》；完善《四川省12328交通运输服务监督电话系统监督考核办法》；按照国家和省政府关于交通运输业和部分现代服务业营业税改征增值税试点工作的部署，继续推进行业“营改增”试点；做好燃油补贴和燃油消耗统计相关协调；完善大件运输协调工作机制，按照省政府和省国防科学技术工业办公室等有关部门要求，召集相关部门研究讨论重要设备交通运输保障工作方案，完成重要设备运输任务；按照《交通运输部关于开展综合运输服务示范城市建设的通知》文件精神，积极组织全省综合运输服务示范城市建设项目推报工作；

贯彻落实《四川省物流业发展中长期发展规划（2015—2020）》，形成分工方案和推进工作意见，推进重点交通物流项目建设；继续推进四川省交通运输物流公共信息平台建设前期调研；按照省政府物流办要求，做好全省交通物流数据统计报送和季度分析，参与研究2015年重点项目推进方案及省物流工作要点；按照省政府工作安排，完成第四届中国（四川）国际物流博览会有关工作；加强全省汽车客运站提升改造工程督导；落实《省交通运输厅对口联系宁南县重大传染病工作方案》；落实省政府关于四川省服务业发展工作要求，完成交通运输服务业发展速度指标任务；落实省政府关于旅游强省工作要求，推进旅游运输的规范、有序发展；按照交通运输部和省政府要求，进一步加强全省外商投资道路运输业立项审批；做好大件公司“北改”搬迁有关协调；配合省级有关部门做好企业减负、旅游运输调查及监管、公路水路口岸等工作。

改进交通运输服务 2015年，省交通运输厅进一步改进提升交通运输服务工作。按照交通运输部关于改进提升交通运输服务有关工作和厅年度绩效管理考评要求，认真开展对各地各部门2014年改进提升交通运输服务工作的考评，并结合考评情况和各地各部门工作实际印发《四川省交通运输厅关于印发2015年改进提升交通运输服务重点工作及分工方案的通知》，要求各地各部门切实加强组织领导，围绕改进提升交通运输服务重点工作，统筹部署安排，细化任务分工，加强督促指导，确保相关工作落到实处。着力做好六方面工作：统筹城乡发展，提升交通运输基本公共服务均等化水平；加快标准化建设，提升交通运输服务规范化服务水平；优化服务组织，提升交通运输服务便捷化水平；加强市场监管，提升交通运输服务安全化水平；推进创新发展，提升交通运输服务信息化水平；加快职能转变，提升便民利民政务公开化水平。《中国道路运输》（第9期）刊登题为《2014年四川省改进提升交通运输服务新亮点》的文章，详细报道了四川省改进提升交通运输服务工作的做法和成绩。《中国交通报》2015年7月刊登的《四川：免费社区巴士改善城市微循环》一文从成都市解决部分中小街道和城市新建成区域的“最后一公里”出行难题，完善“快+干+支+微”四层级公交服务体系，创新性推出城市微循环公交服务——免费社区巴士话题切入，报道四川省在城市公共交通发展方面改进提升服务的工作举措和成效。

2015年，达州市客运人员积极应对恶劣天气，确保春运平安　　厅运输处 供稿

春运运输组织协调 2015年2月4日—3月15日春运期间，全省道路水路运输旅客1.53亿人次，比上年增长1.45%。其中，道路运输完成客运量1.46亿人次，比上年增长1.95%；水路运输完成684.41万人次，比上年下降8.12%。道路运输日均运量约365万，2月15日前后出现道路运输节前春运高峰，日运量达388万人峰值。春运期间全省水上交通运输未发生安全事故；道路运输未发生重大以上行车事故，事故次数和死亡人数比

上年下降12%和15%。全省道路中长途客运共投入5.3万辆客车118万客座，城市客运投入公交车2.8万辆、出租车4.3万辆；水路运输投放客（渡）船3 050艘9.2万客位。道路运输行业调用4 100辆应急运力，及时有效组织旅客疏运。全省主要客运站未出现大量旅客滞留现象。高速公路路网和国省干线公路未发生大面积、长时间堵塞情况，全省路网运行总体稳定。交通运输系统为旅客提供形式多样的便民服务，社会反映良好。四川省副省长王宁在省交通运输厅报省政府的春运工作总结上批示："这项工作做得好，特别是春运安全工作卓有成效。"根据《四川省道路水路春运工作考核评价办法（试行）》，经省交通运输厅党组会研究决定，成都市等10个市（州）交通运输局（委）、厅运管局等6个厅直单位和成都市汽车运输（集团）公司等51个道路水路春运工作成效显著单位获通报表扬。

大型设备运输　2015年，全省以公路水路联运方式运输进出川大型设备250件（套），总重19 416.93吨，其中单体为200吨以上10件（套）。成功完成岷江单件最重达940吨的彭州石化特大型设备、嘉陵江总重606吨的超大设备等大件运输任务772批次、17.33万吨。进一步明确大件运输管理职责分工规范审批程序，推进大件运输工作制度化、规范化、程序化。对大件公路跨市行政区域的大件运输进行审批，并落实道路运输方案专家论证制度。加强与省经信委，省公安厅，成都、德阳、眉山、乐山4市交通运输主管部门及大件码头协调，定期向企业发布路况信息，做好保通保畅；强化大件货物运输护送工作，印发《大件货物运输监管护送工作规程》，全年完成大件运输协调、护送16次；加强路况巡查和空路障清排工作，按照要求对大件运输通道上新设置的交通信号灯、跨线和标志标牌空路障进行管理，坚持每周全线巡查2次，及时掌握道路通行能力，并在省交通运输厅网站实时发布道路路况信息，年内安排路政人员巡查463人次。修订《四川省非大件公路重点大件运输协调工作方案》，调整该方案适用规范和运输程序的表述，明确保障经费的用途。

交通运输服务监督电话系统建设　2015年，按照交通运输部要求，省交通运输厅大力加快推进"12328"电话系统建设和运行工作。5月省交通运输服务监督电话监督管理中心成立并正式运行。制订《四川省12328交通运输服务监督电话系统监督考核办法（初稿）》《四川省12328交通运输服务监督电话建设实施方案》《12328电话监督管理中心人员工作职责（初稿）》。完成省级知识库目录树架构，同时督导市（州）加快市级知识库建设。完成厅"12328"电话系统的硬件设备安装调测，省级电话系统通用软件调试并完成与巴中市接入，电话沟通渠道初步建成，微信和网站的沟通渠道完成基本框架的搭建。4月16日—17日，举办"12328"交通运输服务监督电话呼叫中心建设及规范操作技能培训班。全年"12328"电话系统受理业务210 983件。省交通运输厅每季度及时准确报送信息数据，并形成工作分析报告受到交通运输部通报肯定。

巴中市"12328"交通运输服务监督电话服务中心　　厅运输处 供稿

交通运输物流业　2015年，省交通运输厅深入贯彻落实交通运输部《关于交通运输推进物流业发展的指导意见》要求，立足"大交通"，发展"大物流"，促进交通运输与物流业的融合发展。研究制订全省物流业发展中长期发展主要任务分工方案。在认真研究《四川省物流业发展中长期发展规划（2015—2020）》基础上，印发主要任务分工方案的通知，提出规划引领、融合发展，协同发展、项目支撑，优化结构、转型升级，深化改革、激发活力的工作思路和2020年发展目标，形成加快完善交通基础设施、大力发展先进运输组织方式、着力优化市场主体结构、积极推进信息化建设、加快推动重点领域物流发展、努力营造良好发展环境等6方面35项具体任务的分工方案，要求各责任单位按照工作职责和任务分工，切实落实并履行好工作责任。指导加快公路枢纽建设、航道等级提升。在客运站建设方面，会同厅运管局做好全省客运站提升改造工程建设的督促检查。加快货运枢纽（运输型物流园区）建设，南充传化公路港、广元上西物流中心和攀枝花市密地现代物流园区3个项目建成，中国西部现代物流港西部铁路物流园，成都天府新区新津公路货物集散中心等主体完工，达州市通川区毅恒明月冷链物流，乐山沿森物流园区和川青甘高原物流园区物流集散中心3个项目开工建设。渠江四九滩至丹溪口航道整治收尾工作完成，富流滩船闸改（扩）建工程主体工程基本完成，长江宜宾至重庆段航道等级提升单滩治理工程和岷江犍为航电枢纽2个重点项目开工建设，全省四级及以上高等级航道达1 321公里，集装箱吞吐能力达233万标箱。指导推进公路甩挂运输试点工作。指导厅运管局按照试点方案要求，在场站基础设施建设、企业运营组织、车型结构调整、科技推广应用等方面，积极探索开展甩挂运输的经验做法。全省货运汽车中牵引车达16 785辆，挂车达19 148辆，比上年分别增加33.71%和31.87%。达州达运物流甩挂项目、宜宾欣联物流甩挂运输试点项目准备试点验收工作，宜宾安吉物流甩挂运输项目因规模调整申请延期验收；成都金桥物流与攀枝花攀和工贸甩挂运输联盟二季度项目年内被交通运输部、财政部确认为第四批甩挂运输主题式试点项目单位。参与省级相关行业物流工作。在省发展改革委牵头下参与降低物流成本有关研究工作，在省商务厅牵头下做好提升交通运输服务业发展工作，在省政府口岸办的牵头下参与做好全省公路、水路口岸工作，推进全省城市配送管理和邮政快递业发展工作等。积极推进四川省交通运输物流公共信息平台建设工作，联合交通运输部规划院在全省范围内广泛开展平台建设前期调研工作。

道路运输安全监管 2015年，省交通运输厅继续深入推进道路运输安全监管工作，行业安全生产事故、死亡人数“双下降”，年内没有发生重大安全生产事故。会同厅运管局制订出台《道路运输安全督查手册》。指导厅运管局大力开展道路运输安全常态化综合督查，落实违法驾驶员“黑名单”管理制度，严格执行道路运输安全生产“六严禁”（详见《附录》，下同）制度。加强春运等运输高峰期安全检查，组织专项安全督查组，主要采取暗访形式分片区开展安全检查。按照交通运输部《道路运输车辆动态监督管理办法》，继续督导各市（州）做好工作。承办交通运输部道路运输安全生产分析工作会、“道路运输平安年”活动等四川分会场电视电话会议，督促各地做好安全生产工作。

综合运输服务示范城市建设 2015年，省交通运输厅按照《交通运输部关于开展综合运输服务示范城市建设的通知》精神，组织全省重点市（州）按照要求开展申报工作，推荐成都、泸州、宜宾、广安等4个市申报交通运输部第一批综合运输服务示范城市，泸州市入选首批全国16个综合运输服务示范城市名单。力争通过示范工程建设，逐步推进全省形成“衔接顺畅、服务优质、支撑有力、管理规范”的综合运输服务体系，综合运输服务能力显著增强，较好满足广大人民群众高质量的出行需求。

（本栏目供稿单位：厅运输处）

专文

改进提升交通运输服务新亮点

厅运输处

《交通运输部关于改进提升交通运输服务的若干指导意见》要求，用5年左右时间，推进六方面28条为民服务措施的实施，重点抓两年。省交通运输厅在2014年的工作基础上，2015年继续深入推进全省改进提升交通运输服务工作，结合《四川省交通运输厅关于2015年交通运输重点工作分工方案的通知》，制订《2015年四川省改进提升交通运输服务重点工作及分工方案》，明确六方面53项重点工作和分工方案。全省全年在改进提升交通运输服务工作中取得明显成效。

一、公交都市建设扎实推进，深化公交优质服务

一是公交政策研究进一步深化。省交通运输厅制订《四川省城市公共汽车运营服务规范（试行）》、起草《四川省城市公交企业成本核算指导意见》，进一步深化开展城市公交精品线创建活动，组织开展“平安公交创建活动”。泸州市印发《2015年泸州市城市公交服务精品线创建示范活动方案》《泸州市“平安公交”创建活动实施方案》，广元市编制《广元市城区公交线路优化方案》，乐山市编制《乐山市公共交通规划编制（2014—2020）》，广安市通过市政府审批执行《广安主城区公共交通规划（2014年—2020年）》，眉山市出台《关于城市优先发展公共交通的实施意见》，德阳市草拟《德阳市城市公交企业购置公交车政府补贴意见和补贴实施（试行）办法》，阿坝州起草《关于进一步贯彻落实城市优先发展公共交通战略的实施意见》。二是城市公交线网进一步优化。全省21个市（州）183个县（市、区）城市有158个发展有城市公交，运营线路2 316条、线路总长度3.39万公里、年运营里程157 296.7万公里、年客运量448 491.2万人次。成都市“快、干、支、微”四级常规公交网络体系全面形成，年内投入运营的社区巴士线路增加至100条；二环路快速公交日均客运量达25万人次；2015年首次实现一年内开通2条线路，地铁1号线二期和4号线一期工程开通运营，地铁运营里程达86公里，地铁日均客流量超过103万乘次。内江市在成渝高铁开通后，对城市重要区域至高铁站的公交线路进行全面调整和优化。攀枝花新开通1条社区公交线路。三是公交优质服务进一步推进。成都市、泸州市、广元市、南充市、宜宾市、达州市、雅安市、凉山州创建城市公交精品线路分别为22条、10条、5条、2条、6条、2条、5条、4条。遂宁市实现遂州通卡在遂宁市城区、成都、攀枝花3个城市的公交车上刷卡乘车。泸州市开发“酒城通”APP（手机客户端软件，下同），整合公路、铁路、民航、城市公共交通等领域的各种信息与资源，为泸州市民提供一站式的综合交通出行服务，成为市民手中的“掌中宝”。广元市积极推进城市公共交通“智慧广元·芯心相通”信息化建设，全市公交车累计安装金融IC卡刷卡机449台。四是低碳公交绿色出行进一步突破。广安市广泰公交公司新购50台油电混合新能源公交车，优化和新增线路12条，通过使用公交清洁能源，进一步推进广安大气污染防治。绵阳市投用纯电动公交车30辆，建成公共自行车二期系统，新增自行车900辆、网点50个，城区公共自行车保有量达1 850辆、网点101个、办理自行车租赁卡2.5万张，日均使用量3 500人次。广元市城区更新双燃料公交车28辆，补充投放双燃料出租汽车236辆。

二、统筹城乡发展，提升公共交通运输服务均等化水平

一是加快建设农村公路改善工程。厅公路局以“四大片区”88个贫困县为重点，加快推进农村公路建设，全年完成新（改）建农村公路2.6万公里，为年度目标的173.3%。其中，完成农村公路改善工程3 039公里，建成渡改公路桥65座，“溜索改桥”62座。二是实施农村客运通村工程。厅运管局加快制订《关于加快农村客运发展推进城乡客运一体化的指导意见》，大力推进农村客运发展。全省农村客运车辆3.2万辆，农村客运线路7 549条，农村客运班车日均发车10万班次左右，乡镇和建制村客车通达率为94.12%、67.79%。三是进一步改善农村群众安全便捷出行条件。厅航务局秉持“消灭一座渡口就是消灭一处隐患”的安全理念，切实加快实施渡改人行桥建设，年内建成渡改人行桥105座。广元市旺苍县争取到渡改人行桥项目8个，预计2016年4月底前完工，届时檬子、金溪、白水等8个乡镇的1.1万老百姓将彻底告别“过河难”。泸州市纳溪区在全市率先开工建设4座渡改桥，预计将于2016年底建设完成，届时将有效改善附近居民出行条件，促进当地产业发展。

三、全方面推进多样化服务，优化提升出租车服务水平

一是出租车行业规范服务逐步发展。德阳市向全市出租汽车行业从业人员发出“安全行车、优质服务”的倡议并进行“我是文明人，我做文明事”专题培训，眉山市组织召开出租汽车驾驶员优质服务和安全文明行车培训会，广元市出租汽车行业开展“树形象、创平安”创建活动。二是出租汽车网络预约服务快速发展。成都市拟订出租汽车行业深化改革方案和网络预约出租汽车管理办法；泸州市拟依托GPS监控调度中心和“酒城通”APP为平台，推行出租汽车电召服务和网络预约出租汽车服务；内江市启动出租汽车电召服务系统建设。三是出租汽车优质服务活动深化开展。泸州市、德阳市、内江市、达州市、雅安市、眉山市、资阳市、阿坝州组织出租汽车“爱心车队”“雷锋车队”开展高考学子免费接送活动；广元市大力开展“出租车十佳服务明星”创建活动；南充市开展首届“最美的哥的姐”评选活动；德阳市出租汽车“雷锋车队”被评为“四川省首批岗位学雷锋先进集体”。

四、稳步推进多式联运发展，强化多种运输方式衔接

一是积极推进物流服务建立联盟。厅航务局推动成都至泸州、宜宾集装箱铁路水路、公路水路联运发展，泸州港、宜宾港、广安港分别组建四川省铁水、四川省公水、川东北公水物流服务联盟。二是铁路水路联运班列实现新突破。厅航务局指导泸州港、宜宾港申报国家铁水联运示范工程，争取政策支持和资金补助。年内正式开通泸州港—昆明、泸州港—城厢、泸州港—普兴、泸州港—燕岗、泸州港—乐山、宜宾—昆明等6条铁水联运班列，泸州港—攀枝花铁水联运班列年内投入试运行。2015年泸州港完成铁水联运集装箱吞吐量2.5万标箱，比上年增长125.13%。三是积极发展水路集装箱运输。全省加强与上海、南京、武汉等长江中下游港口对接合作，宜宾港与南京区域港口群、唐山港、武汉新港签署战略合作协议，泸州与成都、武汉、攀枝花签订《港口物流战略合作框架协议》。宜宾、泸州至日本、韩国等集装箱江海联运物流通道年内打通。

五、快速推进全省ETC建设，打造优质高速公路服务区

一是加快推进高速公路电子不停车收费系统（ETC）建设。截至2015年底，按期实现全国联网目标，专用车道建设与管理逐步规范，完成三期车道建设434条，累计建成专用车道938条，服务网点突破695个，开创性建设ETC/人工混合车道265条。二是加大用户宣传，启动ETC集团用户业务，全省ETC用户数量达110万，ETC日均交易量增长迅速，缓堵保畅作用明显。三是全力打造高速公路服务区品牌。以服务区优质文明服务创建年活动为载体，推动服务区服务提档升级，完善43对服务区服务功能，69对服务区完成标识标牌“四统一”工作，建成全国百佳示范服务区4对、优秀服务区19对、达标服务区（停车区）96对，建成星级服务区26对，累计创建50对星级服务区。

六、深入开展情满旅途活动，提升春运服务旅客满意度

一是强化“一体服务”，科学统筹调度。强化保障铁路客运站和民航机场等重点节点衔接的客流输运。成都市加大通宵公交线298路运力投放，线路班次增加50%；达州市针对机场旅客换乘制订疏运方案，调整公交线路17条，延长8条线路服务时间；广安、自贡等地开通直达重庆江北机场客车班线，在客运站设置登机牌自助服务，方便旅客在客运站直接查询和换发登机牌，广安至重庆江北机场专线共发班451班，安全顺利运送航空换乘旅客1万余人次。二是建设“温馨驿站”，提供人性化贴心服务。全省二级以上汽车客运站提供24小时开放候车室的服务和免费开水，有条件的车站开通免费WiFi服务，同时客运站提供饮水纸杯、晕车药、创可贴等便民服务设施。乐山市汽车客运站践行“服务质量无止境、微笑伴您满意行”活动；南充汽车客运站组建“匡红艳爱心班”，推出“返乡民工报平安电话”。三是增开“直通专车”，关爱务工人员。成都开展2015年“春运顺风车”公益活动，开通成都至乐山、泸州、内江等7个城市的班线，共运送120名在蓉务工人员返乡；成都市交委运管处组织开展从富士康园区厂门到家门的直达包车运输活动。内江市交通局运管处举行欢迎农民工平安返乡和出行仪式，并赠送110份节日礼物，让农民工感受到家乡人民的温暖。遂宁市连续两年推出“四川再大，我们也要送你回家”免费赠票活动，2015年客运企业提供200张遂宁到省内各地的客车票（总票额超1.5万元）。

七、加快推进“互联网+交通”发展，创新服务模式

一是全面推进全省客运联网售票工程。四川省道路客运联网售票系统二期工程建设全面推进，全省道路客运联网售票系统、清分结算系统、公众出行信息服务系统投入试运行，电子客票选择在德阳南站开展试点，完成联网车站184个。春运第一天“四川汽车客运票务网”正式上线试运行，覆盖省内112个汽车客运站，春运期间累计售票33万张。二是加强综合交通出行信息服务。厅高管局全年发布路况信息5 266条、交通阻断信息7 980条，“12122”处理话务72.83万件。成都市2015年多渠道开展信息公开工作，组织报刊报道4 000余篇次、微博发布信息2 840余条、微信发布信息231条，在人民日报关于微博的排名中榜上有名。资阳市加强交通阻断信息的报送，并在重要交叉道口、高速公路出口等地方公布阻断信息和绕行方案，方便公众出行。雅安市设置10个全自动连续式交通流量观测站，制订《雅安市公路管理局全自动连续式交通流量观测站工作管理办法》。三是加快推进全省汽车二级维护监控系统和汽车综合性能检测监控系统建设。全省2 334家应装汽车二级维护企业全部完成监控系统安装工作。汽车综合性能检测监控系统在全省113家汽车综合性能检测机构建成使用，并在内江、眉山两地11家汽车综合性能检测机构进行安装试点工作。全省有154 792辆营运车辆安装使用卫星定位装置，14 690辆营运客车安装使用3G车载视频系统。

八、大力推进“12328”电话系统建设，通达社情民意

一是机构建设。2015年5月，四川省“12328”交通运输服务监督电话监督管理中心成立并正式运行。二是制度建设。省交通运输厅制订《四川省12328交通运输服务监督电话系统监督考核办法（初稿）》《四川省12328交通运输服务监督电话建设实施方案》《12328电话监督管理中心人员工作职责（初稿）》。三是知识库建设。省交通运输厅“12328”监管中心已初步完成省级知识库目录树架构，同时督导市（州）加快市级知识库建设。四是渠道建设方面。省交通运输厅“12328”电话系统的硬件设备已安装调测完毕，省级电话系统通用软件进入调试阶段并完成与巴中市接入，电话沟通渠道初步建成；微信和网站的沟通渠道完成基本框架的搭建。五是数据分析报送。全年全省“12328”电话系统共受理业务210 983件，省交通运输厅每季度按交通运输部要求及时准确报送信息数据，并完成该季度数据分析工作通报，使各责任部门有效掌握人民群众关心的热点、难点和焦点问题，数据报送工作受到交通运输部肯定。六是“12328”话务培训方面。2015年4月16日至17日举办“12328”交通运输服务监督电话呼叫中心建设及规范操作技能培训班，切实提升电话业务相关服务质量和水平。

全省部分市（州）通过“12328”电话渠道，解决群众实际困难问题，努力实现“建设群众满意交通”。1月，成都市民陈先生反映因道路施工导致新都龙桥镇公交车改线行驶，成都市交委公交处督促并协调属地交通运输局恢复途经公交车线路；5月，巴中市民反映10多名旅客滞留江北车站问题，巴中市运管局和江北车站迅速安排发往通江加班客车一辆，使旅客顺利返家；9月，成都市民王女士投诉出租汽车绕道行驶，执法人员对此进行调查并依法进行行政处罚；12月，眉山市民反映7路公交车发班时间影响学生上学问题。眉山市公交公司经调查核实，决定在6时30分、12时30分、14时增派3辆12路公交车分别接送学生。

“12328”宣传海报

安全管理

ANQUAN GUANLI

概　况　2015年，全省交通运输系统4年来首次实现年度行业重大以上事故“零发生”，较大事故和死亡人数连续2年“双下降”。公路养护施工未发生因管理原因造成的责任事故。水上交通发生运输船舶一般安全事故2起、死亡3人。道路运输发生行车事故206起、死亡270人，比上年分别上升10.75%和0.4%。其中较大事故12起，比上年下降7.7%；一般事故194起，比上年上升13.45%。交通建设领域发生生产安全事故10起、死亡18人，比上年分别增加7起和14人。其中较大事故2起、死亡10人；一般事故8起、死亡8人。全省因超限货车引发的较大以上行车事故“零发生”。省交通运输厅被省政府评为2015年度全省安全生产目标考核优秀单位。

安全工作责任体系　2015年，省交通运输厅召开11次党组会或办公例会、10次电视电话会或专题会，坚持每月召开安全工作例会，研究部署并着力解决安全生产突出问题。制订出台厅安全生产工作责任制度和工作规则，全面落实“党政同责、一岗双责、齐抓共管”的责任体系，明确安全工作领导、考核、决策、事故应急处置、述职、约谈和问责等7项机制，建立安全巡视、检查督导、挂牌督办、重点监管、约谈、考核、举报、信息公告、培训教育、事故报告、责任追究和信息交流等12项制度。强化安全绩效考核制度，将安全工作与项目资金安排挂钩，交通运输部门责任不落实发生重特大安全事故的、公路路侧护栏建设任务未完成或完成质量差的，以县为单位实施“负面名单”，暂停项目计划安排。

2015年，执法人员现场进行道路运输安全暨法制宣传　　交通宣传中心 供稿

安全生产专项整治　2015年，四川省道路交通安全综合整治“深化巩固年”行动成效明显。进一步固化高速公路“治超”成果，健全“一路四方”协调机制，基本杜绝超限5吨以上货车进入高速公路；推进普通公路“治超”，建立地方政府（1）主导，货源单位的行业主管部门（X）牵头，交通运输、公安部门（2）联合巡查的“1+X+2”的治理模式，从源头治理货车超限超载行为。全省因超限货车引发的较大以上事故“零发生”。危险品运输安全专项整治行动迅速。认真吸取天津港“8·12”危化品仓库特别重大火灾爆炸事故教

训，排查整治隐患38处（其中，重大安全隐患3处），注销道路危货企业9家。道路客运安全专项整治行动有力。建成道路运输驾驶员信息全省联网系统，建立重点监控名单、“黑名单”和每月通报制度，曝光违法驾驶员839名，会同公安部门“双吊销”驾驶员534名，形成震慑力管理手段；出台“六严禁”措施，顶格从严查处违法行为，70辆车停运1个月以上，取消13条经营线路的延续优先权，暂停68家企业新增业务，确保落实企业主体责任。公路水运工程落实施工方案专项整治，公路隧道安全隐患整治有序开展。检查在建项目147个，覆盖率达98.73%，排查整治重大隐患46处，停工整改24处，停工整改合同（标）段11个。全省526座营运公路隧道全部建立责任体系，排查整治存在安全隐患隧道183座。

安全生产基础工作 2015年，建成6 800公里公路安保工程（路侧护栏），3年累计建成2.44万公里，实现全省乡道及以上公路临水临崖高差3米以上危险路段安保工程全覆盖；高标准改造客运站183个，重点客运车辆安装3G视频监控设备1.3万辆，实现重点班线客车、旅游包车动态监控可视可控；建成渡改人行桥105座、渡改公路桥65座，“十二五”期累计建成渡改人行桥425座、渡改公路桥189座，取消渡口624个，溜索改桥规划的77个项目全部开工、建成62座，更新改造船舶1 126艘；推进安全生产风险管理试点，在厅运管局单设安全总监职位，研究总结并推广7个行业安全生产工作典型案例。

安全隐患大排查大整治 2015年，省交通运输厅全面开展安全隐患大排查大整治，“打非治违”。坚持开展隐患大排查大整治行动，顶格从严查处安全生产违法违规行为，特别是坚持每月督办省安委会挂牌督办的7处重大隐患和厅督导检查发现的18处隐患，直至整改完成。全省交通运输行业累计排查企业2.09万户，排查整治水上安全隐患171起、高速公路安全隐患1 076处、道路运输隐患632处。同时，细化制订“7个方面、28项具体内容”的“打非治违”实施方案，坚决执行对非法违法行为的“四个一律”执法措施，共计查处违法案件98件，责令整改车辆1 446辆，发现纠正道路运输驾驶员从业违法行为1 421人次，取缔无证经营65户，吊销企业许可11家、整合23家。省交通运输厅被省政府安委会评为安全隐患大排查大整治和打非治违先进单位。

安全应急保障 2015年，省交通运输厅党组全年召开6次厅党组会议或办公例会、4次专题会议，研究部署行业应急管理工作，及时解决应急管理工作中存在的突出问题。制订《四川省交通运输厅2015年度地震重点危险区应急预案》及7个子预案，以省政府规范性文件方式印发《四川省水上运输事故应急预案》。建立公路应急抢通保通队伍224个，建成18个应急保障与机械化养护中心，配备装载机、挖掘机等抢险大型机械设备1 732台；建成四川省公路水路交通应急指挥及抢险救助系统平台（一期），启动应急抢险救助平台二期工程。圆满完成省级防震救灾综合演练交通运输任务和交通运输系统应对地震灾害省市县联动应急桌面演练，首次在长江干线泸州、宜宾两市交界水域组织开展无脚本、不通知的应急演练。成功处置乐山市金口河地区5.0级地震交通运输应急救灾；落实汛期交通运输六个重点方向和领域工作方案，多措并举保障行业安全度汛；及时妥善处置行业生产安全事故。

（本栏目供稿单位：厅安全处）

高速公路管理暨交通执法

GAOSU GONGLU GUANLI JI JIAOTONG ZHIFA

高速公路法治建设 2015年，厅高管局（厅高速公路交通执法总队）继续加强高速公路法治体系建设；《四川省高速公路条例》出台实施；在全国率先探索建立收费标准动态调整机制；制订隧道养护管理制度、机电系统维护管理规定等26项配套制度。

（厅高管局）

高速公路超限治理 2015年，厅高管理局（厅高速公路交通执法总队）继续巩固高速公路超限治理成果。组织开展“高速公路交通安全综合整治深化巩固年”行动，全面建立入口“治超”多部门管控联动机制；组织实施商品运输专用车专项整治活动，移交成都高速公路主线和省际高速公路收费站等11处治超点管理工作；改造100余处入口计重设备，积极探索货运车辆外廓尺寸超限治理模式。对30余万辆次超限货车实施劝返卸载，违规驶入高速公路、超限5吨以上货车数量下降至每月10辆次以内。全年高速公路因超限引发的较大以上交通事故实现零发生。

（厅高管局）

高速公路交通执法　2015年，厅高管局（厅高速公路交通执法总队）进一步规范交通综合执法。全面落实行政执法责任制，加强行政执法过程管理，路产案件处置率、结案率及行政处罚案件结案率、行政许可办结率达95%以上；完成“三基三化”（详见《附录》）试点。开展交通执法服务形象大提升活动，10 000余人次参与执法业务、行业监管等培训，500余人次参加队列会操、事故处置等竞赛，建成“十佳服务窗口”，推评“十佳服务标兵”；加快实施“四统一”（详见《附录》，下同）工作，完成25处执法场所外观形象建设；完成高速公路非标清理摸底工作；4个营运公司整改225名非交通执法人员执法着装等问题；全面落实客运车辆凌晨2点至5点休息制度；危化品运输车辆监督进一步加强。收费系统、清分结算系统平稳运行，调配复合通行卡100余万张，清分结算车辆通行费154亿元；完成绵阳绕城、成都二绕东段、巴广渝、遂广等9条高速公路收费立项审批；实现全省55个高速公路项目基础信息网上公示；完成9个高速公路项目506公里通车投运准备工作。取消小修保养等无法律法规规章依据的非行政许可审批2项，编制行政审批权力事项目录及行政审批服务指南。

（厅高管局）

2015年3月25日，省交通运输厅副厅长周道平（前排中）调研高速公路交通执法工作　交通宣传中心 供稿

高速公路“智慧交通”建设　2015年，厅高管局（厅高速公路交通执法总队）大力推进“3+N”信息化项目建设。ETC（不停车电子收费系统，下同）加速发展，按期实现全国联网目标；ETC专用车道建设与管理逐步规范，累计建成ETC专用车道938条，建设ETC/人工混合车道265条，实现ETC车辆所有收费站不刷卡通行；建成ETC服务网点695个，实现已通车高速公路县级以上城市全覆盖；启动ETC集团用户办理业务，推进储值卡应用各项准备工作，ETC用户总量突破110万，居全国前列；ETC日均交易量加快增长，客车ETC使用率达26.47%，非现金支付率达25.75%；ETC投诉率与开通初期相比下降近50%，用户体验不断改善。专用通信网改造稳步实施，开展系统统一设计、干线网设备统一招标等前期工作，各高速公路营运公司积极筹措建设资金，落实专门人员，加快推进光缆、管道、机房等配套工程建设。灾备中心建设取得阶段性成效，项目预可行性研究和项目工程可行性研究报告获批复。“四个全覆盖”（详见《附录》，下同）加快推进。建成公共服务信息查询系统，56对服务区实现出行信息查询服务覆盖，74对服务区实现免费WiFi服务覆盖；移动通信信号覆盖高速公路主干线，278座隧道实现信号无障碍接收；新建和改造完成25个四川交通广播信号发射点，基本实现高速公路全覆盖目标。

2015年7月28日，四川省ETC全国联网并开通运行。图为天府新区收费站ETC通道
厅高管局 供稿

（厅高管局）

高速公路公共服务 2015年，厅高管局（厅高速公路

2015年，厅高管局在高速公路服务区开展“青春志愿行 温暖回家路”主题活动 厅高管局 供稿

交通执法总队）不断优化高速公路服务区服务、收费服务、信息服务建设。服务区服务水平显著提升。开展服务区优质文明服务创建年活动，推动服务区服务提档升级，各高速公路营运公司加快实施服务区改造，完善43对服务区服务功能，完成69对服务区标识标牌“四统一”工作，建成全国百佳示范服务区4对、优秀服务区19对、达标服务区（停车区）96对，创建星级服务区26对，成德南高速公路金堂服务区完成提档升级试点，隆纳高速公路泸州西服务区、成南高速公路淮口服务区、成雅高速公路蒲江服务区、达渝高速公路大竹服务区等开展优质文明创建活动，实现社会效益和经济效益双赢。收费服务优质高效。各高速公路营运公司加强与地方政府协调，强化土地及资金要素保障，通过外观形象改造、增加收费车道或复式收费亭、迁建等方式，改造收费站26处；实现收费员星级评定全覆盖，评定星级收费员7 650名，超过总人数50%。各高速公路营运公司、执法支队和公安交警在交通高峰、恶劣气象、交通事故时段，加强联勤联动，多措并举，进一步加强重大节点、重要路段缓堵保畅工作，成都绕城及放射线高速公路交通拥堵持续缓解；机场高速公路公司服务文明规范，成自泸公司缓堵保畅工作效果明显。信息服务能力不断增强。组织开展指路标志改造，各高速公路营运公司投入资金2 000余万元，改造31条高速公路指路标志约3 500块。丰富四川交通在线网站功能，升级改造“12122”系统，完善三网融合短信发布平台，优化可变情报板设置，深化与省内主流媒体尤其是四川交通广播合作，开通四川高速微信、微博，初步形成传统媒体与新媒体良性互动、优势互补的信息发布机制，全年发布路况信息5 266条、交通阻断信息 7 980条，“12122”处理话务72.83万件。服务监管机制初步建立。深入开展高速公路运营服务质量评价试行工作，交通执法机构开展日常巡查3.96万次，各高速公路营运公司整改问题6 300余个。

（厅高管局）

高速公路养护监督 2015年，厅高管局（厅高速公路交通执法总队）加强养护管理，路容路貌持续改善，规范化管理水平得到提升。统筹全省高速公路迎检工作，强化组织安排，统一迎检标准，开展分级培训，采取现场会等方式交流工作经验。组织实施自查自纠、交叉检查、模拟检查和专项督导，及时发现问题，及时补齐短板；开展路域环境综合整治，成都、宜宾市域高速公路路面病害得到及时处治，全省高速公路路容路貌得到较大改善。认真总结“以检促养”经验，强化路面及桥隧技术状况抽检工作，切实加强养护监督，高速公路路面使用性能指数保持在92以上；全年抽检55条高速公路10 169车道·公里路面技术状况，对44条高速公路66座桥梁、23座隧道（土建工程）开展定期检查，跟踪掌握技术状况和运行情况；组织开展桥梁隧道安全隐患专项整治活动，督促完成7处重大安全隐患整治。

（厅高管局）

川高公司营运管理 2015年，川高公司累计完成融资261亿元，为年计划的100.38%；完成投资42.91亿元，为年计划的106.37%；完成建设投资39.5亿元，为年计划的123.3%；完成营业收入164.73亿元（考核口径为104.15亿元），其中通行费收入93.27亿元，分别为考核目标的101.11%和101.87%，利润总额较下达目标减亏5 100万元。

融资财务 超额完成融资目标，到位建设贷款81.14亿元。以基准或基准下调价格提取银行表内短期流动资金贷款6.2亿元，以短融、超短融等方式筹集资金65亿元，累计节约财务成本4 700万元。利用国家货币政策调整和地方政府性债务置换的有利契机，以债务置换和调整款项结算方式，累计节约财务费用近2 500万元。创新融资方式，通过高速公路股权未来收益权售后回购及资产售后回租等方式筹集资金11亿元。公司主体信用评级由AA+上调至AAA。

项目建设 建成丽攀高速公路华坪段，广陕、广巴高速公路连接线32.1公里；建成国道317线甘孜段、省道215线九江路等代建公路297.9公里。九绵路控制性工程黄土梁隧道完成土建招标，泸黄路改（扩）建项目试验段开工，仁沐新高速公路工程可行性研究报告加快报批。

收费及养护 完成“全国服务区优质文明服务”创建，淮口、泸州西、大竹服务区被评为全国百佳示范服务区。全年政策性减免各类车辆通行费42.08亿元；查处各类逃费车辆20余万辆，追缴通行费3 700余万元，处理广元“3·27”、绵阳“4·9”等重大偷逃通行费案件；全面完成省际收费站、ETC车道设施设备、入口

“治超”和联网收费升级改造目标，实现ETC全国联网运营。推行养护管理体制机制改革，完成“十二五”时期全国干线公路养护迎接交通运输部检查任务。

安全管理 开展各专项安全检查，共排查整改一般安全隐患4 702处，落实整改资金1 974万元，在成南高速公路试运行路维信息化系统取得良好效果，妥善处置南渝高速公路“10·23”、达渝高速公路“12·12”较大交通事故。

夕阳下的遂广高速公路武胜嘉陵江大桥　　成渝公司 供稿

内部机制创新 加强企业建章立制，修订完善规章制度20余项。推进“三项制度”和“三资联动”改革试点，启动薪酬考核制度改革。有序推进中小修养护工程自行设计和监理自管模式试点。组建川高公司监事会工作委员会，完成相关单位班子建设和人员调整，妥善分流安置转岗管理人员和一线职工。

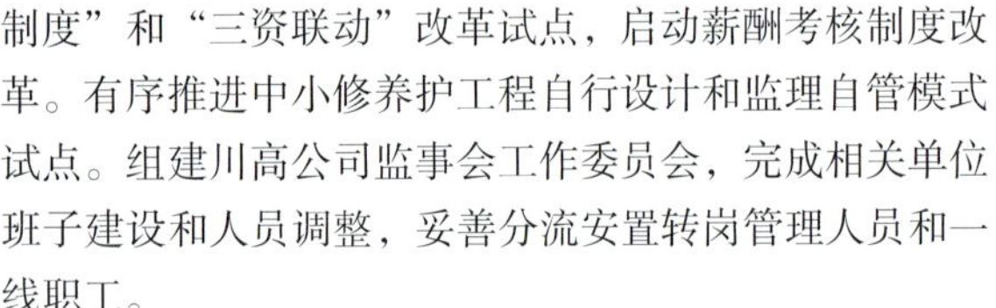

产业结构调整 提升非路产业与主业关联度，提高经营管理水平和盈利能力。全年累计完成收入9.01亿元，比上年增长15.38%；继续推广企业建设管理、政府财政补助的投资方式，到位地方政府财政补助3.8亿元，助推系统减亏增效；稳健推进BT项目，累计实现营业收入9亿元、利润0.8亿元；审慎推进房地产项目，仪陇项目销售实现预收入0.4亿元，竞得巴中恩阳、丽江华坪等5.73公顷保障地块，完成恩阳服务区、泸州南方大厦等14.67公顷土地调规变性。

（川高公司）

成渝高速公路营运管理 2015年，成渝公司成渝分公司在成渝高速公路营运管理方面主要做了以下工作：

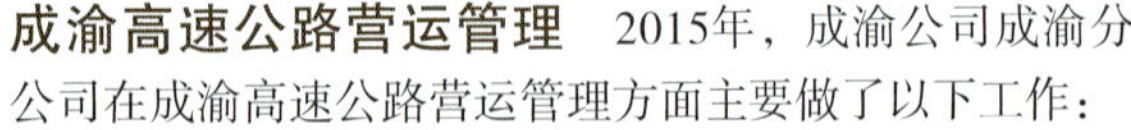

收费管理 提前谋划，做好各项收费调研，通过科学测算，将收费任务层层分解；严格按照《收费工作标准化》相关内容，统一标准、规范收费操作流程、收费账务处理流程，强化内部控制，加强常态管理；将收费管理重心进一步前移，通过“业务差错”责任认定，进一步完善收费班组的考评机制；开展收费岗位业务技能竞赛，坚持每季度评选一线岗位优秀班组及个人，力争做到服务内容、观念、渠道和理念的四个转变；加强智能收费系统维护升级，新增20条ETC专用车道、16条ETC混合车道，并实现ETC全国联网；完成22套出口计重设备改造、渔箭匝道收费站自动发卡机试点项目设备安装调试、成都站和渔箭省际站“治超”设备改造等专项工程；通过细化工作流程和强化责任追究，抓好入口“治超”管控；提高收费稽查的技术手段，增强打逃的主动性，自主研发统计软件，搜集掌握逃费车辆信息，完善“黑名单”库，还将鲜活车查验、节假日打逃等优势项目常态化；开展重大节假日的对外稽查，增强打逃的针对性，对假冒重大节假日免费小型客车实行专项整治。

养护管理 为迎接交通运输部检查，完善养护管理制度，加强精细化管理和现场巡查力度，保证各项养护工程质量及技术指标均达到合格标准；制订详细的工作细则和流程，将具体工作和责任落实到个人并与绩效挂钩；重点加强内业资料规范化管理，严格按照要求，制订详细的内业资料整理计划、完成时限及责任人；通过采取预防性罩面、车辙处理及灌缝等处理措施，确保平均路面平整度指标（RQI）不低于90、路面破损指标（PCI）不低于90以及车辙指标（RDI）不低于80，保证路面技术状况良好；根据交通运输部检查时间倒排工期，对路基、路面、桥涵隧、交安、绿化、收费站及服务区等影响路容路貌的工程进行集中处理，保证路容路貌良好。年内，成渝高速公路完成预防性罩面45.73公里，车辙处理7.7公里，新泽西护栏加高40公里，桥梁日常维修60座，完成应急抢险工程3处及全线标志标牌改造。交通运输部重点桥梁抽查和全国养护大检查路况抽查均顺利通过，在养护规范化检查组途经成渝高速公路绕城境内时，其路容路貌得到检查组好评。

安全管理 完善路产管护制度，提升路产赔偿合理、合法性，充分发挥联勤联动机制，加大道路巡查，积极查处损坏、破坏、占用公路及公路设施的不法行为，确保路产设施安全有效；加强基础管理，确保安全生产持续可控；根据不同时间节点、不同路段和不同区域分别制订相应的安全管理应急预案和管控措施，做好重大节假日、特殊季节、特殊路段等重点难点工作；进一步加大对重点桥梁、临水临桥临崖、易积水路段、高边坡、高填方路段的巡查力度，做好应急救援物资储备，做好救援机具设备维修、保养，加强应急队伍培训，完善外协救援队伍联系协作机制；针对极端恶劣天气较多、易滋生地质灾害的情况，重点排查治理地质灾害、危化品和易燃易爆品隐患，通过实行24小时汛期值班制度，建立雨前巡查、雨中监测、雨后核查的工作机制，开展综合性安全检查4次，部门专项检查68次，查出安全隐患153处，整改153处，整改率100%；修订和完善《成渝高速公路应急救援预案》，建设综合应急救援体系，促进应急救援服务上台阶；抓好社会治安综合治理，妥善解决历史遗留问题。成渝高速公路交通安全设施完好率、服务及时率和清排障率均在98%以上，路产设施损坏、占用案件结案率为98%，比上年同期上升1%，全年未发生一起责任安全事故，安全工作处于可控状态。

（成渝分公司）

成雅高速公路营运管理 2015年，成渝公司成雅分公司在成雅高速公路营运管理方面主要做了以下工作：

收费管理 在成都站实施四串联复式收费，有效改善站口车辆拥堵状况；完成全线35条ETC专用车道建设、29套ETC/人工混合车道、出口19条车道整体秤，入口17条车道“动改静”工程建设及改造。在绕城站设置限高龙门架，在成都站、双流北站实行“白班机动”制，雅安东、西康大桥站增设复式收费亭。根据不同收费站不同特点采取不同排堵方式，进一步提高成雅高速公路缓堵保畅能力。全力配合雅安市政府完成雅安北、西康大桥收费站实施灾后重建和整体形象提升改造工程；蒲江服务区创建为全国百佳服务区，新津服务区创建为全国优秀服务区。全年查处逃费车辆6.7万辆，增收通行费300余万元。

养护管理 完成蒲江河大桥等5座桥病害处治及2座人行天桥顶升工程；对盖板涵涵墙病害进行钻孔排水处治；全线道路行驶状况评定上下双向平均值为94.27，道路技术状况评定等级为优，完成全线247座桥梁和77座涵洞的日常检查，全线三类桥24座，全线桥涵、边坡、路基等稳定，无四、五类桥。

安全管理 组建成都、雅安路产管护大队，下设中队及分队；修订《突发事件应急预案》《危险化学品事故现场处置预案》等数十项预案形成《预案汇编》印发各部门、直属单位，确保突发事件发生时救援工作有序进行；制订《路产管护标准化建设制度》，提高清障救援服务质量和工作效率；联合高速交警、交通执法部门对途经成雅高速公路营运的41家客运公司进行安全宣传培训并签订责任书；开展道路保畅联勤实战演练，提高全员安全责任意识和应急反应能力；完成全线标志标牌改造，为司乘人员提供便捷。全年累计巡逻里程64万公里，比上年增长73%。开展全线大检查和各类专项检查37次，发现隐患63处，整改63处，整改率100%；全年连续保持交通安全设施完好率、服务及时率和清排障率100%，各项安全生产指标处于可控状态。道路清障率100%，巡逻率100%，安全设施完好率100%，服务及时率达95%以上；公司未发生重、特大和源头安全责任事故。安全路产管理处党支部被省国资委评为先进基层党组织。

（成雅分公司）

成雅高速公路　　成雅分公司 供稿

成乐高速公路营运管理 2015年，成渝公司成乐公司在成乐高速公路营运管理方面主要做了以下工作：

收费管理 建立完善通行费收入预警分析机制，强化考核激励机制。采取“一周一部署，周周必行动，走出办公室，逢逃必打，打则有收，一周一总结”等新方式加强对外打击偷逃通行费的力度，特别是在国庆大假期间开展8座以上冲关逃费车辆专项整治行动，联合高速交警、交通执法等单位采取通知、律师函等措施追收通行费，得到成渝公司肯定。

经营管理 根据成渝公司“三项

制度改革”的精神和要求，完善劳动管理、人事管理和分配制度等10个相关管理制度。强化预算管理，努力节约开支，管理成本得到有效控制；同时，积极争取各种税收优惠政策，优化债务结构，降低财务费用；配合厅高管局召开全省迎接交通运输部检查工作现场会，公司迎检资料样本被厅高管局作为范本在全省路公司推广，先后有8家公司到公司交流学习；成立纪检监察部，加强招投标监督和风险防控。

养护管理 加大道路养护力度，做好日常养护维修。以迎接交通运输部检查为契机，加强部分路段路面的预防性养护罩面、局部挖补和微表处，保证路面无坑槽。开展道路安全除患排查，对路网标牌、国高网标志标牌以及安全标志标线改造和补充完善，加强绿化改造和道路保洁管理，提升道路整体形象。

安全管理 落实安全生产责任，每季度定期召开安全生产工作会，部署安全生产任务；开展多种形式的安全宣传，加强安全培训，认真开展“百安”“安全生产月”、春运、防汛等专项安全生产活动。开展道路安全专项整治，全面整改安全隐患；修订、完善应急预案，加强汛期及冬季雨雾冰雪等特殊气候下道路安全管理；加强救援设备维护保养，实行分段布点、重点值守等措施，强化联勤联动机制，打击各种违法行为。全年无重特大事故和源头责任事故发生。

服务区管理 认真履行社会责任，加大投入，加强服务区硬件建设。在原有服务设施和功能上进行补充完善，绿化美化停车场环境，更换LED照明灯，提供免费WiFi、冬季在卫生间加供洗手热水；加强服务区商家和服务人员的监督和管理，服务区面貌焕然一新，服务质量得到较大提升；完成全国第九届残运会各项保障工作；夹江服务区被评为全国优秀服务区，眉山服务区被评为“四星”级服务区。

（成乐公司）

成仁高速公路营运管理 2015年，成渝公司成仁分公司在成仁高速公路营运管理方面主要做了以下工作：

收费管理 广泛开展市场调研，完善通行费收入预警分析机制，加强广播电台等媒体对外宣传营销；积极创新收费管理，在成都收费站建立ETC混合车道、试行入口车道自动发卡系统；推行收费岗位技能培训和竞赛，规范收费站标准化建设，落实考核奖惩约束和激励，保持全线收费窗口的优质文明服务质量；狠抓堵漏增收，进一步完善车辆“黑名单”“灰名单”数据，建立与相邻路网的“打逃”信息共享和联动机制，全年组织开展联勤联动专项稽查行动30余次，查处逃费车辆260辆，挽回直接经济损失60.6万元。全年通行费收入6.595亿元。

养护管理 成仁高速公路全线105.355公里（上下行共计210.71公里）路面专项检测总体评价：平均双向MQI（公路技术状况指数）为96.67，PQI（路面使用性能指数）为95.27，SCI（路面技术状况指数）为99.97，BCI（桥隧技术状况指数）为100，TCI（沿线设施技术状况指数）为99.84，优良路率为100%，公路技术状况总体质量为优。桥梁122座，状况良好，无三、四、五类桥。二峨山隧道1座，隧道检测结果为B类。

安全管理 按照安全生产“一岗双责”要求，做好日常安全管理和春运等重大节假日及特殊天气的交通管控。分公司监控室增设百度电子地图系统，实时监控道路通行情况；全线机电设备实现网络化管理，增强预警功能；成都管理处研发“轻型低位清排障辅助轮”设备，可有效提高排障效率，全年管段未出现因管理缺位严重堵车现象；组织开展安全隐患排查，查出并全部整改隐患114处；组织交通安全宣传教育进村进校，发放安全资料2 000余份，提供咨询服务上千人次；组织管理人员安全业务复训；建立完善综合应急预案28项；全年未发生超限超载车辆进站情况，受到省治超办表扬。道路管控能力进一步加强，未发生源头性责任事故；道路交通事故呈下降趋势，其中路产案件409件，同比下降14%。省国资委、省交投集团、成渝公司以及厅高管局多次对分公司进行安全检查，均给予较高评价。

（成仁分公司）

成都绕城都汶高速公路营运管理 2015年，川西公司在成都绕城高速公路、都汶高速公路营运管理方面主要做了以下工作：

收费管理 成都第二绕城高速公路全面开通，对成都绕城高速公路形成分流，收费目标完成难度大。公司及时将目标任务分解，下达到各管理处、收费站、收费班组并每月进行考核、分析，采取有效措施，全力以赴堵塞漏洞。对外通过打击偷逃和开展执法打击偷逃专项行动13次，协助公安机关行政拘留逃费人员4名，刑事拘留13名（其中包括“切割护栏”逃费团伙4人，“6·18”团伙钟某某等9人），判刑4人，挡获逃费车辆14 500辆，挽回通行费损失120万元；对内严堵内部漏洞，全年开展日常稽查12 375次，检查人数55 058人次，查处各类违规违纪695人次，查处重大违规违纪行为 7次，违规违纪人员11人次 。年内，完成通行费合计8.62亿元（清分收入6.22亿元，统缴收入2.40亿元），为全年目标任务的101.46%；利润合计2.40亿元，比上年增长27.10%。

安全管理 年初，公司提前部署都汶高速公路防汛工作，成立防汛抢险指挥部，加强与高速交警及地方防汛协作单位的沟通协调，实现信息共享、联动处置，形成工作合力；重点建设映秀站“治超”点，确保公司“治超”工作有序推进；多次对管辖路段安全隐患进行

映汶高速公路 厅史志总编室 供稿

公路收费增长情况以及考虑宏观经济走势等方式，完成年度收费目标任务测算，并将下达任务层层分解落实到各管理处、各收费站及班组；还加强收费数据分析，为收费管理决策提供可靠信息，及时制订和调整收费方案。推进收费站规范化建设。开通成南高速公路南充嘉陵收费站，公司所辖收费站总数上升至28个，收费员队伍规模不断扩大。以迎接交通运输部检查及川高系统开展的收费管理质量大检查为契机，梳理优化收费管理制度和流程，继续落实收费人员星评考核制度，奖励堵漏增收能手等措施，调动员工参与堵漏增收工作积极性与主动性。年初启动收费站站长收费管理能力考核机制，通过季度考核统一评比方式，促使各站全力提高营运管理水平。继续重点强化对200元以上免费车辆的稽核，做好日常收费票卡款的管理，随时稽查实时的授权卡使用情况。严格启动发放预刷卡程序，对出口收到应急纸卷的收费情况进行100%的稽核。持续打击收费违纪违法行为。认真核查分析逃费基础信息，强化重点路段和站点的专项稽查。开展对内日常稽查8 292次，严肃处理收费员工各种违规违纪行为；配合相关执法单位开展各种形式对外稽查行动，结合所辖路段逃费新情况，开展假冒鲜活车辆逃费、加油站油料运输车“重进轻出”逃费、客运车辆降档逃费、ETC车辆逃费等专项稽查行动，有效遏止辖区收费站冲关车辆逃费现象。年内，对外稽查查处逃费车4 384辆，追缴通行费135.89万元。二是履行社会责任，主动适应高速公路运营服务质量评价机制。组织各业务部门学习评价机制的标准和流程，认真研究每月运营服务质量评价通报，查找差距，积极整改，以更高更严的检查标准加强员工对营运收费文明服务的监督引导，倡导文明、热情、规范、高效服务。多措并举，全力提升收费站车辆通行效率。完善道路和收费站节假日期间保通保畅工作应急预案，最大限度保证车流高峰期间收费站的通行能力。在收费站出现车流量高峰期，采取车道全开、进站口启用预刷卡或减少车牌输入流程、增派人手展开现场交通疏导、增设应急机亭外收费等方式，及时缓解收费站拥堵，确保车辆能够顺利快速通过收费站。春节、国

排查、整改，采取解除合同、限时撤离、道路封闭等措施，改进施工工艺，增设安全员和交通标志等手段，安全隐患得到妥善处置。

养护管理 公司以迎接交通运输部全国干线公路养护管理检查为契机，全面提升养护效率，养护管理规范化、系统化。日常养护工程累计完成约3 008万元。完成路基、路面、桥涵、绿化保洁及交通安全等日常小修公开招标；提升日常养护管理水平，制订下发季度养护计划，季末对养护情况进行交叉检查；建立“一桥一档”“一隧一档”档案，推行机电日常养护清单化；为迎接“十二五”国家干线公路养护检查，实施专项养护重点工程9个，提升成都绕城高速公路及都汶高速公路整体形象。

缓堵保畅 成都绕城高速公路和都汶高速公路车流量日均站口车流量高达60.24万辆，占全省路网（246万辆）的23.85%，占省交投集团（178万辆）的32.97%，占川高公司（140万辆）的41.92%，成都绕城高速公路拥堵主要在上下班高峰时段，都汶高速公路拥堵主要在节假日。公司以现场管理、联勤联动、ETC建设等措施完成春运、迎接交通运输部检查、全国第九届残运会等重要活动的保通保畅工作，得到社会各界的好评。

（川西公司）

成南南渝遂渝遂回高速公路营运管理 2015年，成南公司在成南、南渝、遂渝、遂回4条高速公路营运管理方面主要做了以下工作：

收费管理 一是积极应对收费压力，采取多种措施确保通行费足额征收。完成收费目标测算分解落实。年初公司通过对往年收费数据分析，比对相邻新通车高速

庆等重大节假日期间车流量较平时猛增数倍，公司通过周密安排，所辖各个收费站和道路沿线都没有出现大的拥堵。重视社会投诉处理。严格要求收费人员准确把握收费政策，减少收费纠纷。所有投诉均有回复记录，回复率达到100%，投诉记录准确完整。针对新出现的社会投诉，对服务态度冷漠、处置不当或者收费业务不熟悉导致投诉的一律严肃处理。开展优质文明服务业务交流学习。组织收费基层管理人员参加由四川省交通管理学校举办的《四川省高速公路条例》宣传贯彻培训班的学习，按照条例要求调整完善日常管理内容、规范工作行为。安排管理人员到其他高速公路管理公司观摩学习，拓宽员工眼界，强化员工优质文明服务的自觉性和

成南高速公路收费员微笑服务　　成南公司 供稿

主动性。完善出行信息共享发布机制。充分利用广播、网络、道路可变情报板等有效媒介快速准确发布路况信息，及时提供预警服务。年内，公司监控中心发布各类信息2 440条，为公众出行提供科学合理的参考依据。三是完成收费配套工作，维护高速公路营运收费良好秩序。做好ETC建设及开通，按时完成26个收费站、45条车道的ETC建设任务，并增设共计12个混合车道，实现全线28个收费站ETC全覆盖，7月完成ETC全国联网切换。加强机电设备的规范化管理，按期完成整体式计重设备改造。对全线收费站出口车道进行整体式计重设备改造，提高计重设备计量精度和稳定性，有效遏制偷逃通行费行为，减少收费纠纷。针对成南高速公路所辖收费站UPS（不间断电源）等机电设备使用多年，严重老化的现状，完成所辖收费站UPS和空调更新改造，保障收费业务的正常开展。开展入口“治超”，2015年是省政府确定的“道路交通安全综合整治深化巩固年”，公司完成收费站入口超载超限计重检测设备及配套设施的标准化建设，及时制订完善工作管理制度。印制数千份入口“治超”宣传资料向社会公众特别是货车驾驶员发放。加强与高速交警、交通执法和地方治超办的协调配合，共同保障“治超”工作顺利开展。辖区路段未发生一起因超载超限货车引发的一次性死亡三人以上较大道路交通事故。

财务管理　严格落实全面预算管理要求，加强成本控制。结合上年度部门预算执行情况，将川高公司核定的年度预算进行层层分解到各部门制定分预算，每一笔费用支出都必须符合预算管理的要求。坚持对年度预算执行情况的跟踪、分析、监督和管理，公司经费控制良好，预算管理落到实处。继续申请优惠政策，节约财务费用。继续申请西部大开发所得税税收优惠政策并获得批准。强化财务会计核算工作管理，提升财务管理水平。加强会计凭证审核力度，记账凭证信息录入必须严格遵循原始凭证所反映的经济事项，严禁入账信息不明确，记账科目摆放不合理等现象出现。按照川高公司对预算及核算工作的要求，将核算工作紧紧围绕公司预算展开，确保核算会计科目录入的合理性，保证公司预算执行情况的准确性。及时准确地对外、对内报送各项报表，做好财务资料分析，为公司决策提供可靠依据。继续配合川高公司做好筹融资及财务审计。根据川高公司筹融资工作安排，公司积极协助川高公司筹融资5.4亿元，并配合川高公司完成以成南高速公路收费权作质押融资21亿元担保事宜。配合完成2014年公司年报工资审计、2014年所得税汇算审计、省交投集团对公司2014年收支审计工作以及省国资委监事会对2014年度抽查和复核等工作，并对检查出来的问题和不足进行认真梳理总结，指导各部门和管理处进一步完善和改进公司财务管理工作。

养护管理　一是将迎接交通运输部检查和日常养护相结合，提升道路养护管理水平。科学制订养护计划，贯彻“预防为主、防治结合”的方针，树立预防性、精细化养护理念。年初制订全年专项养护工程计划和资金安排，并多次进行调整和细化，确保专项养护资金得到有效使用。投入小修保养经费约1 897万元，投入专项养护资金1.3亿元，保障全线桥梁、路面等处于较好的技术状态，完成“十二五”期迎接交通运输部检查任务。加强监控及定期监测，及时进行路面日常保养和维护。针对公司所辖道路通行多年，道路质量衰减加剧的状况，重点加强对路面坑凼、特大桥梁、高边坡、高路堤的监控以及定期监测，及时进行路面日常保养和维护。学习厅高管局每月下发的高速公路运营服务质量评价结果通报，逐一对照查找问题，涉及部分隔离网、边沟盖板缺损、部分路段绿化植物未及时修剪等问题，公司都及时安排整改落实。做好道路养护施工现场管理，保障道路安全。公司所辖成南高速公路、遂回高速公路

都已通车运营多年，道路进入养护周期，道路养护施工点较多，公司通过加强现场值守、统筹安排道路养护施工作业点、优化减少管制区路段长度、建立巡查记录档案以及组织施工单位专题安全培训等举措，在确保安全施工的前提下，尽可能降低对道路通行能力的影响。年内完成成南高速公路六车道路面罩面处治工程、成都站改（扩）建等专项养护工程。抓好桥隧涵的养护管理，落实桥梁管理“十项制度”，并细化出多个可操作性强的桥隧涵日常检查、维护制度。完善桥梁工程师管理制度，健全桥梁管养台账以及安全应急处理程序，职责落实到人，确保全线桥隧涵技术状况良好，按规范时限要求委托专业检测单位对全线桥隧进行定期检测和特殊检测，经检测全线桥梁449座，无三类及以上桥梁，全线4座隧道，均评定为B级。二是探索试行养护专项工程自办监理新模式。根据川高公司开展试行自办监理通知要求，开工的成南高速公路六车道专项处治工程中，结合以往工程建设管理积累的经验，率先推行自办监理的探索与尝试。该模式充分利用公司养护技术管理人才储备，以对外委托中心试验室进行原材料、成品试验检测为依托，对工程质量实时监控，业主自身对工程质量、进度、费用、安全、环保等进行全面监管，取得预期效果，获得川高公司肯定并在系统内推广。

安全管理 一是强化安全生产理念，认真落实安全生产管理制度。严格落实“一岗双责”制度，坚持“安全第一、预防为主、科学管理、防治并举”的安全理念，年初公司从董事长至普通员工，逐级签订《安全生产管理目标责任书》，层层落实，严格执行安全责任督查。开展安全生产检查和隐患排查，根据《成南公司安全生产管理办法》，按照全覆盖、高频率的原则，定期组织开展安全生产督查，全年计53次，督促指导整改隐患708处；出版《安全生产月报》12期、《安委会安全生产隐患排查治理通报》31期，切实保障安全生产隐患排查治理各项工作有序进行、落实到位。重视重要时间节点的安全管理。在冬季、春运、汛期及重大节假日和政治经济活动前提前召开专题安全生产会进行全面部署，把各项工作逐级分解，落实到操作层面，落实到具体责任人，发现隐患及时报告并处置。特别针对冬季道路安全事故高发，公司加大管理处巡逻车辆使用费的投入，各管理处上路巡逻频率都较平时增加，做到早发现，早处置。同时提前准备好应急物资设备、应急队伍，提高应对处置能力。二是加大安全生产宣传，配合开展专项整治活动。认真宣传贯彻新出台的《安全生产法》，弘扬安全文化，进一步提高员工安全素养，促进公司安全发展。购买发放安全生产学习书籍96册，安全生产张贴画报79套（508张），印发新《安全生产法》答题试卷3 200余份。组织全体员工观看《以人为本 安全第一》及《生产安全事故典型案例盘点2015版》，邀请省安监局安监二处调研员徐大力作《新安法下岗位职责及事故调查责任追究》的专题教育讲座。组织开展针对道路养护、服务区、收费站等重要场所安全教育培训，凡公司新进员工也必须完成足额的安全教育课时。多种举措旨在深化员工安全生产责任意识，增强安全防护的自觉性和主动性。开展对外安全生产宣传教育，营造良好行车环境。结合“省道路交通安全综合整治攻坚年行动”和“百日安全生产活动”“安全生产月”等专项活动，积极开展形式多样、内容丰富的安全宣传教育。公司印发各类安全宣传资料45 000余份，并在沿线收费站、服务区、天桥等悬挂安全宣传横幅47幅、联合辖区高速交警、交通执法大队到沿线县城、乡镇、学校、村社等联合开展交通安全宣传教育20次，全力提升沿线群众和过往司乘人员的交通安全意识。配合开展专项整治活动。公司各管理处积极配合高速交警、交通执法大队开展高速公路非法加水、修车，行人上高速、进入高速公路贩卖物品等专项整治活动20次，有力保障道路通行秩序。特别是针对屡禁不止的行人非法上路问题，公司联合执法单位开展集中整治活动17次，封闭开口边网7 348余处，修复被损坏边网3 670张，教育劝离上高速公路行人3 960余人次，并在人为破坏边网地点悬挂了安全警示标志。公司所辖路段未发生一起源头责任道路交通事故，安全生产形势整体可控。三是提升道路清排障效率和应急救援能力，确保道路正常通行能力。公司根据新形势、新情况，逐步优化应急救援预案，提高应急预案的可执行力度和效率，提升应急快速反应和处置能力。6月公司组织各管理处开展年度汛期地质灾害应急演练，实时对演练进行评估、修改，进而完善应急预案，随时保障应急队伍处在良好备战状态。积极协调高速交警、交通执法部门，开展联勤联动、信息共享、应急救援和保通保畅工作，并建立与相邻高速公路营运管理公司和高速交警及交通执法部门应急管理协调机制。四是做好路产管护电子信息化试点。根据川高公司推进路产管护电子信息化试点安排，年初启动路产管护信息系统的主体框架和功能板块建设工作，在各路产管护大队开始试运行，并对软件系统进行修订、改进以及完善，软件的运行获得川高公司充分肯定。系统试运行情况良好，系统后期各项拓展功能也不断完善。

服务区管理 勇于创新，不断拓展服务区服务范围和功能。坚持“人无我有、人有我新”的思路，不断创新优化服务区硬件设施。增设增加残疾人专用停车位与女性专用停车位以及危化品、牲畜运转车专用停车位、第三卫生间、出行信息自助查询系统、免费无线WiFi、免费提供开水、手机充电、路网（含地方旅游景点、美食）查询、儿童乐园、母婴室等功能，完善残疾人入厕通道，并通过清晰的停车场交通导向标志。加大对服务区绿化景观的升级改造，移植大量花木扩大服务区绿化面积，对服务区设施指引等标识标牌进行优化，力求简洁醒目，实现服务区整体风格和色调的和谐统一。

加强服务区监管力度，提升服务区整体水平。坚持以经营者为主导与公司现场监管相结合的模式，管理人员每天对服务区商家进行考评，尽心竭力为旅客提供“省心、放心、暖心”的“三心”服务，接受广大旅客监督和评议。针对上半年仓山服务区出现的小商小贩问题，积极与执法大队沟通协调，通过执法人员加强巡逻，增强服务区安保人员配置，对商贩加以劝导等方式，收效良好。9月，淮口服务区通过全国高速公路百佳示范服务区评定考核验收，11月，遂宁服务区被评为全国优秀服务区。

（成南公司）

绵广广陕广甘广北路营运管理 2015年，川北公司在绵广、广陕、广甘高速公路及广北路营运管理方面做了以下工作：

广陕高速公路　　川北公司 供稿

收费管理 做好收费管理质量考核。抓实收费、稽查、监控以及机电设备维护的日常管理，定期开展收费政策、业务操作、优质文明服务等方面的学习培训和收费岗位技能竞赛，打造规范、文明、安全、快捷的收费环境。

集中力量做好入口“治超”点和计重设备改造。按期完成3期ETC车道建设调试工作并投入运行；广陕高速公路七盘关站和广甘高速公路主线收费站通过交通运输部路网中心全国联网实车测试；完成广陕高速公路七盘关站新增“治超”车道和出口整车式计重设备改造；修改完善广甘高速公路四川站的“治超”方案并报上级部门。

细化堵漏增收措施，开展专项整治行动。充分利用监控稽查协作平台做好授权卡使用、免费车放行、鲜活车查验等关键控制点的稽查，通过整合监控信息资源，将隧道监控接入监控分中心进行管理，实现收费站、隧道、重点路段、桥梁的监控覆盖，路网的监测和管控能力得到进一步强化。与相邻单位建立联合稽查协作平台，形成一地发现情况、多方联动策应的合作局面。利用数据分析查找车辆逃费规律，有针对性地开展打逃专项整治行动，联合公安机关成功破获“3·27”偷逃通行费案件，抓获犯罪嫌疑人72人，查获涉案车辆82辆，累计涉案金额约320万元，追缴通行费202.4万元。全年整治车辆26 154辆，追缴通行费703.19万元。

对照服务质量评价体系，规范收费工作的日常管理。重点加强服务礼仪、服务技巧培训及现场服务的监管与考核，积极推进广陕高速公路七盘关示范收费站建设，着力打造“传承礼仪、畅行川北”的收费服务品牌。公司利用可变情报板向社会发布信息1 097条，受理和处理投诉27件；接听“12122”服务热线18 437条。完善保通保畅工作预案，采取进口改出口、增加移动收费机复式收费、增加现场疏导人员等方式，保障春运、五一、十一“黄金周”等节假日小型客车免费通行期间的道路畅通，未出现服务质量投诉事件。年内，公司完成通行费收入142 398.38万元，比上年增长5.67%，完成川高公司下达目标任务的104.35%。收费质量绩效考评在川高系统名列第二名。

养护管理 按照部检路况检查标准和规范化检查标准，强化道路日常养护管理。加快推进路面病害处治、隧道病害整治、水毁抢险等专项工程。完成绵广高速公路江油收费站改造工程并投入使用，实施涪江四桥特殊检测，绵广高速公路隧道机电改造升级和广甘高速公路隧道湿滑路面抗滑性能改善科研工程全部完工，按期完成绵广高速公路分离式路基防撞护栏升级改造工程。全面落实汛前、汛中和汛后三项检查，做好重点段落、高边坡、高挡墙、桥梁的巡查与检查工作，实现危险情况早发现，隐患险情早排除，从而保障道路结构的安全稳定。按照“十二五”全国干线公路养护与管理检查工作方案，公司进一步落实迎检责任，对照检查标准查找存在的问题和不足，采取有力措施及时查漏补缺和整改完善，确保迎接交通运输部检查验收各项指标不扣分。有针对性地开展新技术、新材料、新工艺在道路养护上的应用并取得良好效果。继续推进环境综合整治，重点加强服务区日常监管、收费站环境整治和路面垃圾清理工作，各项治理取得明显效果。年内，国道5线京昆高速绵广段MQI为93.6，PQI为91.13；广北段MQI为94.77，PQI为92.62；国道5线京昆高速广陕段MQI为94.45，PQI为92.18。全年完成日常养护费用3 624.9万元，专项养护费用5 481万元，养护费用支出控制在川高公司核定计划内。

安全管理 继续推进安全生产标准化达标工作。推行路产维护绩效考核，重点强化道路巡查、路产维护、事故处置、清排障救援和服务区监管措施。加强重大安全隐患排查与治理，春节、五一和汛前进行全公司的安全大检查，确保“安全投入、安全培训、基础管理、安全责任、应急救援”五个到位；京昆高速公路1 553公里—1 573公里处列入全国十大危险路段，公司聘请厅交通设计院对该路段进行安全评估，并根据评估情况对该路段隐患进行有效整改。进一步完善路维、养护、交警联勤联动机制，加大路产占用、赔偿收入考核力度，进一步规范道路养护施工作业，加大对各类道路违法活动的打击力度，有效遏制重大安全责任事故发生。全年查处各类路产案件951起，结案905起，结案率95.2%，未发生重大安全责任源头事故。

服务区管理 做好服务区环境卫生和综合服务质量的检查及监督管理，不断完善服务区管理机制，努力构建现代化一流综合性服务区。一是建立行之有效的服务监管体系，根据川高公司出台的《服务区管理制度汇编（试行）》《服务区应急预案汇编（试行）》等文件要求，公司在服务区设立专门管理机构，制订统一服务标准和规范，派驻人员强化现场管理，将日常管理工作层层落实到位。会同执法单位对服务区和加油站的安全、环境卫生、物价、服务实行综合监督管理，对损害顾客合法权益的行为，依照制度规定进行处罚，规范服务区经营秩序。二是积极推进全国优秀服务区创建工作，新安、剑门关、中子服务区今年全部纳入创全国百佳示范服务区和全国优秀服务区规划。公司按照《交通运输部全国高速公路服务区服务质量等级评定办法》对服务区进行全面改造升级，所辖服务区公共区域规划合理、标识清晰，各类基础设施、服务设施齐全、设备完好，按规定划区设置停车位，按照相关要求足额配置了保洁、安保人员并做到24小时值守。绵广高速公路新安、剑门关服务区成功创建为全国优秀服务区，广陕高度公路中子服务区创建工作圆满达标。

综合管理 加强企业制度建设。全年修订完善各项规章制度13项，完成董事长现场办公督办任务2次，强化高效务实、依规办事的工作程序和内部管控机制；按照川高公司的统一部署，有序推进中小修养护工程自行设计和监理自管模式试点；做好“三项制度”和“三资联动”改革试点工作，继续完善薪酬绩效考评配套制度，落实奖惩措施，有效增强员工竞争意识和执行力。规范企业年金管理，积极提高年金收益率。根据集团及川高公司关于营运管理改革工作的有关要求，公司完成巴中管理处的顺利移交工作；按照“个人意愿、组织决定，以岗定薪、岗变薪变”的总体原则，公司在机构设置、人员配置、职责定位、管理方式调整等方面以川高公司指导意见为基础，顺利完成广甘管理处的组建工作，妥善分流安置管理人员和一线职工；对广甘高速公路接管后的收费稽查、路维安全管理、道路养护进行周密安排，保证各项工作平稳过渡。

（川北公司）

相关链接

川北公司管理机构调整

2015年6月3日，川高公司印发《关于川高公司管理机构调整的通知》，调整川北片区公司的管理范围。指定四川省川北高速公路股份有限公司为主体法人单位，负责绵广高速磨沙段、国道108线广南段、广北段（二专路）、广陕高速公路、广甘高速公路的营运管理工作，营运里程329公里。同时指定四川广巴高速公路有限责任公司负责广巴高速公路的营运管理。

2015年6月29日，川高公司印发《川北和广甘公司机构调整方案》，成立广甘管理处。

南广邻达渝邻垫高速公路营运管理 2015年，川东公司在南广邻、达渝、邻垫3条高速公路营运管理方面主要做了以下工作：

收费管理 加强收费站和服务区“窗口”形象建设，切实提高各级应对复杂营运环境的软实力。以机电维护、安全及应急、入口“治超”、ETC等外业的精细化管理，夯实收费根基；举办收费技能大赛，确保内业资料的规范精准；采取“数据分析、收费站蹲守布控、跟踪调查、服务区滞留车辆排查、施工区域车辆管理”等多种方式，切实开展打击偷逃通行费专项活动，有效提高通行费实收率，收费秩序明显改善；完善服务区经营机制，大竹、邻水、岳池、荆坪服务区月销售营业额突破3 000万元，实现盈利。全年累计完成通行费收入98 811.46万元，占全年目标任务的96.54%；累计实现利润总额19 251.71万元，完成全年预算16 509.75万元116.80%；累计查处逃费车35 836辆，追缴通行费387.48万元。

财务管理 及时修订《财务收支审批办法》，强化财务信息数据的安全管理和全员参与的全面预算管理。快速回笼和调配资金，收回邻水西收费站BT项目工程回购款6 928万元，邻水南互通立交工程款5 600万元，华蓥收费站扩建工程款3 560万，实现三产收入2 056.19万元，全年完成还本付息66 007.19万元；配合川高公司收取“达渝一二期高速公路项目”“南广高速公路项目”

的售后回租融资租赁费10亿元。

养护管理 坚持“以全面养护为中心，以迎接交通运输部检查为重点，以专项工程为亮点 ”的道路管养原则，分步实施，做强外业，抓实内业，重点整治桥梁、隧道、路面病害。全年完成三类构件桥梁、路面病害处治、收费站改造等40余项专项工程。加强政企合作，以150天的工期完成华蓥收费站扩建，以225天的工期建成邻水南互通式立交。华蓥山隧道、达渝高速公路、南广高速公路部分路段顺利通过部检。

邻垫高速公路 厅史志总编室 供稿

服务区管理 坚持“1个创全国百佳、2个创全国优秀、4个创全国达标服务区（停车区）”的目标，想方设法完善服务区设施。多方筹集资金，凝聚力量共建共享，大竹、邻水、荆坪及岳池服务区、毕家坝和达州南停车区均圆满完成创建目标。

安全管理 贯彻落实新《安全生产法》和安全生产责任体系“五落实五到位”要求，严格落实“一岗双责”，成立以领导班子成员为主的安全生产委员会，层层签订安全责任书并逐级督促落实和严格考核；及时总结“2·26”毕家坝收费站拥堵和“12·12”交通事故的经验教训，成立公司应急指挥中心，加大与相关单位及社会救援力量的沟通协调，进一步形成“社会联动、齐抓共管、综合治理”的快速反应机制；组织开展隐患排查及安全检查，全年排查治理隐患49项，开展安全大检查5次，重点整治老山梁子隧道路面破损、衬砌裂缝及浸渗病害，并在该长下坡路段增设智能雾灯、LED诱导标、特殊护栏、区间测速等交通安全设施，严防源头责任事故的发生。

（川东公司）

内宜宜水高速公路营运管理 2015年，川南公司在内宜、宜水2条高速公路营运管理方面主要做了以下工作：

收费管理 完善稽查考核管理制度，加大堵漏增收工作力度。进一步细化收费操作和管理流程，并对授权卡、绿色通道车辆等容易出现问题的关键环节从制度上加强管控。坚持开展公司、管理处、收费站三级稽查管理模式，通过开展对内针对性稽核、随机抽查、回放监控录像等稽查方式，全面、准确地掌握收费员的工作状况。坚持车辆通行记录长期统计分析制度并严格执行逃费车辆“黑名单”制度，进一步规范各类免费车、特情车的操作流程，通过对数据信息的研究、分析，及时发现路网车辆异常情况，掌握路网内车辆的逃费方式，为打击车辆逃费提供可靠的依据。加强对收费、监控设备的更新改造和日常维护保养，安装绿色通道设备检测器、阻车器等，有效防止车辆冲关逃费等提供设备保障。通过健全机构、细化方案、突出重点、多家协调、全面出击等措施，联合高速交警、交通执法、地方公安等部门共同对假冒“春运加班客运车辆”“绿色通道车辆”及ETC冲关逃费车辆等进行专项治理，特别是宜宾境内“6·18”自制自售假通行卡专案和“9·11”集团化换卡逃费专案均得到省交通运输厅、省公安厅、川高公司及地方政府的重视并予以督办和处理。公安机关已对“6·18”专案的15名犯罪嫌疑人已宣判，共补收通行费75.67万元；“9·11”集团化换卡逃费专案正在侦办中。全年累计查处逃费车辆40 230辆，补收、增收通行费262.48万元，有效遏制车辆逃费势头，收费秩序明显好转。

推进ETC车道、整车式计重设备的安装调试，提高通行效率。内宜高速公路全线15个收费站入口全部完成整车式计重设备的安装和调试，达到“不停车计重、不受人为干预、不受自然影响”的功能目标要求，收费站管理秩序得到较大改善。完成四川冠英主线站超限检测设备动改静工作，实现四川冠英主线收费站入口“治超”计重检测无人值守功能。完成内宜高速公路ETC工程（三期）建设，完成18套ETC设备的安装调试及4套ETC人工混合车道建设。内宜高速公路各收费站均开通ETC车道，提升了通行效率。

加快收费设施设备的升级改造，提升现代化收费管理水平。完成内宜高速公路收费服务器及数据库软件的升级改造；完成自贡、宜宾监控室电视墙的更新改造并初步搭建起内宜高速公路数字高清视频监控平台；启动增设大型情报板及通信主干网改造。至年底，公司完成通行费收入37 581.27万元，比上年增长4.22%，提前超额完成上级下达的通行费收入目标任务。

养护管理 以迎接“十二五”期全国干线公路检查为契机，按照“全面养护、预防为主、及时抢修、提高质量、保持完好”的原则，以消除安全隐患保通为重心，分阶段实施内宜高速公路日常养护、大中修专项工程及改扩建工程，确保工程质量，全面提高了养护管理的科学性、针对性和时效性，确保良好的路况和行车安全。

一是强化养护工程质量管理，确保道路安全和良好的通行环境。严格执行《养护管理制度》，加强对全线道路、高边坡、挡墙、护坡的日常巡查工作力度，确保巡查质量。完成路面坑凼、车辙、龟裂等病害处治及路面修补3 867平方米。执行桥梁养护工程师制度，强化特殊检查和观测，确保桥涵结构物的完整和通行安全。组织完成全线桥梁定期检测、缺失公示牌的增补、桥梁病害伸缩缝的应急修复等，保证道路安全畅通。完成全线绿化修剪、追肥、病虫害防治、死缺补植等日常绿化养护工作，对部分路段遮挡标志牌的行道树进行砍除、清理，确保良好的路容路貌。完成沿线隔离网、车损波形护栏、标志牌及中分带活动栅栏等交安设施的维修和更换，确保良好的通行环境。二是推进大中修及改扩建专项工程的实施，确保工程质量。完成宜宾南和机场收费站改扩建工程，为四川国际文化旅游节的顺利举行提供交通保障，提升内宜高速公路“畅、安、舒、美”的窗口形象，得到中共宜宾市委、市政府的高度评价。采用乳化沥青厂拌冷再生施工方案对内宜高速公路部分路面进行处治并组织召开施工技术交流会，为该新技术在四川的推广打下坚实的基础。推进自贡排障中心建设，自贡北、宜宾东服务区改造、永安及宜宾北收费站改建的续建工作。完成各项管线穿、跨越工程方案的审核、现场查勘等前期协调。

路政管理 坚持全天候、全方位24小时值班巡查制度，及时发现并处置道路险情。全年内宜高速公路实施道路巡查6 183次；处置各类损坏路产案件516件，收取高速公路路产赔偿（占用）费229.1 372万元；清排事故（故障）车辆657辆（次），收取清排障费20.2 029万元；多次联合高速交警开展专项整治行动，有效地维护路产路权及营运安全。针对内宜高速公路日常养护工程施工现场叠加、点多面广、安全管理难度大的特点，加强施工安全监管，确保车辆通行安全。

安全管理 一是坚持安全生产工作常态化，开展各项安全隐患排查治理，认真贯彻落实安全生产“四个到位”（即投入到位、培训到位、基础管理到位、应急救援到位），确保公司安全生产形势平稳。二是认真贯彻落实安全生产责任制，加强对安全过程的监管，切实做到“党政同责、一岗双责、失职追责”。三是坚持安全生产例会制度，及时传达上级重要安全会议精神；认真吸取天津港“8·12”特大火灾爆炸事故的经验教训，加强对服务区加油站、收费站危化品的专项检查，消除安全隐患。四是完善突发事件应急处置预案体系及汛期突发事件应急预案，进一步细化组织机构、人员组成、应急物资布局、事故分类、危险源发现、信息采集、处置原则、处置方案、报告制度等，有效杜绝源头安全责任事故的发生。五是以“落实责任、强化措施、加大执法、确保平安”和“强化安全基础，推动安全发展”为主题，认真开展“百安”、春运、“安全生产月”“平安高速”等专题活动，强化舆论宣传，进一步增强沿线村民及司乘人员的安全意识。年内，内宜高速公路未发生重特大安全责任事故及源头安全责任事故，公司安全生产形势稳定。

（川南公司）

西攀攀田泸黄高速公路营运管理 2015年，攀西公司在西攀、攀田、泸黄3条高速公路营运管理方面主要做了以下工作：

攀田高速公路　　攀西公司 供稿

收费管理 以迎接交通运输部检查为契机，加强收费管理制度建设，强化内部监管，维护良好收费秩序。加大收费稽查技术改造和管理力度，定期检查和突击检查，日常稽查与夜间稽查相结合，在操作规范、服务质量、环境卫生等方面对各收费站点明察暗访，对存在问题的收费站、收费员发出整改通知书，责令其限期整改。全年稽查190次，稽查2 975人次，处理违规违纪人员91名，其中解除劳动合同2名。全面完成ETC车道设施设备和联网收费升级改造目标，全线共开通专用ETC车道24条，ETC/人工混合车道28条，6月28日完成川滇省际线ETC全国联网系统的实车测试，9月底实现全线收费站ETC车道系统全覆盖。全年完成23台收费器的升级改造，鱼塘收费站3月3日正式开通。西昌站、田房站获得“省级青年文明号”称号，西木站获得凉山州“青年廉洁示范点”称号。通行费收入完成75 186.24万元，比上年增加5.03%；清分收入51 761.42万元，比上年增长7.31%。

经营开发 与四川睿能新能源有限公司开展光伏发电项目可行性论证、完成安全评估工作，并在攀枝花服务区等地率先进行光伏发电试点作业。全面完成攀田高速公路鱼塘收费站改造项目工程建设，争取到地方政府补助资金2 800万元。同时，积极开展盐边互通立交收费站的改扩建协商谈判，并签署项目合作协议。该项目实施后，可争取到地方政府补助资金3 500万元。沿线的闲置土地、热再生设备等资源进行资源整合和集约利用，每年租赁收入上百万元。按照交通运输部服务区服务质量评定工作的要求，先后投入资金约600万元，协调完成服务区土建项目整改，监控设施安装等，顺利通过交通运输部组织的服务区服务质量评定和检查，所有服务区均达标。全年实现三产收入1 194万元，为年度目标任务的107.3%。

养护管理 以迎接交通运输部检查为契机，不断规范养护管理。强化养护现场质量管理，建立长效养护管理机制，内业资料管理水平有很大提升，资料条目清晰完整，格式规范，内容准确；对养护人员进行补充调整，理顺管理体制；进一步强化日常养护工作的管理，根据实际需要完成泸黄高速公路桥梁病害处治工程、米易管理处场平道路沉陷处治工程等16项专项养护工程，完成专项养护工程金额为8 127万元；完成西攀高速公路收费供电系统升级改造、电子不停车收费系统（ETC）改造（三期）等6项机电专项工程，全年机电专项工程完成5 535万元；完成护坡、挡墙、边沟、损坏边沟盖板修复，更换、新增标志牌、波形护栏，修补破损水泥混凝土路面，并开展补植缺损植物等养护项目，路容路貌焕然一新。11月，公司顺利通过交通运输部5年1次的国省干线养护和管理检查。

安全管理 以规范化检查为契机，完善各项安全制度，理顺安全管理体制。加强人员安全培训，开展针对性应急救援演练，强化安全巡逻管理。全年公司未发生源头责任事故，总体安全形势稳定。全年公司路产管护队累计巡逻里程达888 465公里，比上年增长8.52%，排除安全隐患28 346处，比上年增长11.37%，救助司乘人员1 412次，比上年增长29.89%。

泸黄高速公路改（扩）建工程 积极配合地方政府做好泸黄高速公路加宽改造各项前期工作，完成泸黄高速公路加宽改造试验段的工程可行性研究报告批复，施工、监理招标等工作，试验段加宽改造工程于2015年12月16日开工。

（攀西公司）

成绵高速公路营运管理 2015年，成绵公司在成绵高速公路营运管理方面主要做了以下工作：

收费管理 强化收费管理，将收费目标任务层层分解，并落实到人。以查漏补缺、督促指导为目的开展质量交叉检查，结合“优胜个人与团队”评比活动，规范员工操作流程，提高员工服务水平，强化员工廉洁意识。深入内部稽查，重点锁定大金额鲜活车、无卡车、车情车牌不符、超时车等特殊情况，对操作过程全程追查，不断完善内部控制，全年堵漏增收40 307辆次，金

成绵高速公路　　成绵公司 供稿

额300余万元。按照省交通运输厅高速公路联网电子不停车收费系统（ETC）车道工程建设的安排，完成三期建设，共计开通ETC车道21条。

路产管理 提高巡逻质量，尽早清除路面障碍，及时消除事故隐患。路产人员全年参与处理交通事故及路产案件3 211起，比上年同期减少320起，下降9.1%。清排障3 241辆次，比上年同期减少372辆次，减少10.3%。突发事件的平均响应时间3.96分钟，平均处置时间15.35分钟，分别比上年增加2.86%和减少14.67%。

养护管理 加强日常养护，及时处置隐患，结合专项病害治理，全力保持道路良好状况。全年巡查道路118 488公里，修补路面1 699平方米，路面裂缝处治866米，修补路肩424平方米，维修伸缩缝312.35平方米，维修护栏3 984米，防眩板10 821片，维修缆索护栏25 730米等。为完成"十二五"期全国干线公路养护管理检查，在省内首次尝试大范围内实施微表处预防性养护方案，根据微表处的工艺特性和技术含量，拟订应急处治方案6个，组织施工现场规范化及安全综合检查36次，从施工及交通组织方案的制订，施工安全、质量控制、成本控制、工期控制等各个环节逐一把控，对白马至白鹤林（1 712公里加419米处—1 778公里加919米处）66.5公里及金山互通前后2公里共67.5公里双向主、超车道坑槽挖补约3 000平方米、分车道车辙填充约65万平方米、微表处约115万平方米，占总里程74%，路面RDI值抗滑性能大大提高；白马至白鹤林（1 712公里加419米处—1 778公里加919米处）66.5公里双向中分带增设路缘石，路容路貌大幅提升。

"治超"管理 配合各级整治办、交通执法机构和公安交通管理机构，进一步加强各入口计重检测点的规范化管理，严把入口控制关。全年进行货车计重检测185.4万辆次，劝返超限货车近3万辆次，其中未发生一起因履职不到位导致超限货车进入高速公路的案例。根据省政府关于"长效治超"的工作理念，在未列入省2015年"动改静"目标任务的情况下，仍然积极主动地制订内部"动改静"工作计划，并于下半年完成立项、设计、评审、资金准备等工作，为项目正式实施打下了坚实的基础。

服务区管理 德阳南服务区新建超市60平方米、休闲区80平方米、第三卫生间2处、母婴室2处；增设路网查询机2台、残疾人专用停车位4处；修补场区破损路面1 000平方米、交通标线施画1 120平方米；改造区内绿化4 000平方米；加油站完成油气回收改造、新建排水沟200米、场区修补1 800平方米，完善消防器材等系列改造及维护，获得交通运输部全国优秀服务区称号。

（成绵公司）

雅西高速公路营运管理 2015年，雅西公司在雅西高速公路营运管理方面主要做了以下工作：

收费管理 坚持主业通行费增收和搞好公共服务保障"两手抓"，严格按照《川高公司收费管理质量考核办法》标准，督促增强收费文明服务，努力做到"服务快捷、监控有力、信息畅通、运转高效"。在高速交警、交通执法以及驻地公安的支持下，加强车辆放行监管力度，严厉打击货车偷逃通行费、扰乱收费秩序违法行为，确保应征不漏、应免不收，全年处理偷逃通行费车辆6 658辆，追缴通行费102万元，完成通行费收入9.39亿元。同时严格贯彻落实绿色通道等免收通行费政策，减免各类免费车90.51万辆，免收通行费7 713.61万元。

雅西高速公路　　雅西公司 供稿

安全管理 提前制订灾害预警及应急处置措施，排查治理安全隐患。及时开展专项处治工程和除冰除雪等工作，救助过往车辆及人员860人次，有效保障汛期及冰雪灾害天气等特殊季节道路安全运行。组织实施出勤巡查、清排障，协助实施应急救援、治理超限超载等工作，全年出勤巡查车12 287辆次，巡查人员32 873人次，清排障1 897次；协同高速交警、交通执法大队承接交通护送23次。加强超限超载及危化品运输车辆管控工作，全年累计出动"治超"人员20 635人次，检测车辆201.37万辆，治理受限车辆24 870辆，治理危化品车辆28 476辆。

养护管理 严格按照"全寿命周期成本"理念提升养护工程效果和养护资金效益，做好日常养护、专项养护和机电维护，始终保持道路状况良好和路容路貌畅、洁、绿、美。道路技术状况指数（MQI）为95.8，路面平均使用性能指标（PQI）为94.43。推广应用新技术、新工艺、新材料，在大相岭隧道出口（西昌至成都方向）试点安装雾天行车安全引导系统，加强突发浓雾时交通流量的管理和车距控制，采用长安大学研究出来的路面抗滑性能改善新专利技术——嵌固式表面处治方案，有效改善徐店子、大宝山等隧道路面的抗滑性能。

服务区管理 以优秀文明示范服务区创建活动为契机，与中石化乐山分公司等经营单位及时沟通、统一认识，督促落实人、财、物的投入，完善软硬件设施的配备，主动采取强力措施，强化对服务区的精细管理，较为圆满地完成优秀文明示范服务区创建工作。

（雅西公司）

乐雅高速公路营运管理 2015年，雅眉乐公司在乐雅高速公路营运管理方面主要做了以下工作：

收费管理 收费基础工作稳步推进。加大制度体制建设，结合实际、对标先进，制订细化补充完善收费管理制度，为公司逐步构建行之有效的规章制度体系奠定坚实基础。强化收费业务管理，严格按照收费管理操作规范落实日常工作。尤其是强化对授权卡、密钥卡、解缴款以及通行发票等重要环节的管理，做到规范有序、程序严格、细节可控。通过组织收费、稽查人员参加各级各类专题业务技能培训、交流学习等多种方式，不断强化收费管理工作基础，推进收费管理规范化建设。细化星级考评程序、完善考评措施，将业务考试和日常考核相结合，将星级评定结果与绩效考核、选拔任用等相挂钩，提升优质文明服务意识和责任意识。组织开展服务明星、收费明星、卡量冠军月评选活动，全年评选565人次，充分调动员工参与堵漏增收工作的积极性和主动性。全年公司追缴偷逃通行费车辆6 282辆，追缴金额18万余元。稽查监控机电工作不断深入。加大专项稽查设施设备资金投入，增设专用装备，不断提升稽查工作实际效果。借鉴系统内监控管理有益经验，主动加强与业务单位的纵、横向联系沟通，建立和完善应急管理体系和重大事件操作流程、妥善处理投诉举报等措施，逐步推动监控工作由被动向主动指挥、主动作为转变。加强维护人员专业技能培养，通过以老带新、交流学习和专题培训等方式，不断提升机电维护管理水平。年内，公司累计完成通行费收入1.89亿元，完成川高公司下达收费目标任务的111%。

乐雅高速公路　　雅眉乐公司 供稿

安全管理 落实安全生产管理制度，规范管理行为。在建立完善安全生产组织管理机构和制度的基础上，健全安全生产岗位责任制，明确各部门的安全生产责任。并从公司总经理到普通员工逐级签订《安全生产管理目标责任书》，层层落实，严格执行安全责任督查，强化责任追究制，将安全责任落实到基层每一个职员，形成齐抓共管工作格局。开展各项安全检查，落实隐患排查治理。重视安全检查和安全隐患排查治理，坚持“标本兼治、重在治本”的原则，全年进行专项安全检查15次。处理交通事故185起，其中路产赔偿案件153起，路产损坏赔偿收入为49.8万元，清排障收入13.8万元。签订涉路施工安全与补偿协议12个，收取费用107.2万元。组织对全线进行防坍塌、坠落、滑坡专项排查，及时完善和补充事故应急救援预案并加强演练，确保乐雅高速公路安全形势稳定，全年未发生一起源头责任事故。做好汛期安全工作，保证雨季道路畅通。由公司主导成立防汛安全工作小组，将公司、交警、执法、地方政府均纳入其中，成立应急抢险突击队，抢险救援人员达80人，各类抢险指挥保障车辆21辆，并梳理出6个防汛重点部位，分别设立4个应急抢险保通点，配置相应抢险机械和人员，在防汛工作中发挥积极作用。加大安全生产培训力度，提升整体素质。组织并开展“职工安全教育培训”“百日安全生产活动”“安全文化建设”等活动，以增强全体员工的安全意识和防范事故的能力为重点，加强安全生产活动的宣传，夯实安全生产文化基础。通力协作，建立完善联勤联动制度。与高速交警、高速执法建立联合巡逻制度，共同参与对公路的巡逻，并明确分工职责，确保准确快速地依法按程序处理案件，期间必须做好现场安全防护措施，避免二次事故的发生。各单位通力配合，确保公司路产利益。治理货车超限超载，加强道路交通管理。公司联合各地交警支队、厅高管局执法大队，对过往货车通行实行严格管控。所有收费站入站口均设置治超点及货车专用通道和计重设备，货车须通过专用通道计重合格后方能通行。完成企业安全生产标准化二级达标。推进安全生产标准化建设，以优异的成绩通过安全生产标准化二级达标。综合企业自身生产经营实际，成立以总经理为组长的安全生产标准化领导小组，全面负责标准化建设的落实、检查及自评工作，通过系统地学习，深刻理解和掌握标准化建设工作的内容和要求。

养护管理　坚持“全面养护、预防为主”的养护原则，确保道路安全、畅通。加强道路日常巡查，及时发现道路安全隐患，对发现的隐患及时治理。重点加强重点工程的巡查和监测，及时掌握道路状态。对出现的路面坑凼及损坏护栏，做到及时修复，确保道路安全运行。加强施工缺陷处理工作，对沿线房建、桥梁、隧道等工程存在的施工质量缺陷进行了集中调查和梳理，并督促施工单位进行处理，确保工程质量满足要求。加强监测工作，及时安排监测单位对路面、桥梁、隧道进行检测，优良路率为100%，确保管养道路的安全和畅通。通过学习和借鉴其他高速公路养护的经验和成熟的管理方法，结合乐雅高速公路的实际情况制订《雅眉乐公司养护管理办法》等16项养护管理办法和实施细则。结合2015年“十二五”全国养护管理检查的要求，进一步规范养护管理工作。加强交流学习和培训，积极组织管理人员参与上级单位组织的养护培训，到其他管理经验丰富的公司开展交流和学习。全年累计各类培训及交流学习50余人次。督促养护单位定期对波形护栏、标志标牌等进行清洗，对中分带、路侧绿化以及影响行车安全的树木、杂草及时进行修剪和清除，确保道路整洁美观。

（雅眉乐公司）

成德南高速公路营运管理　2015年，成德南公司在成德南高速公路营运管理方面主要做了以下工作：

收费管理　健全收费管理制度。制订《成德南公司收费管理办法》《成德南公司稽查管理办法》；加强业务培训，提高收费管理水平，针对性开展8次员工业务培训；加强监控管理，平均每月拨打和接叫业务电话2 600余个，发放各类短信4 500余条，并将实时路况、交通事故、交通阻断等信息及时通过“飞信”发送至交警及执法部门，实现“信息共享、联勤联动”；开展“优质服务上台阶，安全舒心成德南”专项活动，通过动员培训提高员工的服务意识和水平；强化稽查工作，全年积极协调高速交警、交通执法、沿线公安等相关单位开展内外稽查，整治逃费车辆10 328辆，追缴通行费42.72万元，并严格执行收费减免政策，免收通行费1 154.56万元，占通行费收入1.91%。年内，完成通行费收入60 477.08万元，比上年增长13.51%。

养护管理　全面完成水保、档案等专项验收。联合巡查及现场管理，及时进行病害处治，并建立灾害预防体系，加强汛期巡查。全年日常养护包干经费完成794万元，完成年度计划100%；灾害抢险工程完成71.14万元，占年度计划99.7%。

安全管理　开展专业培训和训练，提高路维人员的业务技能和个人素养，并完善联勤联动协调机制，与沿线交警、高速执法共同研讨事故处理、交通管制、道路保通等工作措施，与沿线医院、消防开展各类应急演练2次。加强道路巡查力度，重点对高危、特殊路段实现全面掌控，全年累计完成道路安全隐患排查261起，已全部整改。开展百日安全生产、安全生产月专项活动，在节假日前后认真开展安全大检查，排查安全隐患。加强道路穿越和交叉施工安全管理，做好二绕、赵淮路下穿工程施工安全防护措施。全年清排障作业1 953起，查处各类路产案件593起，结案577起，结案率97%。公司全年无重大安全责任事故发生。

服务区管理　以“以人为本，用心服务”理念，全力打造全国“百佳”服务区。金堂服务区被评为四星级服务区，中江服务区、盐亭服务区被评为三星级服务区。整合公司全线所辖服务区、加油站、广告等资产资源，对沿线高速公路收费站（收费广场看牌、栏杆机）、部分符合设置广告条件的上跨天桥等广告位租赁经营，全年实现产值150余万元。

成德南高速公路　　高月谨 摄

（成德南公司）

公路管理

GONGLU GUANLI

路政执法规范化建设 2015年，厅公路局组织开展路政执法队伍形象大提升活动。全省普通国省干线公路路政执法的“四统一”工作全面完成；仪陇县路政大队“三基三化”建设试点工作得到交通运输部的充分肯定，为全省深入开展“三基三化”建设起到示范作用；年内，厅公路局进一步健全和完善上路执法管理制度，加强执行监管；健全路政执法督导检查制度，定期或不定期地组织开展督导检查，对违法违纪行为，严格按照“谁主管谁负责，谁审批谁负责，谁办案谁负责”的原则，追究具体办案人员和相关部门的责任；持续开展行政执法文书评比活动；5月，举办首个“路政宣传月”活动，加强公路路政管理法律法规、政策的宣传与解读，宣传公路管理行业依法行政、执法为民的典型经验，突出公正文明执法重要性，为加强公路安全保护工作营造良好的社会环境。

超限超载治理 2015年，全省公路“治超”工作从高速公路向普通公路延伸，从路面管控向源头延伸。一是各地交通运输主管部门路政管理机构把普通公路货运车辆超限超载治理作为工作的重要内容，加强和规范普通国省干线公路固定超限检测站设置、建设和运行管理，保障公路完好、安全和畅通。由省交通运输厅统一规划，按照“统筹规划、合理布局、总量控制、分步实施”的总体原则，在充分利用交通运输部批准的Ⅰ类固定超限检测站31个、省政府批准的Ⅱ类固定超限检测站46个（含调整位置19个）基础上，在全省新增Ⅱ类超限检测站95个，已建成48个；计划2016年建成32个，2017年建成15个。二是贯彻落实《公路安全保护条例》，继续加强路面管控力度，以固定超限检测站为依托，加大货车检测和执法检查工作力度。对检测确认的违法超限运输车辆，按照有关规定，责令并监督违法行为人采取卸载、分装等改正措施，及时纠正和消除违法行为。地方公路出动路政执法人员近60万人次，检查货运车辆1 091万辆次，查处非法超限车辆41万辆次，卸载39万吨，干线公路平均超限率控制在3.74%。细化工作措施，建立和完善区域联动治超工作机制，与毗邻的云南、贵州、重庆、陕西以及广西建立信息互通、拦截配合、许可协作、联动预控等区域联动治超工作机制，并适时开展相关联动工作。年内，厅公路局被省政府表彰为道路安全综合整治先进单位。

2015年，仪陇县金城公路治超站作业现场　　交通宣传中心 供稿

路政管理迎检工作 2015年，全省路政管理工作按照四川“实现迎检排名升位”的总体目标，做好路政管理迎检工作。一是加强路域环境整治。结合城乡环境综合整治工作，加大路容路貌和路域环境整治，保证国省干线公路路况良好、设施齐全、路容整洁、绿化管护到位；提升公路用地、建筑控制区、桥梁禁止采沙区等公路安全保护区监管，路域环境达到“八个无”的标准（交通标志前后500米基本无广告、基本无违法建筑物、无穿越公路的设施、基本无摆滩设点、无打谷晒粮现象、公路用地范围内基本无堆积物）。二是加强规范化管理资料整理汇编。按照交通运输部检查要求，准备和系统整理内业资料，查漏补缺、完善制度，消除扣分项，展示路政规范化管理的成果和经验。三是加强超限检测站规范化建设。检测站外观形象符合交通运输部“四统一”（详见《附录》，下同）要求，检测站功能区布局合理，执法标准、岗位职责、执法流程管理规范。

公路“三乱”治理 2015年，厅公路局在贯彻落实“四川省治理公路‘三乱’协调小组工作制度”基础上，依据法定职责，制订《四川省2015年治理公路“三乱”工作要点》，调整完善协调单位成员，进一步明确部门责任分工，组织全省范围的明察暗访及群众反映问题的督查，促进各地政府及相关部门抓好执法建设的主体责任和监督责任，把治理工作纳入常态化管理。搞好监督检查，推动全省各级各相关部门认真履责，抓好治理公路“三乱”（详见《附录》）工作。

交通行政处罚裁量权 2015年，厅公路局在行政权力清理规范工作的基础上，按照《四川省规范行政执法裁量权规定》以及规范文件制订的有关要求和合法性、合理性、科学性的原则，细化、量化《四川省交通运输厅规范交通行政处罚裁量权实施标准（公路路政）》。修订后的公路路政处罚裁量权实施标准，严格遵循公正、公平、公开的原则、处罚相当的原则和处罚与教育相结合的原则，确保行政处罚裁量权行使的合法性、合理性。省交通运输厅已向社会公布，并录入行政职权目录。

（本栏目供稿单位：厅公路局）

航务管理
HANGWU GUANLI

水路集装箱运输 2015年，厅航务局加强与上海、南京、武汉等长江中下游港口对接合作，鼓励新（增）开集装箱班轮，增加班轮密度，积极发展江海联运。宜宾港与南京区域港口群、唐山港、武汉新港签署战略合作协议，打通宜宾—南京—唐山，泸州、宜宾—南京—日本、韩国集装箱江海联运物流通道。至年底，全省已开通8条集装箱班轮航线，每周发班达30班左右。

2015年，航行在长江上的集装箱船舶 厅航务局 供稿

集装箱多式联运 2015年，泸州港与成都、武汉、攀枝花市签订《港口物流战略合作框架协议》，泸州港在攀枝花设立“无水港”、在成都国际陆港设立作业区，宜

宾港在昆明设立“无水港”。宜宾港保税物流中心（B型）正式获批设立。厅航务局积极指导泸州港、宜宾港申报国家和省多式联运示范工程，争取政策支持和资金补助。泸州港组建四川省铁路水路物流服务联盟、宜宾港组建四川省公路水路物流服务联盟、广安港组建川东北公路水路物流服务联盟。全省已正式开通泸州港、宜宾—昆明、泸州港—成都等6条铁路水路联运班列，泸州港—攀枝花铁路水路联运班列已投入试运行。年内，完成铁路水路联运集装箱吞吐量2.5万标箱，比上年增长125.13%。

2015年，川江集装箱运输　　厅航务局 供稿

三峡通航保障合作机制协议签订　2015年，厅航务局与长江三峡通航管理局在成都正式签署三峡通航保障工作合作机制协议。双方同意加强合作、建立机制，优先保障四川省重点急运物资过坝运输，共同维护好长江三峡通航秩序。继续实施集装箱快班轮申报制度，年内，全省申报集装箱快班轮和重点急运物资888班，确保全省集装箱快班轮畅通有序，提高重点急运物资过闸效率。

水路运输及辅助业专项核查　2015年，按照交通运输部统一部署，全省各级航务机构开展水路运输业及水路运输服务业核查，核查水运企业185家、个体（联户）经营者4 250户、运输船舶8 169艘。加强对少数未通过和未参加核查的经营人和船舶的整改跟踪督查，确保运输经营资质和安全管理符合相关要求。

港口危险货物安全监督管理　2015年，厅航务局加强港口危险货物安全监督管理。一是组织开展全省港口危险化学品安全专项整治活动，对全省8个危化品码头和2个危险货物作业的集装箱码头的经营资质、经营行为进行全面清理整顿。二是按照交通运输部关于进一步加强港口危险货物安全监管工作的通知要求，在2014年港口油气输送管线安全专项排查整治和港口危险化学品安全专项整治的基础上，建立辖区内所有港口危险货物经营企业的基础档案。按照《港口安全设施目录》和相关标准规范，开展港口危险货物企业安全设施的专项整治，重点加强港区内危险货物作业和集装箱码头的安全监管工作。三是开展港口危险货物安全管理突出问题专项治理行动，分3个阶段从5个方面进行全面整治。

水运市场准入管理　2015年，厅航务局完成省、市、县三级水路运输、港口经营行政审批清理及水路运输业务经营许可办理指南编制，船舶管理业务经营许可办理指南编制。承接交通运输部下放的经营港口理货业务许可和外商投资企业的水路运输业务经营许可工作，并完成办理指南编制。承接交通运输部下放的危险化学品装卸管理人员资格认可工作。全面梳理危险品水路运输和港口经营行政许可情况。完成全省省际运输船舶营业运输证的到期换发工作。

重点港航企业联系制度　2015年，厅航务局局领导和相关处室按照重点港航企业联系制度要求，对口联系和定期走访重点港航企业，召开川南地区运管部门和重点港航企业运输生产经营座谈会，每季度汇总分析重点企业生产经营状况，引导企业正确经营决策，鼓励实现规模化经营，提高抗风险能力。

全省农村水路客运燃油补贴　2015年，四川省继续做好全省农村水路客运燃油补贴相关工作。厅航务局以省交通运输厅名义行文，明确暂不纳入补贴范围的船舶类型，要求全面开展渡改桥项目完成后渡口渡船核销工作，严格燃油补贴申报和审核把关。完成2014年度全省农村水路客运补助用油量及补贴功率统计上报、2009年—2013年全省农村水路客运补助用油量档案资料清理上报、制订全省农村水路客运燃油补贴2014年清算资金分配方案。开展四川省农村水路客（渡）船用油量综合核定标准和方法研究。

向家坝断航经济补偿　2015年，厅航务局做好向家坝断航经济补偿。一是积极与向家坝工程建设部沟通协调，完成第四批船舶补贴公示确认及资金兑付，共完成四个批次61艘船舶合计2 347.6万元补偿资金的兑付。二是做好向家坝升船机未按期投运后续补偿。及时转达船主的诉求，并多次组织泸州、乐山交通部门及航务管理机构与向家坝工程建设部进行专题座谈。三峡集团公司已委托国家发展改革委综合运输研究所研究编制升船机延期投运补偿方案，形成《向家坝升船机延期投运补偿思路（征求意见稿）》并征求船主意见。

翁孟勇指导长江“黄金水道”工程推进工作 2015年3月13日—14日，交通运输部副部长翁孟勇一行考察长江水富至宜宾航道及宜宾港，看望宜宾海事政务窗口工作人员，并召开座谈会听取长江“黄金水道”工程建设推进情况的汇报。翁孟勇指出，长江经济带战略是国家面向未来的三大发展战略之一，构建长江“黄金水道”综合立体交通走廊意义重大，要认真慎重做好各项前期工作，尽快启动，分步实施，重点突破，推动建设；加强金沙江航运统筹，摸清需求，加快规划，抓紧实施。

何建中检查泸州和宜宾春运工作 2015年2月5日—6日，交通运输部副部长何建中率部检查组先后检查泸州、宜宾春运工作。何建中要求，要充分发挥船舶自动识别系统和码头视频监控系统作用，保证每条船都在有效监控中；各春运单位要严格执行各项安全管理规定，精心组织，优质服务，为广大旅客提供安全、舒适、便捷的春运乘车环境。省政府副秘书长戴东昌、省交通运输厅厅长彭琳等随同检查。

2015年2月5日，交通运输部副部长何建中（右二）一行调研泸州市船员考试中心

厅航务局 供稿

水上交通安全监管 2015年，四川省航务海事机构持续强化水上交通安全监管，不断夯实安全基础、加强源头管理、实施科技兴安、强化应急建设，持续提升安全保障能力，有力维护辖区水上交通安全形势稳定。全省发生一般等级运输船舶水上交通安全事故2起、死亡3人、经济损失16.7万元。

年内，厅航务局依据现行的水上交通安全法律法规，结合全省水上交通特点，组织开展《水上交通安全监管标准指南》编制工作，明确通航、船员、船舶、危防、航运企业等5个方面的水上交通安全事故监管、问题处置标准、责任追究的程序。

水路春运考核评价 2015年，按照《四川省水路春运工作考核评价办法（试行）》要求，厅航务局组织开展全省春运工作考核，考核内容主要包括各市（州）航务局（处）就该辖区的水路春运工作安排部署、组织机构、安全生产、运输组织、航道通畅、优质服务、应急处置、市场监督、宣传报道和资料信息报送等进行考评。春运结束后，南充市航务管理局等9家单位被评为“2015年水路春运工作成效显著单位”。厅航务局及凉山州西昌邛海游船运营有限责任公司等3家水路客运企业被省交通运输厅评为“2015年道路水路春运工作成效显著单位”。

水路运输及港口营运企业安全生产标准化建设 2015年3月24日，厅航务局召开会议专题研究部署全省水路运输及港口营运企业安全生产标准化建设推进工作。会议通报了企业安全生产标准化建设工作进展情况以及2015年长江干线跨省航运企业安全生产标准化考评工作座谈会精神，安排下阶段重点工作。会议强调：一是要摸清家底，细化安全生产标准化考评达标任务，要加强宣传和政策引导，督促企业积极创建达标。二是要尽快出台水路运输及港口营运小微企业标准。要坚持部颁达标指标考评标准，确保企业安全生产达标质量。三是要加强督导，开展企业安全生产标准化“回头看”活动，使安全生产标准化工作常态化、规范化，巩固发展创建成果。四是要继续开展示范推广，以点带面、推动企业全面达标，为水路运输及港口营运企业安全生产标准化建设提供有效的指导服务。

水上交通安全知识进校园活动 2015年3月30日（全国第20个中小学安全教育日）和10月15日，厅航务局分别在巴州区三江镇小学和渠县三汇中学举行水上交通安全知识进校园活动。海事人员现场讲解渡运安全知

2015年3月30日，海事人员示范救生衣正确穿戴方法　　厅航务局 供稿

识、乘船注意事项等安全常识，示范救生衣正确穿戴方法，通过知识问题抢答、穿救生衣比赛等互动方式让学生们进一步强化水上交通安全意识。向所有过渡学生赠送学生专用救生衣和《中小学生水上交通安全教育读本》。

汛期水上交通安全工作专题会议 2015年6月3日，省交通运输厅副厅长冯文生主持召开全省汛期水上交通安全工作专题会议。会议通报省、厅领导对湖北监利“6·1”长江客船翻沉事件的重要指示批示，厅航务局以及泸州等8个市交通运输局主要负责人汇报加强汛期水上交通安全监管的举措。冯文生强调：一是要警钟长鸣，举一反三，深刻汲取湖北监利“6·1”长江客船翻沉事件教训。及时准确传递汛期水情，严格执行各项行之有效的制度。迅速开展水上交通安全拉网式大排查，重点排查船舶安全隐患，提高安全监管的针对性和实效性。充分发挥视频监控系统的作用，加强视频监控值守。要做好应急预案，确保遇有重大雨情汛情，及时启动应急预案，快速实施救援。二是要强化落实，多措并举，扎实做好汛期水上交通安全工作。坚决克服盲目乐观、骄傲自满的情绪和麻痹大意、松懈侥幸的思想，坚定不移地落实安全责任，强化隐患排查整治，执行汛期安全制度，加强应急救援和值守工作，扎扎实实沉下心来把水上交通安全工作抓实抓细。三是要精心组织，履职尽责，全力保障汛期水上交通安全。切实加强领导，全面落实责任，进一步提高齐抓共管的工作合力。强化宣传教育，加强对乡镇、企业安全管理人员安全管理知识培训和对船主、船员的水上交通安全宣传教育，营造安全氛围。夯实安全基层基础，加快渡改人行桥和海事信息化建设，努力消除安全隐患。加强监督考核，严格追责问责，在狠抓落实上下功夫，继续保持水上交通安全形势持续稳定。

渠江跨区巡航执法 2015年6月16日—19日，历时4天的2015渠江跨区巡航执法圆满结束。该次跨区巡航从达州港客运码头至广安丹溪口，巡航总里程近260公里。共出动船艇11艘，参与巡航人员达100余名。巡航组听取沿江6个县（区）海事、航道管理部门关于安全监管、航道养护和运输发展等方面的工作汇报，并对巡航水域内主要渡口码头、重点跨临拦河建筑物、各急流险滩河段分布等情况进行了资料收集，为全面提升海事监管能力奠定了基础。

2015年，渠江跨区巡航执法活动　　厅航务局 供稿

川滇两省交界共管水域业务联席会 2015年6月25日，川滇两省航务海事管理机构在凉山州西昌市召开第九次水运行业管理业务联席会议。双方在交界共管水域航务、海事管理、安全监管、运输管理、船舶检验等方面进行讨论，形成《四川省、云南省第九次水运行业管理业务联席会会议纪要》。

组建“三化”建设先进事迹报告团 2015年，厅航务局组建全省航务海事系统“三化”（革命化、正规化、现代化）建设先进事迹报告团，并先后在广元、南充、泸州、凉山、成都进行巡讲。该次报告团成员宣讲的先进集体和个人分别是：众志成城、应对挑战的宜宾市海事集体，积极向上、朝气蓬勃的厅交通设计院测绘队，把水运事业当成信仰的巴中市航务管理局廖国名，保安全、促发展的泸州市航务管理局陈顺梅，以精诚之志护沧海安宁的广安市武胜县航务管理处李军，筑牢水上安全第一道防线的自贡市航务管理局赖永秀，用羸弱身躯扛起山一样责任的广元市航务管理局袁迎春。报告团成员结合工作中真实感人的事例，从不同角度诠释敬业奉献、锐意进取的航务海事精神，充分展现了新常态下航务海事干部职工围绕中心、服务大局、爱岗敬业、无私奉献的精神风貌。

全省航务海事系统“三化”建设先进事迹报告团成员　　厅航务局 供稿

水路交通危险品运输安全监管　2015年，厅航务局继续推进危险品运输安全监管工作：一是高度重视水路交通危险品运输管理工作，切实加强组织领导，扎实做好港口及危险货物运输船舶安全监管工作。二是在全省范围开展港口危险货物安全管理突出问题专项治理行动，全面落实港口企业安全生产主体责任，督促指导港口危险货物企业在年底前完成安全生产标准化建设，提高企业安全管理水平。三是切实巩固2014年港口油气输送管线安全专项整治和港口危险化学品安全专项整治成果，持续开展安全设备设施专项整治，进一步消除安全隐患。四是加强对危险品船舶危险货物装卸作业和船舶防污及应急措施落实情况的检查，加大危险品集装箱开箱检查力度和危险品谎报瞒报的检查打击力度。五是强化高温季节危险品作业现场检查，督促码头、船舶及时开启喷淋系统进行降温，严禁在高温时段进行易燃易爆危险品装卸作业。

督查重点港口作业区安全生产　2015年8月20日—21日，厅航务局派出两个督查组检查泸州、宜宾、南充、广安等地水上交通安全工作，重点检查四地港口重点作业区的储存、装卸和危险品船舶运输安全生产情况，检查港口经营单位办理《港口经营许可证》的申请资料、审批资料、年度核验资料和危险货物船舶进出港的海事签证资料。检查组传达全省交通运输防汛和安全生产工作电视电话会议精神，要求扎实开展好危险货物安全管理突出问题专项治理行动，进一步消除事故隐患。要配足配齐消防应急设施设备，加强应急演练，全力确保安全。要加强港口现场管控，落实好港口安全监管职责，要重点突出危险品运输储存、装卸和运输三个环节的安全监管。要有针对性地强化汛期安全监管工作，坚决执行“六不发航”、停航封渡等安全管理制度，进一步强化对重点水域、船舶、环节、时段的监管。

内河二三类船舶船员管理工作专项检查　2015年8月20日—10月31日，厅航务局组织由泸州、宜宾、乐山、南充市航务管理局任组长单位的4个检查组，分4个片区开展内河二、三类船舶船员管理工作专项检查。该次检查严格按照《内河船员技术档案检查内容及要求》，审核二、三类船舶船员考试发证机构资质，实地查验船员管理相关场地、设施和设备，查阅相关资料并根据需要进行现场操作检查，对检查中发现的问题，要求及时整改到位。

国务院安委会综合督查组督查四川水上交通安全　2015年8月29至30日，国务院安委会综合督查组第八组在川督查泸州、南充等地水上交通安全工作。督查组一行分别听取两地水上交通安全工作情况汇报，检查泸州国际集装箱码头、纳溪区大渡口客运码头以及南充嘉陵区李渡码头，督查相关企业贯彻落实国家安全生产决策部署的情况，并对发现的问题现场提出整改意见。综合督查组充分肯定四川省水上交通安全工作，强调要充分吸取“6·1”事件及“8·12”事故的经验教训，加强水上交通安全知识宣传，强化船舶、船员管理和一线安全监管，不断提高应急救援能力，扎实将水上交通安全工作做细做深，全力确保辖区水上交通安全。

印发《四川省水上运输事故应急预案》　2015年9月2日，《四川省水上运输事故应急预案（2015年修订）》（以下简称《修订预案》）经省政府同意，正式印发。《修订预案》在风险信息预警、分级行动、险情评估以及行动终止等方面进一步细化，并明确由海事救助力量、武警消防救助力量、社会救助打捞企业及基层自救互救等力量构成全省水上运输事故应急救助队伍，在川南、川东北设置水上应急救援基地和省水上应急救援物资储备库及训练基地。该预案的实施从落实责任、有效预警和科学救援三个方面进一步健全全省水上运输事故应急反应机制。

刘捷检查泸州弥陀渡口安全 2015年9月28日，省政府副省长刘捷率队到泸州检查节前安全生产工作，刘捷一行检查弥陀渡口，详细了解渡口签单发航情况，船舶船载3G视频和渡口码头监控视频的运行监控情况，并听取中共泸州市委、市政府工作情况汇报。他强调节日期间各地要强化对重点场所、重点领域暗访检查，一旦发现存在安全隐患，必须彻底整改，严肃追责。针对水上交通安全工作，要求海事部门在加强现场一线安全监管的同时，要做好应急救援准备，提升应急处理能力，保障人民群众的生命财产安全。

2015年全省水上安全“十长”会商会 2015年9月16日，省安办2015年水上安全“十长”（省交通运输厅、省监察厅、省公安厅、省水利厅、省安监局、省气象局、省水产局、省体育局、省旅游局、省能源监管办主要负责人）会商会在省交通运输厅召开。会议就建立省级水情、气象合作联络机制达成初步意见，对《四川省餐饮娱乐趸船安全管理规定（征求意见稿）》《四川省涉砂船舶安全管理规定（征求意见稿）》《四川省水上漂流安全管理规定（征求意见稿）》进行充分讨论，决定由省安监局牵头，分别组织相关部门，就相关问题再梳理部门职能职责，力争早日出台3个管理规定。省交通运输厅安全总监胡大昌，厅航务局局长刘孝明等参加会议。

首次水上无脚本应急演练 为检验新修订的《四川省水上运输事故应急预案》的实用性和可操作性，2015年10月22日7时30分，厅航务局在泸州、宜宾两市交界长江水域组织开展水上无脚本应急演练。模拟方案为一艘货船因机舱突发大火失去动力向下游漂移，船上3名船员落水失踪。发出救援警报后，泸州、宜宾两市、县（区）人民政府，安监、交通、公安、海事、医疗卫生等相关部门及事故水域附近船舶迅速反应，在18—50分钟内赶到事故现场，各救援部门和救援船舶救援措施得当，处置合理。该次演练是四川省首次组织的跨区域无脚本演练，真实检验了水上专兼职救援队伍的应急反应和处置能力。

水路交通行政执法暨“三化”建设大练兵大比武活动 2015年11月13日，由省交通运输厅主办、厅航务局承办的全省水路交通行政执法暨“三化”（革命化、正规化、现代化）建设大练兵大比武活动在成都举行。活动由队列比赛、船艇操作技能比赛、综合知识竞赛组成。来自20个市（州）代表队的316名选手参加了比赛。省交通运输厅副厅长张琪出席并讲话，他要求全省航务海事系统要以该次大练兵大比武活动为契机，进一步强化队伍建设，不断提高全行业队伍的整体素质和社会形象，达到纵向练兵促提高、横向比武找差距、推动工作上台阶的良好效果，在行业内掀起强素质、树形象的热潮，不断推动队伍执法规范化、着装标准化，为构建畅通安全高效的现代综合交通运输体系、加快四川水运发展作出新的更大贡献。

全省水路交通行政执法暨“三化”建设大练兵大比武活动现场　厅航务局 供稿

船员培训机构管理 2015年，厅航务局继续加强船员培训机构管理。一是强化培训机构资质管理，严禁未取得资质的各类机构开展船员培训，严禁超许可范围开展培训。未通过中期审核或逾期未申请中期审核的培训机构，立即停止各类船员培训，直至通过审核；申请办理《船员培训许可证》延续手续，超过有效期1个月仍未取得延续手续的，一律停止举办各类船员培训；超过3个月仍未取得延续手续的，一律取消船员培训资质。二是强化质量管理体系运行，对未通过船员培训机构质量管理体系审核或者逾期未申请审核的，一律停止开展各类船员培训业务，直至申请审核通过后，方可在《船员培训许可证》有效期内继续开展相应培训工作。三是强化培训机构日常监督，定期对培训机构档案资料进行检查，并做好检查资料存档。重点加强培训过程的监督检查，每期培训至少监督检查一次，对培训计划的制订和落实、船员出勤情况、教师的授课情况、师资符合性和教学效果等进行抽查，切实加强培训的过程监控。

船舶检验概况 2015年，厅航务局全年完成船舶检验13 066艘、1 556 244总吨、796 304千瓦、141 503客位，完成图纸审查133套。全省共有三级四类以上船舶生产企业68家，船舶工业实现总产值3.3亿元。

“十二五”期船型标准化收尾工作 “十二五”期间，厅航务局开展长江干线船型标准化工作。积极运用国家财政补贴政策拆解老旧运输船舶和小吨位船舶168艘、55 027总吨、82 290载重吨、1 054客位，发放补贴资金4 321.75万元；共计拆解老旧船舶70艘，加装生活污水处理装置70艘，新建川江及三峡库区大长宽比示范船2艘。

长江上游货船示范船型研究 2015年，厅航务局联合武汉理工大学开展“长江上游货船试范先进船型”研究。设计提出的主尺度为88×16.3米的高强度钢货船已经通过长航局组织的专家审查，有望成为长江过闸主力船型之一。

航运科技 2015年，厅航务局切实做好水运科研项目的申报和立项。下达“‘长江经济带’发展战略视域下四川省港航业转型升级路径研究”等年度科研项目计划4项，督促和跟踪项目结题和验收。组织相关专业专家对“水电枢纽非恒定泄流对航道整治效果的影响研究”“四川长江港口集装箱班轮航线优化与发展研究”“向家坝库区发展船型和航道尺度研究”等项目进行验收并结题。

建立船舶检验实训基地 2015年，厅航务局与泸州江运船舶有限公司船厂共建成立“四川省船舶检验实训基地”并举办第一期验船师驻厂实训班。实训基地的建立为提高全省船舶检验工作人员现场船舶检验业务能力和加强船舶检验人才的引进和培养提供有力保障。

公益性渡船船型 2015年，全省大力推广公益性渡船。发展适用于全省渡口的公益性渡船标准船型11型，涵盖从20客位到90客位的船型。对不同客位公益性渡船标准船型，由省级财政给与5万~20万元的建造补助，提高地方修建公益性渡船的积极性，建造公益性渡船标准船型近900艘。

海事船艇建设 2015年，厅航务局组织专家及设计单位，针对全省海事船艇标准化建设要求，根据全省航道特点以及工作实用性，拟订四型海巡艇、三级四型海事囤船以及嘉陵江应急抢险艇建造方案，并将建造方案免费提供给各级海事机构，全年计划建造海事巡逻艇、海事趸船50艘。

（本栏目供稿单位：厅航务局）

道路运输管理

DAOLU YUNSHU GUANLI

道路运输基础设施建设 2015年，全省道路运输行业继续强化规划引领，全力推进基础设施建设。完成“十三五”规划编制。加强与交通运输部、省交通运输厅“十三五”规划编制衔接，初步完成“1+10+7”的全省道路运输“十三五”期发展规划编制。加快推进综合客、货运枢纽建设。全年完成总投资35亿元，比上年增加116%，其中争取交通运输部补助资金3.2亿元，四川省补助资金6.3亿元。建成青白江公路货运集散中心（一期）、南充传化公路港、龙泉公水联运物流基地（成都公路口岸）等3个公路货运枢纽和乐山客运中心站综合客运枢纽，攀枝花密地物流园主体建设年内基本完工，广安枣山客运中心站主体完工，内江客运中心站开工建设。全力推进汽车客运站提升改造工程建设。召开全省汽车客运站提升改造现场推进会，促请省交通运输厅将提升改造工程完成情况纳入对各市（州）考核的负面清单，完成提升改造工程项目183个。

提升依法行政能力 2015年，全省道路运输行业深化改革创新，依法行政能力显著提升。持续深化改革，进一步完善厅运管局行政决策程序、行政决策合法性审查制度，全力推进法制交通建设。一是道路运输改革稳步推进。紧紧围绕促进“四个转变”（努力实现道路运输在发展方式上的转变、发展手段上的转变、发展视野上的转变、发展重点上的转变），开展客运班线经营权配置机制等五大项改革和20项制度建设任务，完成《四川省道路旅客运输经营权招标投标实施办法》并报省交通运输厅。清理优化完成省、市、县三级行政权力清单，责任清单和道路运输行政审批项目。二是行政立法进程加快。组织修订完成《四川省道路旅客运输管理办法》《四川省道路货物运输管理办法》《四川省机动车维修管理办法》3部政府规章。完善四川省《道路运输条例》配套办法，出台《四川省道路班车、包车客运车辆营运使用年限规定》《四川省道路运输驾驶员记分管理办法》。三是行政审批效能高效。截至年底，省政务中心受理窗口共接件1 515件，按时办结率和群众评议满意率均为100%。四是运政执法更加规范。继续推行道路运输“四统一”（详见《附录》）建设，开展运政执法规范化建设和执法形象大提升活动。组织修订《四川省交通运输行政执法裁量权规定（运政部分）》，进一步细化、量化行政裁量标准，规范裁量范围、种类、幅度。五是营造良好法制氛围。坚持厅运管局办公例会学法，扎实开展“法律七进”活动，加强法治培训和宣传教育，厅运管局被评为交通运输部“六五普法”先进单位。

2015年11月4日，厅运管局组织四川省运管干部赴北京参加法治政府建设与依法行政研修班　　厅运管局　供稿

客运网络优化调整　2015年，全省道路运输行业加快结构调整，优化完善客运网络。一是客运网络更加优化。扎实推进快速化干线客运系统建设，不断完善以高速公路直达客运为主要运输方式的干线客运网络，调整或新开通高速公路直达班线37条。二是推进城乡客运一体化。按照“政府主导，市场运作”原则，积极推进落实省农村客运车辆保险保费补助政策、争取地方政府加大资金投入和政策扶持，解决农村客运“开得通、留不住”的问题。大力推广宣汉“一元通”、平昌县“四统一”、犍为农村出租车等农村客运发展新思路、新模式，促进农村客运全面发展，保障城乡居民出行的基本需求。乡镇、建制村客车通达率达94.12%和67.79 %。三是客运管理信息系统更完善。创新公共服务手段与形式，将省际、市际、县际、县内包车全部纳入客运管理系统应用，实现“指尖上”的包车信息查询与业务办理，并同步搭建全省包车客运网约平台，匹配零散出行需求。四是运力结构调整措施有力。鼓励和引导运输企业加快客运车辆升级更新步伐，加快道路客运车辆更新，提升道路客运装备水平，推动旅游包车、定线城际包车、通勤包车、商贸包车均衡发展。

道路货物运输转型　2015年，全省道路货物运输打破传统模式，加快转型，积极推进道路货运规模化、集约化发展，提高运输组织化程度，提高货运运行效率。一是多式联运模式推进顺利。推进甩挂运输、多式联运等新型运输方式，降低运输经济成本和生态成本。开展主题式甩挂运输培育，建立甩挂运输联盟，全省有5个项目成为交通运输部甩挂运输试点项目，并在此基础上对公路铁路、公路水路等多式联运模式进行重点突破。二是城乡物流发展健康。积极发展以城带乡、城乡一体的农村物流共同配送模式，推广县至乡镇、沿途建制村的双向货物运输配送服务，鼓励市到县和县到乡的客运班车代运邮件和快件，提高农村物资运输的时效性和便捷性。开展道路货物运输价格与成本监测工作。印发《关于贯彻落实城市物流配送车辆选型技术标准的通知》，推进城市配送车辆标准化工作。三是危险品货运监管到位。四川省为交通运输部道路危险货物运输电子运单6个试点省之一，全面启用道路危险货物运输电子运单系统，成都、泸州23家试点企业共计生成运单701单，有效落实危货企业动态监控主体责任。四川省的做法在全国危险货物道路运输电子运单管理制度试点工作座谈会上得到交通运输部运输司的充分肯定。全面完成液体危险货物罐车加装紧急切断装置工作，全省共计加装车辆3 755辆，完成率达100%。四是加强应急管理。圆满完成川藏南线国防交通应急演练和阿坝州道路运输应急演练。

城市公共交通　2015年，全省实施城市公交优先发展战略，城市公共交通发展有序，加快建立安全便捷、经济高效、节能环保的城市公共交通体系建设。一是公交优先发展政策落地。出台《四川省人民政府办公厅关于保障城市公交行业健康稳定发展的通知》，进一步健全公交优先发展长效保障机制。制订《四川省“公交城市”建设方案》并报省交通运输厅。完成全省城市公交基本情况摸底调查，城市公交覆盖21个市（州）政府所在地城市和119个县（市、区）。二是强化出租汽车稳控工作。省政府办公厅、省城市客运联席会议、省交通运输厅分别印发做好出租汽车行业稳定工作的相关通知，强化市、县人民政府管理主体责任，确保全省出租汽车行业总体稳定。建立出租汽车行业稳定工作情况“零报告”制度，确保信息及时畅通。加强对新业态出租汽车的调研分析，组织开展两次交通运输部深化出租汽车行业改革意见征求座谈会，完成上报《关于引导出租汽车新业态规范发展和推进出租汽车行业深化改革有关情况的报告》。三是有效提升公交出租发展水平和服务质量。开展出租汽车油价补贴政策和定价机制研究。

组织开展2015年公交出行宣传周活动和城市公交驾驶员职业技能大赛四川预赛，深入开展城市公交精品线创建活动，联合省人力资源社会保障厅、省总工会组织开展全省出租汽车行业和谐劳动关系创建活动，在全省评选474名优质出租汽车服务驾驶员，评选出A级以上出租汽车服务质量信誉企业436家，开通“95128”出租汽车约车服务号码省级管理权限。

道路运输安全监管 2015年，全省道路运输强化安全监督管理，坚持固本强基，全省道路运输安全形势总体平稳。全省道路运输连续21个月未发生重大事故，实现死亡人数和受伤人数的“双下降”。一是违章处罚力度大。全面落实违法驾驶员“黑名单”管理制度，严格执行道路运输安全生产“六严禁”制度，实行省级“一月一报”。全年开展约谈2次，下发通报13起，通报违规客运企业399家、违规客车2 688辆，停班整顿下岗学习驾驶员166人次，记入“黑名单”驾驶员691人次。二是开展专项整治行动。继续开展“道路交通安全综合整治深化巩固年行动”“道路运输平安年”“旅游包车专项治理”和“两客一危”（详见《附录》，下同）等专项整治行动，联合省安监局开展驾驶员安全承诺活动。全年出动运政执法人员22万余人次，抽检车辆58万余辆次，查获非法营运车辆4.4万辆次，处理率达87.6%。三是标准化达标考评工作全面推进。完成63家三级以上客运企业、51家一级汽车客运站、360家危货企业、493家出租客运企业安全生产标准化达标考评。四是安全监管制度不断健全。制订《四川省安全生产约谈管理办法》《四川省道路运输安全生产重点监控管理办法》，出台《厅运管局安委会工作规则》《厅运管局安全生产工作责任暂行制度》《厅运管局督查工作手册》等制度。加快推进安全生产诚信体系建设，开展安全生产风险管理试点，研究建立安全生产风险管理工作机制。

执法人员对超载货运车辆进行安全检查　　厅运管局 供稿

维修驾培行业管理 2015年，全省维修驾培行业管理效能显著。着力提升维修驾培等运输辅助业服务水平，强化规范诚信经营。一是强化维修质量管理。在全省5 322家二类以上汽车维修企业中开展“阳光维修”优质服务活动，全省8 093家机动车维修业户签订不得非法改拼装货车安全责任承诺书，签订率达98%。出台《四川省班车和包车客运车辆营运使用年限规定》《四川省出租汽车车辆技术要求暂行规定》。推进机动车维修救援网络建设，全省 591家优秀汽车维修企业加入全国汽车维修救援网络。二是切实提升驾驶员培训质量。全面贯彻落实驾驶员培训机构资格条件等两项国标，235所驾校按照国标完成达标改造工作。推进驾驶员素质教育工程，成都、绵阳、广安积极开展驾驶员理论培训集中教学试点。全省115所驾校结合自身实际开展预约培训。继续深入推进道路运输驾驶员继续教育，全省有23万驾驶员完成继续教育并通过结业考核。全面启动出租汽车驾驶员从业资格考试发证工作， 全省共换发和新办理出租汽车从业资格证1.85万个。加强教练员队伍建设，全年培训考试合格教练员12 535人，对3 910名在岗教练员开展封闭式轮训。持续推进教练员“吃拿卡要”行为专项整治活动，查处违规教练员21名。

道路运输信息化建设 2015年，全省道路运输推广科技应用，信息化建设步伐加快，进一步提升道路运输信息资源的深度开发与综合利用水平，推动信息技术与道路运输管理和服务全面融合。一是顶层设计与制度建设更完善。编制完成《道路运输信息化总体规划（2015—2020）》《四川省交通运输厅道路运输管理局信息化建设管理办法》。二是强化公共信息服务平台建设。全面推进四川省道路客运联网售票系统二期工程建设，完成联网车站达152个。制订《四川省道路运输汽车客运站及客运车辆WiFi覆盖应用要求（试行）》，全面推进汽车客运站WiFi免费上网工程建设和旅游、超长、高速公路直达客运车辆WiFi安装工作。三是深化重点领域信息化应用。启动四川省道路运输综合管理与服务信息平台建设前期工作。推广应用汽车二级维修企业信息化管理系统，全省2 334家汽车二级维护企业全部完成安装。开展汽车综合性能检测机构监控系统安装试点，完成113家汽车综合性能检测机构监控系统安装并投入使用。强化车辆动态监管，全省有15万辆营运车辆安装使用卫星定位装置，1.5万辆营运客车安装使用3G车载视频系统。

提升道路运输行业形象 2015年，全省继续加强道路运输行业形象整体提升，持续开展党风廉政教育和以评促建专项活动，行业整体作风明显转变，行政效能明显提升。一是全面落实党风廉政建设党委主体责任和纪委监督责任。组织开展南充拉票贿选案专题警示教育，通过制作廉政警示展板、发放警示教育读本、参观廉洁文化教育基地等“七个一”（即开展一次中心组专题集中学习、学习一批专题警示教育读本、观看一部专题警示教育片、接受一次专题法纪警示教育、过一次专题民主生活会、制作一期廉政警示展板、组织一次警示专题讲座）专项警示教育活动，全面提高广大党员干部廉洁自律意识，增强拒腐防变能力。二是学习型机关创建深入推进。按照省交通运输厅党组要求深入推进学习型机关创建，党员干部的危机意识、使命意识、责任意识不断强化，业务素质明显提升。三是作风转变持续推进。制订“三严三实”（详见《附录》）专题教育实施方案，“不严不实”问题清单及“不严不实”问题整改措施，坚持问题导向，聚焦对党忠诚、个人干净、敢于担当，坚决反“四风”（即形式主义、官僚主义、享乐主义、奢靡之风），着力解决“不严不实”问题，党员干部特别是县处级以上党员领导党性修养、实事求是工作作风进一步加强。四是行业形象持续提升。围绕服务型政府建设，在持续开展“七个专项活动”的基础上，组织开展“大提升、大比武”“七心”等活动，得到广大民众新认同，行业新形象不断提升。

（本栏目撰稿人：蒋智力）

工程质量监督管理

GONGCHENG ZHILIANG JIANDU GUANLI

质量监督三级体系建设 2015年，四川省183个县（区）在省、市两级交通工程质量监督体系基础上，成立92个质监机构。巴中、广元、资阳、德阳、乐山市全部县（区）成立质监机构，县级质监机构编制474人，初步建立省、市、县分级负责的三级监督体系，实现质量安全监督工作全覆盖。

质量安全监督培训 2015年，厅质监局组织开展质量安全监督业务培训。全省各级质监机构近800人次参加培训，学习《新安全生产法》《四川省国省干线竣（交）工验收质量检测指导意见》等。邀请全国知名专家对市（州）质监机构负责人进行质量、安全及廉政专项培训；组织专家对绵阳、资阳、凉山等市（州）县两级质监机构200多人次进行业务指导，促进全省质量安全监督水平提升。

工程质量监督 2015年，厅质监局实现“监督组+专家+第三方检测单位”检查模式常态化。全年监督检查在建高速公路项目 16个，总里程1 730公里；省、市质监机构开展综合检查、巡查及专项检查416次。检查重点水运工程项目7个36次。检查在建普通干线公路项目147个846次，总里程4 840公里；检查在建农村公路项目692个，总里程7 367公里；市级及以下质监机构开展检查1 520次。对15个高速公路及3个水运项目20种特殊材料统一抽取样品352组，对69项指标进行盲样检查，对不合格项目及厂家进行通报，不合格材料全部清除出场；工程质量安全状况实行半年分析，相关情况公开发布，定期、不定期处罚突出质量安全问题，及时通报处理意见。

竣（交）工质量验收 2015年，厅质监局发布《高速公路竣（交）工验收质量检测招标文件范本》，全面推行竣（交）工检测单位公开招标投标。提前介入、及早部署交验检测工作，提前发现121根桥梁墩柱竖直度超标、8座隧道二衬存在空洞及个别项目波形梁立柱埋深合格率偏低等质量问题，并在项目通车前全面整改到位。全年完成遂西、遂广、二绕东、自隆、内威荣等10个高速公路项目（段落）554.7公里及1个重点水运项目交工验收质量检测。完成乐宜、内遂高速公路竣工验收质量鉴定；完成广甘高速公路、成自泸赤高速公路内自段、泸州段，遂资眉、达万、巴达高速公路机电工程及乐雅、纳黔、遂资眉高速公路绿化工程单项质量验收。

施工标准化推广 2015年，厅质监局出台《关于推行钢筋数控加工等四项施工标准化专项技术的通知》，在新开工的雅康、汶马、仁沐新等高速公路项目逐步启用钢筋数控集中加工、小型构件集中预制等专项技术。开展《四川省高速公路施工标准化技术指南》地方标准化项目申报工作。组织8个高速公路项目施工标准化考核，评选优秀项目3个、优秀合同段5个，考核结果纳入企业信用评价管理。

2015年，厅总工程师陈乐生（左三）与厅质监局工作人员督查在建项目安全生产工作
厅质监局 供稿

安全生产专项检查 2015年，厅质监局开展安全生产专项督查暨交通运输行业安全隐患大排查大整治活动。对处于施工高峰期的9个项目进行专项检查，发现整治各类安全隐患30个；组织汛期安全生产检查，派遣80余人次对雅康、汶马等17个在建高速公路项目及重点水运工程进行检查，发现整治汛期安全隐患12处；组织落实施工方案专项行动，检查公路及水运工程项目353项次，发现安全隐患486处，停工24处，停工标段12个。各类安全隐患已全面督促整改到位。以“平安交通，我担当我尽责”为主题开展“安全生产月”活动，在汶马高速公路C12合同段项目经理部对安全生产问题进行现场咨询。

挂牌监管督办 2015年，厅质监局对全省高速公路桥梁隧道工程安全生产工作实施挂牌监管。6个市（州）交通运输主管部门对辖区内8个高速公路项目33座桥梁隧道工程实施挂牌监管。发现汶马高速公路鹧鸪山隧道施工瓦斯监测、叙古高速公路集美隧道穿越滑坡体结构变形等重大隐患，要求项目立即停工，进行论证，并责成属地交通主管部门实施挂牌监管。按照交通运输部重大事故隐患挂牌督办要求，4个市（州）交通运输主管部门对10处重大安全隐患挂牌督办。

“平安工地”考核及安全生产培训 2015年，厅质监局按照项目阶段控制和考核频率要求，完成11个高速公路及3个大型水运工程项目“平安工地”评价工作，评选项目5个，示范建设单位5家，示范监理合同段18个，示范施工合同段26个，考核结果纳入诚信体系考核。组织开展施工企业安全生产三类人员培训考试。组织施工企业安全生产管理人员延期考核及资格考核，延期考核855人，合格842人；资格考核1 690人，合格1 563人；为38家企业办理证书变更112人。

资质资信管理 2015年，厅质监局组织编制《四川省监理体制改革工作试点方案》，对监理职责定位、工作重点和工作方法作出调整。出台《公路水运工程监理及检测资质管理标准化指南》，实现资质管理流程标准化。分6个组对15个在建高速公路项目开展工地试验室专项检查，检查工地试验室183家。完成65次监理行政许可初审，20次试验检测资质认定，完成监理、试验检测人员注册注销1 740余人次。

高速公路交工验收质量检测比对试验 2015年12月10日，厅质监局组织承担全省高速公路交工验收质量检测任务的17家试验检测机构在遂广高速公路施工现场进行交工验收质量检测比对试验。比对参数包括桥梁、隧道、路面工程及交通安全设施共13类12项关键指标，要求各检测机构在指定部位对比桥梁墩柱竖直度、隧道衬砌强度等，查找数据偏差原因。比对试验结果纳入试验检测机构现场检测信用评价，检测过程或结果出现重大偏差的机构及人员受到限制从业等处罚。

（本栏目供稿单位：厅质监局）

2015年12月10日，厅质监局组织开展全省2015年度高速公路交工验收质量检测比对试验。图为试验现场
厅质监局 供稿

造价管理

ZAOJIA GUANLI

造价管理考核评价 2015年，厅造价站按照《四川省交通建设工程造价管理工作考核评价办法》（2015年修订稿）要求，组织开展全省交通建设工程造价管理考核评价工作。主要考核各市（州）交通运输局（委）造价管理制度建设、重点建设项目造价监督检查、造价审查台账设立、造价信息管理、计价依据研究、造价从业人员业务培训和资格管理及交通建设工程经济合同纠纷调解。巴中市交通运输局、乐山市交委、成都市交委等11个单位考评结果为优秀。

重点工程项目造价审查 2015年，厅造价站完成各类工程项目造价审查101项，审查金额1 240亿元，审后金额1 135亿元，审减105亿元，审减率8.5%。其中，完成初步设计概算审查11项，审查金额272亿元；完成调整概算审查1项，审查金额56亿元；完成施工图预算审查8项，审查金额598亿元；完成最高投标限价审查56项，审查金额182亿元；完成变更设计预算审查23项，审查金额12亿元；完成水运项目审查2项，审查金额15亿元。高速公路造价审查实现全覆盖。

定额管理 2015年，厅造价站组织编写新版《公路工程基本建设项目概算预算编制办法》，并完成配套定额测算验证。其制订的定额测算工作方案在全国推广。

工程造价人员资格认证及信息服务 2015年，厅造价站完成四川考区1 186名公路工程造价人员资格过渡考试考务工作，变更117名公路造价人员从业单位；初始注册、审核及上报两期93名水运工程造价工程师资质，登记发放32名水运工程造价工程师资格证书。编辑出版《工程造价管理信息》季刊4期；修订《四川省交通建设工程材料价格信息管理办法》。

高海拔高寒地区公路工程造价标准制（修）订会 2015年10月22日，交通运输部路网监测与处置中心（以下简称中心）组织四川、云南、青海、西藏等省、自治区造价站在成都市召开高海拔高寒地区公路工程造价标准制（修）订工作会议。要求各相关单位分析高海拔高寒地区公路建设中地质条件、气象水文、施工环境、施工工艺等因素对工程造价的影响，据此开展工程定额、费用定额及造价手册编制。

（本栏目供稿单位：厅造价站）

高海拔高寒地区公路——甘白路 监理处 供稿

工程监理

GONGCHENG JIANLI

概　况　2015年，监理处（监理公司）签订合同金额2.98亿元，完成年度目标111%；到账金额2.38亿元，完成年度目标102%。修订《监理工作管理办法》，汇编《标准化驻地建设资料汇总》，规范项目管理；建立业主信息沟通联系表和回访专项档案，全年回访业主近500次；坚持“四控制、三管理、一协调”（质量、进度、投资、安全控制；合同、信息、廉政管理；组织协调）代建管理方式，签订监理代建业务一体化项目合同。

2015年，监理处（监理公司）获“2014年度交通建设优秀监理企业”称号，涂伟、漆勇获“交通建设优秀监理工程师”称号；《中江至金堂快速通道建设工程可行性研究报告》获“2015年度四川省优秀工程咨询成果二等奖”；《省道208线越西中所至昭觉马家院改建工程（昭觉县境段）可行性研究报告》获“2015年度四川省优秀工程咨询成果三等奖”；成永刚发明的“一种运用于既有框架加固坡体工程中的十字梁”“一种基于抗滑桩的用于绿化的百叶窗式钢筋砼挂板”“二次注浆预应力锚索”等3项新技术被授予实用新型专利；范安军参与的国道213线郎木寺（甘川界）至川主寺公路设计项目获“2014年度公路交通优秀设计项目二等奖”。

（程　鸿）

2015年，监理处（监理公司）代建的色（达）年（龙）路　　监理处 供稿

监理业务　2015年，监理处（监理公司）签订监理合同21个，合同金额1.28亿元，到账金额1.06亿元。完成国道317线（老鹧山隧道外）、省道215线瓦（泽）九（龙）路、理（塘）亚（丁）路、成渝客专隆昌北站至隆昌县城快速通道、青海省共和县至玉树、广南高速公路广元连接线、省道211线瓦（斯沟）丹（巴）路、仪陇嘉陵江二桥、蓬安绕城高速公路、内江汉安大道、省道217线安卜拉山至石渠大修等11个监理项目交工验收任务；完成遂西高速公路、巴广渝高速公路、广陕广巴高速公路连接线、成都第二绕城高速公路、叙古高速公路、国道318线林芝至拉萨段公路改造工程等6个监理项目当年通车目标；实现国道318线高尔寺隧道全面贯通。在建的38个土建监理项目和9个机电监理项目正常推进。

（程　鸿）

咨询业务 2015年，监理处（监理公司）签订咨询审查合同78个，合同金额3 495万元，到账金额2 397万元。完成省交通运输厅下达的各项审查任务。其中，前期工作34项（高速公路项目5项，地方项目29项），初设、施设项目6项（高速公路项目5项，国道项目1项）；完成市（州）交通主管部门委托的国省道项目前期工作计5项，初设、施设国省道项目和高速公路新增互通及服务区项目52项。汶马、巴万、绵西高速公路采用咨询专家提出的合理化建议节约投资约6亿元。中标成彭高速公路改造工程初步设计和施工图勘察设计、攀大高速公路施工图勘察设计、达开高速公路初步设计咨询审查项目。

（程　鸿）

2015年，监理处（监理公司）代建的甘（孜）白（玉）路沿线风貌　　监理处 供稿

设计及检测业务 2015年，监理处（监理公司）依托国省干线公路改造升级及农村公路改造等政策，签订设计合同67个，合同金额6 114万元，到账金额4 932万元。

签订检测合同66个，合同金额5 759万元，到账金额4 508万元。其中，项目试验室合同11个；综合检测业务完成路基路面、桥梁、隧道、交通安全设施检测等30余项，实现产值约1 500万元；材料检测业务接受委托676份，收到样品2 177个，完成试验5 236项，发出报告1 885份，实现产值约220万元。完成成都第二绕城高速公路东段隧道、路面、交安交工验收检测和交工验收任务，实现通车目标；完成厅质监局委托广巴广陕高速公路连接线和巴陕高速公路上半年监督抽查、上半年全省特殊原材料抽检、巴南广高速公路路面专项监督检测、宜宾求雨山隧道及宜叙高速公路路面专项监督检测。

（程　鸿）

代建业务 2015年，监理处（监理公司）签订代建合同金额2 100万元，到账金额1 028万元。其中，代建的甘白路（除隧道工程）于11月底移交地方政府公路养护部门；完成亚三路交工验收、色年路和岗（托）白（玉）路交工验收外业检测；绵（竹）茂（县）路、省道215线工程管理正常推进，签订国道318线川藏公路松古段整治改建工程代建协议。实现代建监理业务一体化。

（程　鸿）

招标技术服务 2015年，监理处（监理公司）签订招标技术服务合同43个，合同金额274.9万元，到账金额332.45万元。招标技术服务由单一的高速公路勘察设计招标咨询拓展到高速公路施工招标、监理招标、试验检测招标、养护招标、货物招标、最高投标限价编制、对通过比选的招标代理机构的招标文件审查、高速公路BOT投资人招标、地方公路项目BT投资人招标、投资人申请报告编制、藏区高速公路雅康路、汶马路全过程招标技术咨询等多项业务。

（程　鸿）

香港特区政府发展局考察绵茂路 2015年12月30日，香港特区政府发展局土木工程拓展署、路政署人员由省发展改革委、绵竹市相关领导陪同考察绵茂路香港援建工程进展情况。视察组一行现场踏勘绵茂路香港援建段全线工程，询问香港援建段二阶段任务实施情况，认可一阶段任务（汉旺至清平场镇段应急保通能力），要求2016年10月达成香港援建段工程交验条件。

（黄柏华）

大件公路管理

DAJIAN GONGLU GUANLI

概　况　2015年，大件处经省政务中心窗口审批以公路水路联运方式完成进出川大件货物运输250件（套），总重19 416.93吨。其中，单体200吨以上10件（套）。

路况巡查　2015年，大件处加强对大件通道上新设置的交通信号灯、跨线和标志标牌空路障管理，要求空路障（影响大件运输的空中及地面障碍）设置单位整改交通信号灯2处，整改率100%；标志标牌1处，整改率100%；净空9米以下跨线3处，整改率100%，清除路障5处，空路障整改率均达100%，确保空路障增加总量控制在3%以下。每周对全线进行2次巡查，全年安排路政人员对大件公路全线巡查463人次，及时掌握道路通行能力。开展为期12天道路空障检测，检测空障435处，全面准确掌握大件公路空障数据信息。

技术标准管理　2015年，大件处采取不定期地对大件公路道路、桥涵等进行日常检查等方式，督促管养单位搞好日常管养工作，保证大件通道承载能力不降低，同时及时掌握大件公路桥涵、空路障排除等道路通行状况，根据大件生产、运输企业的运输计划展开协调，扫清通行障碍。

大件处、省经信委、成都市交委联合对大件公路成都境内外绕线建设情况进行察勘，对各项技术标准的落实情况以及安全监管情况进行监督检查。在满足大件公路指标规定的前提下，对大件运输有影响的涉路施工工程技术方案提出审查意见，对彭山县境内青龙立交桥维修施工工艺优化、新津县境内大件公路大修工程、双流县境内大件公路大修工程、大件公路跨机场高速左幅桥梁设计等工程提出审查意见，进一步优化施工方案，确保完成大件通道的保通任务。

安全监管　2015年，大件处加强大件运输安全监管。一是对单体400吨以上或几何尺寸特别超限的大件运输，在设备起运前保持每周两次全线路况巡查并在交通运输厅网站向社会公布。二是加大大件运输现场核查及大件运输方案运行过程中的检查力度，遏制偷运、瞒报等违法运输行为。三是对重点桥梁进行车载监控，及时传输发现的桥涵问题，实行重要运输任务全程监护运行。四是督促运输企业落实安全生产主体责任，要求运输企业配备满足要求的随车监管员和安全设施设备，确保运输行为按照运输规程进行。

细致研讨大件货物运输护送工作程序、工作要点、工作过程，修改完善《大件货物运输监管护送工作规程》。与施工单位、承运单位衔接协调，积极与相关部门配合，参与大件运输协调、护送，在彭山青龙立交桥封闭施工和彭山段路面改造等不利因素下，及时掌握、通报大件通道道路状况、通行条件，保障大件运输的顺利通行，全年参与大件运输协调、护送16次。

信息化建设　2015年，大件处邀请德阳飞龙运业有限公司、大件运输公司等运输企业及厅信息中心座谈大件公路地理信息查询服务系统建设方案，并提出下一步系统完善的意见和建议。该系统的建设，以大件运输企业、公众需求为向导，以数据为基础，以数据采集管理为手段，主要是提供大件公路全线的路面、桥梁、涵洞及空路障等信息的查询等服务功能，为大件运输企业排忧解难，同时全面实现对大件公路及大件运输的安全监管，实现大件运输安全、畅通。

《四川省非大件公路重点大件运输协调工作方案》出台　2015年，大件处制订《四川省非大件公路重点大件运输协调工作方案》，按照“特事特办、急事急办、确保安全、万无一失”的工作要求，从适用范围、组织方式、工作原则、运输程序、经费保障等方面对非大件公路上的大件运输协调管理工作进行规范，使非大件公路重点大件运输协调工作有章可循。

（本栏目供稿单位：大件处）

政务管理

ZHENGWU GUANLI

政府信息公开 2015年，省交通运输厅主动公开政府信息9 005条。其中，概况类2条，计划总结类3条，规范性文件信息40条，工作动态类8 094条，人事信息类4条，财政信息类229条，行政执法信息146条，其他信息类487条。办结依申请公开政府信息11件，其中财政资金类1件，其他信息类10件。收到公众留言有效信件1 200件，处理回复率100%，其中网上公开回复近1 000件。通过新浪、腾讯官方微博及时发布四川交通运输最新信息、实时路况及招投标等信息1 300余条，官方微信发布信息800余条，提供客运站、驾校等信息查询，官方微博关注网友近百万。

（蒋林珂）

政务信息工作 2015年，省交通运输厅收到各单位报送信息7 293条；上报交通运输部、中共四川省委、省政府各类信息475条，完成各级政务信息目标任务。其中，上报中共四川省委政务信息得分165分，上报省政府政务信息得分191分，分别位列省直各部门（单位）信息采用第九名和第十一 名（比上年省政府政务信息得分排位上升5名）；上报交通运输部政务信息得分520分，在全国各省（直辖市、自治区）中排名第四。年内，省交通运输厅获交通运输部“交通运输政务信息工作先进单位一等奖”称号。

（蒋林珂）

提案办理 2015年，省交通运输厅办理省人大代表建议、政协提案161件，其中人大代表建议103件、政协委员提案58件。人大代表建议办件数和政协委员提案办件数分别居省直部门第二位和第五位。主要特点：一是领导重视，分级责任到位。省交通运输厅党组高度重视人大代表建议和政协委员提案的办理工作，要求把其作为加强机关作风建设、自觉接受人民群众监督的重要途径，摆在重要位置、纳入目标考核、融入日常管理；厅党组书记、厅长彭琳高度关注办理工作，对重要建议、提案办理工作直接过问和审查；各分管业务厅领导组织专题研究，着力解决难题，严把办理答复审签关；各单位（处室）主要负责人认真做好办理工作的研究处理和督促落实。通过切实落实分级责任制度，形成“主要领导负总责，分管领导具体负责，办公室牵头协调、具体组织和督办，各业务部门具体承办、分工合作”的工作格局，确保办理工作顺利开展。二是机制健全，办理有序。四川省人大代表建议、政协提案交办后，省交通运输厅立即组织涉事单位召开分办工作会。部署办理工作，同时，指导各单位（处室）明确办理工作职责，建议、提案办理要求落实到具体经办人员，并建立上门走访、电话联系和联络回访等工作台账，完善协商办理、督查督办、答复审查、文书处理等管理制度；规范转办协商机制，对交办后不属于本单位（处室）职责范围的建议、提案，在3个工作日内说明情况，重新确认交办单位；对需会同办理的建议、提案，主办、协办、分办部门建立沟通协商机制，对办理过程中遇到的意见分歧积极沟通，共同研究，不推诿不拖延；严把交办审核、承办部门负责人签审、厅办公室核稿、正式答复函件厅领导签发四个关口。相关工作机制健全、办理流程规范，有效避免办理工作的随意性，确保件件有着落、事事有交待。三是加强沟通，认真答复。在办理建议、提案过程中与人大代表、政协委员保持联系沟通，召开专题协商会议，主动上门征求意见，对能够解决或经过努力可以解决的问题，千方百计加以解决，暂时解决不了的，承诺积极创造条件逐步加以解决；邀请人大代表政协委员参加专题调研，有针对性地提出解决办法及对策措施，制订工作方案，做好跟踪落实；修订和完善办理标准、程序和回复文件格式，回复意见政策清楚，事实准确，内容清晰，格式规范，措辞严谨。例如，在办理第八三一号人大代表建议过程中，省交通运输厅积极组织相关单位及专家开展现场调查，多次向代表沟通办理情况及拟答复内容，并两次组织协调厅高管局、厅公路设计院及高速交警部门、高速公路营运公司有关工程技术和管理人员进行实地勘查，会同雅安市人大常委会召开专题座谈会，通过深入交流讨论，实现双向互动，提高办理工作的质量和效率。

（李　鑫）

政务目标管理　2015年，省交通运输厅继续加强和改进政务目标绩效管理工作。根据《四川省交通运输厅目标管理办法》《四川省交通运输厅绩效管理办法》，厅目标绩效管理工作领导小组对各市（州）交通运输局（委）、厅直各单位、厅机关各处室2014年度工作目标绩效完成情况进行综合考评。宜宾市交通运输局、厅公路局、厅办公室等29个单位（部门）被评为2014年全省交通运输系统目标绩效管理先进单位，无不合格单位（部门）。

（陈超超）

交通“民生工程”及“民生实事”　2015，省交通运输厅继续承担省政府下达的交通“民生工程”。一是农村通村公路建设。农村通村公路建设目标任务为1万公里（其中，实施通村通达工程2 200公里、通村通畅工程7 800公里），计划总投资67.9亿元。截至年底，全省农村通村公路建设项目累计完成投资88.8亿元，建成14 437公里（具体完成情况详见附表），为年度目标的144.4%。其中，通村通达工程、通村通畅工程分别累计建成3 110公里、11 327公里，分别为年度目标的141.3%和145.2%。二是国省干线公路养护管理。国省干线公路路面使用性能指数（PQI）目标任务为81，计划总投资26亿元。截至年底，全省国省干线公路大中修项目累计完成投资51.8亿元，国省干线公路路面使用性能指数（PQI）达81。三是公路安保工程（路侧护栏）建设。公路安保工程（路侧护栏）建设目标任务为6 800公里，计划总投资17.5亿元。截至年底，全省公路安保工程（路侧护栏）建设项目累计完成投资17.7亿元，累计建成6 892公里（具体完成情况详见附表），为年度目标的101.4%。省交通运输厅承担的“民生实事”实施情况是：民生大事改善全省农村通村公路建设目标任务为1.5万公里，计划总投资100.4亿元。截至年底，全省改善农村通村公路项目累计完成投资120.4亿元，建成18 563公里（具体完成情况详见附表），为年度目标的123.8%。交通“民生工程”和“民生实事”均超额完成省政府下达的目标任务。

（李　鑫）

2015年度交通“民生工程”及“民生实事”完成情况统计表

	民生工程												民生实事		
	农村通村公路建设（公里）									建设公路安全护栏（公里）					
	合计	目前建成（公里）	占年度目标（%）	实施通村通达工程，建成农村通村公路（公里）			实施通村通畅工程，建成农村通村公路（公里）			目标（公里）	年内建成（公里）	占年度目标（%）	改善全省农村通村公路（公里）	年内建成（公里）	占年度目标（%）
				目标（公里）	年内建成（公里）	占年度目标（%）	目标（公里）	年内建成（公里）	占年度目标（%）						
全　省	10 000	14 437	144.4	2 200	3 110	141.3	7 800	11 327	145.2	6 800	6 892	101.4	15 000	18 563	
成　都	570	598.0	104.9				570	598	104.9	335	340.0	101.5	900	925.8	102.9
自　贡	125	135.0	108.0				125	135	108.0	330	330.0	100.0	200	200.8	100.4
攀枝花	80	81.1	101.4				80	81.1	101.4	35	35.0	100.0	130	134.7	103.6
泸　州	440	454.0	103.2				440	454.0	103.2	300	306.2	102.1	700	703.5	100.5
德　阳	60	63.0	105.0				60	63.0	105.0	200	200.0	100.0	100	104.9	104.9
绵　阳	490	503.0	102.7				490	503.0	102.7	230	230.0	100.0	780	781.0	100.1
广　元	380	400.0	105.3				380	400.0	105.3	1 490	1 497	100.5	600	601.9	100.3
遂　宁	250	260.0	104.0				250	260	104.0	30	43	143.3	400	407.0	101.8
内　江	130	133.0	102.3				130	133.0	102.3	245	245.5	100.2	200	235.1	117.6
乐　山	310	323.0	104.2				310	323.0	104.2	80	81.0	101.3	500	607.5	121.5
南　充	380	405.0	106.6				380	405	106.6	1 320	1 333.7	101.0	600	604.9	100.8
眉　山	110	113.0	102.7				110	113.0	102.7	200	200.5	100.3	180	207.9	115.5
宜　宾	500	520.0	104.0				500	520.0	104.0	403	404.6	100.4	800	809.5	101.2
广　安	255	261.0	102.4				255	261	102.4	260	262.0	100.8	400	413.0	103.3
达　州	730	739.0	101.2				730	739.0	101.2	570	577.3	101.3	1 160	1 632.8	140.8
雅　安	540	556.0	103.0				540	556.0	103.0	190	198.5	104.5	850	851.8	100.2
巴　中	440	460.0	104.5				440	460.0	104.5				700	700.0	100.0
资　阳	190	202.0	106.3				190	202.0	106.3	310	310.0	100.0	300	307.6	102.5
阿坝州	1 130	2 126.6	188.2	500	500.6	100.1	630	1 626.0	258.1	20	25.0	125.0	1 500	2 228.6	148.6
甘孜州	1 830	4 296.6	234.8	1 200	2 108	175.7	630	2 188.6	347.4	252	272.8	108.3	2 500	4 297	171.9
凉山州	1 060	1 806.9	170.5	500	500.9	100.2	560	1 306.0	233.2				1 500	1 807.7	120.5

续表：

	建设公路安全护栏（公里）											
	目标	目前建成（公里）	占年度目标（%）	将上年多余里程加入15年里程后剩余里程（公里）	累　计（公里）	占年度目标（%）	改善全省农村通村公路（公里）	目前建成　（公里）				占年度目标（%）
全　省	6 800	4 968.7	73.1	1 015.0			15 000	671 920.0	798 175.5	9 697.0	12 115.7	80.8
成　都	335	305	91.0	247	551.8	164.7	900	61 062	48 331.0	656	723	80.4
自　贡	330	140	42.3	2	141.6	42.9	200	14 003	14 003	79	79.4	39.7
攀枝花	35	28	78.8				130	4 561	4 961.0	85	91	70.3
泸　州	300	297	99.0	30	327.0	109.0	700	28 532	31 894.5	488	536	76.6
德　阳	200	151	75.5	20	171.0	85.5	100	1 379	1 378.5	54	53.6	53.6
绵　阳	230	160	69.6	203	363.0	157.8	780	41 202	63 152.5	392	579	74.3
广　元	1 490	1 004	67.4	162	1 165.7	78.2	600	34 572	39 095.0	364	409	68.2
遂　宁	30	24	80.0	19	43.0	143.3	400	12 067	14 809	203	252	63.0
内　江	245	191	78.0	35	226.0	92.2	200	8 376	13 897.0	109	171	85.4
乐　山	80	49	61.3	93	142.0	177.5	500	16 282.0	24 257.0	315.2	475.5	95.1
南　充	1 320	1 086	82.3				600	20 885	20 885	303	303	50.6
眉　山	200	170	84.9	100	269.9	134.9	180	4 085	5 503	98	139	77.2
宜　宾	403	282	70.0	48	330.0	81.9	800	34 768	37 677	623	672	84.0
广　安	260	130	50.0	56	186.0	71.5	400	13 016	20 619	242	387	96.8
达　州	570	430	75.4				1 160	63 278	75 870	708	1 000	86.2
雅　安	190	141.0	74.2				850	16 429.3	25 515.0	403.4	459.0	54.0
巴　中							700	33 611	39 816	395	476.0	68.0
资　阳	310	250.3	80.7				300	16 224.5	17 820.0	202.4	220.9	73.6
阿坝州	20	24	120.0				1 500	59 264	59 712	1 283	1 392	92.8
甘孜州	252	109	43.1				2 500	115 891	154 738	1 603	2 450	98.0
凉山州							1 500	72 434.0	84 242.0	1 090.5	1 245.9	83.1

（李　鑫）

体制改革　法治建设

TIZHI GAIGE　FAZHI JIANSHE

交通运输体制改革　2015年，省交通运输厅继续全面推进交通运输体制改革。落实《围绕促进“四个转变”进一步深化交通运输改革重点工作推进方案》《2015年制度建设工作计划》《深化交通运输行政审批制度改革2015年重点工作推进方案》；制订完善7个方面32项制度。建立高速公路通行费与建设质量和营运服务质量等挂钩的机制，实现高速公路“质价统一”，提升高速公路建设管理服务质量。深入研究农村公路管理养护体制、运行机制，制订《普通国省干线公路养护考核办法》《普通国省干线公路隧道养护管理办法》《四川省农村公路建设养护指南》《四川省农村公路养护考核办法》等。出台《四川省普通国省干线公路超限运输治理不停车检测制度（试行）》《四川省普通国省干线公路超限运输治理非现场执法制度（试行）》和《关于开展四川省普通国省干线公路超限运输治理不停车检测和非现场执法试点工作的通知》，在绵阳市涪城区、遂宁市安居区、南充市顺庆区、达州市大竹县等地开展公路超限运输治理不停车检测和非现场执法试点工作。组织修订《四川省道路旅客运输管理办法》《四川省道路货物运输管理办法》和《四川省机动车维修管理办法》，出台《四川省班车和包车车辆营运使用年限规定》。指导攀枝花市、宜宾市、德阳市、广安华蓥市、乐山沐川县开展交通运输综合执法改革，整合交通运输执法资源，对职能相近、执法内容相近、执法方式相同的部门进行机构整合，减少执法部门，解决执法职能交叉、多头执法、多层重复执法等问题，广安华蓥市、乐山沐川县交通运输综合执法改革取得实质成效。

交通法治建设　2015年，省交通运输厅继续推进法治交通建设。制订《四川交通运输法治建设2015年工作要点》，明确年度法治交通建设8个方面28项工作任务。在全省交通运输系统组织依法治省宣传活动，在“省交通运输厅网”“四川道路运输在线”“四川高速交通执法”等门户网站和《四川交通》杂志开辟“法治交通建设”专栏，组织编印并发放依法治省宣传读本和宣传资料。

交通法规建设 2015年，省交通运输厅加强法规制度建设，立法工作有新突破。推进交通运输地方立法项目17个，《四川省高速公路条例》经2015年9月25日四川省第十二届人大常委会第十八次会议通过，自2015年12月1日起施行；《〈四川省港口管理条例〉实施办法》经2015年9月21日四川省人民政府第九十八次常务会议审议通过，自2015年12月1日起施行；《四川省道路旅客运输管理办法》《四川省道路货物运输管理办法》《四川省机动车维修管理办法》3部规章的修正送审稿报送省政府法制办审查。《四川省农村公路条例》《四川省航道管理条例》《四川省公共汽车客运管理办法》《四川省出租汽车客运管理办法》等法规规章立法调研工作有序推进。制订省交通运输厅《2015年制度建设工作计划》，健全完善公路建设管理、道路运输管理、航务海事管理、安全生产监管、依法行政、党风廉政建设、机关日常事务管理等7个方面32项制度，制订《四川省高速公路管理联席会议制度》，加强全省高速公路管理，整合各地、各有关部门力量，研究解决区域内高速公路管理等事宜，建立健全全省高速公路管理长效机制；加强行政执法裁量权行使的综合管控，总结交通执法经验，结合全省实际，修订出台《四川省交通运输行政处罚裁量权实施办法》《四川省交通运输行政强制裁量权适用规则（试行）》《四川省交通运输厅规范交通行政处罚裁量权实施标准》，进一步完善和统一交通运输行政处罚、行政强制裁量标准，提高可操作性；出台《四川省交通运输执法投诉举报办理制度（试行）》，加强执法监督，及时受理投诉举报，维护当事人合法权益。对《四川省高速公路BOT股权合作项目实施办法》《四川省重点公路建设从业单位信用管理办法》等规范性文件开展合法性审查并报省政府法制办备案。办理对涉及交通运输管理的法律法规规章等的征求意见，完成对《四川省旅游条例》《四川省农村住房建设管理办法》等80余件征求意见稿的回复。

执法队伍建设 2015年，省交通运输厅加强执法队伍规范化建设，强化执法监督，提升交通执法形象。总结“高速公路执法服务形象大提升”活动经验，在全省路政、运政、航务海事、高速系统全面启动开展“执法服务形象大提升”活动。基本完成执法标识标志、执法证件、执法服装、执法场所外观等“四统一”建设；推进“三基三化”建设试点。开展“亲民和谐”文明执法活动；开展公路执法专项整治；组织开展学习贯彻中共十八届四中全会精神培训、新进交通执法人员培训等专题培训；清理规范执法车辆、执法证件办理及发放；开展执法评议检查，强化监督，以评促建；开展侵害群众切身利益专项督查，加强执法现场的明察暗访，认真受理投诉举报20余件；深入推进突出问题整改，指导督促清理高速公路交通标志标牌，解决高速公路标志标牌标示不清楚、指示不明晰等问题。

高速公路交通执法　　交通宣传中心 供稿

行政复议应诉 2015年，省交通运输厅积极开展行政调解工作，认真做好和指导全省行政复议应诉工作。依法履行公路和水路交通建设、设施维护管理、水上交通安全监督、客运货运管理等方面的行政监督职责，办理行政复议案11起，案件法定时限内办结率和复议决定依法履行率均达100%。无行政行为被人民法院、行政复议机关、行政执法监督机关撤销、变更或责令纠正的情况。

普法工作 2015年，省交通运输厅积极开展普法工作，营造良好交通法治环境。开展“法律七进”活动、全省交通运输行业依法治省宣传活动、国家宪法日暨全国法制宣传日系列宣传活动，部署《四川省高速公路条例》《四川省道路运输条例》《〈四川省港口管理条例〉实施办法》等学习贯彻实施工作。贯彻落实领导干部学法制度，强化尊法、学法、守法、用法意识，制订《2015年厅党组中心组理论学习安排意见》《2015年厅办公例会学法计划》，坚持厅办公例会学法制度，全年集中学习11次。

（本栏目供稿单位：厅法规处）

财务管理

CAIWU GUANLI

厅属企业财务概况 2015年，省交通运输厅所属企业共26家，其中厅公路设计院所属企业5家，厅公路局所属企业9家，厅运管局所属企业4家，厅交通设计院所属企业5家，四川公路工程咨询监理公司所属企业3家。其资产负债情况：年末资产总计510 258.21万元，其中流动资产450 884.56万元，占总资产的88.36%；固定资产24 680.47万元，占总资产的4.83%；长期投资30 048.79万元，占总资产的5.88%；无形及其他资产4 644.39万元，占总资产的0.91%。年末负债总计384 021.04万元，其中流动负债124 578.72万元，占总负债的32.44%；长期负债259 442.32万元，占总负债的67.56%。年末资产负债率75.26%，流动比率3.62，所有者权益126 237.17万元。收入、成本、费用及盈亏情况：全年实现主营业务收入202 276.14万元，产生主营业务成本为147 686.80万元，全年实现净利润11 150.10万元。

为加强厅属企业管理，提高企业经营业绩，省交通运输厅国有资本经营预算管理工作继续完善目标、效益、效能考核机制，强化成本核算管理，增收节支，确保完成全年目标任务；完善企业内控制度建设，强化监管机制，切实保障各项制度和管理职能的有效实施，为企业管理能力的提升打下坚实的基础；调整企业资本结构，合理组织资金，提高自有资金的使用效益，降低闲置资金数量，有效降低资金成本，为企业全面完成目标任务提供资金保障；加强对厅属企业资产的合理调配和有效利用，充分利用现有资源，最大限度地发挥资产使用效能，既节约成本，又提高经营绩效，同时严格加强资产监管，维护国有资产安全；加强企业改革改制的监督指导，理顺产权关系，解决遗留问题，为企业健康有序发展铺平道路。

融资工作 2015年，省交通运输厅全力做好融资工作。积极筹措年度交通建设资金。认真贯彻落实2015年全省交通运输工作会议精神，会同厅直有关单位和厅机关相关处室，及时研究制定《2015年全省交通建设筹融资工作方案》，指导、协调和督促全省交通建设筹融资工作。全方位、多层次落实各项交通建设资金，全年到位各类建设资金1 226亿元，占全年计划完成投资1 400亿元的88%。其中，到位中央车购税补助资金223亿元，省级补助资金107亿元。全面完成“八大专项工程”93亿元省补助资金贷款任务，其中年内提取贷款40亿元，保障“八大专项工程”项目实施省级补助资金需求。积极协调省财政厅争取交通专项资金。地方政府债券资金93亿元用于全省公路水路交通建设，占全省地方政府债券规模323亿元的28.8%；到位取消政府还贷二级公路收费中央补助偿债资金32.5亿元，省级补助偿债资金7亿元。深化银企合作，落实贷款。与省政府金融办联合召开交通重点项目银企对接会，与国家开发银行和中国农业发展银行分别签订4项重大战略合作协议和项目贷款协议。进一步深化银企合作，大力促进银团协议签订和贷款资金到位，并协调省政府金融办按季度对重点交通建设项目贷款到位情况进行通报。全年共到位高速公路项目贷款328亿元（不含省补助资金贷款40亿元和其他非高速公路项目贷款），切实保障重点项目的资金需求和建设进度。创新融资方式，努力破解融资难题。针对普通公路投资任务较重、财政投入不足的现状，积极向省政府争取政策支持，通过政府购买服务的方式拓宽省级交通建设融资渠道，努力破解省级交通建设融资困局。委托兴蜀公司为农村公路改善提升工程项目提供省级补助融资服务。兴蜀公司与农发行签订借款合同73.6亿元，并提取首批贷款22.7亿元，实现省补助融资方式的重大创新突破。

专项财务检查 2015年，省交通运输厅开展中央和省补助交通建设资金专项检查工作。检查工作以各单位自查开始，专项检查阿坝、成都、绵阳、广安等8个市（州）2012年及以前年度中央和省补助资金结转结余情况，督促各地加快结转结余资金使用和消化。组织开展对犍为县、三台县2013—2014年中央和省补助资金使用情况专项抽查。开展厅属单位会计基础工作规范化检查。对厅属各单位会计基础工作进行检查，要求各单位按照会计基础工作规范化各项要求及时进行会计核算、登记会计账簿、装订会计凭证、修改完善相关财务会计管理制度，进一步加强厅属各单位会计基础工作，规范会计工作秩序，提高会计工作水平。

预算管理 2015年，省交通运输厅按时完成2014年部门和企业决算编制、审核汇总、上报工作。及时批复各二级预算单位年度单位预算，开展2016年部门预算编制和3年滚动财政规划编制。组织厅直单位财务负责人召开相关专题会议，加快单位预算执行进度，妥善解决预算执行中遇到的困难和问题，不断提高日常预算执行管理工作水平。2014年事业单位会计决算和企业决算报表均获省财政厅表扬，厅被评为决算编报先进单位。按时完成厅机关及厅属各单位结余资金清理，同时要求厅属各单位对继续结转使用资金，尽快按原用途使用；及时将省交通运输厅回收预安排资金安排用于省级补助计划；对编入年度预算的项目，提前做好可行性研究、评审、招投标、政府采购等前期准备，加快启动项目实施，加快预算执行进度。向省财政厅报送省交通运输厅2015年部门预算支出绩效报告和2013—2014年农村公路改善工程绩效自评报告。报告认为，省交通运输厅部门预算执行情况良好，厅机关健全厉行节约、反对浪费的长效机制，各项支出绩效目标完成情况良好；农村公路改善工程提高四川省农村公路技术水平，改善通行能力，完善农村公路网络。

国有资产管理 2015年，省交通运输厅组织开展国有资产清理。对发现的问题及时整改，形成厅属单位国有资产清理整改台账。同时，出台关于厅属事业单位资产购置、出租、评估和公务用车配备及使用管理的系列办法，切实提高国有资产使用效益，维护国有资产安全。完善行政事业单位资产管理信息系统基础数据，做好资产管理工作和编报2014年行政事业单位资产报表，并撰写资产分析报告。报告表明，截至2014年底，厅直行政事业单位资产合计86.67亿元。通过加强资产管理信息系统建设，实现各单位资产管理工作的信息化，对各单位资产进行动态监管，提高资产利用效率，保证国有资产安全完整。组织开展厅系统国有资产产权登记与发证工作，明晰产权，落实责任，确保责权利统一。及时清理，认真审核厅属事业单位资产处置申请，及时转报省直机关事务管理局核批，进一步理顺资产管理日常工作。同时，积极配合省财政厅开展国有资产管理调研，推动行政事业类资产管理的立法工作，提升行政事业类资产管理水平。

体制机制创新研究 2015年，省交通运输厅开展多项体制机制创新研究。开展普通公路筹融资机制研究。按交通运输部《关于开展财税体制改革对交通运输筹融资影响及对策调研的通知》要求，组织贵州、江西、新疆3省（自治区），联合开展适应国家财税体制改革交通运输行业筹融资机制调研，并在此基础上，以四川省普通公路筹融资作为研究主体，完成《普通公路筹融资机制研究》报告。完成国省干线公路建设投融资体制机制研究工作。重点研究财税体制改革背景下国省干线公路建设投融资工作存在的主要困难，建立和完善普通国省干线公路建设投入保障机制和创新国省干线公路建设投融资体制机制的做法，并对进一步做好投融资工作提出相关建议意见。该项研究将进一步促进各地构建以政府为主导、财政投入为主，各级政府责任明晰、事权与支出责任相适应的国省干线公路建设公共财政保障机制。会同厅公路局召集21个市（州）和50个扩权试点县（市），对各地普通公路筹融资工作开展情况进行座谈，梳理出新形势下各地普通公路筹融资工作的主要困难，并对部分市县进行实地调研。向省政府报送《关于我省普通公路筹融资工作有关情况的报告》，受到省政府领导高度重视，为创新普通公路筹融资机制争取政策和资金支持，特别是为争取对政府购买服务方案的政策支持和争取地方政府债券加大投入交通力度奠定良好的基础。深化四川交通投融资体制改革研究。联合交通运输部科学研究院开展深化四川交通投融资体制改革研究。通过与9个市（州）交通运输局（委）以及厅公路局、厅航务局、厅运管局、厅高管局开展深化四川交通投融资体制改革座谈会，并对部分市县进行实地调研，以及对国内外交通投融资经验和相关文献进行学习总结，完成《深化四川交通投融资体制改革研究》报告。开展PPP试点相关工作。厅财务处加强与交通运输部财务审计司的沟通协调，配合厅相关处室完成《G0511线德阳至都江堰段高速公路PPP试点项目实施工作方案》，协调省财政厅和地方政府完成物有所值评价和财政承受能力论证等相关前期工作。向交通运输部申请安排该项目年度中央车购税补助资金预算15亿元，引导项目投资人落实项目资本金和银行贷款，推动项目加快工程实施进度。

“立行立改”措施 2015年，省交通运输厅财务处贯彻落实《中共四川省交通运输厅党组关于印发〈立行立改十项措施〉的通知》精神，完成“立行立改”相关工作。制订《四川省交通运输厅厅属企业全面预算管理办法（试行）》。规范厅属企业和企业化管理的事业单位薪酬制度，会同厅人事处拟订《关于规范厅属有关单位薪酬制度的指导意见》。开展对财务报销、公车使用、资产管理相关制度执行的专项检查，强化制度执行力度。

（本栏目供稿单位：厅财务处）

人事劳动管理

RENSHI LAODONG GUANLI

领导干部思想政治建设培训 2015年，省交通运输厅坚持把思想政治建设作为干部培训首要任务，组织开展处级干部读书班2期，对厅属系统300余名处级干部进行全覆盖式培训，全面系统学习习近平总书记系列重要讲话精神、中共党的十八届四中全会精神、中共四川省委十届五次全会精神和省委领导班子思想政治建设工作会精神。举办优秀中青年干部培训班1期，培训厅机关和厅直单位后备干部55名，着力提高干部队伍的思想素质和业务水平。年内，从厅机关和厅直单位选送各级干部32名到省委党校、省行政学院和省直机关党校参加各类培训。

干部选任 2015年，省交通运输厅继续完善干部选任机制，选好干部，配好班子。出台《四川省交通运输厅选拔任用处级干部动议工作办法》等5个规章，制订《四川省交通运输厅干部选拔任用规程》。认真贯彻《党政领导干部任用条例（试行）》规定，坚持“五好干部”（即信念坚定、为民服务、勤政务实、敢于担当、清正廉洁）标准和“三严三实”要求，鲜明“六个重视选用”导向、坚持“六个坚决不能用”原则、落实“六个坚决调整”要求，进一步营造风清气正的政治生态。厅党组全年任免干部104人次，其中新提拔任用干部51人、平级交流调整干部53人。

相关链接

“六个重视选用”指：重视选用信念坚定、与党同心，政治上过硬的干部；重视选用思想解放、视野开阔，能打开工作局面，改革创新意识强的干部；重视选用敢于担当，在关键时刻冲得上去，在急难险重任务面前经得住考验的干部；重视选用务实肯干，长期扎根一线、甘于奉献，工作实绩突出的干部；重视选用真心为民，对群众有感情、善于做群众工作，群众公认度高的干部；重视选用清正廉洁，品行端正，能够守得住底线的干部。

“六个坚决不能用”指：对政治上不过硬，大是大非面前立场不坚定的，坚决不能用；廉政上过不了关，问题反映比较多又没有查清楚的，坚决不能用；作风上依然我行我素，违反中央八项规定、省委省政府十项规定，顶风违纪的，坚决不能用；热衷搞人身依附，抱大树攀高枝，慷国家之慨搞利益输送的，坚决不能用；拉帮结伙、请客送礼搞“勾兑”，拉票贿选的，坚决不能用；为官不为，不敢担责、不愿干事的，坚决不能用。

“六个坚决调整”指：对违反政治纪律，落实中央重大方针政策和省委、省政府重大决策部署有令不行、有禁不止，造成重大损失或恶劣影响的，要坚决调整；对违反民主集中制，不按程序和制度办事，决策严重失误，造成重大损失或恶劣影响的，要坚决调整；对班子严重不团结、软弱涣散的，要坚决调整；对在急难险重任务面前临阵退缩、不敢担当，回避矛盾、处置失当，造成重大损失或恶劣影响的，要坚决调整；对不适应新常态要求，不依法办事、不正确履职尽责，为官不为、庸懒散浮拖严重的，要坚决调整；对任期内对履行管党治党主体责任和“一岗双责”不到位，抓党风廉政建设和从严治吏不力，导致本地、本部门(单位)多次出现干部严重违纪违法行为的，要坚决调整。

后备干部储备 2015年，省交通运输厅推荐3名副厅级干部交流到市（州）、大型国有企业和省属院校任职，向中共四川省委组织部推荐进入全省优秀人才递进培养计划5人，向省委教工委推荐2名正院级后备干部。加强省交通运输厅年轻干部培养力度，完善制度，建立了一支数量充足、素质优良、结构合理的年轻后备干部队伍。

干部人才实践锻炼 2015年，省交通运输厅按照中共四川省委、省政府的统一部署和要求，从厅机关及厅属单位选派26名干部分别到藏区、对口扶贫区、灾区和相关市县挂职锻炼，另接收到厅挂职的优秀基层干部4名，其中县处级干部2名、科级干部2名。

人事管理专项整治 2015年，省交通运输厅积极做好中共四川省委巡视组专项巡视迎检工作，及时传达贯彻选人用人方面反馈意见，充分查找问题，努力找准原因，认真制订整改方案。推进干部人事档案专项审核，完成对300余名县处级干部和厅机关公务员人事档案的审核，加强对厅属单位档案审核工作指导。开展干部个人有关事项报告工作，全年重点抽查处级干部56名，随机抽查处级干部32名。加大干部问责处理力度，对6名违规违纪干部给予行政处分及组织处理。

厅属事业单位分类改革 2015年，省交通运输厅按照中共四川省委、省政府统一部署和省委编办要求，积极稳妥地推进厅属事业单位分类改革工作，基本完成厅属事业单位分类工作。重新明确厅属34个事业单位的分类结果，撤销36个厅属事业单位，整合新组建2个事业单位，更名并调整职能职责1个事业单位，整体移交2个事业单位。截至12月底，交通运输职业资格中心挂牌，省普通干线公路网监测中心、省公路交通应急装备物资储备中心在筹建中，厅二郎山隧道管理处、鹧鸪山隧道管理处分别移交甘孜州、阿坝州。

人才引进和服务 2015年，省交通运输厅认真做好人才引进和服务工作。厅机关及厅属事业单位公开考试录用工作人员186名。经国务院批准享受国务院特殊津贴专家2名，经交通运输部批准获全国交通技术能手荣誉称号1人。推荐评选国家百千万人才工程选拔人选1人，推荐评选四川省技术能手2人。继续推进留学回国人员、省学术技术带头人后备人选的培养资金申报。

职称评审 2015年，省交通运输厅继续强化职称评审措施。对交通专业职称申报论文提出发表要求，规定中、高级职称申报论文必须在相应层次和专业的学术期刊上发表，进一步规范学术论文写作，促进行业内学术技术交流。推进职称工作信息化建设，首次实现职称网上申报和评审，提高工作质量和效率，为职称申报人员和评委专家提供便利，受到好评。职称理论考试实行计算机考试，简化考务工作，实现当场考、当场出成绩。对职称评审专家库成员进行第一次调整和重新梳理，使专家组成员结构更加完善。清理职称申报专业范围，规范交叉专业、辅助性专业的申报渠道，提高职称评审工作的公平、公正性。全年完成高级职称评审173人、中级职称评审159人。

（本栏目供稿单位：厅人事处）

城市公共客运管理

CHENGSHI GONGGONG KEYUN GUANLI

概　况 截至2015年底，全省公共汽（电）车、出租汽车、地铁运营情况如下：公共汽（电）车27 646辆，其中天然气汽车18 787辆、安装卫星定位终端的汽车23 728辆、新增营运公交车1 922辆，分别占车辆总数的68%、85.8%、7.0%，纯电动汽车362辆、比上年增长51.5%；开行营运线路2 491条，总长度36 991公里，比上年增长7.6%和9.2%，其中BRT（快速公交系统）线路58.6公里。完成客运量44.1亿人次，比上年下降1.6%。公交站点11 741个，综合客运枢纽40个，比上年增长31%；公交专用道500公里，比上年增长5.5%。公交车调度中心1个，停保场面积279万平方米（其中自有停保场面积184万平方米，占总面积的65.9%）。公交车进场率84.4%。公共汽（电）车经营业户233户，其中国有企业38户、国有控股企业38户、私营企业124户，从业人员6万人。全省21个市（州）政府所在地城市、161个县（市、区）均已开行城市公交，无城市公交22个县，分别是泸州市叙永县、雅安市天全县、阿坝州若尔盖县、甘孜州的13个县和凉山州的6个县。出租汽车总数45 293辆，比上年增长2.5%。其中双燃料汽车37 327辆、占82.4%，安装卫星定位终端的汽车44 008辆、占97.2%，年内新增2 701辆，占5.9%。完成客运量18.1亿人次，比上年下降5.7%。全省出租汽车经营业户共计1 006户，其中企业经营502户（车辆数量100辆以上的113户，100辆及以下的389户）、个体经营504户。出租汽车从业人员10.1万人。全省21个市（州）政府所在地城市、177个县（市、区）均有出租汽车，雅安市宝兴县、凉山州木里县、甘孜州白玉县、石渠县、新龙县、得荣县无出租车。成都地铁新开通1号线南延线和4号线一期共26.7公里，实际运营线路3条，运营里程86公里，车站70个，其中换乘站3个。运营车732辆，折合标准运营车数1 830

标台，完成客运量2.7亿人次，从业人员6 387人，分别比上年增长87.7%、22.7%和47.2%。

城市公交优先发展战略 2015年，省交通运输厅继续推进落实城市公交优先发展战略。调研城市公共客运运营情况，制订工作方案。持续跟进收集全省公共汽（电）车经营业户数及性质、车辆配置、调度中心、保养场面积、停车场面积、综合客运枢纽、港湾式停靠站、运营线路及长度、从业人员数、年客运量等情况，出租汽车经营业户数及性质、信息化建设、运营车辆数量年客运量、从业人员数、经营权投放方式、经营权属、经营模式、经营期限等情况，轨道交通经营业户数、从业人员、列车数、运营线路长度及车站数、年客运量等情况；收集各地2015年城市客运行业管理工作情况和各级人民政府或交通运输主管部门出台的支持城市公共客运发展的政策法规或规范性文件；收集各地实施城市公共交通优先发展战略情况，智能公交系统建设、新能源车辆应用、轨道交通发展，城市公共交通企业经营管理、服务质量、科技应用、节能减排、安全应急管理、出租汽车管理等专项材料，推动各地广泛深入交流公共客运工作经验。会同厅运管局广泛征求相关省级部门意见，修改完善《四川省人民政府关于城市优先发展公共交通的实施意见（征求意见稿）》。完成城市公交深化体制机制改革课题，相关成果形成调研报告并推广应用。结合四川省“十三五”规划“创新、协调、绿色、开放、共享”发展理念，进一步完善2020年的城市公共交通发展目标。推动出台《四川省人民政府办公厅关于保障城市公交行业健康稳定发展的通知》，落实城市公交补贴补偿政策，建立健全补贴补偿长效保障机制，明确资金来源、渠道，确保补贴补偿政策落实到位；结合当地实际，形成政府层面支持保障城市公交发展的政策措施。组织开展公交出行宣传周活动。按照交通运输部统一部署，组织全省交通运输部门、城市公交企业和社会各界开展以“优选公交、绿色出行”为主题的2015年公交出行宣传周活动。针对公共交通服务中存在的问题和社会公众反映的突出问题，实施优化城市公共交通线网、开辟新的公交线路等惠民举措，特别是通过集中开通定制公交、夜间班车线路，提升城市公交个性化、多元化服务水平；完善公交服务设施，通过开通公交专用道、加快换乘枢纽建设、及时更新车辆、改善乘客候车条件等措施，进一步优化服务环境；开展公交一卡通、月票等特价销售活动，鼓励公众选择公共交通出行；结合“互联网+”发展新形势，积极实施智能公交信息化服务措施，展示智能公交为提供便捷的公共交通服务所带来的变化，包括运用电子站牌、手机应用程序等终端设备和软件，实现公交车辆动态信息实时发布、公交线路选择等；宣传公共交通对保障民生、推进节能减排、减少城市污染、缓解交通拥堵的重大意义，营造公交优先的良好氛围。落实国家公交车辆相关优惠政策。定期更新《四川省城市公共交通管理部门与城市公交企业名录》，落实国务院“十二五”期暂免征公交企业新购置公交车辆的车辆购置税政策。贯彻落实《国务院办公厅关于加快新能源汽车推广应用的指导意见》，联合下发《财政厅、工业和信息化委员会、交通运输厅关于完善我省城市公交车成品油价格补助政策加快新能源汽车推广应用的通知》，推广应用新能源汽车，促进公交行业节能减排和结构调整。

出租汽车行业管理 2015年，省交通运输厅继续抓好出租汽车行业管理及稳控工作，确保全省出租汽车行业形势稳定，总体可控。会同厅运管局研究制订出台相关文件，强化市（县）城市人民政府管理主体责任。1月和7月分别印发《省政府办公厅关于切实做好出租汽车行业稳定工作的紧急通知》《省政府办公厅关于进一步做好出租汽车行业稳定工作的通知》；经省城市客运联席会议会商，印发《省城市客运联席会议关于进一步做好出租汽车行业稳定工作的通知》；印发《交通运输厅关于切实维护出租汽车行业稳定工作的紧急通知》。建立行业稳定工作情况“零报告”制度，确保信息收集报送及时畅通。积极开展出租汽车行业改革调研工作。组织完成成都市出租汽车服务管理信息系统试点工程交通运输部专家组检查和项目竣工验收，得到交通运输部相关领导及专家肯定。密切跟踪搜集网络约租车发展态势，积极加强新业态出租汽车状况调研，两次组织全省出租汽车行业管理部门及相关企业研讨《关于进一步深化出租汽车行业改革的意见（征求意见稿）》《网络预约出租汽车经营服务管理暂行办法（征求意见稿）》，及时向交通运输部上报有关建议意见。配合交通运输部深化出租汽车行业改革调研组完成在川调研工作，并提出四川省关于深化出租汽车行业改革的意见建议。

城市轨道交通行业管理 2015年，省交通运输厅切实加强城市轨道交通行业管理指导。印发《关于做好城市轨道交通运营安全检查准备工作的通知》，组织成都市认真做好全国城市轨道交通运营安全检查准备工作，得到交通运输部专项检查组的充分肯定；完成新线开通试运营基本条件验收评审。指导成都市委托第三方专业评审机构分别在2015年7月、12月对地铁1号线南延线及4号线一期工程进行试运营基本条件评审，并督促地铁运营公司对专家组提出的涉及运营安全的A类问题进行整改。两条线路分别于7月25日、12月26日正式开通试运营。

（本栏目供稿单位：厅城客处）

外经外事

WAIJING WAISHI

高速公路BOT项目管理制度 2015年，省交通运输厅着力健全高速公路PPP项目制度体系。7月30日，与省发展改革委、省财政厅联合上报的《四川省高速公路“BOT+政府补助”项目实施办法（试行）》经省政府审议通过；起草《四川省高速公路“BOT+政府股权合作”项目实施办法（试行）》（送审稿）；印发《关于高速公路政府与社会资本合作项目申请工作的通知》，为各市（州）开展PPP项目前期工作提供依据。加快推进交通运输部第一批PPP先行试点项目国道0511线德阳至都江堰段高速公路项目，牵头制订《G0511线德阳至都江堰段高速公路PPP试点项目实施工作方案》，明确目标任务、保障措施和实施步骤。项目按“BOT+政府补助”建设方式实施，中国铁建投资集团有限公司（牵头人）和中铁十一局集团有限公司、中铁十二局集团有限公司（成员方）联合体中标，投资协议和特许权协议已签订。

高速公路BOT项目推介 2015年11月26日，省交通运输厅在省政府组织的政府与社会资本合作项目推介会上专题推介全省20个高速公路BOT项目，总里程2 182公里，总投资3 073亿元。同时，在厅门户网站开辟招商引资专栏，实时发布招商项目信息和工作动态，与中铁建集团、中交集团、中建集团、中冶集团和省铁投集团等大型国有企业洽谈，推介招商项目。

高速公路BOT项目投资人招标 2015年，省交通运输厅主动与各市（州）政府衔接，指导、督促高速公路项目投资人招标工作，协调推进项目的具体策略和总体计划，积极推进全省高速公路BOT项目投资人招标。国道0511线德阳至都江堰段、成都经济区环线高速公路德阳至简阳段2个高速公路项目招商成功，总里程215公里，引进资金296亿元。完成广安市过境高速公路东环线及渝广高速公路支线、成都新机场高速公路、成都经济区环线高速公路蒲江至都江堰段3个项目招商准备工作。

至年底，全省高速公路BOT项目累计招商成功36个，总里程3 614公里，引进社会资金3 248亿元。

在建高速公路BOT项目管理 2015年，省交通运输厅参与14个在建高速公路BOT项目督导检查，加强实时跟踪督查和协调服务。遂广、遂西、成都二绕东段、内威荣、自隆等8个高速公路BOT项目（路段）按期完成通车目标，通车里程487公里，占全年高速公路通车里程96%。至年底，全省高速公路BOT项目累计通车23个（段）2 066公里。

2015年，BOT项目巴广南高速公路望龙枢纽建设现场　　监理处 供稿

世行贷款项目 2015年，省交通运输厅启动“4·20”芦山地震灾后恢复重建世行贷款农村公路项目，计划使用世行贷款资金3 000万美元；协助厅公路局配合省财政厅、省发展改革委等单位，完成世行对邛崃市、天全县、荥经县3条约37公里农村公路恢复重建项目鉴别。

（本栏目供稿单位：厅外经外事处）

交通审计

JIAOTONG SHENJI

概　况　2015年，全省交通运输系统完成审计项目761个。其中，建设项目与资金审计227个，核减投资额4 563万元；经济责任审计34个、预算执行及财务收支审计279个、经济效益审计7个、专项审计（调查）114个、内控制度评审34个；提出审计建议意见被采纳990条，查出并纠正违规金额3 319.7万元，促进完善规章制度317个。截至2015年底，全省交通运输系统已建立内部审计机构151个，配备内部审计人员共计609人（其中专职51人，兼职558人），参加各类审计业务培训844人次。

2015年7月，厅财务处、厅审计处在四川省交通管理学校联合举办四期四川省交通运输系统财务审计人员继续教育培训　厅审计处　供稿

交通建设项目审计监督　2015年，省交通运输厅审计处严格执行竣工决算审计制度，积极争取省审计厅支持，把具备竣工决算审计条件的广南高速公路、纳黔高速公路项目纳入审计厅年度工作计划；密切配合省审计厅实施跨年度沙溪航电枢纽工程等交通重点建设项目的竣工决算审计；充分发挥主管部门职能作用，配合协调省审计厅完成厅管省重点建设项目川汶路的竣工决算审计。完成特殊环境公路二郎山隧道LED照明示范工程项目、二郎山隧道引道路基地质病害处治工程竣工决算审计、国道317线鹧鸪山隧道LED照明示范工程项目等10个项目竣工决（结）算审计，送审金额25 562.5万元，审定总金额25 189.9万元，审减372.6万元，审减率1%；开展四川交职院新校区一、二期项目工程结算审计、四川省公路水路交通应急指挥及抢险救助保障系统工程竣工结算审计等6个项目，送审金额26 973.01万元。

领导干部经济责任审计　2015年，省交通运输厅审计处按照《四川省交通运输行业领导干部经济责任审计实施办法》要求，完成3位领导干部离任经济责任审计。对审计中发现的问题，归类分析，逐项提出整改建议，督促被审计单位切实抓好整改落实，并检查整改落实情况。根据中共四川省委、省政府印发的《四川省省管领导干部经济责任审计工作规划（2014—2018年）》，印发《四川省交通运输厅关于贯彻落实省管领导干部经济责任审计工作规划的实施方案》。编印《领导干部经济责任审计文件选编》，促进厅及厅属单位领导干部学习任职期间应履行的经济责任以及离任经济责任审计的相关规定，增强依法履职的责任意识。

厅直属单位预算执行及财务收支审计　2015年，省交通运输厅审计处完成厅公路局、厅航务局、厅运管局等12个厅直单位2014年度预算执行及财务收支审计。对审计中发现的问题归类分析并逐项提出整改建议，组织召开审计整改工作布置会，切实抓好整改落实，保证财政资金使用效益。

专项审计 2015年，省交通运输厅审计处按照省政府办公厅《关于进一步加强审计发现问题整改工作的通知》要求，对2014年实施审计的8个厅直单位开展后续跟踪审计，督促被审计单位对照问题认真整改，对立行立改的问题，全部整改到位，并完善相关管理制度。根据《关于印发2015年厅直单位审计项目计划的通知》要求，完成对厅公路局、厅航务局、四川交职院等9个厅直单位2014年度“三公”经费、会议费及培训费专项审计。完成对厅高管局、四川交职院、厅公路设计院等8个厅直单位内部控制专项审计，评价单位内部风险控制程序设计和运行的有效性，提示管理的薄弱环节和潜在风险，增强风险防范意识和化解能力，形成科学规范的内部风险控制体系。

创新审计监督方式 2015年，省交通运输厅审计处创新审计监督方式。一是实施领导干部经济责任告知制度。对新提任、调任的领导干部上任时送达《领导干部经济责任告知书》，明确领导干部任期经济责任及遵守廉洁从政有关规定，完善领导干部任前、任中、离任监督约束机制。二是建立审计整改落实台账管理制度。为实现审计整改工作动态管理，进一步规范和强化厅属单位审计整改落实工作，确保审计成果充分运用，建立审计发现问题整改落实台账管理制度。搭建综合分析平台，实现审计发现问题整改情况的动态管理，审计整改工作取得实效。三是完善厅中介机构备选库。按照《交通部交通建设项目委托审计管理办法》和《四川省交通运输厅内部审计中介机构厅备选库管理办法》规定，完成厅中介机构备选库增补完善工作。四是推进审计案例警示教育。坚持查处一点、规范一片的审计监督思路，推进审计案例警示教育全覆盖。把对一个单位局部的审计成效，上升到防范系统管理漏洞和制度缺陷的层面，把好的经验、好的做法扩展到全系统，使审计成效在更大范围产生影响和发挥作用，增强审计监督效能。

（本栏目供稿单位：厅审计处）

交通行政审批

JIAOTONG XINGZHENG SHENPI

窗口管理 2015年，省交通运输厅继续加强交通运输窗口服务的建设管理。制订《四川省交通运输厅政务服务窗口工作管理办法（试行）》，细化行政审批职责分工、制度建设、人员管理和责任追究等相关内容，进一步规范审批行为，优化办事流程，提高服务效率，增强服务意识；建立“厅（局）长进大厅”长效工作机制。每月至少1名厅领导、厅直单位1名局领导到省政务中心交通窗口现场办公半天；深入推进“两集中、两到位”（详见《附录》）。稳步推进审管分离运行机制改革，强化厅行政审批处的牵头组织协调权和窗口管理权。公路建设设计审批、公路建设项目竣工验收审批已进驻政务大厅运行；进一步规范公路水运工程监理企业资质审批；推进建立省市县三级联动审批服务机制，实现互联互通、信息共享；落实超限运输跨市州联网审批工作，并与省公安厅实现数据共享；加大对市（州）交通运输局政务服务窗口督促指导力度；加强与省政务服务中心衔接汇报。加强省交通运输厅与省政府政务服务和公共资源交易中心合作。在交通项目招投标管理、公共资源交通、信息资源共享等方面深度合作，探索创新交通运输行政审批与项目建设、行业管理的新路子，实现多方共赢。

行政审批办理 2015年，省交通运输厅加强行政审批办理。规范程序，限时办结。逐项梳理行政审批事项办理流程，出台《四川省交通运输厅集中行政审批办理程序规定》，实行限时办结制，尽可能做到即来即办，如超限运输许可、机动车教练员资格认定在满足法定条件的情况下，均做到即来即办，方便群众。厅行政审批事项平均办理时间从11.5天缩减到4.01天，实际办理提速从39.47%提高到99.32%，群众满意率连续7年达到100%。创新机制，预防腐败。对重大复杂关键的审批项目进行集体会审会研，纳入政务中心办理的事项按要求在行政审批通用软件上流转，办件量最大的超限运输审批实现网上办理，并与省公安厅实现数据共享。年内，省政务中心交通运输厅窗口收到申请98 878件，受理98 780件，办结98 705件，其中，承诺件1 926件，即办件96 779件；行政审批事项现场办结率为100%，按时办结率为100%，即办件所占比例为98.03%；承诺件办结提速率79.45%。通过政务服务中心办事满意度测评系统测评，省交通运输厅窗口非常满意率99.73%，满意率合计100%。窗口多次收到申请人赠送的锦旗和表扬信。

行政审批制度改革 2015年，省交通运输厅加强行政审批改革。清理规范审批事项。通过合并、下放、转变、取消、承接等方式，省本级行政审批项目由原来的55项精简到26项（其中暂停10项）。厅行政审批处对全省各市（州）和县市区的交通行政审批项目和权限进行统一和规范，编制完善《全省交通行政许可项目指导目录》。优化改进审批工作。梳理规范省本级审批事项办理指南，将需要由市级受理审查、省级审批的5项行政许可纳入省政务中心省市并联审批试点范围。加快行政审批相关法规修订，在新修订的《四川省道路运输条例》中将原在市级审批权限的驾校、站场、大件运输经营许可等归位到县级审批。推行市州代办超限运输及联网审批，制订《四川省交通运输厅关于实行超限运输省市联网审批的通知》《四川省交通运输厅跨市（州）超限运输省市联网审批管理办法》。推进交通运输行政许可信息化规范化建设。开展“四川省交通运输厅网上审批服务平台”建设，进一步完善升级超限运输网上申报审批系统。强化事中事后监管。印发《四川省交通运输厅关于做好省级取消和下放的行政许可事项承接及后续监管工作的通知》，通过明确加强监管的依据、监管方式、多个监管主体相互配合以及建立信用体系等措施，加强对内对下行政许可的指导和监督，逐步完善行政许可常态化监管体系，加强事中事后监管。

行政权力事项清理和运行 2015年，省交通运输厅完成行政权力的清理、认定和公布，编制上报《四川省交通运输厅权力清单》《四川省交通运输厅责任清单》。清理规范投资性行政审批前置条件、中介服务及非行政许可审批事项。及时调整行政职权目录，出台《四川交通运输行政审批事项目录动态调整办法》。完成行政权力依法规范公开运行基础平台和监察平台建设与联网运行，行政权力实现依法规范公开运行。

公共资源交易 2015年，省交通运输厅根据公共资源交易管理相关要求以及交易项目“应进必进”的基本原则，明确要求列入目录中的工程类项目和政府采购类项目一概进入省本级公共资源交易中心进行交易。据统计，自2014年以来全省有318个交通运输工程项目进入省政务中心进行集中交易，项目金额约1 318亿元。

（本栏目供稿单位：厅行政审批处）

厅党组书记、厅长汪洋在省政府政务服务和公共资源交易服务中心省交通运输厅窗口现场办公

扎西美朵 摄

交通公安

JIAOTONG GONGAN

概　况　2015年，全省交通运输公安保卫部门履职尽责，坚持以法治思维和法治方式探索统揽综合治理、社会稳定和反恐防范工作，持续推进社会稳定风险评估，维护交通运输治安良好秩序。不断深化“平安交通”建设，确保全省交通运输系统和谐稳定，为推进交通强省建设营造良好环境。省交通运输厅被全国“扫黄打非”工作小组评为全国“扫黄打非”先进集体，被中共四川省委办公厅、省政府办公厅评为全省维护社会稳定和社会治安综合治理工作目标先进单位。

依法维护行业稳定　2015年，省交通运输厅依法维护行业稳定，制订《四川省交通运输厅矛盾纠纷排查调处办法（试行）》，维稳工作纳入规范化、制度化管理轨道。组织开展2次全系统矛盾纠纷集中排查调处活动，排查梳理出20多个重点问题，分类分级建立工作台账，实行动态监控。聚焦行业工作热点、难点，针对经济下行压力加大出现的群众上访，与厅有关单位和部门到7个市（州）开展调研，有针对性提出工作措施及后期立法建议，配合地方党委政府做好稳控工作。注重对弱势群体帮扶解困，做好系统内复退军人、下岗分流职工等重点人员的思想稳定工作。协助配合厅信访处妥善处置群众集体上访80多批次，依法解决群众合理诉求。

稳定风险评估　2015年，厅公安处推进落实《四川省交通运输厅社会稳定风险评估实施细则（试行）》，重大事项实行决策稳定风险评估。针对大英县出租车改革引发的集中进京、进省上访，为防止出现系统性、区域性不稳定问题，开展出租车改制风险隐患评估。推进新开工的雅安至康定、汶川至马尔康、宜宾至彝良等19个高速公路项目、嘉陵江川境段航运配套工程等重点交通工程风险评估；开展春节、“两会”、中共十八届五中全会和抗日战争胜利70周年纪念活动等风险评估；对突出的社会矛盾和信访问题进行逐项梳理和分析评估，防范风险隐患。

反恐防范工作　2015年，省交通运输厅督促各市（州）党委、政府将交通运输行业作为反恐防范工作的重点领域，统筹安排反恐力量和资源，健全“行业主管、反恐办指导、地方力量参与”的行业交通运输反恐防范工作格局。盯住重点时段抓反恐防范等级管理措施落实。春节、“两会”和十一“黄金周”等重点时段及时提升反恐防范等级，落实中共四川省委、省政府和交通运输部特殊时期反恐防范工作要求，组成工作组赴企业和车站逐企逐车逐线检查。盯住职责职能，抓反恐防范基本要求落实。汇编展示省、市交通运输主管部门和运输企业、客运站四级《恐怖威胁风险评估报告》和《反恐防范等级工作方案》，排查交通运输系统涉恐目标隐患、评估恐怖危险风险、制订反恐怖防范等级工作方案。盯住交通运输行业从业人员，加强反恐防范演练和培训。按照“聚焦重点地区，面向基层一线”的工作思路，在成都市组织开展年度反恐怖防范培训和演练。省、成都市及所辖区（市、县）交通运输主管部门和公安机关反恐怖防范工作负责人，成都市主要运输企业、市区一二级客运站反恐怖防范工作负责人100余人观摩演练。

站港车船治安管理　2015年，厅公安处指导全省各地交通公安保卫部门建立上下联动、反应灵敏的旅客安全保卫机制，对治安情况复杂的民工超长运输、旅游运输治安安全工作进行分类指导，组织开展安保专项检查，维护车站、港口周边治安环境秩序，提高查禁“三品”（详见《附录》）准确率，全省主要车站、港口无重大治安、刑事案件。春运、旅游“黄金周”期间，对二郎山、鹧鸪山隧道、重点油库和车站进行专项检查，指导全省各地全面改进和完善安防工作规范。会同公安、军队、武警等单位常态性开展冲关逃费、偷逃高速公路通行费等专项整治，积极协调全省各地加强公路水路安全联防，组织开展“平安公路”“平安车站”“平安航道”“平安港口”等创建工作。

持续推进“扫黄打非” 2015年，厅公安处配合各级“扫黄打非”办、公安、文化部门，统一“净网2015”“固边2015”“清源2015”“秋风2015”“护苗2015”等五个专项行动，强化公路运输、客运站、物流货运站等场所，严格执行运输、收寄验视制度，探索建立运输寄递环节非法和违禁出版物举报受理、监控制度。组织开展7次交通运输系统“扫黄打非”集中清查整治行动，会同省“扫黄打非”办对成都、德阳、绵阳等11个市（州）交通运输系统市县21个汽车站和成渝、成雅、成乐、成德绵等高速公路37对服务区进行联合督查，对一级客运站检查面达100%，重点藏区公路运输市场查堵面达100%。

禁毒工作 2015年，厅公安处结合禁毒工作与社会治安综合治理工作，联合省公安厅、省邮政管理局印发《关于加强交通运输、邮政寄递行业毒品堵源截流工作的通知》，切断利用公路、水路运输毒品通道。采取多种形式大力宣传，重要时间节点禁毒宣传面达90%以上。利用路政稽查和高速公路服务区等关卡，协助公安机关布控工作，组织56名一线从业人员参加省禁毒委举办的第一期禁毒师资培训班，组建交通运输代表队参加省禁毒委组织的查禁毒品专项拉练活动。

公路水路安全联防 2015年，省交通运输厅建立“上下贯通、顺畅高效”为特征的公路水路安全协同联动工作机制，与地方政府实行联控、联查、联防，组织开展道路交通安全、危险化学品运输、公路隧道安全隐患排查治理等多个专项行动，积极排查化解涉路矛盾纠纷，对排查出的矛盾纠纷梳理归类，建立台账。年内，全省没有出现拦车断道等重大群体性事件。加强高速公路、重要桥隧、重点港口物防、技防设施建设，进一步规范护路工作台账，充分调动基层组织参与护路联防工作的积极性，采取入户调查、重点专访、困难帮扶、签订责任书等形式，深入开展爱路护路宣传教育，突出抓好对公路沿线五残人员、刑释解教人员、机动车驾驶人员等重点人群的宣传教育，增强公路水路沿线厂矿和广大群众的爱路护路意识，营造全社会积极配合共同参与公路水路安全联防工作的良好氛围。

厅机关安全保卫 2015年，省交通运输厅修订《交通运输厅机关办公大楼安全管理规定》，完善厅机关内部保卫机制，强化标准化管理和人员培训，严格落实安全保卫和夜间、节假日值班制度。强化要害部位技防措施，将厅机关安保系统纳入公路水路应急保障系统建设，建立统一的技防监控平台。严格落实消防安全和岗位责任制，定期开展消防安全专项检查和消防安全讲座、演练，清除各种消防火灾隐患。积极参与和支持所在辖区安保建设，结合“平安交通”创建，积极开展“平安家庭”“平安单位”创建活动。努力维护基层的和谐稳定，夯实社会管理综合治理基础。年内，厅机关和直属单位未发生较大以上治安案件和消防安全事故，安全形势持续稳定。

（本栏目供稿单位：厅公安处）

2015年，四川省危化品车辆检查 李洪平 摄

交通战备

JIAOTONG ZHANBEI

军地融合发展 2015年，全省各级交通战备系统推进军民融合发展。以2015《中国的军事战略》（白皮书）为指导，科学编制全省“十三五”交通战备发展规划，重点对大力推进军民融合深度发展、交通战备法治建设、国防交通基础设施、国防交通应急应战力量建设等方面进行顶层谋划。其中“十三五”国防公路、水路建设规划得到国家交战办和成都军区交战办的充分肯定，全省上报的“十三五”期拟建项目均纳入国家“十三五”国防公路战备建设规划，分年度安排实施。充分发挥省交通建设贯彻国防要求协商制度作用，建立完善省交通基本建设贯彻国防要求项目库，协调省发展改革委、省财政厅，安排资金用于推进军事训练基地和重要部队进出道路建设，补助空军等重点部队多条进出道路建设。各级交战办主动作为，积极协调相关部门筹措资金完成一批交通建设贯彻国防要求项目。

2015年3月12日，全省交通战备工作会议在成都召开，成都军区交战办主任肖卫东（中），省军区副参谋长万忠勇（右三），省交通运输厅副厅长冯文生（左三）出席会议并作重要讲话，省交战办主任胡洪波（左二）作工作报告 省交战办 供稿

国防交通应急应战 2015年，全省各级交战办加强国防交通应急应战力量建设，修订完善交通保障计划和交通重点目标保障方案。在省军区组织下，完成全省主要方向交通战备保障预案修订工作。加强国家和省重点国防交通专业保障队伍建设，科学整合市、县两级国防交通专业保障队伍，形成编制规范化、行动战斗化、保障机制化的四级国防交通保障力量体系。举办国防交通信息管理更新版本培训，规范数据采集程序和流程，全省各级交战办采集更新民用运力、平板拖车、油罐车和加油站等数据。开展国防交通专业保障队伍训练。1月，首次在西南地区组织开展汽车民用运力联合投送动员演练，受到上级和同行的充分肯定；10月，组织重点国防交通专业保障队伍集结平板车等特种车辆20台，首次在西南高原地区开展战略投送力量远距离拉动训练，机动行程1 500余公里，为执行高原战略投送任务积累宝贵经验，受到成都军区副司令员李凤彪的充分肯定。全年各市、县交战办开展公路抢通、公路运输和水上应急等演练30余次，有效检验各类应急预案，展示交通战备专业保障队伍形象，提高综合交通保障能力。

军事交通和应急交通保障 2015年，全省各级交战系统做好军事交通和应急交通保障工作。根据成都军区部队行动交通保障实施办法，探索建立军事交通保障新模式。加强对各市州交战办的指导，密切与厅公路局、厅高管局、厅运管局和厅法规处的联系，科学制订和实施军事行动交通保障方案，优质高效完成跨区机动“联合行动2015-D”等各类军事交通保障任务120余起。扎实开展国道318线、二郎山翻山公路等重点道路战备

2015年，省重点国防交通专业保障队伍远距离高原拉动训练。图为保障队伍大队长在雅江向成都军区副司令员李凤彪（左二）汇报演练情况　　省交战办 供稿

勘察，为做好国道318线军事运输交通保障工作理清思路、明确重点。协调有关施工单位，指导雅安市和甘孜州交战办，加大川藏公路军事运输交通保障力度，实现进藏军事运输安全顺利。应急交通保障任务完成出色。省公路工程大队在叙永山洪泥石流和国道318线通麦至106道班特大山洪泥石流自然灾害中，克服恶劣自然条件，快速架设钢栈桥，及时抢通生命线。巴中市交战办和宜宾江安战备码头管理所在“6·28”南江特大暴雨乘客转移和国道213线犍为渡口应急保通任务中，表现优异，受到好评。

2015年，省重点国防交通专业保障队伍远距离高原拉动训练。图为车队翻越卡子拉山　　省交战办 供稿

交通战备现代化建设　2015年，全省交通战备现代化建设水平进一步提升。全省各级交战办组织开展“讲规矩、严作风、提能力、树形象”专题活动，有效提升交通战备队伍依法行政、全面履职、组织协调、应急指挥四个方面能力。加强全省交通战备组织机构建设，实现市（州）级交战办机构编制全覆盖。修订完善目标管理办法，首次将省重点国防交通专业保障队伍和重点县（市、区）交战办纳入目标管理联系单位，并将交通战备纳入厅对市州交通运输局（委）的目标管理体系。加强交通战备宣传和理论研究，创办印发《四川交通战备信息》14期，开展“适应依法治国和深化改革新形势，全面推进国防交通建设”专题理论研究，全省交通战备部门撰写论文36篇，被国家交战办评为组织工作先进单位。

通信设施保护　2015年，全省各级交战办认真贯彻落实《四川省通信设施保护规定》，有效保护通信设施。结合重要时间节点和“5·17”电信宣传日，组织泸州、宜宾和凉山州等交战办广泛开展军警民联合护线宣传活动，加强《四川省通信设施保护规定》宣传，全省全年发放宣传资料15万余份。完善通信设施保护协调工作机制，建立军地协调机制，认真履行通信设施保护的组织协调和监督检查职能，做好涉军线路保护工作。联合省军区和省计划用电、节约用电、安全用电办公室，组织四川电信、长途通信传输局等单位，到自贡、泸州和宜宾、阿坝等地，协调处理矛盾18起，实现全省一、二级干线零阻断。

（本栏目供稿单位：省交战办）

四川省交通运输厅公路局

SICHUANSHENG JIAOTONG YUNSHUTING GONGLUJU

“十二五”公路建设回顾

2012年，兴蜀公司承建的国道213线川汶路

“十二五”期间，四川公路交通系统紧紧围绕构建畅通安全高效的现代综合交通运输体系，推进普通公路加快建设、强化管养、提升服务、改革创新。

全省普通公路发展实现“两个重大突破，三个明显提升”：普通公路完成投资实现重大突破。年均完成投资突破570亿元，5年累计完成投资2 867亿元，为“十二五”规划目标1 790亿元的160%，是“十五”和“十一五”时期普通公路完成投资总和的1.9倍。普通公路总里程实现重大突破。全省公路达到31.2万公里，为“十二五”规划目标30万公里的104%，连续5年位居全国第一。农村公路通畅深度明显提升。全省实现96%的乡镇和86%的建制村通硬化路，其中建制村通硬化路率较“十一五”期末提高33个百分点。普通公路路况服务水平明显提升。普通国省干线公路建设质量进一步提升，施工工艺明显改善，路面使用性能指数（PQI）达87.5，比“十一五”期末提高10个百分点，路况总体水平实现从中等到良等的跨越。农村公路一次性验收合格率达96%。普通公路安全通行能力明显提升。全省2013—2015年新建公路安保工程2.44万公里，基本消除全省乡道以上公路临水、临崖高差3米以上危险路段路侧安全隐患；建成溜索改桥62座，渡改公路桥323座，整治危（病）桥超过1 000座，隐患隧道60座。“十二五”全国干线公路养护管理检查中，四川由“十二五”的第26名上升到18名，获“进步奖”。主要取得以下几个方面的成效：

服务大局，普通公路作用更加凸显。5年实施全省性的普通公路发展规划和专项方案15个，各地结合实际编制实施系列发展规划和专项方案。国务院批复《国家公路网规划（2013—2030年）》，四川省普通国道里程由5 500公里增长到1.8万公里；省政府批复四川省《普通省道网布局规划（2014—2030年）》，全省普通省道总里程达2.3万公里。全省公路交通系统陆续启动实施总投资2 200亿元的“国省干线公路联网畅通”等八大专项工程和总投资1 965亿元的“农村公路攻坚”等新4项专项工程，普通公路对经济社会发展的支撑作用进一步增强。

2012年，建成后的宁南县海子乡通乡油路

加快建设，路网结构明显改善。5年累计新（改）建普通公路13万公里，全省普通公路总里程达31.2万公里，连续位居全国第一。干线公路更加顺畅。新（改）建国省干线公路1.4万公里，全省普通国省干线公路“断头路”和“瓶颈路”大幅减少。农村公路更加通畅。新（改）建农村公路11.6万公里，新增282个乡镇、15 561个建制村通畅和464个建制村通达，实现96%的乡镇通硬化路、99.4%的建制村通公路和86%的建制村通硬化路，初步形成以县城为中心、覆盖乡村的农村公路网络。配套设施更加完善。建成渡改公路桥323座，规划的77个溜索改桥项目全面开工并建成62座，整治危（病）桥超过1 000座、隐患隧道60座，全面完成2013—2015年2.44万公里安保工程（路侧护栏）建设任务，基本消除全省乡道以上公路临水、临崖高差3米以上危险路段路侧安全隐患。建设质量持续提升。推行农村公路建设“七公开”（详见《附录》），逐步建立“政府监督、专群结合”的农村公路建设质量监管体系，全省建立57个县级公路质量监督站，县（市、区）基本建立农村公路实验检测室，农村公路一次性验收合格率达96%。

强化管养，服务能力大幅提高。公路路况水平明显提升。全省普通公路养护投入超过430亿元。完成国省干线公路大中修工程、路面改造超过12 000公里，实施预防性养护和小修保养2 200公里，国省干线公路路面使用性能指数（PQI）达87.5，农村公路列养率达100%。公路防灾抗灾能力明显提升。全省建立公路应急抢险队伍213个，9.4万人，配置大型抢险机械设备2 000余台。圆满完成2013年“4·20”芦山强烈地震、“7·9”特大山洪泥石流灾害、2014年“11·22”康定地震等突发自然

2013年，乐山超限超载监测站稽查人员指挥卸载

灾害公路抢通保通任务。公路管养能力明显提升。全省建成58个机械化养护与应急保通中心，基本实现市（州）全覆盖，攀枝花、乐山、宜宾、南充等市成立桥梁养护专业机构，甘孜、阿坝、凉山成立隧道管理专业机构。省政府批准新增Ⅱ类固定超限检测站95个，新建成47个，全省固定超限检测站达123个。收费公路管理全面规范。全省取消收费里程1.2万公里、独立桥隧4.1万米、255个收费项目，撤除213个收费站，分流安置收费人员7 000余人。收回违规转让收费公路项日7个，规范调整收费期限或收费间距不符合规定收费站54个。

2014年9月，建成后的省道103线乐山马边段

建章立制，行业管理日益规范。行业管理规章制度日益完善。四川省人民政府出台《关于进一步促进四川省农村公路建管养运协调发展的意见》，修改和制订《普通国省干线公路建设管理办法》《农村公路建设“七公开”制度实施方案》《“四好农村路”建设工作方案》等系列规章制度。全省各地结合实际，因地制宜，健全完善各项制度，行业管理进一步科学规范。行业依法行政能力逐步增强。修改完善文明执法、路政巡查、规范自由裁量权行使等管理制度，进一步规范路政执法程序、调查取证行为、执法文书制作，执法办案能力持续提高。全面完成路政执法“四统一”（详见《附录》）工作，“三基三化”（详见《附录》）试点工作有序推进。省政府办公厅印发《四川省普通公路货运车辆超限超载治理工作方案》，同省公安厅出台《公路超限检测站联合执法管理办法》，以超限检测站为依托，多部门联动、一站式查处的治超工作机制；与毗邻5省（直辖市、自治区）建立信息互通、拦截配合、许可协作、联动预控的治超联动工作机制。

改革创新，发展动力更加强劲。各地先进经验层出不穷。涌现出甘孜、成都等地强化统筹、加快干线公路建设；仪陇、南部、宣汉、平昌、金川、雷波、泸定等地开拓创新、加快农村公路发展；宜宾、成都、攀枝花等地加大投入、强化公路养护管理的先进典型。国道108线改造示范工程、省道216线、217线理亚路创建“精品工程”，宜宾至庆符一级公路和南溪长江大桥积极探索PPP（详见《附录》）模式等示范项目。重大课题研究成果丰硕。5年完成路面改造、预防性养护、灾害防治、桥隧运行等50多项科研课题研究，推广沥青路面裂缝处置微表处、同步碎石封层、“白+黑”等“四新”技术。行业改革取得重大进展。深化行政管理体制改革，厅公路局行使的行政处罚类和行政强制类权力全部下放，行政许可事项全部进入政务大厅。鹧鸪山和二郎山隧道管理处分别划转阿坝州和甘孜州管理，省公路交通应急装备物资储备中心和省普通干线公路网监测中心组建工作有序推进。

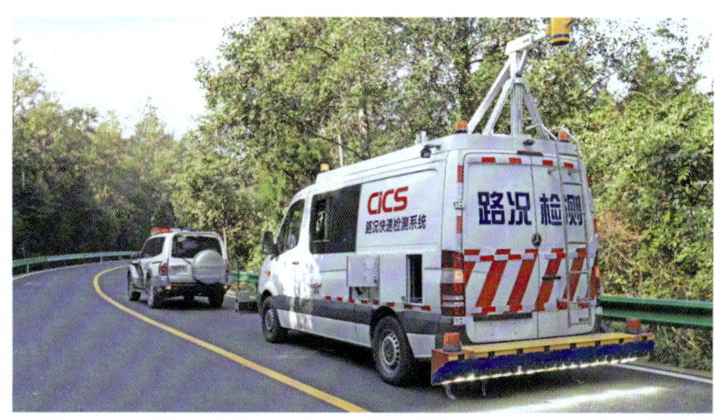

2015年，国道212线广元段接受交通运输部路况检查

罗　松 摄

全省“溜索改桥”项目建设推进会

1	6 7
2 3	8
4 5	9 10 11 12

1 2014年，实施农村公路改善工程后的阿坝州金川县通村路

2 2015年3月27日，省交通运输厅组织召开全省溜索改桥项目建设推进会

3 2015年，广元昭化实施溜索改桥项目后建成的广吉大桥

4 2015年，实施干线公路联网畅通工程后的倮果大桥

5 2015年，在建的“甘推”项目国道318线顺河大桥

6 2015年，实施公路安保工程后的国道321线内江段

7 2015年，实施干线公路大中修工程后的省道309线珙县过境段

8 2015年，投入使用的南充市南部县机械化养护与应急中心

9 2015年，雷波县农村村民自主投工投劳参与农村公路建设

10 2015年，通江县新场乡观音岩渡改桥

11 2015年，雅安灾后重建项目国道351线灵关河2号大桥主拱第一肋顺利合龙

12 2015年，全省水泥路改造及沥青路面预防性养护技术培训会参会人员在建设现场参观学习

四川省交通运输厅航务管理局

SICHUANSHENG JIAOTONG YUNSHUTING HANGWU GUANLIJU

“十二五”航运工作回顾

2014年1月11日，中共四川省委书记王东明调研长江“黄金水道”四川段建设

2015年2月5日，交通运输部副部长何建中（前左二）调研泸州港

“十二五”期间特别是中共四川省委十届三次全会以来，全省航务海事系统以重振四川水运为目标，实现行业发展稳中有进、稳中向好的良好局面。

坚持规划引领和政策推动，水运建设投资再创新高。一是规划体系更加完善。编制完成《四川省内河水运发展规划》以及10余项航运港口发展专项规划，提出“四江六港”（详见《附录》）建设发展思路并组织实施。二是政策环境明显优化。推动出台《关于加快长江等内河水运发展的实施意见》《贯彻国务院关于依托黄金水道推动长江经济带发展指导意见的实施意见》等促进水运发展的政策文件。三是基础设施建设加快推进。全省实施水运重点建设项目15个，其中在建6个、完工9个，全省重点规划建设的“四江六港”，除乐山港外全部建成。泸州港发展成为具备百万标箱生产能力、实现铁路公路水路联运的全国内河主

2015年12月25日，岷江犍为航电枢纽工程开工仪式

要港口之一；宜宾港建设成为涵盖集装箱、滚装、重大件装卸运输功能的综合性港口；南充港、广元港、广安港开港运行。长江宜宾至重庆段航道等级提升工程单滩整治开工建设；岷江港航电综合开发犍为枢纽项目启动实施；嘉陵江川境段全江渠化进入收官阶段；渠江航运建设加快推进。“十二五”期间，全省累计完成投资191亿元，是“十一五”时期的2.6倍，是新中国成立以来至“十一五”时期的1.33倍，年均投资额是新中国成立以来年均投资的16倍。全省新增四级以上高等级航道331公里、达1 321公里，新增千吨级泊位14个、达60个，新增集装箱吞吐能力133万标箱、达233万标箱，较“十一五”时期翻了一番。

坚持优化结构和改进服务，运输发展成效显著。一是大力发展水路集装箱运输。开通泸州、宜宾至上海等集装箱班轮航线8条，每周发班30余班。打通泸州、宜宾至台湾、日本、韩国集装箱江海联运物流通道。铁路水路、公路水路等多式联运取得新进展，呈现加速发展的趋势，开通泸州、宜宾至昆明、成都等6条铁路水路联运班列。二是运力结构进一步优化。全省水运企业198家，其中省际水运企业83家；船舶7 489艘、118.6万载重吨、8.07万客位，千吨级以上船舶平均吨位超过2 460吨。推进船型标准化，三峡过闸船舶标准化率达79.9%。三级四类以上船舶生产企业68家。三是加强大件运输组织协调。成功完成嘉陵江总重606吨的超大设备等大件运输任务共772批次、17.33万吨。“十二五”期间，全省累计完成水路客运量1.5亿人次、旅客周转量13.3亿人公里；完成水路货运量3.8亿吨、货物周转量656亿吨公里、港口吞吐量4.2亿吨，较“十一五”时期增长90%、117%、69.8%；完成铁路水路联运集装箱吞吐量3.6万标箱，港口集装箱吞吐总量达159万标箱，是“十一五”时期的5.5倍；水路运输平均运距达210公里，较“十一五”时期增长49%，水路运输在综合运输体系中的比重上升至5.3%，超过铁路运输占比，位居第二。

2015年11月23日，泸州火焰碛航段浚深工程启动

年吞吐能力100万标箱的泸州港多用途码头

安。发展公益性渡船标准船型11型，运维信息化系统18个，建成视频监控点1 515个，船舶自动识别系统（AIS）岸台基站11个。开展航运科研项目研究26项，其中1项获国家科学技术进步二等奖、3项获省科学技术进步三等级。四是强化应急救援。修订完善水上交通应急预案，完成船舶自救互救机制建设，组织有针对性的水上突发事件应急演练160余次，成功处理各类突发事件150余起、945人获救。开展水上交通安全知识进校园活动100余场次，免费发放各类救生衣、救生浮具30余万件。“十二五”期间，全省共发生水上交通安全事故19起、死亡28人、经济损失518.7万元，比“十一五”时期下降44%、45%和上升21%。2014年首次实现全省运输船舶“零事故、零死亡、零损失”，得到中共四川省委、省政府和交通运输部海事局的充分肯定。

坚持科技兴安和固本强基，安全形势持续稳定。一是健全制度机制。建立完善签单发航、“六不发航”（详见《附录》）、停航封渡等安全管理制度22项。完成县级水上交通安全管理规范化建设和乡镇渡口渡船规范化建设。深化“十长”（省交通运输厅、监察厅、公安厅、水利厅、安监局、气象局、水产局、体育局、旅游局、省能源监管办主要负责人）会商会议、川滇两省交界共管水域联席会议机制，建立与水利、安监等部门的联动执法机制。健全水上交通安全片区督查制度，厅航务局连续10年开展片区督查。二是筑牢安全基础。投入安全基础设施建设部省补助资金8.9亿元。支持地方建造海巡艇160艘，海事工作船码头49处，海事应急抢险救助艇13艘。建成公益性渡口码头893个，更新改造渡船1 126艘。2013—2015年建成渡改人行桥319座、渡改公路桥323座，全省渡口由“十一五”期末的1 951个减少到2015年底的1 327个，惠及800余万临河群众。三是依靠科技兴

年吞吐能力50万标箱的宜宾港志城作业区

2013年1月15日，广安港新东门作业区一期工程开港试运行

岷江汉阳航电枢纽

坚持厉行法治和改革创新，依法行政水平再上台阶。一是完善法规制度。制定出台《四川省渡口管理办法》《〈四川省港口管理条例〉实施办法》等涉及行业的法律法规、政策措施30余项，建立完善《目标管理办法》等管理制度28项。二是深化简政放权。清理规范省市县三级水路交通行政权力“三张清单”和行政审批事项服务指南，全省水路交通行政权力由296项合并优化为195项，精简101项，省本级保留42项。完成全省水路交通行政执法形象“五统一”建设。三是坚持改革创新。推进事业单位分类改革，全省航务海事机构基本划归行政类参公事业单位。完善船舶检验机制，统一全省船舶检验机构名称，厅航务局获得C类船舶检验资质。与交通运输部长航局和泸州、宜宾两市政府建立“2+2”合作机制，合力推进长江“黄金水道”四川段建设。

2013年12月28日，南充港都京作业区开港试运行

作业中的乐山大件码头

2014年12月27日，广元港红岩作业区开港试运行

2015年11 月13日，全省水路交通行政执法暨“三化”建设大练兵大比武活动综合知识竞赛现场

正规化的航务海事队伍

坚持改进作风和文明创建，行业软实力不断提升。一是系统推进精神文明建设和宣传工作。建成部省级文明单位、文明示范窗口、文明执法示范窗口标兵等16个，获部省级表彰17人，行业凝聚力进一步增强。精心策划“长江‘黄金水道’引领四川水运再铸辉煌”等主题宣传近50次。二是加强人才队伍建设。组织全国地方海事人员轮训、上海海事“结对子”等各类培训270期、1.6万人次，开展挂职交流18批、125人次，新引进各类专业人才216人，为行业注入新鲜血液。推进公务员平时考核试点，队伍管理更加规范。三是深化党风廉政建设。巩固党的群众路线专题教育实践活动和“三严三实”（详见《附录》）专题教育成果，落实党风廉政建设“两个责任”和管党治党、从严治党政治责任。厅航务局连续多年被评为开展“四好”活动成效显著领导班子和厅直单位党建工作责任制先进单位。

渠化后的嘉陵江航道

“十二五”道路运输回顾

德阳汽车客运北站于2013年1月10日试运营，是德阳市重点建设项目之一。该站以一级客运站的规模进行建设，项目总投资7 800万，建筑面积1.6万平方米，日均发车800班次，能满足1.6万人次的乘车和换乘

“十二五”时期，全省道路运输系统以加快转变发展方式、发展现代道路运输业为主线，大力推进“五大体系”建设，圆满完成“十二五”规划目标任务，基本构建起高效便捷、安全可靠、绿色环保、规范诚信的道路运输服务体系。

服务民生体现新作为。公路运输完成客运量62.99亿人次、货运量74.23亿吨，同比分别增加11.56%和60.18%。道路客运量居全国各省（自治区、直辖市）三甲，日均客运量（含公路客运、城市公交、出租车、轨道交通）达2 100万人次。一是农民群众出行更加便捷。推广“车头向下、村口始发、通村达户”的农村客运发展模式，在城镇化水平和居民出行密度较高的地区推行农村客运公交化改造，提高农村客运通达能力和车辆档次。全省农村客运车辆发展到3.2万辆、农村客运线路发展到7 549条，日均发车10万多个班次，乡镇、建制村客车通达率达95%和78%。二是深入实施公共交通优先发展战略。积极构建多层次、差异化的公共交通服务网络，轨道交通、城市公交等大幅增长，便捷、高效、智能、环保的城市公共交通体系基本形成。全省公交车辆发展到2.8万辆，公交营运线路里程达3.4万公里，年客运量达44.8亿人次，分别较“十一五”期末提高55.5%、51.7%和35%，城市公交覆盖86%的县（市、区）。三是农村货物运输更加高效。依托邮政网点、乡镇客运站点，积极发展以城带乡、城乡一体的农村物流，推广县至乡镇、沿途建制村的双向货物运输配送服务，提高农村物资运输的时效性和便捷性。四是机动车维修、驾驶培训等运输辅助业服务能力显著增强。全省机动车维修量 1.3亿辆次、汽车综合检测量705万辆次、机动车驾驶员培训量630万人次，同比分别增长25.2 %、84.7 %和 21 %。

川主寺旅游客运中心于2012年6月13日开工，2013年8月20日竣工。该项目占地面积16 676平方米，其中站房建筑面积5 600平方米

客货运输转型升级迈入新台阶。一是经营方式向集约化转变。客货运输企业进一步向集约化、专业化、规模化方向发展。全省汽车客运经营业户数调整为1 156 家、建制货运企业调整为1万个，分别下降40%和5.1%。货运车辆中专用汽车、厢式车、集装箱车、冷藏运输车等四类车型占比达33%，客运车辆逐步向大型化、高级化方向发展。客车平均座位23座、货车平均吨位5.1吨，同比增加9.3%和67%。干线客运车辆中中高级客车占比达96.1%。二是发展趋势向融合化转变。建立全省长途客运接驳运输联盟，推动长途客运资源共享和整合。甩挂运输联盟抱团发展，不断提升自身竞争力。货运企业主动与邮政、供销及商贸、制造业等企业合作发展。三是运输服务向多样化转变。开发培育定线城际包车、通勤包车、商贸包车、旅游直通车和对接机场、高铁直通车等道路运输服务新产品，满足人民群众多样化出行需求。四是车辆装备向低碳化转变。行业节能减排成效明显， CNG营运车辆发展到6.7万辆、LNG车辆发展到1 560台，同时与公安、经信、发改等部门共同推进车辆燃油品质提升和车辆排放标准提升工作，车辆装备更加绿色低碳。

基础设施建设呈现新进展。道路运输充分发挥在综合运输体系建设中的基础和纽带作用，主动加快与其他运输方式衔接。全省累计完成投资145亿元，同比增长435%。一是加强对接，统筹推进枢纽建设规划。以成都等省内主要大中城市为重点，主动与相关部门沟通，提前做好规划衔接、资金投入、建设用地、产业布局工作，推进客货运枢纽规划与铁路、港口、航空发展规划以及经济社会发展总体规划的有机衔接。二是规划引领，推进客

成都二环路BRT快速公交。闸机被放置成闸机阵列，和邻近的闸机组成进站和出站通道。乘客通过刷IC卡或单程卡（Token）进出闸机

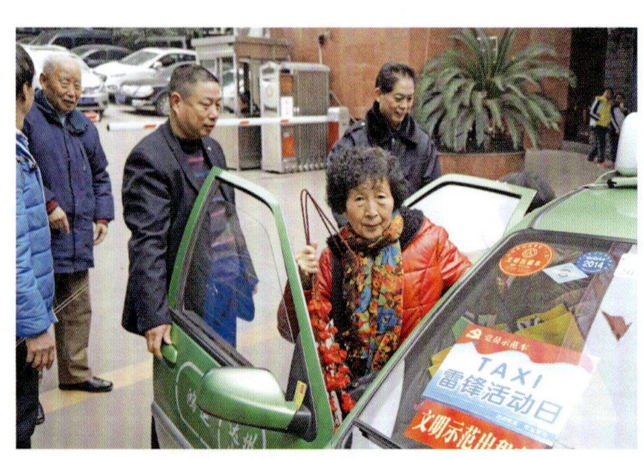

2014年3月5日,达州市区出租汽车行业20台“党员示范车”组成“雷锋车队”，开展学雷锋爱心公益活动，免费载送老、弱、病、残、孕人士80余趟次，乘客200多名

开展全省道路运输行业“富民路·连心桥”以评促建活动。图为开展“攀西阳光之旅”高速公路客运优质服务精品线创建活动，向游客提供免费中转车

货枢纽建设。以“十二五”道路运输发展规划为引领，加快推进客货枢纽建设。建成综合客运枢纽15个，二级及以上普通客运站场184个，公路货运枢纽（物流园区）6个，普通市级货运站3个，普通县级货运站4个。三是推进农村客运基础设施建设。共投资6.64亿元，加大乡镇客运站、村级招呼站建设，全省建有客运站的乡镇和村为2 717个和8 037个，较“十一五”期末分别增长61%和288%。

依法治理营造新环境。一是法规立法进程进一步加快。完成《四川省道路运输条例》修订，并配套修正《四川省道路旅客运输管理办法》《四川省道路货物运输管理办法》《四川省机动车维修管理办法》3部政府规章，建立完善行业管理标准规范33项。二是队伍素质进一步提高。推进运政执法人员轮训工作，严格实行执法人员持证上岗和资格管理制度，建立岗前培训、岗位培训、定期轮训制度。推进运政执法形象“四统一”（详见《附录》），全面开展道路运输系统执法形象“大提升、大比武”活动。三是执法行为进一步规范。制定运政执法规范，推进“廉洁阳光执法”。同时，有效畅通投诉渠道，充分利用“96515”等平台，实现行业监督、投诉受理、政策咨询、信息服务“一号通”。

信息化建设迈上新高度。一是建设完善道路运输出行信息服务系统。全面开展汽车客运联网售票系统、客运站及客运车辆覆盖WiFi工程建设，全省177个客运站实现联网售票和WiFi全覆盖。二是加快行业管理信息系统建设。建成全省汽车二级维护信息化管理系统、客运包车管理信息系统、道路运输统计分析监测系统、道路运输从业人员管理系统。三是积极推进车辆动态监控技术升级。加快车辆卫星定位装置安装工作，三类以上班线客车、危货车辆、集装箱货车、冷藏保温车和应急保障车，100%安装使用卫星定位装置，50%的重载普通货车安装卫星定位装置。在此基础上加快车载视频系统推广应用，1.3万辆营运客车安装使用3G车载视频系统。

安全监管取得新成效。“十二五”期间，全省道路运输安全生产形势总体稳中向好。一是安全监管机构日趋健全。厅运管局在全国省级道路运输管理机构第一个设立安全总监，各级运管机

发展甩挂运输，努力推动道路货物运输转型发展

开展"阳光维修"专项活动

按照交通运输部要求，省交通运输厅在全省驾校开展集中整治教练员吃拿卡要等乱收费行动

构内设安全管理部门和人员从无到有、从一人到多人，并通过多层次多形式的教育培训活动，使全行业安全管理人员的综合素质得到强化和提高。二是安全监管责任体系日趋健全。建立健全党政同责、一岗双责、齐抓共管的安全工作责任体系，逐级建立安全管理目标责任制，逗硬年度考核，形成一级抓一级，层层抓落实、齐抓共管的工作机制。三是安全生产主体责任落实机制日趋健全。建立健全安全工作约谈和通报制度，开展安全生产标准化达标工作，促使各企业落实安全生产主体责任，基本形成"政府统一领导、部门依法监督、企业全面负责、群众监督参与、社会广泛支持"的道路运输安全生产工作格局。四是道路运输保障体系日趋健全。通过制订完善应急预案，持续开展应急演练，基本建成功能完备、信息互通的应急指挥平台和专兼结合、保障有力的道路运输保障队伍，覆盖全省的道路应急运输保障体系基本建成。先后完成"4·20"芦山地震和"7·9"汶川特大洪涝灾害等一系列道路运输应急保障工作。

联网售票是全省道路运输信息化的重要项目之一，2015年全面推进四川省道路客运联网售票系统二期工程建设，完成联网车站达177个

GPS省级监管平台办公区

1
2
3

1 运政人员上街执法，规范农村客运经营秩序

2 开展新修订的《四川省道路运输条例》政策宣讲，普及法律知识

3 执法队伍大比武现场

"十二五"高速公路管理工作回顾

2015年，省交通运输厅副厅长张晓燕（前排左二）现场调研宜叙高速公路建设进度

"十二五"以来，在"畅通主导、安全至上、服务为本、创新引领"等发展方针指导下，全省高速公路建设取得历史性突破，新增高速公路通车里程3 335公里，累计达6 016公里，进出川大通道建成17个，高速公路路网逐步完善。高速公路管理工作全面同步推进，在体制机制、法规制度、养护管理、行政执法、运行监测、营运收费、出行服务、安全应急等方面均取得显著成绩，基本完成《四川省"十二五"高速公路养护管理指导意见》提出的既定目标，部分指标实现超越，有力保障高速公路交通快速发展和转型升级。

管理体制机制和法规制度体系基本形成 厅高管局2011年5月挂牌成立，与厅高速公路交通执法总队实行"一套机构、两块牌子"，确立全省高速公路"多元投资、一元管理"的总体格局，高速公路管理进入政企分开、企业主体、政府监管的新阶段。《四川省高速公路条例》于2015年12月1日起正式实施，标志着全省高速公路步入法治化管理轨道；出台《四川省高速公路通行费收费标准与工程和服务质量挂钩管理办法》，贯彻实施省级层面的高速公路管理联席会议制度、高速公路养护管理办法、行政执法工作评议考核办法、交通阻断信息报送及情报板发布管理办法、服务区服务质量考核办法等一系列行业管理制度，进一步明确各方管理职责和工作运行机制，为高速公路发展提供可靠的机制和制度保障。

高速公路养护管理水平不断提升 "十二五"

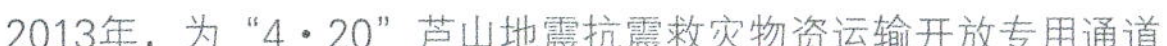

2013年，为“4·20”芦山地震抗震救灾物资运输开放专用通道

2013年，排查登记汛期桥梁涵洞隐患

期间，全省高速公路以提高运营服务质量为核心，不断推进养护管理精细化、标准化，投入养护资金约50亿元，实施大中修里程3 400公里，路况指数（MQI）平均值始终保持在90以上，路面优等率保持在85%以上。通过安全隐患排查及处治，全省高速公路重要病害处置率达100%，无四、五类桥梁和隧道，高速公路行车舒适性与安全性进一步提高。初步建成省级养护管理信息平台，依据路面养护管理科学决策技术指南，全面推行路面自动化设备检测和桥隧专业队伍定期检查，养护科学化水平稳步提升。落实四川省高速公路沥青路面预防性养护技术指南，加大预防性养护力度。养护新技术、新材料、新工艺得到推广应用，路面旧材料回收率和循环利用率分别达100%和85%。

行政执法工作成效显著 高速公路交通执法管理体制基本形成，内控机制逐步完善，路政、运政、收费稽查等交通综合执法工作不断加强。路产案件处置率、结案率及行政处罚案件结案率、行政许可办结率达90%以上。建成高速公路入口计重检测点484处，覆盖率94.9%，多部门入口治超管控联动机制全面形成，高速公路违法超限货车基本实现“零驶入”。建成电子监察系统监控中心和81

2014年，开展高速公路桥梁抽检工作

2014年，开展大件车辆超限护送工作

2015年8月3日，厅高管局顺利通过省级文明单位复查验收

2015年，全省累计建成高速公路ETC专用车道938条，图为成彭高速公路成都口ETC通道

个视频监控点位，实现了具备条件的基层执法大队服务场所全覆盖、全监控。按照交通运输部统一部署，深入开展“四统一”建设，执法场所外观、执法车辆标志、执法人员服装标志及装备进一步统一规范，队伍素质不断提升，行业监管水平逐步提高，树立了执法服务队伍的良好形象。

路网运行监测和安全应急体系初步形成　初步建立包括高速公路省级监控中心、路段分中心、现场点位的运行监测体系，以固定视频监控为主，单兵移动视频监控为辅，基本实现全省高速公路重点路段、特大桥梁、特长隧道运行情况动态监控，基本实现省级监控中心对视频图像统一调图。初步建立了覆盖全省高速公路网，集预测预警、应急调度、抢险救助、协同管理于一体的应急联动体系；出台高速公路突发事件应急预案管理办法，制订全省高速公路网突发事件综合应急预案以及地震抢通保通、应急通行、防汛抢险、公共卫生事件、气象灾害、恐怖袭击等9个路网分项预案，初步形成高速公路应急预案体系；加强应急物资、装备、队伍建设。应急指挥调度和抢险保通能力得到提升，在芦山地震等重特大自然灾害应急实战中发挥重要作用。

出行服务明显改善　服务基础设施进一步完善，实施老旧服务区和拥堵收费站改造提升工程，升级服务区41处，扩容收费站50余处，开展服务

2015年，宣传交通法律法规

2015年，劝导违章穿越高速公路的行人

区优质文明创建工作，建成全国百佳示范服务区4处，优秀服务区19处，创建全省五星级服务区1处，四星级服务区14处。交通广播、手机信号，服务区信息查询及WiFi接入“四个全覆盖”工作取得阶段性成效，服务区群众满意度接近90%。初步形成服务热线、短信平台、四川交通在线网站、交通广播等多种方式联动的高速公路路况信息发布体系，“12122”服务热线累计受理话务135万余件，投诉处理率100%。

收费管理工作有序开展 健全落实全网统一流程的收费、结算和清分，建立了通行费数据的核查应用和纠纷处理机制，促进收费、结算和清分公平、公正。认真落实重大节假日小型客车和鲜活农产品免费通行政策，取得良好的社会效益。全省ETC（不停车电子收费系统）发展势头良好，已开通ETC专用通道938条，ETC/人工混合车道265条，实现所有收费站全覆盖和全国联网，创新性地解决山区高速公路ETC覆盖难的问题，并通过技术攻坚，在全国率先解决ETC多路径清分问题。截至2015年底，省内客车ETC使用率和非现金支付使用率分别达26%和25%，用户突破110万，位居全国前列，缓堵保畅作用初步显现。

行业文化建设初见成效 编制四川省高速公路行业文化建设规划，初步建立高速公路交通执法精神文化、物质文化、行为文化、制度文化4个体系。在全省高速公路行业开展向高速公路交通执法第六支队原支队长李伟学习活动。李伟被交通运输部评为“2014年感动交通年度人物”，被中共四川省委组织部唯一追授为全省践行“三严三实”优秀党员领导干部。

2015年，开展案卷制作评比

四川
坚持中国道路 弘扬中国精神 凝聚中国力量
渔箭收费站
JAC
川K 70836

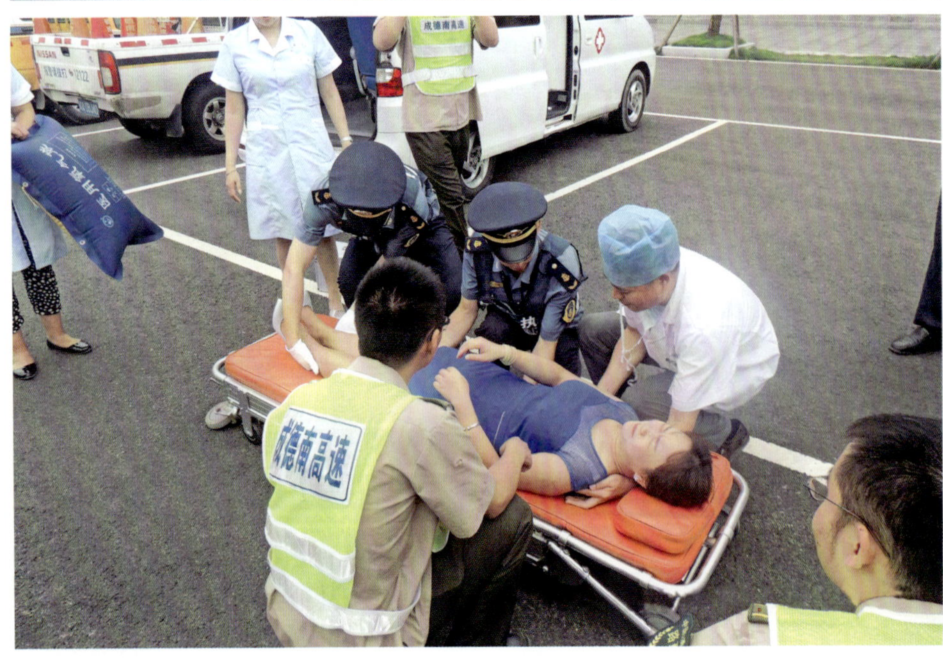

成德南高速

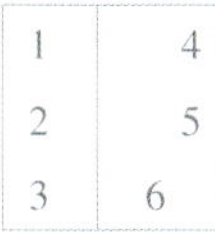

1 2015年，高速公路交通执法人员开展军事化训练

2 2015年，高速公路交通执法人员在渔箭治超站开展法制宣传工作

3 2015年9月2日，高速公路交通执法人员联合成德南高速公路公司、槐树镇中心卫生院在槐树服务区开展急救演练

4 2015年，厅高管局在成南高速公路淮口服务区举办高速公路摄影展

5 2015年，依法拆除高速公路违章非交通标志标牌

6 2015年，李伟同志先进事迹巡回报告会

1	3
4	
2	5

1 2015年11月11日，厅质监局局长曾宇（左一）在成都二绕高速公路东段施工现场监督工程质量

2 2015年7月1日，厅质监局组织召开通车高速公路项目交工验收质量检测工作专题会

3 2015年，厅质监局监督工程师对宜叙高速公路质量进行监督检查

4 2015年，厅质监局监督工程师对遂广高速公路质量进行监督检查

5 2015年12月10日，厅质监局组织开展全省高速公路交工验收质量检测比对试验。图为试验现场

质量检测比对试验现场
交安检测起点

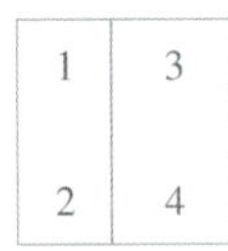

1	3
2	4

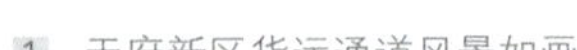

1 天府新区货运通道风景如画
邵 斌 游向平 摄

2 2015年，天府新区货运通道夜景
邵 斌 游向平 摄

3 2015年12月，厅公路设计院设计的天府新区货运通道建成通车。图为货运通道鸟瞰图 邵 斌 游向平 摄

4 2016年1月，厅公路设计院设计的天府大道南延线建成通车。图为南延线鸟瞰图 邵 斌 游向平 摄

1 2 3	4 5 6 7 8 9

1 2015年，与生态人文环境和谐相融的天府大道南延线

2 厅公路设计院设计的广安绕城高速公路渠江特大桥效果图

3 厅公路设计院设计的新机场高速公路龙泉山隧道效果图

4 5 2015年，厅公路设计院勘测国道549线乡城至得荣段公路改建项目

6 2015年7月，厅公路设计院技术人员在溜索改桥项目外业勘察现场

7 2015年，厅公路设计院技术人员在广安绕城高速公路实地勘测

8 2015年7月1日，厅公路设计院举办第二季“读书有益 书香满院”主题活动

9 2015年1月23日，厅公路设计院举办“决胜一刻”项目汇报比赛决赛

厅公路设计院“读书有益·书香满院”主题活动（第二季
厅公路设计院“决胜一刻”项目汇报比赛(决赛)
2240
2681
3007
3334
4221
5510

四川省交通运输厅交通勘察设计研究院

SICHUANSHENG JIAOTONG YUNSHUTING JIAOTONG KANCHA SHEJI YANJIUYUAN

1 2	4
	5
3	6

1 2014年5月，厅交通设计院设计的兰州水上公交码头项目建成。图为黄河兰州城区段

2 2014年12月27日，厅交通设计院设计的广元港红岩作业区（一区）一期工程正式开港

3 2015年，厅交通设计院设计的黄河航运建设工程中卫段建设现场

4 2015年，厅交通设计院设计的重庆合川区草街船闸被四川省勘察设计协会评为优秀工程设计一等奖

5 2015年7月1日，厅交通设计院设计的大渡河长河坝水电站库区省道211线复建公路工程项目全线建成通车

6 2015年12月26日，厅交通设计院设计的自隆高速公路项目建成通车

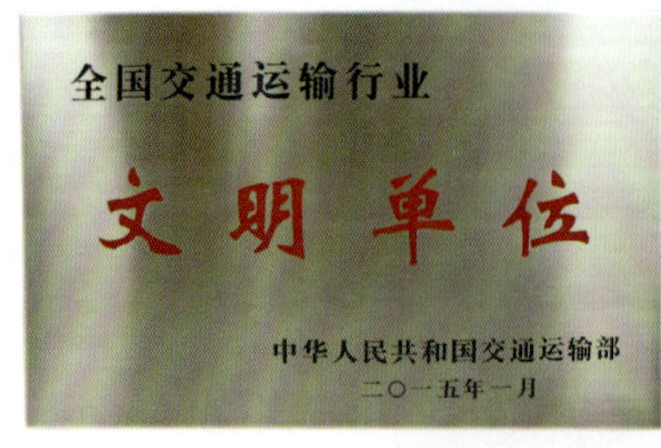

1 2015年11月6日，交通运输部示范工程检查组一行检查指导兴蜀公司建设管理的省道216线、217线理亚路项目

2 2015年5月25日，省政府常务副省长王宁（前右二）调研兴蜀公司雅安灾后恢复重建项目建设情况

3 2015年1月，兴蜀公司荣获交通运输部授予的“全国交通运输行业文明单位”称号

1 2 3
4
5
6 7

1 2015年9月10日，兴蜀公司建设管理的国道351线灵关河2号大桥主拱圈顺利合龙

2 2015年10月，兴蜀公司建设管理的雅安灾后恢复重建项目国道318线青衣江顺特大桥

3 2015年7月20日，兴蜀公司参与建设管理的国道318线东海路改建工程主要控制性工程之一——理塘隧道正式通车。这是“世界高城”理塘县境内唯一一座公路长隧道

4 2015年，兴蜀公司承建的省道216线、217线理亚路新貌

5 2015年，兴蜀公司承建的省道216线、217线理亚路新貌

6 2015年11月12日，兴蜀公司建设管理的省道303线巴朗山隧道贯通

7 2015年4月15日，兴蜀公司在亚赤路海拔4 700米S1标段的施工路面进行试验段水稳层铺筑

川高公司工作汇报会

1	4
2	5
3	6

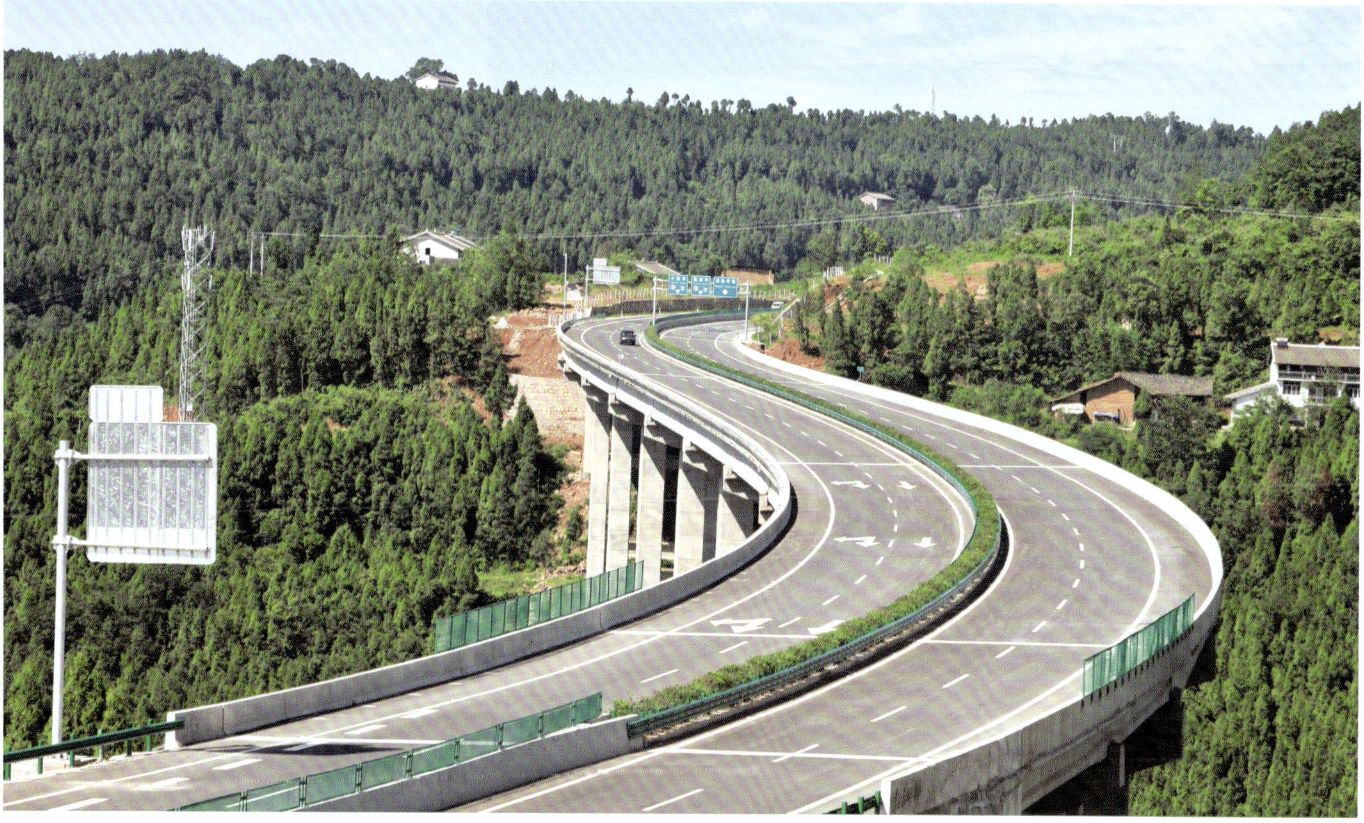

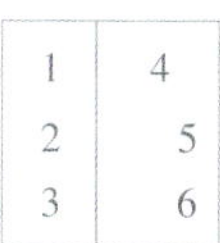

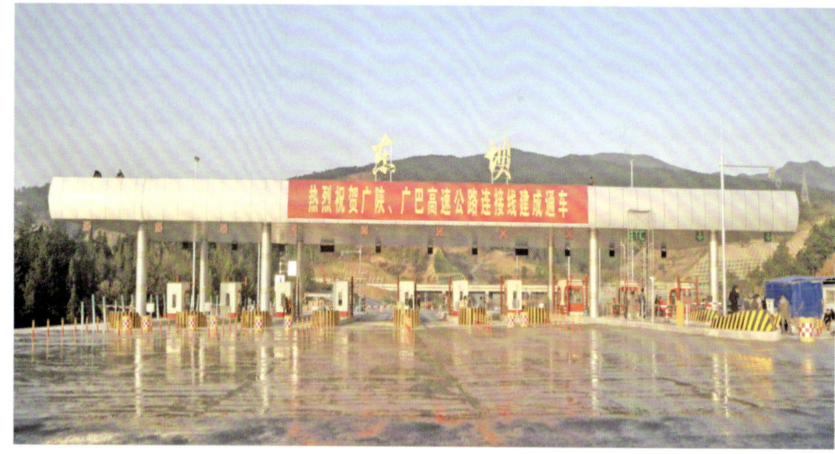

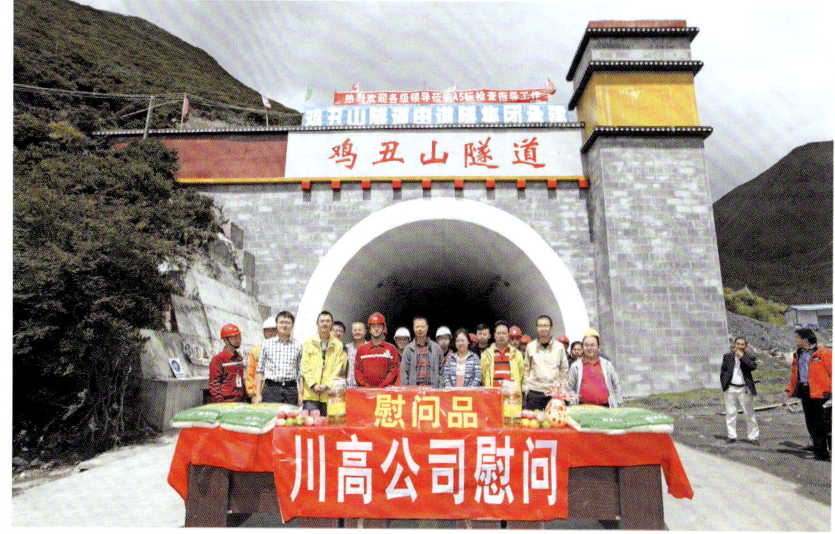

1 2015年9月7日，省交投集团总经理冯文生（右三）一行到川高公司调研

2 2015年4月30日，川高公司董事长唐勇（右三）调研映汶高速公路灾害处置工程

3 2015年5月21日，川高公司总经理王孝国（右三）一行调研丽攀高速公路华坪段工程

4 广陕、广巴高速公路连接线

5 2015年12月26日，广巴广陕高速公路连接线建成通车

6 2015年9月10日，川高公司监事会主席何刚（前右五）一行慰问瓦九路鸡丑山隧道职工

川高公司2015年工作会

川高系统竣工验收工作推进会

依法治企专题讲座

1	4
2	5
3	6 7

1 2015年3月20日，川高公司工作会

2 2015年3月6日，川高系统竣工验收工作推进会

3 2015年6月26日，川高公司举办依法治企专题讲座

4 2015年5月8日，川高系统领导班子思想政治建设工作推进会

5 2015年8月28日，川高公司党委中心组召开"三严三实"专题教育第二次学习研讨会

6 2015年5月30日，川高公司第四届职工运动会篮球比赛圆满结束

7 2015年9月30日，川高系统职工读书分享演讲比赛和分享会圆满结束

	1	
2		3
4		

1 2015年12月，省交投集团总经理冯文生（左二）听取遂广遂西高速公路建设情况汇报

2 2015年，成渝公司董事长周黎明（左二）慰问遂广遂西高速公路一线员工

3 2015年，成渝公司总经理甘勇义（右三）检查遂广遂西高速公路建设情况

4 2015年9月22日，成渝公司副总经理罗茂泉（前中）及有关部门负责人在成乐公司党委书记、总经理石树钢，副总经理谢兴华、李鑫的陪同下，对公司全面提升优质文明服务工作进展情况进行检查

1 2015年，成渝公司所辖高速公路实现ETC全国联网。图为成渝高速渔箭收费站
2 2015年，成渝公司荣获上市公司最佳企业管治奖
3 2015年，成渝公司顺利通过全国文明单位复查验收，连续三届保持“全国文明单位”荣誉称号
4 2015年，成渝公司融资租赁荣获“金融服务创新企业”奖（右一）

1 2 3 4 5	6 7

1 2015年，成渝公司收费站改造进展顺利。图为成雅高速公路西康大桥收费站改（扩）建工程竣工通车

2 2015年，成渝公司组织召开“十三五”规划发展务虚会

3 2015年，成雅高速公路蒲江服务区被交通运输部评为“全国百佳示范服务区”

4 2015年春运期间，成仁分公司青年志愿者向过往驾乘宣传道路安全知识

5 遂广遂西高速公路对边坡生态防护工程进行优化，基本实现通车时边坡绿化全覆盖的环保目标

6 遂广遂西高速公路边坡生态防护工程在喷播基材中加入花卉，增强景观的观赏性

7 遂西高速公路跨过蓬溪县饮用水源保护区，施工中避免乱排乱放，建成后的赤城湖1号桥与周围环境和谐统一

四川省港航开发有限责任公司

SICHUANSHENG GANGHANG KAIFA YOUXIAN ZEREN GONGSI

1	4 5
2	6 7
3	8

1 2015年12月9日，省交投集团总经理冯文生（正面右三）带队调研岷江犍为航电枢纽开工准备工作

2 2015年8月1日—2日，岷江犍为航电枢纽工程初步设计通过交通运输部审查

3 2015年12月底，岷江犍为航电枢纽工程正式开工建设

4 2015年10月8日，泸州港—水富港集装箱班轮成功首航

5 泸州港公路水路联运业务加快发展

6 泸州港铁路水路联运业务加快发展

7 2015年6月29日，广安港—果园港集装箱定期班轮成功首航

8 2015年12月10日，广安港首批“广安造”产品出口启航仪式在广安港成功举行

45t

CHINA SHIPPING
ZPMC
X6K 型集装箱专用平车

广安港

广安港首批“广安造”产品出
启航仪式

1	5
2	6
3 4	7 8

1 广安港大力发展多元经营业务

2 2015年7月16日，南充港初步形成“一站式”全程物流服务营业模式

3 省港航公司积极拓展水电检修市场

4 工程技术人员对航电枢纽机组水导轴承进行检修

5 2015年10月，国家能源局组织对苍溪、沙溪、凤仪航电枢纽大坝安全注册进行现场检查

6 省港航公司加强厂房标准化管理

7 工程技术人员对航电枢纽主机受油器进行检修

8 2015年，凤仪航电枢纽工程荣获省水利厅“2014年度生产建设项目水土保持生态文明工程”称号

1	4
2	5
3	6 7

1 2015年7月6日，中共四川省委副书记尹力（左二）调研汶马高速公路建设情况

2 2015年7月3日，省政府秘书长、中共雅安市委书记叶壮（前排左一）调研雅康高速公路工程建设情况

3 2015年8月8日，中共甘孜州委书记刘成鸣（前右三）调研雅康高速公路

4 2015年5月20日，阿坝州州长杨克宁（右二）调研汶马高速公路建设情况

5 2015年10月28日，省交投集团总经理冯文生（前排中）调研汶马高速公路

6 2015年11月24日，藏区高速公路公司董事长李永林（前排中）检查雅康高速公路草坝至对岩段建设情况

7 2015年3月19日，藏区高速公路公司总经理陈渤（正面右一）检查雅康高速公路草坝至对岩段建设情况

1 2 3
4 5
6

1 2015年8月5日，汶马高速公路简阳坪1号隧道横洞进洞施工现场

2 2015年8月8日，汶马高速公路扑鸭脚隧道出口段双线正式进洞施工现场

3 2015年8月11日，汶马高速公路卓克基隧道左线进洞施工现场

4 2015年8月23日，汶马高速公路扑鸭脚隧道左线进洞施工现场

5 2015年12月15日，汶马高速公路狮子坪1号隧道所需大型施工机械设备成功运抵狮子坪水库对岸

6 2015年11月18日，汶马高速公路赶羊沟隧道横洞进洞施工现场

		1
		2
3	4	5

1 2015年10月20日，雅康高速公路泸定大渡河特大桥主墩承台施工完成

2 2015年9月15日，雅康高速公路安乐隧道右线顺利贯通

3 2015年12月26日，雅康高速公路小仁烟4号大桥完成右幅T梁架设

4 2015年12月28日，雅康高速公路青衣江特大桥大兴岸主桥顺利合龙

5 2015年12月30日，雅康高速公路天全隧道出口端顺利出洞

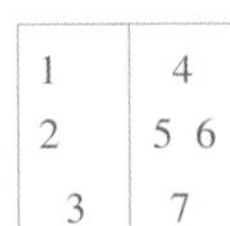

1 2015年2月11日，省国资委党委委员、副主任任丁（左三）一行到成南公司（川中片区）检查春运工作并慰问困难职工

2 2015年3月25日，省交通运输厅副厅长周道平（正面中）一行到成南公司（川中片区）检查指导工作

3 2015年9月11日，全国高速公路服务区质量等级评定委员会考核小组检查成南高速公路淮口服务区“全国百佳示范服务区”创建工作

4 成南高速公路淮口服务区

5 2015年2月16日，成南公司（川中片区）南充嘉陵站正式运营通车

6 2015年8月28日，成南公司开展年度汛期道路交通事故应急救援演练

7 2015年5月4日，成南公司（川中片区）开展“承五四精神、扬青春风采”青年才艺展示活动

南充嘉陵

是你们的，也是我们的，但是归根结底是你们的。你们青年人朝气蓬勃，
兴旺时期，好像早晨八 钟的太阳，希望寄托在你们 上。——毛泽东

1 5
2 3 6
4 7

1 2015年8月，省交投集团副总经理汪伦（右二）检查服务区经营情况

2 2015年6月25日，川高公司总经理王孝国到川东公司调研"三严三实"专题教育活动并作党课辅导

3 2015年9月12日，川东公司大竹服务区开展创百佳服务区活动

4 2015年5月13日，川东公司举办首届收费技能大赛

5 2015年12月，川东公司举行灭火救援联动演习

6 2015年4月，川东公司举办"践行价值观·弘扬正能量"演讲比赛

7 达渝高速公路

泸蓉高速老山梁子隧道2015年灭火救援联动演习
老山梁子隧道

川东片区公司"践行价值观·弘扬正能量"演讲比赛

1	4
2	5
3	6

1 2015年8月27日，省交投集团总经理冯文生（右四）到都汶高速公路调研

2 2015年7月23日，由财政部，交通运输部等部门组成的联合督导组到成都绕城高速公路府河大桥开展年度国省干线公路重点桥隧抽检督导工作。图为川西公司董事长刘宏（左一）正在介绍相关情况

3 2015年10月11日，省公安厅副厅长袁刚、省交通运输厅安全总监胡大昌到都汶高速公路检查指导“治超”工作

4 2015年1月30日，省交投集团董事、川高公司董事长唐勇（右二）代表省交投集团和川高公司到川西公司检查指导工作

5 2015年2月16日，成都绕城高速公路东服务区被省交通运输厅高管局授予“星级服务区”称号

6 2015年11月6日，省第十次党代会省直五团代表到川西公司调研

★★★
星级服务区

省第十次党代会省直五团代表调研座谈会
唐勇
刘宏

1 成都绕城高速公路锦城湖站

2 成都绕城高速公路

3 收费员优质服务

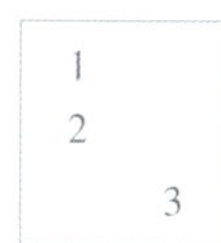

1 2015年8月11日，省交投集团纪委书记江意华（右二）在川高公司纪委书记郑凤庆（右一）陪同下，到雅西高速公路检查汛期安全并慰问员工 张 淼 摄

2 2015年1月27日，省交投集团党委委员、职工董事工会主席彭洪（前中）看望慰问一线员工和困难职工 张 淼 摄

3 2015年1月29日，川高公司总经理王孝国（右二）、监事会主席何刚（左一）检查指导雅西高速公路桥隧养护工作 凌 静 摄

1 2015年7月8日，雅西公司开展防汛抢险及地质灾害应急救援演练　银敏阳 摄

2 2015年12月1日，雅西高速公路彝海安检站。雅西公司集中开展冬季行车安全宣传活动，向司乘人员发放《雅西高速公路冬季冰雪路段行车安全宣传手册》《雅西高速公路货车行车安全宣传手册》等宣传资料　马定静 摄

3 2015年12月15日，雅西高速公路栗子坪段。除雪车除雪带队通行　陈　宇 摄

4 2015年12月18日，雅西高速公路拖乌山隧道北口段。编队放行滞留车辆　潘　川 摄

5 2015年12月15日，雅西高速公路栗子坪段。图为清排障人员为除雪车加装融雪剂　陈　宇 摄

6 2015年2月4日，雅西高速公路泥巴山隧道（西昌至成都方向）北口。雅西公司在雅西高速公路西昌至成都方向率先试用雾天行车安全引导系统　米文勇 摄

7 雅西高速公路栗子树大桥段雪景　潘　川 摄

8 雅西高速公路干海子大桥段雪景　潘　川 摄

SUNHOO
双虎家私名品
自贡北服务区

川南公司“迎部检”工作专题会议

1 5 6
2
3 4 7

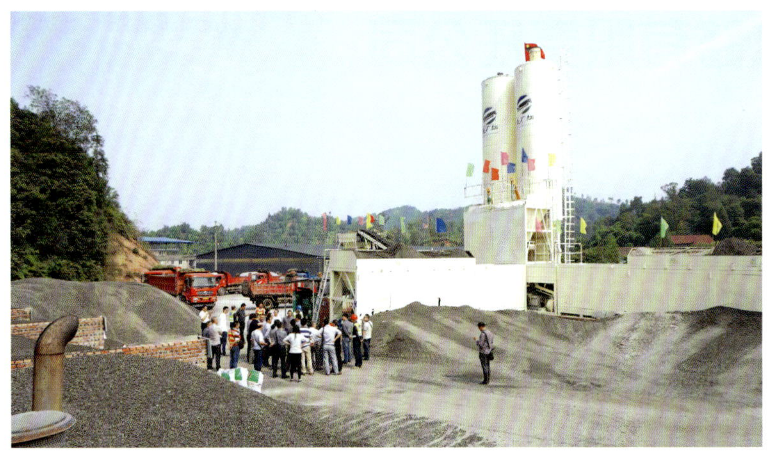

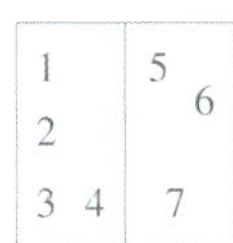

1 2015年8月18日，川高公司总经理王孝国（右四）检查内宜高速公路宜宾南收费站改（扩）建工程
2 2015年8月4日，川南公司董事长罗进元（前右一）陪同宜宾翠屏区领导到宜宾南收费站改（扩）建工程现场督导
3 2015年，川南公司完成服务区交通战备应急保障任务
4 2015年9月16日，川南公司召开“迎部检”工作专题会议
5 内宜高速公路冷再生拌合场现场
6 2015年，川南公司举行收费员星级业务考试
7 宜水高速公路

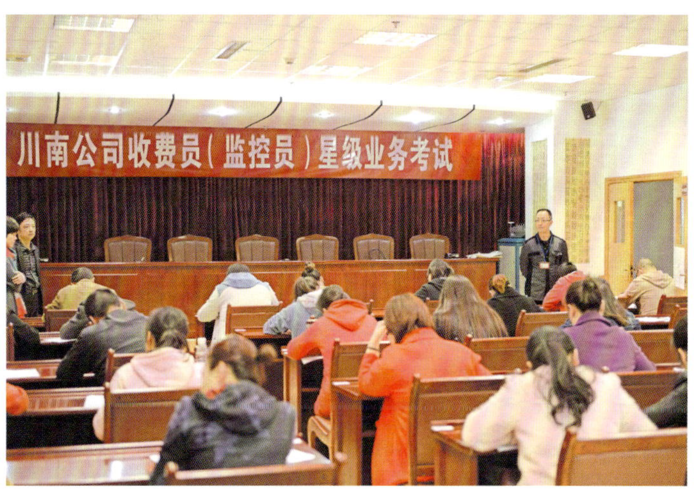

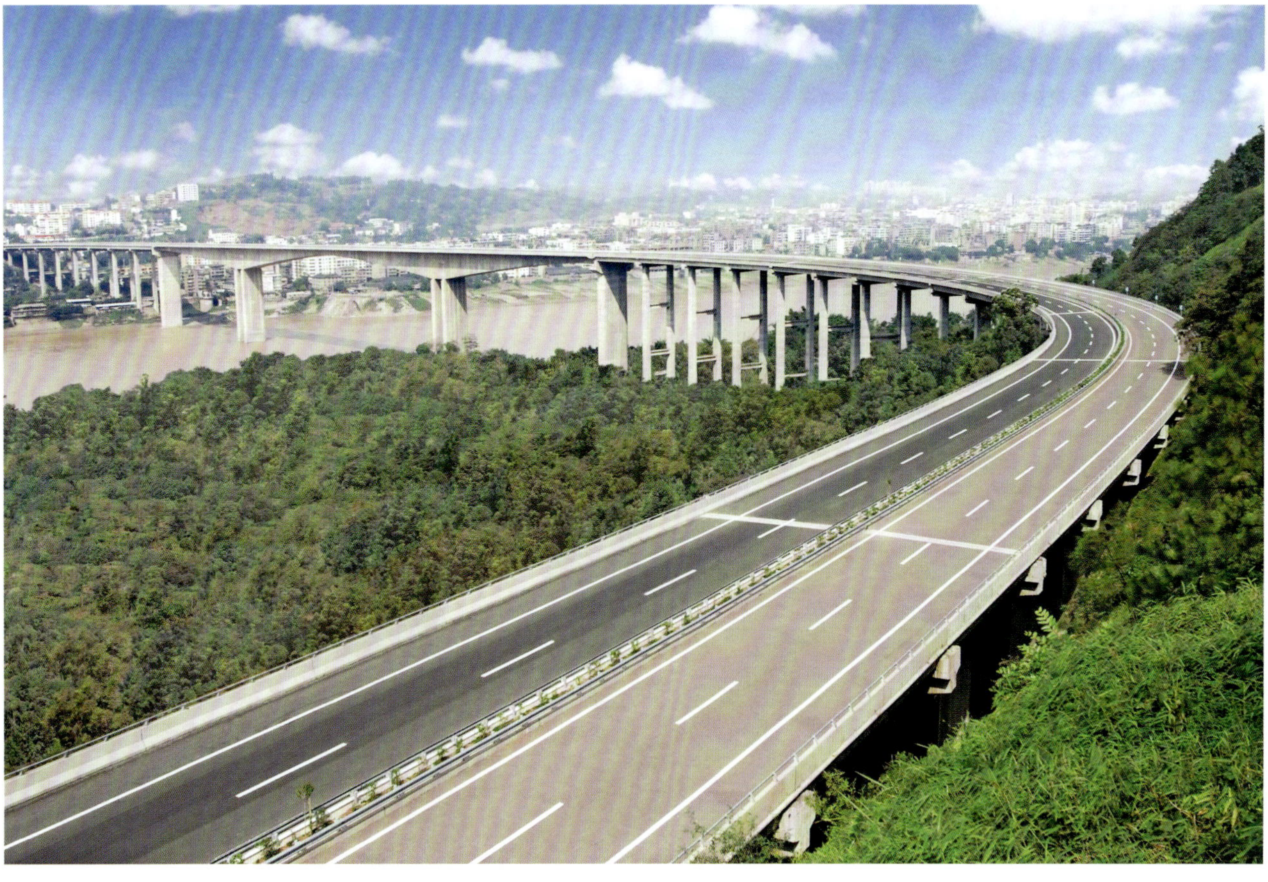

1 3
4 6
5 7
2

1 2015年10月13日，省交投集团总经理冯文生（左三）在集团副总经理汪伦（右一），川高公司总经理王孝国（右三），成德南公司副总经理秦小昆（左二）的陪同下，到成德南公司察看金堂服务区运行情况

2 2016年4月18日，省交投集团董事、川高公司董事长唐勇（前排右二），纪委书记郑凤庆（左一）在成德南公司董事长、总经理闫平（左二）陪同下，调研成德南高速公路

3 成德南高速公路

4 成德南高速公路金堂服务区

5 成德南公司开展隧道事故逃生应急综合演练

6 成德南公司获“悦读 悦享”读书分享演讲二等奖

7 成德南公司获川高系统第四届职工运动会健美操比赛第二名

生命的明灯
一本好书的思想，一个榜样的力量，
指引着我前进的方向，给我靠近目标的力量
使我在“黑夜”里不再迷茫。

悦动高速

乐雅高速草坝收费站公示栏
草坝收费站简介
草坝收费站上岗人员公示栏
优质文明服务承诺
省交投集团
慰问品

川 高 公

四川雅眉乐高速公路有限责任公司
2015年度劳动竞赛决赛
2015.12

1	4
2	5 6 7
3	

1 2015年2月5日，省交投集团领导检查雅眉乐公司安全工作并慰问员工

2 2015年1月19日，川高公司领导检查雅眉乐公司安全工作并慰问员工

3 2015年12月，雅眉乐公司年度劳动竞赛决赛

4 2015年12月，雅眉乐公司举办劳动竞赛活动

5 6 7 乐雅高速公路

1 2015年9月17日，川高公司总经理王孝国（右二）到成绵公司检查并慰问员工

2 2015年11月25日，成绵公司举办“保安全、促发展、青年员工争当先”安全知识竞赛

3 成绵公司在省内首次尝试大范围内实施微表处预防性养护工程

4 成绵公司德阳南服务区被交通运输部评为“全国优秀服务区”

交通行政机关

JIAOTONG XINGZHENG JIGUAN

2016

四川交通年鉴

四川省交通运输厅

SICHUANSHENG JIAOTONG YUNSHUTING

综　述　1952年9月，四川省交通厅成立。1970年12月，四川省交通厅更名为四川省交通局。1980年5月，四川省交通局更名为四川省交通厅。2009年12月，四川省交通厅更名为四川省交通运输厅。

四川省交通运输厅职能职责：贯彻执行国家有关交通行业的方针、政策和法律、法规；草拟全省公路和水路交通行业发展政策、法规，并监督执行。根据国家的总体布置，编制全省公路和水路行业发展规划、中长期计划和年度计划，并监督实施；负责全省交通行业统计和信息引导。负责全省公路和水路交通运输（含客货运输市场、汽车技术检测、汽车维修市场、运输服务市场、搬运装卸市场、汽车驾驶学校和驾驶员培训工作）行业管理，培育公路、水路运输市场，维护交通运输行业平等竞争秩序；指导城乡客、货运输的衔接协调工作；指导地方交通运输行业优化结构、协调发展；对关系救灾、抢险、战备等紧急客货运输进行必要的调控。负责全省公路、水路交通建设（含客货运输和旅游运输场站建设）行业管理，维护交通建设行业平等竞争秩序；组织实施国家、省重点公路、水路工程建设；监督全省地方交通建设项目实施。负责全省公路、水路设施的维护、管理和规费稽征；负责全省公路、桥梁、隧道收取通行费、站卡设置的协调和归口管理。负责全省水上交通安全监督、船舶及水上设施检验、通讯导航、救助打捞、船舶代理外轮理货的管理；负责港口、航道和港航设施建设使用岸线布局的行业管理；负责技术船员培训和发证的归口管理。贯彻执行国家有关交通科技政策；指导实施交通行业计量、质量、技术标准和规范工作；制订全省交通科技政策、技术标准；组织重大科技开发，推动行业科技创新和进步。指导交通行业的体制改革和交通特许经营企业的管理；建立健全规范的交通行业财务管理与会计核算体系；监督管理全省交通行业国有资产。指导交通行业的精神文明建设、廉政建设、行风建设和职工队伍建设；指导交通行业人才预测、教育、培训和劳动卫生工作；负责厅机关的人事管理、劳动工资和机构编制工作；按规定管理厅直属单位领导干部以及厅属单位的人事管理、劳动工资和机构编制工作。负责有关交通涉外工作，指导交通行业利用外资工作；开展国际、省际交通经济技术合作与交流工作。会同有关部门制定、执行涉及交通的有关地方经济政策。管理和指导车站、港口及航运公安工作。负责全省交通战备的管理工作。承办省政府交办的其他事项。

四川省交通运输厅内设机构20个。分别是办公室（精神文明建设办公室）、政策法规处、综合规划处、财务处、人事劳动处、建设管理处、行政审批处、运输管理处、城市公共客运指导处（出租车行业指导办公室）、安全监督管理处（应急办公室）、审计处、科技教育处、外经外事处、省纪委驻厅纪检组（监察厅驻厅监察室）、公安处，离退休人员管理处、机关党委（机关纪委）、信访处、四川省交通战备办公室（四川省保护通信线路安全办公室）、厅机关后勤服务中心。

四川省交通运输厅直属单位18个。分别是交通运输工会委员会、厅公路局、厅航务管理局、厅道路运输管理局、厅高速公路管理局（高速公路交通执法总队）、交通职业技术学院、厅公路规划勘察设计研究院、厅交通勘察规划设计院、厅高速公路监控结算中心、厅工程质量监督局、厅交通建设工程造价管理站、重点公路工程监理处（咨询监理公司）、大件公路管理处、交通宣传中心、厅交通史志总编室、厅信息中心、四川省交通运输职业资格中心、兴蜀公司。

“十二五”时期特别是中共四川省委十届三次全会以来，在中共四川省委、省政府的坚强领导下，全省交通运输系统紧紧围绕构建畅通安全高效的现代综合交通运输体系总体目标，努力克服重大自然灾害和宏观经济下行等多重考验，开拓创新，砥砺奋进，迎来历史上发展速度最快、发展质量最好、发展成效最佳的时期，实现基础设施由“补欠账”到“促发展”，服务水平由“保基本”到“上档次”的重大转变，取得投资总量（6 081亿元）、BOT招商融资总量（1 774亿元）、高速公路新增通车里程（3 335公里）、公路网总里程（31.5万公里）、农村公路总里程（26.8万公里）和新（改）建里程（11.6万公里）、安保工程建设规模（2.44万公里）、争取交通运输部补助资金（949亿元）等多项指标在全国领先的优异成绩。

2015年，是“十二五”时期收官之年。全省交通运输系统认真贯彻中共四川省委、省政府的决策部署，保持发展定力，深化改革创新，主动担当作为，奋力推进全省交通运输跨越发展，圆满完成各项任务。一是完成投资再创新高。全年完成投资1 305亿元，超过2014年水平，继续位居全国各省（直辖市、自治区）第一。二是脱贫攻坚开局良好。研究制订总投资2 450亿元的精准扶贫专项方案和《大小凉山地区交通建设推进方案》等3个攻坚方案，为打好交通脱贫攻坚战奠定良好基础。三是重大项目有力推进。绵西、营达等4条高速公路，长江宜宾至重庆航道“三升二”单滩整治，岷江港航电综合开发犍为枢纽等项目实现开工建设，成都二绕东段等9个高速公路项目506公里建成通车，全省高速公路通车里程突破6 000公里。四是普通公路加快发展。新（改）建国省干线公路2 400公里、农村公路2.6万公里，全面超额完成省委、省政府确定的“民生工程”目标任务。国省干线公路路况和管理养护水平不断提升，路面性能指数（PQI）提升到87.5，部检工作实现排名升位。五是灾后重建快速推进。国道108线雅安至荥经段、国道318线雅安至二郎山段和3条经济干线公路基本完成重建，国道351线多功至芦山县城段建成通车，农村公路累计建成1 390公里，占规划目标的96%，汽车客运站和水运项目全部完工。国道213线映秀至汶川段全面开工建设，省道303线巴朗山隧道全线贯通，绵茂路汉旺至清平段基本建成。六是服务能力明显提高。高速公路电子不停车收费系统（ETC）用户突破110万，日均通行超过26万辆次。改造高速公路收费站26处，4对高速公路服务区被评为全国百佳示范服务区，19对服务区被评为全国优秀服务区。泸州市入选交通运输部综合运输服务示范城市建设。港口集装箱吞吐能力较上年新增33万标箱，完成集装箱吞吐量62万标箱，比上年增长40%，其中铁路水路联运集装箱吞吐量2.5万标箱，比上年增长125%。七是安全形势稳中向好。大力开展道路交通安全综合整治深化巩固年行动，超限5吨以上货车违规进入高速公路数量大幅下降，普通公路超限率控制在4%以下，行业重大以上生产安全事故“零发生”。八是改革创新不断深化。积极推进9方面30项改革工作，通过政府购买服务方式筹措交通建设资金，交通运输部PPP（政府和社会资本合作）试点项目国道0511线德阳至都江堰段已签订投资协议及特许权协议。九是依法行政持续推进。推动出台《四川省高速公路条例》《四川省港口管理条例实施办法》，研究完善7个方面32项管理制度。清理公布部门权力事项，启动行政审批网上服务平台建设。此外，审计、交通战备、史志年鉴、信息宣传、群团、离退休等各项工作都取得较好成绩，为行业持续健康发展提供有力保障。

（厅办公室）

厅办公室 2015年，厅办公室优质高效完成各项工作任务。机关日常工作有序运转，被省政府办公厅表彰为政府系统办公室工作先进集体。主要措施有：一是确保政令畅通，抓好重大决策部署的督办落实。对国家“一带一路”（详见《附录》）和四川省“稳增长”、长江经济带建设、藏区稳定发展、脱贫攻坚等重大决策中涉及交通运输的重要工作任务进行细化分解，明确责任领导、责任部门，定期梳理通报进展情况，促进重大决策落实到位。抓好上级领导重要批示指示督办落实。通过专报形式向上级领导反馈办理情况136件，做到事事有结果、件件有回音。抓好厅党组会、办公会议定事项督办落实。督办会议议定事项566件，印发督办情况17期并在厅党组会上通报。抓好人大代表建议和政协委员提案落实督办，承办人大代表建议和政协委员提案161件，办件数量居省直部门前三位，坚持办理前、办理中、办理后三次与代表委员交流沟通制度，重要事项协调上门办理，按时“办结率”、办理“满意率”均为100%。二是确保工作规范，运转有序。修订党组会议工作规范，建立“三重一大”事项清单。制订重大行政决策程序规定，推进科学决策民主决策。继续规范公文运转程序，办理各类收发文6 246件，无遗失、延误、清退。进一步规范保密管理，厅办公室实行涉密文件专人、专柜、专卷管理，办理涉密文件1 188件，无差错，无失密泄密事件。三是进一步规范档案管理。切实做好机关档案整理归档，严格执行库房管理和查阅借阅制度；会同省档案局修订完善《四川省交通建设项目档案编制细则》。四是确保优质高效服务。起草领导讲话、工作汇报、调研报告等各类文稿200余件，多篇文稿在全国交通运输系统工作会议上作交流发言；精心做好各类会议服务，合理设计方案，严格把握规定，注重细节衔接，圆满完成交通运输部在四川召开会议、部省领导调研、交通重大项目开工等重要活动的策划组织保障工作；精心做好信息服务工作，上报交通政务信息475条，被交通运输部采用数在各省（直辖市、自治区）交通运输厅中排名前列，被中共四川省委办公厅、省政府办公厅采用数在省直部门中排名前十位。加强对交通热点敏感问题的搜集、研判和处理，编发《网络舆情参阅》251期、《网络舆情摘报》82期；填报省政府公开目录信息3 723条，中共四川省委电子政务内网采用省交通运输厅政务摘要250条、图片信息63条，均位列省直部门前列，省交通运输厅门户网站发布信息5 579条，收到公众留言有效信件3 131

件，处理率100%；省交通运输厅门户网站在全省政府网站绩效评估中位列省直部门第一名；制订《四川省交通运输厅公务接待实施细则》，严格按照中央八项规定及省有关规定做好公务接待，圆满完成交通运输部领导到四川调研、省政府安排的全国第九届残运会暨第六届特奥会、全国转变农业技术方向现场会、农业博览会等7次大型会议的对口接待任务，受到省博览局和对口接待单位的表扬。五是作风，做部门表率。努力践行“三严三实”，塑造忠诚担当、服务大局的思想作风；对重大活动、重要文稿进行反向解剖式学习研讨，不断提高工作水平。践行窗口和枢纽职能，热情接待群众，热心帮助基层，热诚抓好协作，营造良好“第一印象”，当好高效“润滑系统”。做好廉洁表率，带头守好纪律守住规矩，严格执行八项规定等要求，无违纪违法行为。

（厅办公室）

厅政策法规处 2015年，厅法规处加快立法进程，立法工作有新突破。推进交通运输地方立法项目17个。《四川省高速公路条例》经2015年9月25日四川省第十二届人大常委会第十八次会议通过，自2015年12月1日起施行；《〈四川省港口管理条例〉实施办法》经2015年9月21日四川省人民政府第九十八次常务会议审议通过，自2015年12月1日起施行；《四川省道路旅客运输管理办法》《四川省道路货物运输管理办法》《四川省机动车维修管理办法》3部规章的修正送审稿报送省政府法制办审查。农村公路、港口航道、城市公交、出租汽车等方面的立法调研工作有序推进。年内制订完善7个方面32项制度。把建章立制作为改革重要任务，以制度创新来调动改革发展活力，推进公路建设管理、道路运输管理、交通运输综合执法等9个重点领域30项改革。创新工作方式，推进规范执法。坚持厅办公例会学法制度，全年集中学习11次，建立健全法律顾问制度、领导干部和执法人员学法用法制度，组织开展“执法服务形象大提升”活动，深入推进“法律七进”（详见《附录》）活动；开展规范性文件合法性审查和清理规范，修订完善行政处罚和行政强制裁量标准和使用规则，建立完善执法裁量案例指导制度和重大行政处罚行政强制备案审查制度；总结“三基三化”试点经验；指导攀枝花市、宜宾市、德阳市、广安华蓥市、乐山沐川县开展交通运输综合执法改革；完善行政执法投诉举报制度，严明执法风纪，强化执法监督；清理规范执法车辆、执法证件，将执法人员信息、执法依据、裁量标准、风险点位等纳入行政权力运行平台，实现实时监控、全程监督。

（厅法规处）

厅综合规划处 2015年，省交通运输厅围绕构建畅通安全高效的现代综合交通运输体系总体目标，主动对接“一带一路”（详见《附录》）、长江经济带等国家重大战略，不断强化规划引领。

规划编制 省交通运输厅会同省发展改革委等部门，全面启动《四川省综合交通运输“十三五”发展规划》的研究编制工作，并形成初步成果；加快修改完善《公路水路交通运输“十三五”发展规划》中“1+14”体系的初步成果。研究制订并启动实施普通国省道提档升级等4大工程方案、交通精准扶贫攻坚方案。编制完成并报请审定新“甘推”、新“凉推”“南推”等3个交通扶贫专项方案，高等级航道达标升级、道路客运枢纽全覆盖工程等4个专项方案。

项目前期工作 完成绵西、攀大、营达、内江绕城等4个高速公路（305公里）项目前期工作并实现开工建设；完成成都经济区环线德简段（105公里）项目核准，具备启动实施条件。完成九寨沟至绵阳等20个高速公路项目2 500公里工程可行性研究报告编制，为招商引资和开工建设奠定基础。完成28个具备条件的国省干线公路项目行业审查，为项目开工建设提供前期工作保障。完成岷江犍为枢纽、长江宜宾至重庆段航道“三升二”等内河航运项目前期工作并实现开工建设，加快推进嘉陵江利泽枢纽、渠江风洞子航电枢纽等项目前期工作。全面完成规划183个汽车客运站提升改造项目的前期工作，实现开工建设。推动公路水路建设与运输市场信用信息服务系统等3个信息化项目获工程可行性研究报告批复，全面完成公路水运工程质量安全监督管理平台等7个项目的前期工作。

建设计划管理 动态补充和完善重点项目库，并以此为抓手，保障项目计划的合理安排。编制下达2015年交通建设年度投资目标任务和全省重点交通项目建设计划。严格执行《四川省交通建设计划管理办法（试行）》，完善“负面名单”管理机制，强化考核。

强化收费公路管理 《四川省高速公路特大桥梁和隧道加收车辆通行费审核审查试行办法》经省政府批准实施。《四川省高速公路车辆通行费与工程建设与运营服务质量挂钩管理办法》上报省政府审定。完成成都第二绕城高速公路等9个高速公路项目收费立项审查审批，遂资眉高速公路眉山段等7个项目试收费审查审批，完成广元、广安、眉山等市 10个一级收费公路项目收费立项审查审批。

统计分析 圆满完成交通运输部和省级相关部门布置的40套行业统计报表的报送任务，认真开展交通经济运行分析，及时发布各类统计年报。扎实推进“国家公路网交通情况调查数据采集与服务系统”省级工程等统计信息化工程建设，圆满完成全国公路水路运输量小样本抽样调查等专项统计工作。

（厅规划处）

厅财务处 2015年，厅财务处牵头制订《2015年全省交通建设筹融资工作方案》，指导、协调和督促全省交通建设筹融资工作。组织开展中央和省补助交通建设资金专项检查，及时督促整改，增强补助资金预算约束力，规范资金使用管理，提高资金使用效益。按时完成2014年部门和企业决算编制、审核汇总、上报工作，及时批复各二级预算单位2015年单位预算，开展2016年部门预算编制和3年滚动财政规划编制。向省财政厅报送省交通运输厅2015年部门预算支出绩效报告和2013—2014年农村公路改善工程绩效自评报告。组织开展国有资产清理发现问题的全面整改工作，对发现的问题及时整改，形成厅属单位国有资产清理整改台账。组织开展厅系统国有资产产权登记与发证工作，明晰产权，落实责任，确保责权利统一。完成《普通公路筹融资机制研究》报告。向省政府报送《关于我省普通公路筹融资工作有关情况的报告》。完成《深化四川交通投融资体制改革研究》报告。配合厅相关处室完成《G0511线德阳至都江堰段高速公路PPP试点项目实施工作方案》。贯彻落实《中共四川省交通运输厅党组关于印发<立行立改十项措施>的通知》精神，完成“立行立改”相关工作。在厅及厅直单位、各地交通运输部门以及相关交通企业推选76名符合条件的会计人员进入第一期优秀会计人才培训班。完成涉农资金专项整治行动相关工作，按要求报送相关工作报告。为进一步完善相关财务管理制度，结合新《预算法》等相关法律法规对厅机关财务管理办法进行修订，印发《四川省交通运输厅机关财务管理办法》。加强国有资产管理，出台《四川省交通运输厅关于进一步规范厅属单位国有资产出租有关事项的通知》《四川省交通运输厅关于厅属单位资产购置有关问题的通知》《四川省交通运输厅关于进一步规范厅属单位国有资产评估有关事项的通知》和《四川省交通运输厅关于进一步加强厅属单位公务用车配备和使用管理有关事项的通知》。

（厅财务处）

厅人事劳动处 2015年，厅人事劳动处开展以下工作：一是加强领导班子和领导干部思想政治建设。筹备省交通运输厅党组“三严三实”专题民主生活会，组织督导厅直单位开展“三严三实”专题民主生活会。制定贯彻落实全省领导班子思想政治建设工作会精神实施方案。二是做好干部选拔任用、交流调整。按照好干部标准、“三重”导向和“三严三实”要求，调整充实厅直单位领导班子和厅机关中层干部，加强年轻干部提拔、锻炼。全年任免处级干部104人次，平级交流调整任职53人次；推荐进入省递进人才培养计划5人。向省委教工委推荐2名正院级后备干部。推荐3名副厅级干部交流到市（州）、大型国有企业和省属院校任职，选派26名干部到基层挂职锻炼；接收到省交通运输厅挂职基层干部4名。三是切实抓好党员领导干部培训。在厅属系统300余名处级干部和50余名后备干部中，分期分批开展全覆盖式培训，全面系统学习党的十八届四中全会、中共四川省委十届五次全会及习近平总书记系列重要讲话精神，着力提高干部队伍思想素质和业务水平。四是稳步推进事业单位分类改革。按照中共四川省委、省政府统一部署和省委编办要求，年内基本完成厅属事业单位分类工作。重新明确厅属34个事业单位的分类结果，撤销36个厅属事业单位，整合新组建2个事业单位，更名并调整职能职责1个事业单位，整体移交2个事业单位，基本实现厅党组对厅属事业单位分类规范整合的整体谋划。五是认真做好人才引进和服务工作。全年招录三批次186名参公管理人员和事业单位人员充实到厅属各单位，为全省交通运输持续健康发展提供人才支撑。六是完成中高级职称评审。全年完成高级职称评审173人、中级职称评审159人，推荐正高级职称评审17人。完成经济、卫生、档案、电子工程等非交通运输类专业中、高级职称委托评审41人；办理高级职称确认1人，办理中级职称初聘59人。组建由3个专业组209名专家组成的省交通运输厅职称评审工作专家库。七是做好工资福利日常管理。完成厅机关95名工作人员工资调标及代扣养老金、职业年金工作，组织开展厅直37个单位3 000余名工作人员工资调标工作，搜集汇总厅机关职工养老保险参保基础数据，并审核上报厅直属34个单位基础数据资料。八是不断加强制度建设和干部管理。积极配合中共四川省委巡视组开展专项巡视迎检工作，认真贯彻落实反馈意见精神，制订整改措施；推进干部人事档案专项审核。年内完成全厅300余名县处级干部和厅机关公务员人事档案的审核；加大干部问责处理力度，对6名违规违纪干部给予行政处分及组织处理。

（厅人事处）

厅建设管理处 2015年，厅建设管理处按照省交通运输厅统一部署，落实责任，强化管理，讲究实效，全面加快全省交通基础设施建设。

高速公路建设 以四川省《高速公路建设推进工作方案（2013—2017年）》为总揽，进一步健全完善项目建设工作体系和管理体系，落实监督责任，加强工程进度、质量、安全、造价和廉政“五位一体”管理。

建设市场管理 全省高速公路建设项目招标投标统一纳入省公共资源交易平台集中交易，组织制订《交通重点建设项目招标投标意义和投诉处理办法》，高速公路招标投标实现统一规范管理。监督招投标现场76次。完成2014年度从业单位信用评价，组织完成2015年第一季度、第二季度、第三季度信用考核工作，发布2015年从业单位不定期信用考核处理结果。完成268家施工企业新增资质审查和4 782位注册建造师资格审查，完成对67家监理企业资质审查及上报。

（厅建管处）

厅运输管理处 2015年，厅运输管理处开展《贯彻落实<交通运输部关于改进提升交通运输服务的若干指导意见>任务分工方案》《四川省交通运输厅关于改进提升交通运输服务工作2014年重点任务分工方案》的完成情况跟踪及考核，印发《四川省交通运输厅关于印发2015年改进提升交通运输服务重点工作及分工方案的通知》；完善《四川省12328交通运输服务监督电话系统监督考核办法》；按照国家和省政府关于交通运输业和部分现代服务业营业税改征增值税试点工作的部署，继续推进行业“营改增”试点；完成全省道路水路春运组织工作任务，全省道路水路客运量完成1.33亿人次，日均客运量为320万人次左右；做好燃油补贴和燃油消耗统计相关协调；进一步完善大件运输协调工作机制，按照省政府和省国防科学技术工业办公室等有关部门要求，研究讨论重要设备交通运输保障工作方案及具体工作计划，完成重要设备运输任务；按照《交通运输部关于开展综合运输服务示范城市建设的通知》文件，积极组织全省综合运输服务示范城市建设项目推报工作；贯彻落实《四川省物流业发展中长期发展规划（2015—2020）》，形成分工方案和推进工作意见，推进重点交通物流项目建设；继续推进四川省交通运输物流公共信息平台建设前期调研；按照省政府物流办要求，做好全省交通物流数据统计报送和季度分析，落实交通物流数据及信息平台对接，参与研究2015年重点项目推进方案及省物流工作要点；根据省交通运输厅客运站提升改造工程工作要求，加强工作指导和督导；完成“十三五”期交通运输有关发展规划编制、道路运输市场化改革、法治交通建设相关工作，协同推进交通运输信息化重点工作；贯彻落实省政府关于四川省服务业发展工作要求，完成交通运输服务业发展速度指标统计任务；贯彻落实省政府关于旅游强省工作要求，推进旅游运输的规范、有序发展；按照交通运输部和省政府要求，进一步加强全省外商投资道路运输业立项审批；配合省、市有关部门做好企业减负、搬迁协调、旅游运输调查及监管、公路水路口岸等工作。

（厅运输处）

厅城市公共客运指导处 2015年，厅城市公共客运指导处按照《国务院关于城市优先发展公共交通的指导意见》和《交通运输部关于贯彻落实<国务院关于城市优先发展公共交通的指导意见>的实施意见》，继续推进落实城市公交优先战略，深入开展城市客运行业指导工作，搜集全省城市公交发展情况，加强问题研判，组织研究城市公共交通发展的政策措施，着力推动各地交流推广城市公共客运发展经验；组织修改《四川省关于城市优先发展公共交通的实施意见（征求意见稿）》，结合“十三五”规划“创新、协调、绿色、开放、共享”发展理念，进一步完善2020年的城市公共交通发展目标；推动出台《四川省人民政府办公厅关于保障城市公交行业健康稳定发展的通知》，要求市（州）、县（市、区）人民政府严格执行国家和省有关城市公交补贴补偿政策，建立健全城市公交补贴补偿长效保障机制；组织开展以“优选公交、绿色出行”为主题的2015年公交出行宣传周活动；实施优化城市公共交通线网、开辟新的公交线路等便民惠民的服务举措，完善公交服务设施，因地制宜开展公交一卡通、月票等特价销售活动，积极实施智能公交信息化服务措施，营造公交优先的良好氛围；配合省国税局，定期更新《四川省城市公共交通管理部门与城市公交企业名录》；与相关部门联合印发《四川省财政厅、四川省工业和信息化委员会和四川省交通运输厅关于完善我省城市公交车成品油价格补助政策加快新能源汽车推广应用的通知》，进一步加快新能源汽车推广应用，促进公交行业节能减排和结构调整；切实抓好出租汽车行业稳控工作，研究制订出台相关文件，强化市（县）城市人民政府管理主体责任，确保全省出租汽车行业的总体稳定；组织协调成都市出租汽车服务管理信息系统试点工程交通运输部专家组检查和项目竣工验收工作，得到部相关领导及专家肯定；积极加强新业态出租汽车调研分析，为深化出租汽车行业改革提出意见建议；组织成都市认真做好全国城市轨道交通运营安全检查的准备工作，各项工作得到部专项检查组的充分肯定；指导成都市委托第三方专业评审机构分别在7月、12月对地铁1号线南延线及4号线一期工程进行试运营基本条件评审，并分别于7月25日、12月26日正式开通试运营。

（厅城客处）

厅安全监督处 2015年，厅安全监督处重点开展以下工作：组织召开10次电视电话会或专题会，坚持每月安全工作例会，研究部署并着力解决安全生产突出问题。制订出台厅安全生产工作责任制度和工作规则，全面落实“党政同责、一岗双责、齐抓共管”的责任体系，明确安全工作七项机制和十二项制度。创新运用微信等新媒体，开展行业安全生产宣传教育。根据《中华人民共和国安全生产法》清理行业安全生产法规规章，提出8项“立改废”规章条款并开展修订。建成全省道路运输驾驶员信息系统，建立重点监控名单、“黑名单”和每月通报制度，以地方规章形式出台全省道路运输安全监管“六严禁”（详见《附录》）措施。道路交通安全综合整治“深化巩固年”行动成效明显，完成道路安保工程建设任务，建立高速公路“治超”“一路四方”机制，初步建立普通公路“治超” “1+X+2”机制；牵头推进水上交通和危险品运输安全专项整治、安全隐患大检查大整治、“打非治违”、公路水运工程落实施工方案专项整治、公路隧道安全隐患排查整治等专项行动，督办完成省安委会挂牌督办的7处重大安全隐患和厅督导检查发现的18处安全隐患，被省安委会评为“安全隐患大排查大整治和打非治违先进单位”。务实推进安全生产风险管理试点，确定7家管理单位和8家企业作为省级试点单位，梳理总结7个安全生产工作典型经验（案例）并拟试点推行。制订2015年《四川省地震重点危险区应急预案》，印发《四川省水上运输事故应急预案》，完成地震应急演练工作，开展无脚本、不通知的水上交通应急演练。完成乐山市金口河地区5.0级地震应急处置。

（厅安全处）

厅科技教育处 2015年，厅科技教育处起草《创新完善科技成果转化机制实施方案（草案）》。开展厅科技项目立项工作。新立项22项，所有项目均按期启动，17项开展前期调研，14项完成大纲编写。“恶劣地质条件长大山区隧道施工安全风险防控与示范”项目被交通运输部确立为重大科技专项。组织厅科技项目参加评奖。厅公路设计院“高烈度地震条件深水库区大跨连续刚构桥梁设计施工关键技术”、四川路桥集团“连续采空区地段高速公路隧道建设关键技术研究”两项科技成果分获2015年度省科技进步二等奖和三等奖。组织申报行业地方标准。6项四川省交通运输行业地方标准获省质检局批准正式发布，并于10月1日正式实施。另有4项地方标准已完成验收，待批复后发布实施。获交通运输部行业标准立项支持1项，获省质监局地方标准立项支持5项。

推进全省交通运输行业节能减排，全面完成各项任务。制订印发《四川省2015年交通运输节能减排工作要点》，部署全省交通运输行业年度节能减排。督促成都市交委及有关建设单位抓紧实施《成都市建设低碳交通运输体系城市试点实施方案》。由省交通运输厅牵头，会同省发展改革委、省经委和省科技厅组成的省第四考核组，负责南充、遂宁和广安3市2014年度节能减排目标任务考核。经项目申报，专家初审、第三方机构现场核查、专家评审会评审等程序，全省15家交通运输企业联合申报的《四川省绿色交通装备（天然气车辆）项目》通过评审。6月13日—19日，在行业内开展“2015年交通运输行业节能宣传周和低碳日”活动，厅机关组织开展绿色低碳相关主题活动，发放宣传资料，提升行业节能意识。

印发《2015年度全省交通运输行业教育培训计划》，组织实施交通运输部支持西部地区干部培训计划和省交通运输厅年度干部培训计划，全年完成培训18期共2 000人次。指导行业全面开展职工各类岗位培训、业务和技能培训等，确保年均完成培训1万人次，在岗职工年培训面达到25%。推进民族地区交通人才本土化培养及藏区“9+3”免费中职教育（详见《附录》，下同）。开展精准扶贫培训，举办两期针对重点扶贫地区的专业技能培训，初步显示“教育扶智、技能扶贫”的效果。调整四川交通职业技术学院、四川交通运输职业学校和四川交通管理学校的办学层次、功能定位，通过整合，各校区在办学条件、办学能力、教职工待遇等方面都有明显改善和提高。

（厅科教处）

厅外经外事处 2015年，厅外经外事处着力健全推进高速公路PPP项目制度体系。加快推进交通运输部第一批PPP先行试点项目国道0511线德阳至都江堰段高速公路项目，牵头制订《G0511线德阳至都江堰段高速公路PPP试点项目实施工作方案》。专题推介全省20个高速公路BOT项目，总里程2 182公里，总投资3 073亿元。推进全省高速公路BOT项目投资人招标，国道0511线德阳至都江堰段、成都经济区环线高速公路德阳至简阳段2个高速公路项目招商成功，总里程215公里，引进资金296亿元；完成广安市过境高速公路东环线及渝广高速公路支线、成都新机场高速公路、成都经济区环线高速公路蒲江至都江堰段3个项目招商准备工作。督导检查14个在建高速公路BOT项目，加强实时跟踪督查和协调服务。遂广、遂西、成都二绕东段、内威荣、自隆等8个高速公路BOT项目（路段）按期完成通车目标，通车里程487公里，占全年高速公路通车里程96%。启动“4·20”芦山地震灾后恢复重建世行贷款农村公路项目，计划使用世行贷款资金3 000万美元；完成世行对邛崃市、天全县、荥经县3条约37公里农村公路恢复重建项目鉴别。

（厅外经外事处）

厅审计处 2015年，全省交通运输系统完成审计项目761个，其中建设项目与资金审计227个，核减投资额4 563万元；经济责任审计34个、预算执行及财务收支审计279个、经济效益审计7个、专项审计（调查）114个、内控制度评审34个；提出审计建议意见被采纳990条，查出并纠正违规金额3 319.7万元，促进完善规章制度317个。截至2015年底，全省交通运输系统已建立内部审计机构151个，配备内部审计人员共计609人（其中专职51人，兼职558人），参加各类审计业务培训844人次。2015年，省交通运输厅积极推动交通重点建设项目竣工决算审计，把具备竣工决算审计条件的广南高速、纳黔高速公路项目纳入审计厅年度工作计划；配合省审计厅实施跨年度沙溪航电枢纽工程等交通重点建设项目的竣工决算审计；配合协调省审计厅完成厅管省重点建设项目川汶路的竣工决算审计。完成厅公路局、航务局、运管局等12个厅直单位预算执行及财务收支审计。完成8个厅直单位后续跟踪审计。完成厅公路局、航务局、交通职业技术学院等9个厅直单位“三公”经费、会议费及培训费专项审计。完成对厅高管局、交通职业技术学院、厅公路设计院等8个厅直单位内部控制专项审计。根据中共四川省委、省政府印发的《四川省省管领导干部经济责任审计工作规划（2014—2018年）》，印发《四川省交通运输厅关于贯彻落实省管领导干部经济责任审计工作规划的实施方案》。编印《领导干部经济责任审计文件选编》。

（厅审计处）

厅行政审批处 2015年，按照中共四川省委、省政府“两集中、两到位”工作要求，经省委编办批准，省交通运输厅增设行政审批处，8月到省政府政务服务中心报到，处长兼任厅窗口首席代表。行政审批处的主要职责是：贯彻落实国家和省深化行政审批制度改革、政务服务、公共资源交易管理服务工作的方针政策、法律法规，负责拟订有关政策、制度、办法，并组织实施。负责指导、监督全省交通运输系统行政审批制度改革以及本系统中介机构承担的行政审批相关业务，清理调整行政审批事项，规范管理行政审批工作。按照“两集中、两到位”的要求，负责省政府政务服务和公共资源交易服务中心交通运输厅窗口的管理工作，集中承担省本级有关行政审批事项的受理和审批工作，发放行政许可证。组织协调厅有关业务处室和部门开展相关行政审批事项的勘查、论证、审核等工作，负责组织协调涉及省级相关部门并联审批事项的办理。负责做好与行政审批、公共服务事项有关的统计、调研和动态评估分析工作，负责提供有关交通运输行政审批的咨询服务。承担交通运输部门行政权力事项的清理和纳入电子政务大厅平台工作，推进行政权力依法规范公开运行。承办厅交办的其他事项。

2015年，厅行政审批处梳理完善省、市、县三级行政权力清单，依据现行有效的法律、法规、规章，客观、全面地对省交通运输部门的行政处罚、行政强制、行政确认、行政征收、行政检查、行政奖励及其他行政权力进行梳理和完善。编制上报《四川省交通运输厅责任清单》，校核编制省、市、县三级行政审批事项目录，实现审批事项名称在不同层级之间的统一，并分别编制省、市、县三级行政审批事项子项目录；细化完善省本级行政审批事项服务指南，在办事指南中逐项制作格式文本、示范文本、办理流程图和审查工作细则。清理规范投资性行政审批前置条件、中介服务及非行政许可审批事项。加强交通运输窗口服务的建设管理，制订出台《四川省交通运输厅政务服务窗口工作管理办法（试行）》，细化行政审批职责分工、制度建设、人员管理和责任追究等相关内容；强化行政职权目录动态调整，制订出台《四川交通运输行政审批事项目录动态调整办法》，明确动态管理原则、职责划分和相关工作要求，细化行政审批事项的动态评估、清理、承接等工作机制。推进行政权力依法规范公开运行平台及“两法衔接”（行政执法和刑事司法衔接）信息共享平台工作。大力推进行政审批信息化建设，进一步完善升级超限运输网上申报审批系统。有序推进交通运输行政审批“两集中、两到位”，稳步推进审管分离运行机制改革，加强厅行政审批处的牵头组织协调权和窗口管理权，加大对市（州）交通运输局政务服务窗口督促指导力度，加强与省政管办和政务服务中心衔接汇报。

（厅行政审批处）

省纪委驻厅纪检组（监察室） 2015年，中共省纪委驻厅纪检组（监察室）紧紧围绕监督、执纪、问责主业，全面推进纪检监察各项工作开展。在细化监督职责、开展述责述廉和约谈、加强纪律审查等工作上有创新、有亮点、有成效。将纪律审查作为中心工作。集中自身力量、整合厅内资源、争取上级支持，信访举报核查的质量和效率大大提高，全年给予党纪政纪处分7人，取得了查清实事、惩处违纪、教育干部的良好效果。注重监督的常态长效，加强执行纪律、“八项规定”精神执行情况、政风行风建设监督，持续推进作风建设。对37名同志开展述责述廉、出具37份工作意见书，提出189条意见和建议，并向5名厅领导出具5份工作意见书，指出76条不足，提出23条建议。

（厅监察室）

厅公安处 2015年，厅公安处坚持法治思维和法治方式，统揽综合治理、社会稳定和反恐防范等工作，确保全省交通运输行业和谐稳定、良好。

稳定工作“三推进一健全”，坚持问题导向，推进矛盾化解，对排查梳理的20多个重点问题分类分级建立工作台账；坚持重点分类，推进重大决策事项、重大工程项目和重点时间阶段三个重点领域专项社会稳定风险评估；坚持综合治理，结合公路水路安全联防工作，推进“平安交通”创建；坚持健全制度，制订《四川省交通运输厅矛盾纠纷排查调处办法（试行）》，将维稳工作纳入规范化、制度化管理轨道。反恐防范工作“三落实一加强”，盯住防范重点抓工作部署落实，盯住重点时段抓特殊时期反恐防范工作措施落实，盯住职责职能抓反恐防范基本要求落实，盯住从业人员加强反恐防范演练和培训。站港车船治安工作“三指导一督查”，指导建立上下联动、反应灵敏的旅客安全保卫机制，指导全面改进和完善安防工作规范，指导开展民工超长运输、旅游运输治安安全工作。组织开展安保专项督查，全力维护站港车船良好治安秩序。“扫黄打非”工作“三强化一整治”，强化协作配合，组织开展“净网2015”“固边2015”“清源2015”“秋风2015”“护苗2015”专项行动；强化查堵监管，对公路运输、客运站、物流货运站等场所严格管控，有效切断非法出版物的流通渠道；强化制度落实，严格执行运输、收寄验视制度，探索建立运输寄递环节非法和违禁出版物举报受理、监控制度。组织开展集中清查整治，一级客运站检查面达100%，重点藏区公路运输市场查堵面达100%。禁毒工作“三联合一达标”，联合省公安厅、省邮政管理局印发《关于加强交通运输、邮政寄递行业毒品堵源截流工作的通知》；联合地方交通运输部门组建代表队参加省禁毒委第一期禁毒师资培训和查禁毒品专项拉练；联合路政稽查协助公安机关开展布控工作，严防犯罪分子利用车（船）贩运毒品。利用交通运输基础设施和运输工具，采取多种形式大力宣传，重要时间节点禁毒宣传面达90%以上。厅机关安全保卫工作“三规范一落实”，加强标准化管理，启动厅机关保安服务公开招投标，规范厅机关内部保卫机制；加强学习培训，规范安保人员行为，提高工作效率和服务质量；加强技防措施，规范建立统一的技防监控平台。严格落实消防安全责任，定期开展消防安全检查和培训演练，着力整治各种消防火灾隐患。

（厅公安处）

厅信访处 2015年度，省交通运输厅信访处推进信访制度改革和信访法治建设，确保交通运输行业稳定。办理的人民群众来信来访比去年同期下降15.15%。办理来信比上年同期下降2%，其中联名信比上年同期上升33.82%；办结“省长信箱”“书记留言”等网上信访比上年同期下降24.86%。接待处理来访比上年同期下降36.46%，其中集体上访比上年同期下降8.51%。年内，四川省交通运输行业信访总量显著下降，信访秩序明显改善，实现厅和厅直单位不发生进京上访、不发生恶性信访事件、不发生重大群体性事件的“三不发生”信访工作目标，信访维稳总体形势趋稳可控。

（厅信访处）

厅离退休人员工作处 2015年，厅离退休人员工作处继续推进年度工作。一是抓好政策落实。完成厅机关138名离退休人员的离退休费调整和补发工作，指导审核厅直单位该项工作；完成厅机关124名退休人员的养老保险参保申报工作，指导审核厅直单位该项工作；上报9个事业单位及3个改制企业34名离休人员的“地方生活补助”财政申请；落实全厅61位新中国成立初期参加革命工作的部分退休干部的医疗照顾政策；全年为厅直单位7名离退休人员申请到总计62 000元的离退休干部特殊困难帮扶资金；4位离休干部享受按副省（部）长级标准报销医疗费待遇；提高遗属生活困难补助标准；落实代管改制企业和厅直单位离休干部的特殊困难补助发放工作；清理全厅离退休人员津补贴；及时缴纳代管改制企业离休干部2016年成都市统筹医疗费，完成21位离休干部一次性住房补贴方案申报。二是增添正能量活动。全年召开离退休党总支会议12次，离退休各支部和群众小组开展活动65次，组织老同志代表参加中共四川省委老干部局等部门组织的相关讲座及会议。开展第二届“品味书香 思想常新”老同志读书系列活动，分“推选读书达人”“讲述读书故事”“分享读书心得”三个主题，评选出读书达人37人，汇编读书故事及读书心得30篇。组织退休厅级干部及离退休支部书记、委员20余人赴广安调研交通运输建设情况。开展纪念抗日战争胜利70周年活动，按照中共四川省委老干部局要求，报送两位抗战老兵的抗战事迹材料，被收录进《抗战记忆》；到家中慰问抗战老战士、老同志并发放纪念章和慰问金；8月底，在厅机关展览抗战老战士、老同志光荣榜，并在此基础上编辑纪念册。为便于服务管理，理顺关系，更好地开展支部活动，经机关党委批复同意，将省交通运输工会、厅史志总编室、厅就业中心的退休党员从原支部划分出来，成立厅机关退休六支部。三是完善老干部活动中心。经过1年多的维修改造，厅老干部活动中心11月正式向老同志开放。活动中心分为棋牌室、图书室、多功能教室、健身房、休闲茶座及老年大学文艺班练功房、书画班画室。中共四川省委组织部副部长、老干部局局长彭德秋率队调研并肯定活动中心设施完善，功能齐备，制度健全，管理到位。四是做好走访慰问、医疗保障工作。全年慰问生病住院离退休老同志90余人次，到家中慰问56位80岁以上老同志；到高速公路交通执法第六支队慰问困难老同志，召开座谈会了解相关情况；赴山西核实异地安置人员情况；分别组织离退休人员计130余人在华西医院和公路局医院体检。五是圆满完成各类调研。积极参与中共四川省委老干部局的“如何加强新形势下老干部工作队伍自身建设”问卷调查。参与省老龄委政策调研，撰写调研论文《新时期机关事业单位离退休流动党员管理问题探索——基于四川省交通运输厅流动党员统计数据分析》，获2015年度老龄政策调研优秀成果二等奖。参与中共四川省委老干部局组织的“老干部工作为党的事业增添正能量理论研讨”论文撰写，撰文《创新思维 循序渐进全力推进老干部工作为党的事业增添正能量》。六是做好其他日常工作。及时有效处理来信来访，保质保量按时完成各类统计工作，妥善处理3名去世老同志的善后事宜。

（厅离退休处）

机关党委 2015年，厅直机关党的建设工作取得较好成效。厅党组被中共四川省委宣传部、省直工委表彰为“党组（党委）中心组理论学习先进单位”，被省直工委考评为“省直机关落实党风廉政建设责任制情况排名靠前部门（单位）”，厅直机关党委被省直工委表彰为“省直机关先进基层党组织”；厅党组在省直机关“三严三实”专题教育暨领导班子思想政治建设推进会和党的建设制度“废改立”工作推进会上作交流发言。

思想建设 制订厅党组加强和改进中心组学习的实施意见、中心组年度学习计划，切实推进中心组学习。扎实开展领导班子思想政治建设和“三严三实”专题教育，切实抓好整改落实。加强学习型党组织建设，组织开展“争创学习型领导班子争做学习型领导干部”专题读书活动、“党员干部的成长书”主题读书活动、党组织书记读书感言征集活动和“做悦读党员，建书香机关”征文活动等。加强典型宣传教育，配合厅办公室（文明办）组织举办全省交通运输系统先进典型事迹巡回报告会、李伟同志先进事迹巡回报告会等。

组织建设 认真落实党建责任制，厅党组把机关党建列入重要工作议程。严格党内政治生活，认真落实“三会一课”制度。加强组织建设和党员队伍建设，组织召开厅直机关第九次党代会和厅机关党支部书记座谈会。组织举办党务干部培训班和入党积极分子培训班。扎实开展“创先争优”活动，7个先进集体和个人受到中共四川省委和省直工委表彰。74个先进基层党组织、135名优秀党员、44名优秀党务工作者受到厅直机关党委表彰。加强综合考核，对2014年度厅直单位领导班子开展“四好”活动及落实党建工作责任制情况、党风廉政建设情况进行综合检查考评及通报。

作风建设 坚持正风肃纪常态化。继续扎实开展“7+6”“9+X”（详见《附录》）突出问题专项整治和“五项专项整治”，组织开展群众身边的“四风”和腐败问题专项整治。在全省交通运输系统继续组织开展“富民路·连心桥”以评促建、政风行风模拟测评、交通运输执法服务形象大提升、走基层等活动。在厅直系统纪检监察机构开展“创三优、铸利剑、树新风”活动。配合中共四川省委第二巡视组对省交通运输厅开展的专项巡视，抓好巡视反馈问题整改落实。扎实做好联系指导片区贫困县精准扶贫工作，精准扶贫及驻村帮扶工作取得阶段性成效。

廉政建设 认真落实“两个责任”，抓好厅党组落实党风廉政建设主体责任实施意见的贯彻落实，研究制订厅党组《落实党风廉政建设主体责任实施办法》。制订厅党组《党风廉政建设责任分工》，抓好督促落实。扎实推进工程建设、交通执法等重点领域的廉政监督和风险防控。协同厅办公室（文明办）开展政风行风建设模拟测评，组织召开廉政巡查员、行风监督员座谈会。加强警示教育，组织开展南充拉票贿选案专题警示教育系列活动，组织新任处级干部赴省法纪教育基地开展法纪警示教育。

群团统战 抓好厅党组《加强民主党派和无党派人士工作的通知》的落实，组织厅直单位民主党派人士代表赴“凉推”“甘推”、灾后重建等交通建设项目进行现场调研，召开座谈会，为交通发展建言献策。组织参加省直机关“走在前列，党旗飘扬”庆祝建党94周年歌咏比赛等多项文体活动。做好机关工会、妇女和共青团工作，组织开展全民健身活动；4个单位荣获“2013—2014年度全国青年文明号”“省巾帼文明岗”“三八红旗集体”等称号。

（厅直机关党委）

省交通战备办公室 2015年，四川省各级交战系统继续切实做好军地“桥梁”。科学编制四川省“十三五”交通战备发展规划。“十三五”国防公路、水路建设规划得到国家交战办和成都军区交战办的充分肯定；四川省上报的“十三五”期拟建项目均纳入国家“十三五”国防公路战备建设规划，分年度安排实施。协调省发展改革委、省财政厅，安排资金用于全省军事训练基地和重要部队进出道路建设，补助驻川空军等重点部队多条进出道路建设。积极协调相关部门，筹措资金，完成一批符合国防要求的交通建设项目。修订完善交通保障计划和交通重点目标保障方案，加强国家和省重点国防交通专业保障队伍建设，科学整合市、县两级国防交通专业保障队伍，基本形成编制规范化、行动战斗化、保障机制化的四级国防交通保障力量体系。1月，在西南地区首次组织开展汽车民用运力联合投送动员演练，受到上级和同行的充分肯定；10月，组织重点国防交通专业保障队伍集结平板车等特种车辆20台，首次在西南高原地区开展战略投送力量远距离拉动训练，机动行程1 500余公里。开展公路抢通、公路运输和水上应急等演练30余次，检验各类应急预案，展示交通战备专业保障队伍和装备，提高综合交通保障能力。做好军事交通和应急交通保障工作。根据成都军区部队行动交通保障实施办法，探索建立军事交通保障新模式。加强对各市州交战办的指导，密切与厅公路局、高管局、运管局和法规处的联系，科学制订和实施军事行动交通保障方案，优质高效完成跨区机动“联合行动2015-D”等各类军事交通保障任务120余起。扎实开展国道318线、二郎山翻山公路等重点道路战备勘察，做好国道318线军事运输交通保障工作，理清思路、明确重点，协调有关施工单位，指导雅安市和甘孜州交战办，加大川藏公路军事运输交通保障力度。应急交通保障任务完成出色。在叙永山洪泥石流和国道318线通麦至106道班特大山洪泥石流自然灾害中，省公路工程大队克服恶劣自然条件，快速架设钢栈桥，及时抢通生命线。在“6·28”南江特大暴雨乘客转移和国道213线㩟为渡口应急保通应急任务中，巴中市交战办和宜宾江安战备码头管理所表现优异，受到好评。举办国防交通信息管理更新版本培训，规范数据采集程序和流程，全省各级交战办采集更新民用运力、平板拖车、油罐车和加油站等数据。全省各级交战办组织开展“讲规矩、严作风、提能力、树形象”专题活动，有效提升交通战备队伍依法行政、全面履职、组织协调、应急指挥四个方面能力；加强全省交通战备组织机构建设，实现市（州）级交战办机构编制全覆盖；修订完善目标管理办法，首次将省重点国防交通专业保障队伍和重点县（市、区）交战办纳入目标管理联系单位，并将交通战备纳入厅对市（州）交通运输局（委）的目标管理体系；加强交通战备宣传和理论研究，创办印发《四川交通战备信息》14期，开展“适应依法治国和深化改革新形势，全面推进国防交通建设”专题理论研究，全省交通战备部门撰写论文36篇，被国家交战办评为组织工作先进单位。全省各级交战办认真贯彻落实《四川省通信设施保护规定》，有效保护通信设施。结合重要时间节点和“5·17”电信宣传日，组织泸州、宜宾和凉山州等交战办广泛开展军警民联合护线宣传活动，加强《四川省通信设施保护规定》宣传，全省全年发放宣传资料15万余份。完善通信设施保护协调工作机制，建立军地协调机制，认真履行通信设施保护的组织协调和监督检查职能，做好涉军线路保护工作。联合省军区、省计划用电，节约用电，安全用电办公室，组织四川电信、长途通信传输局等单位到自贡、泸州和宜宾、阿坝等地，协调处理矛盾18起，实现全省一、二级干线零阻断。

（省交战办）

厅公路局 1952年9月，川西行署交通厅养护处更名为四川省交通厅养护处，负责全省公路养护工作。1954年10月经省政府批准成立四川省交通厅公路局。1958年1月改制为厅内局，1962年6月恢复为省直属局。1971年改制为四川省交通局公路管理处，1980年12月恢复为四川省交通厅公路局。1985年11月核定为县级事业单位，按照省交通厅授权，主管全省公路的规划、新建、改建和国道、省道、县道、乡道公路的养护管理工作。1988年将国、省道及各养护总段成建制下放市地州管理，厅公路局的职能转变为对全省公路养护管理实行宏观调控的行业管理。1996年12月批准局正职，根据干部本人条件可按副厅级干部配备，局副职可按正处级干部配备。2000年6月厅公路局与厅高速公路管理局撤并，组建四川省交通厅公路局，对中层干部实行竞争上岗，一般干部实行双向选择的人事制度改革。受交通厅委托，主要负责全省公路建设、养护、收费和路政稽查的行业管理。2005年批准机关事业编制156名，内设机构为：办公室、政策法规处、公路规划处、财务处、养护管理处、工程管理处、路政管理处、收费管理处、人事处、离退休人员工作处、科技教育处、监察审计处（与纪检组合署办公）、信息处、后勤管理处和机关党委。2006年3月批准增设农村公路建设管理处，所需人员局内部调剂解决。2009年4月省人事厅批准参照《公务员法》管理。2009年12月更名为四川省交通运输厅公路局。

2015年是“十二五”的收官之年，四川公路交通行业主动适应经济发展新常态，保持持续快速发展的势头，超额完成年度目标任务，取得显著成效。普通公路建设完成投资814.5亿元，为年度目标的100.3%。其中国省干线公路建设投资477.7亿元、农村公路建设投资260.8亿元、养护工程投资76亿元。完成新（改）建普通公路里程2.85万公里，为年度目标的172.5%。其中新（改）建国省干线公路2 472公里，新（改）建农村公路2.6万公里。建成安保工程（路侧护栏）6 892公里，为年度目标的101.4%。芦山地震灾区公路国道351线乐英至芦山县城段建成通车，国道108线雅安至荥经段、国道318线雅安至二郎山段和灾区3条经济干线公路基本完成重建。省道303线巴朗山公路隧道全线贯通。绵茂路汉旺至清平段基本建成。完成公路大中修工程目标任务，加强公路日常性养护工作，及时整治路面病害，整治危（病）桥、隧道隐患，国省干线公路路面使用质量指数（PQI）达到87.5，受到交通运输部检查组高度评价。

（厅公路局）

厅航务局 四川省交通运输厅航务管理局（同时挂四川省地方海事局、四川省船舶检验局，实行“三块牌子、一套机构”）是交通运输厅参照《公务员法》管理的事业单位。主要职能是负责贯彻落实国家和省有关水路交通的方针、政策、法律、法规和规章，研究制订相关的实施办法，并组织实施。负责编制全省水路交通行业中长期发展规划、年度计划，并组织实施。负责全省水路交通的运政和水路运输市场、水运服务市场、港口装卸市场的管理，协调重要物资、紧急物资的水路运输。负责全省水运安全管理和水路交通的安全执法监督，事故调查处理和水上救助打捞、船舶防止水域污染工作。负责航道、港口的规划、建设、养护、岸线使用和水路交通航道管理。会同有关部门协调处理水资源综合利用中的有关事宜。负责组织船舶、水上设施的设计、建造，船用产品的技术核验和造船企业生产技术的认可发证以及水运科技的推广应用，水运行业计量、质量、技术标准，船舶通讯导航的管理。负责船舶港务费和船舶检验费等水路交通规费征收的行业指导。负责船舶登记，船员的培训、考试和发证管理工作。负责水运行业的精神文明建设和航运职工队伍的教育培训。承办交通运输厅交办的其他事项。

2015年，厅航务局各项工作呈现高位求进的良好态势。

内河航运规划体系更加完善。开展并指导各市（州）编制各类规划8个。编制《四川省“十三五”内河水运发展规划》，同步开展水上交通安全、长江干线海事发展规划、渡改桥建设等3个专项编制。完成《高等级航道达标升级专项工程方案》并报批。启动《岷江成都至乐山段航运发展规划》，配合交通运输部完成《金沙江攀枝花至水富段航运发展规划研究》。指导做好遂宁、凉山、攀枝花、自贡港口总体规划编制。

水运开发建设成效更加明显。全省完成水运建设投资38.05亿元，完成目标任务的109%。全省新增四级以上航道里程306公里，新增港口集装箱吞吐能力15万标箱。开工建设长江宜宾至重庆段航道等级提升单滩治理工程、岷江犍为航电枢纽等2个重点项目，全面完成中共四川省委、省政府目标任务。继续推进嘉陵江航运配套工程等5个在建项目。完成南充港河西作业区化工园区专用码头等3个项目交工验收。建成渡改人行桥105座，完成目标任务的105%。加强项目建设管理，全省重点水运项目建设“进度、质量、安全、造价、廉政”总体受控。

水路运输发展势头更加强劲。制订出台《加快现代航运服务业发展的实施意见》。建立三峡通航保障合作机制，全省集装箱快班轮和重点急运物资过坝运输得到优先保障。指导港口企业积极拓展适箱货源。完成溪洛渡、向家坝等新增水域和渠化河流航区划分。加强与上海等长江中下游港口对接合作，宜宾港与南京区域港口群、唐山港、武汉新港签署战略合作协议，泸州与成都、武汉、攀枝花签订《港口物流战略合作框架协议》。打通宜宾、泸州至日本、韩国等集装箱江海联运物流通道。宜宾港、泸州港在成都、攀枝花、昆明等设立无水港或陆港设立作业区。泸州港至攀枝花铁水联运班列试运行。鼓励扶持港航企业发展。全省新增省际水运企业2家。新投入营运1 000载重吨以上标准船舶8艘、3.53万载重吨。船舶工业实现产值3.37亿元。2015年，全省完成水路货运量8 688万吨、货物周转量183.5亿吨公里，港口货物吞吐量9 564万吨，客运量2 748万人次、旅客周转量2.63亿人公里，比上年分别增长3.9%、19.0%、4.42%、2.61%和—1.02%。完成铁路水路联运集装箱吞吐量2.5万标箱，比上年增长125.13%。完成集装箱吞吐量62.08万标箱，比上年增长40.74%。完成大件运输72批次、1.67万吨。

水上交通安全基础更加牢固。集中开展持证船员安全教育培训，覆盖率100%。推进船舶AIS岸基网络及设备终端建设。开展危险货物运输专项督查，加快构建长江危化品运输安全保障体系。开展渠江跨区巡航执法，推广共管河段分段巡航监管模式，强化对新增通航水域的安全监管。开展水上交通非法运输专项整治，查处打击各类违法行为，发现并整改各类隐患3 500起、整改率100%。完成自有船舶5 000总吨以上和港口设计能力70万吨以上企业的达标考评。开展砂石自卸船推广船型研发并确定4型推广船型。加强船舶机构资质管理并顺利通过交通运输部海事局验收。修订《四川省水上运输事故应急预案》并经省政府办公厅印发实施。在长江干线泸州、宜宾两市交界水域开展水上无脚本应急演练，在遂宁组织开展省、市联合应对水上突发事件集结拉动演练。年内，全省发生一般等级运输船舶水上交通安全事故2起、死亡3人、经济损失16.7万元。

水运综合保障更加有力。扎实推进党的建设各项工作，修改完善《三重一大议事规则》等制度，修订《惩治和预防腐败体系2013—2017年实施意见》。大力推进海事“三化”（革命化、正规化、现代化）建设，开展“三化”好形象好品牌宣传，举办执法队伍比武练兵和“三化”先进事迹报告团巡回报告。理顺信息化管理体制，行政审批事项按时办结率和提前办结率均达到100%。加大人才引进力度，开展干部挂职交流锻炼，厅航务局组织各类培训29期，参训1 550人次。深化精神文明和宣传工作，行业社会形象进一步提升。

（厅航务局）

厅运管局 四川省交通运输厅道路运输管理局前身为四川省汽车运输公司。1985年4月1日改制为正处级行政事业单位，更名为四川省交通运输厅公路运输管理局。2011年5月6日机构调整，更名为四川省交通运输厅道路运输管理局，同时撤销四川省高速公路运输管理处，将其编制和职能并入省交通运输厅道路运输管理局。为参照《公务员法》管理的事业单位，事业编制107名，内设14个处室：党委办公室、局办公室、政策法规处、人事科教处、财务与规划统计处、客运管理处、货运管理处、车辆维修处、安全稽查处、驾驶员培训管理处、科技信息处、监察审计处、后勤管理处、公交与出租汽车管理处。现有在编在职人员88名（干部80人、工勤人员8人）。直属企业3个：省运业汽车站建设有限责任公司、省蜀运实业有限责任公司和省公路运输服务中心，代管四川省大件运输公司。主要职能职责：负责制订全省道路运输行业发展规划并组织实施；指导全省道路运输行业优化结构、协调发展，维护道路运输行业秩序；负责全省道路旅客运输、货物运输、机动车维修、道路运输站（场）、机动车驾驶培训、城市公交、出租汽车、城市地铁及轨道交通运营的行业管理及监督；负责全省道路运输安全的源头管理工作；负责道路运输行业统计，组织实施交通战备、抢险救灾等重点物资的紧急运输；负责道路运输管理队伍建设，并对下级道路运输管理机构的执法活动进行监督。

2015年，厅运管局加快推进道路运输五大体系建设，圆满完成各项目标任务。全年公路运输完成客运量12.4亿人次，比上年下降2%，旅客周转量630亿人公里，与上年持平；完成公路运输货运量15.2亿吨、货物周转量1661.5亿吨公里，比上年分别增长7%、10%。一是完成“十三五”规划编制。紧扣全面建设小康社会总目标，科学预判人民群众对出行便捷性、舒适性、安全性和对货物及时性、经济性、安全性的愿景，加强与交通运输部、省交通运输厅“十三五”规划编制衔接，初步完成了“1+10+7”的全省道路运输“十三五”发展规划编制工作。二是加快推进综合客、货运枢纽建设和汽车客运站提升改造工程建设。全年完成总投资35亿元，比上年增加116%。建成青白江公路货运集散中心（一期）、南充传化公路港、龙泉公水联运物流基地（成都公路口岸）等3个公路货运枢纽和乐山客运中心站综合客运枢纽，攀枝花密地物流园主体建设基本完工，广安枣山客运中心站主体完工，内江客运中心站已开工建设。完成183个提升改造工程项目建设。三是加快立法进程，提高行政审批效能。组织修订完成《四川省道路旅客运输管理办法》《四川省道路货物运输管理办法》《四川省机动车维修管理办法》3部行政规章。出台《四川省道路班车、包车客运车辆营运使用年限规定》《四川省道路运输驾驶员记分管理办法》。年内，省政务中心受理窗口接件1 515件，按时办结率和群众评议满意率均为100%。四是优化客运网络。扎实推进快速化的干线客运系统建设，不断完善以高速公路直达客运为主要运输方式的干线客运网络，调整或新开通高速公路直达班线37条；大力推广宣汉“一元通”、平昌县“四统一”、犍为“农的”等农村客运发展新思路、新模式，促进农村客运全面发展，保障城乡居民“行有所乘”的基本需求。乡镇、建制村客车通达率达94.12%和67.79 %；鼓励和引导运输企业加快客运车辆升级更新步伐，加快道路客运车辆更新，提升道路客运装备水平，推动旅游包车、定线城际包车、通勤包车、商贸包车全面发展。五是道路货物运输加快转型。开展主题式甩挂运输培育，建立甩挂运输联盟，全省5个项目成为交通运输部甩挂运输试点项目，并加大公路铁路、公路水路等多式联运模式探索力度；积极发展以城带乡、城乡一体的农村物流共同配送模式，推广县至乡镇、沿途建制村的双向货物运输配送服务，鼓励市到县和县到乡的客运班车代运邮件和快件，提高农村物资运输的时效性和便捷性；继续推进道路危险货物运输电子运单试点省工作，全面启用道路危险货物运输电子运单系统，成都、泸州23家试点企业共计生成运单701单，有效落实危货企业动态监控主体责任，在全国危险货物道路运输电子运单管理制度试点工作座谈会上得到交通运输部运输司的充分肯定。六是公交优先发展政策落地，有效提升公交出租发展水平和服务质量。印发《四川省人民政府办公厅关于保障城市公交行业健康稳定发展的通知》，进一步健全公交优先发展长效保障机制。制订《四川省“公交城市”建设方案》并报省交通运输厅。完成全省城市公交基本情况的摸底调查，城市公交覆盖21个市（州）政府所在地城市和119个县（市、区）；开展出租汽车油价补贴政策和定价机制研究。组织开展2015年公交出行宣传周活动和城市公交驾驶员职业技能大赛四川预赛，深入开展城市公交精品线创建活动，联合省人社厅、省总工会组织开展全省出租汽车行业和谐劳动关系创建活动，在全省表扬评比474名优质出租汽车服务驾驶员，评选出A级以上出租汽车服务质量信誉企业436家，开通“95128”出租汽车约车服务号码省级管理权限。七是强化道路运输安全监督管理。制订《四川省安全生产约谈管理办法》《四川省道路运输安全生产重点监控管理办法》，出台《厅运管局安委会工作规则》《厅运管局安全生产工作责任暂行制度》《厅运管局督查工作手册》等制度，全面落实违法驾驶员“黑名单”管理制度；继续开展“道路交通安全综合整治深化巩固年行动”“道路运输平安年”“旅游包车专项治理”和“两客一危”（详见《附录》）等专项整治行动，联合省安监局开展驾驶员安全承诺活动；完成63家三级以上客运企业、51家一级汽车客运站、360家危货企业、493家出租客运企业安全生产标准化达标考评。八是维修驾培行业管理效能显著提高。着力提升维修驾培等运输辅助业服务水平，强化规范诚信经营。在全省5 322家二类以上汽车维修企业中开展“阳光维修”优质服务活动，全省8 093家机动车维修业户签订不得非法改拼装货车安全责任承诺书，签订率达98%；出台《四川省班车和包车客运车辆营运使用年限规定》《四川省出租汽车车辆技术要求暂行规定》；全面贯彻落实驾驶员培训机构资格条件等两项国标，235所驾校按照国标完成达标改造工作；继续深入推进道路运输驾驶员继续教育，全省共有23万驾驶员完成继续教育并通过结业考核；加强教练员队伍建设，全年培训考试合格教练员12 535人，对3 910名在岗教练员开展封闭式轮训。九是继续推进道路运输信息化建设。提升道路运输信息资源的深度开发与综合利用水平，推动信息技术与道路运输管理和服务全面融合。编制完成《道路运输信息化总体规划（2015—2020）》《四川省交通运输厅道路运输管理局信息化建设管理办法》；全面推进四川省道路客运联网售票系统二期工程建设，完成联网车站152个；推广应用汽车二级维修企业信息化管理系统，全省2 334家汽车二级维护企业全部完成安装工作；开展汽车综合性能检测机构监控系统安装试点工作，完成113家汽车综合性能检测机构监控系统安装并投入使用；强化车辆动态监管，全省已有15万辆营运车辆安装使用卫星定位装置，1.5万辆营运客车安装使用3G车载视频系统。十是道路运输行业形象整体提升。持续开展党风廉政教育和以评促建专项活动，行业整体作风明显转变，行政效能明显提升。组织开展南充拉票贿选案专题警示教育，通过制作廉政警示展板、发放警示教育读本、参观廉洁文化教育基地等“七个一”专项警示教育活动，全面提高广大党员干部廉洁自律意识，增强拒腐防变能力；制订“三严三实”专题教育实施方案，“不严不实”问题清单及整改措施，坚持问题导向，聚焦对党忠诚、个人干净、敢于担当，坚决反“四风”，着力解决“不严不实”问题，党员干部特别是县处级以上党员领导干部党性修养、实事求是工作作风进一步加强；围绕服务型政府建设，组织开展“大提升、大比武”等活动，行业形象不断提升。

（厅运管局）

厅高管局 2011年5月，四川省交通运输厅高速公路管理局挂牌成立。受省交通运输厅委托承担全省高速公路养护、运营服务的监督管理和联网收费管理、安全监控、应急处置等工作。厅高管局与厅高速公路交通执法总队实行“一套机构、两块牌子”，受省交通运输厅委托管理7个高速公路交通执法支队和高速公路监控结算中心。厅高速公路交通执法总队和7个高速公路交通执法支队受交通运输厅委托承担全省高速公路路政、运政和收费稽查工作。年内，厅高管局全力推进行业监管和执法工作一体化进程，并已取得初步成效。

厅高管局（厅高速公路交通执法总队）机关核定编制70名，其中领导职数4名（1正3副），总工程师1名；内设机构领导职数21名（8正13副）；内设综合办公室、政策法规处、运行管理处（应急办公室）、建设养护处、收费财务处、服务监管处、人事教育处、监察审计处8个处室。机关在编人员52人，平均年龄40岁，研究生学历30人、大学学历19人、大专及以下学历3人。7个执法支队批准设立95个执法大队，核定编制1 169名。每个执法支队领导职数1正3副，7个执法支队共核定领导职数28名；执法支队机关内设办公室、执法科、人事教育科、财务科、监督科5个科室，各科室领导职数按1正1副配备，共70名；每个执法大队核定领导职数1正2副，共285名。7个执法支队实际成立82个执法大队、2个治超站，在编执法人员903名，协助执法人员880名。

监控结算中心承担全省高速公路的联网收费管理，与科研所、智能公司实行“统一党政领导、统一设置内设机构、统一管理人员、统一工作安排调度”，内设办公室、系统运行处、技术维护处、信息情报处、财务处、后勤物业处6个处室。监控结算中心核定编制35名，其中领导职数3名（1正2副），在编人员29人，平均年龄39岁。科研所核定编制66名，其中领导职数4名，在编人员32人，平均年龄43岁。智能公司现有人员（川高直属企业）73名。

2015年，厅高管局（厅高速公路交通执法总队）突出重点，改革创新，各项工作取得显著成效。

高速公路法制建设方面，在全国率先探索建立收费标准动态调整机制，制订隧道养护管理制度、机电系统维护管理规定等26项配套制度。高速公路超限治理方面，组织开展“高速公路交通安全综合整治深化巩固年”行动，全面建立入口治超多部门管控联动机制；组织实施商品运输专用车专项整治活动，移交成都高速公路主线和省际高速公路收费站等11处治超点管理工作；改造100余处入口计重设备，积极探索货运车辆外廓尺寸超限治理模式。高速公路交通执法方面，全面落实行政执法责任制，加强行政执法过程管理，路产案件处置率、结案率及行政处罚案件结案率、行政许可办结率达95%以上；完成“三基三化”试点；开展交通执法服务形象大提升活动，建成“十佳服务窗口”，推评“十佳服务标兵”，完成25处（共92处）执法场所外观形象建设。收费系统、清分结算系统平稳运行，调配复合通行卡100余万张，清分结算车辆通行费154亿元；完成绵阳绕城、成都二绕东段、巴广渝、遂广等9条高速公路收费立项审批，实现全省 55个高速公路项目基础信息网上公示；完成9个高速公路项目506公里通车投运准备工作。高速公路“智慧交通”建设方面，大力推进“3+N”信息化项目建设，ETC加速发展，按期实现全国联网目标；ETC专用车道建设与管理逐步规范，累计建成ETC专用车道938条，建设ETC/人工混合车道265条，实现ETC车辆所有收费站不刷卡通行；建成ETC服务网点695个，实现已通车高速公路县级以上城市全覆盖；建成公共服务信息查询系统，56对服务区实现出行信息查询服务覆盖，74对服务区实现免费WiFi服务覆盖；移动通信信号覆盖高速公路主干线，278座隧道实现信号无障碍接收；新建和改造完成25个四川交通广播信号发射点，基本实现高速公路全覆盖目标。高速公路公共服务方面，开展服务区优质文明服务创建年活动，完善43对服务区服务功能，完成69对服务区标识标牌“四统一”工作，建成全国百佳示范服务区4对、优秀服务区19对、达标服务区（停车区）96对，创建星级服务区26对。丰富四川交通在线网站功能，升级改造“12122”系统，完善三网融合短信发布平台，全年发布路况信息5 266条、交通阻断信息 7 980条，“12122”处理话务72.83万件。高速公路养护监督方面，统筹全省高速公路迎检工作；开展路域环境综合整治，全省高速公路路容路貌得到较大改善。抽检55条高速公路10 169公里（车道）路面技术状况，对44条高速公路66座桥梁、23座隧道（土建工程）开展定期检查，督促完成7处重大安全隐患整治。

（厅高管局）

厅质监局 为适应全省交通发展需要，加强交通建设工程质量监督管理工作，1988年5月，省交通运输厅成立公路工程质量监督站，挂靠厅公路局开展工作。1990年10月，经省编委批准成立厅公路工程质量监督站，为县级事业单位；2003年10月，原属厅航务局内设的水运工程质监站并入厅质监站，同时更名为厅公路水运质量监督站；2009年12月经人事厅批准改为参照《公务员法》管理单位；2010年7月，更名为厅公路水运质量监督站。2012年8月，更名为厅工程质量监督局。局内设综合处、工程质量监督处、工程安全监督处、工程技术处、资质管理处。

2015年，厅质监局完成各项目标任务：

工程质量监督 实现“监督组+专家+第三方检测单位”检查模式常态化。全年监督检查在建高速公路项目16个，总里程1 730公里；省、市质监机构开展综合检查、巡查及专项检查416次。检查重点水运工程项目7个36次。检查在建普通干线公路项目147个846次，总里程4 840公里；检查在建农村公路项目692个，总里程7 367公里；市级及以下质监机构开展检查1 520次。工程质量安全状况实行半年分析，及时通报处理意见。

安全生产监管 开展安全生产专项督查暨交通运输行业安全隐患“大排查大整治”活动。对处于施工高峰期的9个项目进行专项检查，发现整治各类安全隐患30个；组织汛期安全生产检查，派遣80余人次对雅康、汶马等17个在建高速公路项目及重点水运工程进行检查，发现整治汛期安全隐患12处；组织落实施工方案专项行动，检查公路及水运工程项目353项次，发现安全隐患486处，停工24处，停工标段12个。各类安全隐患已全面督促整改到位。以“平安交通，我担当我尽责”为主题开展“安全生产月”活动，在汶马高速公路C12合同段项目经理部对安全生产问题进行现场咨询。

交（竣）工质量验收 发布《高速公路竣（交）工验收质量检测招标文件范本》，全面推行交竣工检测单位公开招标投标。提前介入、及早部署交验检测工作，提前发现121根桥梁墩柱竖直度超标、8座隧道二衬存在空洞及个别项目波形梁立柱埋深合格率偏低等质量问题，并在项目通车前全面整改到位。全年完成遂西、遂广、二绕东、自隆、内威荣等10个高速公路项目（段落）554.7公里及1个重点水运项目交工验收质量检测。完成乐宜、内遂高速公路竣工验收质量鉴定；完成广甘、成自泸赤内自段、泸州段、遂资眉、达万、巴达高速公路机电工程及乐雅、纳黔、遂资眉高速公路绿化工程单项质量验收。

资质资信管理 编制《四川省监理体制改革工作试点方案》，对监理职责定位、工作重点和工作方法作出调整。出台《公路水运工程监理及检测资质管理标准化指南》，实现资质管理流程标准化。分6个组对15个在建高速公路项目开展工地试验室专项检查，检查工地试验室183家。完成65次监理行政许可初审，20次试验检测资质认定，完成监理、试验检测人员注册注销1 740余人次。

（厅质监局）

纪检监察
JIJIAN JIANCHA

落实监督责任 2015年，中共省纪委驻厅纪检组（监察室）聚焦监督主责。督促厅党组深入落实《关于落实党风廉政建设主体责任的实施意见（试行）》，制订《厅党组落实党风廉政建设主体责任实施细则》；草拟《驻厅纪检组监察室落实监督责任实施办法》，明确责任边界、细化职责权限，针对督促主体责任落实、纪律监督和行政监察、党纪政纪审查、干部问责处理等提出有效工作措施；传达贯彻重要会议文件精神、监督班子决策廉洁性审查、约谈班子成员、提出工作建议，对厅班子和成员开展监督，全年29次党组会议，研究党风廉政建设工作23次，议题61个。厅纪检组（监察室）主动开展监督、厅班子及成员接受监督逐渐形成共识和制度化安排。

严格执纪问责 2015年，中共省纪委驻厅纪检组（监察室）以纪律审查为中心工作。注重从群众举报、网络舆情、内部审计、惩防体系检查、财务检查、项目监督检查、政风行风检查等方面信息发现问题线索。针对年内省交通运输厅委托审计披露的问题、2010年以来的信访举报线索、中共四川省委巡视组的反馈意见开展线索梳理，严格按五类标准分类处置。严惩违纪行为。全年收到信访举报94件，完成初核20件，立案调查9人，给予党纪政纪处分7人，组织调整调离岗位3人，诫勉谈话、批评教育7人，出具监察建议书1份，提出规范工作建议10余条。其中，对某厅直单位违规打麻将问题进行调查，给予党内严重警告2人、警告2人，诫勉或批评教育4人，并对其分管领导问责处理。

配合专项巡视 2015年8月—9月，中共四川省委第二巡视组对省交通运输厅进行专项巡视。巡视期间，中共省纪委驻厅纪检组（监察室）把落实巡视整改作为重要政治任务，力求集中精力、举一反三抓整改、促落实，抓住契机提高监督执纪水平。抽调专人接待信访，督促办理涉及行业管理的信访件9件，核查巡视组移交问题线索6件，对1人立案调查。巡视组反馈意见后，对涉及资金资产问题开展专项审计、对涉嫌违纪问题开展纪律审查。同时，根据省交通运输厅整改工作方案，提出有针对性的系列整改措施，此外，全年协助交通运输部纪检组、北京市检察院、岳阳市检察院相关案件调查工作，先后10多次提供工作配合与保障。

深化作风建设 2015年，中共四川省纪委驻厅纪检组监察室继续督促厅内部深化作风建设。继续深入推进正风肃纪“7+6”专项治理（详见《附录》），督促相关单位整改问题。抓好中央第九巡视组反馈意见整改落实，扎实开展“五个专项治理”。积极开展群众路线教育实践活动，承担严以律己专题学习教育工作；督促政风行风建设，督促相关单位跑好“接力棒”。继续开展“富民路·连心桥”政风行风以评促建、全系统政风行风交叉检查、群众满意度模拟测评等专项工作。

2015年12月23日—25日，中共省纪委驻厅纪检组长、监察专员李传林（右二）一行调研攀枝花市交通运输工作情况 交通宣传中心 供稿

优化监督机制 2015年，中共四川省纪委驻厅纪检组（监察室）继续优化相关权力制约机制。拟订《述责述廉工作方案》，对16个厅直单位的主要负责人和纪检监察负责人、6个机关处室负责人共计37名同志进行述责述廉和约谈，出具37份工作意见建议书，提出189条工作意见和建议；约请5名分管厅领导交谈，出具5份工作意见书，指出分管单位76条不足之处，提出23条工作建议。同时，对56名处级干部分别进行任前廉政谈话。该项工作得到中共四川省纪委分管领导充分肯定，要求总结推广；完善惩防体系建设。在基本建成惩治与预防、廉政风险防控、行业内控、电子监察、监管制度五个体系基础上，继续抓深化、落实、提高，督促各单位修订完善制度；加强廉政风险监督检查。督促落实厅直单位党风廉政建设、政风行风建设、纪检监察综合考核制度，督促协同相关单位开展检查，近3年共发现和督促整改106个问题；探索项目廉政风险防控标准化。积极推进项目廉政风险防控标准化试点，加强对试点单位兴蜀公司指导，督促并协同相关部门对试点情况开展专项检查。

加强警示教育 2015年，中共四川省纪委驻厅纪检组（监察室）继续加强警示教育。开展典型案例教育。在厅党组会通报中央纪委和中共省纪委通报的45件典型案例，汇编下发近几年全国交通运输系统大案要案；坚持纪检干部讲廉政课。驻厅纪检组（监察室）主要负责人在省交通运输厅处级干部培训班、党务干部培训班等教育活动中讲授廉政课，对300多名干部遵守党纪专题教育；加强纪检干部培训。举办纪检监察党风廉政建设形势教育培训班，邀请中共交通运输部纪检组、中共四川省纪委相关室负责人授课，厅级领导干部、厅机关处室及厅直单位主要负责人、全系统220余名纪检干部进行培训教育，深入学习习近平总书记关于党风廉政建设重要讲话精神，解读廉洁自律准则、党纪处分条例和监督执纪“四种形态”（详见《附录》）；积极参与上级部门业务培训。驻厅纪检组监察室全年派出3名干部，参加中共中央纪委、中共省纪委、驻部纪检组组织的业务培训。

（本栏目供稿单位：厅监察室）

机关党建

JIGUAN DANGJIAN

理论学习 2015年，中共省交通运输厅党组和厅直机关各级党组织坚持以习近平总书记系列重要讲话和中共中央、中共四川省委全会精神为引领，按照中共四川省委、省直工委部署，认真落实厅中心组、处级干部集中学习和党员干部学习等制度，扎实有效开展理论学习。制订厅党组加强和改进中心组学习实施意见、中心组年度学习计划，编印学习资料，采取集体研讨、个人自学、专家辅导、专题教育、集中培训等多种形式，抓好厅党组中心组和厅直单位党组织中心组学习。突出学习重点，组织开展习近平总书记系列重要讲话、党的十八届四中五中全会精神、中共四川省委十届六次七次全会精神、“四个全面”战略布局、“三严三实”等重点专题的集中学习。组织开展集中培训，厅直机关380余名处级以上干部参学。厅中心组全年集中学习26次，中心组成员深入基层调研人均超过60天，撰写学习心得和调研报告人均1篇以上。厅中心组被中共四川省委宣传部、省直工委表彰为中心组理论学习先进单位。加强学习型党组织建设，组织开展“争创学习型领导班子争做学习型领导干部”专题读书活动、“党员干部的成长书”主题读书活动、党组织书记读书感言征集活动和“做悦读党员，建书香机关”征文活动等，编印读书感言和优秀征文选编。

开展“三严三实”专题教育 2015年，厅党组扎实开展“三严三实”专题教育，全面加强领导班子思想政治建设。一是深化思想认识，勇担政治责任。召开10次厅党组暨中心组专题学习（扩大）会，认真学习领会习近平总书记系列重要讲话精神，中共中央、四川省委“三严三实”专题教育工作座谈会精神，王东明在中共四川省委领导班子思想政治建设工作会上的重要讲话和党课报告，以及中共四川省委“十项规定”精神。扎实开展学习教育，厅党组和厅直各单位党组织主要负责人带头讲专题党课。编印加强领导班子思想政治建设、“三严三实”专题教育等资料汇编，在全厅党员干部中开展知识问答。二是对标“三严三实”，建设过硬队伍。通过厅党组中心组专题学习研讨会，党组书记和党组成员讲党课，创新办好厅党校，举办县处级干部、优秀中青年干部读书班等多种形式，教育引导广大交通运输党员干部始终在思想上政治上行动上与党中央和中共四川省委保持高度一致。认真开展“三个专题”学习研讨，召开民主生活会和组织生活会，深入查找“不严不实”方面突出问题，深入剖析原因，制订整改措施。三是强化组织领导，推动落实见效。厅党组带头坚持高标准严要求，努力为全厅和全系统作出示范。认真落实主体责任和组织领导责任，及时制订印发实施方案，明确主要责任分工。专门召开厅直单位学习推进会，并由厅领导带队7个检查组，加强对厅直单位的督促指导。注重先进典型教育，在全行业开展向践行“三严三实”先进典型李伟同志学习活动，并组织李伟同志先进事迹报告团，分赴全省交通运输系统开展巡回宣讲。建立厅28项整改措施及制度清单以及党的建设制度“废改立”清单126项，切实抓好整改落实。厅党组在省直机关“三严三实”专题教育暨领导班子思想政治建设推进会、党的建设制度“废改立”工作推进会上作交流发言。

基层组织建设 2015年，厅直机关各级党组织以《条例》和《实施细则》为遵循，着力夯实基础、完善机制，不断激发厅直机关党组织和党员队伍活力。组织召开厅直机关第九次党代会，完成厅直机关第九届党委、纪委换届选举工作。督促指导厅造价站等3家厅直单位党组织完成换届选举。对厅公路局、厅航务局等9个厅直单位党组织委员进行增补完善。完成对厅交通设计院党组织隶属关系变更。完成厅质监局党委、厅监理处党委成立选举。组织召开厅机关党支部书记座谈会，对机关党支部建设高标准、严要求。组织举办1期党务干部培训班、1期入党积极分子培训班，协同厅人事处、厅纪检组（监察室）举办2期县处级干部读书班、1期全省交通运输纪检监察干部培训班。做好新党员发展工作，全年发展党员186人。截至2015年底，厅直机关共有党委21个、总支19个、支部307个，党员4 288人。扎实开展“创先争优”活动，7个先进集体和个人受到中共四川省委和省直工委表彰；召开厅庆祝建党94周年暨“创先争优”表彰大会，74个先进基层党组织、135名优秀党员、44名优秀党务工作者受到厅直机关党委表彰。

支持配合中共四川省委巡视监督工作 2015年8月17日至9月25日，中共四川省委第二巡视组对省交通运输厅进行专项巡视。厅党组高度重视，积极支持配合省委巡视组开展巡视工作。针对巡视组指出的有关问题，厅党组及时研究制订《立行立改十项措施》，在进一步落实党风廉政建设“两个责任”、规范干部选任工作程序、规范交通重点项目招投标投诉处理、规范厅属企业和企业化管理事业单位薪酬制度、完善厅属单位预算管理制度、加强厅属单位国有资产监督管理、严格执行财务报销制度、严格公务用车管理、严格执行国内公务接待制度、加强对厅直属单位专项审计等方面出台了一系列整改措施，并逐一明确整改工作牵头领导、责任部门及完成时限，督促抓好整改落实，取得良好成效，受到中共四川省委常委、省纪委书记王雁飞批示肯定：“省交通厅党组主动把党风廉政建设主体责任扛在肩上，高度重视巡视工作整改，体现了很高的政治意识和纪律意识，很好。可发简报予以宣传”。

党风廉政建设 2015年，厅党组以落实“两个责任”为核心，不断推进党风廉政建设和反腐败斗争。

加强组织领导，始终把党风廉政建设摆在重要位置谋划部署。厅党组认真贯彻落实中央、中央纪委和中共四川省委、省纪委部署要求，坚持把党风廉政建设与反腐败工作纳入交通运输发展和党的建设总体布局，做到全省交通运输党风廉政建设与交通运输中心工作同部署、同落实、同检查、同考核。2015年召开党组会议29次，其中研究党风廉政建设工作23次，涉及议题达61个。

落实“两个责任”，切实把全面从严治党政治责任扛在肩上。厅党组认真学习贯彻党的十八届四中五中全会、中央纪委五次全会和中共四川省委十届七次全会、省纪委十届四次全会精神，认真落实党风廉政建设厅党组主体责任和派驻纪检组监督责任，形成厅党组、厅纪检组（监察室）、厅直机关党委（纪委）“三驾马车”抓党风廉政建设的工作格局。

2015年2月3日，全省交通运输党风廉政建设工作会议场景　　王　涛　摄

强力正风肃纪，着力打造纪律严明作风优良的干部队伍。加强作风建设，坚决整治“四风”问题。厅机关“三公”经费持续下降，2015年比上年下降30.98%。厅及直属单位没有出现公务用车、庆典论坛研讨会、“小金库”、公款出国（境）等方面的违规行为。推进行风建设，组织召开廉政巡查员、行风监督员座谈会，进一步开展好廉政巡查和行风监督工作。在全省交通运输系统组织开展政风行风模拟测评，继续组织开展以加强养护管理、路况信息服务、交通文明执法、优化窗口服务、强化行业宣传、加强行业教育6个专项活动为主要内容的“富民路·连心桥”以评促建主题活动。在厅直系统纪检监察机构开展“创三优、铸利剑、树新风”活动，打造党和人民信赖、胜任正风反腐任务的过硬纪检监察队伍。

坚决惩治腐败，始终保持不敢腐的高压态势。拓宽线索渠道，严格执行网络舆情管理办法，严格按照五类标准对问题线索分类处置。加大纪律审查力度，将纪律审查作为中心工作，集中派驻力量、整合厅内资源、争取省纪委领导的支持，坚持将纪律挺在前面，对违纪问题坚决查处。扎实开展纪律教育，组织开展“讲政治、守纪律、守规矩”纪律教育专题讲座，召开全省交通运输纪检监察培训研讨会，组织开展南充拉票贿选案警示教育系列活动，组织新任处级干部赴省法纪教育基地开展法纪警示教育等。

健全惩防体系，着力扎紧“五位一体”权力制约监督笼子。按照厅党组《建立健全惩治和预防腐败体系2013—2017年工作规划实施方案》，深入推进“五位一体”惩防体系动态运行。在全系统深入开展争创反腐倡廉先进典范活动，扎实推进工程建设、交通执法等重点领域的廉政监督和风险防控，在兴蜀公司开展交通建设项目廉政风险防控标准化试点工作。积极研究制定权力清单、责任清单和负面清单制度，继续推进行政权力电子监察，研究制订交通运输党员干部15条行为规范。扎实推进党的建设制度“废改立”工作，形成9个方面目录清单。加强交通运输各项制度建设，研究出台厅2015年制度建设计划33项。

党建工作和廉政建设综合考评 2015年，根据《四川省交通运输厅直属单位领导班子开展“四好”活动实施办法》《四川省交通运输厅直属机关党建工作责任制实施办法》《四川省交通运输厅直属单位党风廉政建设政风行风建设纪检监察工作综合考评办法》规定，厅党组对厅直各单位2014年度党建工作、廉政建设等组织进行了综合检查考评通报。

2014年度厅直单位开展“四好”活动先进领导班子14个：厅航务局、厅运管局、厅高管局（高速公路交通执法总队）、厅公路局、厅质监局、厅交通设计院、厅公路设计院、四川交职院、交通宣传中心、厅信息中心、兴蜀公司、厅高速公路交通执法第三支队、厅高速公路交通执法第四支队、厅高速公路交通执法第七支队。

2014年度厅直单位落实党建工作责任制先进党组织8个：厅高管局党委、四川交职院党委、厅公路设计院党委、厅航务局党委、厅运管局党委、厅交通设计院党委、厅公路局党委、厅质监局党总支部。

2014年度厅直单位党风廉政建设政风行风建设纪检监察工作综合考评结果中，评定为“好”等次的单位5个：厅运管局、厅高管局、厅航务局、厅公路局、四川交职院；评定为“较好”等次的单位11个：厅交通设计院、厅公路设计院、厅质监局、厅信息中心、交通宣传中心、省交通运输工会、厅史志总编室、厅机关后勤服务中心、监理处（监理公司）、厅造价站、大件处。

联系指导片区贫困县精准扶贫 2015年，省交通运输厅扎实推进联系指导乐山市金口河区共安彝族乡新建村等11个村，配合省领导参与联系指导阿坝州理县薛城镇甲米村、乐山市沐川县建和乡庙坪村干部驻村帮扶工作。成立以厅党组书记、厅长彭琳同志任组长的厅精准扶贫帮扶工作领导小组。厅党组3次专题研究定点扶贫和驻村帮扶工作，邀请省扶贫移民局党组书记、局长张谷同志到厅宣讲中共四川省委十届六次全会精神。厅领导、厅机关有关处室、厅直有关单位负责人先后26次到一区两县，深入各联系村开展调查研究。研究制订《四川省交通运输厅关于做好联系指导片区贫困县精准扶贫工作的实施意见》《2016—2020年交通精准扶贫专项攻坚方案》和年度驻村帮扶工作计划。

2015年12月21日，省交通运输厅在金口河区共安彝族乡初级中学开展捐助活动
李向东 摄

发挥优势，突出重点。加强交通运输规划支持，帮助一区两县结合“十三五”经济社会发展规划，科学编制交通精准扶贫规划、交通运输“十三五”规划、道路运输发展规划等。将一区两县待完善通村公路纳入“十三五”农村公路建设规划，着力打通交通“毛细血管”。加强项目资金支持，支持安排一区两县交通建设资金共1.27亿元。安排专项补助资金，对金口河新建村9.3公里村道、理县甲米村11.5公里村道、沐川县庙坪村9.6公里村道和庙坪村大河坝桥建设进行改造完善。加强交通技术支持，选派厅公路设计院、厅造价站、兴蜀公司等优秀专业技术人员到区县挂职驻村帮扶。利用厅公路设计院和交通设计院的技术实力和优势，对交通多个项目的勘察设计进行大力支持。

驻村帮扶，突出特色。选派13名优秀干部挂职帮扶，其中1名挂职理县副县长、2名挂职金口河区和沐川县交通运输局副局长及帮扶村第一书记，2015年底新增10名挂职金口河区担任10个村第一书记。坚持“扶贫先扶智”，充分利用交通职业技术学院的教学优势，免费对定点帮扶村进行2期挖掘机技能培训，培训36人。捐助6 000元助学金，帮助新建村一名彝族贫困大学生重返校园。捐赠书籍1 000余册，共建新建村、庙坪村图书阅览室。对新建村41名贫困中小学生开展结对爱心帮扶，捐赠教育物资130件。协调建成新建村火草坪幼儿园，解决15名适龄幼儿入园问题，捐献玩具300余件。加强结对帮扶支持，坚持厅领导带头、直属单位和机关处室党员干部积极参与，对贫困户开展“一对一”“多对一”定人定向结对帮扶。认真开展“扶贫日”捐款活动，厅机关及直属单位捐款19万多元，全部用于厅联系帮扶县（区）和贫困村。2次集中组织开展“走基层、解难题、办实事、惠民生”活动，对新建村20户、庙坪村47户、甲米村12户贫困群众开展慰问帮扶，投入慰问资金和物资9万多元。制订帮扶村产业发展规划，投入帮扶资金11万元，协调带动资金30余万元，落实“土鸡养殖合作社”“高山生猪养殖合作社”“魔芋种植合作社”等帮扶项目37个，解决群众具体困难57件。

共青团工作 2015年，厅直机关团委围绕厅党组和厅直机关党委中心工作任务推进各项重点工作，推动直属机关广大青年积极为全面深化改革、加快推进“四个交通”发展贡献力量。组织开展“精准扶贫·交通青年在行动”主题活动，开展“捐书送爱”行动、“情系你我·爱心圆梦”活动、“关爱空巢老人”活动、“结对助困”活动，得到帮扶地区群众的赞许认同，受到厅长彭琳、副厅长周道平、厅直机关党委书记张勇表扬和肯定。积极开展志愿服务，广泛开展“青春志愿行·温暖回家路”“关爱儿童献爱心”系列活动。强化团自身建设，在厅直各单位成立青年工作委员会，不断扩大团组织覆盖面和凝聚力。厅直机关涌现出一批先进典型获得全国和省表彰，2个青年集体获得“国家级青年文明号”，2个青年集体获得“省级青年文明号”，2个青年集体获得“省级五四红旗团委”“省级五四红旗团支部”。

机关工会工作 2015年，厅机关工会发挥党联系职工群众的桥梁纽带作用，增强工会吸引力、凝聚力，为维护和谐机关做出了努力。认真完成日常会员会籍管理、会费收缴、财务管理、劳模管理、工会统计工作等日常事务。切实落实职工福利，按照省总工会文件要求确定会员节日福利发放方式和金额标准并贯彻落实。元旦、春节、五一、端午、中秋、国庆均发放实物福利，会员生日发放生日蛋糕，最大限度地利用有限资金为会员办实事。积极开展各项文体活动，根据机关工会经费实际情况，力求少花钱多办事，组织开展一些职工参与性较强健康有益的文体活动，丰富职工业余生活，增强职工身体素质，促进职工之间友谊，受到广大职工欢迎。积极开展送温暖活动，看望慰问特困职工、烈属、困难党员、老党员、老干部、生病住院职工等。

城乡环境综合治理进机关 2015年，省交通运输厅进一步落实城乡环境综合治理“进机关”活动各项工作，努力提升机关办公、人文、职业、人居等环境建设，厅及部分厅直单位长期保持浆洗街辖区“园林式单位”先进单位、爱国卫生先进单位等荣誉。加强组织保障，及时调整领导小组及办公室成员，配备专门工作人员，落实工作经费。注重宣传发动，以展板、横幅、宣传画等多种形式大力宣传、广泛动员，文明劝导工作常态化。在办公区及宿舍区职工群众中提倡和树立讲文明、爱卫生、文明饲养宠物、邻里和睦相处等公序良俗。开展低碳日节能减排宣传活动，制订管理标准，倡导形成节约一滴水、一张纸、一度电的良好风气。厅办公及宿舍区域的绿化、卫生、消防、停车管理等有条不紊、规范有序。办公区、宿舍区每日清扫、定期修剪植物、除虫除害、保持消防通道畅通，定期举行消防演练，定期检修消防设备、电梯、空调等，保证了办公环境、人居环境安全。

（本栏目供稿单位：厅直机关党委）

真抓实干当好发展先行官

汪 洋

一、履行管党治党责任，为交通运输发展提供坚强政治保证

一是履行党建“第一责任人”职责。作为党组书记，切实担当起抓系统党建工作 “总指挥”职责，发挥好党组牵头抓总职能作用，对党建工作实施统一领导、统筹规划、推动落实。把党建目标管理列入党组工作的重要议事日程，带头做到重要工作亲自部署、重大问题亲自过问、重点环节亲自协调、重要案件亲自督办、重要情况亲自汇报。

二是加强班子和干部队伍思想政治教育。以群众路线教育活动、“三严三实”专题教育、“两学一做”学习教育为契机，大力加强领导班子思想政治教育，切实抓好各级干部教育培训，推动全面从严治党在基层落地生根，力争使每一个党员

"细胞"都健康，每一个组织都坚强。用身边事教育身边人，号召全系统以王川等7名先进交通人为榜样，深入学习他们勇挑重担的责任担当、永不知倦的工作劲头、务实的工作作风，形成牢记光荣使命、加倍努力工作的浓厚氛围。

三是鲜明选人用人导向。严格落实"好干部"标准和"三严三实"要求，以"重品行、重实干、重公认"为导向，结合行业部门实际，更加注重在急难险重任务、重大项目推进、艰苦复杂环境和锐意改革创新"四个一线"中选拔任用干部，充分发挥干部工作指挥棒作用，调动干部职工积极性，树立鲜明选人用人导向，真正以一流的作风打造优秀的干部队伍，树立交通系统新形象。

省交通运输厅党组会议现场　　交通宣传中心 供稿

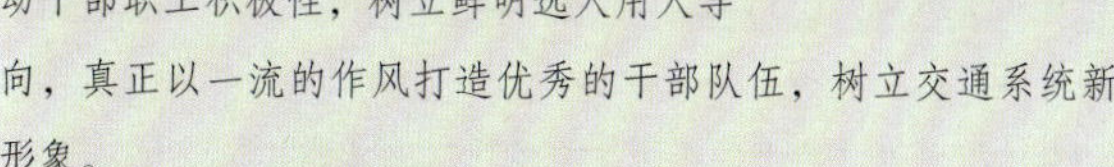

四是落实党风廉政建设主体责任。始终把党风廉政建设和反腐败工作摆在突出位置，纳入总体部署。督促厅属单位进一步健全落实"两个责任"长效机制。厅党组严格要求以身作则，认真执行廉洁自律各项规定，认真贯彻落实《中国共产党廉洁自律准则》《中国共产党纪律处分条例》和《中国共产党问责条例》，加强对领导班子成员和下级党委主要负责人的教育监管，到直属单位调研座谈，督促提醒领导班子成员、下级领导班子廉洁从政、履行好"一岗双责"职责。

二、践行"五大"发展理念，推动交通运输发展适应新形势新要求

一是落实好"创新"发展理念，激发交通运输发展新动能。注重体制机制创新，以治理体系和治理能力现代化为目标，以推动综合交通运输体系深度融合、协同发展为方向，以稳定交通运输资金保障为重点，不断深化体制机制改革，激发交通运输发展的内生动力。注重管理方式创新，适应简政放权要求，创新运输市场管理方式和监管模式，深入研究推动城际客运、交通物流等转型发展的引导政策，更好地发挥市场配置资源的决定性作用。注重科学技术创新，大力发展"互联网+交通运输"，培育新业态，释放新需求，创造新供给，以科技创新支撑交通运输的全面创新。

二是落实好"协调"发展理念，全面提升交通运输服务保障能力。更加注重统筹区域和城乡交通协调发展，科学布局五大经济区交通基础设施建设，进一步完善中心城市快速交通网，加大对民族地区、革命老区、贫困地区的支持力度，加强交通主动脉和毛细血管间的互联互通，加快推进区域和城乡交通一体化。加快综合客货枢纽建设，优化运输组织结构，促进各种运输方式深度融合。注重统筹建管养运协调发展，坚持全寿命周期成本理念，把建设、管理、养护、运输摆到同等重要位置，建立健全分级负责的公共财政长效保障机制，推动交通运输发展水平的整体提升。

三是落实好"绿色"发展理念，实现交通运输可持续健康发展。大力推进综合交通运输发展，以绿色发展理念指导交通基础设施的设计和建设，推动运输装备升级换代，积极推动交通运输信息化智能化发展。

四是落实好"开放"发展理念，拓展交通运输发展新空间。强化与周边省（自治区）的基础设施互联互通，推动进出川通道建设，形成横贯东西、沟通南北、通江达海、便捷高效的综合立体交通走廊。深入融入全球产业链、价值链、物流链，推动多种运输方式有效对接和信息开放共享，促进形成物畅其流、经济便捷的综合运输体系。大力发展国际运输、省际运输和大件运输，积极培育货运龙头骨干企业，着力提升运输服务水平。

五是落实好"共享"发展理念，提升交通运输公共服务水平。建设人民满意交通，把实现好、维护好、发展好人民的根本利益作为一切交通运输工作的出发点和落脚点。深化研究交通扶贫攻坚的目标、任务，发挥好交通运输"保基本、兜底线"作用。把贴近民生、服务群众的实事办好，推进农村公路、渡改桥、农村客运站等交通"民生工程"尽快落实落地。创新交通运输公共服务提供方式，加快城乡客运一体化建设步伐，增加更多选择，改善群众出行体验，更多关注弱势群体出行，不断增强人民群众的幸福感。

三、以实干成就梦想，当好经济社会发展先行官

一是以重大项目促投资稳增长。充分发挥高速公路、重点港口航道等重大项目对投资的拉动作用，推动交通建设投资持续高位增长，确保2016年公路水路建设投资完成1 000亿元目标，力争超过1 300亿元。

二是以精准扶贫补短板兜底线，加快实施4个精准扶贫专项方案，确保2016年完成交通精准扶贫攻坚投资510亿元以上。

三是以深化改革增效益助转型。加强政策研究和改革创新；推动行业法制建设，加快《四川省农村公路条例》《四川省高速公路条例实施办法》等法规的制定工作；深化行政审批制度改革；完善综合交通运输管理体制，努力构建“统一规划、合理分工、一体服务、集约利用”的综合交通运输发展新格局。

四是以改进服务优供给惠民生。坚定走信息化引领现代化发展之路，牢固树立“人民满意”的工作导向，坚持不懈抓好防汛和安全工作。

（摘自省交通运输厅党组书记、厅长汪洋学习习近平总书记在庆祝建党95周年大会上讲话精神的心得体会。）

为官做人　忠诚为要

周道平

“人无忠信，不可立于世”。党员干部对党忠诚，是一个特别重要的问题。中国共产党成员的入党宣誓誓词，共80个字，其中前10个字是“我志愿加入中国共产党”，是表明一种自觉自愿的态度，你自己心甘情愿。其余70个字，就是你对党的承诺，既然你心甘情愿加入这个组织，就要承诺你必须信守的东西，这就是“拥护党的纲领，遵守党的章程，履行党员义务，执行党的决定，严守党的纪律，保守党的秘密，对党忠诚，积极工作，为共产主义奋斗终身，随时准备为党和人民牺牲一切，永不叛党。”这70个字，贯穿其中的核心就是4个字：对党忠诚！所以在“两学一做”学习教育中，要求大家重温入党誓词，背诵熟记入党誓词，其目的是要大家牢记于心，认真践行。

学习党章党规，以思想自觉体现对党忠诚。中国共产党成为执政党，尤其是改革开放以来，坚持以经济建设为中心，国家进入了和平时期，随着党的工作重心的转移、市场经济体制的建立和推行、利益格局的深刻调整，党员自然受到了来自各个方面的冲击，我们党面临着精神懈怠危险、能力不足危险、脱离群众危险、消极腐败危险的“四大危险”。因此中央作出在全党开展“两学一做”学习教育重大部署，具有很强的现实针对性和历史意义。解决对党忠诚的问题，首先要学习党章党规。党章对党的性质、宗旨、指导思想、奋斗纲领和重大方针政策作了明确规定，对党员权利和义务作了明确规定，对党的制度和各级党组织的行为规范作了明确规定，对党的各级领导干部的基本条件作了明确规定，对党的纪律作了明确规定。这五个方面的“明确规定”，我们应全面了解和掌握，深刻领会，从而以思想自觉体现对党忠诚。

坚定理想信念，以牢固定力体现对党忠诚。习近平总书记指出：“理想信念就是共产党人精神上的‘钙’，没有理想信念，理想信念不坚定，精神上就会‘缺钙’，就会得‘软骨病’”。我们要把系统掌握马克思主义基本原理作为看家本领，系统学习马克思主义中国化成果，把理想信念建立在对科学理论的理性认同上，建立在对历史规律的正确认识上，建立在对基本国情的准确把握上，通过坚持不懈的学习，让理想信念的明灯永远在心中闪亮，在自己的岗位上为理想信念而不懈努力，从而以政治上的牢固定力体现对党忠诚。

做好党的工作，以一流业绩体现对党忠诚。习近平总书记强调：“面向未来，全面建成小康社会要靠实干，基本实现现代化要靠实干，实现中华民族的伟大复兴要靠实干”。我们每个人既是梦想家又是实干家，既要胸怀理想又要脚踏实地朝着梦想奋进。对党忠诚，必须落实到具体行动上。努力做好自己的本职工作，并且做成一流，就是对党忠诚的具体体现。面对四川脱贫攻坚这一艰巨任务，省委书记王东明要求各级领导干部要主动加压、主动作为、主动担责，以严的作风、实的要求，把脱贫攻坚工作做深、做细、做实。这就要求领导干部必须立足岗位、脚踏实地，以一流的业绩体现对党忠诚，用忠诚书写自己成长的历史，使自己每天都有新的收获。

勇于迎难而上，以敢于担当体现对党忠诚。敢于担当，就是真正做到面对矛盾敢于迎难而上，面对危机敢于挺身而出，面对失误敢于承担责任，面对歪风邪气敢于坚决斗争。这“四个面对四个敢于”就是敢于担当的完整内涵。习近平总书记为敢于担当划定的底线是：平常时间能看得出来、关键时刻能冲得出来、危难时刻能豁得出来。作为一名党员干部，我们必须在其位、谋其政，负责、尽责、担责，把敢于担当作为品格、气质、修养，在敢于担当中体现对党忠诚。

时刻严于律己，以遵纪守法体现对党忠诚。党员干部遵纪守法，一是学法懂法。切实树立法律至高无上和法律面前人人平等的观念，以法律为准绳规范自己的行为。二是学纪懂纪。应以学习《中国共产党纪律处分条例》为牵引，因为《条例》全面高度划定了六大纪律的底线，扎紧了制度的笼子。三是带头遵纪守法。学习党章党规、坚定理想信念、做好党的工作、勇于迎难而上、时刻严于律己，都与“忠诚”二字具有十分紧密的内在逻辑，真正做到了这几条，就一定能解决“忠诚”的问题。

（该文2016年7月28日刊于《学习时报》第八版）

工会工作

GONGHUI GONGZUO

概　况　2015年，省交通运输工会积极开展工作。协调搭建全省统一的交通运输劳动技能比武平台，筹建全省交通运输行业职工技能竞赛比武中心（基地设在四川交职院）。实施省总工会以“大培训、大比武、大提升”三大活动为主题的职工技能提升工程。在省交投集团、厅公路局、厅航务局、厅运管局、厅高管局、厅直其他单位广泛开展富有行业特点、形式多样的职工练兵比武竞赛活动。加大健全新建单位工会的组建工作力度。积极稳妥推进交通运输系统工会组织建设尤其是厅高管局及所属各执法支队工会组建、工会干部配备以及工会基础工作等。指导帮助12个基层单位完成组织建设、换届选举、增补等工作。结合交通运输产业工会业务工作，组织本级工会和基层工会开展“构建和谐劳动关系”专题主题大调研。印发《四川省交通运输工会2015年专题调研方案》，在行业内发放问卷调查表，召开2次专题调研座谈会，结合“送清凉”慰问等活动，深入基层一线班组，与道班工人等一线职工面对面座谈交流，共收集整理26条意见建议，形成调研报告。开展精准扶贫、帮扶，积极构建纾困解难平台，开展具有工会特色的“春送岗位，夏送清凉，秋送助学，冬送温暖”活动。完善先进典型选树推广平台，建立健全劳模先进候选名单数据库，抓好“发现、培养、表彰”三环节，贯彻实施《四川省交通运输行业“劳动模范”“五一劳动奖状（奖章）”评选推荐管理暂行办法》，认真做好2015年全国和省五一劳动奖状（奖章）、工人先锋号的选树、推荐、评选工作。在劳模表彰年开展劳模精神宣传学习活动。

劳动竞赛　2015年，省交通运输工会在全省交通运输系统组织开展以“扩面提质强基础，文化引领增素质”为主题的“安康杯”竞赛，86个单位，948个班组，34 456名职工参加竞赛活动。38个基层工会，1 300余名职工参加全国职工新《安全生产法》知识普及竞赛活动和全国“安康杯”竞赛安全文化宣传活动。评选推荐全国“安康杯”竞赛优胜单位1个；全国“安康杯”竞赛优胜班组1个；省“安康杯”竞赛组织工作优秀单位1个；省“安康杯”竞赛优胜单位2个；省“安康杯”竞赛优胜班组1个；省“安康杯”竞赛组织工作优秀个人1名；省交通运输工会获2015年度全国职工新《安全生产法》知识普及竞赛活动最佳组织单位。在由省总工会、省人力资源和社会保障厅、省交通运输厅共同主办，省交通运输工会、厅公路局、省职业鉴定中心承办的四川省第三届“柳工杯”筑养路机械操作工技能竞赛中，21个市（州）交通、公路部门均踊跃参与，130余名选手参与竞赛，评选出房清松等前十名的装载机选手、李仁勇等前十名的挖掘机选手、曾联红等前十名的压路机选手以及阿坝州交通运输局等前十名优胜团体，并根据省总工会、省人社厅的奖励政策，积极为竞赛中获单项第一名的选手申报“四川省五一劳动奖章”。

在四川省“十二五”劳动竞赛总结大会上，推荐评选出1个四川省劳动竞赛优胜单位，1个四川省“五化五强”班组，1个四川省劳动竞赛优秀组织奖，1名四川省劳动竞赛先进个人并被授予省五一劳动奖章。

职工之家　2015年，省交通运输工会指导帮助基层工会制订建家规划，与成渝公司、成渝公司成仁分公司联合打造由交警中队、执法支队、收费人员组成的“共建共享”职工小家示范点。定向补助基层工会职工之家、职工书屋建设40个，共计22万元。推荐评选出全国模范职工之家1个、全国优秀工会工作者1名，四川省模范职工之家2个、四川省模范职工小家2个、四川省优秀工会工作者2名。

特色文化活动　2015年，省交通运输工会积极弘扬社会主义核心价值观，搭建全行业文化建设活动平台。积极组织各基层工会，充分利用网络、杂志、电视台等多种媒体，对受到国家及部、省表彰的先进集体和个人进行全方位、多层次、多方式宣传报道。在《四川交通》杂志、《四川交通手机快讯》、四川省交通运输厅网站开展四川省交通运输系统劳动模范先进风采录大型系列专题报道；在全行业组织开展《我身边的劳模先进风采》职工摄影大赛，评选出获奖作品40幅。完成省交通运输厅机关"职工活动中心"建设，在厅机关和厅直单位继续加大职工文化活动的建设力度，开办乒乓球、羽毛球、声乐兴趣班和瑜珈练习班，开设文化室、阅览室、声乐室、健身室，深受机关职工欢迎。

先进典型选荐　2015年，省交通运输工会推荐评选全国交通运输系统先进集体9个，先进工作者7名，劳动模范14名；推荐全国优秀船员2名，全国优秀船员家属2名；推荐全国爱岗敬业驾驶员楷模8名，汽修工楷模3名；推荐2015年度全国交通技术能手8名；省先进工作者1名。推选省交通运输厅高速公路交通执法第六支队原支队长李伟为交通运输部、中华全国总工会2014年感动交通年度人物候选人。协助厅文明办，推选自贡公交集团宇星运业有限公司33路驾驶员朱红为全省交通运输行业岗位学雷锋标兵。12月，省交通运输工会荣获四川省妇女儿童工作委员会和四川省妇女联合会授予"推进男女平等基本国策20周年特别贡献奖"。

慰问帮扶　2015年元旦、春节前后，省交通运输系统各级工会共走访197家企业，慰问困难企业35家，慰问一线职工13 335人，慰问困难职工2 299户，慰问困难农民工593户，慰问困难劳模43户，慰问贫困残疾职工46户。共发放款物574.86万元，其中向困难劳模发放21.08万元，向困难农民工发放62.63万元。继续开展"夏送清凉"活动，省交通运输系统各级工会共筹集慰问资金343.3万元，走访基层731家，开展监督检查511家，走访慰问职工29 270人次，发放防暑降温各类用品和药品价值301.7万元。切实做好"金秋助学"活动的各项工作，省交通运输工会资助困难职工子女149名，资助金额15.4万元，实现建档困难职工子女就学全覆盖。结合行业特点，有计划开展困难职工群体帮扶和结对帮扶。春节期间慰问交通援藏干部19人、厅领导联系基层群众帮扶对象12人、慰问厅机关困难职工和老干部11人，发放慰问金4.3万元；省交通运输工会下拨资金13万元，为10个公路养护站、道班和航务水运基层单位解决饮水、用电等职工生活生产实际困难；对口帮扶乐山市金口河区共安彝族乡新建村贫困户，送去生产启动资金和一些生活必需品。

（本栏目供稿单位：省交通运输工会）

2015年11月17日，省交通运输工会慰问金口河区帮扶对象　　省交通运输工会 供稿

交通科技教育文化

JIAOTONG KEJI JIAOYU WENHUA

2016

四川交通年鉴

交通科技

JIAOTONG KEJI

概　况　2015年，省交通运输厅编制《创新完善科技成果转化机制实施方案（草案）》。与交通运输部科学研究院签署《2015—2020全面战略合作协议》，其中《四川省交通运输“十三五”科技及绿色交通发展规划》《四川省公路水路交通运输信息化标准体系框架》研究等重点合作项目已全面启动。“恶劣地质条件长大山区隧道施工安全风险防控与示范”项目被交通运输部确立为重大科技专项。厅公路设计院“高烈度地震条件深水库区大跨连续刚构桥梁设计施工关键技术”、四川路桥集团“连续采空区地段高速公路隧道建设关键技术研究”两项科技成果分获年度省科技进步二等奖和三等奖。12月，四川省交通运输行业首个省级工程实验室——四川省路面结构材料及养护工程实验室正式获批。6项四川省交通运输行业地方标准获省质检局批准正式发布，并于10月1日正式实施。另有4项地方标准已完成验收，待批复后发布实施。年内，获交通运输部行业标准立项支持1项，获省质监局地方标准立项支持5项。

节能减排　2015年，省交通运输厅积极推进交通运输行业节能减排工作。制订印发《四川省2015年交通运输节能减排工作要点》，部署全省交通运输行业本年度节能减排工作。督促成都市交委及有关建设单位抓紧实施《成都市建设低碳交通运输体系城市试点实施方案》，年度建设目标任务全面完成。由省交通运输厅牵头，会同省发展改革委、省经委和省科技厅组成的省第四考核组，负责南充、遂宁和广安3市2014年度节能减排目标任务考核。经项目申报，专家初审、第三方机构现场核查、专家评审会评审等程序，全省15家交通运输企业联合申报的《四川省绿色交通装备（天然气车辆）项目》通过评审。6月13日—19日，在行业内开展“2015年交通运输行业节能宣传周和低碳日”活动，厅机关组织开展绿色低碳相关主题活动，发放宣传资料，提升行业节能意识。

“高烈度地震条件深水库区大跨连续刚构桥梁设计施工关键技术”项目获省科技进步二等奖　该项目由厅公路设计院等单位承担。针对四川省多地震带的交通建设特点难点，围绕连续刚构桥在高烈度库区应用存在的桥梁结构抗震、深水基础施工、桥墩结构设计等技术瓶颈攻关，在结构、方法、工艺等方面取得多项创新成果。首创桩柱式连续刚构结构体系，从源头上解决了上述三个技术瓶颈；通过数值仿真和大比例尺桥梁模型试验，研究提出桩柱式连续刚构桥上下部混合段、桩基、桥台的设计计算方法和构造设计方法；研发以大型浮箱龙门架吊装系统为主体的桩柱式连续刚构桥成套技术工艺。项目成果经鉴定总体达到世界先进水平，获2015年度省科技进步二等奖。

大型浮箱龙门架吊装系统施工体系现场　　厅科教处　供稿

“连续采空区地段高速公路隧道建设关键技术研究”项目获省科技进步三等奖 该项目由四川路桥集团等单位承担。研究方向基于依托工程采空区规模、隧道与采空区空间位置关系，首次完成连续采空区冒落带的相似模拟，开展连续采空区地层隧道开挖模型试验，获得采空区地层隧道开挖的稳定性及初支力学行为特性。首次完成公路隧道穿越连续采空区地层二次衬砌结构加载模型试验，获得采空区地层隧道二衬结构内力特征及开裂状态，研究成果直接应用到观斗山隧道二衬设计与施工中，二衬结构设计参数优化，力学性能改善。采空区地层隧道开挖模型试验、二次衬砌加载模型试验等成果直接应用于宜渝高速公路观斗山隧道的设计、施工过程，保证隧道安全顺利贯通，提高隧道结构的安全性。研究成果现已推广应用到在建南大梁高速公路上的华蓥山特长隧道、拟建宜叙高速都良隧道等工程建设中。该项目获2015年度省科技进步三等奖。

应用采空区地层隧道开挖模型试验、二次衬砌加载模型试验等成果建成的宜渝高速公路观斗山隧道 厅科教处 供稿

“山区公路平面交叉口设计研究”项目获中国公路学会科学技术二等奖 该项目由四川兴蜀公路建设发展公司等单位承担。依托国道318线东海路改建项目，收集东海路与省、县道公路交叉口特性数据、道路几何要素等数据，从人、车、路系统角度对交叉口进行最优分析，并筛选严重事故发生的因素，在此基础上建立关系模型，定量表达各影响因素与事故相互关系，通过道路几何要素数据、交通量数据以及环境管理状况数据解析，提出优化平交口交通组织形式的新思路，取得良好的实施效果，为山区公路平交口设计和建设提供科学依据。该项目获2015年度中国公路学会科学技术二等奖。

四川交通运输行业首个省级工程实验室获批立项 2015年12月30日，四川省路面结构材料及养护工程实验室正式获省发展改革委批复立项，是全省交通运输行业获批的首个省级工程实验室。该实验室重点针对国内路面结构、新材料新工艺新技术、再生技术研究提供技术支持，为公路建设和养护领域构建完整的实验技术体系。实验室建设周期2年，由厅公路设计院自筹资金建设。

省交通运输厅先后指导厅公路设计院联合行业重点科研院校，完成“陆地交通地质灾害防治技术国家工程实验室温江试验中心”和“四川省交通工程检测设备计量检定站”建设，并顺利通过国家相关部委及省级相关部门验收。依托重点实验室、计量检定站等平台，将科技成果转化为实用技术，并编制国家、行业和地方标准，逐步提高全省交通科技水平和自主创新能力，同时培养高层次科学研究和工程技术人才，促进科研技术储备和推广应用，为四川省交通建设可持续发展提供高效的技术支撑。“十三五”期间，省交通运输厅将围绕交通建设、营运、养护、管理等重点需求领域，指导科研院校继续筹建国家、省级实验室及技术研发中心。

“交通事权改革对四川交通运输发展影响研究”课题座谈会 2015年1月8日，省交通运输厅组织召开“交通事权改革对四川交通运输发展影响研究”座谈会，邀请交通运输部规划研究院到川解析交通运输事权改革背景，介绍先进省份推进情况，指导全省交通运输系统事权改革走向及总体思路。部规划院领导就中央财税体制改革、交通事权划分等领域进行深入分析，并结合四川省的实际情况提出相关工作建议。该次会议旨在贯彻落实厅党组关于加强战略软科学研究的指示，围绕中央及交通运输部事权改革的趋势，探索适应四川省交通运输发展的事权改革方式，为行业决策和发展提供智力支持。厅直有关单位及厅机关相关处室参加会议。

行业地方标准化工作 2015年，省交通运输厅不断加强交通运输行业各领域标准化工作并取得实效。一是强化标准工作能力建设，建立“四川省交通工程检测设备计量检定站”填补行业计量机构空白，并连续两年被列为部省联动交通产品质量抽查试点省；二是完善行业标准体系，依托科技成果转化，鼓励各单位申报行业标准和地方标准项目，年内获交通运输部行业标准立项支持1项，获地方标准立项计划支持5项，近3年交通运输地方标准立项总数达28项，其中6项地方标准已进入发布程序，4项地方标准已完成验收，待批复后发布实施。2015年7月13日，《公路工程超声回弹综合法检测结构混凝土强度技术规程》等6项四川省交通运输行业地方标准获省质监局批准正式发布，10月1日正式实施。该次发布的6项地方标准涉及质量检测、桥梁结构、新型材料等领域，厅公路设计院主编《桥梁高性能清水混凝土技术规程》《公路钢筋混凝土拱桥技术规程》《桥面铺装整平复合强化技术规程》《机制砂桥梁高性能混凝土技术规程》《钢—混凝土组合桥面板技术规程》，厅质监局主编《公路工程超声回弹综合法检测结构混凝土强度技术规程》。6项地方标准依托厅科技项目研究成果，在全面总结、系统整理、凝炼提升的基础上，经过生产实践检验后编制完成，具有技术先进、流程合理、工艺可靠的特点，可有效降低造价、提高质量、缩短工期，为四川省交通运输行业设计、施工、建设、养护、运营、管理及质量控制提供了适应地方特点的技术标准。2015年8月17日，《道路旅客运输企业安全生产规范》《农村公路路面典型结构设计指南》《拉索减震支座与应用技术指南》《公路瓦斯隧道设计与施工技术指南》4项交通运输行业地方标准通过省质监局评审。

四川省桥梁新技术标准宣传贯彻及成果推广交流会 2015年4月17日，省交通运输厅在成都市举办四川省桥梁新技术标准宣传贯彻及成果推广交流会，各市（州）交通运输局（委）、行业企业、厅直各单位、厅机关相关业务处室等40余家单位共100余人参加会议。会议围绕四川省桥梁领域新技术、新工艺、新材料等相关技术要点和标准规范开展技术交流，并邀请省交通运输厅公路设计院副总工程师、教授级高级工程师牟廷敏等行业技术专家，针对《桥梁高性能清水混凝土技术规程》《机制砂桥梁高性能混凝土技术规程》《桥梁高性能混凝土制备与应用技术指南》等最新科技成果及相关技术标准进行深入解读。

全面战略合作协议签署 2015年6月22日，省交通运输厅与交通运输部科学研究院签署《2015—2020全面战略合作协议》，与交通运输部科学研究院确立全面战略合作关系，通过信息互通、研究合作、技术咨询和人才交流等方式，使四川省交通建设在新常态下取得新发展。协议主要约定省交通运输厅与交通运输部科学研究院的权利义务、合作原则，明确合作内容和方式，建立双方合作及沟通运行机制。协议中确定的重点合作项目包括：《四川省交通运输“十三五”科技及绿色交通发展规划》编制、《四川省公路水路交通运输信息化标准体系框架》研究、四川交通运输行政执法综合管理信息系统建设试点、四川省交通运输厅网站技术保障与绩效评估项目，均已启动。

“在役长大隧道运营安全风险防控与示范”研究项目立项 2015年1月，由厅公路设计院主持，西南交通大学、雅西公司和厅高管局共同承担的“在役长大隧道运营安全风险防控与示范”科研项目正式立项。3月，项目组完成对雅西高速公路、西攀高速公路隧道实地调研，考察掌握隧道运营风险防控工作中的重难点和存在的问题，对208起与项目相关事故资料进行细致分析和总结，形成初步调研分析报告，为项目后续调研和研究的顺利开展提供技术支撑。

交通产品质量抽查 2015年，省交通运输厅委托厅质监局与厅公路设计院（四川省交通工程检测设备计量检定站）联合开展交通运输产品质量部省联动监督抽查，于11月30日按期完成抽查任务并上报交通运输部审核。抽查组重点抽查遂广、遂西、自隆高速公路石油沥青、公路波形梁钢护栏等交通产品，抽样总量267件（套），其中不合格7件（套），抽样总合格率为97.4%，较上年有大幅提高，全省交通产品质量总体稳定可控。

厅校战略合作 2015年12月22日上午，省交通运输厅党组书记、厅长彭琳在成都与同济大学交通运输工程学院党委书记吴兵、同济大学教务处处长李晔一行就省交通运输厅与同济大学开展厅校战略合作进行座谈，双方表示认真落实厅校战略合作协议精神，不断拓展合作的广度和深度，将厅校合作转化为促进四川省交通运输持续健康发展的强大动力。厅党组副书记、副厅长周道平主持下午的座谈会并讲话，强调细化方案，加快推进，衔接落实方案中的需求方向和具体项目，确保落实到位；深挖需求，扩大合作，突出发展和问题导向，利用厅校战略合作契机，广泛搜集、系统整理相关需求，借助同济大学的平台和优势，为四川省交通建设发展提供智力支持；完善机制，加强沟通，厅校双方保持常态化的互通渠道，建立完善工作机制，确保合作取得实效。厅党组成员、总工程师陈乐生介绍四川省交通运输发展情况及“十三五”期间的交通发展思路、主要目标和重点工作。同济大学交通运输工程学院党委书记吴兵介绍学院相关情况。厅直及相关单位、厅机关有关处室负责人参加座谈。

质量管理工作获表扬 2015年，省交通运输厅贯彻落实国务院《质量发展纲要（2011—2020年）》和省政府《关于加快建设质量强省的实施意见》，强化工程质量、服务质量及环境质量综合管理，以质量进步推动交通运输发展转型升级，促进交通运输持续快速发展。在年度国务院对省政府质量工作考核中，省交通运输厅工作成绩突出，获省质量强省工作领导小组办公室通报表扬。

（本栏目供稿单位：厅科教处）

交通教育

JIAOTONG JIAOYU

概　况　2015年，省交通运输厅印发《2015年度全省交通运输行业教育培训计划》。按照“分级管理、分类培训”的原则，组织实施交通运输部支持西部地区干部培训计划和省交通运输厅年度干部培训计划，全年完成培训18期共2 000人次。指导行业全面开展职工各类岗位培训、业务和技能培训等，确保年均完成培训1万人次，在岗职工年培训面达25%。推进民族地区交通人才本土化培养及藏区“9+3”免费中职教育。由四川交通运输职业学校承担的藏区“9+3”免费中职教育，2014级学生222人在校就读，2015年招录新生96人，推荐就业率超过98%，顶岗实习率100%。四川交通职业技术学院各类注册在校生12 842人，2015年高职招生4 347人，中职招生1 607人，本科试点招生100人。开展精准扶贫培训，举办两期针对重点扶贫地区的专业技能培训。第一期乐山培训班，为乐山市金口河区共安彝族乡新建村培训14名挖掘机操作员；第二期乐山及南充培训班，为乐山市沐川县建和乡庙坪村培训16名、南充市仪陇县新政镇安溪潮村培训4名工程机械操作手。对四川交通职业技术学院、四川交通运输职业学校和四川交通管理学校的办学层次、功能定位进行合理的分工调整。通过整合，各校区在办学条件、办学能力、教职工待遇等方面都有明显的改善和提高。四川交通职业技术学院在校生人数达12 842人，年均为交通运输行业提供高素质技能型人才3 700余人；四川交通运输职业学校在校生规模5 440人；四川省交通管理学校年均培训人数扩大到近20 000人次。

职业培训　2015年，省交通运输厅印发全行业教育培训计划。强化行业干部队伍岗位培训，提升从业人员专业素质，结合四川省交通运输发展实际需求，从地方道路建、管、养、运以及运输安全与应急等方面开展专项培训。全年共开办18期，培训1 700多名行业从业人员。

全省交通运输局长岗位培训　2015年7月6日，全省交通运输局长岗位培训班开班，厅党组成员、副厅长张琪出席开班式并讲话。培训10天，采用理论学习和现场教学相结合的方式，开设应急管理、廉政建设、农村公路建设、地方公路标准化建设等10余个专题讲座，来自全省各市（州）、县（市、区）交通运输局（委）的70余名领导干部参加培训。

2015年7月6日，省交通运输厅副厅长张琪（主席台右二）出席全省交通运输局长岗位培训班并讲话　　厅科教处 供稿

（厅科教处）

交职院年度主要工作　2015年，四川交职院主要开展以下工作：

教育教学　汽车运用工程和道路与桥梁工程本科专业人才诊断评估全面完成。加快推进中高职系统衔接培养。依托中高职联盟校和对口升本院校，深入省内30余所中职调研，组织“中高职衔接研讨会”等活动，与15所省内各地代表性国重、省重中职学校签订中高职衔接合作协议，达成中高职衔接合作意向，制订中高衔接相关方案，确定道桥、建工和机电系相关专业开展中高本衔接的试点。建设12门院、省两级精品资源共享课程，推选出6门课程申报省级精品资源共享课程，最终有5门

2015年1月21日，四川交职院举行中高职衔接合作学校签约授牌仪式

四川交职院 供稿

被评为省级精品资源课。修订完善《校企合作管理办法》，完善《驻校企业评估考核办法》，年内引入驻校企业1家，洽谈中驻校企业2家，与新加坡叶水福国际物流集团、广州中海达卫星导航技术股份有限公司、成都地铁等5家企业签订校企合作协议。

教研成果 共立项各级各类纵横向课题58项，其中省部级项目5项（教育部社会科学司专项<高校思想政治工作>1项、省社科规划基地项目2项、省社科普及项目1项、省政府项目1项）；地厅级项目15项（交通运输厅项目1项；教育厅项目14项）；横向科技服务项目9项；学院科教研基金项目30项。争取纵横向外来经费70余万元。全院教职工发表科技、教研论文290余篇，其中核心期刊18篇，三大检索（SCI EI ISTP）5篇，资助教师出版专（编）著3部，主编教材23部。组织申报专利及软件著作权12项，已获授权10项。

队伍建设 招录研究生及以上学历教师47名，选拔20余名应届毕业研究生及7名高技能型人才。组织新加坡骨干教师教育教学能力培训，培训教师20余人。举办3期教研室主任培训班，参训教研室主任54名。开展“教练型辅导员”等多项培训，辅导员巫群珍参加“四川省第三届辅导员职业能力大赛”获三等奖。

人才培养 按照“精品专业引领专业群发展”的思路，构建并打造“国际知名、国内一流、省内领先”三级专业架构体系，开展“汽车技术服务与营销”等4个省级重点专业、“公路运输管理”等4个院级重点专业建设工作。制订《人才培养方案管理办法》《人才培养方案编制指导实施细则》。修订人才培养方案40个，调整专业课程40多门，胡建波教授主编教材《现代物流基础》成功入选第二批“十二五”职业教育国家规划教材。参与国家级比赛6项、省级比赛20项、市级比赛1项，其中获得国家级二等奖1个、三等奖2个；省级一等奖5个、二等奖5个、三等奖6个。新增“鱼凫”号教学实训船正式竣工投入使用。组织大学生赴马来西亚国立大学进行文化交流；举办第十届“人文艺术节”、开展“高雅艺术进校园”“国学经典诵读大赛”等各类素质教育活动30多项；成立大学生创新创业俱乐部，组织学生参加首届中国“互联网+”大学生创新创业大赛，共20个项目入围，最终获2个二等奖。

招生就业 三年高职录取新生5 007人，报到新生4 347人（其中，单招录取普通考生772人，报到742人；单招录取“9+3”学生38人，报到16人）；自学考试招生人数800余人，学院、校区、公司年鉴定、培训、认证考试达到40 000人次。毕业生人数4 300人，就业人数4 158人，毕业生就业率96.7%。

行业服务 服务“甘推”“凉推”项目，投放藏区“1+2”项目招生计划40名，招录学生36人。完成甘孜、凉山桥隧工程技术专项培训工作。承担省政府“开展黄金水道经济带综合物流发展对策研究项目”重点课题研究。与厅公路局联合攻关，开展公路行业5个地方性标准编制研究。编制《四川省交通运输节能减排项目资金申报专家评审手册》《四川省绿色交通运输装备应用实施方案（2015—2017年）》，协助省交通运输厅开展四川省2015年度的15家交通运输节能减排项目资金初审和审核。

（四川交职院）

文明行业创建

WENMING HANGYE CHUANGJIAN

交通运输新闻宣传 2015年，全省交通运输行业新闻宣传工作围绕中心，牢握宣传话语权，整合行业和社会宣传资源，融合新媒体与传统媒体，利用官方主流媒体、行业杂志、交通广播、手机快讯、交通微信、交通新闻网等多种媒介手段，进一步打造完善全媒体、全覆盖、全天候传播的交通宣传新格局，展示行业新形象。一是外宣工作有新成效。积极争取中央、省级主要媒体支持，多角度报道四川交通运输新闻，营造良好的舆论氛围。据统计，2015年，《四川日报》刊载四川交通运输相关报道共计92条，其中24条居头版；四川电视台《四川新闻》关于四川交通运输相关报道共计122条；《中国交通报》刊载四川交通运输相关报道共计136条，其中19条居头版，报道量和头版率均超出往年水平。和四川交通广播频率深度合作，合办黄金时段四档节目，收听率居同时段节目榜首，同时在其微信平台推出《四川交通》专栏，周点击率破70万，稳居全省主流媒体微信资讯类第一名。与新华社四川分社合作，全新改版《四川交通新闻微信》，创新推出语音播报板块。在厅管微信、微博平台，探索推出“交通君”“通通”“畅畅”等四川交通专有品牌形象，接地气、获好评。二是内宣工作有新气象。《四川交通手机快讯》向4万用户推送行业信息，每年保持推送近300期的数量，并进一步向“短、精、快”转型发展。持续推出覆盖行业重点工作的《四川交通》手机微杂志，进一步拓展行业内宣平台。借力《中国交通报》优势资源，建设中国交通新闻网四川频道，努力在全国交通运输行业内充分展示四川交通形象。三是专题宣传有新成果。和新华社四川分社合作推出的全省道路安保工程报道，在《国内动态清样》上刊载，获得交通运输部部长杨传堂批示肯定。按交通运输部要求，全力做好在央视一套播出的《高路入云端》节目摄制组在川期间宣传报道的路线规划、现场踏勘和采访联系对接等工作，确保宣传报道任务圆满完成。联合华西都市报推出《行走国道318线》专题采访活动，集中报道藏区高速公路、国省干线实施进展情况，受到社会好评。

行业精神文明建设 2015年，四川交通运输行业精神文明建设紧扣中心工作，坚持两手抓、两手硬，行业凝聚力、战斗力持续增强，行业正能量、传播力、影响力稳步提升，文明程度和服务水平不断提高，为四川交通成为发展先行官，建设人民满意交通提供了有力思想保证、精神动力和舆论支持。一是组织开展向李伟同志学习活动。在行业内外集中力量宣传报道李伟先进事迹。其中，1—2月，李伟先进事迹获中共四川省委常委、组织部长范锐平，省委常委、秘书长吴靖平和省委常委、常务副省长王宁重要批示肯定；4月底，李伟被交通运输部评为“2014年感动交通年度人物”；6月底，经中共四川省委同意，追授李伟为四川省践行“三严三实”优秀党员领导干部，是追授类的唯一一位；5—6月，中共四川省委宣传部把李伟作为践行“三严三实”优秀党员领导干部先进典型在省级主要媒体予以重点宣传，四川日报、四川电视台、中国交通报、四川人民广播、四川交通广播、四川新闻网和华西都市报等近20余家主流媒体对李伟先进典型事迹进行集中报道；同时，省交通运输厅运用行业宣传平台，在手机快讯、四川交通微信、四川交通杂志等行业媒体上对李伟先进典型事迹进行大力宣传，李伟先进典型事迹在行业内外引起强烈反响；7—9月，在全省交通运输系统组织开展李伟先进事迹巡回报告会，组织近1 200名干部职工在广安、资阳、乐山、广元、西昌等地举行6场报告会，持续掀起向李伟学习热潮。二是做好先进集体先进人物评选报送。经过努力争取，厅交通设计院荣获全国文明单位荣誉称号，四川交职院、厅高管局分别顺利通过全国、省级文明单位复核。高速公路交通执法二、三支队、兴蜀公司顺利通过省级机关文明单位验收，厅精神文明建设工作获得省直工委领导肯定。向中共四川省委宣传部推荐“三下乡”先进集体和先进个人，厅运管局被评为“三下乡”活动先进集体、厅公路局帅进秋被评为先进个人。三是扎实开展交通运输文明旅游活动。根据中央文明委《关于进一步加强文明旅游工作的意见》和交通运输部《关于切实做好文明旅游工作的通知》等文件精神，按照省文明办的部署，结合四川交通运输行业特点，组织开展“文明旅游、礼貌乘车”“小红帽”温馨便民、出租汽车优质服务、公交车优质服务等文明旅游交通运输环节活动，倡导有序乘车、乘船，推动交通运输文明礼貌之风。四是全力做好“三下乡”相关工作。分别在2月、3月和7月配合中共四川省委宣传部，参加2015年“我们的中国梦”——文化进万家暨文化科技卫生“三下乡”活动，深入江油市基层一线，慰问交通基层职工和对口帮扶群众。

2015年8月12日，省交通运输厅巡回报告团在乐山宣讲李伟先进事迹 厅办公室 供稿

上线“阳光政务”政风行风热线节目 2015年，按照省纠风办的安排，省交通运输厅两次上线值守四川广播电视台“阳光政务”政风行风热线节目。其中，2月10日—13日上线第一季度“阳光政务”政风行风热线节目，接听热线电话18个，对听众反映的问题及时开展调查、协调处理和反馈意见，回访满意率达到100%，通过热线介绍全省高速公路、国省干线、农村客运、水路、城市公交和地铁等方面春运保障工作情况；9月23日上线“精准扶贫·作风护航——‘阳光政务’十周年特别节目”，向听众详细介绍全省深入开展的“精准扶贫”工作，得到广大听众的理解和肯定，充分展示交通运输行业敢于担当、为民服务的良好形象。

（本栏目撰稿人：伍美欢）

交通信息化建设

JIAOTONG XINXIHUA JIANSHE

全省高速公路联网收费与管理 2015年，全省高速公路联网收费系统在新开通联网收费500多公里的基础上，实现全省6 016公里高速公路全覆盖，收费站累计达到461个、车道4 122条，清分结算资金近160亿元，结算单位75家；路网日均车流量140万辆，“12122”系统坐席达到140个。全年累计发行复合通行卡59万张，调配复合通行卡84万张，协调高速公路公司之间调卡30万张，通行卡发行管理能力不断提高，应急保障能力明显增强。

四川省ETC成功实现全国联网，用户数达110万，ETC客服网点达695个，实现全省通车高速公路县级及以上城市全覆盖，ETC专用车道数、用户数位居全国前列。组织研发应用人工/ETC混合车道，累计建成265条混合车道，其中，成都绕城高速公路实现ETC车辆不刷卡通行所有收费站。

“12122”受理高速公路咨询服务电话量超过70万起，92万人次接收交通阻断信息，新的“四川交通在线”网站系统、服务区查询信息系统等成功上线运行，全省联网监控系统实时展示路网图像达8 000路，80%路段实现与厅高速公路结算中心实时联网。

省交通运输厅高速公路监控结算中心和灾备中心改造工程、通信干线网改造工程项目取得阶段性成果，平台系统建设迈出重要步伐。完成遂广、遂西、成都二绕东、自隆、内威荣、宜叙、叙古、巴广渝、广巴广陕连接线等高速公路联网收费系统安装调试，累计开通74个收费站、11个分中心、439条收费车道。

（厅结算中心）

信息化建设取得新成效 2015年，省交通运输厅加快交通运输信息化智能化建设，提升行业管理和服务水平。一是建立完善信息化统筹建设机制。成立厅网络安全和信息化领导小组及信息化建设管理推进工作办公室，加强对厅信息化建设工作的指导、管理、监督和服务；研究制订《四川省交通运输厅信息化统筹建设管理工作方案》，按照“统一规划、统一标准、统筹建设、统筹管理”的基本原则，统筹开展交通运输信息化项目建设，形成信息化共建共享新局面。编制完成《四川省交通运输信息化建设项目管理办法》；编制完成四川省交通运输“十三五”信息化发展规划及顶层设计，明确“十三五”期间信息化发展思路、目标和主要任务；编制完成四川省“互联网+”交通专项行动计划，加快互联网与交通运输领域的深度融合。二是监管体系逐步建立，治理水平不断提升。建成全自动连续式交通流量调查站点240个、码头及船载视频监控点1 515个、AIS（传播自动识别系统）岸台基站11个，推进重点营运车辆联网联控系统建设，近19万辆营运车辆实现卫星定位，完成全部出川货运船舶AIS船载终端设备安装，完成600套四级以上航道的100总吨以下客渡船、危险品船AIS船载终端设备安装，建成公路数据库和电子地图等12个业务系统。三是不断完善服务方式，全省ETC实现开通运营和全国联网两大跨越，所有收费站实现ETC车辆不刷卡通行。全省177个二级以上客运站实现联网售票和WiFi安装全覆盖，全年联网售票量居全国第一。成都市率先开展公交电子站牌、公交一卡通、交通诱导等系统建设。全省21个市（州）全面开通“12328”监督服务热线，信息报送和分析质量稳步提升。利用四川交通广播、省交通运输厅官方微博、微信及手机应用软件等新媒体，使服务渠道不断丰富。厅政府网站连续7

年获省政府网站绩效评估第一名。四是应急和辅助决策分析能力不断增强。依托交通运行监测及应急指挥系统（一期）工程，整合既有应急数据资源，完成移动应急平台和通信调度系统建设，实现省及试点市县交通运行监测及应急处理的统筹指挥，有效提升移动应急指挥和应急通信保障能力。作为全国首批试点，省交通运输厅率先完成交通运输部“十二五”规划信息化重大工程“交通运输统计分析监测和投资计划管理系统”建设。五是信息化基础设施建设初具规模。整合厅直单位软硬件及数据资源，初步建成四川交通运输数据中心、交通公共二三维地理信息平台等基础支撑系统，为全行业数据资源的综合利用和决策分析奠定基础。

（厅信息中心）

成德绵高速监控中心　　高月谨 摄

“智慧交通”项目建设　2015年，省交通运输厅印发《四川省2015年“智慧交通”建设项目实施方案》，一批重点项目建设完成，信息化建设成效显著。一是以ETC建设为突破，快速推进全省ETC应用。在开通855条ETC专用通道基础上，新开通240条人工/ETC混合车道，实现所有收费站ETC车辆不刷卡通行100%覆盖；通过技术攻坚，成功解决山区高速公路ETC覆盖难、部分收费站ETC专用车道不能满足车流量高峰期通行需要和ETC收费多路径问题。全年四川省发展ETC用户超过100万人次，实现高速公路ETC开通运营和全国联网两大跨越。二是提升服务，全面推进客运联网售票及WiFi免费上网工程。自2015年春运前实现全省市（州）政府所在城市一、二级客运站联网售票以来，联网售票客运站覆盖范围继续扩大，已联网客运站达177个。通过加快推进汽车客运站及客运车辆WiFi免费上网工程建设，全省85个三级以上客运站和1 672辆客运车辆安装免费WiFi，提升道路运输服务水平。三是政企合作，出行服务方式不断丰富。积极参与交通运输部综合交通出行服务信息共享应用科技示范工程，采用政企合作模式，利用百度地图提供的云平台，对综合交通出行信息服务系统进行深度开发，全面提升交通出行信息服务能力，提供出行信息服务的手段和方式更加多样。四是推进高速公路“四个全覆盖”工程。全省已有40对高速公路服务区实现公共服务信息查询终端、免费WiFi覆盖；移动通信信号覆盖高速公路主干线，278座隧道实现信号无障碍接收；新建和改造完成25个四川交通广播信号发射点，基本实现高速公路全覆盖目标，服务质量得到大幅提升。五是加快提升道路运输监管水平。对以营运客车及危险品运输车辆为重点的二级维护和综合性能检测实现全过程监控；完成全省汽车二级维护监控系统工程建设，全省2 334家营运车辆二级汽车维护维修企业全部完成汽车二级维护监控系统安装；加快推进汽车综合性能检测监控系统建设，53家汽车综合性能检测机构试点安装电子监控系统。

（厅信息中心）

网站建设管理　2015年，省交通运输厅加强网站建设管理。一是做好网站建设目标管理和考核。完成2014年网站建设管理考核和2015年绩效考核目标下达；做好网站普查，组织召开全省交通运输系统政府网站普查培训会，总结2014年全省交通运输系统政府网站建设管理工作，部署2015年工作任务。二是推进政务公开。以政府信息公开目录为基础，严格落实各单位、部门职责，填报省政府公开目录信息3 200条，编发网站信息4 100余条，上报交通运输部子站信息4 000余条，被省委电子政务内网采用政务摘要200余条、图片信息50余条，均列省直机关前列。三是深化政民互动交流。加强网上咨询投诉等互动栏目建设管理，畅通政民互动交流的渠道，提升互动交流的水平，提高网站回复的质量。网站收到公众留言有效信件1 200余件，处理回复率100%，其中网上公开回复近1 000件。邀请各级领导开展21期在线访谈，开展7期网上调查和意见征集。四是提升便民服务能力。重新梳理交通运输许可事项及流程，提供21项应用系统查询服务。五是做好新媒体建设管理。继续做好官方微博、微信的运营工作，官方微博粉丝数超百万，发布微博信息1 300余条，发布微信信息近800条。新媒体工作获得“2015年度四川省级部门十佳”“四川省级部门最具影响力政务微博”“四川省直机关政务新媒体综合影响力奖”“2015年度四川政务创新奖”等多个荣誉。

（厅信息中心）

网络舆情及信息安全管理　2015年，省交通运输厅加强网络舆情及信息安全管理。厅信息中心制订并印发《网络舆情摘报办理流程》，加大网络舆情和厅长信箱来信的搜集、监控与处理力度，编发《网络舆情参阅》251期，《网络舆情摘报》82期，《网络舆情摘报办理情况》12期；整理汇编《厅长信箱回复建议》36期；转发回复四川日报网“问政四川”网民留言83条。开展重要信息系统安全等保定级及安全测评工作，做好省交通运输厅信息系统安全保密的运行维护管理及信息报送，开展网络安全宣传，做好厅外网门户网站及业务应用系统的安全服务，年内未发生一起信息安全事件。

（厅信息中心）

交通宣传

JIAOTONG XUANCHUAN

概　况　2015年，交通宣传中心坚持正确的舆论导向，圆满完成省交通运输厅下达的各项宣传目标任务，受到交通运输部通报表扬，受到厅党组充分肯定，宣传工作成效显著。按照“全媒体宣传四川交通”工作思路，积极整合新闻及信息资源，融合新媒体与传统媒体，利用《四川交通》杂志、声像、广播、手机快讯、微信公众平台、新闻网等平台，着力打造全媒体、全覆盖、全天候传播的交通宣传新格局。

《四川交通快讯》手机平台创新发展　截至2015年底，交通宣传中心共发送《四川交通手机快讯》约700期，行业内外受众达1.3万人。发送对象范围由全省交通运输系统直属单位、市（州）交通运输局（委）干部，逐步扩大到分管交通的省领导，交通运输部领导以及中共四川省委、省政府、省人大、省政协相关部门及处室负责人；交通运输部各司局领导机关处室负责人；全国人大、政协在川代表、委员，省党代表、人大代表、政协委员；省行风评议员；各市（州）书记、市（州）长。从2015年1月开始，推出《四川交通微杂志》。利用手机终端，文字、图片、声像的组合，兼具可读性、可赏性、可听性，“让读者有感触，让业者有自豪”。全年刊发12期。

《四川交通新闻》微信平台运行　2015年，《四川交通新闻》官方微信平台开通运行。围绕交通运输重点工作，面向社会受众群体图文并茂地向社会介绍交通运输行业锐意改革的新举措、先行跨越的新突破，展示四川交通新形象。在内容上更加注重服务性、实用性和时效性，选择推送大众更为关心的新闻和信息，服务交通运输行业。《四川交通新闻》官方微信平台全年推送260多期，新闻、信息等2 500余篇次。在四川交通广播微信平台上推送交通新闻、信息160余篇次。2015年4月，《四川交通新闻》官方微信平台与四川广播电台交通频率微信平台合作，每周工作日在四川交通广播微信平台上推出《四川交通》栏目，更加广泛的宣传四川交通，树立四川交通良好形象。

历史声像资料拍摄制作整理　2015年，交通宣传中心先后引进高清非编操作平台、高清摄像机、MRC（媒体资产管理系统）等设备，使用MRC（媒体资产管理系统）对历史声像资料进行编辑、分类、归档，实现全省交通运输行业声像资料档案管理有序化、系统化、规范化。制作的声像资料片主要有：省交战办应急演练实录（约2小时）；2014年交通运输行业年度资料片《2014我们蛮拼的》（约60分钟）；李伟先进事迹汇报片《生命在高速公路上延伸》（26分钟）；高速公路交通执法服务形象大提升形象片（约5分钟）；淮口服务区优质文明服务创建示范片《打造高速公路温馨驿站》（约13分钟）；BOT招商片《携手同行共筑坦途》（约19分钟）。重点高清声像资料片：“2015年全省交通运输工作会”“长江黄金水道‘2+2’座谈会”“全省道路春运相关视频”“全省高速公路执法形象建设”“省交战办应急演练”“‘八大专项’工程及交通精准扶贫”“杨传堂部长莅临四川宣讲十八届五中全会”等，共计800G（约800分钟）。至年底，全省交通运输行业声像资料库已搜集整理各类声像资料约12T（约12 000分钟）。

2015年，成都绕城高速公路上的可变情报板　　交通宣传中心 供稿

行业对外宣传　2015年，交通宣传中心记者深入交通建设、管理一线，采写、拍摄大量四川交通的新举措、新办法、新典型、新成效的文字、图片和视频，通过多种方式提供给社会媒体。至年底，《中国交通报》刊用稿件136篇，头版刊登达19条，比上年增长15%。“十二五”期间，《中国交通报》刊用稿件600余篇。3月，在厅高管局支持下，交通宣传中心创新宣传方式，利用交通媒介，在全省高速公路沿线可变情报板发布安全提示、中心工作宣传用语等信息。宣传信息按季度更新，每天分3个时段循环发布（8时—10时、12时—14时，17时—19时）。宣传内容由交通宣传中心负责制作，经厅办公室审核，由厅高管局在每季度末统一发送给各高速公路营运公司。各营运公司于次季度初发布。

交通宣传建设　2015年，交通宣传中心组织召开全省交通运输宣传工作座谈会和通联工作座谈会，邀请各市（州）交通运输局（委），厅直各单位分管宣传工作领导及宣传工作部门负责人，省交投集团、省铁投集团、川高公司、成渝公司、省港航公司、藏区公司、路桥集团和BOT项目公司代表，共同谋划2016年交通运输行业宣传工作。

（本栏目供稿单位：交通宣传中心）

交通史志年鉴

JIAOTONG SHIZHI NIANJIAN

概　况　2015年，厅史志总编室继续开展《四川交通志》《四川交通志·公路志》《四川交通志·内河航运志》《四川交通志·公路运输志》《四川交通志·稽查征费志》5部全国第二轮修志试点志书编纂；完成《四川省志·交通志》编纂送审；组织开展对国务院和省政府部署的两级抗震救灾志其中17部分志有关四川交通运输部分的资料补充、出版稿复核等工作；组织开展《中国高速公路建设实录·四川卷》等4类项目编纂；编辑出版《四川交通年鉴·2015》；完成交通运输部布置的《中国交通年鉴·2015》、中共四川省委党史研究室布置的《中国共产党四川执政实录（2014）》、省政府布置的《四川年鉴·2015》《四川农村年鉴·2015》、省政协布置的《回忆西部大开发·四川卷》四川交通运输部分的组稿和编纂。同时，完成交通运输部和中共四川省委、省政府及省交通运输厅部署的其他编纂任务。

年内，《四川交通年鉴·2014》荣获中国出版工作者协会颁发的第五届“全国年鉴编纂出版质量评比”综合奖特等奖、框架设计特等奖、条目编写特等奖、装帧设计特等奖，4个奖项均居全国地方专业年鉴组相关奖项特等奖的第一名。史志总编室被中国交通年鉴编委会评为“优秀通联单位”，被省地方志工作办公室表彰为“工作成效突出单位”，被省妇女联合会授予“四川省三八红旗集体”称号。

全国第二轮修志试点志书编纂　省交通运输厅系中国地方志指导小组办公室确定的全国第二轮修志试点单位。按照中指组“总结经验、开拓创新、探索规律、树立典型”的工作要求，并达到“出书、出人、出经验、出理论研究成果”的工作目的，省交通运输厅采取将修志试点工作纳入各有关单位年度工作目标任务进行考核，加强制度建设（建立健全分工责任制、建立健全编纂工作制、建立健全书刊质量保障制等），围绕重点、热点进行专题调研，开展基础理论和应用理论研究等一系列措施，修志试点工作取得新进展。2015年，《四川交通志》完成文稿初审；《四川交通志·公路志》完成文稿初审并进入复审；《四川交通志·内河航运志》完成初纂稿修改并进入总纂；《四川交通志·公路运输志》交付出版社审核；《四川交通志·稽查征费志》完成文稿初审和全书配图选编。

《中国高速公路建设实录·四川卷》等4类项目编纂　《中国高速公路建设实录》是交通运输部部署的编纂任务，分为“三册一电”，即文字出版物《中国高速公路建设实录》（主册）、《四川高速公路建设实录》（分册）和《中国高速公路全舆通》（配合完成部编项目并编纂地方图册），以及一款电子产品《中国高速公路建设U阅通》（配合完成部编项目并自行开发）。上述4类项目，史志总编室需独立完成3个并配合完成3个。至2015年底，已组织完成主册部分资料报送、分册编纂方案制订和篇目设计及部分资料的搜集整理。

《四川交通年鉴》荣获4项特等奖　2015年4月，第五届全国年鉴编纂出版质量评比颁奖大会在杭州萧山举行。厅史志总编室编纂的《四川交通年鉴·2014》荣膺中国出版工作者协会颁发的“全国年鉴编纂出版质量奖”综合奖特等奖、框架设计特等奖、条目编写特等奖、装帧设计特等奖，4个奖项均居地方专业年鉴组相关奖项特等奖的第一名。

中国出版工作者协会是中共中央办公厅、国务院办公厅批准的9家（中央宣传部、文化部、国家广电总局、新闻出版总署、国务院新闻办公室和中国文联、中国作协、中国新闻工作者协会、中国出版工作者协会）可举办全国性文艺新闻出版评奖的单位之一。由其主办的全国年鉴评奖所列奖项是全国年鉴界最高奖，最具权威性。

全国年鉴编纂出版质量评比，每5年举办一次，至2014年已连续举办五届，其中自第三届始由中国出版工作者协会举办。在第五届全国年鉴质量评比中，中央级年鉴、省级年鉴、城市年鉴、地州区县年鉴、地方专业年鉴中有数百部优秀年鉴参评。经过评委初评、专家组复评、评委会终评的严格评审程序后，《四川交通年鉴》以地方专业特色突出、信息资料真实丰富、编纂质量高、装帧设计优，服务现实，资政育人，综合评比高分获得4项特等奖。至此，《四川交通年鉴》三次蝉联由中国出版工作者协会颁发的“全国年鉴编纂出版质量奖”综合奖特等奖，并连续两次获得地方专业年鉴组综合奖特等奖第一名。

（本栏目撰稿人：益　人）

厅史志总编室编辑人员集中办公，规范年鉴编纂工作　　厅史志总编室 供稿

市州交通

SHIZHOU JIAOTONG

成都市交通

CHENGDU SHI JIAOTONG

2015年成都市交通运输能力概况

公路交通运输			
通车里程	总里程（公里）		22 972.132
	其中	高速公路	751.058
		一级公路	1 349.39
		二级公路	2 040.5
		三级公路	2 292.83
		四级公路	14 737.39
		等外公路	1 800.95
公路密度	按国土面积计算：每百平方公里189.52公里		
	按人口计算：每万人19.35 公里		
通达里程	通公路的乡镇 263个，占乡镇 100 %		
	通公路的村2 843个，占村 100%		
客运站	总　数（个）		73
	其中	一级站	12
		二级站	17
		三级站	22
		四级及以下站	22
营运车辆	总　数（辆）		149 926
	其　中	客车 7 095 辆　212 816 座	
		货车 142 831 辆　761 503 吨	
公路运量	客　运	客运量（万人次）	14 203.5
		旅客周转量（万人公里）	1 256 858
	货　运	货运量（万吨）	27 518.7
		货物周转量（万吨公里）	2 578 184
内河航运运输			
通航里程	总里程（公里）		176.85
	其中	三级航道	
		四级航道	
		五级航道	
		六级航道	
		七级航道	
港口（码头）	总　数（个）		54
	吞吐量	旅客吞吐量（万人次）	
		货物吞吐量（万吨）	
水路运量	客　运	客运量（万人次）	56.700 6
		旅客周转量（万人公里）	295.189 2
	货　运	货运量（万吨）	
		货物周转量（万吨公里）	
营运船舶	总　数（艘）203		
	其　中	客船 203 艘 3 345 座	
		货船　　艘　　　吨	
城市公交运输			
营运车辆	11 294辆		
公交线路	418条		
公交站	5 335个		
运　量	17.295 0亿人次		

注一：等级外航道纳入通航总里程统计
注二：码头40个，渡口14个，合计总数54个

交通固定资产投资　2015年，成都市完成交通建设投资212.5亿元。其中，铁路建设完成投资69.8亿元，公路建设完成投资131.4亿元，客货场站建设完成投资9.7亿元，交通信息化和智能交通建设完成投资1.6亿元。“十二五”期间，成都交通建设投资连续五年超过200亿元，累计完成投资1 250亿元，超过“十五”和“十一五”交通建设投资总和。

航空枢纽建设　2015年，国家民航局批复同意成都新机场命名为“成都天府国际机场”，一期工程获批立项，机场航站楼方案确定，成都天府国际机场航站区综合交通方案完成编制。年内，成都天府国际机场按2016年全面开工、2019年建成投用的工作目标加快推进相关工作。

铁路枢纽建设　2015年，成都铁路建设项目11个，计划投资55亿元，实际完成投资69.8亿元，为年度计划的127%，成都境内铁路营运总里程达714.8公里，形成“二环八射”铁路网络。建成成都动车段、成都基础设施维修基地、成都“和谐型”大功率机车检修段、成都枢纽城厢车站新建快运和特货作业区工程等4个铁路枢纽基础保障设施项目。12月26日，成渝客专通车营运，标志着四川迈进高铁时代。成蒲铁路、成兰铁路、成昆

铁路（成都至峨眉段）、西成客专、川藏铁路（朝阳湖至雅安段）等铁路大通道工程和成都枢纽成都车站扩能改造工程加快推进。成都至达州时速350公里高铁、成都经新机场经自贡至昆明时速350公里高铁（成昆高铁四川段）、成都至西宁时速200公里铁路、成都至格尔木时速200公里铁路等4条对外铁路大通道纳入《国家中长期铁路网规划修编（2015—2030年）》并报国家发展改革委审批；其中，成都至达州高铁、成都经新机场经自贡至昆明高铁项目可行性研究进展加快。

11月10日，成都市政府与成都铁路局签署《关于深化铁路规划、建设及运营合作框架协议》。该协议涵盖铁路通道规划、成都铁路枢纽总图修编、市域铁路公交改造及运营、深化铁路物流合作等领域。

2015年11月10日，成都市政府与成都铁路局签署《关于深化铁路规划、建设及运营合作框架协议》签约仪式现场

成都市交委 供稿

相关链接

“二环八射”：“二环”为成都枢纽环线和北环线，“八射”包括成都至都江堰铁路、宝成铁路、成绵乐铁路、达成铁路、成渝铁路、成渝客专、成昆铁路，其中成绵乐铁路算作“两射”，向北连接西成客专，向南连接成贵铁路。

高速公路枢纽建设 2015年，成都市高速公路在建项目3个，计划投资27.6亿元，实际完成投资34.8亿元；高速公路通车里程751公里，形成“二环十射”高速公路网络。12月31日，成都二绕高速公路东段建成通车，成都二绕高速公路全线贯通，成都、德阳、资阳、眉山等14个区县交通联系更加紧密便捷。完成成安渝高速公路四川段相关协调征地拆迁任务并推进后续工程招商工作。基本完成成都经济区环线高速公路简阳至蒲江段成都境内路段征地拆迁工作。完成成都新机场高速公路和成都经济区环线高速公路蒲江至都江堰段工程可行性研究报告修编并加快相关专题审查，预计由成都市牵头以BOT模式建设。成都经济区环线高速公路都江堰至德阳段、德阳至简阳段由德阳市牵头完成BOT招商工作。成彭高速公路综合改造工程通过省发展改革委组织的专家评审，立项批复工作加快推进。省政府决定双流机场第二高速公路项目与成乐高速公路扩容项目合并整体实施，省交投集团担任项目业主，年内上报国家发展改革委审批。成南高速公路扩容项目通过省交通运输厅专家评审，年内工程可行性研究报告修编加快完善。成绵高速公路扩容方案由省交通运输厅牵头组织研究。

相关链接

“二环十射”：“二环”指绕城高速公路、第二绕城高速公路，“十射”指成绵高速公路、成德南高速公路、成南高速公路、成渝高速公路、成自泸高速公路、机场高速公路、成雅高速公路、成温邛高速公路、成灌高速公路、成彭高速公路。

市域快速通道建设 2015年，成都市市域快速通道建设全面加快，大件路外绕线、五（凤）洛（带）路、成（都）温（江）邛（崃）快速路、沙西线快速通道累计完成投资151.2亿元，占总投资的93%。其中，沙西线快速通道、五洛路分别于10月和12月31日建成通车。成温邛快速路邛崃段12月建成通车；除受部队用地拆迁影响崇州段局部路段未实施外，全线路基工程基本完成并实施路面施工；累计完成投资31.4亿元。大件路外绕线主体工程基本完成，预计2016年上半年建成通车。

2015，成都市域快速通道之一的新（津）邛（崃）路邛崃段面貌

邛崃交通运输局 供稿

农村公路建设 2015年，成都市农村公路改善工程完成202公里，完成投资3.8亿元，为计划投资2.8亿元的136%。继续加大村组道路建设力度，按照2013年至2017年度新（改）建8 500公里村组道路的建设计划，新建村组道路1 660公里，超额完成160公里，实际完成投资10.8亿元，占计划投资9.8亿元的110%。完成安保工程（路侧护栏）335公里，顺利通过省交通运输厅考核验收。金堂县中码头渡和白果渡渡改桥项目全面开工。加快推进全市水毁桥梁维修整治和改造工作，年内完成101座桥梁整治。“4·20”芦山地震灾后重建农村公路项目275公里全面完成，累计完成投资1.11亿元。

2015年6月8日，灾后恢复重建项目油玉（邛崃市油榨乡至芦山县大川镇）路面貌　　邛崃市交通运输局 供稿

客货运场站建设　2015年，成都市汽车客运站提升改造工程完成建设投资1亿元，石羊客运站、十陵客运站、崇州市客运中心站、大邑县客运中心、彭州客运中心、金堂客运站全面完工；北门车站主体改造完成并展开信息化改造；崇州市新城客运站、都江堰市客运中心、新南门旅游集散中心、郫县客运中心站有序推进；茶店子客运站、昭觉寺汽车站提升改造工程进入建设招标程序，预计2016年开工建设。中心城区公交场站建设完成投资5.7亿元，石羊场、十陵公交场站提升改造工程全面完成；金沙公交枢纽综合体交通功能工程完成并于2015年7月投入使用；迎晖公交场站综合体完成工程竣工初步验收；万家湾公交场站综合体完成主体结构验收；海桐公交场站综合体完成基础验收及主体结构封顶；高朋公交场站开展基底筏板浇筑施工。货运场站建设完成投资3亿元，成都公水联运物流基地（成都公路口岸）完成联检大楼装修、查验平台、熏蒸房等建设，道路总平、绿化等工程加快建设；新都公路货运集散中心完成主体工程和停车场建设；成都天府新区新津公路货物集散中心建设加快推进。

提升改造工程完工后的石羊客运站　　成都市交委 供稿

成都至重庆铁路客运专线投运　该项目为成都市新建成都至重庆双线客运专线，速度目标值时速250公里。自成都，经龙泉、简阳、资阳、资中、内江、荣昌、永川、壁山等站至重庆，正线全长308公里，其中成都境内22公里，途经成都市锦江区、龙泉驿区、双流县3个区县。项目总投资399亿元，成都段投资约33亿元。项目于2010年9月进场施工，2015年12月26日建成投运。

成蒲铁路　该项目为成都市新建双线Ⅰ级铁路，速度目标值时速200公里。自成都西站引出，经成都市郫县、金牛区、青羊区、武侯区、高新区、温江区、双流区、崇州市、大邑县、邛崃市、蒲江县11个区（市）县，全长99公里，设成都西、温江、崇州、大邑、邛崃、西来、蒲江、朝阳湖8座车站，预留双流北、羊马、王泗镇3座车站，总投资157亿元。该项目于2013年9月开工建设，截至2015年12月，集体土地交付99.58%，国有土地交付84.92%，自开工累计完成投资99.1亿元，路基、桥梁、隧道等土建工程加快实施。

成兰铁路　该项目为成都市新建双线Ⅰ级铁路，速度目标值时速200公里。自成都枢纽青白江站引出，经什邡、绵竹、茂县、松潘、九寨沟，引入在建兰渝铁路哈达铺站，正线长约458公里，其中成都段里程长约7公里，途经成都市彭州市和青白江区。项目总投资636亿元，其中成都段投资约12亿元。于2013年11月全面开工建设，截至2015年12月，全线桥梁完成84.61%，隧道完成56.44%，路基土石方75.36%，成都境内大弯货站及青白江车站征地拆迁工作加快推进，预计2019年全线建成投用。

成昆铁路扩能改造成都至峨眉段　该项目为Ⅰ级铁路，增建二线，速度目标值时速160公里。自成都南站引出，沿既有成昆铁路增建第二线，引入成都枢纽时在既有花龙门站疏解，经彭山、眉山、思蒙、夹江至峨眉站，增建二线长131公里既有线改建长度25公里。该项目在成都市境内里程长约31公里，途经锦江区、高新区、双流区、新津县4个区县。项目总投资91亿元，其中成都段约20亿元。2013年12月进场施工，截至2015年12月，成都境内段交付全部用地的91%，累计完成土石方109.42万立方米，累计完成投资17.1亿元，预计2017年建成投用。

川藏铁路朝阳湖至雅安段　该项目为新建双线Ⅰ级

铁路，速度目标值时速200公里，起自蒲江县境内成蒲铁路朝阳湖站，经名山至雅安，线路长42公里，成都市境内约6公里；总投资42亿元，成都段约6亿元。于2014年12月6日开工，截至2015年12月，成都境内交付全部用地，完成路基工程315立方米，大桥5 119米，隧道1 806米，累计完成投资1.7亿元，预计2017年建成投用。

成都火车北站扩能改造工程 该项目位于成华区和金牛区，成都站扩能改造工程包括8万平方米站房、1.9万平方米的行包房、10台18线站场及连接成都站至成都东站间的引入线13.86公里，概算总投资83.489 5亿元。2013年12月施工单位进场施工，实施东环线、动车走行线以及北站房、行包房土建工程施工。截至2015年12月，行包房完成72米地下连续墙工程，站房完成158根咬合桩施工，累计完成投资39.6亿元，预计2019年全面完成改造。

成都铁路动车检修段 该项目位于成华区，近期按年检修300列设计，修建检修线（含静调）8条（16辆编组），预留4条，房屋建筑面积14.5万平方米，总投资64亿元。成都动车段2011年开工建设，2014年9月基本建成，2015年一季度投入使用。

成都基础设施维修基地 该项目位于新都区，大机检修按40台位新建设计，预留发展条件，近期设置检修库线10条，存车线18条，概算总投资10亿元。2012年12月施工单位进场施工，2015年12月建成。

成都"和谐型"大功率机车检修段 该项目位于新都区，按照满足配属1 300台"和谐型"大功率机车所产生的检修量设置，概算总投资14亿元。2012年12月施工单位进场施工，2015年12月建成。

成都枢纽城厢车站新建快运和特货作业区工程 该项目设货物站台4座，整列装车兼发车线5条，尽头式装卸兼发车线2条，新建房屋面积约5万平方米。项目总投资6亿元，2014年4月开工建设，2015年12月建成。

成安渝高速公路四川段 该项目于2009年9月开工建设，截至2015年12月，成都段路基完成83.5%，桥梁上部完成67.6%，下部完成85.7%；完成隧道建设；涵洞完成71.4%；房建完成19%；交安设施完成7.2%；自开工累计完成投资38亿元。牵头单位资阳市积极推进后续工程事宜，预计2017年建成通车。

成都二绕高速公路通车 成都二绕高速公路是在"全域成都"理念下以中心城（外环路以内）为核心，沿放射道路走廊式轴向发展（即沿放射道路两侧发展），同时打造6个城市组团（新都—青白江、龙泉驿、华阳、双流、温江、郫县），重点向南、北、东方向发展。项目全长222.8公里，总投资285.6亿元，双向六车道，设计时速100公里，沥青混凝土路面，分东、西两段建设；项目于2010年7月开工，2015年12月31日全线建成通车。该项目通车后四川省高速公路总里程突破6 000公里。

成都经济区环线高速公路 该项目被视为成都第三绕城高速公路，主线起于蒲江境内的成雅高速，沿顺时针方向环行，途经蒲江、邛崃、大邑、崇州、都江堰、彭州、什邡、绵竹、德阳旌阳区、中江、金堂、简阳、仁寿、彭山14个区（市）县，闭合于起点，串联起整个成都经济区。项目以BOT模式分东、西、南、北4段招商建设，全长459公里，设计时速120公里，总投资591.9亿元。

简阳至蒲江段起于简阳禾丰镇，止于蒲江县天华镇，设天华枢纽立交与成雅高速公路相交，全长126.33公里，设计时速100公里，双向六车道高速公路标准，全线设桥梁113座22 267.19米，其中特大桥4座641.63米，隧道2座4 228米，互通式立交17处，服务区2处，涵洞及通道375道，总投资155.1亿元。2014年9月开工建设，截至2015年12月，成都境内路段路基土石方完成设计的76%，桥梁下部完成75%、上部完成47%，涵洞完成32%，隧道开挖初支完成78%；自开工累计完成投资4.6亿元，占总投资43%；工程进度较计划工期超前，预计2017年建成通车。

蒲江至都江堰段起于蒲江县境内成雅高速公路（与成雅高速公路1 875公里加600米处相交），经邛崃、大邑、崇州，在都江堰玉堂南接都汶高速公路，主线全长101.3公里，按双向六车道高速公路技术标准规划建设，设计时速120公里。连接线起于成都二绕高速公路廖家互通匝道与白云路相交，跨泊江河、重庆路至连接线终点（川西旅游环线与街子镇会唐路相交处），连接线全长16.341公里，按双向四车道一级公路技术标准规划建设，设计时速80公里。项目总投资175.49亿元，拟采用BOT招商建设，预计2016年全面开工建设。

都江堰至德阳段主线起于德阳城区以北、黄许镇以南成绵高速公路（IK0+000设德阳北枢纽互通），经什邡、彭州、都江堰，与都汶高速公路共线，在玉堂南枢纽互通从都汶高速公路分离，止于都江堰市青城山，与成都经济区环线高速公路蒲江至都江堰段终点顺接，全长91.2公里，按双向六车道高速公路技术标准设计，设计时速120公里，总投资估算138.06亿元。绵竹延伸线起于孝感镇，经柏隆，上跨成绵高速公路复线继续西行，在绵竹东和五福西之间接省道105线，全长18.4公里，按双向四车道高速公路技术标准设计，设计时速80公里，总投资估算16.36亿元；其中成都境内49公里。项目纳入交通运输部第一批开展交通基础设施政府与社会资本合作试点的PPP项目，中国铁建股份有限公司为项目投资人，预计2016年全面开工建设。

德阳至简阳段起于德阳市成绵高速公路，往南经中江、金堂，到简阳，止于在建的成安渝高速公路，与成都经济区环线高速公路简阳至蒲江段起点顺接，全长104.6公里，按双向六车道高速公路技术标准设计，设计时速120公里，总投资估算136.18亿元。项目经BOT招商后中国铁建股份有限公司为项目投资人，预计2016年全面开工建设。

五洛路通车 该项目起于金堂县五凤镇鸣阳大桥北侧桥头，在史家沟下穿成都二绕高速公路，经金堂县与龙泉驿区交界处的罗家湾花庙子，于大兰跨无粮湾，在大湾村三组李家湾进入将军顶隧道（全长2 009米），在石板沟出隧道后，过钟家老房子，经洛带古镇隧道（全长2 915米）止于成洛大道终点处，全长19.21公里（金堂段8.15公里、龙泉段11.06公里），总投资19.3亿元。拟按双向四车道一级公路技术标准建设，设计时速60公里，路基宽23米，沥青混凝土路面。项目建成后可将成南、成渝、成德南、成安渝、成都二绕等5条高速公路有机串联。同时，该项目是连接成都、德阳、资阳和天府新区的区域性骨干公路。项目于2012年5月开工，2015年12月全线建成通车。

交通信息化和智能交通建设 2015年，成都市完成成都智能交通指挥中心一期工程（7月17日验收）、三环路智能交通管控系统工程（2月26日验收）、成都市交通事件检测系统建设工程（11月30日验收）、成都市交通诱导系统建设工程（11月30日验收）、智能交通专用供配电系统（一期）工程（1月29日验收）等6个项目的验收工作。其中，成都智能交通指挥中心一期工程为可提供集交通管理、指挥调度、警情处理、警力调配等功能于一体的集成管理平台。三环路智能交通管控系统工程新建81个事件检测点位、197个交通流量视频采集点位，实现实时交通信息采集；在具备车流量分流的重要节点路段新建56个路面诱导屏，实现实时交通信息智能化诱导；新建134个交通视频监控点，实现在三环路的视频监控全线覆盖；在三环路主辅道进口，新建139个交通匝道控制系统，实现三环路车流量智能化调控。成都市交通事件检测系统建设工程建设116套交通视频监控系统，实现主干道、快速路、桥梁、隧道、重点路段等重点位置的交通事件检测功能。完成数据接收平台应用环境搭建、通讯系统建设以及系统集成工作。成都市交通诱导系统建设工程建设106套信息发布系统，发布道路实时交通信息，提供交通诱导服务。智能交通专用供配电系统（一期）工程完成智能交通信息系统外场网络和供配电系统建设。

成都市智能交通一期工程规划建设的15个项目基本建成并投入使用，逐步对外提供公共交通信息、实时交通路况、停车诱导、行车诱导等一体化智能交通信息服务。编制完成智能交通二期工程建设项目实施计划，完成凤凰山高架及底层道路智能交通管控系统、红星路改造工程智能交通建设项目、地铁7号线市政工程智能交通管控系统、老川藏路智能管控系统工程、元华路神仙树节点智能交通管控系统5个智能交通二期项目的建设方案评审。成都市公路客运综合监管服务系统、成都市交通数据中心项目、成都市出租汽车服务管理信息系统试点工程等3个交通信息化项目建成投用。

2015年2月26日，成都市三环路智能管控系统建设工程终验会会场

成都市交委 供稿

公路管养 2015年，成都市以全国国省干线公路养护管理大检查为契机，推动国省干线大中修建设及日常小修保养工作。成都市普通国省干线路面使用性能指数（PQI）达91.5，超过省交通运输厅下达的目标值4个点以上，并于11月3日顺利通过交通运输部检查。印发《关于进一步加强农村公路养护与管理工作的实施意见》，从落实农村公路管理职责、稳定农村公路养护资金渠道和保障措施、实行目标管理、明确补助奖励政策及落实检查考核制度措施等方面加强成都市农村公路养护管理。成都市县乡道公路路面使用性能指数（PQI）指数提升至83.88。

2月，成都市交委公路处被交通运输

部评为“全国农村公路管理与养护先进集体”。4月22日，被交通运输部授予“全国交通运输系统先进集体”荣誉称号。在2013—2015年四川省农田水利基本建设“李冰杯”竞赛中成都市被评为“先进单位”。

航空运输和铁路运输服务 2015年，双流国际机场国内通航城市120个，航线164条，国际及地区通航城市71个，航线84条，旅客吞吐量达4 224.5万人次，比上年增长12%，全国航空第四城地位更加稳固。根据民航旅客服务评测（CAPSE）发布《2014年机场服务评测报告》，经11万余名乘机旅客打分评测，成都双流国际机场因进入2014年国内地综合评分最高的五大机场之列，荣获2014年中国内地服务“最佳机场”荣誉，是中西部地区唯一进入内地“最佳”榜单的机场。在机场服务的5个分项评测中，成都双流国际机场以机场交通居首，机场服务与设施、机场商贸3项均为优秀。

铁路成都市境内旅客发送量为4 593.9万人次，比上年增长3.8%；货物发送量1 020.4万吨，比上年增长9.5%。

道路运输服务 2015年，成都市道路运输能力和服务质量稳步提升，累计新增更新中高档客运车辆606台，新增更新货运车辆902台，集装箱专用车辆353台，危险货物运输车辆419台；新增更新教练车5 737台，新增驾校8家；客运班线1 589条（其中省际客运班线153条、市际客运班线872条、县际客运班线379条，农村客运班线185条），农村客运通村率达98%，比2014年提高0.3个百分点。截至2015年底，全市拥有道路营业性载客汽车7 095辆，其中，中高级客车比例为75.2%，全年完成道路客运量14 203.0万人次，旅客周转量1 256 858万人公里；全市拥有道路营业性载货汽车143 419辆，全年完成货运量27 518.7万吨，货物周转量2 578 184万吨公里。完成重达96.5吨海水淡化装置特大件运输工作。

“互联网+运输”快速发展，道路客运联网售票系统进一步完善，2015年初步完成全市二级以上汽车客运站联网售票系统建设，通过系统售票422.1万张；9月，在全国率先上线运行机动车驾驶培训公众服务平台，实现机动车驾驶培训网上咨询、报名、缴费、评价等功能；加快推进机动车维修行业公众服务平台建设，积极协调相关单位就建设预期、建设方式及后期运行等问题展开研讨，并完成建设前期调研。

地铁运能提升 2015年，成都地铁由单一线路向多线路及网络化加快发展。7月25日，成都地铁1号线南延线工程开通试运营，1号线是连接成都市中心城区和天府新区的重要线路。12月26日，成都地铁4号线一期工程载客试运营，2016年1月1日正式开通试运营。地铁4号线一期工程是成都市开通的第三条地铁线路。预计2020年，全市地铁将实现开通13条运营线路、运营里程达500公里在建里程150公里以上的目标。截至2015年12月底，成都市地铁日均客运量达103万乘次，地铁机动化出行分担率达6%，实现运营无事故累计1 922天，运营服务时间每天超过17小时，列车准点率99.98%，乘客满意度为90.5，各项指标均达到并优于相关行业标准。

公交运输服务 2015年，成都市全力推进城市公交优先发展战略，深化城乡公交融合，公交成效得到交通运输部高度肯定。12月29日，成都市交委作为全国唯一省会城市政府部门获邀在全国交通运输工作会议上交流城市公交发展经验。

2015年，整装待发的成都市公交车　　吴　江　摄

7月10日，成都市政府办公厅印发《关于进一步完善成都市常规公交财政补贴和考核机制的通知》。中心城区公交线网进一步优化，全年新开线路24条，优化调整线路70条次；着重补强中环至绕城区域公交线网覆盖，增加开行和优化延伸公交线路38条，增加公交线路

长度120公里；进一步加强二圈层组团与中心城区关键节点衔接、中环到绕城区域内横向衔接、区域内部微循环接驳。

公交精细化管理水平不断提升。对市民反映拥挤程度较高的30余条线路量身定制减拥挤措施，高峰拥挤度降低至每平方米7人以内；开行8条高峰快线，根据高峰、平峰、低峰时段客流特征，优化发车间隔，有效缓解高峰期间乘车拥挤、乘车久候；延时公交线路10条，为“早出晚归”人群提供公交出行保障。积极提升公交站点设施服务水平，新建300座电子公交站牌，发布所有经停线路公交车辆的实时到站信息，方便乘客候车，高效出行。6月25日，成都公交正式开启公交车NFC（近距离无线通讯技术）电子车票功能，市民通过“刷手机”付费方式乘坐公交车，享9折优惠，成都成为全国首个公交车可用NFC手机“刷票”的城市。

二圈层公交融合深化发展加快完成。龙泉驿区、温江、新都区、天府新区成都直管区以及双流县全面完成公交市场整合，实现国有化运营；同时，按照中心城区公交服务标准加快提升公交服务水平，推动二圈层区县常规公交长效发展机制。

出租汽车运营管理 截至2015年末，全市范围内共有出租汽车18 684辆，经营企业107家，从业人员近4万人。其中，中心城区（一圈层）出租汽车总量14 898辆，经营企业48家，以公司化经营为主；二三圈层区（市）县总计3 786辆，经营企业59家，以个体、租赁承包和挂靠经营为主。2015年度出租汽车单车日均行驶里程346公里、载客里程231公里，日均载客人次约87万人次。继续稳妥做好出租汽车经营权到期处置工作，对15家公司到期的共1 564个出租汽车经营权及服务公司到期的74个个体出租汽车经营权进行重新出让。

积极应对“优步”“滴滴打车”等网约专车的冲击，积极稳妥研究推进出租汽车营运机制改革有关工作，结合交通运输部2015年5月20日、6月25日召开的两次出租汽车行业深化改革工作座谈会会议精神和10月12日公布的改革指导意见（征求意见稿）稿框架内容，参考武汉、杭州、上海等地改革举措，结合成都出租汽车行业发展实际，形成《关于在“专车”兴起背景下出租汽车行业稳定和深化改革的调研报告》。另一方面通过搭建平台对话、公司走访、会议交流等方式与出租汽车公司、驾驶员进行沟通，做好政策解释工作，同时建立与市公安局、公交地铁分局的信息沟通联席机制以及和各区（市）县出租汽车管理机构的上下联动机制，确保出租汽车行业总体稳定。

机动车驾培公众服务平台上线运行 该平台涵盖成都市77家驾校以及2万多名教练员信息，为社会公众提供网上选择驾校、网上选择教练、网上报名、网上投诉、网上评价、学员中心等多种功能服务。社会公众可通过平台选择驾校和教练，对教练员教学情况、驾校服务情况作出评价、投诉；通过驾校网站、手机客户端软件（APP）等预约渠道，自主选择训练时间、训练科目、教练员、车型、训练场等。截至2015年底，平台访问量达287万人次，注册学员达6.4万人，通过平台报名学员8 592人，参与评价的学员超过4.2万人，人民网、中国交通报等数十家媒体就此进行专题报道。

成都交通运输政务宣传取得新突破 “@成都交通运输”在2015年推进政务公开，搭建便民平台，宣传四川新形象工作中表现优异，被评为“2015年度交通系统微政务优秀账号”。截至2015年底，“@成都交通运输”有粉丝38.9万人，其中新浪粉丝33万、腾讯粉丝5.9万。共发布信息2 840余条，处理投诉、咨询和建议1 262件，承办“@成都服务”派发任务550余件。2015年成都市政务服务中心官方微博为民服务综合排名中，成都交通运输名列第四；在人民日报、新浪微博、人民日报微博联合发布的2015年度全国新浪微博综合影响力评估报告中，成都交通运输官方微博被评为四川省十大交通行业官方微博。9月7日开通试运营官方微信“成都交通运输”公众号，截至年底，被900余人添加为订阅号。

2015年，成都文明爱心出租车队　　王蕾 摄

（本栏目供稿单位：成都市交委）

自贡市交通

ZIGONG SHI JIAOTONG

2015年自贡市交通运输能力概况

项目			数值
公路交通运输			
通车里程	总里程（公里）		6 509.153
	其中	高速公路	233.605
		一级公路	113.389
		二级公路	178.051
		三级公路	311.42
		四级公路	4 456.148
		等外公路	1 216.54
公路密度	按国土面积计算：每百平方公里 148.85公里		
	按人口计算：每万人20.34公里		
通达里程	通公路的乡镇96个，占乡镇 100%		
	通公路的村1 140个，占村 100%		
客运站	总　数（个）		83
	其中	一级站	1
		二级站	6
		三级站	1
		四级及以下站	75
营运车辆	总　数（辆）		18 501
	其　中	客车 1 336 辆 35 810 座	
		货车 17 165 辆 91 218 吨	
公路运量	客　运	客运量（万人次）	5 904
		旅客周转量（万人公里）	201 815
	货　运	货运量（万吨）	5 109
		货物周转量（万吨公里）	528 511
内河航运运输			
通航里程	总里程（公里）		560.45
	其中	三级航道	
		四级航道	
		五级航道	81.8
		六级航道	44.65
		七级航道	434
港口（码头）	总　数（个）		66
	吞吐量	旅客吞吐量（万人次）	103.76
		货物吞吐量（万吨）	239
水路运量	客　运	客运量（万人次）	104
		旅客周转量（万人公里）	636
	货　运	货运量（万吨）	224
		货物周转量（万吨公里）	4 019
营运船舶	总　数（艘）342		
	其　中	客船 89 艘 3 530 座　渡船 35 艘 110 座	
		货船 218 艘 22 164 吨	
城市公交运输			
营运车辆	城市公交车953辆，出租汽车1 436辆		
公交线路	154 条		
公交站	728 个		
运　量	公交客运量18 307万人次，出租汽车客运量5 199万人次		

注一：城市公交统计口径为中心城区

交通固定资产投资　2015年，自贡市交通固定资产投资完成46亿元，交通固定资产投资连续4年保持在40亿元以上。列入部省补助交通建设项目共11类，项目总投资571 428万元，共争取部省补助资金59 743万元。“十二五”期间，自贡市累计完成交通固定资产投资236.64亿元，是“十一五”期间投资完成总量的4.1倍，投资总额创历史新高。

交通基础设施建设　截至2015年底，自贡市公路总里程6 510公里，较“十一五”末增加667公里；农村公路总里程达到6 046公里，96个乡镇全部实现通畅，建制村通畅率达94.56%、较“十一五”期末提高21%；乡镇通班车率保持100%，建制村通班车率达83.2%，较“十一五”期末提高5%。“十二五”期间，建成成自泸赤、乐自、自隆和内威荣4条高速公路，自贡市所有县（区）实现高速公路直接覆盖，形成以中心城区为核心、辐射各区县及周边地区的高速公路网络，“市域半小时、川南1小时、成渝2小时”通达目标全面实现；新增普通国道2条，结束自贡市境内无普通国道的历史；省道增加至10条，自贡市各区县实现普通国省道全覆盖；6条城区高速公路连接线等一批干线公路联网畅通工程相继开工建设，普通国省干线公路升级改造稳步推进，全市高速公路、干线公路互连互通能力显著增强，路网等级和服务水平明显提升；积极推进客运站点和水运设施建设，7个跨年实施的汽车客运站提升改造项目已开工建设6个，竣工2个，完工1个；完成渡改人行桥9座，完成公益性渡口码头建设6座，候船亭19处。

加快重大项目前期工作进度。宜宾至仁寿高速公路开展工程可行性研究报告编制前期工作，南溪至内江高速公路积极争取进入省交通运输厅规划方案；国道247线提升改建工程初步设计获省交通运输厅批复；沱江（自贡至泸州段）航道升级工程完成前期勘察工作，省交通运输厅交通勘察设计研究院正在编制预可行性研究报告。

2015年，建设中的沱江三桥及省道305线富顺绕城改线工程　　自贡市交通运输局 供稿

高速公路建设　2015年，自隆、内威荣高速公路建成通车；2015年12月26日，自隆高速公路、内威荣高速公路建成通车，自贡市高速公路通车里程达到233.6公里，较“十一五”期末增加181公里。自隆高速公路、内威荣高速公路于2011年12月开工建设。自隆高速公路由两段组成，全长70.453公里，自贡境内共43.3公里，由四川自隆高速公路开发有限公司按照BOT方式建设、运营及管理；内威荣高速公路全长62.662公里，自贡境内约15公里，由四川内威荣高速公路开发有限公司按照BOT方式建设、运营及管理。

国省干线改造　2015年，自贡市大力推进干线公路大中修工程。完成省道206线马口田至赵家坪、省道305线荣县至竹园等路段和贡草、邓关至理工学院道路大中修工程；加快干线公路提升改造项目建设，完成省道305线富顺段绕城改建工程A段2.6公里沥青混泥土路面及绿化和B、C段4.6公里路基工程，完成国道348线荣县至竹园段改建工程立项批复和初设批复，北环路拓宽改建、王贡路路面改造工程开工建设，省道206线、省道207线大安区过境公路改线工程累计完工39.6公里，省道305线沱江三桥、牛佛沱江二桥有序推进。乐自高速公路自流井舒坪连接线完成主体路基工程；成自泸赤高速公路大安连接线剩余3.3公里正在完善施工图设计；成自泸赤高速公路沿滩瓦市连接线完工6公里，剩余7.8公里路段已开工建设；乐自高速公路贡井桥头镇连接线已启动征地动迁。2015年8月1日，北环路二期改（扩）建工程正式开工建设。北环路二期拓宽扩建工程起于北环路与东环路交叉口，经盐卡子、董家、深家沟，止于一桥，路线全长4.158公里，项目总投资约17 494.95万元。其中零公里加100米至3公里加603.202米段拓宽改建为一级公路，路面宽30米，设计时速60公里，计划工期18个月。

农村公路建设　2015年，自贡市新（改）建农村公路580公里，分别为省、市民生工程目标任务的161.1%和116%。其中：完成通乡油路和农村公路改善210公里、通村公路370公里，完成公路安全路侧护栏343公里。

交通运输服务管理　“十二五”期间，自贡市新增高速公路客运班线42条、跨省班线3条、跨地市班线26条、农村客运线路77条；2015年自贡市客运站平均每日旅客发送量5.2万人，比2010年增加1.5倍；公交线路增加到154条，运营线路增加到1 705公里，新增和更新公交车270台，四城区出租汽车GPS监控系统升级为3G视频监控系统；开通自贡至成都、自贡至重庆城际货运专线，建成川南地区第一个公共物流信息平台；新增机动车维修业户78户，机动车驾驶员培训经营业户6户，培训机动车驾驶员8.5万人；全市营运车辆、船舶数量分别达到20 890辆、597艘；公路货运量增长27.53%，货物周转量增长35.01%，道路客运、城市公交、出租车平稳运行。建成公交精品线6条，高速公路客运精品线3条，6条农村客运线路实现公交化改造。

“十二五”期间，自贡市交通运输局修订完善45项交通行政执法制度，交通运输行政执法规范化建设取得显著成效；完成交通运输475项行政权力事项代码流程图编制，26项行政审批事项进入市政务中心窗口集中办理。大力开展“平安交通”建设，全面落实安全生产责任制，积极推进安全生产标准化建设，深化安全生产专项整治，全市交通运输安全生产管理向事前事中预警预防转变，全市交通安全生产形势持续好转。深入开展工程建设领域突出问题专项治理行动，相继出台《自贡市交通工程建设五项制度实施细则》等制度，全面推行工程建设质量安全终身制，建成以乐自高速公路和省道305线富顺绕城段等为代表的一批优质工程。积极推进交通信息化建设，全市“两客一危”和重型普通货运车辆卫星定位系统安装率达到100%，公交智能调度中心、客运企业联网售票等道路客运服务智能化网络初步建立，建成机动车维修二级维护监控系统、驾培O2O服务平台。

运输保障能力 2015年，自贡市公路货运量、货物周转量分别为5 019万吨、528 511万吨公里，公交客运量18 307万人，出租汽车客运量5 199万人次，道路客运平稳运行。圆满完成春运和十一“黄金周”等关键时段重点物资和旅客运输任务。运力结构进一步优化，中高级客车发展到704辆，占客运车辆总数的52.69%；大中型货车发展到6 082辆，占货运车辆总数的35.51%。

城乡客运一体化建设 2015年，自贡市交通运输局编制完成《自贡市公共交通规划（2015—2030年）》，开展创建国家级城市公共交通服务综合标准化试点工作，新开行支线小公交，主城区实现公交线网全覆盖。6条公交线路创建为精品线，城市公交机动化出行分担率达20%。完成县域范围20公里内16条农村客运线路的调查摸底工作，6条农村客运线路实行公交化改造。在荣县乐德片区开展农村客运片区化、公司化、网络化经营方式改革试点，试点区域实现了客运班车“村村通”。

道路货运 2015年，自贡市引导支持建设物流园区，培育龙头企业，建设信息平台，积极推进东方物流、三辰物流等一批传统货运企业向骨干物流企业转型，20台车以上的道路运输物流企业发展到42家。2个货运企业开通自贡至成都、自贡至重庆城际货运专线。自贡三辰实业有限公司自主开发建成川南地区第一个公共物流信息平台，实现了与宜宾港、泸州港两大内陆港公水多式联运的信息交换。

道路运输信息化建设 2015年，自贡市市际以上道路客运班车全部安装3G视频监控系统，其他道路客运车辆、危险货物运输车辆和核定车货总重12吨以上普通货运车辆全部安装卫星定位动态监督车载终端，四城区1 096辆出租汽车GPS监控装置全部升级为3G视频监控系统。全市安装卫星定位车载终端的道路运输车辆共8 028辆，平均上线率达90%以上。完成市级道路运输车辆政府监管中心服务项目的政府采购。建立完善运政管理、道路运输车辆动态监督、客运联网售票、驾培计时计程管理、机动车二级维护监控、包车客运管理、车辆二维码管理系统等11个信息服务和管理平台，全市两级运管机构实现道路运输行业行政审批、行政处罚信息数据化处理、存储，并与全省运政信息网联网。在全省创新推行驾培O2O服务平台，“一人一车一教练”预约培训模式迅速推行，2015年底自主预约培训比例达到80%以上。

公路养护管理 2015年，自贡市交通运输局强化公路日常养护和经常性整治，实施国省干线公路大中修及改造69.4公里；积极推进公路日常养护和病害治理，截至2015年底，自贡市干线公路养护站（道班）达15个、农村公路养护站（道班）达38个，国省干线路面性能指数（PQI）为87.2，农村公路列养率达100%，县道、乡道、村道的经常性养护率分别达100%、72.7%、56.8%。深入开展以省道305线富荣段为主的干线公路示范路创建工作，大力推进路域环境专项治理，干线公路实现畅、洁、绿、美、安。持续深入开展超限治理，建成国家站、省级站和流动点三级联动治超网络体系，货运车辆严重超限运输行为得到有效遏制，超限率控制在省控指标以内。

交通运输改革 2015年，自贡市探索推进交通运输综合执法等深化交通运输改革的七项重点工作，明确深化四城区道路运输许可改革、改革现有市运政执法支队管理模式、探索改革路产路权管理模式三项改革目标任务，探索建立路政养护协管联勤机制，将市运政执法支队4个执法大队“下沉”到四区；继续深化行政审批制度改革，编制完成26项交通运输行政许可事项服务指南；严格落实“两集中、两到位”，交通运输行政审批事项、管理服务事项的按时办结率、承诺办结率、现场办结率和群众评议率、评议满意率均达100%。

交通行政执法 2015年，自贡市持续发挥运政、路政、海事执法队伍监管作用。共出动运政执法人员3 059人次，检查各类客货运输车辆3 702台，查处违章车辆1 292台，查获涉嫌非法营运车辆473台；出动路政执法人员4 356人次，查处超限车辆1.73万台次，卸载425台次，超限率控制在4% 以内；出动海事执法人员2 309人次，海事巡查车艇546台次，检查航运企业等生产经营单位568户次、船舶802艘次，查处违法行为18起。

工程造价管理 2015年，自贡市交通运输局有针对性地狠抓工程质量和造价管理。对总投资59.83亿元共41个在建交通项目开展工程质量监督检查142次，查处各类质量安全问题162个，累计审查37个项目共15.38亿元施工图预算，审减1.09亿元，审减率7.1%。

交通安全监管 2015年，自贡市交通运输局以“平安交通”创建活动为主线，全面落实安全生产责任。检查企业及运输业户106次、3 045户次，交通行业管理机构与企业签订安全责任书6 412份，累计举办各类培训195期，培训各类从业人员8 236人次，完成78家企业安全生产标准化达标考评。深入开展安全生产大检查大整治、道路交通安全综合整治深化巩固年、“打非治违”“百安”“安全生产月”等专项活动，保持安全生产监管常态化高压态势。累计检查各类客货车辆6.99万辆次、船舶314艘次、运输及维修企业687户次、客运站及码头136次，查处违章984起，暂扣或吊销许可证33个，排查整改安全隐患167处。

交通政风建设 2015年，自贡市交通运输局继续落实党建工作责任制，加强领导班子思想政治建设，全面完成机关党委、机关纪委换届选举和直属5个党组织换届工作。以“走基层、转作风”“三联三服务”活动为载体，创造性开展“三严三实”专题教育活动，局领导班子成员讲党课报告18次。积极开展创先争优活动。公交公司驾驶员朱红获交通运输部和人社部表彰的全国交通运输系统劳动模范称号，海事局船检科长赖永秀获中共四川省委优秀共产党员、自贡市劳动模范称号，市路政支队获全国交通运输依法行政先进集体，自贡汽车客运总站售票组获全国总工会“五一巾帼标兵岗”。严格落实从严依规治党新要求，全面深化交通运输系统党风廉政建设。认真落实党风廉政建设“两个责任”，局党组与各区县交通运输局、局属各单位签订《2015年政风行风建设责任书》，局党组书记与班子成员、局属各单位党委（总支、支部）书记签订《2015年党风廉政建设责任书》，中共自贡市纪委驻局纪检组长与局属各单位纪检监察员签订《2015年纪检监察监督责任书》，机关各科室负责人、干部职工分别签订《2015年党风廉政承诺书》，工程建设领域干部职工签订《工程建设领域人员廉政承诺书》，明确党风廉政建设岗位责任。以集体廉政谈话、个别约谈等形式，敲响廉政警钟，让干部职工时刻保持思想警惕。着力构建政风行风建设新常态，交通运输系统行风进一步转变，社会评价良好。

城市公共交通服务综合标准化项目验收 2015年12月，自贡市城市公共交通服务综合标准化试点项目通过国家评估验收。该项目于2012年底由国家标准委批准实施，建设周期2年。年内，自贡市建成覆盖城市公共交通行政管理、公共汽车运营、出租汽车运营3个领域，含通用基础标准、服务保障、服务提供、工作标准等四部分共223项标准的城市公共交通服务综合标准化体系，公共交通服务能力明显提高，市民对公共交通服务总体满意度达95.9%。

投放区域小公交 2015年2月2日，自贡市交通运输局投放8台区域高级小公交，在自贡市汇东东区、南湖东区、自流井老城区试运行。区域小公交车长5.03米，宽度与轿车接近，可轻松穿梭于背街小巷，满足市民“最后一公里”出行需求。此次投放的8台区域高级小公交配置有空调、车载信息系统、节能环保等设施，乘坐舒适、快捷，能满足不同层次市民的乘车需求。票价实行2元人次通票制，对普通IC卡乘客、学生和低保对象、老人及残疾人、军人、市级以上劳模实行优惠或免费。

舒坪货运站竣工投用 2015年，经过近3年的建设，自贡第二个综合性物流中心——自贡市舒坪货运站竣工投入使用。自贡舒坪汽车货运站地处自贡市规划市场集群核心——自贡市舒坪工业物流园区内。北接南环路，南连省道305线，紧靠省道206线、省道207线，距自贡火车南站2公里，与成自泸、内宜高速公路相联，地理位置优越，交通便利。该货运站占地13公顷余，拥有14 690平方米大型停车场和25 230 平方米露天堆场、9 480平方米的仓储区域。该站建立自贡首家物流信息平台——自贡市舒坪货运站物流信息中心，信息大厅内LED电子显示屏滚动显示物流供求信息，为物流企业提供的手机APP客户端，物流企业可随时掌握货运市场车源、货源信息。

沈琪获抗战胜利纪念章 2015年9月3日，抗战老战士、自贡市公路局公路养护段退休职工沈琪获中共中央、国务院、中央军委颁发的“中国人民抗战胜利70周年纪念章”。沈琪1944年响应国民政府号召，从国立东北中山中学志愿参军，加入国民革命军陆军第九军203师，参加收复滇西对日作战。

（本栏目供稿单位：自贡市交通运输局）

攀枝花市交通

PANZHIHUA SHI JIAOTONG

2015年攀枝花市交通运输能力概况

公路交通运输			
通车里程	总里程（公里）		4 712.54
	其中	高速公路	195
		一级公路	38.87
		二级公路	281.89
		三级公路	168.74
		四级公路	2 468.84
		等外公路	1 559.20
公路密度	按国土面积计算：每百平方公里62.085公里		
	按人口计算：每万人 48.316 公里		
通达里程	通公路的乡镇 44个，占乡镇 100 %		
	通公路的村 352个，占村 99.4%		
客运站	总数（个）		91
	其中	一级站	1
		二级站	0
		三级站	2
		四级及以下站	88
营运车辆	总数（辆）		16 398
	其中	客车 814 辆 16 536 座	
		货车 15 584 辆 109 644 吨	
公路运量	客运	客运量（万人次）	2 622.23
		旅客周转量（万人公里）	82 117.41
	货运	货运量（万吨）	9 232.22
		货物周转量（万吨公里）	502 271.69
内河航运运输			
通航里程	总里程（公里）		368.4
	其中	三级航道	
		四级航道	
		五级航道	222.4
		六级航道	30.5
		七级航道	115.5
港口（码头）	总数（个）		46
	吞吐量	旅客吞吐量（万人次）	33.5
		货物吞吐量（万吨）	16.5
水路运量	客运	客运量（万人次）	33.5
		旅客周转量（万人公里）	928
	货运	货运量（万吨）	16.5
		货物周转量（万吨公里）	990
营运船舶	总数（艘）97		
	其中	客船 90 艘 891 座	
		货船 7 艘 2 040 吨	
城市公交运输			
营运车辆	639辆		
公交线路	42条		
公交站	654个		
运量	1.39亿人次		

注一：其中带有公交候车亭的公交站有192个

交通固定资产投资 2015年，全市交通完成投资10.58亿元。其中攀大高速公路完成1.2亿元，重点干线公路建设完成投资1.49亿元，国省干线公路大中修工程完成投资2.65亿元，农村公路建设完成投资3.83亿元，安保工程完成投资0.09亿元，危桥改造完成投资0.4亿元，站场建设完成投资0.94亿元。

交通筹融资 2015年，攀枝花市交通运输局积极争取上级资金支持，全年筹措到位资金5.59亿元，其中省级交通建设项目资金补助1.63亿元、二级收费公路化债资金1.92亿元、银行融资1.43亿元、其他资金0.61亿元。

交通基础设施建设 2015年，攀枝花市公路总里程4 712.54公里，其中高速公路195公里、国省道454.64公里，农村公路4 065.9公里；二级以上等级公路320.76公里、三级公路168.74公里、四级公路2 468.84公里、等外路1 559.20公里。水运通航里程368.4公里。

2015年4月27日，华丽高速公路试验段正式开工建设。完成丽攀高速公路云南华坪段13.6公里主体工程建设。攀大高速公路完成施工图勘察设计、监理、检测公开招标和特许权协议签署工作，年底已破土建设。联合凉山州、宜宾市，与中国交通建设股份有限公司签订攀

2015年8月13日，丽攀高速公路川滇两省主线石龙坝收费站　攀枝花交通运输局 供稿

省道310线东区银江镇至倮果段公路大修工程完成沥青混凝土路面铺筑施工，恢复通行。省道310线银江镇至倮果段公路大修工程施工路段全长3.467公里，计划施工时间从2015年9月初至10月底。

鱼塘至机场路新建工程试通车　2015年3月3日零点，鱼塘至机场路新建工程试通车。鱼塘至机场路新建工程是市区通往京昆高速的又一便捷通道，试通车期间，禁止客车、大货车、危化品运输车通行。

宜高速公路投资意向协议。积极推进攀枝花至盐源高速公路项目前期工作。

交通重点项目顺利推进。完成攀枝花汽车客运中心局部完善工程、小攀枝花公交换乘枢纽站新建工程、攀枝花综合客运中心边坡治理。格福路改建项目提前3个月完工。鱼塘至机场路连接线新建工程项目提前4个月完工，打通主城区高速公路通道。

完成省市下达的7项“民生工程”和2件“民生工程”大事。建成农村通村公路174.7公里，为目标任务的134%。建成路侧护栏35公里。完成国道108线等8个项目共150公里的国省干线公路大修工程，为目标任务的333%；国省干线公路路面使用性能指数达85.1。完成攀大高速公路年度建设和格福路改建任务。新开通1条社区公交线路。

国省干线工程　2015年2月6日，省道216线渔门镇至同德镇段大修工程完成路面铺筑，恢复通车。省道310线格福路龙洞至格里坪段8.5公里道路改建工程提前完工，2月11日试通车。省道310线客运中心至新庄大桥段大修工程7月20日全线完工并交付使用。9月27日，国道108线大龙潭至挖断路段（即3 036公里加491米至3 075公里加179米）公路大修工程完成沥青混凝土路面铺筑，国道108线攀枝花市境内段全为沥青混凝土路面。省道310线烂院子路段于9月8日开始实施改造，铺筑沥青混凝土。烂院子路段实施单幅双向通行，也可经倮果大桥和密地大桥绕行。10月24日恢复双幅双向通行。10月26日，

鱼鲊金沙江大桥通车　2015年5月底，攀枝花市鱼鲊金沙江大桥实现通车。鱼鲊金沙江大桥东岸位于会理鱼鲊乡鱼鲊村，西岸位于仁和区大龙潭乡拉鲊村。大桥2010年5月开建，全长1 599.7米，桥面宽18.5米、双向四车道。该桥建成结束国道108线采用轮渡运输渡江的历史。

鳡鱼大桥通车　2015年7月22日，鳡鱼大桥新建工程正式通车运行。该桥是盐边县重要民生工程项目，切实解决了鳡鱼乡、共和乡片区近两万老百姓出行难问题，助推该片区的经济发展。

公路水路运输　2015年，攀枝花市完成道路运输客运量2 622.33万人次、旅客周转量82 117.41万人公里，货运量9 232.22万吨、货物周转量502 271.69万吨公里；完成水路运输客运量30.78万人次，旅客周转量861.84万人公里、货运量15.13万吨、货物周转量907.8万吨公里。城市公交运营里程完成4 098万公里，完成客运量达1.39亿人次。

2015年，市客运中心共开行省、市、县客运线路57条，平均日发班次255余班，日平均输送旅客2 100人次，全年小件货物运量达到40 000余件。2015年发送营运班次84 747班，输送旅客690 650人次。开通市内8个邮政储蓄购票点和网上购票服务，在腾讯网站开通市客运中心官方微博，在客流高峰期设散客包车、加班车订票点，方便旅客订购票。2015年全市报废更新班线客

运车辆（含农村客运）45辆，积极指导米易县新增出租汽车20辆。完成农村客运通乡率100%、通村率99.4%。完成124辆省市际客运班车无线3G视频安装，占总数100%；在2 942辆12 吨及以上普货和半挂牵引车安装卫星定位装置，占总数的56%。

黄镇东调研金沙江航运工作 2015年1月9日—10日，原交通部部长黄镇东在省政协副主席、秘书长高烽的陪同下，率部分航运专家莅临攀枝花，调研金沙江航运发展工作，听取攀枝花市的工作汇报。中共攀枝花市委书记刘成鸣、市委常委李章忠、副市长贾德华出席汇报会。

2015年8月12日，繁忙的金沙江鱼鲊公路渡口 攀枝花交通运输局 供稿

彭琳听取攀枝花市交通运输工作汇报 2015年7月3日，省交通运输厅党组书记、厅长彭琳在成都听取攀枝花市关于交通运输大通道建设工作汇报。中共攀枝花市委书记、市长张剡对交通运输厅长期以来给予攀枝花交通运输发展的关心和帮助表示感谢，并就推进攀枝花市高速公路、金沙江航运、普通国道等交通运输大通道建设等工作与省交通运输厅进行了沟通、协调。省交通运输厅党组副书记、副厅长周道平，纪检组长李传林出席汇报会，攀枝花市副市长柳康健参加汇报会。

城市公共客运 2015年，攀枝花市新开公交线路1条，优化调整公交线路5条；建成公交GPS智能调度及安全监控系统，初步形成运营调度智能化、数据生成自动化、安全监控可视化、服务市民信息化、企业管理规范化等管理系统。年内，攀枝花市公交客运总公司携手中国移动攀枝花分公司在公交12路车上开通免费WiFi服务，至2015年9月1日起，公交12路41台车实现4G网络全程覆盖。积极研究新能源、清洁能源公交、出租车的推广应用。稳步推进出租车新一轮报废更新方案研究，制订工作方案初稿。开展“亲情车厢”“优质服务精品线”创建、优质文明出租车评选、“最美的哥的姐”评选等公益性推广服务活动，不断提升公交运输服务水平。为特殊群体乘车提供优惠，全年办理免费乘车老年卡7 125张，免费乘车爱心卡1 133张，特困户、低保户免费乘车卡2 926张。在“无车日”开展公交卡充值优惠活动。

公路管养 2015年，攀枝花市交通运输局完善《攀枝花市干线公路小修保养工作检查考核办法（试行）》《攀枝花市公路桥涵养护规范》，制订《攀枝花市2015年公路防汛抢险预案》等相关工作制度。

国省干线公路养护管理投入资金1.7亿元，完成国道108线50公里示范路、省道310客新线、红雅线、省道504线电厂至福田段、雅江桥至烂院子段、省道216线渔门至同德段、同德至西区段、省道214渡仁西线8个项目150公里大修工程，为目标任务的333.33%。

加强桥梁维保力度，坚持每日巡查和每月经常性检查，完成观音岩水电站大件设备运输沿线10座桥梁维修加固工程，老雅江桥、炳草岗大桥等7座桥梁进行特殊检查。

加大公路日常养护督促检查力度，对存在的养护问题及时整改。督促管养单位及时清理边沟、涵洞堵塞排水不畅等问题。

行政管理 2015年，攀枝花市审查各类案件1 579件，重大案件集体会审23次。全年无行政复议和行政诉讼案件。开展执法培训和宣传，完成行政权力依法规范公开运行平台基础数据的填制和录入，加强路政许可案件事前审核和事后监督工作，加强行政审批工作的清理和规范。政务服务窗口办理案件1 362件，办结率达100%；接待业务咨询730余人次，群众满意率为100%。对涉及市重点工程、“民生工程”等集中审批项目，在法规许可的范围实行以“便利直通车”和“绿色通道为主”的一站式全程服务。2015年，直接挽回公路损失2 831.200 6万元；实施行政处罚111次，罚款43.657 4万元。办理行政许可1 384件。

路政执法 2015年，攀枝花市全面提升路段执法能力。以明察暗访、案卷评查、评议考核等措施，加强执法监督，规范交通运输行政执法行为。

继续开展货运机动车辆超限运输路面专项治理工作。以保渡北线、渡仁西线、红雅线为重点路段开展流动治超，对绕行固定公路超限检测站、采取短途驳载运输、车货总重超限55吨的车辆进行查处。

加强公路超限检测站管理，修订管理办法，完善考核评议制度，加强超限站日常工作的管理，完善各类台账和记录。对超限站实施督促检查290人次。完成米易县超限检测系统升级工作，建立惩防体系。为过往车辆提供力所能及的服务。

2015年，投入执法人员2.33万人次，检查载货车辆50.7万台次，其中超限30%以上车辆1.977 5万辆次，责令卸货2.062 1万辆次，卸载货物9 675吨，超限率（治理标准）控制在4.06%。向市运管处、市交警支队抄告违法超载超限车辆信息23台次。

完善安全责任体系职能，加强安全培训教育、监督管理和日常检查。2015年6月，开展汛期抢险保通应急演练、米易县公路超限检测站上方立宇尾矿坝模拟溃坝应急桌面推演。加大对公路桥梁的巡查密度，建立辖区路段隐患排查数据库、安保设施修复统计数据库，做好汛期和地质灾害路段的监控和处置，做好改建路段保通工作。投入资金8.36万元，新购置对讲机、应急灯、帐篷等应急物资；投入资金27.87万元，及时修复标志标牌等路产设施。开展公路明察暗访，继续保持全市公路基本无“三乱”成果。

加强路容路貌整治工作，确定巡查计划、巡查时间、巡查装备，落实管辖路段责任制，完善查处分离的内部监督制约机制，同公路沿线乡镇、公路养护部门等建立协查机制。继续整治公路沿线环境的“脏、乱、差”现象，专项治理车辆抛洒污染公路，开展非公路交通标志标牌的治理、公路两侧建筑控制区内违章建筑的治理、公路及公路用地违章行为的治理、违规设置公路平面交叉道口的治理、路边店、加水点、加油站的管理等重大违章专项整治行动17次。2015年，共清理违章建筑物和构筑物890平方米（29处）、清除占用公路及留地1 750平方米（85处）、规范公路平交道口130米（12处）、拆除非法广告标牌15块。纠正未加盖篷布车辆1 250辆次，批评教育违规车辆890辆次，责令当事人清扫路面870平方米，查处车辆抛洒污染公路案件19起。平均上路巡查率为87%；查处公路损毁和公路占用案件53件，案件查处率为98%，结案率为100%。

运政管理 2015年，攀枝花市扎实开展道路交通安全综合整治深化巩固年、道路运输平安年等专项行动，充分利用车载电视、LED显示屏滚动播放交通安全宣传提示语和视频，结合“安全生产月”和汛期开展应急处置能力培训，加大驾驶员社会责任、职业道德、驾驶习惯的培训力度。落实汛期24小时值班制度，建立与气象、国土部门信息共享机制，储备30台客车和30台货车作为汛期应急运力。逐级与全市货运企业和个体业户签订《安全承诺书》，签订率分别达100%和99%。完成25家维修企业、5 家普通货运企业安全标准化达标评审工作。重点开展危爆物品和寄递物流清理整顿专项行动专项整治，完成全市22家危货企业、东区、仁和区的货运站、零担运输、快递企业、客车附搭小件快运摸底排查工作。

规范维修驾培工作。推广使用二级维护视频监控系统达93户，定期抽查二级维护监控平台，实施节能减排，严厉查处无证经营、超范围经营等违规维修行为5起，与211户一、二类维修企业签订《维修业户不得非法改装货车安全责任承诺书》，组织维修从业资格培训考试合格276人。推进驾校改造达标，常态化开展教练员“吃拿卡要”专项整治，在全省率先完成从业资格信息库清理，平稳启动驾驶员继续教育工作，有5 702人报名参加。继续推行“预约培训、计时收费”培训模式，充分满足学员的个性化培训服务需求。认真落实重点驾驶人“黑名单”管理制度。

完成2015年度道路运输企业质量信誉考核工作。对19户危险货物运输企业、12户道路客运企业、211户一二类维修企业、11所驾校、12户出租汽车组织开展质量信誉考核，共评选出AAA级危货企业11户、客运企业6户、驾校2所、维修企业56户、AA级出租汽车公司11户。与全市100%的货运企业和99%的货运业户签订安全生产责任书承诺书。建立交通、公安联合驻点巡查制度，组织西区安和商贸公司申报公路甩挂运输试点项目，做好2015年度车辆购置税收入补助地方资金的初审工作。开展20座以上客车和8吨以上货车、油罐车等应急运力数据调查，按照新修订的《道路危险品运输管理规定》要求，完成19户危货企业复核换证工作（新增3家除外）。

整治非法营运。采取定点稽查和流动稽查结合、定时检查和突击检查结合、集中整顿和长效管理结合“三结合”的方式，根据非法客运车辆主要营运区域、营运时间，有效集中全市执法力量，严查非法客运行为，维护正常客运秩序。2015年出动执法人员 15 828人次，检查车辆（业户）9 784台户次，查处违章行为 828 起（其中“黑车”119 辆次）。

海事监管 2015年，攀枝花市航务海事部门加强整治突出问题。开展“打非治违”专项行动，加强与涉水部门的工作联动，积极开展安全隐患整治。盐边县、米易县海事部门积极会同水务局等部门开展联合执法行动，对碍航网箱进行清理整治，拆除碍航网箱及渔具，确保二滩库区中心航道宽度达到70米以上，保障航行安全秩序。建立健全乡镇船舶安全管理四级责任体系。加强学生乘船安全管理。加大辖区巡航执法检查力度，开展跨区域巡航联合执法行动。盐边县交通、海事部门会同凉山州盐源县、德昌县和攀枝花市米易县、盐边县交通、海事及水务部门开展二滩库区跨区域巡航联合执法行动。利用船载卫星定位监控系统，加强客运船舶动态监管，查处违法行为21起，罚款17 300元。

2015年，全市航务海事部门开展巡航执法检查 194次，安全检查947次，安全检查船舶8 980余艘次，查处安全隐患54起，完成整改54起；查处违法行为21起，处罚款17 300元；发布预警信息26 550余条；开展安全培训及宣传教育活动42次，发放宣传资料9 600余份，受教育人数13 200余人次。

委托四川省交通运输厅交通勘察设计研究院编制《攀枝花市航运发展规划》，形成《攀枝花市航运发展规划》送审稿。

修订完善攀枝花市水上交通突发事件应急预案，深化船舶自救互救机制建设。组织盐边县地方海事处、钒钛高新区建设交通局、“国银一号”和“永昌二号”渡船等单位在金江镇金江上码头联合开展水上交通应急演练。云南省华坪县“9·15特大洪灾”发生后，接到市政府应急调度指令，立即组成7人搜救小组，组织救援车辆2辆、冲锋舟2艘赶赴云南省华坪县会同蓝天搜救队开展搜寻失踪人员，完成搜救任务，受到市政府的通报表彰。

交通安全 2015年，攀枝花市道路运输、水上交通、工程建设、公路养护与管理、防汛抢险等领域均未发生因源头管理失职而引发的安全生产责任事故。各项安全生产指标均在省、市下达的目标控制范围内。重点组织开展“深化道路安全综合整治巩固年”“平安工地建设”“危险品运输” “打非治违”等专项整治活动。天津港“8·12”特别重大事故发生后，组织开展 “危险品运输”安全生产大检查、大整治专项行动，对全市22户危险品运输企业进行拉网式全面检查和督查，对2家危险品运输企业下达整改通知书，并督促完成整改。重点整治省际、市际客运班线和农村客运线路营运安全，全市运管部门出动执法人员 13 823人次，检查车辆（业户）8 159台户次，查处违章行为 737 起（其中“黑车”103 辆次）。加大对公路桥梁的巡查密度，出动路政执法人员27 650人次，车辆1 645台次，排查治理安全隐患229处，设置警示标志114处，确保公路安全、畅通。加强水上交通安全管理，海事部门累计安全检查947次，排查整改安全隐患54起，保持“零事故、零伤亡”的良好局面。加强交通在建工程施工现场管理，交通质监部门共开展安全监督检查48次，排查、整改隐患28处。

应急处置能力不断增强。完善各类应急救援分项预案，做到“一事一案”“一桥一案”。开展实战和桌面应急演练，提高应急处置能力。在雨季“8·27” “9·18”两次重大公路险情中，反应及时、处置得当，确保公路安全畅通。在云南省华坪县“9·15特大洪灾”和攀枝花市“11·12”事故搜救中受到市政府通报表彰。

安全生产标准化建设推进有序。完成58家维修企业、普通货运企业、城市公交和出租车企业三级达标考评工作。交通重点领域安全工作稳步推进，未发生安全责任事故，安全生产形势持续稳定可控。

抢险救灾 2015年汛期，攀枝花市发生区域性强暴雨20多次，国省干线公路断道93处，县乡公路断道225处；公路沿线山体滑坡、泥石流形成的塌方1 832处、986 048立方米；防护工程损毁320处、50 880立方米；涵洞损毁32道；路基水毁226公里、104 170立方米；路面受损284公里、45 248平方米；桥梁损毁1座40米，损失金额9 865万元。其中国省干线公路灾毁损失金额4 475万元，农村公路灾毁损失金额5 390万元。受灾严重路段为：国道108线3 023公里至3 033公里段、省道310线223公里至235公里段、省道214线60公里至81公里段、省道216线626公里至624公里段、602公里加800米处、612公里加800米处，金歇路、倮密路、机场路、盐米路、德盐路、白楠路、红兰路、总龙路等。

8月27日晚，暴雨导致国道108线、省道310线、省道214线、省道216线、机场路、渡金线等国省干线及农村公路多处受灾，造成6处断道（省道214线牛坪子2处断道、回箐沟段1处断道、炳大桥附近1处断道；省道310线马坎处及李家沟处2处断道），塌方1万余立方米，车辆被困100余辆，受困人员300余人。灾情发生后，市交通运输局立即启动防汛保通应急预案，组织200余人和8套设备进行抢险，至28日下午6点，所有道路全部抢通。

9月6日，受强降雨影响，市境内国道108线、省道214线、省道310线、渡金线、机场路等道路路基、挡墙、桥梁严重受损，全市24处道路发生断道，塌方量1.2万立方米。灾情发生后，市交通运输局立即启动防汛保通应急预案，组织11台装载机、100余运输车辆及200余人员参与抢险。截至6日中午1点17分，省道214线与渡金线抢通23处，交通运行基本恢复正常。省道310线231公里加800米至235公里加600米段于6日19点15分恢复正常通行。机场路10公里加300米处挡墙6日垮塌500立方米，于当日下午5点恢复通车。省道310线191公里加300米李家沟处6日塌方500立方米，于7日中午12点10分抢通。

9月9日，因连续强降雨，沿江快速通道西区2公里加260米处右幅路基发生塌陷，长约25米，宽约6~8米，未发生人员伤亡。市交通运输局有关单位部门及西区交通运输局第一时间赶赴现场查看灾情，安排部署应急抢险和处置工作。

9月15日，强降雨造成市境内省道214线、省道216线、省道310线、机场路、渡金线严重受损，共计断道17处，塌方10 000余立方米。市公路养护管理总段立即组织机械、人员进行抢险，投入挖掘机1台、装载机12台、运输车辆83辆、230余人参与抢险。截至15日下午4点50分，所有车辆恢复通行。9月18日凌晨4点，渡金线青龙山路段出现大面积塌方（塌方量15 000余立方米），该路段4条车道全部被土石掩埋，未发现被掩埋车辆和人员。市公路养护管理总段迅速组织12台装载机等大型抢险设备、30余人进行抢险。

9月18日、19日金沙江大道东段青龙山至三堆子路段连续发生山体垮塌，最多时土石方量达15 000立方米。交通部门经过多日抢险施工，9月30日17时许，断道处临时通道具备通车条件，渡金线恢复通车，该路段限速40公里。

攀枝花泸州多式联运物流通道 2015年，攀枝花市抢抓国家长江经济带战略机遇，与泸州市合作启动共建攀枝花—泸州公路水路、铁路水路多式联运物流通道项目，创造更有利于企业发展的物流环境，吸引沿海产业西进。

市政府与交通运输部科学研究院签署战略合作框架协议 2015年5月11日，攀枝花市政府与交通运输部科学研究院签署战略合作框架协议。双方在攀枝花市交通运输局设立“交通运输部科学研究院驻攀枝花市科技工作站”。交通运输部科学研究院党委书记王晓曼、攀枝花市副市长柳康健分别代表双方在协议上签字，并为科技工作站揭牌。

攀枝花市地方海事局参与华坪县抢险 2015年9月15日夜间至16日凌晨，云南丽江市华坪县发生特大暴雨，引发山洪灾害。截至17日22时30分，特大暴雨洪涝灾害共造成7人死亡，6人失踪，2人失联。“9·15”特大暴雨灾情发生后，9月18日，攀枝花市地方海事局接市政府通知，组织冲锋舟2艘，搜救人员7名赶赴华坪县参与搜寻失踪人员。

市汽车客运中心提升改造工程主体完工投用 2015年12月。攀枝花市汽车客运中心局部完善主体工程投入使用。完成建筑安装投资600万元，工程内容包括：站容站貌改造，站前广场路面黑化、建筑外立面新做真石漆、内立面及候车厅、售票厅、小件快运部、车站、卫生间等部分站务用房改造；服务设施完善更新，新增消防设施、多幅LED显示屏，全方位监控系统，多媒体广播系统，自动售票、取票系统等。

（本栏目供稿单位：攀枝花交通运输局）

2015年12月，改建后的攀枝花市汽车客运中心综合厅　　攀枝花交通运输局 供稿

泸州市交通

LUZHOU SHI JIAOTONG

2015年泸州市交通运输能力概况

项目			数值
公路交通运输			
通车里程	总里程（公里）		13 550.354
	其中	高速公路	425
		一级公路	41.562
		二级公路	815.058
		三级公路	222.95
		四级公路	8 203.052
		等外公路	3 842.732
公路密度	按国土面积计算：每百平方公里 112.9 公里		
	按人口计算：每万人 32.1 公里		
通达里程	通公路的乡镇 128 个，占乡镇 100 %		
	通公路的村 1 472 个，占村 100%		
客运站	总 数（个）		157
	其中	一级站	3
		二级站	10
		三级站	10
		四级及以下站	134
营运车辆	总 数（辆）		22 070
	其 中	客车 3 074 辆 82 578 座	
		货车 18 996 辆 159 643 吨	
公路运量	客 运	客运量（万人次）	8 741.307
		旅客周转量（万人公里）	642 246.448
	货 运	货运量（万吨）	6 503.188
		货物周转量（万吨公里）	1 188 130.835
内河航运运输			
通航里程	总里程（公里）		340.1
	其中	三级航道	136
		四级航道	
		五级航道	92.5
		六级航道	
		七级航道	111.6
港口（码头）	总 数（个）		107
	吞吐量	旅客吞吐量（万人次）	
		货物吞吐量（万吨）	3 247
水路运量	客 运	客运量（万人次）	35.09
		旅客周转量（万人公里）	351
	货 运	货运量（万吨）	1 984.241 5
		货物周转量（万吨公里）	1 289 020.93
营运船舶	总 数（艘） 387		
	其中	客船 41 艘 座	
		货船 346 艘 吨	
城市公交运输			
营运车辆	1 244辆		
公交线路	122条		
公交站	1 712个		
运 量	2.301 5亿人次		

交通基础设施建设 2015年，泸州市完成投资118.29亿元，比上年增长15.6%。建成纳黔、泸宜、泸渝、成自泸赤4条高速公路，形成“一环六射一横”高速路网，总长93公里的泸州绕城高速实现闭合运行，泸州市进入全域高速时代。启动总投资约42亿元的泸州市渡改桥项目试点示范工程。一级公路（产城、港城大道）完工，国省干线改造、农村公路建设成效明显。全省二级城市最大公交枢纽泸州城北公交枢纽站完成主体工程并通过验收。承办交通运输部长江黄金水道“2+2”座谈会2次，交通运输部同意支持长江泸渝段率先整治、单滩治理泸州先行。举办长江上游深水航道火焰碛段浚深工程开工仪式。与云南昭通、四川攀枝花签订港口物流发展战略合作框架协议。开通“泸州—南京—日本”航线和6条铁水联运班列，2015年完成集装箱吞吐量42.5万标箱，完成率125%。2015年“8·17”暴雨灾害，全市公路水毁直接损失1.4亿元，重灾区白腊乡两（叙永两河镇）高（威信高田乡）路主干道完全冲毁12公里。经全力抢险，受损交通基础设施得到妥善处置和恢复，两高路36公里路段完成临时通道建设，预计2016年6月底完成道路恢复重建。

相关链接

“一环六射一横”：“一环”由国道76线厦蓉高速公路、国道4215线成遵高速公路、国道93线成渝环线高速公路两两相交构成，绕城高速公路环线辖区面积411平方公里。“六射”指以泸州为区域中心向外形成六条射线，分别连接重庆、成都、贵州等周边省市地区。“一横”指宜叙古习高速公路泸州段，2015年底基本建成具备通车能力。

2015年8月18日，泸州市启动叙永白腊乡“8·17”抢险救灾预案　　泸州市交通运输局 供稿

高速公路建设　2015年，泸州市高速公路建设多头并进，叙古高速公路、叙宜高速公路加快建设，国道8515线泸渝高速公路、叙威高速公路、泸永高速公路前期工作快速推进。叙古高速公路完成投资26.32亿元，为年计划投资20亿元的131.6%。叙永至古蔺县城段主体工程基本完工，加快处置该段突发地灾及古蔺县城至太平段建设；宜叙高速公路完成投资3.21亿元，为年度投资目标的101%，泸州境内10公里预计2016上半年可建成。国道8515线泸渝高速公路2015年5 月获得省政府同意，按政府还贷方式建设，项目公司正式注册，资金、人员到位，项目工程可行性及相关专题报告已编制完成，部分取得批复；叙威高速公路列入省规，与云南昭通达成接线协议，编制完成项目工程可行性报告，省交通运输厅已初审，其他专项报告同步编制，与省铁投、中建、中铁等潜在投资人进行项目推介和洽谈，研究制定招商引资优惠政策；泸永高速公路纳入省高速公路网；董允坝、法王寺、方山、福宝等互通及高速公路收费站建设有序推进。

国省干线改造　2015年，纳福港城大道完成投资3.13亿元，为年计划投资3.1亿元的101%，挖方完成100%，填方完成100%，涵洞整体完成83座，完成率98.7%，桥梁完成率95.8%。玉蟾山隧道开挖支护2 525.5米，洞身二衬2 505.5米，隧道开挖贯通，隧道完成率94.5%，路面垫层累计铺筑12.1千米，水稳层浇筑3.6千米。泸合产城大道完成投资4.03亿元，为年计划投资4亿元的100.8%，挖方完成95.7%，填方完成88.2%，涵洞完成76座，完成率93.7%，桥梁完成率83.5%，赤水河特大桥5号主墩左幅17号梁段完成、右幅11号梁段完成，6号主墩左幅18号梁段完成、右幅12号梁段完成；笔架山隧道累计完成开挖支护847米，二衬550米。省道307线、省道308线、国道321线、国道246线、国道353线、沱江二桥加宽改造、自泸大件公路等项目前期工作进展良好。圆满完成国省干线迎交通运输部检查并获省通报表扬。

长江泸渝深水航道建设　2015年，交通运输部决定长江泸渝航道维护水深从2.7米提升至2.9米，同意长江泸渝段率先整治、单滩治理泸州先行。泸州市加快协调推进项目前期工作，2015年11月举行长江泸渝段火焰碛浚深工程开工仪式。

2015年11月23日，长江上游深水航道火焰碛段浚深工程举行开工仪式
泸州市交通运输局 供稿

农村公路建设 2015年，泸州市建成农村公路1 111.3公里，为年计划350公里的301.5%。其中县乡道改造397.8公里，为年计划150公里的265.2%；村道建设713.5公里，为年计划200公里的356.8%。公路安保工程建成384公里，为年计划300公里的128%。

航运物流中心建设 2015年，泸州市继续推进泸州港续建工程，借助成都铁路局拓展建设6个无水港，与云南昭通、四川攀枝花签订港口物流发展战略合作框架协议，成功开通“泸州—南京—日本”航线和6条铁水联运班列，2015年完成集装箱吞吐量42.5万标箱，完成率125%。

渡改桥建设 2015年，泸州市渡改桥项目列为全省试点示范工程。计划完成投资约42亿元，建成渡改公路桥44座、渡改人行桥2座，全面撤消江河客渡码头，消除渡运安全隐患。2015年桥梁开工建设8座，开展前期工作38座。

客运站建设 2015年，泸州市城北公交枢纽站全年完成投资1.19亿元，为年计划投资0.751亿元的158.5%，全面完成主体工程并通过验收，推进附属设施建设，预计2016年上半年建成投运；基本完成城西客运站征地拆迁工作并推进开工建设。

公路水路运输 2015年，泸州市获批为全国第一批综合运输服务示范城市（全国仅16个，西部唯一），优化调整客运班线21条、增加客运车辆88台；全市现有客运车辆3 169辆、客运线路997条，通达全国19个省（直辖市、自治区）、全省各市（州）和全市各区县。开展出租车服务质量综合治理专项行动，建立健全企业、驾驶员服务质量管理考核机制，主城区出租车1 344辆，出租车客运量平均每天30万人次，分担率14.78%。

2015年1月—12月，泸州港完成货物吞吐量3 247.09万吨，比上年增加3.62%。其中，集装箱吞吐量为44.5万标箱，比上年增加31.1%。全年竣工验收码头2座，在建1座，开展前期工作3座。全市拥有水运企业46家，水路运输服务企业6家，港口经营法人77家，经营性船舶387艘，其中营业性客渡船舶41艘，货运船舶346艘，净载重吨520 582、1 012客座、142 672千瓦，完成水上货运量1 984.24万吨、货物周转量1 289 020.93万吨公里，分别比上年增长0.22%、20.27%。

城乡客运 2015年，泸州市稳步推进城乡客运一体化建设。江阳区完成农村客运线路公交化改造13条，泸县实现牛滩、喻寺片区城乡公交改造和区域化营运模式，龙马潭区、纳溪区、古蔺县加快公交化改造工作。现有农村客运车辆1 715辆、农村客运班线555条，平均日发4 630班次，年客运量2 381.02万人次，旅客周转量173 628.06万人公里，乡镇、建制村客车通达率分别达到100%、80%。

公共交通发展 2015年，泸州市公交线路122条，公交车1 244辆，其中主城区公交线路111条，公交车1 050辆，公交客运量平均每天59万人次，公交分担率29%。

组图：2015年10月15日，泸州江阳纯电动公交车开进农村

泸州市交通运输局 供稿

全省二级城市最大公交枢纽—城北公交枢纽站主体工程完工，泸州二中、体育场公交首末站建成投用；完成主城区11个公交站港湾式停靠站改造，城区港湾停靠站达270个；纳入“酒城通”（集“实时公交、客运班线、航空动态、路况播报、交通快讯、邮政快递、停车诱导、维修培训、便民服务、出行规划”等于一体的公众综合交通出行信息服务平台，整合了泸州市公路、铁

路、水路、民航、城市公共交通等领域的各种信息与资源，为泸州市民提供了“一站式”综合交通出行服务）。实时公交查询范围115条公交线路、994辆公交车，建成投用公交电子站牌6个；应用新能源公交车89辆。

公路养护管理 2015年，泸州市制订《养护工程项目管理工作机制》，全年承担公路维修维护工程和基础建设项目13个，大中修工程项目投资17 967.93万元，投资比重占“十二五”期间工程项目总投资25 060.74万元的72%。实现管养公路临水临崖高差3 米以上危险路段安保工程全覆盖。连续17年保持安全生产无事故、无经济损失、无人员伤亡的良好态势。应急值守常态化，完成交通战备物资仓库储备中心、机械化养护中心和公路应急保通中心统一建设项目。

公路路政管理 2015年，泸州市开展路域环境“八个无”专项整治活动，圆满完成迎接交通运输部检查工作；开展道路交通安全综合整治深化巩固年活动，联合公安、交警、运政等部门，采取固定治超和流动治超相结合的方式，加大路面治超力度，遏制恶意非法超限运输，全市国省干线公路车辆超限运输率3.41%，远低于省市下达 4.5%以下的控制指标；路政巡查持续强化，全年未发生因路政管理不善而导致的安全责任事故，公路巡查案件查处率、结案率100%。

相关链接

路域环境“八个无”：即交通标志前后500米基本无广告、基本无违法建筑物、无穿越公路的设施、基本无违法非公路标志、路基路肩边坡基本无非植物、基本无摆摊设点、无打谷晒粮现象、公路用地范围内基本无堆积物。

平安交通 2015年，泸州市强化企业安全生产主体责任和管理部门监管责任，落实“一岗双责”；改变管控方式，加强在线营运车船和渡口码头抽查，严查重处水上运输违法行为和道路客运驾驶员违反“六严禁”行为。全年共查处水上违章214起，销毁非法船舶27艘，查处道路客运违反“六严禁”行为93起；持续开展道路运输非法经营整治专项行动，处置非法运营车辆601台。全年未发生水上交通安全事故，道路运输行车事故死亡11人，低于省市控制指标75个百分点，交通建设安全事故死亡2人，低于省市控制指标60个百分点，全市交通运输安全平稳有序。

现代物流 2015年，泸州市鼓励企业积极争创国家4A、5A级物流企业。扶持骨干港航企业，支持港口集装箱、汽车滚装、重大件等专业化运输发展，加快推进港口转型升级，促进公水、铁水联运发展。全市道路货运企业614户，物流企业500户，其中西部百强物流企业5家，四川省50强物流企业10家，A级物流企业19家，数量和经营规模仅次于成都。全市拥有水运企业46家，水路运输服务企业6家，港口经营人77家，经营性船舶387艘，完成水上货运量1 984.24万吨、货物周转量1 289 020.93万吨公里，分别比上年增长0.22%、20.27%。道路和水上货物周转量增幅均处于全省前列。

2015年，泸州现代物流——道路集装箱运输　　泸州市交通运输局 供稿

应急处置 2015年，泸州市遭受“8·17”暴雨灾害，公路水毁直接损失1.4亿元，重灾区白腊乡两高路主干道完全冲毁12公里。经全力抢险，受损交通基础设施得到妥善处置和恢复，两高路36公里路段完成了临时通道建设，预计2016年6月底完成道路恢复重建。

智慧交通 2015年，泸州市全面推进智慧交通建设，加快完善车载GPS及3G视频监控功能，开发“智慧交通”手机APP服务，加快建设公交电子站牌，完善“12328”服务监督电话运行平台，加快推进交通运输日常监测与应急指挥中心建设。

（本栏目供稿单位：泸州市交通运输局）

德阳市交通

DEYANG SHI JIAOTONG

2015年德阳市交通运输能力概况

公路交通运输			
通车里程	总里程（公里）		8 188
	其中	高速公路	204
		一级公路	333
		二级公路	645
		三级公路	701
		四级公路	5 489
		等外公路	816
公路密度	按国土面积计算：每百平方公里 138 公里 按人口计算：每万人 21.258 公里		
通达里程	通公路的乡镇 125 个，占乡镇 100 %		
	通公路的村 1 454 个，占村 100%		
客运站	总 数（个）		201
	其中	一级站	4
		二级站	6
		三级站	6
		四级及以下站	185
营运车辆	总 数（辆）		29 190
	其 中	客车 1 687 辆 44 065 座	
		货车 27 503 辆 146 482 吨	
公路运量	客 运	客运量（万人次）	6 728
		旅客周转量（万人公里）	246 712
	货 运	货运量（万吨）	9 093
		货物周转量（万吨公里）	530 992
内河航运运输			
通航里程	总里程（公里）		
	其中	三级航道	
		四级航道	
		五级航道	
		六级航道	
		七级航道	
港口（码头）	总 数（个）		
	吞吐量	旅客吞吐量（万人次）	
		货物吞吐量（万吨）	
水路运量	客 运	客运量（万人次）	26.6
		旅客周转量（万人公里）	48.76
	货 运	货运量（万吨）	
		货物周转量（万吨公里）	
营运船舶	总 数（艘）		
	其 中	客船 17 艘 310 座	
		货船 艘 吨	
城市公交运输			
营运车辆	612辆696标台		
公交线路	67条		
公交站	2 710个		
运 量	8 677万人次		

“十二五”期德阳交通运输概况 截至“十二五”末，德阳市公路通车里程达8 188公里，公路路网密度每百平方公里138公里，初步形成以高速公路为骨架、以国省干线为辐射、以农村公路为延伸的公路交通网络。

交通基础设施建设取得成效 “十二五”期间，全市交通建设共完成投资184.4亿元；其中，2015年交通重点工程完成投资45.76亿元，为省交通运输厅下达目标38亿元的120.43%，比2014年增长60%。新建高速公路104.4公里，新（改）建干线公路271.6公里（一级公路179.5公里、二级公路92.1公里），新（改）建农村公路1 689.07公里，完成安保工程（路侧护栏）740公里，完成各类站点建设34个，完成渡改桥（含涉水点）19处，完成公益性渡口建设5处。成都二绕高速公路广汉段、旌江快速干线、广青公路、中金快通、成德大道、绵罗罗中公路、国道108线广济桥至白糖厂段大修工程等一大批重点工程陆续完工；成都经济区环线高速公路东段、北段成功招商并陆续开工。更新标准化船型14艘，完成投资0.264 2亿元。

运输保障能力增强 “十二五”期间，全市共完成旅客运输4.37亿人次、货物运输4.62亿吨，较“十一五”时期分别增加20.72%和90.35%，城市公交客运量达4.45亿人次。至“十二五”期末，全市共有营运

2015年，德阳市渡改桥项目之一的牛眼洞吊桥 德阳市交通运输局 供稿

客车1 687辆（44 065座），营运货车27 503辆（146 482吨），开行客运班线437条（其中农村客运线路242条，农村客运车辆933辆），全市乡镇、村客车通达率分别达100%和95.05%。全市共有出租汽车1 388辆，城市公交车612辆、696标台，公交线路67条 。德阳市政府先后修订出台《德阳市出租汽车客运管理办法》《德阳市人民政府关于优先发展城市公共交通的实施意见》等促进城市公共交通发展的政策保障。

行业监管水平提升 “十二五”期间，对全市94个公路建设工程项目进行质量安全监督，总里程达891.25公里。对德阳境内103个建设项目进行交工验收质量检测，总里程达919.3公里，检测合格率均达100%；牢固树立安全“一把手”工程和“安全责任重于泰山”理念，把安全管理的触角延伸到工程建设每个环节和日常管理每个细节。在全系统深入开展安全生产“六打六治”“打非治违”和“平安工地”创建活动。把道路、水上、运输、施工安全作为交通安全重点，把工资保障、工程款拖欠、出租车市场稳定等作为稳定工作重点，对交通行业重点问题进行有力整治。几年来，全市生产性道路交通事故逐年下降，严格控制在目标指标以内。

成都经济区环线高速公路德阳段 成都经济区环线高速公路德阳段分为德阳至简阳段和德阳至都江堰段。其中，德阳至简阳段项目起于德阳成绵高速公路，经旌阳、中江、金堂到简阳，止于成安渝高速公路，全长104.56公里（其中德阳境67.46公里、成都金堂境24公里、简阳境13.1公里），估算总投资136.2亿元。2015年12月21日至24日，德阳、成都、资阳三市政府与中铁建四川德简高速公路有限公司签订项目《特许权协议》；2015年12月25日在中江举行项目开工动员大会。德阳至都江堰段2015年12月21日至24日德阳、成都两市政府与中铁建四川德都高速公路有限公司签订项目《特许权协议》。

成都二绕高速公路广汉段 项目在广汉市境内，全长17.86公里，横穿德阳市向阳、南兴、新丰、三水4个工业重镇，总投资22.9亿元。2011年5月开工，2015年12月完工通车。

中金快速通道 项目起于中江城东，止于金堂县五凤镇，是中江县连接金堂县五福大道、金堂大道的重要出境公路。项目中江段经东北镇、南华镇、南山镇、辑庆镇和兴隆镇，全长28.6公里，按一级公路标准结合市政道路标准建设，沥青混凝土路面，总投资12.47亿元，2015年4月底全面完工。

成德大道 项目起于成都彭州市濛阳镇与广汉市三星镇交界处，接成都市北新干线止点，止于旌阳区天元镇歇月村，接德什公路相交处，全长20.013公里，计划总投资8.321 8亿元，采用BT方式进行建设。2012年12月20日开工，2015年底完工。

绵竹经罗江至中江公路罗江段 德阳城市群快速通道绵竹经罗江至中江公路罗江段（绵罗罗中路）项目作

已建成的罗江至中江公路 德阳市交通运输局 供稿

为省道149线的一段，罗江县境全长38.6公里，总投资1.9亿元，按二级公路进行改造，沥青混凝土路面。2014年底开工，2015年底全部完工。

国道108线广济桥至白糖厂段大修工程 项目为国道108线罗江至成都界改善工程广济桥至白糖厂段大修工程（试验路段），路线全长12.632公里。2014年9月23日开工，2015年6月底完工通车。

德茂公路旌阳段秋月至孝泉段改造工程 项目起于德茂公路与省道106线平面交叉，经景福镇、黄诗桥，止于孝泉场镇，路线全长10.838公里，采用BT方式建设，总投资1.96亿元。2014年9月18日开工，2015年底完成主体工程。

绵茂公路绵竹段楠木沟至牛圈沟段工程 绵茂公路（绵竹段）楠木沟至牛圈沟段工程（8公里加465米处至43公里加105米处）全长33.1公里，采用二级公路技术标准建设，预算总投资20.557亿元。2013年5月开工建设，预计2018年完工。截至2015年底共完成投资 6.56亿元，占全段施工合同总价的42%。

农村公路建设 2015年，德阳市农村公路建设实际完成480.27公里，为目标任务350公里的137%。其中，农村公路改善工程228公里、完成投资2.217 2亿元；通村公路144公里、完成投资0.708 6亿元；重要乡镇连接公路、新农村示范片项目和县乡道专用公路等其他类农村公路建设108.27公里，完成投资6.067亿元。

德阳市农村公路旌阳区天景路　　德阳市交通运输局 供稿

安保工程 2015年德阳市完成安保工程（路侧护栏）238.87公里，为目标任务204公里的117%；包括2014年提前完成并通过省级考核里程160.436公里，2015年完成并申请省级考核里程78.4公里。截至2015年底，德阳市2013—2015年建设完成774.5公里，为省补计划目标任务的104.66%。

客运站提升改造工程 2015年，德阳市汽车客运站提升改造工程新开工4个，完工4个，完成投资0.88亿元， 至此，2013年至2015年9个汽车客运站提升改造工程项目任务圆满结束。截至2015年底，全市各类客运站点（含双向港湾招呼站）201个（一级站4个、二级站6个、三级站6个、四级站15个、五级站26个、简易站67个、双招呼站77对）。

公路管养 2015年，德阳市组织制订《德阳市普通国省干线公路桥梁养护管理办法（试行）》，在公路养护中大力推广应用“四新”技术，2014—2015年在国道108线成功应用水泥混凝土路面共振破碎技术和新型沥青路面养护剂技术，高标准承办全省水泥路改造及沥青路面预防性养护技术培训会。2015年全市国省干线公路大中修工程完成173公里，总投资3.856 1亿元，实施预防性养护和小修保养340.4公里。检查桥梁129座、6 939.3米，排查安全隐患26处，整治危（病）桥3座，完成罗江永平大桥、芙蓉溪桥和中江县高板桥3座危桥改造工程。国省干线公路路面使用性能指数为91.1，为年度目标87的104.7%，路况水平由中等提升为良等。

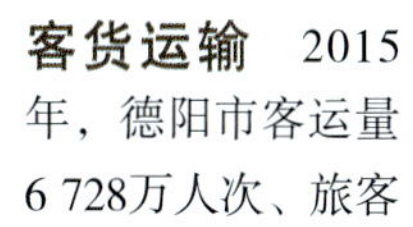

客货运输 2015年，德阳市客运量6 728万人次、旅客周转量246 712万人公里，全年货运量9 093万吨、货物周转量530 992万吨公里。组织“我微笑·你满意”“小红帽”等文明行业活动，有效提升服务质量；结合全市

“互联网+”建设，进一步完善客运联网售票系统，德阳全市二级以上汽车客运站全部实现网上多种软件售票；完成道路运输客运实载率调查和运政网沉冗数据清理，规范重点营运车辆联网联控工作；统筹城乡客运发展，全市乡镇、村客车通达率分别达100%和95.05%。

出租汽车管理 2015年，德阳市完善行业诚信考核激励机制，出台《市区出租汽车服务质量信誉考核奖励办法》；开展2014年度全市出租汽车服务质量考核工作，终评出AAA企业4家、AA企业16家、A企业6家。组织2 000余名市区出租汽车驾驶员开展“我是文明人，我做文明事”职业道德培训。在2015出租汽车“爱心送考”活动中，全市1 388辆出租汽车参与，免费接送考生7 935人次。市区出租汽车“雷锋车队”被评为全省“2015年度岗位学雷锋先进集体”。

车辆维修管理 2015年，德阳市继续开展“阳光维修进社区、贴心服务到身边”主题宣传活动，促进服务对象提升维权意识。结合《机动车维修服务规范》，组织开展“汽车维修企业服务质量专项整治活动”，重点整治一、二类汽车维修企业是否落实规范管理规定，不断强化公众监督。不断完善维修行业诚信体系，加强维修行业信息化建设，向社会公众提供查询服务。7月，按照“谁许可，谁签订”原则，完成全市482家一、二类机动车维修企业和三类车身修理业户《机动车维修业户不得非法改（拼）装货车安全责任承诺书》签订；推广应用汽车二级维护信息化管理系统，全市52家承担汽车二级维护作业的维修企业全部安装并使用汽车二级维护信息化管理系统。全市运营客车、危险品货运车辆使用全省统一格式带防伪二维码车辆竣工出厂合格证。

机动车驾驶员培训管理 2015年，德阳市基本完成全市37所驾校达国标工作，继续开展教练员“吃拿卡要”行为专项整治活动。严格审核教练员资质，2015年新申报教练员初审合格660人，完成427名二级教练员申报及资料初审工作。继续推广预约培训方式，学员自主选择培训时段、车辆、教练员，探索先培训后付费新模式，全年受理78 649名学员参加培训。

严格管理驾驶员从业资格。2015年，继续教育培训注册学员7 500人，已结业从业人员9 458人（含2014年报名未结业学员）。从业资格证换证7 261个（其中：道路旅客运输1 635个，道路货物运输4 966个，道路危险货物运输350个，道路危险货物运输押运202个，出租汽车驾驶员108个）。全年转入从业资格证750个、转出368个。6月，正式启用德阳市重点机动车及其驾驶人安全管理信息共享平台。对全省13 229条被注销、吊销驾驶证的黑名单驾驶人数据进行逐一清理、比对核实。7月，在四川运政信息系统上依法对德阳市333个已吊销和注销驾驶证的道路运输驾驶员从业资格证件予以注销，并通报社会。

公路运输安全监管 2015年，德阳市编印《危险货物运输企业安全管理台账格式指南》，“两客一危”和重型货车卫星定位系统安装率达100%；完成全市在用液体危险货物罐车紧急切断装置安装；持续开展道路运输“打非治违”等专项整治行动。全年明察暗访客运站和客运班线68次。市、县运管机构会同公安交警开展联合执法行动33次，全市查处营运车辆违法违规行为381辆次，非法营运110辆次。全年生产性道路交通事故与上年相比下降36.8%。

城市公交 2015年，全市城市公交客运总量8 677万人次。在全市7条公交线开展“公交精品线”创建活动，对市区1路和22路“精品公交线”升级公交智能调度系统，实现4G数据和视频传输，提供公交车4G免费WiFi服务，市民可使用手机查询公交车辆即时营运信息，也可使用手机实现刷卡乘车。1路公交线434号车组被省总工会授予四川省“工人先锋号”车组；1路公交线驾驶员蒋礼地参加“宇通杯”全国节能技能大赛获10米级CNG公交车手动挡节能能手；1路公交线驾驶员唐成刚长期热心维护乘客财物安全，坚持与车辆扒手作斗争，被乘客用手机将其表现上传到网上，受到全国网民普遍正面点评，中央媒体进行宣传报导。

4—5月，德阳市交通运输局组织30名机关工作人员，以普通乘客身份，对市区29条公交线路进行“乘座体验调研活动”，积极听取社会各界对市区公交未来发展的意见。

水路运能与监管 2015年底，德阳市水上客渡船舶共计17艘（含非机动船9艘），310个客位，154千瓦，总吨167吨，总载重吨103吨；快艇6艘，36个客位，180千瓦，总吨6吨，总载重吨3吨。至年底全市有水路运输企业4家，其中旌阳区2家（德阳市方舟游路出租有限公司、德阳市德旌水上娱乐有限公司）、罗江2家（天润旅游娱乐有限公司、玉京湖水上娱乐中心）。

2015年，德阳市制订《安全事故应急救援预案》《防汛抢险救援预案》，督促各海事处组建防汛应急抢险队伍，做好防洪抢险和安全事故应急抢险各项工作。开展“救生衣行动”并严格执行“六不发航”、签单发航、停航封渡等规章制度。对各县（市、区）地方海事处所辖江河、水库渡口、码头、漂流点进行28次安全隐患明察暗访，接受21次上级机关检察。至年底，全市完成营运船舶检查589艘次，排查安全隐患22起。

（本栏目供稿单位：德阳市交通运输局）

绵阳市交通

MIANYANG SHI JIAOTONG

2015年绵阳市交通运输能力概况

公路交通运输			
通车里程	总里程（公里）		19 909.496
	其中	高速公路	318.6
		一级公路	438.566
		二级公路	826.535
		三级公路	930.329
		四级公路	11 449.385
		等外公路	5 946.081
公路密度	按国土面积计算：每百平方公里 98.56 公里		
	按人口计算：每万人 36.33 公里		
通达里程	通公路的乡镇 278 个，占乡镇 100 %		
	通公路的村 3 341 个，占村 100%		
客运站	总数（个）		232
	其中	一级站	5
		二级站	7
		三级站	3
		四级及以下站	217
营运车辆	总数（辆）		31 405
	其中	客车 3 630 辆 74 435 座	
		货车 27 775 辆 138 983 吨	
公路运量	客运	客运量（万人次）	6 175.22
		旅客周转量（万人公里）	339 193
	货运	货运量（万吨）	5 028.82
		货物周转量（万吨公里）	664 240.8
内河航运运输			
通航里程	总里程（公里）		645.79
	其中	三级航道	
		四级航道	
		五级航道	
		六级航道	
		七级航道	
港口（码头）	总数（个）		1
	吞吐量	旅客吞吐量（万人次）	15.991
		货物吞吐量（万吨）	
水路运量	客运	客运量（万人次）	15.991
		旅客周转量（万人公里）	130.495
	货运	货运量（万吨）	
		货物周转量（万吨公里）	
营运船舶	总数（艘） 50		
	其中	客船 50 艘 1 349 座	
		货船 艘 吨	
城市公交运输			
营运车辆	1 776辆		
公交线路	187条		
公交站	3 462个		
运量	3.28 亿人次		

开展交通建设攻坚大会战 2015年10月12日，中共绵阳市委、市政府召开绵阳市交通建设攻坚大会战动员大会；11月，印发《关于开展交通建设攻坚大会战的决定》，明确交通建设攻坚大会战的总体思路、工作目标、主要内容、资金筹措和组织保障，成立由市长任组长、常务副市长和分管副市长任副组长的绵阳交通建设攻坚大会战指挥部。计划五年内交通建设投资超过800亿元，全面实现“高速公路到县、油路到乡、水泥路到村、硬化路到组”总体目标，力争形成适度超前、功能配套、安全高效、四通八达的现代化立体交通骨架网络。

高速公路建设 2015年，绵阳至西充高速公路全面开工建设。绵阳至九寨沟高速公路经省政府批复同意以政府还贷方式建设，绵阳市政府与川高公司签订合作建设补充协议，控制性工程黄土梁隧道挂网招标。开展绵阳至苍溪、广元至平武高速公路BOT招商工作。绵阳至中江、三台至乐至、中江至遂宁高速公路和绵阳至广元高速公路扩容等项目前期工作有序推进。

国省干线公路建设 2015年，绵阳市完成九环线平武至江油段提升改造、国道108线梓潼绕城改线、江油中坝至大堰快速通道等项目建设。推进国道提档升级工程省道205线绵阳绕城改线工程征地拆迁。省道205线黄土梁隧道实现贯通，主体工程完工。顺利通过交通运输部国省干线公路养护管理检查，九环线江油段、北川段、平武段，省道101线盐亭至南部，省道205线三台至射洪段等国省干线公路大中修工程按计划完工。提前实施国道108线梓潼剑阁界至大庙山段的大修工程。除黄江大桥、河西大桥、干河子大桥等5座工程难度较大的桥梁外，全面完成84座国省干线危（病）桥整治工程。

2015年9月23日，省道101线大修工程盐亭段199公里富驿镇太平村段施工现场
魏 晨 摄

5条高速公路。主要承建单位为四川公路桥梁建设集团有限公司，监理单位为四川公路工程咨询监理公司。

京昆高速公路江油连接线改建工程完工 该工程起于工业园区加油站，止于京昆高速公路大堰收费站，按一级公路标准建设，路基宽36.6米，沥青混凝土路面，双向六车道。2014年8月开工建设，2015年6月完工运营。

国道108线梓潼绕城改线工程完工 2015年12月，国道108线梓潼绕城改线工程完工。项目总投资6.255亿元，起于梓潼县城文昌镇酒店垭，止于大庙龙凤垭，全长33.2公里，2014年1月开工，由四川豪特路桥工程有限公司、成都市路桥工程股份有限公司承建，监理单位为四川省城市建设工程监理有限公司。

省道205线黄土梁隧道及引道工程 至2015年底，黄土梁隧道主洞和平导贯通，隧道主体工程全部完工，夺博河病害处置全部完工。该项目由绵阳市与阿坝州共同建设，其中绵阳市境内隧道主体长2.49公里，宽8.5米；引道长28.49公里，宽8.5米，全线按二级公路技术标准实施；2010年7月开工建设。

农村公路建设 2015年，绵阳市农村公路改善工程建成479公里，通村公路完成778.8公里，新农村示范道路完成19.8公里；农村公路“三年攻坚”项目完成174.7公里。完成渡改桥1座，纳入省交通运输厅专项方案的12座溜索改桥工程完工11座、开工1座（北川楼房坪大桥）。

绵西高速公路开工 2015年10月，绵西高速公路全面开工建设。绵西高速公路起于绵阳市三台县永明镇，接绵遂高速公路和绵阳绕城高速南环线，以盐亭县为中间控制点，止于南充市顺庆区同仁乡，接广南高速公路。项目路线全长124.5公里（其中绵阳境内94.3公里、南充境内30.2公里），路基宽24.5米，全线共设互通式立交13座。该项目是绵阳市交通建设攻坚大会战“外部联通”高速大通道建设重要项目，建成后将直接联通绵阳市和南充市，并有机联系沿线

九环线提升改造工程完工 该工程建设总里程87公里，主要对平武至古城、白草至南坝、煽铁至响岩等路段进行提升改造。其中平武段长54.7公里，2014年3月开工，2015年11月完工；北川段全长19.82公里，2015年6月开

2015年，绵西高速公路马家梁隧道建设场景
魏 晨 摄

工，9月完工；江油段全长12.46公里，2015年7月开工，9月完工。

2015年，九环线北川段 母广华 摄

中坝至大堰快速通道工程 2015年底，中坝至大堰快速通道工程完成主体工程验收。项目为国道5线至国道247线连接线，起于绵江路，止于绵广高速公路江油大堰收费站，是江油市城区南部进出绵广高速公路的重要通道。路线全长11.457公里，按一级公路标准设计，双向六车道，路基宽36.6米，沥青混凝土路面。其中，一标段为绵江路至江油工业园加油站，长4.44公里，按城市道路标准修建；二标段为江油工业园加油站至绵广高速公路江油（大堰）出口，长7.017公里，按一级公路改建，路基宽36.6米，双向六车道，沥青混凝土路面，扩建大堰收费站，改建为三进七出。承建单位为中铁九局集团有限公司、监理单位为中铁二院（成都）咨询监理有限责任公司；2014年6月开工建设，2015年6月完工并试通车，12月完成主体工程交工验收。

客运站提升改造工程 2015年，绵阳市汽车客运站提升改造工程完工7个：盐亭县汽车客运站、平政汽车客运站、平武县汽车客运站、江油市汽车客运站、南湖汽车客运站、北川县汽车客运站、三台旅游汽车客运站；在建4个：安县汽车客运站、三台城北客运站、汽车客运总站、梓潼县汽车客运站。

节假日及重大活动运输 2015年，绵阳市客货营运车辆更新新增2 904 辆，船舶更新改造 26 艘。春运期间，绵阳市投入客车6 388辆（其中客车3 879辆、出租汽车2 509辆），货车35 273辆；共开行客运班车449 767班（其中加班12 298班）；运送旅客652.9万人次，比上年下降7.5%。水路交通共投入客渡船舶190艘、4 106客位，完成客渡运量46.958 2万人次。

五一假日期间，全市日投入客运车辆3 899辆，累计发班33 960（加班209班、包车11班）班，累计发送旅客48.33万人次。水运方面累计完成客渡运量1.28万人次，旅客周转量11.92万人公里。

十一“黄金周”期间，全市共投入客运车辆3 850辆，开行班次86 045班，其中加班1 020班，运送旅客122.97万人次；抽调10辆30座以上客车作为应急运力分别于9月30日、10月1日、10月7日，加班投放于绵阳至重庆、至邻水、至成都等客流量大的线路。水上共投入客渡船舶45艘、1 248客位，运送旅客3.21万人。

在“绵阳造”年货节及全国第九届残运会暨第六届特奥会、中国（绵阳）科技城国际科技博览会、中国（四川）电子商务发展峰会、中国中医药（民族药）博览会等重大活动期间，先后投入各类车辆1 058辆（其中公交车347辆、出租车350辆、大巴车178辆、考斯特中巴车54辆、小车辆133辆、执法车12辆），开通公交专线 19条，投入交通服务工作人员1 467人（其中驾驶员1 270人、管理人员65人、维持秩序执法人员42人，服务保障人员90人），运送来宾、群众56.36万人次。

城市公共交通 2015年，绵阳市新建公交候车亭11座，提升改造180余座。优化调整公交线路11条，投用纯电动公交车30辆。拓展公交营运方式，全年为41家单位开通商务定制公交，日服务人数达2万余人。新增公交专用道3条，双向通车里程68公里。做好公交恢复执行夏季空调车票价和票价票制体系调整工作。公共自行车二期项目投入800余万元，规划网点50个，投放自行车900辆。积极协调解决公共自行车一、二期项目一卡通兼容问题。新增55套GPS智能调度及车载视频监控系统，营运线路智能调度应用均达100%。配合新开通公交专用道，安装30套公交车智能抓拍系统；完成移动4G车载监控系统测试；安装100套北斗导航系统定位终端，在全国率先启动北斗卫星导航系统在公交车应用试点，为智能调度系统升级换代做好技术准备。

公路管养 2015年，绵阳市针对建材运输车抛洒滴漏污染公路、在公路用地内设置非交通标志、利用公路边沟排放污水等违法行为开展专项整治。全年查处“抛洒滴漏”污染车辆600余台次，拆除未经许可擅自设置的非公路交通标志标牌240余块，规范公路两侧加水洗车和汽修点80余起。结合全国文明城市建设，实施示范路创建、开展预防性养护及小修保养等专项工作。

2015年，绵阳市国省道公路绿化率为100%、县道绿化率为97.8%、乡道绿化率为92.1%、村道绿化率为43.8%，全市公路绿化率60.7%，较2014年增加0.6%个百分点。全市公路绿化累计完成绿化新植98公里、补植

288.6公里。

水毁公路抢险 2015年，绵阳市国省干线公路和农村公路水毁受损里程总计150.935公里，路基受损14 414米，路面受损31 055平方米，护坡受损32处6 076立方米，挡墙受损9处545立方米，坍塌方439处51 184立方米，涵洞受损7道；共发生灾毁断道25条77次，受损桥梁2座。为确保汛期公路安全通畅，各管养单位累计投入抢险机械设备491.5台次，抢险人员2 003人次。

工程质量监管 2015年，绵阳市交通工程质量监管人员对39个交通项目进行质量监督抽检共206次，平均检查频率为每个项目5.3次，完成验收26个。全市重点项目监督覆盖率达100%，工程项目一次验收合格率达100%。发现质量管理行为、施工工艺及实体质量等方面问题共285个，发出书面整改通知51份；跟踪复查，确保整改到位率100%。按照公路桥梁养护规范对涪江二桥、涪江三桥进行适应性评价，加强日常管护和安全监控，启动维修加固。

安全监管 2015年，绵阳市规范在建公路、桥梁、公路维修作业等施工地段安全警示牌、施工公告、安全标语的设置工作，督促各施工单位落实整改措施和安全措施，确保工程施工安全有序推进。全年出动执法人员1 200余人次，规范涉路施工工地乱象126起，发出整改通知86份，提出整改建议140余条，整改完成124起。

全年未发生公路建设施工责任事故、危险化学品货物运输责任事故、公路养护伤亡责任事故和较大及以上责任事故，全系统无火灾、爆炸等意外事故发生。道路运输行业发生行车事故13起，死亡13人。水上交通连续13年未发生事故。

路政执法 2015年，绵阳市办理路政案件8 851件，收取公路路产赔（补）偿费450万元，投入执法员5 008人次，检测车辆20万余辆，查处超限车辆7 866车次，卸载超限车辆4 152辆，卸载货物8 156吨，罚款和收取路产补偿费100万余元，超限控制率在4%以内。全市发生违章建筑6起、拆除违章建筑6处，发生损坏公路及其设施69起、处理69起，发生占用公路及其留地44起、处理44起，清障排障2 168起。

货车超限超载治理 2015年，绵阳市运输监管部门加强与公安、工商运管等部门的联勤联动，抓源头治理，开展联合执法，严厉打击非法改拼装货运车辆。同时强化超限车辆路面管控，对恶意超限车辆坚决卸载（分装）。全年投入执法人员4 536人次，检测货运车197 160辆次，其中超限货车6 378辆次，超限率3.2%，卸载货物8 156吨，针对多次超限和恶意超限车辆实施抄告处理24起。

非法营运治理 2015年，绵阳市增招60名协勤人员充实执法力量，开展集中整治行动，加大非法营运治理工作力度，全年查扣“黑车”670辆。督促各县市区组建联合执法常规队伍，建立打击非法营运市县联动长效机制。

规范旅游运输市场 2015年，绵阳市开展为期6个月的旅游运输市场整治行动。重点整治火车站、城区客运站、南郊机场等人群集散地旅游包车营运。整治内容包括旅游客车未经许可从事道路旅游客运、班线客运车辆超经营范围从事旅游客运、外地客运车辆违规招揽游客从事旅游客运经营，以及旅游客运车辆违章运营等违法行为。全市出动运政执法人员4 200余人次，检查旅游包车900余辆次，查处异地违规经营旅游包车10辆。开展旅游客运工作率年度调查工作，旅游客车工作率多年保持75%左右。加快旅游旅客车更新，截至年底共更新旅游客车30余辆，旅游客车档次和新度系数明显提高。

出租汽车管理 2015年，绵阳市继续推进城区出租汽车“两权归企”（车主将出租车产权和经营权归企业，以实现公司化管理）企业组建审批工作。好运通出租汽车有限公司于2月成立，近百辆原个体经营出租汽车纳入公司化经营轨道。完成城区1 775辆出租汽车车辆年度审验，按规定换发出租汽车驾驶员从业资格证566个，办理服务证、服务监督卡3 171个。12月起调整城区更新出租汽车车型标准，修订《绵阳城区出租汽车车辆技术管理办法（试行）》。

三江库区水运项目前期工作 2015年2月，绵阳市政府批复同意在三江库区内投放市级海巡艇和海事工作趸船；4月，市水务局同意市级海事码头利用现有码头进行简单维修、设置钢引道等事项；6月，市交通运输局同意使用三江库区三桥下游200米处的港口岸线。截至年底，完成海事工作码头（含海事工作趸船）的设计、监理招标工作。

海事执法 2015年5月，绵阳市开展汛期安全大检查，加大对重点水域、重点渡口、重点船舶检查力度，认真落实“六不发航”、签单发航、汛期减载、水情传递、“救生衣行动”和停航封渡等制度，从严查处船舶超载、非客船载客、超航线航行、无证驾驶、船况不良航行等违法行为。组织实施市级海巡艇建造工作，全程监督海巡艇建造质量，全面提升海事执法装备水平。全年共出动检查组568个次，检查人员2 635人次，检查船舶5 336艘次，行政处罚1起，罚款1.2万元。

（本栏目供稿单位：绵阳市交通运输局）

广元市交通

GUANGYUAN SHI JIAOTONG

2015年广元市交通运输能力概况

公路交通运输			
通车里程	总里程（公里）		19 701
	其中	高速公路	392
		一级公路	52
		二级公路	930
		三级公路	338
		四级公路	12 480
		等外公路	5 509
公路密度	按国土面积计算：每百平方公里 121 公里		
	按人口计算：每万人 64 公里		
通达里程	通公路的乡镇 234 个，占乡镇 100 %		
	通公路的村2 499 个，占村 100%		
客运站	总 数（个）		176
	其中	一级站	1
		二级站	6
		三级站	7
		四级及以下站	162
营运车辆	总 数（辆）		17 078
	其 中	客车 1 701 辆 36 102 座	
		货车 15 377 辆 72 806 吨	
公路运量	客 运	客运量（万人次）	2 007
		旅客周转量（万人公里）	190 349
	货 运	货运量（万吨）	4 599
		货物周转量（万吨公里）	739 236
内河航运运输			
通航里程	总里程（公里）		568.6
	其中	三级航道	
		四级航道	
		五级航道	
		六级航道	
		七级航道	
港口（码头）	总 数（个）		1
	吞吐量	旅客吞吐量（万人次）	88.25
		货物吞吐量（万吨）	1 085.85
水路运量	客 运	客运量（万人次）	88.25
		旅客周转量（万人公里）	1 314
	货 运	货运量（万吨）	1 085.85
		货物周转量（万吨公里）	2 921.4
营运船舶	总 数（艘）437		
	其中	客船 99 艘 3 028 座	
		货船 338 艘 10 651 吨	
城市公交运输			
营运车辆	534辆		
公交线路	93条		
公交站	204个（含港湾式）		
运 量	9 358万人次		

交通发展规划 2015年，广元市交通运输部门编制完成《广元市亭子口库区交通运输发展规划（2016—2020年）》《广元市综合交通运输发展“十三五”发展规划》《广元市白龙湖库区交通运输发展规划（2016—2020年）》初稿。完成招商引资5.61亿元，争取部省交通建设资金29.15亿元，其中部省交通建设无偿补助资金计划20.2亿元。

交通基础设施建设 2015年，广元市交通基础设施建设完成固定资产投资67.9亿元，其中市本级完成投资21.9亿元。一是高速公路建设。广陕广巴高速公路连接线工程建成通车，82公里广元绕城高速公路正式形成，全市高速公路通车里程392公里。二是干线公路建设。建成广元港进港公路、国道108线下普快速通道、朝天三滩嘉陵江大桥和苍溪元坝东河大桥。国道108线陵江至宝轮改线和省道202线昭化城区过境段改线工程、国道108线严家湾桥梁工程、国道212线苍溪城区过境段改线等项目推进顺利。国道108线鸭浮岩纺织大道和赤化至沙溪坝段公路、昭化区龙洞碥至欧家河快速通道、省道205线广元至昭化镇公路上石盘段、广陕广巴高速公路大石连接线工程、旺苍县城至陕西宁强界公路改建工程等项目开工建设。10座溜索改桥项目全部建成。三是内河水运建设。完成广元港张家坝作业区工程可行性研究报告行业审查，嘉陵江航道整治工程进入初步设计阶段。四是运输站场建设。开工建设广元上西客运站、雪峰客运站、剑门关客运站3个客运项目，建成剑阁普安汽车客运站等8个汽车客运站提升改造工程。五是“民生工程”建设。全市建成农村公路1 100公里（县乡公路330公里、通村公路770公里），完成安保工程1 597公里、渡改人行桥9座，更新船舶32艘。

2015年6月18日，中共广元市委书记马华（前右三）、市长王菲（前右二）调研广元交通物流港上西园区建设场地
广元市交通运输局 供稿

广陕广巴高速公路连接线通车 2015年12月26日，广陕广巴高速公路连接线工程建成通车，标志着82公里广元绕城高速公路正式形成。广陕广巴高速公路连接线是广元建设次级综合交通枢纽重要工程。项目起于广陕高速公路上西坝吴家浩，经瓷窑铺、东坝、大石，止于广南广巴高速公路连接线张家湾互通立交，路线全长19.5公里，双向四车道。全线共设大桥18座3 159米、隧道4座3 636米、互通式立交5处，概算总投资约19亿元，2011年12月25日开工建设。

广陕高速公路朝天互通立交建成通车 2015年9月1日，广陕高速公路朝天互通立交建成通车。项目位于广陕高速公路古家山隧道和明月峡隧道之间，距离朝天城区1.2公里，为 Y字型互通立交，设计时速40公里，总投资约1.2亿元。该互通立交建成通车对广元市朝天区接轨现代交通大动脉、构建对外开放新格局、增强区域经济竞争力具有重要意义。

江口嘉陵江大桥建成通车 2015年1月15日，江口嘉陵江大桥建成通车。项目起于剑阁县江口岸，跨越嘉陵江后止于昭化区丁家岸，主桥全长604米，宽12米，两岸引道全长1 147米，按二级公路标准建设；设计时速20公里，主桥采用以桥墩为中心的顺桥向两侧悬臂浇筑法挂篮施工；总投资0.605亿元，2012年12月开工。

国道108线鸭浮岩至纺织大道工程开工 2015年12月28日，国道108线鸭浮岩至纺织大道工程开工建设。项目起于昭化区昭化镇鸭浮岩，止于利州区宝轮镇纺织大道，路线全长6.565公里，项目总投资4.660 1亿元，采用PPP模式建设，计划工期2年。工程建成后将有效改善国道108线广元城区过境交通拥堵状况，完善广元城区路网结构。

国道108线下寺至普安快速通道通车 2015年12月31日，国道108线下寺至普安快速通道通车。项目起于剑阁县下寺镇三江口，经两河口、凉水沟、大吊岩、龙王潭、弥家湾、母家窝、文家岩、刘家河、止于城北镇三江大桥南岸桥头，路线全长30.029公里，全线涉及新建桥梁13座3 096米和隧道两座1 200米。设计时速60公里，路基宽12米，沥青混凝土路面。工程总投资8.36亿元，采取BT模式于2012年10月18日开工建设。

已建成的国道108线下寺至普安快速通道
广元市交通运输局 供稿

省道410线朝天大羊通道改建工程开工 2015年10月26日，省道410线朝天大羊通道改（扩）建工程开工建设。项目起于朝天区大巴口，止于朝天区羊木镇，路线全长11.23公里，二级公路标准，设计时速60公里，计划工期24个月，工程预算投资3.856亿元，采用PPP模式建设；建成后将缓解朝天地方交通压力、完善路网结构。

广元至昭化城区快速通道改建工程开工 2015年6月15日，广元至昭化城区快速通道改建工程开工建设。项目起于昭化城区欧家河片区，与昭化城区益昌大道、广巴高速公路互通相接，沿线途经元坝镇元坝村、胜利村、长坝村、泉坝村，止于昭化区与利州区交界的龙洞碥，并与利州区滨河南路和国道212线龙洞碥大桥相接。路线全长5.99公里，路基宽28.5米，双向六车道，设计时速60公里，总投资3.4亿元。

旺宁路开工建设 2015年12月11日，四川省旺苍县城至陕西省宁强县界公路改建工程开工建设。项目起于四川广元市旺苍县城，途经高阳、双汇、福庆、国华、盐河、万家6个乡镇，全长49.22公里，采用二级（三级）公路技术标准建设，工程总投资5.56亿元，采用PPP模式建设，计划工期24个月。该项目对改善旺苍县北部山区交通，助推山区农民脱贫增收具有重要意义。

道路运输管理 2015年，广元市强化道路运输管理，保障客货运输稳步发展。全年完成公路客货运输周转量68.4亿吨公里，比上年增长13.2%。统筹城乡客运发展，新增农村客运班线5条、农村客运车辆5辆，全市客运班线达740条，其中农村客运班线达524条，乡镇和建制村客车通达率分别达99.6%和56.9%。市城区补充投放出租车236辆，新增公交线路3条，优化调整公交线路12条。积极支持道路货物运输业发展，新增货运企业47家，新增重型货运车298辆。

公路管养 2015年，广元市完成国省干线公路大中修工程237公里，建成机械养护中心3个，国省干线路面性能指数（PQI）达89.8。普通干线公路通过交通运输部检查验收。深入开展货运车辆超限治理，全年共检测货车204 566辆次，超限车辆7 043辆次，卸载车辆2 542辆次，卸载货物7 826.9吨，超限率由2014年的5%下降至3%。加大公路乱堆、乱占等违法行为查处力度，保护公路建设成果。

航务海事管理 2015年，广元市强化水路运输市场管理和运输保障服务。全年完成水路旅客周转量1 314万人公里，货物周转量2 921.4万吨公里。完成《内河水运行业发展现状与对策》调研报告，制订船型标准化建设具体实施方案，新增客船3艘、货船8艘。

安全生产管理 2015年，广元市交通运输部门扎实开展“平安交通”“打非治违”等各项专项活动。全市道路运输安全连续10年未发生重特大交通事故，水上交通运输安全连续20年未超过省市下达的控制指标。大力整治公路安全隐患，全年整治公路安全隐患20余处、危（病）桥16座，整治省市挂牌督办道路交通安全隐患5起。加强客货运输企业安全生产标准化达标考评工作，共考评企业23家（道路运输和维修企业11家，公交和出租企业12家）。加强水上安全监管，全年检查船舶2 780艘次，查改安全隐患360起，以旧换新救生衣960件。累计组建船舶互救队20个、水上交通救助站15个、乡镇救助队83个，基本形成船舶自救互救体系。加强交通运输应急保障体系建设，全市公路水路交通运输应急指挥系统全面投入使用，初步建成交通系统网站集群，交通运输应急保障体系进一步完善。开展交通运输应急演练，完善公路、水上交通安全事故应急处置预案。

交通战备保通工作 2015年，广元市加强国防交通基础设施建设。全年争取省级国防补助资金100万元，完成“十三五”交通战备建设规划编制，筛选上报储备项目36个， 绘制《广元市进出川通道概况图》《广元市国防军事光缆分布图》。开展军事交通保障工作，动员客货运输车90余辆次，开展通信线路安全除患排查10次。新组建广元市交通战备钢桥架设专业分队，开展交通战备训（演）练2次，全市国防交通应急应战能力显著增强。广元市交战办被省交战办考核为2015年度目标管理先进单位第一名。

国省干线迎交通运输部检查 2015年10月31日至11月1日，交通运输部国省干线公路检查组对全市国省干线公路进行抽样检查，受检的国道212线广元段顺利通过检测。国道212线广元段路况质量、路域环境、通行保障水平受到检查组充分肯定。

智慧交通建设 2015年，广元市强力推进“智慧交通”建设。启用运政执法移动终端系统，实现信息查询、数据采集、执法流程监管等功能。完善“12328”广元呼叫中心，整合“96515”运政投拆监督电话，新增短信受理功能，建成行业知识库。建成信息化办公系统并进入调试阶段，实现全市交通运输系统无纸化办公。建成视频会议系统，初步建成覆盖各县区交通运输局视频会议系统，实现日常召开异地多方视频会议。整合市公交公司22条线路323辆公交车1 292路车载监控视频，实现公交车动态监控。开发广元“e交通”APP手机客户端，为群众提供城市公交、汽车票务、火车及机票查询、代驾服务、路况分享、咨询投诉等服务。大力实施“智慧运输”工程，全市建成高速公路ETC专用车道43个，449辆公交车、220辆出租车安装金融IC卡移动终端，二级以上汽车客运站建成互联网售票系统。

广元市道路运输管理局挂牌成立 2015年9月10日，广元市公路运输管理处和四川省交通稽查广元站整体合并，更名为广元市道路运输管理局。广元市道路运输管理机构设置得到规范，道路运输管理力量得到整合。

精神文明建设 2015年，广元市大力倡导“人便于行、货畅其流、服务群众、奉献社会”的行业核心价值观，深入开展文明单位、文明行业创建，着力打造具有交通运输行业特色的文化建设示范单位。广元市航务管理局被交通运输部评为全国交通运输行业文明单位；胡琼华（旺苍县公路养护段职工）被人社部、交通运输部评为全国交通运输系统劳动模范。

（本栏目供稿单位：广元市交通运输局）

遂宁市交通

SUINING SHI JIAOTONG

2015年遂宁市交通运输能力概况

公路交通运输			
通车里程	总里程（公里）		8 893.297
	其中	高速公路	359.00
		一级公路	142.525
		二级公路	238.394
		三级公路	514.359
		四级公路	6 605.664
		等外公路	1 033.355
公路密度	按国土面积计算：每百平方公里 167.010 公里		
	按人口计算：每万人 23.000 公里		
通达里程	通公路的乡镇 105 个，占乡镇 100 %		
	通公路的村 2 102 个，占村 100%		
客运站	总　数（个）		395
	其中	一级站	3
		二级站	3
		三级站	1
		四级及以下站	388
营运车辆	总　数（辆）		17 244
	其　中	客车 1 887　辆 39 103 座	
		货车 15 357 辆 75 021 吨	
公路运量	客　运	客运量（万人次）	4 049
		旅客周转量（万人公里）	206 512
	货　运	货运量（万吨）	3 657
		货物周转量（万吨公里）	443 770
内河航运运输			
通航里程	总里程（公里）		453
	其中	三级航道	
		四级航道	
		五级航道	
		六级航道	
		七级航道	
港口（码头）	总　数（个）		41
	吞吐量	旅客吞吐量（万人次）	94.96
		货物吞吐量（万吨）	195.20
水路运量	客　运	客运量（万人次）	94.96
		旅客周转量（万人公里）	888.98
	货　运	货运量（万吨）	195.20
		货物周转量（万吨公里）	1 260.80
营运船舶	总　数（艘）　655		
	其中	客船 105 艘 3 736 座	
		货船 550 艘 14 479 吨	
城市公交运输			
营运车辆	244辆		
公交线路	15条		
公交站	233个		
运　量	0.83亿人次		

交通发展规划　2015年，完成遂宁市“十三五”交通运输发展规划初稿编制和《遂宁港总体规划环境影响报告》审议工作；中国西部现代物流港西部铁路物流园项目已被录入省“十三五”交通运输发展规划。

交通固定资产投资　2015年，遂宁市交通运输部门坚持“稳中求进”的总基调，主动适应经济新常态，提升行业服务水平，全力推动次级综合交通枢纽建设。全面实现年度预期目标，交通运输事业继续保持良好发展势头。全市交通基础设施建设完成投资50.2亿元，为年度目标任务36亿元的139.44%，比上年增长13.96%，创建市30年来历史新高。

高速公路建设　2015年，遂宁市建成遂西、遂广2条高速公路，新增高速公路出口6个，遂宁“一环八射”高速公路网络全面形成。南（遂）潼高速公路进入招商阶段，大英经三台至乐至、遂宁至德阳高速公路完成工程可行性报告编制。

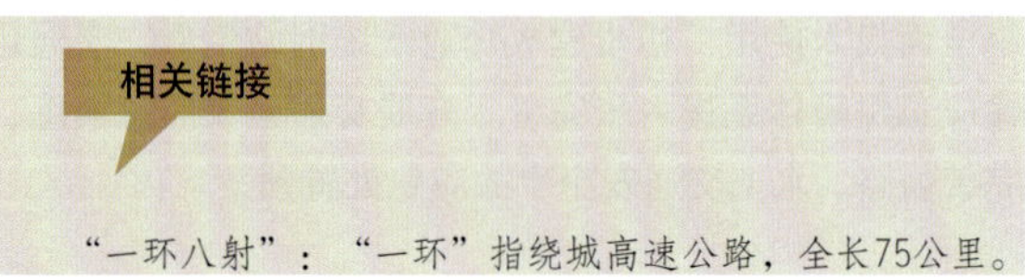

相关链接

“一环八射”：“一环”指绕城高速公路，全长75公里。

由成南高速公路、遂渝高速公路、遂回高速公路、遂绵高速公路合围形成，于2010年12月全面建成。

“八射”指遂宁至四川8个城市高速公路大通道，即遂宁至成都、遂宁至重庆、遂宁至南充、遂宁至内江、遂宁至绵阳、遂宁至资阳、遂宁至广安、遂宁经西充至巴中。

2015年，遂广高速公路三凤互通出口　遂宁市交通运输局 供稿

国省干线公路　2015年，遂宁市中环线、遂宁至大英快捷通道、遂宁至蓬溪快捷通道、省道205线射洪段改造等重点项目形成实物工程量；实施国省干线大中修改造131.95公里，为年度目标任务75.88公里的173.89%，按部示范工程建设标准完成50公里示范路建设，公路路面使用性能指数达90.4。

交通“民生工程”　2015年，遂宁市建成通村公路272.4公里，为年度目标任务250公里的108.96%；建成农村公路改善工程406.8公里，为年度目标任务400公里的101.7%；建成安全护栏96.1公里，为年度目标任务30公里的320.33%。建成2座渡改人行桥，更新改造老旧船舶5艘，完成候船设施5处。提升改造客运站4个，智能电子公交站牌亮相遂宁，升级遂州通卡6万张，交通“民生工程”及民生大事完成指标位列全省第三。

公路水路运输　2015年，遂宁市公路水路客货物总周转量较2014年增长12.92%。圆满完成春运、全国第九届残运会、全省第八届老运会、中高考、第八届中国（遂宁）观音文化旅游节暨世界荷花博览园开园等运输保障任务。完成第19路、10路民营公交线路置换，优化城区公交线路，新增公交线路2条，优化调整公交线路4条，落实灵泉寺、北固、城南公交枢纽站用地。积极推进“互联网+交通”建设，全市二级以上客运站实现网络购票，汽车二级维护实现在线监测，中国遂宁公路物流港信息平台投入使用；启动智能公交系统和非现场治超执法系统建设，行业信息科技保障水平大幅提升。

公路养护　2015年，遂宁市全面完成国省干线养护管理迎交通运输部检查任务。开展公路工程质量综合督查、专项检查及日常监督巡查77次，发出监督检查意见31份，造价核审项目12个。上路巡查1.1万人次，拆除违章建筑29处，清除非法设置广告1 500余块，建筑红线控制率、路政案件结案率达100%。全市地方公路治超站点检测运输车辆26.31万辆，查获超限车辆3 513辆，卸载8万余吨，货运车辆超限率1.33%。公路整体服务功能明显提升。

普通公路“治超”　2015年，遂宁市从强化货运源头监管、完善执法网点建设、加强路面联动联勤等方面入手，大力开展普通公路超限治理工作。按照国家有关标准、《货运车辆生产企业及产品公告》办理道路运输证，定期审验。禁止机动车维修企业非法改（拼）装行为，完善联合巡查或驻点监管制度，督促重点货源单位建立并落实货车装载出场检测、监控机制，全市危货运输车辆100%安装GPS，实现监控全覆盖。加快推进省II类超限站点流动转固定建设，射洪滴水岩超限检测站、大英县隆盛超限检测站、船山区龙凤超限检测站具备检测功能。加强路面联动联勤执法，推进一站式查处，共检测车辆28 560辆，其中超限运输车辆3 513辆，卸载79 968吨，查处冲站、冲关及恶意超限运输车辆520辆，超限运输现象得到有效遏制。

城市出租车与驾培维修管理　2015年，遂宁市落实出租汽车运营许可和驾驶员客运资格许可制度，市城区按标准和审验期限需年审的车辆年审率达100%。出台《遂宁市举报非法营运奖励实施办法》，公布举报电话和方法，举报非法营运最高可获2 000元奖励。开展打击非法营运专项执法949次，出动执法人员10 064 次，查处非法营运车辆553辆。规范驾培维修管理，完成3家一类机动车维修企业安全达标考评工作。积极推进驾校达标改造工作，全市22家驾校通过达标验收21家，1家驾校进入改造尾期，共改造训练场地27处，新增、更新教练车128台，新增驾驶模拟器163台。完成全市22家驾校及教练员质量信誉考核工作，考核评定出AAA级培训机构5所、AA级培训机构14所、A级培训机构2所。继续开展教练员专项整治活动，驾培乱收费现象得到遏制。

法治交通建设 2015年，遂宁市交通运输部门着力构建法治型政府部门。全面清理行政权力，向社会公告并接受监督，制订《关于健全领导班子内部运行机制的实施意见》，配套完善出台了13个制度。出台《遂宁市交通运输局工作规则》《遂宁市交通运输局政务督办工作规则》《遂宁市交通运输局固定资产管理制度》《遂宁市交通运输局财务管理办法（试行）》等一系列管理制度，内控监管全面加强。开展“行政执法规范年”活动，完成“四统一”和“三基三化”建设目标任务，创新推行治理超限超载“路政+运政+交警+城管”综合执法模式，法治交通工作取得新成效。

2015年11月18日，遂宁市道路运输行业“文明创建 您我同行”主题活动启动仪式

遂宁市交通运输局 供稿

安全生产管理 2015年，遂宁市按照新《安全生产法》，以公路运营、道路运输、工程建设和消防安全等环节领域为重点，扎实开展“道路客运安全年”“打非治违”“安全生产月”“平安工地”“安全生产标准化”、道路交通安全综合整治、危爆物品寄递物流集中清理整顿等专项活动，强化安全隐患排查和治理力度，确保制度和规范真正落实到操作手和基层一线。做好重点领域、重点时段及重要节假日期间的安全生产、综治维稳和反恐怖防范工作，防范安全生产事故和群体性事件，行业实现道路运输安全生产源头管理零责任，水路运输、交通建设领域零事故。

交通精准扶贫 2015年，遂宁市启动现代农业园区一体化大环线项目建设，以项目串联全市5个现代农业园区，连点成片，统筹推进沿线产业、新村和配套设施建设，辐射带动沿线及周边16个乡镇、131个建制村，发展现代农业产业基地4.12万公顷，受益人口36.04万人，24 178人脱贫。结合“三严三实”专题教育活动，务实推进精准扶贫和“双联”（党政机关联系困难企业、机关干部联系困难职工）工作，在安居区分水镇苏家河村、大码口村和船山区天宫路社区，入户访问60余人次，对贫困户建立详细台账，结对帮扶36户，资助现金、实物3万余元，资助建成村道4.5公里。

交通行业形象 2015年，遂宁市交通运输部门严格执行中央“八项规定”、中共四川省委、遂宁市委“十项规定”，不折不扣抓好各项专项整治。“三公”经费在2014年下降44.16%的基础上再下降13%；办理人大代表建议、政协委员提案28件，代表、委员满意率、基本满意率100%；办理“12345”热线交办件6 592件，群众满意率为85%；开展“心动遂宁”最美司机评选、“四川再大，我们也要送你回家”免费赠票、“公交出行宣传周”“真诚沟通”等公益活动，行风监督员座谈会、面对面听意见、意见箱进社区等亲民活动，得到群众普遍认可；“行业形象提升年”暨“创温馨公交·做微笑的哥”活动取得阶段性成果，交运系统政风行风测评全省第三。

（本栏目供稿单位：遂宁市交通运输局）

2015年4月29日，“遂宁最美司机”表彰大会 遂宁市交通运输局 供稿

内江市交通

NEIJIANG SHI JIAOTONG

2015年内江市交通运输能力概况

公路交通运输			
通车里程	总里程（公里）		10 272
	其中	高速公路	335
		一级公路	62
		二级公路	457
		三级公路	446
		四级公路	5 460
		等外公路	3 512
公路密度	按国土面积计算：每百平方公里190.7 公里		
	按人口计算：每万人 23.89 公里		
通达里程	通公路的乡镇 115 个，占乡镇 100 %		
	通公路的村 2 071 个，占村 100%		
客运站	总 数（个）		122
	其中	一级站	3
		二级站	5
		三级站	2
		四级及以下站	112
营运车辆	总 数（辆）		18 144
	其 中	客车 2 413 辆 55 550 座	
		货车 14 920 辆 70 661 吨	
公路运量	客 运	客运量（万人次）	11 183.4
		旅客周转量（万人公里）	350 511.8
	货 运	货运量（万吨）	2 790.2
		货物周转量（万吨公里）	365 701.2
内河航运运输			
通航里程	总里程（公里）		745.37
	其中	三级航道	
		四级航道	
		五级航道	
		六级航道	745.37
		七级航道	
港口（码头）	总 数（个）		232
	吞吐量	旅客吞吐量（万人次）	315
		货物吞吐量（万吨）	283
水路运量	客 运	客运量（万人次）	1 440
		旅客周转量（万人公里）	8 000
	货 运	货运量（万吨）	1 350
		货物周转量（万吨公里）	7 700
营运船舶	总 数（艘） 262		
	其中	客船 131 艘 4 617 座	
		货船 131 艘 17 012 吨	
城市公交运输			
营运车辆	786辆		
公交线路	96条		
公交站	146个		
运 量	1.687亿人次		

交通基础设施建设 2015年，内江市交通基础设施建设完成投资42.338 9亿元，为目标任务30亿元的141.12%。自隆高速公路、内威荣高速公路建成通车，黄荆坝大桥、内江沱江大桥、内江综合客运中心站主站场开工建设，内江城市过境高速公路、花园滩大桥、内江公交枢纽中心站按计划顺利推进，城西客运站开展前期工作，初步形成较为合理的以高速公路、国省干线为骨干、农村公路为支线的网格化交通运输体系。

内威荣及自隆高速公路建成通车 2015年12月26日，内威荣、自隆高速公路通车试运行，内江冷家湾、朝阳、威远、响石、狮市6个新收费站开通。连接内江主城区和威远县、自贡市荣县的内威荣高速公路起于内江市冷家湾枢纽互通立交，于威远县庆卫镇与成自泸高速公路互通，经荣县与乐自高速公路相交，线路全长约62.66公里，采用双向四车道标准建设，设计时速80公里。

自隆高速公路全长70.63公里，设计时速80公里，起于乐自高速公路与内宜高速公路相连接的永安互通立交，经沿滩城南至富顺县城北，于何坝与成自泸高速公路互通，跨沱江，经狮市镇北，跨越成渝铁路、国道321线后于隆昌县迎祥枢纽互通立交（15公里）处与厦

自隆高速公路　　内江市交通运输局 供稿

蓉高速公路互通。沿线设有隆昌（龙市）、响石、沿滩、富顺、狮市等收费站和沿滩服务区。

内威荣高速公路和自隆高速公路建成后，将成为川东北经内江连线乐山、雅安等地，重庆经隆昌联系川中、川西地区的重要通道。目前，内江市境内有内威荣、自隆和成渝、内宜、隆纳、成自泸、内遂7条高速公路，高速公路密度位居全省前列。

内威荣高速公路

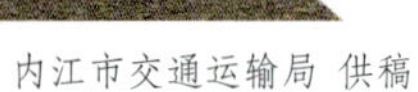
内江市交通运输局 供稿

国省干线公路　2015年，内江市国省干线公路完成136.24公里大中修，77.31公里典型性维修，路面使用性能指数达92.6，位居全省第二。

农村公路建设　2015年，内江市确定8个示范乡镇、83个试点村，实施通组公路和“户户通”道路建设。规划通村公路91.08公里、通组公路348.67公里、入户道路598.27公里。投资13.17亿元，新（改）建农村公路963.6公里，其中通乡公路325.6公里、通村公路638公里。实施公路路侧护栏建设392.66公里。

公路管养　2015年，内江市加强对全市1 104座桥梁的日常检查、定期检查和技术状况评定。邀请桥梁专家，培训内江市交通运输局机关工程技术人员和各县（区）交通局、养路段及直属段的桥梁养护工程师。在全面排查的基础上，以特大桥、大桥、危（病）桥、特殊桥梁和桥梁基础为检查重点，对桥梁结构、桥涵基础、桥底桥面排水、伸缩缝、排水孔等进行全面排查诊断。针对排查出的隐患，及时制订整治方案，明确整改期限；不能立即整治的，积极采取相应管理措施，确保桥梁安全。按照统一领导、分级管理的原则，将公路生命防护工程纳入年度目标任务，签订责任书，落实到具体单位和人员，做到有组织、有计划、有安排、有落实、有检查。在实施过程中，严格把好设计和审核关、把好工程质量关、把好工程管理关、把好验收关、把好经费控制关，把生命工程与日常养护有机结合，统一计划、统一组织、统一实施、统一考核，实现生命工程建设的日常化、制度化和规范化。实行维修和维护分离，实施科学预防性养护，改善路况质量和路面平整度，积极推进公路养护机械化，全面提高公路养护技术水平和效率。全年国省干线管养资金投入3.33亿元，为历史最高水平。

交通工程质量监管 2015年，内江市加大交通重点工程、重点部位和关键环节督查力度，进一步提升交通工程质量和建设市场监管水平。全面落实设计、施工、监

2015年，内江市“十二五”规划重点项目，省道206线内江城区过境段——花园滩大桥建设场景

内江市交通运输局 供稿

理和业主单位质量责任，加强对工程实体质量和建设各方质量行为的监督检查。切实加强“三个关键人”（即项目法人、项目经理、项目总监）监督，运用先进的技术手段和措施，加强质量监控力度。

交通运输安全生产 2015年，内江市认真组织实施安全生产专项整治。切实做好重点时段、重点区域和重点环节的安全监管，落实汛期各项工作制度，坚持24小时值班带班制度，坚持“三不进站、六不出站”、停航封渡、签单发航和“救生衣行动”等相关制度规定，提高安全工作针对性和实效。加强交通运输安全应急保障的基础工作，深化主体责任和监管责任的落实，消灭责任真空和责任死角，建立有效的安全预防预控和监督体系。搞好安全生产宣传教育和培训，提高监督人员、监管人员安全管理水平和从业者的安全生产意识。

相关链接

三不进站、六不出站：指易燃、易爆和易腐蚀等危险品不进站，无关人员不进站（发车区），无关车辆不进站；超载客车不出站、安全例行检查不合格客车不出站、驾驶员资格不符合要求不出站、客车证件不齐全不出站、出站登记表未经签字审核不出站、不配备防滑链不出站。

交通信息化建设 2015年，内江市以交通运行监测与应急指挥系统为重点，整合完善交通出行服务信息系统建设，加快建设“管理统一、上下联动、互为协同”的交通运行监测和应急指挥体系，为社会公众提供准确、及时的交通出行信息服务。2015年底建成“内江交通呼叫中心”和“12328”交通运输服务监督系统，基本完成客运车辆GPS车载终端的升级换代和GPS分段限速设置数据采集工作，渡口码头、客运站等重点区域基本实现实时动态监控。

运输市场监管 2015年，内江市深入开展以打击非法营运为重点的运输市场整治行动，理顺城乡客运管理体制，城乡客运规范、健康、持续、稳定发展。2015年，检查运输企业、驾校、客运车站、维修企业及客货运输车辆3万余辆次，处理纠正各类违章4 633次，查扣各类非法营运车453辆。共卸载超限运输车辆3 623台、卸货3.3万吨，全市公路无“三乱”现象发生，检查船舶891艘次，航管巡查320余次，查处隐患133起。

（本栏目供稿单位：内江市交通运输局）

2015年，自隆高速公路新开通狮市收费站 内江市交通运输局 供稿

乐山市交通

LESHAN SHI JIAOTONG

2015年乐山市交通运输能力概况

公路交通运输			
通车里程	总里程（公里）		11 726.329
	其中	高速公路	211.911
		一级公路	144.837
		二级公路	544.948
		三级公路	578.359
		四级公路	9 348.495
		等外公路	897.779
公路密度	按国土面积计算：每百平方公里 91.42 公里		
	按人口计算：每万人 32.96 公里		
通达里程	通公路的乡镇 211 个，占乡镇 100 %		
	通公路的村 2 032 个，占村 100%		
客运站	总　数（个）		93
	其中	一级站	3
		二级站	12
		三级站	4
		四级及以下站	74
营运车辆	总　数（辆）		19 724
	其　中	客车 2 019 辆 51 096 座	
		货车 17 705 辆 167 566 吨	
公路运量	客　运	客运量（万人次）	5 156
		旅客周转量（万人公里）	219 076
	货　运	货运量（万吨）	11 279
		货物周转量（万吨公里）	1 052 995
内河航运运输			
通航里程	总里程（公里）		976
	其中	三级航道	
		四级航道	
		五级航道	
		六级航道	
		七级航道	
港口（码头）	总　数　5（个）港口　　20（个）码头		
	吞吐量	旅客吞吐量（万人次）	3.275
		货物吞吐量（万吨）	266.5
水路运量	客　运	客运量（万人次）	235
		旅客周转量（万人公里）	1 692
	货　运	货运量（万吨）	308
		货物周转量（万吨公里）	96 657
营运船舶	总　数（艘）　391		
	其　中	客船 162 艘 6 017 座	
		货船 228 艘 99 420 吨	
城市公交运输			
营运车辆	949辆		
公交线路	125条		
公交站	271个		
运　量	1.873 1亿人次		

交通基础设施建设　2015年，乐山市累计完成交通投资120.8亿元，为年计划100.67%，超额完成全年目标任务。

2015年，高速公路投资7.26亿元。仁沐新高速公路前期工作抓紧推进，7项前置要件获得批复。项目工程可行性研究报告已编制完成，待取得交通运输部行业审查意见和项目业主资金承诺函后，上报国家发展改革委。力争2016年1月底取得工程可行性研究报告批复，2016年3月取得初设批复。该项目仁寿至井研试验段征地拆迁工作基本完成，路基、桥涵开始施工，完成投资7.26亿元。峨汉高速公路工程可行性研究报告已通过省交通运输厅专家组评审，由于线路宽度变动，目前正在抓紧进行要件修编。省政府已授权同意峨汉高速公路项目按照政府还贷方式建设，乐山、雅安、凉山三市（州）与四川省铁路投资集团有限公司于12月4日完成项目合作共建投资签约仪式，计划明年年内开工建设。乐自高速公路乐山城区连接线（绕城高速）纳入经营性公路收费立项范围，目前正全力协调。已协调业主开展复工前的场地清理、复测及设备检修等各项准备工作。2015年，铁路项目完成投资41.73亿元。成贵铁路征地拆迁工作基本完成，桥梁、隧道、路基工程建设正全速推进，岷江特大桥、大渡河特大桥、打盘坳隧道等控制性

2015年11月29日，成都至昆明铁路青衣江特大桥施工现场　　乐山市交委 供稿

工程施工进展顺利，现已贯通高石板、磨子山等6个隧道，全线进入预制梁架设、隧道施工阶段。全年完成投资33.36亿元。成昆铁路新线成峨段乐山段开始路基施工和架设预制梁板，全年完成投资8.37亿元。成昆铁路新线峨米段前期工作推进顺利，施工图设计取得国家铁路总局批复，计划2016年1月开展招标，2016年初开工建设。连乐铁路获得省发展改革委核准批复，完成勘察、设计、施工及监理招标工作，计划2016年1月开工建设。青衣江大桥、乐雅高速跨线桥、成昆铁路跨线桥进行桩基、墩柱、系梁、盖梁等桥梁下部构造施工，青衣江大桥进行T梁预制生产工作，下穿成乐高速公路完成中央分隔带硬化，边坡开挖基本完成。

峨眉至汉源高速公路合作共建投资协议签约　2015年12月4日，乐山市、雅安市、凉山彝族自治州与四川省铁投集团在成都举行峨眉至汉源高速公路合作共建投资签约仪式。中共乐山市委副书记、市长张彤在签约仪式上致辞。市委常委、副市长黄平林代表乐山市政府与雅安市、凉山彝族自治州、省铁投集团在协议上签字。张彤表示：峨汉高速公路的建设，对改善民族地区交通条件，增进区域沟通联系具有重大意义。峨汉高速公路项目成功签约，乐山市将与兄弟市州合力攻坚克难，确保项目早日建成通车。峨汉高速公路是四川高速公路网的重要组成部分，能够深化川南、攀西地区综合交通、旅游开发、精准扶贫开发等领域全方位合作，有力助推地方经济社会发展和民族团结进步。

国省干线改造　2015年，乐山市地方重点干线公路完成投资12.24亿元。国道213线沐川县大修工程、省道306线金口河盐板溪至大石板公路改建工程、省道103线沙湾火车站至轸溪段路面大修工程、省道305线竹园至大石桥大修工程、国道213线井研集益至三江段公路大修工程主体工程完工。省道103线夹（江）峨（眉）路鱼市嘴至货运通道口段大修工程主体工程完工。省道103线鞠（槽）沙（湾区）路峨（眉）九（里镇）路口至丰都庙段大修工程开挖挡墙基础、安装交安设施。国道213线犍为岷江大桥工程于7月1日封闭交通施工，9月28日完工通车。2015年，全市联网畅通工程完成投资14.03亿元。井沙联网畅通工

2015年11月12日，乐山市市长张彤（右一）调研峨夹联网畅通工程　　乐山市交委 供稿

程累计完成投资9.54亿元。峨夹联网畅通工程累计完成投资4.49亿元。

农村公路建设　2015年，乐山市农村公路建设累计完成投资12.02亿元，新（改）建农村公路788公里，其中，县乡公路180公里、通村公路608公里。

岷江航电犍为枢纽开工　2015年12月25日，四川省2015年底重大项目集中开工暨岷江港航电犍为枢纽开工仪式在乐山市犍为县岷东乡湖泥坝项目建设现场举行。副省长甘霖、省发展改革委、省国土资源厅、省环保厅、省交通运输厅、省水利厅、省交投集团领导，乐山市主要领导，市级部门、县（市、区）主要负责人参加仪式，省政府副秘书长李志强主持开工仪式。岷江港航电开发项目是国家实施长江经济带发展战略的重要项

目，是中共四川省委、省政府确定的重点工程。项目建成后，长江航道将向四川腹地延伸162公里，可形成常年1 000吨、丰水期3 000吨的通航能力，是成都经济区通江达海的重要通道。岷江港航电综合开发项目概算总投资478.6亿元，包括老木孔、东风岩、犍为、龙溪口4级航电枢纽和乐山港一期工程建设及岷江龙溪口至宜宾段航道整治。其中犍为枢纽概算总投资104.24亿元，建设220米×34米×4.5米三级船闸，装机容量 50万千瓦，装机年利用小时数4 368小时，年均发电量21.86亿千瓦时，建设工期65个月。

彭琳调研马边县交通 2015年9月7日，省交通运输厅党组书记、厅长彭琳赴马边县下溪镇珍珠桥村，督查扶贫攻坚工作和交通精准扶贫工作推进状况，与中共乐山市委常委、副市长黄平林，马边县负责人等共同会商扶贫攻坚工作。彭琳指出，作为中纪委定点扶贫的马边县，要创出典型，起好示范作用，引领带动其他贫困地区脱贫奔康；要创新思路，大胆实践，创造出可推广能复制的脱贫奔康经验；要做好产业发展规划，因地制宜，闯出一条贫困地区可持续发展的路子。彭琳表示，省交通运输厅将坚决按照中纪委、省纪委的指示精神，发挥交通先行的作用，全力支持马边县扶贫攻坚工作。

公路养护管理 2015年，乐山市按照《乐山市干线公路大中修工程管理实施办法》规定，大中修工程项目引入竞争机制，实行监理制，确保工程质量。国道213线爱国桥改建工程完成施工图设计文件，完成代理机构比选，正进行施工招标财评、招标文件评审。国道213线五指山隧道完成检测，完成代理机构比选，正进行整治设计招标工作。省道306线金口河大渡河大桥新建项目前期工作移交金口河区，正进行工程可行性研究报告、环评 、水保、行洪论证工作。国道213线完成石马河大桥等3座桥梁特殊检查工作。2015年第四季度，国省干线公路路面使用性能指数（PQI）市监控值为91.2。

城市公交管理 2015年11月4日，乐山公共交通总公司开通试运行公交18路和21路公交车。18路公交线路起于沫若广场，经岷江一桥西站、人民医院城南分院等站点，止于红岩路口；21路公交线路起于高铁乐山站，经客运中心站、行政服务中心、联运车站等站点，止于海天假日半岛。该两线公交开通后，可缓解乐山中心城区龙泓路社区市民和岷江二桥东岸翡翠片区近10万人交通出行不便的问题，填补省道305线公交覆盖盲区。

公路“治超” 2015年，乐山市广泛开展路政法律法规宣传，强化货运车辆超限治理和路域管理，狠抓路政执法规范化，有效提升服务群众、保护路产路权工作水平，保持全市国省干线公路的安全畅通。处理损坏公路及其设施303处，处理违章建筑26处，处理占用公路及其留地149处，处理违法公路接道40处，处理违法广告标牌374处，清障排障4 155处。深化开展超限超载治理行动，共投入执法人员34 081人次，检测查处货运车辆242 902辆次，处罚车辆2 106次，卸重20 047.54吨，全市货运车辆双超现象明显减少。

精准扶贫工作 2015年，乐山市为切实帮扶贫困村经济社会发展，从各机关单位选派机关干部，担任贫困村“第一书记”，全脱产，扎根基层，沉到一线，承诺“不改变后进面貌，第一书记不撤退；不完成扶贫任务，第一书记不脱钩”。结合“第一书记”工作安排7名党组成员联系6个村和1个社区，为6个村合计补助资金约102.5万元。帮助马边彝族自治县民主乡大田村硬化6.76公里，9个组均修通通组毛坯路，完成7个组的农村电网改造工程，全村已基本解决饮水困难。6名“第一书记”有4人被评为优秀，第二批6名“第一书记”已经全部到位。实施小凉山扶贫攻坚计划项目，编制《大小凉山地区2016—2018年公路水路交通建设推进方案》，乐山市小凉山地区需建设的高速公路、国省干线、县乡公路项目均纳入方案。

海峡两岸记者联合采访乐西公路 2015年5月12日—13日，中央电视台、台湾地区TVBS电视台等10家海峡两岸媒体记者，联合采访拍摄乐西公路险工岩窝沟段、难工蓑衣岭段及沿线五洞桥、峨眉河桥和乐西公路陈列室，市交委《乐西公路》编辑部罗明刚接受采访并介绍乐西公路的艰难建设历史。

乐山市有轨电车建设 2015年3月17日，乐山市政府与中国铁路通信信号股份有限公司签订《四川乐山市现代有轨电车项目合作框架协议书》。中共乐山市委常委、常务副市长田文出席签约仪式，市委常委、副市长黄正富代表乐山市政府签约。现代有轨电车作为新兴先进的城市公交方式，具有高效安全、低碳环保、舒适快捷、运营维护成本低等特点。乐山建设现代有轨电车项目，有利于构建立体化的城市公交体系，提升休闲旅游城市形象，加快国际旅游目的地、“双百”（100万人口、100平方公里）区域中心城市建设。乐山市现代有轨电车项目建设内容包括：乐山市现代有轨电车项目规划中的1号线（城区环线）、2号线（乐山高铁站至乐山机场）、3号线（乐山大佛景区至峨眉山景区）。线路里程总计约76公里，预计总投资约90亿元。项目分期实施，一期工程1号线、2号线预计工期为4年；二期工程3号线预计工期4年。

（本栏目供稿单位：乐山市交委）

南充市交通

NANCHONG SHI JIAOTONG

2015年南充市交通运输能力概况

公路交通运输			
通车里程	总里程（公里）		22 491.66
	其中	高速公路	461. 074
		一级公路	148.990
		二级公路	711.292
		三级公路	466.066
		四级公路	18 867.516
		等外公路	1 836.722
公路密度	按国土面积计算：每百平方公里 196.282 公里		
	按人口计算：每万人 36.354 公里		
通达里程	通公路的乡镇 410 个，占乡镇 100 %		
	通公路的村 5 339 个，占村 100%		
客运站	总 数（个）		803
	其中	一级站	4
		二级站	10
		三级站	5
		四级及以下站	784
营运车辆	总 数（辆）		36 323
	其 中	客车 3 271 辆 84 908 座	
		货车33 052 辆 262 983 吨	
公路运量	客 运	客运量（万人次）	7 745.37
		旅客周转量（万人公里）	429 512.535
	货 运	货运量（万吨）	5 470.432
		货物周转量（万吨公里）	789 114.757
内河航运运输			
通航里程	总里程（公里）		301.3
	其中	三级航道	
		四级航道	301.3
		五级航道	
		六级航道	
		七级航道	
港口（码头）	总 数（个）		3
	吞吐量	旅客吞吐量（万人次）	38.25
		货物吞吐量（万吨）	55.29
水路运量	客 运	客运量（万人次）	732.2
		旅客周转量（万人公里）	5 759
	货 运	货运量（万吨）	5 470.432
		货物周转量（万吨公里）	789 114.757
营运船舶	总 数（艘） 1 655		
	其 中	客船 302 艘 12 926 座	
		货船 1 250 艘 142 816 吨	
城市公交运输			
营运车辆	707辆		
公交线路	40条		
公交站	319个（其中公交调度中心9个、综合客运枢纽4个、港湾式停靠站306个）		
运 量	1.7亿人次		

注一：“四级及以下客运站”统计数据含农村招呼站

交通固定资产投资 2015年，南充市完成交通建设投资104.9亿元，为年度目标的112%。居全省市（州）第2位，连续五年完成投资超百亿元。为全市固定资产投资1 240亿元的8.4%、全省交通建设投资1 300亿元的7.9%。南充市交通运输局在南充市政府目标考核中被评为一等奖。

高速公路建设 2015年，南充在建高速公路完成投资34.5亿元，在建高速公路118公里。建成通车高速公路2条（遂西、巴南广营山东升至广安段）70公里，为2015年全省通车里程500公里的七分之一。绵阳至南充高速公路和营山至达州高速公路开工建设。有序推进南充过境高速公路广南至南广段、南潼高速公路前期工作。

城市桥梁建设 2015年，南充都京港嘉陵江大桥和文峰嘉陵江隧道建设突破难关。南充市跨度最大的都京港嘉陵江大桥（主跨220米）主桥20号、21号桥墩完成桩基和承台施工，取得重要阶段性进展。南充下中坝嘉陵江大桥获国家优质工程奖。

国省干道整治 2015年，南充市加大干线公路整治改造力度。国省干线公路改造完成投资33.5亿元，顺利通过交通运输部国省干线公路检查组检查。广南高速公路流马互通连接线和国道212线南部县城过境段、省道203线蓬安县过境段改线工程等有序推进。南部定水至升钟至思依工程项目完成投资1.9亿元，西充县城至嘉陵区快速通道、国道318线高坪至嘉陵升级改造、高坪区至蓬安县公路建设项目前期工作加快推进。

航道港口建设 2015年，南充港都京作业区多用途码头一期工程完成投资2.75亿元，都京港进场道路完成投资4亿元。滨湖东路北段、滨湖西路北段完工，进港道路北段建设进度加快；嘉陵江南充段航运配套工程完成投资3.1亿元；南充港河西作业区化工园区专用码头完成投资3.6亿元，交工验收准备开港。

公路水路运输 2015年，南充市公路运输完成客运量7 745.37万人次，旅客周转量429 512.535万人公里；完成货运量5 470.432万吨，货物周转量789 114.757万吨公里。全年水路运输完成客运量732.2万人次，旅客周转量5 759万人公里；完成货运量1 517.3万吨，货物周转量35 831.7万吨公里。

“民生工程” 2015年，南充市完成交通“民生工程”建设投资17.69亿元。实施通村公路改善工程604.9公里，为年度目标任务的101 %；安装路侧护栏1 453公里，为年度目标的110.1%。渡改公路桥完工及在建共23座，其中2015年新开工20座、续建3座；年内完工18座、在建5座。渡改人行桥完工10座。完成汽车客运站局部修缮项目3个（南充市城北汽车站、马市铺汽车站、南部城西汽车站），完成汽车客运站原址改造项目3个（仪陇汽车站、蓬安汽车站、阆中客运中心），新开工汽车客运站迁建项目3个（南部汽车站、阆中汽车站、营山汽车站）。调整优化公交线路30条，新开公交线路2条。

2015年11月16日，南充市仪陇县三蛟镇盘山村公路建设动员大会
南充市交通运输局 供稿

运输市场管理 2015年，南充市强力整治各类非法营运行为。出动执法人员18 566人次，执法车5 171辆次，查扣各类非法营运车辆1 448辆。开行公交线路40条，投入运营车辆707台，运载乘客1.7亿人次。道路水路运输市场管理进一步加强，运输秩序不断规范，出租车、公交车、客运行业文明和服务质量显著提升，投诉总量明显下降。

安全监管 2015年，南充市开展道路交通安全综合整治深化巩固年行动，强力整治交通运输安全隐患。重点抓好春运、“两会”等特殊时段的安全工作。积极开展“平安南充百日整治”“安全生产月”等活动，严厉打击交通运输违法行为，扎实开展“道路综合整治深化巩固年”“道路运输平安年”“水上交通非法运输整治”等专项行动，确保全市水上交通未发生较大以上安全事故，公路、航道养护和交通建设工程施工无任何事故发生。

公路管养 2015年，南充市研究制订促进干线公路管养协调发展的意见，建立市县乡村四级普通公路管养考核体系，积极争取市县（市、区）政府将普通公路养护工作纳入年度目标考核内容，不断强化落实地方政府和村委会主体责任。积极推进公路养护机械化、专业化、常态化、精细化和预防性养护，广泛推行新工艺、新材料、新技术，国省干道路面使用性能数（PQI）达81以上，超过省政府指定年度目标。干线公路通达深度和承载能力不断增强，县道公路安全畅通，面貌持续改观。2015年12月9日至11日，全省农村公路精准扶贫攻坚现场会在南充市仪陇县召开，南充市农村公路精准扶贫建设管理经验得到推广。

交通行政执法 2015年，南充市修订完善10个方面20余项行业治理和内部管理规章制度，内控管理体系进一步完善。全面推进执法“四统一”建设，持续开展交通行政执法风纪整顿，广泛进行交通执法交叉检查考核评议，强力推进权力公开透明运行。

公路收费 2015年，南充市规范公路收费行为，创新收费方式，全面推行微机收费。全年收取车辆通行费7 100万元，完成年度目标的113%。

（本栏目供稿单位：南充市交通运输局）

宜宾市交通

YIBIN SHI JIAOTONG

2015年宜宾市交通运输能力概况

公路交通运输			
通车里程	总里程（公里）		19 027.069
	其中	高速公路	220
		一级公路	56.996
		二级公路	731.631
		三级公路	356.675
		四级公路	14 923.76
		等外公路	2 738.007
公路密度	按国土面积计算：每百平方公里 146.36 公里		
	按人口计算：每万人 34.33 公里		
通达里程	通公路的乡镇 185 个，占乡镇 100 %		
	通公路的村 2 840 个，占村 100%		
客运站	总 数（个）		143
	其中	一级站	3
		二级站	9
		三级站	5
		四级及以下站	126
营运车辆	总 数（辆）		21 472
	其 中	客车 2 200 辆 63 365 座	
		货车 19 376 辆 78 392 吨	
公路运量	客 运	客运量（万人次）	6 530
		旅客周转量（万人公里）	324 148
	货 运	货运量（万吨）	5 765.26
		货物周转量（万吨公里）	592 155.794
内河航运运输			
通航里程	总里程（公里）		963.3
	其中	三级航道	
		四级航道	
		五级航道	
		六级航道	
		七级航道	
港口（码头）	总 数（个）		159
	吞吐量	旅客吞吐量（万人次）	37.6
		货物吞吐量（万吨）	2 076
水路运量	客 运	客运量（万人次）	175.4
		旅客周转量（万人公里）	2 353
	货 运	货运量（万吨）	831.89
		货物周转量（万吨公里）	359 907
营运船舶	总 数（艘） 422		
	其 中	客船 105 艘 4 777 座	
		货船 247 艘 241 742 吨	
城市公交运输			
营运车辆	928辆		
公交线路	86条		
公交站	994个		
运 量	2亿人次		

交通固定资产投资 2015年，宜宾公路、水运交通基础设施建设完成投资104.9亿元，其中重点项目完成投资85.7亿元，水运建设完成投资5.2亿元，农村公路建设完成投资14亿元。

宜叙高速公路部分路段通车 2015年，宜叙高速公路宜宾境内103公里（含绕城线18公里），总投资约107亿元。由四川省铁路产业投资集团公司、四川公路桥梁建设集团共同投资，四川宜叙高速公路开发有限公司以BOT方式负责建设、运营和管理。宜叙高速公路于2013

2015年，建成通车的宜叙高速公路长宁段 宜宾市交通运输局 供稿

年9月15日全面开工建设，2015年12月26日胜利互通至竹海互通42公里路段率先实现通车，预计2016年6月底实现全线通车。

宜彝高速公路建设 2015年，项目加快推进，进展顺利。绕城南段全面开展征地拆迁工作，高县、筠连县境内的主线控制性路段开展征地拆迁。完成驻地指挥部建设，水泥混凝土拌合场、钢筋加工厂、材料堆放场及施工驻地等设施建设，完成圆管涵C25混凝土浇筑88 650立方米，路基清表620.5万平方米，抛石挤淤510万立方米，土石方挖方655万立方米，填方675万立方米。

绕城高速公路西段建设 2015年，沿线县（区）政府全面开展征地拆迁工作，项目控制性工程岷江特大桥全面推进整体工程实施。完成水泥混凝土拌合场、钢筋加工厂、材料堆放场、驻地厂房和驻地项目部等设施建设；完成圆管涵C25混凝土浇筑69 884立方米，路基清表575万平方米，抛石挤淤325万立方米，土石方挖方682万立方米，填方646立方米。

宜宾至屏山新市高速公路前期工作 2015年，宜宾至屏山新市高速公路项目工程可行性研究报告编制完成，并通过省交通运输厅评审。《宜宾至屏山新市高速公路优惠政策》上报市政府，待市政府研究确定后开展招商工作。宜宾至屏山新市高速公路全长66.225公里，路基宽25.5米，总投资107.9亿元。省政府办公厅于2014年9月2日复函同意宜宾市采取BOT方式开展项目招商工作。

宜宾至攀枝花高速公路招商 2015年，宜宾市着手开展宜宾至攀枝花高速公路PPP投资人招标工作。宜宾至攀枝花高速公路（屏山新市至金阳段）全长187.98公里，总投资300.5亿元，项目工程可行性研究报告通过评审，由凉山州牵头开展PPP招商工作，前期已与中国交通建设股份有限公司签订《意向性投资协议》。《投资人招标文件》已通过省交通运输厅行业评审，初步设计已招标并确定中标人。

成都至筠连至云南高速公路仁寿至宜宾段完成初步设计 2015年，成都至筠连至云南高速公路仁寿至宜宾段完成初步设计，路线起于宜宾绕城高速公路北段，经自贡市荣县、内江市威远、眉山市仁寿，接成都至仁寿至自贡高速公路，全长约140公里。2014年纳入《四川省高速公路网规划》，2015年6月中旬，线路方案确定，同时标准提高为双向六车道，设计单位进行工程可行性研究报告的修编，2015年8月5日至8月7日，省交通运输厅组织专家评审宜宾至仁寿高速公路项目可行性研究报告，并专题研究项目路线及路线接成都方案，以指导路线方案修改。

南溪至富顺至内江高速公路前期工作 2015年，南溪至富顺至内江高速公路项目前期工作开始推进，路线起于宜宾至泸州高速公路石鼓附近，经自贡市富顺县，止于内江市绕城高速，全长约90公里，路基宽24.5米，设计时速80公里，匡算总投资约100亿元。2014年省政府审议通过将南溪至富顺至内江高速公路纳入《四川省高速公路网规划》，项目工程可行性研究报告加紧完善，并开展项目前期报批涉及的用地、环评、水保等10多项专题报告的资料收集及编制工作，启动第一次环评公示工作。

迎交通运输部“十二五”普通国省干线公路管养大检查 2015年11月11日—12日，由天津市和广东省组成的交通运输部检查组对宜宾市“十二五”普通国省干线公路养护管理工作进行规范化检查。宜宾作为四川省推荐的唯一必检非省会市（州），圆满完成各项工作任务，受到交通运输部督导组和检查组及省交通运输厅的高度评价。省交通运输厅公路局以《迎检专刊》（第七期）通报表扬。

国省干线公路 2015年，宜宾市建成省道308线长宁过境公路；完成国道213线及省道206线、省道307线、省道308线、省道309线共341公里路面改造；加快推进纳黔高速公路江门互通至兴文石海一级公路、筠连至巡

宜叙高速公路绥庆互通连接线　　宜宾市交通运输局 供稿

司一级公路建设；宜叙高速公路长宁互通连接线完成路基工程，实施路面工程；宜叙高速公路兴文互通连接线完成路基工程，抓紧桥梁施工；南溪长江大桥采取PPP模式，水下基础开工建设；宜宾县普和金沙江大桥开展征地拆迁及施工相关工作。

农村公路建设 2015年，宜宾市建成农村公路2 165公里，其中：农村公路改善469公里，通村水泥路1 696公里。完成公路安全保障工程413公里。

相关链接

"三升二"：长江宜宾至重庆段航道三级升二级。

"2+2会谈"：四川省交通运输厅与交通运输部长江航务管理局和宜宾市与泸州市人民政府四方会谈，主要内容是合力共建长江"黄金水道"。

公路水路运输 2015年，宜宾市公路运输完成客运量6 530万人次，旅客周转量324 148万人公里，货运量5 765.26万吨，货物周转量592 155.794万吨公里；水路运输完成货运量831.89万吨、货物周转量359 907万吨公里，客运量175.4万人次、旅客周转量2 353万人公里。

宜宾市屏山县中都镇村道

宜宾市交通运输局 供稿

道路养护 2015年，宜宾市路面使用性能指数（PQI）达93，优良率达96%，公路路况、规范化管理水平始终保持全省先进行列。大中修、危（病）桥等专项工程有序推进；生态路建设卓有成效，巩固500公里创建成果；完成460余公里国省干线公路安保工程；核查181座干线公路桥梁技术状况，整治四类、五类桥21座。

水运建设 2015年，宜宾港志城作业区重件泊位基本完成建设。完成档案专项验收，进入调试运行阶段；散货泊位已完成三通一平、征地，并开展前沿桩基施工；向家坝库区龙尾码头待验收；完成长宁等4个海事工作码头立项和初步设计审批；完成向家坝升船机主体、建筑、引航道、闸室等年度建设计划。推进长江宜宾至重庆航道"三升二"建设工作，按"2+2"长江航道共建实施，配合完成项目经济与生态环境可行性研究等工作；配合省交通运输厅航务管理局完成金沙江宜宾至水富三级航道建设项目预可行性研究及评审，项目已经发改委批准立项；配合宜宾长江航道"三升二"保障的疏浚基地建设工作，与长江重庆航道工程局进行现场选址，基本确定建设地点；专题研究长江航道维护应急码头建设，从应急码头规划中调整确定长江宜宾航道局的工作码头。

路政管理 2015年，宜宾市开展路域环境"八个无"专项整治，建立起源头管控、路面整治、高速路严查相互协调、相互促进的治超联动机制，落实公安驻检测站和一站式查处。全市主干线公路共检测货运车辆734 928辆次，其中超限车辆22 374台次，卸载3 239辆次，卸载8 020.74吨，行政处罚46辆次，处罚金额3.22万元，征收路产补偿费529.13万元，超限率控制在4%以下。

道路运输市场管理 2015年，宜宾市推进联网售票系统建设，全市11家客运站加入全省网络购票。建立科学规范化驾校教学新模式，学员自主预约培训，开设网上理论培训课堂。开展优质服务创建活动，评选出70名营运服务规范优质的驾驶员，建立出租车驾驶员"黑名单"和驾驶员星级评价服务制度。做好客货车辆的技术检测和节能降耗工作。大力提升规范行政管理服务水

2015年，宜宾市道路运输从业资格证培训教育考试实现规范化服务

宜宾市交通运输局 供稿

平，受理办结行政审批368件，办结率100%，群众满意度100%。强化非法营运整治，开展联合打击“黑车”非法营运专项行动。推进客运站提升改造工程，完成屏山锦之达客运站、南溪金鸿客运站、筠连百兴客运站和长宁竹海客运站提升改造工程，并投入运行；推进高速公路客运站、临港客运站、西客站、宜宾县中心客运站提升改造工程；启动江安客运总站地面主体工程；开工建设兴文、高县客运中心站提升改造工程；完成珙县中心站（新建）前期准备工作。

安全生产 2015年，宜宾交通行业无重特大安全生产责任事故，水上交通保持零事故良好态势，安全生产态势平稳。完成全市客运、危险品车辆的GPS安装，全面开展12吨及牵引半挂车等重车GPS的安装工作；广泛开展道路交通安全综合整治、打非治违、隐患排查、旅游包车等专项整治行动；提升海事监控指挥中心日常动态监控覆盖率和到位率，推进AIS（船舶自动识别系统）、GPS等船舶“科技兴安”项目的实施；修订完善交通运输防震减灾抢险保通方案。

质量监督 2015年，宜宾市质监站共开展综合检查20次、专项检查42次和巡视检查55次，并针对群众举报宜叙高速公路8分部2分段以及11分部的问题展开专题调查。重点监督高速公路项目2个，水运工程项目1个，独立桥梁工程项目2个，重点公路工程项目20个，区县监督，市站重点督导的项目1个，扶贫专项项目1个，监督项目27个、里程共计588.03公里。

城市公交客运服务 2015年，宜宾市健全公交公司组织机构，完善法人治理结构，健全管理制度。新开公交线路4条，调整和延伸公交19路、24路和28路3条，新创建11路、15路、22路“公交精品线路”3条，开展“平安公交”创建活动，改建公交专用道和港湾式公交车站20个。中心城区629辆出租汽车经营权到期延期投放，新增投放225辆出租汽车。开展出租车驾驶员从业资格注册管理，建立出租车驾驶员“黑名单”和驾驶员星级评价服务制度，发起“爱心车队”志愿者公益服务活动、爱心送考公益行动。代市政府起草《关于优先发展城市公共交通的意见（代拟稿）》。更新249辆插电式混合动力新能源公交车。启动《宜宾市中心城区公共交通发展规划（2014—2020年）》编制工作。

交通法治 2015年，宜宾市交通运输局制订并下发《全面推进交通运输2015年依法行政工作要点》。大力推进交通运输执法形象大提升活动。开展“法律七进”活动，重点开展法律进客运站、进码头和“路政宣传月”（6月）活动。建立行政权力清单和责任清单，对市、县的行政许可，行政处罚等所有权力事项进行全面清理核实，保留403项行政权力（行政许可26项，行政处罚332项，行政强制26项，行政征收2项，其他权力事项17项），并对照权力清单建立相应责任清单。组织开展执法人员培训，共参加各类依法行政培训班93人次，完成对400余协管人员（含乡镇交管站）培训、考试和换发证工作。对突出问题进行整改，运管部门对客运办事程序简化和业务下放，航务（海事）局改造办证网络，提高办证效率，路政部门在治超站增设便民设施。清理规范性文件，对市政府涉及交通的7个规范性文件进行认真清理，废止4个，保留3个。开展典型案例“以案说法”活动，梳理3个典型案例，指导交通执法行为。全面完成“六五”普法工作，得到省市“六五”普法考核检查组的认可。开展评议考核，抽取交通系统内的部分执法案卷进行集体会审，促进交通执法规范化。

货运物流 2015年，宜宾市积极推进五粮液物流中心、欣联物流综合物流园、伟经物流园区建设。五粮液物流中心完成工程预可行性研究、环评、土地征用等项目审批工作，累计完成基础设施投资1.1亿元。

春运工作 2015年春运期间，宜宾市日均投放客车2 156辆，累计运行客运班车24.055 1万车次（其中加班车7 541车次），疏运旅客520.366 6万人次（其中疏运农民工55.255 6万人次），比上年下降6%；投入公交车888辆，开行趟次28.356 5万次，疏运旅客1 626.988 2万人次；投入出租车1 493辆，疏运旅客876.684 5万人次。

（本栏目撰稿人：隆兴银）

达州市交通

DAZHOU SHI JIAOTONG

2015年达州市交通运输能力概况

公路交通运输			
通车里程	总里程（公里）		19 538.125
	其中	高速公路	384
		一级公路	45.652
		二级公路	923.765
		三级公路	448.308
		四级公路	15 627.884
		等外公路	2 108.516
公路密度	按国土面积计算：每百平方公里 137.79 公里		
	按人口计算：每万人 35.042 公里		
通达里程	通公路的乡镇 312 个，占乡镇 100 %		
	通公路的村 2 822 个，占村 100%		
客运站	总　数（个）		206
	其中	一级站	3
		二级站	6
		三级站	4
		四级及以下站	193
营运车辆	总　数（辆）		33 083
	其　中	客车4 714 辆	
		货车283 369辆	
公路运量	客　运	客运量（万人次）	6 623
		旅客周转量（万人公里）	259 324
	货　运	货运量（万吨）	11 841
		货物周转量（万吨公里）	1 315 716
内河航运运输			
通航里程	总里程（公里）		866
	其中	三级航道	
		四级航道	
		五级航道	
		六级航道	
		七级航道	
港口（码头）	总　数（个）		230
	吞吐量	旅客吞吐量（万人次）	642
		货物吞吐量（万吨）	374
水路运量	客　运	客运量（万人次）	378
		旅客周转量（万人公里）	5 521
	货　运	货运量（万吨）	451
		货物周转量（万吨公里）	17 665
营运船舶	总　数（艘）　888		
	其　中	客　船 310 艘	
		货　船 578 艘	
城市公交运输			
营运车辆	328辆		
公交线路	33条		
公交站	247个		
运　量	1.53亿人次		

交通建设投资　2015年，达州市完成公路、水路交通基础设施建设投资75.5亿元，为年度计划投资63.8亿元的118%。

“十二五”达州市交通运输建设　“十二五”期间达州市累计完成投资423亿元，是“十一五”期间的2.8倍。“十一五”期间，达州市仅有一条达渝高速公路，里程107公里。“十二五”期间，共建成高速公路320公

2015年2月4日，达陕高速公路达州段掠影　　何其伦 摄

里。达陕、达巴、达万、南大梁高速公路达州段（除华蓥山隧道）相继建成通车。“十二五”期间，国省干线公路新（改）建770公里，国道由2条增加到 4 条，新增里程 319.7公里，总里程达701.3公里；省道新增里程1 456.7公里，总里程达1 600公里。新（改）建县乡油（水泥）路2 489公里，新建通村水泥路7 971公里，是“十一五”4 083.6公里的195%，实现全部乡镇通油（水泥）路，97%建制村通油（水泥）路。

交通三年攻坚 至2015年底，达州市交通攻坚战实施一年，取得阶段性成效。交通建设完成投资49.8亿元；南大梁等高速公路建设有序推进；国省干线新建成90.8公里，累计建成里程290.3公里，完成投资24.1亿元；农村公路建成1 929公里，完成投资15亿元；提升改造客运站6个，乡镇客运站已建成13个，共完成投资2.7亿元；渡改人行桥完工8座。

铁路建设 至2015年底，达州至巴中铁路建成，2016年1月10日正式通车。开工建设达州火车货站迁建一期工程，四川东向出川高速铁路大通道——成都经达州至万州和蓉京高铁成都经达州至西安段作为中共四川省委、省政府首要目标，有望进入“十三五”国家铁路建设规划和国家中长期铁路发展规划，西安经达州至重庆高速铁路方案得到了省发展改革委、省铁建办的认可和支持。达州经巴中至广元城际铁路、达州至万州货运二线纳入国家、省相关规划。

开通新航线 2015年10月25日，达州至三亚航班开通。达州河市机场已开通北京、上海、广州、深圳、昆明、泉州、成都、三亚8条航线，分别由国航、东航、川航、首都航、西藏航5家航空公司执飞。

高速公路建设 南大梁高速公路达州段（除华蓥山隧道因涌水影响施工进度外）建成通车。华蓥山隧道全长8 156米，自2011年7月进洞施工以来，出现了瓦斯、煤层、采空区、高压富水等不良地质条件，是南大梁高速公路全线技术难度最大、投资最多、安全风险最高的单体工程。华蓥山隧道掘进施工进入攻坚阶段，大竹方向左右洞掘进约4 000米；渠县方向左洞掘进2 251米，右洞掘进2 145米，整个隧道工程完成总工程量75%。营山至达州高速开工建设；巴万高速公路正在开展第二次招商；达州市过境高速公路西段完成工程可行性研究。

国省干线重点项目建设 新建和改（扩）建国省干线完工143.8 公里。达宣快速通道、达开快速通道、国道210线达州市过境段、达州市环城公路二期工程、省道405线渠县县城过境段、省道204线渠县至平桥段、平桥至涌兴段快速通道、省道404线大竹县金鸡至石子场镇段、省道201线开江至梁平快速通道工程及达州新机场迁建工程等重大项目有序推进。

达宣快速通道插旗山段验收合格 2015年9月，达宣快速通道插旗山段顺利通过交工验收。达州至宣汉快速通道全长20.889公里，分段分期完成建设。其中宣汉插旗山段起于周桥村杨家湾，止于黄金槽石花寨，路段全长3.4公里，预算投资2.33亿元。双向六车道，按一级公路技术标准建设，设计时速80公里，路基宽36米，沥青混凝土路面。由熠晖集团和江西四通路桥集团联合按BT方式建设，2014年2月6日动工，2015年8月完工，9月顺利通过交工验收，工程质量合格。

达州至宣汉快速通道是省道201线组成路段，为达州市主城区连接宣汉县城重要通道。该项目完成后可提高区域干线公路通行能力，实现达州城乡之间快速联系，并有效带动沿线社会经济发展。

交通“民生工程” 2015年，达州市建成通乡联网油（水泥）路517.70公里，通村水泥路1 635公里；国省干线大中修项目完工192公里，危桥改造完成10座553.4米，安保工程完工587.44公里。

国省干线公路迎交通运输部检查 2015年，达州市投入专项资金5.02亿元（其中市本级财政投入1.41亿元），共改造国省干线245公里、安装波形护栏68公里，极大改善了全市国省干线公路路况。按照内业资料预检后“一对一”整改通知要求，内业资料整改到位落实，规范齐全。全市列入迎检准备路段和公路养护站均完成附属设施配套。

扶贫工作 2015年，达州市交通运输系统对口帮扶万源市庙垭乡名扬村，编制完成《万源市庙垭乡名扬村2015—2020年扶贫规划》。积极协调争取帮扶资金125万元，建成投运辣椒加工厂1个，新建饮用水源蓄水池2处，维修堰塘2处；维修整治社道7.5公里。

邮政快递业务 2015年，达州市邮政网点总数426处，设立快递法人企业17家，分支机构109家，营业网点达1 300多个，快递乡镇覆盖率超过75%。全年全市邮政行业业务收入4.75亿元，比上年增长14.14%；业务总量4.83亿元，比上年增长12.47%，业务收入和业务总量都排全省第五位。其中，全市快递企业揽收业务量385.75万件，比上年增长38.36%，较全省平均增幅高8%，超年度目标任务20%；快递业务收入0.87亿元，比上年增长33.85%，较全省平均增幅高9%，超目标任务7%。

2015年，达州为全国二级快递物流园区布局城市，大力推进“快递与电子商务合作”。试点建设川东北快递分拨处理中心及3个快递园区——秦巴商贸物流园区快递专区、经开区电子商务快递物流园区和各县（市、区）快递物流园区。

商贸物流 2015年，达州市复兴现代商贸物流区经过省级专家评审，成功申报为省级现代服务业集聚区。园区以打造农产品物流聚集地和建材聚集地位中心，建成五大专业物流园区，引进建设3个物流中心和10余户物流企业。逐步形成集交易、仓储、展示、物流、电子、研发、配送服务于一体的现代商贸流通服务集聚区，预计全面建成后将实现年销售收入200亿元、利税15亿元，提供8万个就业岗位。

达州公路物流港 2015年12月17日，达州公路物流港再次获得全国交通运输行业2016—2018年“全国重点联系物流园区”，同时荣获2015年度“诚信建设示范物流企业”称号。达州公路物流港自2012—2014年经营发展，按照国家交通运输行业物流战备方向，努力提升实体物流园区在区域中心的服务能力，为当地物流行业发展向现代物流业发展做出贡献。

机动车驾驶员培训管理 2015年3月至6月，达州市开展机动车驾驶员培训市场专项整治。全市查处6名教练员教学不规范或“吃拿卡要”等违规行为，取缔非法培训点19个，查处异地培训教练车30余辆次。

跨省联动“治超” 2015年9月28日，达州与陕西省汉中市、安康市和四川省广元市公路与路政管理机构建立的跨省联动“治超”工作机制正式运行，开展首次联动治超工作。定期召开“治超”工作碰头会，周期性互报和信息共享，联合部署，重点治理超限严重的路段、运输公司、源头企业和列入“黑名单”的车辆。同时，加强“治超”协作协查力度，强化异地处置措施，确保治理和查处“快、准、狠”。

工程建设领域整治 2015年9月15日至11月20日，达州市集中开展工程建设领域突出问题专项整治。整治的重点内容包括2011年以来政府投资、使用国有资金等交通运输工程建设领域问题。着力解决工程建设规避招投标、挂靠承包、转包等突出问题。

达州公交好司机 2015年10月27日下午，达城16路公交司机瞿代明驾车时突发脑溢血，凭着最后一点意识操控方向盘绕过前方停放的大型货车，将公交车平安停放至公交站台，确保全车50多名乘客安全后自己却瘫倒在方向盘上。后经达州市中心医院全力抢救仍未能挽救其生命。重症监护期间，省交通运输厅运管局受厅党组书记、厅长彭琳委托，专程看望在重症监护室接受救治的瞿代明及家属；达州市总工会组织市交通工会、市中心医院工会到医院看望或以多种形式进行慰问。

安全知识进校园活动 2015年10月15日，由省地方海事局主办，渠县政府、达州市交通运输局承办的“四川省2015年秋季水上交通安全知识进校园”活动在渠县三汇中学隆重举行。渠县三汇中学1 000多名师生以及渠县交通、安监、教育等部门、行业近百名干部群众参加了活动。渠县三汇镇北坝——石盘渡口码头为三汇中学学生专用渡口，是渠县三汇中学学生，以及汇北乡、汇东乡、渡江街、北坝菜场等地群众安全出行的必经渡口；每天出行群众达1 000余人，过渡学生2 000余人，是四川省最大学生渡口。

（本栏目撰稿人：李自东）

四川省2015年秋季水上交通安全知识进校园活动现场　　何其伦 摄

广安市交通
GUANG'AN SHI JIAOTONG

2015年广安市交通运输能力概况

公路交通运输			
通车里程	总里程（公里）		11 108.591
	其中	高速公路	360
		一级公路	76.381
		二级公路	437.855
		三级公路	386.912
		四级公路	8 513.683
		等外公路	1 333.760
公路密度	按国土面积计算：每百平方公里 169.429 公里		
	按人口计算：每万人 23.190 公里		
通达里程	通公路的乡镇181 个，占乡镇 100 %		
	通公路的村 2 772 个，占村 100%		
客运站	总 数（个）		
	其中	一级站	1
		二级站	5
		三级站	1
		四级及以下站	40
营运车辆	总 数（辆）		9 196
	其 中	客车 1 352 辆 34 309 座	
		货车 7 844 辆 41 282.441 吨	
公路运量	客 运	客运量（万人次）	7 616.32
		旅客周转量（万人公里）	156 957.08
	货 运	货运量（万吨）	3 657.885
		货物周转量（万吨公里）	284 872.78
内河航运运输			
通航里程	总里程（公里）		522.05
	其中	三级航道	
		四级航道	
		五级航道	
		六级航道	
		七级航道	
港口（码头）	总 数（个）		135
	吞吐量	旅客吞吐量（万人次）	96.37
		货物吞吐量（万吨）	478.27
水路运量	客 运	客运量（万人次）	142
		旅客周转量（万人公里）	1 388
	货 运	货运量（万吨）	580
		货物周转量（万吨公里）	33 268
营运船舶	总 数（艘 523		
	其 中	客船 188 艘 8 112 座	
		货船 335 艘 59 090 吨	
城市公交运输			
营运车辆	1 286辆		
公交线路	45条		
公交站	652个		
运 量	11.927 7亿人次		

交通基础设施建设 2015年，广安市完成交通建设投资 86.9亿元。高速公路完成投资31亿元，巴广渝高速公路广罗至南充界、遂广高速公路齐福至遂宁界实现通车试运营；国道42线华蓥站改造提升、国道65线邻水南互通立交新建加快推进，国道42线华蓥西互通立交改造、邻水西互通立交迁建全面完成。国省干线公路完成30.4亿元，官盛渠江大桥、国道350线武胜过境段、国道212线武胜段、国道350线邻水石滓至重庆界、国道210线邻水县城绕城段加快建设。国道244线华蓥古桥至溪口公路、省道204线华蓥段完成路面改造，国省干线公路大中修工程219公里全面完工，迎交通运输部检查工作圆满完成。干线联网畅通工程完成投资16.6亿元，岳池（九龙）至华蓥（阳和）公路枣山至华蓥阳和段加快建设，前锋货运站至枣山操场坝公路剩余段开工，两个项目获得省政府一级公路收费立项批复；岳池广高路九龙至同兴段改建工程九龙至西溪段完工，西溪至同兴段加快推进。内河水运完成投资1.96亿元，广安港新东门作业区一期工程交工验收，富流滩二线船闸工程除罗渡大桥影响施工部分作甩项处理外其他工程内容基本完工，渠江航道整治工程炸礁疏浚工程基本完成，嘉陵江川境段航运配套工程武胜段险滩整治工程开工。站点建设完成投资2.06亿元，广安枣山公路客运枢纽站、岳池综

合客运枢纽站等5个新建一级客运站全面开工建设，广安汽车总站原址改造通过验收。信息化建设步伐加快，“12328”服务热线顺利开通、运行有序。

2015年5月，建成投入使用的广安区大龙乡农村产业示范园区农村公路 吴德权 摄

巴广渝高速公路花桥互通立交至广罗互通立交段试运营 2015年12月28日，巴广渝高速公路广安境内花桥互通立交至广罗互通立交段通车试运营。巴广渝高速公路广安境内起于广安区花桥互通立交（南充界），止于岳池县伏龙乡（川渝界），沿线经过广安区、岳池县，广安境内全长64.93公里，2013年开工建设，总投资50亿元。

遂广高速公路广罗互通立交至遂宁段试运营 2015年12月26日，遂广高速公路广安境内广罗互通立交至遂宁界（62公里）通车试运营。遂广高速公路广安境内起于枣山红土地枢纽互通立交，止于武胜和遂宁界，沿线经过广安区、岳池县、武胜县，广安境内全长69公里，2012年12月开工建设，总投资50亿元。

交通规划编制 2015年，广安市对接全国、全省交通运输“十三五”发展规划，启动《广安市交通运输“十三五”发展规划》编制工作，完成《广安市普通国省道提档升级建设推进方案》《广安市交通精准扶贫专项实施方案》并报省交通运输厅；《广安市争创全国综合运输服务示范城市建设实施方案》通过省交通运输厅审查并报交通运输部；《广安市交通运输信息化建设总体规划》方案基本完成。

项目前期工作 2015年，广安市交通建设项目前期工作正常推进。广安市过境高速公路东环线及渝广高速公路支线完成投资人招标；镇巴（陕西）至广安高速公路工程可行性报告编制基本完成；省道204线、205线完成工程可行性研究报告评审，省道406线完成工程可行性研究报告编制，省道208线岳池段、邻水段和省道202线完成工程可行性研究报告及初步设计，渠江达州至广安四九滩航运配套工程前期工作加快推进；启动广安至邻水、枣山至武胜快速通道前期论证工作。

交通“民生工程” 2015年，广安市农村公路完成投资 10.9亿元，新（改）建农村公路1 000公里（改善县乡公路400公里、通村公路600公里）；建设农村公路安保工程（路侧护栏）230公里，危（病）桥改造2座、渡改公路桥6座、道班房7座。

扶贫工作 2015年，广安市扎实开展“走基层、解难题、办实事、惠民生”活动，将717.7公里县乡公路、2 649.2公里村道窄路加宽项目提前纳入国、省“十三五”时期支持范围，规划完善农村公路5 000公里并争取进入国、省精准扶贫补助盘子。结合精准扶贫结对帮扶活动，研究制订扶贫方案，精心选派“第一书记”驻村指导工作，协调帮扶资金31.78万元为联系村改造山坪塘1口、硬化公路3.5公里、新建便民路10公里、修缮危房3座、支持种植核桃等经济作物150亩，协调解决群众实际困难50余件。

运输保障 2015年，广安市新发展普通货运企业（集装箱、罐式运输）3家、车辆536台；完成客运片区8个，新增和更新车辆25台；广泰公交新增50台新能源和清洁能源公交车投入运营；新（改）建船舶28艘，航道维护209.7公里；公交化改造有序推进，成功组建永祥公交公司并投放车辆40台，广安至前锋公交开通运营。全市汽车二级维护监控系统，汽车综合性能检测监控系统以及客运站联网售票系统投入使用。运输装备水平不断提高。

行业管理 2015年，广安市全面清理交通运输行业行政权力许可事项。完成运管和航务（海事）管理体制下放改革；全面开放驾培市场，新批准筹建4所驾培机构；华蓥市交通运输综合执法试点工作稳步推进，得到省交通运输厅肯定；超限运输、非法客运超限率控制在4%以内，执法人员巡查率达98%，无行政诉讼、行政赔偿案件发生；消除较大安全隐患300余处，挂牌整治病危桥8座，未发生道路运输源头和水上安全责任事故。

（本栏目撰稿人：文雪琨 江 杨）

巴中市交通

BAZHONG SHI JIAOTONG

2015年巴中市交通运输能力概况

<table>
<tr><th colspan="4">公路交通运输</th></tr>
<tr><td rowspan="7">通车里程</td><td colspan="2">总里程（公里）</td><td>17 077</td></tr>
<tr><td rowspan="6">其中</td><td>高速公路</td><td>242</td></tr>
<tr><td>一级公路</td><td>57</td></tr>
<tr><td>二级公路</td><td>597</td></tr>
<tr><td>三级公路</td><td>371</td></tr>
<tr><td>四级公路</td><td>15 406</td></tr>
<tr><td>等外公路</td><td>404</td></tr>
<tr><td rowspan="2">公路密度</td><td colspan="3">按国土面积计算：每百平方公里 139 公里</td></tr>
<tr><td colspan="3">按人口计算：每万人 44 公里</td></tr>
<tr><td rowspan="2">通达里程</td><td colspan="3">通公路的乡镇 212 个，占乡镇 100 %</td></tr>
<tr><td colspan="3">通公路的村 2 431 个，占村 100%</td></tr>
<tr><td rowspan="5">客运站</td><td colspan="2">总　数（个）</td><td>233</td></tr>
<tr><td rowspan="4">其中</td><td>一级站</td><td>1</td></tr>
<tr><td>二级站</td><td>6</td></tr>
<tr><td>三级站</td><td>6</td></tr>
<tr><td>四级及以下站</td><td>218</td></tr>
<tr><td rowspan="3">营运车辆</td><td colspan="2">总　数（辆）</td><td>17 537</td></tr>
<tr><td rowspan="2">其　中</td><td colspan="2">客车 3 708 辆 44 150 座</td></tr>
<tr><td colspan="2">货车13 829 辆 65 299 吨</td></tr>
<tr><td rowspan="4">公路运量</td><td rowspan="2">客　运</td><td>客运量（万人次）</td><td>3 319</td></tr>
<tr><td>旅客周转量（万人公里）</td><td>248 267</td></tr>
<tr><td rowspan="2">货　运</td><td>货运量（万吨）</td><td>2 251</td></tr>
<tr><td>货物周转量（万吨公里）</td><td>376 678</td></tr>
<tr><th colspan="4">内河航运运输</th></tr>
<tr><td rowspan="6">通航里程</td><td colspan="2">总里程（公里）</td><td></td></tr>
<tr><td rowspan="5">其中</td><td>三级航道</td><td></td></tr>
<tr><td>四级航道</td><td></td></tr>
<tr><td>五级航道</td><td></td></tr>
<tr><td>六级航道</td><td></td></tr>
<tr><td>七级航道</td><td></td></tr>
<tr><td rowspan="3">港口（码头）</td><td colspan="2">总　数（个）</td><td>131</td></tr>
<tr><td rowspan="2">吞吐量</td><td>旅客吞吐量（万人次）</td><td>177.422</td></tr>
<tr><td>货物吞吐量（万吨）</td><td>331.829 5</td></tr>
<tr><td rowspan="4">水路运量</td><td rowspan="2">客　运</td><td>客运量（万人次）</td><td>177.422</td></tr>
<tr><td>旅客周转量（万人公里）</td><td>623.157 6</td></tr>
<tr><td rowspan="2">货　运</td><td>货运量（万吨）</td><td>331.829 5</td></tr>
<tr><td>货物周转量（万吨公里）</td><td>2 346.877 4</td></tr>
<tr><td rowspan="3">营运船舶</td><td colspan="3">总　数（艘）702</td></tr>
<tr><td rowspan="2">其　中</td><td colspan="2">客船 236 艘 6 434 座</td></tr>
<tr><td colspan="2">货船 466 艘 26 086.30 吨</td></tr>
<tr><th colspan="4">城市公交运输</th></tr>
<tr><td>营运车辆</td><td colspan="3">253辆</td></tr>
<tr><td>公交线路</td><td colspan="3">16条</td></tr>
<tr><td>公交站</td><td colspan="3">248个</td></tr>
<tr><td>运　量</td><td colspan="3">0.48亿人次</td></tr>
</table>

交通发展规划　2015年，巴中市交通运输部门编制完成《巴中市交通运输“十三五”发展规划2016—2020年》初稿、《巴中市交通运输扶贫专项方案》《川陕革命老区振兴发展交通规划研究报告》。配合省交通运输厅完成国家和省公路网规划调整修改方案，全市新增普通国道4条570公里、省道8条1 240公里；完成全市县乡公路规划调整方案。

普通国道4条228公里、普通省道6条418公里纳入“十三五”等级改造项目计划；县乡道改善提升项目999.4公里，县乡道改造项目纳入省农村公路2015—2017年三年攻坚计划；6 900公里村道加宽项目纳入部项目库。制订《“互联网+”交通运输行动计划》，明确智慧交通建设方向，为综合交通运行、分析、协调和处置提供支撑与保障。

（李艳梅）

交通基础设施建设　2015年，巴中市完成交通建设投资104.7亿元；争取部省补助资金11.33亿元。巴广渝、巴陕高速公路桃园段加快推进，苍巴高速公路完成工程可行性研究报告评审并开展招商工作，镇广高速公路巴中段完成工程可行性研究报告。西环线、巴恩快速通道建成通车，清风大道形成通车能力，北环线景观工程完工，南环线实施招标，北环线东段完成立项。普通国省干线完成等级改造155公里。省道301线诺水河至光雾山段一级公路等普通国省干线公路前期工作有序推进。农村公路完成通村通畅工程588公里、改善工程807公里，完成渡改公路桥12座；完成客运站提升改造工程4个，建成巴城黄家沟公交综合站（一期工程）、乐坝超限运输检测站和平昌东城物流园；完成渡改人行桥31座，修复水毁码头17座。

2015年，清风大道通车　　巴中市交通运输局 供稿

（李艳梅）

国道244线巴中过境公路（西环线）通车　2015年2月14日10时，国道244线巴城过境公路（西环线）正式通车。国道244线巴中过境公路（西环线）起于巴中市燕飞村赖家湾，与省道302线巴中兴文至燕飞村过境公路新建工程（南环线）相接，终点位于省道101线巴州镇大佛寺师家梁，与省道202线巴中大佛寺至兴文过境公路新建工程（北环线）相接。经过的县乡有恩阳区、回风社区、东兴场乡、平梁乡。路线全长9.479公里。双向四车道，按一级公路标准建设，设计行车时速60公里，路基宽23米，项目总投资7.07亿元。全线主要工程包括：平梁城隧道，全长2 047米，为低瓦斯隧道；大桥1座，全长216米；中桥1座，全长83米；小桥1座，全长73米。西环线的建成，和已建成的北环线及今后将建成的南环线连为一体，构成巴城的绕城路，将有效分流省道过境车辆，缓解巴城交通压力。

2015年，通车后的西环线　　巴中市交通运输局 供稿

（李艳梅）

公路水路运输　2015年，巴中市公路、水路运输完成客运量3 309万人次、旅客周转量224 330万人公里，货运量2 530万吨、货物周转量372 812万吨公里，全年公路运输总量比上年增长14.4%。推动巴城公共交通优先发展，加快公交基础设施建设，黄家沟公交综合站一期工程竣工，可停放和调度100余辆公交车；充实公交运力80辆，优化公交线网布局，调主线、辟支线、增快线，加开临时高峰公交，公交分担率达11%。新增出租汽车运力150辆。推进城乡客运一体化发展，加快农村客运公司化改造，大力发展乡镇公交、镇村公交，方便农村群众出行，全市通客车的乡镇和建制村比例分别达100%、52%。圆满完成2015年春运，累计运送旅客527.61万人次，无安全责任事故发生、无旅客滞留、无重大服务质量投诉。

（李艳梅）

公路管养 2015年，巴中市以普通国省干线公路迎交通运输部检查为契机，完善内业资料规范化管理，加大路况整治力度，实行月查季检年度考核。完成国道244线枣林至沙河等11个大中修工程222公里，整治危（病）桥13座，路面使用性能指数（PQI）85。改善枣林、水宁寺等6个国省干线公路养护站外观形象。完成国、省、县道外场监测监控点位布设规划，国道外场点位50个，省、县道规划外场点位40个。开展“爱路护路”常态宣传，深入开展路域环境综合整治，查处路产路权案件8 652件，查处率99%，结案率98%。完成巴乐公路养护机制改革和农村公路养护管理改革实施方案。出台《巴中市农村公路“四好”标准》《巴中市“四好农村路”导则》，保障农村公路持续健康发展。

（李艳梅）

运输市场管理 2015年，巴中市加强道路运输市场整治。查扣非法营运车2 531辆，配合公安机关行政拘留11人，刑事拘留2人；依法吊销道路运输从业资格证12人，农村客运站降级处理18个，取消经营资格5个，道路运输市场逐步规范。出台《巴城出租汽车经营服务行为“六严禁”规定》和《巴城客运出租汽车驾驶员“黑名单”管理制度（试行）》，出租汽车服务质量明显提升。加强汽车综合性能检测行业监管，查处出具虚假检测报告的两家检测公司，受到社会好评。

（李艳梅）

工程质量监管 2015年，巴中市持续强化公路建设市场监管。深入开展工程建设监督管理全域标准化工作，加大对高速公路建设、普通国省干线公路改造和农村公路工程质量监督检查力度。全年组织检查69次，发现质量安全问题220条，排查安全隐患152处，发督查通报68份、督查意见书19份，实施跟踪督促整改落实，全市公路建设工程质量优良、安全可控。加大造价审查力度，审减5 537.72万元，审减率为1.6%。

（李艳梅）

交通安全监管 2015年，巴中市坚持按照“一网双线”安全生产责任监管机制，督促落实交通运输企业安全生产主体责任，常态化开展安全隐患大排查大整治。突出重点时段、重点区域、重点环节和重点运输工具监管，全市全年交通运输行业安全生产形势持续稳定。同时，深化道路交通安全综合整治巩固年行动，查处超限运输车辆10.5万车次，卸载车辆5.2万辆，卸载（转运）货物114.5万吨，超限率下降至5%以内。

（李艳梅）

机动车驾驶员培训管理 2015年，巴中市全面推行驾培市场改革。实行审批后置、达标准入、市场化运作，全市驾培市场呈现竞相发展良好态势。新增驾校8所，学员人数比上年增长17%，基本形成诚信经营、优质服务、差异化发展的新格局。

出租汽车管理 2015年，巴中市稳妥推进出租汽车行业改革。完成巴城324个出租汽车到期经营权重新处置，取缔挂靠，实行公司化管理，承包制经营，在全省率先取消出租汽车经营权有偿使用费，为实行出租汽车期限经营、出租汽车准入退出机制改革奠定了基础。

（李艳梅）

张琪调研巴中“八大专项工程”推进情况 2015年4月7日至8日，省交通运输厅副厅长张琪赴巴中市调研“八大专项工程”推进情况。巴中市副市长施耀忠随同调研。张琪先后在经开区、巴州区、南江县调研了汽车客运站提升改造工程、干线公路联网畅通工程、渡改公路桥工程、农村公路安保工程和农村公路改善工程实施情况，深入了解各专项工程在实施推进中施工组织、资金投入、质量监督、安全管理等要素保障情况。张琪要求，一要继续深入推进专项工程实施。要对照项目单子，认真清理，在建工程加快实施，没开工的抓紧开工，确保如期全面完成任务。二要切实加强公路养护管

2015年4月7日，省交通运输厅副厅长张琪（中）调研巴中市“八大专项工程”推进情况
巴中市交通运输局 供稿

理。建立公路管养长效机制，加大信息平台建设和管养站房建设力度，加强日常养护和大中修，强化公路超限治理，力争全省公路管养现场会在南江召开。三是全力做好迎交通运输部检查工作。要立即组织对辖区干线公路进行一次普查，制订方案，抓好破损路面维修改造，做好软件资料收集整理，确保提档升位。四是着力强化公共财政保障。要进一步突出地方政府主体地位，建立稳定增长的公共财政保障机制，保证公路建设、养护、管理所需经费的投入，推动交通运输事业可持续发展。

（郭　亮）

胡大昌调研巴中交通安全生产工作　2015年3月5日，省交通运输厅安全总监胡大昌调研巴中市2015年交通运输春运暨安全生产工作。胡大昌要求，一是处理好安全与生产经营的关系，严格执行安全生产“党政同责、一岗双责、齐抓共管”和“管行业必须管安全、管业务必须管安全、管生产经营必须管安全”，加大安全生产投入，认真开展隐患排查治理，确保春运期间安全生产。二是强化行政审批改革，尽快完善运输市场进入退出机制、客运线路招投标机制、农村客运开通论证机制等。三是强化市场监管，严格执行省厅“六严禁”规定，实行宽进严管重罚，发挥GPS、3G平台优势，严厉查处道路水路运输安全违法违规行为。四是加强与铁路、城市公共客运无缝衔接，方便旅客换乘，做好全省道路客运联网售票工作，提升春运服务能力。五是加强春运后期值班值守，主动对接气象、公安等部门，及时有力处置各类突发事件和应急情况。六是全国“两会”召开期间要重点加强进京客运车辆的安全源头监管及途中检查。

（任　静）

巴中市高速公路发展专题会议　2015年3月25日，省交通运输厅在巴中市召开加快推动巴中市高速公路发展专题会议。省交通运输厅副厅长张晓燕、副巡视员黄兴棣，中共巴中市委常委、秘书长李映，市政府副市长施耀忠出席会议。张晓燕强调，一是各在建、续建高速公路项目要紧盯目标，抓牢要素保障工作，强化施工组织调度管理，在雨季来临前要对各建设项目复工、推进情况和安全生产情况进行全面检查，在确保做好质量安全工作前提下完成年度目标任务。二是做好开工建设高速公路项目的前期准备工作，抓关键、抓重点，落实工作责任，确保开工项目全面开工。三是要做好本地高速公路ETC（电子不停车收费）车载装置推广和使用工作，为高速公路运营和服务工作提供有力支撑。四是加强与省交通运输厅高管局的对接沟通，做好迎交通运输部检查和高速公路服务区评优评佳活动。同时，进一步规范高速公路标志标牌设置。

（李艳梅）

农村公路建设管理　2015年，巴中市继续强化农村公路建设管理。一是标准化建好农村公路。全面推行一路一证（施工准入证）、一路一令（开工许可令）、一路一书（质量承诺书）、一路一图（设计施工图）、一路一组（质量监督组）、一路一公示（建设标准和质量标准）、一路一公开（七公开）质量监管机制，将建设计划、资金使用等七大重点内容全面公开。二是规范化管好农村公路。将管理重点向农村延伸，建立县（区）路政员、乡镇监管员、建制村护路员的农村公路管理体系及村道管理议事专门机构。在全省率先推行“卸载+记分+吊证+不收费”治超新模式，实行“一超就卸”。三是常态化护好农村公路。建立以县级财政为主的农村公路养护管理投入保障机制，全额预算养护人员工资，国家“7351”专项补助资金全部用于公路养护工程，不足部分采取“政府奖、公益补、业主筹、社会捐”等多种方式解决。四是一体化运营好农村公路。整合农村客运资源，推行“一路一公司”“一片一公司”组织形式和“长线带短线、冷线带热线”经营模式，严格落实定线路、定班次、定票价、定站点，统一标准、统一排班、统一调度、统一结算“四定四统一”标准，实现农村客运车型统一、标识明晰、线路明确、票价稳定。

（李艳梅）

精准扶贫　2015年，巴中市交通运输局对口负责通江县瓦室镇鹿鸣村精准扶贫工作，承诺不脱贫不脱钩。年内，帮助解决饮水问题，配置村办公设施，实施村道改造和完善该村脱贫奔康规划。巴中市政府在全省农村公路精准扶贫攻坚现场会作经验交流发言。

（李艳梅）

2015年5月28日，省交通运输厅副厅长冯文生（右二）调研巴中市交通精准扶贫工作　巴中市交通运输局 供稿

雅安市交通

YAAN SHI JIAOTONG

2015年雅安市交通运输能力概况

公路交通运输			
通车里程	总里程（公里）		6 278.255
	其中	高速公路	251.882
		一级公路	27.087
		二级公路	541.408
		三级公路	255.979
		四级公路	4 701.721
		等外公路	500.178
公路密度	按国土面积计算：每百平方公里 41.38 公里		
	按人口计算：每万人 40.51 公里		
通达里程	通公路的乡镇148 个，占乡镇 100 %		
	通公路的村 1 013个，占村 98.52%		
客运站	总　数（个）		174
	其中	一级站	2
		二级站	3
		三级站	5
		四级及以下站	124
营运车辆	总　数（辆）		24 054
	其　中	客车 1 244 辆 21 101 座	
		货车22 444 辆114 722 吨	
公路运量	客　运	客运量（万人次）	2 764.7
		旅客周转量（万人公里）	104 258
	货　运	货运量（万吨）	4 986.8
		货物周转量（万吨公里）	612 616
内河航运运输			
通航里程	总里程（公里）		176
	其中	三级航道	
		四级航道	
		五级航道	84
		六级航道	
		七级航道	92
港口（码头）	总　数（个）		27
	吞吐量	旅客吞吐量（万人次）	
		货物吞吐量（万吨）	
水路运量	客　运	客运量（万人次）	16.002
		旅客周转量（万人公里）	18.604
	货　运	货运量（万吨）	
		货物周转量（万吨公里）	
营运船舶	总　数（艘）		
	其　中	客船 15 艘 216 座	
		货船　艘　吨	
城市公交运输			
营运车辆	243辆		
公交线路	9条		
公交站	360个		
运　量	0.19亿人次		

交通建设固定资产投资　2015年，雅安市完成交通建设固定资产投资57.62亿元，为全年目标任务的104.8%。其中雅康高速公路建设完成投资23.80亿元，国省干线公路建设完成投资20.20亿元，农村公路建设完成投资11.41亿元，其他专项工程建设完成投资2.21亿元。“十三五”期间，全市交通规划总投资2 008亿元。其中，计划完成总投资695亿元，力争开工项目总投资432亿元，远期规划项目总投资881亿元。

高速公路建设　2015年，雅康高速公路完成投资23.80亿元，为年度计划的101%；路基工程完成总量的30%，为年度计划的100%；隧道开挖完成20%，为年度计划的100%。其中雨城区草对段路基、桥梁下部构造、隧道开挖均完成总量的60%，为全线平均进度的一倍以上，建设成效明显。

芦山地震灾后恢复重建工程　截至2015年底，纳入重建总规划的25个交通灾后恢复重建项目已完工21个，完工率84%，完成目标的140%，超额完成年度目标。累计完成投资45.4亿元，为计划总投资的86%，为年度计划的114%。国道108线于2015年7月20日前全面完成；国道318线路基路面主体工程全面完成；国道351线多功至芦山县城段全面完成；灾后恢复重建5条经济干线完工3条；全面完成856公里农村公路灾后恢复重建工程。

2015年，灾后重建项目国道351线天全乐英至芦山段面貌 雅安市交通运输局 供稿

农村公路建设 2015年，雅安市实施通村通畅工程，新（改）建农村通村公路570.5公里，完成年度计划540公里的106%；改善农村公路927.8公里，完成年度计划850公里的109%。

客运站点建设 2015年，雅安市完成7个县级客运站（旅游汽车站）、14个农村客运站建设，累计完成投资6 112万元，为计划总投资的229%。全市现有客运站174个，其中一级客运站2个、二级客运站3个、三级客运站5个、四级客运站2个、五级站56个（农村客运站）、简易站及招呼站66个。

水运码头建设 2015年，雅安市完成水运设施建设项目23个，累计完成投资345万元，为计划总投资的100%。完成渡改人行桥2座。

安保工程建设 2015年，雅安市巩固深化道路交通安全综合整治。安保工程（路侧护栏）实施范围覆盖全市国、省、县、乡公路高差3米以上临崖临水路段。全市境内完成路侧护栏安装304.5公里，完成年度目标任务190公里的160%；完成全市公路安全生命防护工程隐患排查数据采集工作。

雅康高速公路青衣江特大桥大兴岸主桥合龙 2015年12月28日，由中交路桥公司施工、中川国际公司监理、厅公路设计院设计的雅康高速公路青衣江特大桥大兴岸主桥（42米+75米+42米）顺利合龙。青衣江特大桥全长1 426米，为雅康高速公路控制性工程之一。大兴岸主桥顺利合龙为雅康高速公路项目草坝至对岩段提前贯通创造了有利条件。

国道108线示范改造工程雅安段竣工 2015年12月24日—25日，雅安市公路工程质量监督站对国道108线干线公路示范改造工程雅安段实施竣工验收前质量外检。国道108线干线公路示范改造工程雅安段起于雅安名山区治安场（与邛崃市交界处），经雨城、荥经、汉源、石棉，止于石棉县菩萨岗（与甘孜州冕宁县交界处），全长291.26公里，共7个施工合同段。项目于2012年9月开工建设，2013年10月完工。

公路养护 2015年，雅安市投入道路整修和养护资金1.18亿元。投资7 070万元完成国道108线汉源段、国道108线石棉段、省道306线汉源段和省道305线雨城段54.8公里国省干道大中修工程；投资4 000余万元完成国道108线名山段、国道108线石棉段和国道318线天全段82公里交通运输部挂牌路段限期整治工程。做好5年一次的交通运输部对国省干道专项检查工作，整理完善内业档案资料，国道108线路况顺利通过路面使用性能指数（PQI）检测，检测结果平均值为85.42。完成省政府下达雅安市“民生工程”（PQI）85的目标，较2014年提高3个百分点，是国省干线专项检查以来雅安取得的最好成绩。

公路运输 2015年，雅安市完成客运量2 764.7万人次，旅客周转量104 258万人公里；货运量4 986.8万吨，货物周转量612 616万吨公里。全市六县两区全部开通城市公交客运，具备通车条件建制村的班车通达率达71%。

2015年，雅安市有班车客运运输业户9户，其中从事二类以上班线客运4户、从事农村客运班线5户；有出租汽车客运运输业9户。有客运班车336辆（含高级客车228辆，占客运班车68.67%），其中跨省客运班车4辆、跨市州客运班车153 辆、跨县客运班车171辆、包车客运8辆。全市有客运线路169条，其中跨省客运线路3条、跨市州客运线路70条、跨县区客运线路19条、县区内客运线路（农村客运）77条。鼓励、引导企业向集约化、专业化、规范化方向发展，推广甩挂运输试点单位经验，新增甩挂货车557辆。推行危险货物罐车紧急切断装置，全市4户危险货物运输企业的205辆专用罐车安装了紧急切断装置和卫星定位装置。

交通运输智能化建设 2015年，雅安市推进交通运输智能化建设工作。金融IC卡在公交、出租车行业推广应用。2015年全市城区9条公交线路、新增公司化营运的出租汽车全部安装刷卡机，所有出租车全部安装LED顶灯。成立雅安市运营车辆动态监控中心，对全市“两客一危”、重型货车实行联网联控监控。全市有309辆客运班车、115辆公交车、72辆农村客运车辆安装具有3G功能的车辆动态监控系统。全市三级（含三级）以上客运站完成全省道路客运联网售票系统建设，并实现WiFi全覆盖。

机动车维修管理 2015年，雅安市加强二级维护监控平台建设及监督管理。完成汽车维修企业信息化管理系统安装工作，全市164家从事汽车二级维护的维修企业全部安装二级维护信息化管理系统且完成升级，并入全省二级维护监控系统。完成2015年度维修企业质量信誉考评工作，共考核维修业户987家，其中一类维修企业15家（其中AA级6家，A级9家）、二类维修业户159家（其中AA级29家，A级121家）、三类及摩托车维修业户813家。全市机动车维修业户签订安全责任承诺书，承诺不得非法改拼装货车，签订率100%。

机动车驾驶员培训管理 2015年，雅安市各机动车驾驶员培训机构在场地、设备、设施上加大投入，投入资金共计200多万元。全市培训机构培训初学学员16 948人，结业学员10 309人；新办从业资格证1 786个，换发从业资格证3 782个，从业资格证转籍497个。完善教练员管理制度、三级平台管理规定及操作流程，严格网上审批制度，完善违规教练员黑名单数据库。

打非治违 2015年，雅安市运管机构与交警等部门协同，出动执法人员21 232人次，查获非法违法经营车辆1 136辆，其中“黑车”637辆。开展“道路运输平安年”活动，以客运企业、危货企业专项安全整治工作为重点，成立雅安市运营车辆动态监控中心，对全市“两客一危”、重型货车实行联网联控监控；“两客一危”车辆动态监控信息与监控中心实现联网联控，完成1 800多辆重型货车联网联控工作。完成7家危货运输企业、4家客运企业、7家客运站三级安全生产标准化考评工作。

路政管理 2015年，雅安市发生路政管理案件640起，查处631起，查处率98%，结案631起，结案率为100%；办理行政许可案件611件，护送大件运输24辆次；坚持公路巡查，巡查率达95%，清障排障5 470处。

超限超载治理 2015年，雅安市依法开展“双超”（超限超载）治理。路政部门出动11 856人次、运政部门出动7 356人次开展交通管制和“双超”整治，共检测货运车246 148辆，现场拆除非法改装车1 791辆，卸载超限车3 908辆，卸载超限货物14 141吨，抄告车辆318辆。超限率由80%下降到5%，非法改装车辆由90%下降到6%。

安全生产管理 2015年，雅安市坚持“安全第一、预防为主、综合治理”的工作方针，严格落实“党政同责、一岗双责”和“三个必须”原则，制发《安全生产事故应急救援预案》《安全生产督查制度》等7项安全生产管理制度，狠抓隐患整改，有效控制交通运输各类安全生产事故的发生。组织开展4次专项督查活动，下达安全隐患整改通知书38份，下发督查通报16份。运管部门出动执法人员21 232人次，查获非法违法经营车辆1 136辆，其中“黑车”637辆；海事部门开展检查179次，检查船舶356艘次。

节能减排 2015年，雅安市加快运营车辆结构调整。淘汰高耗能、高污染黄标车，鼓励使用低能耗、低污染、小排量、新动力汽车，推广天然气汽车。加快建设交通智能调度系统，提高运营车辆组织和管理水平，降低车辆空驶率，完成全年节能减排目标。全市有公交车243辆，其中双燃料111辆；出租车413辆，其中双燃料301辆。淘汰2005年以前注册的营运车辆，更新客车236辆，更新和新增货车2 578辆；全市共有双燃料客车276辆。

王宁调研交通灾后恢复重建重点项目 2015年5月25日，省政府常务副省长王宁赴雅安调研“4·20”芦山地震灾后恢复重建交通重点项目建设推进情况，并实地察看国道318线、国道351线施工现场，听取工程总体推进情况介绍。

叶壮检查国道318线灾后恢复重建工程 2015年9月17日，省政府副省长、中共雅安市委书记叶壮在常务副市长黄剑东以及市交通运输局、天全县政府主要负责同志陪同下，检查国道318线灾后恢复重建项目建设推进情况。实地查看国道318线灾后恢复重建施工现场，详细了解项目进展及保通保畅、施工组织、要素保障等工作情况，并现场帮助解决项目推进中的困难与问题。

2015年，国道318线雅安市雨城区多营绕城线 雅安市交通运输局 供稿

彭琳检查交通灾后恢复重建项目 2015年4月15日，省交通运输厅厅长彭琳、副厅长张琪、巡视员鲜雄等一行检查雅安交通灾后重建工作。彭琳一行赴国道318线顺河大桥、多营绕城路、飞仙关隧道及国道351线姚家坝大桥、芦山连接线等工点检查雅安交通灾后重建项目推进情况。

四川铁投集团与雅安市政府签署战略合作协议 2015年7月28日，四川铁投集团与雅安市人民政府战略合作协议签字仪式在雅安举行。省政府副省长、中共雅安市委书记叶壮，雅安市市长兰开驰，四川铁投集团董事长孙云等出席签字仪式。四川铁投集团与雅安市战略合作涉及公路、铁路交通基础设施、产业园区建设、旅游产业发展、城市建设开发等领域项目。其中交通基础设施建设签约投资达275亿元，包括雅乐铁路、乐汉高速公路、石泸高速公路、国道108线成都蒲江至雅安雨城快速通道、国道318线名山及雅安城区过境段等重大交通项目。

省交通运输厅与雅安市签署战略合作协议 2015年12月8日，省交通运输厅与雅安市战略合作协议签约仪式在省交通运输厅应急指挥中心大厅举行。中共雅安市市委副书记、市长兰开驰、省交通运输厅副厅长周道平分别代表雅安市和省交通运输厅签署战略合作协议。“十三五”期间，省交通运输厅和雅安市政府将通过厅市合作方式，以创新投融资机制、强化行业管理、人才交流培养为重点，深化交通领域行业体制改革；以增强运输方式衔接、提高运输服务质量、提升监管保障能力为重点，促进城乡客货运输一体化发展；以高速公路、国省干线、农村公路、客货运站场等为重点，建成一批重点交通基础设施项目。至2020年，力争雅安市境内高速公路通车里程达300公里以上；力争国道二级及以上公路比例达到78%，省道三级及以上公路比例达到56%；农村公路实现100%建制村通硬化路；建设雅安综合客运中心等综合客货物流中心，形成以市区为枢纽、县级站和乡镇站为节点、村级招呼站为补充的现代客货运输保障体系。

灾后重建国道351线天全乐英至芦山段 雅安市交通运输局 供稿

（本栏目撰稿人：崔炳龙）

眉山市交通

MEISHAN SHI JIAOTONG

2015年眉山市交通运输能力概况

公路交通运输			
通车里程	总里程（公里）		7 530.403
	其中	高速公路	298.5
		一级公路	111.36
		二级公路	341.105
		三级公路	333.935
		四级公路	4 853.182
		等外公路	1 591.971
公路密度	按国土面积计算：每百平方公里 104.79 公里		
	按人口计算：每万人 25.5 公里		
通达里程	通公路的乡镇128 个，占乡镇 100 %		
	通公路的村 1 186个，占村 100%		
客运站	总　数（个）		180
	其中	一级站	1
		二级站	5
		三级站	2
		四级及以下站	172
营运车辆	总　数（辆）		22 760
	其　中	客车 1 709 辆 39 600（座）	
		货车（含拖拉机）21 051 辆 123 893（吨）	
公路运量	客　运	客运量（万人次）	5 993.474
		旅客周转量（万人公里）	170 140.84
	货　运	货运量（万吨）	6 620.264
		货物周转量（万吨公里）	592 001.636
内河航运运输			
通航里程	总里程（公里）		768.08
	其中	三级航道	
		四级航道	
		五级航道	
		六级航道	
		七级航道	
港口（码头）	总　数（个）		80
	吞吐量	旅客吞吐量（万人次）	
		货物吞吐量（万吨）	
水路运量	客　运	客运量（万人次）	426
		旅客周转量（万人公里）	1 160
	货　运	货运量（万吨）	
		货物周转量（万吨公里）	
营运船舶	总　数（艘）245		
	其　中	客船 200 艘 4 593 座	
		货船 45 艘 3 882 吨	
城市公交运输			
营运车辆	458辆		
公交线路	49条		
公交站	968个		
运　量	0.666 7亿人次		

交通基础设施建设　2015年，眉山市完成交通投资79.8亿元。高速公路建设快速推进，成都经济区环线高速公路眉山至简阳段实现全面、全线开工建设，仁沐新高速公路眉山段完成征地拆迁、开工建设。干线公路有序推进，工业大道、滨江大道、岷东大道、天府仁寿大道累计开工107.8公里，完工46.5公里，仁寿富汪路路面改造工程、遂资眉高速公路丹棱连接线、丹棱丹名路（省道104线）改造工程、仁美至张场公路（老峨山旅游快速通道）升级改造二期工程主体完工，遂资眉高速公路至岷东大道连接线、丹夹路丹棱段改造工程、省道305线洪雅城区段、大峨眉旅游西环线洪雅至柳江段施工进度加快。眉山市客运站、彭山区客运站、丹棱县客运站、青神县客运站建成投入使用，洪雅县八角庙车站完成主体工程，仁寿县联营汽车站开工建设。农村公路完成398.64公里，安保工程完成214公里，完成渡改人行桥2座，船载、码头视频监控45个，完成青神、洪雅两县海巡艇建造。

成都经济区环线高速公路简阳至蒲江段全面推进　成都经济区环线高速公路简阳至蒲江段项目是成都经济区环线高速公路的南段，位于成都市、资阳市、眉山市境内，起于简阳市禾丰镇与成安渝高速公路相交对接德阳至简阳段，经眉山市仁寿县、彭山区、东坡区，止于成都市蒲江县天华镇，与蒲江县至都江堰段对接。项目全长126.333公里，预算投资146.675亿元；其中眉山市境内长76.4公里，预算投资91.8亿元。全线有桥梁113座22 267.19米，隧道2座4 228米，双向六车道，设计时速100公里，沥青混凝土路面，设枢纽互通5座（眉山市境内2座，分别为与成自泸高速公路交叉的古佛枢纽互通、与成乐高速公路交叉的永丰枢纽互通），一般互通12座（眉山市境内7座，分别为仁寿元通互通、松林互通、黑龙滩枢纽互通、东坡土地互通、眉山互通、悦兴互通、多悦互通）。项目经省政府办公厅批准，采用BOT模式建设，授权眉山市牵头，眉山市、成都市、资阳市三市政府为项目实施的工作责任主体。2013年11月，中国铁建投资有限公司和中铁二十局集团有限公司组成的联合体经公开招投标成为中标投资人，组建项目公司中铁四川简蒲高速公路有限公司负责建设管理。2013年12月26日成都经济区环线高速公路简阳至蒲江段开工仪式在眉山市仁寿县黑龙滩举行。2014年4月，在眉山举行成都经济区环线高速公路眉山段征地拆迁工作协议签订仪式暨征地拆迁动员大会，8月全线开工建设。2015年路基桥涵施工建设加快，完成路基土石方的93%，桥梁工程下部结构的87%，上部结构的46%，涵洞工程的95%，隧道工程开挖初支的69%；完成投资30亿元，累计完成投资52亿元。项目2014年、2015年连续两年投资额和投资完成率都名列全省第一。

仁沐新高速公路仁寿段全线加快推进 仁沐新高速公路北起仁寿县满井镇接遂资眉高速公路，经乐山市井研县、五通桥区、犍为县、沐川县，止于宜宾市屏山县新市镇与宜宾至攀枝花高速公路相连，全线长203.21公里，估算投资221.99亿元，双向四车道，路宽25.5米，设计时速80公里，沥青混凝土路面。眉山市境内长27.08公里，估算投资20亿元，平均每公里造价7 386万元。2012年完成工程可行性研究报告编制并通过评审，乐山、眉山、宜宾三市政府采取市企共建模式建设，授权乐山市交投公司开展项目前期工作。2013年引进川高公司负责项目建设运营管理，三市政府以土地入股。2013年11月5日，仁沐新高速公路仁寿至井研试验段在乐山市井研县三江镇同意村仁沐新高速三江互通处举行开工动员大会。2014年6月，乐山、眉山、宜宾三市政府与川高公司签订项目投资协议。11月仁寿县开展征地拆迁工作，施工单位进场开展施工。2015年实施路基、桥涵工程建设，完成路基土石方865万立方米、占总路基工程量的82%，桥梁工程桩基606根、占桩基总工程量的96%，涵洞79道、占工程总量的49%，完成投资6亿元，累计完成投资8.7亿元。在省交通运输厅2015年度高速公路施工标准化考核中考核为3个优秀项目之一。

岷东大道建设工程 眉山岷东大道起于青神县中岩寺，经东坡区、彭山区，止于成都市双流区黄龙溪接剑南大道，全长72公里，一级公路、双向六车道，设计时速60~80公里，路宽64.5米，沥青混凝土路面，估算总投资52.6亿元。按照统一规划、统一标准，属地管理、分步实施原则，分别由东坡区、彭山区、青神县和岷东新区管委会负责投资建设。项目由厅交通设计院、中国华西工程设计建设有限公司、深圳市市政设计研究有限公司等单位设计，太平洋建设集团公司、重庆中环建设集团有限公司、隧道集团工程有限公司等单位投资施工。2013年11月起分段开工建设彭祖山至黄龙溪段、岷东新区段、永寿至崇礼段、岷东新区至土地段、土地至彭山界段、东坡界至彭祖山段共46.6公里，其中岷东新区段10.4公里、永寿至崇礼段5.9公里、彭祖山至黄龙溪成彭段13公里完成主体工程。2015年获省政府收费公路立项批复，完成投资8.71亿元，累计完成投资26.81亿元。

滨江大道建设工程 眉山滨江大道起于青神县城，经东坡区、彭山区，止于成都市新津县界接国道245线（原省道103线），全长67.4公里。按一级公路标准建设、双向八车道，设计时速60公里，路幅宽88米，沥青混凝土路面，估算总投资66.2亿元。按照统一规划、统一标准，属地管理、分步实施原则，分别由市本级、彭山区、东坡区、青神县负责建设。项目由厅交通设计院、新疆维吾尔自治区交通规划勘察设计研究院等单位设计，江西省路桥工程集团有限公司、安徽开源路桥有限责任公司、四川圣蓝投资有限责任公司等单位投资（施工），四川省公路工程咨询监理事务所等单位负责监理。2013年10月起分段开工建设眉山岷江二桥至彭山界段、彭祖新城段、东坡区界至彭山城区段共15.9公里，其中彭祖新城段4.2公里建成通车、岷江二桥至彭山界湖滨路段0.6公里完成主体工程。2015年完成投资4.73亿元，累计完成投资16.51亿元。

工业大道建设工程 眉山工业大道起于省道428线（原省道103线）眉山市东坡区与乐山市夹江县交界处，止于彭山区青龙镇接国道245线（原省道103线），全长61.9公里。按一级公路标准建设，双向六车道，设计时速80公里，路幅宽64.5米，沥青混凝土路面，估算总投资46.7亿元。按照统一规划、统一标准，属地管理、分步实施原则，投资建设分别由东坡区和彭山区负责。项目由中交远洲交通科技集团有限公司、中交第二公路勘察设计研究院有限公司等单位设计，2013年起开工建设石化园区段、国道351线（原省道106线）至彭山界段共18.47公里，其中石化园区段4.8公里建成通车。2015年获省政府收费公路立项批复，完成投资5.26亿元，累计完成投资11.86亿元。

天府仁寿大道建设工程 天府仁寿大道起于国道351线（原省道106线）仁寿城东，绕仁寿县城，经大化、清水止于双流界，接成都天府大道，全长53公里，估算总投资70亿元，按一级公路标准设计、双向八车道，设计时速80公里，沥青混凝土路面。仁寿县负责投资建设，2012年12月起分段开工视高段、清水段、仁寿县城至成都经济区环线段、成都经济区环线至成黑快速通道段共26.8公里，其中视高清水段7.6公里完成主体工程。2015年完成投资4亿元，累计完成投资13.14亿元。

大峨眉国际旅游西环线建设工程 大峨眉国际旅游西环线起于国道351线（原省道106线洪雅延伸线），经洪雅洪川、止戈、东岳、花溪、柳江镇，止于峨眉山市与洪雅交界处零公里，全长64.2公里（主线56公里，4条连接线8.2公里），按一级公路标准设计，双向四车道，沥青混凝土路面，概算投资41.3亿元。2013年8月6日开工建设，先期建设止戈五龙祠至柳江段22.3公里。到2015年底先期开工段路基、桥梁工程基本完成，实施路面铺筑，完成投资5.296亿元，累计完成投资9.866亿元。

老峨山旅游快速通道建成通车 丹棱老峨山旅游通道（仁美至张场公路）升级改造工程起于国道351线（原省道106线）仁美平交口往丹棱方向1公里处的黎寨冲，止于张场镇文沟村，全长14.585公里，按二级公路标准改（扩）建，设计行车时速60公里，路基宽12米，路面宽10.5米，沥青混凝土路面，总投资2.3亿元。项目分两期建设，一期工程全长7.78公里，于2013年12月完工通车；二期工程全长7.035公里，由眉山市发展改革委批准立项，眉山市交通运输局批复施工图设计，中国华西工程设计建设有限公司设计，四川省公路工程咨询监理事务所监理，双流菁宏投资有限公司建设施工，2014年10月开工，2015年6月建成通车，累计完成投资22 321万元。

岷东大道成彭段形成通车能力 岷东大道成（都）彭（山）段起于彭山岷江二桥东侧桥头，止于双流县双黄路（剑南大道），全长12.98公里，其中改建段5.185公里，新建段7.795公里，采用双向六车道一级公路技术标准建设，设计时速80公里，路基宽32米，沥青混凝土路面，总投资6亿元。经公开招商招标，道隧集团工程有限公司为项目投资人和建设人，安徽省交通规划勘测设计研究院负责设计，中国华西工程设计建设有限公司负责监理。2012年11月5日开工建设，2015年12月31日完成主体工程形成通车能力，完成投资2.3亿元，累计完成投资10.3亿元。

眉山高速公路沿线风貌改造 2015年1月29日，眉山市政府办公室印发《关于全市高速公路及沿线风貌建设管理的意见》，由市交通运输局牵头负责对高速公路沿线区县风貌建设指导和督查，对市境内高速公路服务区、收费站、沿线交通标志、建筑物、广告牌、互通范围内的景观和绿化进行统一的风貌规划建设管理。要求分期分批完成改造，对已建高速公路风貌改造最迟于2016年底前全面完成。对在建或拟建高速公路，风貌改造建设与高速公路建设同步完成。截至2015年底，完成成乐高速公路眉山互通，遂资眉高速公路洪雅收费站、三苏服务区改造，其他项目加快推进。

眉山高速公路建设创建“平安优质工程” 2015年，眉山启动高速公路“平安优质工程”和精品示范工程创建工作。4月9日在成都经济区环线高速公路简阳至蒲江段启动，并召开创建“平安优质工程”动员大会暨安全质量工作会议，省交通运输厅、眉山市政府相关人员和眉山、成都、资阳三市交通运输局（委）、三市质监站、沿线交通运输部门、中铁建简蒲公司、施工总承包部、14个施工标段和监理、试验检测单位200多人参加。创建工作力求认识高（“平安优质工程”是人民所盼，是企业之本，是政府所倡）；措施实（坚持将程序认标准、勤排查重整治、抢进度抓攻坚）；问责严（严格落实责任，严格考核奖惩，严格问责追究）。为确保活动顺利实施，取得实效，简蒲公司下发《中铁建四川简蒲高速公路有限公司关于全线开展创建“平安优质工程”活动的通知》。创建活动按进度实施，标准化施工，严格管理，质量和安全可控，无重大安全事故发生。

2015年4月9日，眉山在成都经济区环线高速公路简阳至蒲江段开展创建“平安优质工程”活动 眉山市交通运输局 供稿

道路交通安全综合整治深化巩固年行动 2015年，眉山市开展道路交通安全综合整治深化巩固年行动。着眼于依法治安、保障民生，立足于安全发展、绿色发展、共享发展，举全市之力，实施道路交通安全大决战，坚持党委政府同责、综合发力“一盘棋”，将整治工作纳入年度目标考核，责任倒逼、部门联动，整体推进。抽调51名干部和300余名专业人员充实“治超”一线，在全市128个乡镇全部建立交管办，配备专职人员463人，重点村劝导员1 635名，成立道协分会，恢复安全联组，投入3.5亿元资金用于安防工程、“治超”站点、监控设备等设施建设和整治工作。实现道路交通事故死亡人数、道路养护成本、道路交通事故纠纷“三个明显下降”，群众道路交通安全感和对党委政府满意度显著增强。全年建成公路安保工程214公里，占任务的107%，实现国省县乡四级公路全覆盖，为公路运行安全“再安一道门，再上一把锁”。强化“治超”源头管理，全市运管部门与机动车维修企业签订《禁止非法改拼装责任书》。凡是经机动车综合性能检测不合格的，坚决不予进入营运市场；对重点货运装载源头单位全部落实运管、交警联合巡查、驻点监管；推进信息化应用及监控系统建设，加快重型载货汽车和半挂牵引车的卫星定位装置安装。强力推进路面“治超”，全市路政系统以固定检测站为依托，实行路政、运政、交警联合驻站，建立路政养护联合巡查机制，凡超限一律卸载，凡超限20%以上一律处罚，凡加装栏板的货车一律现场切割，实现“一站式”查处，超限率控制在1.48%以内，比省定超限率目标任务低3个百分点。眉山安保工程建设被省交通运输厅推荐接受新华社专题采访，“国内动态清样附页”专题报道，交通运输部部长杨传堂作肯定性批示。2015年11月25日，全省道路交通安全综合整治工作推进会在眉山召开，与会代表现场参观新义超限检测站，眉山治超经验在全省推广。

公路超限超载运输治理 2015年，眉山市投入1 500万元完成国道351线眉山站（国家Ⅰ类超限检测站）、国道245线彭山青龙站、国道213线仁寿八里站3个超限检测站标准化改造。投入4 500万元启动仁寿满井站、仁寿宝马站、东坡思蒙站、东坡永寿站、彭山谢家站、彭山武阳站、丹棱群力站、洪雅余坪站、青神黑龙站等9个超限检测站新建工程，完成洪雅余坪、东坡思蒙、青神黑龙3个超限检测站建设并投入使用。全市交通路政系统依托全市各超限检测点，坚持协调、配合公安交警部门实行联合“治超”，坚持24小时执勤，建立政府主导、多部门协作、联合执法、一站式查处的“治超”长效机制，执法人员按照省市相关规定和轴载标准对货车逐台称重检测，对非法超限车辆严格按规定进行卸载。全年检测货车85.2万辆，查处超限货车1.26万辆，卸载货物7.3万吨，抄告超限车辆1 798辆，超限率控制在1.48%以内，比省定超限率目标低3个百分点。“治超”工作在全省公路工作会上经验交流，道路交通安全综合治理工作经验在全省推广。

岷东大道工业大道一级公路收费立项获批 2015年，眉山市岷东大道、工业大道一级公路项目经省交通运输厅、省财政厅、省发展改革委审查，报经省政府批准，符合《收费公路管理条例》规定的技术等级和规范要求。8月4日省交通运输厅、省财政厅、省发展改革委以《关于眉山岷东大道公路收费立项的批复》批准同意岷东大道按政府还贷公路立项建设。12月24日省政府办公厅批准同意眉山工业大道公路项目按政府还贷公路收费立项。岷东大道、工业大道一级公路收费项目是全省2013年1月1日取消政府还贷二级公路收费以来，继2014年眉山市洪雅至峨眉山大峨眉国际旅游西环线一级公路收费批准立项后，全省新批准的两条一级收费公路（全省共新批10条）。

眉山长途汽车客运站投用 眉山长途汽车客运站位于东坡区裴城路（秋岚街与二环西路交汇处）的市交通中心内，属新建项目，按长途客运一级站标准建设，占地3.53公顷，建筑面积9 512.7平方米，概算投资8 000万元。2011年眉山四通运业有限公司成立建设领导小组，设立建设办公室负责建设管理。2012年完成施工图设计。2013年通过公开招标，确定成都美厦建筑设计有限公司为设计单位，四川安汉建筑工程有限公司为施工单位，四川省城市建设工程监理有限公司为监理单位。2013年6月20日开工建设，2015年1月建成，完成投资6 400万元，项目建设速度快、质量好、管理规范，是全省汽车客运站提升改造工程项目中第一个完工投入使用的次级公路运输枢纽城市枢纽站。2015年2月16日正式运营，开行班线47条，其中跨省长途班线5条，省内市际班线35条，市内班线7条，日发送旅客9 343人次。2015年4月28日，省交通运输厅在眉山召开全省汽车客运站提升改造工程现场推进会，将眉山市客运站提升改造工程经验作为范例在全省推广。

交通运输安全形势持续稳定 2015年，眉山市坚持“安全第一、预防为主、综合治理”的方针，结合交通工作实际，落实“一岗双责”、行业归口、属地管理责任，健全制度，完善安全生产责任机制，进一步加强交通运输安全管理。道路运输强化源头管理，督促企业落实安全生产主体责任，加强驾驶员安全生产教育培训，提高驾乘人员安全生产意识和应急处理能力，严把驾驶员资质和车辆安全技术状况关；加强参营车辆技术状况的检查检测，确保客运车辆技术状况良好运行正常；加强GPS监控，严格执行长途客车凌晨2时—5时停车休息制度，防止驾驶员超速、超载、超疲劳驾驶等违规行为发生。按照道路运输“三把关一监督”要求，严格落实客运车站“三不进站 六不出站”管理规定，加强车辆“例检例查”和“三品”检查，全年开展安全检查1 297次，检查企业2 333家次，检查营运车辆22 965辆次，整改安全隐患258处，打击黑车115辆，查处客运违法行为29起。加强出租汽车市场监管，抓安全，重服务，以快捷安全、方便舒适的优质服务满足群众乘车需求。水上交通进一步加强渡口码头的安全管理，开展水上交通运输“大排查、大整治”活动和水上非法运输专项整治，落实水上交通安全管理责任，严把船舶适航关、船员适任关、安全航行关，对重点船舶、重点时段、重点水域和重要环节加强监管，采取多种形式，集中开展水上交通安全隐患治理，确保水上运输安全。加强交通在建工程安全监管，开展“平安优质工程”和“精品示范工程”创建活动，强化对特大桥梁、特长和瓦斯隧道等重点工程的施工安全检查，保障施工作业安全。公路路政管理部门加强对国道213线、国道245线、国道351线和省道305线等重点公路的巡查，清除路障，确保公路安全通畅。加快安保工程（路侧护栏）建设，全年完成214公里，为省市目标任务的107%，建设进度快速、质量高、覆盖全，实现国省县乡道路安全隐患路段全覆盖。全市水上交通未发生安全责任事故，连续19年保持道路运输未发生源头管理责任事故和较大以上安全事故，公路养护建设工程未发生安全责任事故，安全控制指标保持在省市下达的目标范围内，交通运输安全形势持续稳定。眉山安保工程建设被省交通运输厅作为建设典型接受新华社四川分社专访，被省委宣传部作为展示四川安保工程建设成果专题报道。道路运输管理安全工作、“打非治违”工作被评为全省先进。

“十二五”交通发展成就 “十二五”期间，眉山市高速公路建设增长迅速。“三横六纵”高速公路（“三横”为成雅高速公路、遂资眉高速公路、成都经济区环线高速公路，“六纵”为成乐高速公路、成赤高速公路、雅乐高速公路、仁沐新高速公路、蒲井高速公路、成宜高速公路）总里程500公里。2012年以来，连续3年每年新开工一条高速公路、建成通车一条高速公路（2012年开工遂资眉高速公路、建成雅乐高速公路，2013年开工成都经济区环线高速公路、建成成赤高速公路，2014年开工仁沐新高速公路、建成遂资眉高速公路）。全市高速公路通车里程298公里，是2012年的4.1倍，实现县县通高速公路，东坡、彭山、仁寿、洪雅通两条高速公路，与相邻市全部通高速公路。

干线公路“四箭齐发”对接成都。2012年，规划新建总规模252公里四条一级干线公路（工业大道、滨江大道、岷东大道、天府仁寿大道），城市过境段全部配套市政设施，项目全部进入天府新区综合对外配套路网规划，全部进入联网畅通工程，实现眉山与成都公路交通“有特色、无落差、无缝对接”，4条大道开工建设107.8公里，完工路段46.5公里。

农村公路转型顺利。“十二五”期间，全市完成农村公路新（改）建2 660公里，其中通村公路1 530公里、通乡公路1 130公里，等级路以上比例达75%，高出全省平均水平20个百分点。实施“重生命、除隐患、保安全”的安保工程，在国省县乡四级道路临崖临水路段全部安装路侧护栏，完善道路标志、标线、标牌，增设警示桩、广角镜、爆闪灯等交安设施，确保县、乡公路具有更高安全系数和更强保障能力。

客货运输模式趋于成熟。全市客运线路达430条，乡镇和建制村通客车率分别达100%和91.81%，新建一级客运站1个、二级客运站场3个。城市公交路线由2011年的13条增至2015年底的49条，公交客车由2011年的163辆增至2015年底的458辆。实施“春风行动”，采取公交IC卡服务、特殊群体免费乘车、开行夜间公交、成立出租车“雷锋车队”等30项惠民便民措施，极大改善了市民出行条件。淘汰散、小、弱货运企业和个体业主，货运企业向规模化、集约化、网络化发展，货运企业有198家（其中危货运输企业13家），营运性载货汽车21 051辆。2015年全市道路运输货运量6 620万吨、货物周转量609 016万吨公里。

公路养护初见成效。“十二五”期间，全市国省道公路养护管理工作得到全面健康发展，公路服务水平改善，公路交通防灾抗灾和应急处置能力提高，公路行业的可持续发展能力提升。

（本栏目供稿单位：眉山市交通运输局）

2015年5月29日，眉山市首个机械化养护机构——彭山养护中心

眉山市交通运输局 供稿

资阳市交通

ZIYANG SHI JIAOTONG

2015年资阳市交通运输能力概况

公路交通运输			
通车里程	总里程（公里）		14 872.082
	其中	高速公路	254.99
		一级公路	22.540
		二级公路	454.176
		三级公路	288.607
		四级公路	10 548.526
		等外公路	3 303.243
公路密度	按国土面积计算：每百平方公里 183.609 公里		
	按人口计算：每万人 29.176 公里		
通达里程	通公路的乡镇171 个，占乡镇 100 %		
	通公路的村2 735个，占村 97.5%		
客运站	总　数（个）		140
	其中	一级站	2
		二级站	6
		三级站	8
		四级及以下站	124
营运车辆	总　数（辆）		12 600
	其　中	客车 1 796　辆 47 100 座	
		货车 10 804 辆 44 467 吨	
公路运量	客　运	客运量（万人次）	6 648
		旅客周转量（万人公里）	334 543
	货　运	货运量（万吨）	4 844
		货物周转量（万吨公里）	462 929
内河航运运输			
通航里程	总里程（公里）		506
	其中	三级航道	
		四级航道	
		五级航道	
		六级航道	
		七级航道	
港口（码头）	总　数（个）		1
	吞吐量	旅客吞吐量（万人次）	62
		货物吞吐量（万吨）	613
水路运量	客　运	客运量（万人次）	92
		旅客周转量（万人公里）	708
	货　运	货运量（万吨）	750
		货物周转量（万吨公里）	4 467
营运船舶	总　数（艘）311		
	其中	客船 182 艘 5 095 座	
		货船 116 艘 10 572 吨	
城市公交运输			
营运车辆	535辆		
公交线路	47条		
公交站	4个		
运　量	0.67亿人次		

交通发展规划　2015年资阳市交通规划编制工作，重点围绕成都新机场综合交通枢纽建设，完成交通运输“十三五”发展规划。规划建设1个机场（成都天府国际机场）、10条高速公路（成渝、成安渝、遂资眉、内遂、成都二绕、成都经济区环线、成都新机场、资潼、三台至乐至、乐井高速公路）、8条轨道（成资渝、成渝、成渝客运专线、蓉昆客运专线、绵遂资内宜、雅眉资遂、成都—新机场—资阳北城际铁路、成都地铁18号线）、5条国道（国道318线、国道319线、国道321线、国道247线、国道351线）、9条省道（省道102线成都—大足、省道207线仪陇—安岳双龙、省道210线江油厚坝—屏山、省道307线大英明星—雅安草坝、省道401线成都平原城市群联络线、省道422线彭州九尺—乐至、省道423线大英仓山—乐至童家、省道426线安岳龙台—隆昌、省道427线安岳周礼—自贡）、17条快速通道（资三、资安、简机仁、简机、龙简、简三彭、丹山至东峰、劳动至乐金〈冯店〉、简阳河东环线、空港经济区至机场北、资阳至遂宁〈安居〉、雁江城南工业园区至简机仁、乐至至简阳、乐至陈毅故居、乐至至安岳驯龙至朝阳、安岳八庙至石羊、安岳贾岛路至城西国道247线绕县城快速通道）、1条沱江航道。

交通固定资产投资 2015年，资阳市采用政府投资与社会投资合作模式推进交通重点项目建设。研究制订高速公路“BOT+政府补助”的PPP建设模式实施办法；推进构建以公共财政投入为基础的普通国省干线公路和农村公路投融资长效机制，积极探索普通公路建设市场融资方式。2015年，资阳市实现交通总投资141.1亿元（含铁路和其他行业交通投资），比上年增加3.5%；实现重点项目投资109亿元，全面完成年度目标任务；交通投资连续5年超100亿元。

高速公路建设 内遂高速公路全长约119公里，资阳市境内约56公里，已于2012年5月9日建成通车。遂资眉高速公路全长126公里，资阳市境内约56公里，已于2013年6月5日建成通车，实现全市“县县通高速”。成都二绕高速公路（资阳段）约43公里于2015年9月底建成通车。成都经济区环线高速公路南段（简阳—蒲江）全长约127公里，资阳市境内约45公里，于2013年12月26日开工，预计2016年底形成通车能力。

地方公路建设 2015年，资阳市全年新建农村公路557公里，其中通乡油（水泥）路200公里、通村油（水泥）路357公里。修订《资阳市国省道养护管理考核办法》《资阳市国省干线公路养护巡查制度》，制订《资阳市国省干线公路大中修工程项目管理实施办法》《资阳市国省干线公路预防性养护指导意见》《资阳市国省干线公路桥梁定期检查办法》，进一步理顺国省道养护管理机制。全市所有乡镇均建立农村公路养护管理机构；雁江区机械化养护中心基本建成，将于2016年投入使用。全年完成国省道大中修工程274.6公里，对危险路段、危崖边坡进行综合处置，同步完善全路段的安保设施、道路标线、行道树修葺、养护站改造等，进一步提升国省干线公路服务水平和安全通行能力。完善公路桥梁数据库，对全市108座国省干线公路桥梁进行技术评定，完成危（病）桥整治5座，完成公路安保工程344公里。国省干线公路路面使用性能指数达92，由2014年的第20位提升至第4位，路况水平达到优等。

道路运输管理 2015年，资阳市完成公路旅客周转量29 000万人公里、公路货物周转量49 100万吨公里，分别比上年增长5%和13.8%，增速居全省第一。公路运输总周转量78 100万吨公里、水路运输总周转量2 656万吨公里，分别比上年增长11.77%和17.26%，增速排名全省第四。全市新增县际客运班线2条、公交线路8条、公交车109辆。

城市公共交通 2015年，资阳市继续推进“公交优先战略”。为资阳城区70岁以上老年人办理免费公交卡12 100多张，为7 900多名市民办理普通公交卡。城区客运能力优化配置工作平稳推进，雁江城区1 015辆人力客运三轮车退市，新增203辆出租汽车，完成登记、审查、确认、购车、上户、证牌发放工作，于2015年1月投放运营。原有235辆出租汽车经营权到期处置工作顺利，完成公司组建改造、车辆转户、经营权重新配置等工作，重新取得经营权的出租汽车已全部投放运营。加快推进“公交都市”建设，加快推进天然气、电能等清洁能源车辆应用，全市新增LNG、CNG环保公交车1 034辆，新建公交枢纽站12个、公交首末站25个，新增公交线路51条，其中雁江区11条、安岳县12条、乐至县6条、简阳市22条。

交通行政执法 2015年，资阳市清理取消行政审批1项，下放行政审批7项，取消行政处罚212项，行政权力事项实行网上规范公开运行。严格执行行政审批“两集中、两到位”工作要求，全年共受理行政许可5 446件，办结率100% 。办理人大代表建议和政协提案34件，协办6件，务实办理、按时回复。处理答复群众来信来访

2015年11月3日，资阳市交通运输局开展交通执法形象大提升总结汇报验收会

资阳市交通运输局 供稿

102件。开通“12328”全国统一交通运输服务监督电话，实现24小时专人值守。

交通运输安全监管 2015年，资阳市深入开展道路交通安全综合整治工作。严把企业、车辆准入和审验关；开展机动车维修企业非法改装货车排查工作；签订“治超”安全责任书和承诺书；开展路面检查；开展宣传教育。高速公路“治超”有实效。与公安、交警等部门联合在高速公路入口对货运车辆进行计重检测，全市路政系统高速公路入口治理投入执法人员6 691人次，检查货运车辆18.75万辆次，劝返4 580辆次。督促各县（市、区）路政大队按时完成国、省道路固定治超站、卸货处理点的建设任务，6个“治超”检查站点全面启动，全市共投入执法人员10 644人次，检查车辆236 344辆次。完善“治超”场站布局，对非法实施车辆超限超载的运输经营者、营运驾驶员处置提供保障条件。全年实际完成公路路侧护栏563.1公里，超额完成年度目标任务。

路政管理 2015年，资阳市县设路政员、乡镇设监管员、村设护路员，完善路政管理体系。加大重点桥梁、隧道巡查监管力度，保证公路巡查每月不少于22天，确保每月一次巡查全覆盖。强化路产路权维护，严格执行路政管理相关规定，加大公路沿线设施路损违法查处与维修力度。

春运工作创“三无”“三最”记录 2015年春运期间，资阳市日均投入营运班车1 906辆，开行总班次215 255次，增开客运加班车9 257班次，运送旅客512.72万次，比上年下降2%；日均投入公交车533辆，开行总班次200 395次，运送旅客780.5万人次；日均投入出租车914辆，运输旅客492.85万人次；共投入船舶2 658艘次，客位116 183个，完成客运量20.79万人次。实现“三无”目标，即无旅客投诉、无旅客滞留、无安全事故；创造“三最”记录，即旅客运量最高、运输效益最好、客运最和谐平安。

水上交通安全 2015年，资阳市水上交通安全形势持续稳定。大力实施“民生工程”，夯实水上交通安全生产基础。投入资金800余万元，建成渡改人行桥4座、更新公益性渡船18艘，新增30客位以上船载视频18个。扎实开展水上交通运输领域安全隐患“大排查大整治”活动。排查治理“成都三绕沱江下马滩大桥安全隐患”“简阳龙泉砂石厂自用船非法渡运人、车安全隐患”“雁江区昆仑渡人车未分离安全隐患”“雁江餐饮趸船安全隐患”等大小安全隐患46项，暂扣船舶4艘，行政处罚3件；扎实开展水上交通非法运输专项整治活动。处理各类水上交通非法运输案件7起，扣留“三无”船舶5艘次，罚款16 000元；扎实开展安全生产整治“回头看”活动。对2014年查出的758项安全隐患整治情况进行全面自查、复查，自查按时整改634项，复查督促整改124项，安全隐患复查率100%；扎实开展“船船见面”大检查专项活动。共检查船舶435艘次，共查出隐患20起，全部整改完毕。

（本栏目供稿单位：资阳市交通运输局）

2015年6月30日，资阳市水上交通安全知识竞赛　　资阳市交通运输局 供稿

阿坝藏族羌族自治州交通

ABA ZANGZU QIANGZU ZIZHIZHOU JIAOTONG

2015年阿坝州交通运输能力概况

公路交通运输			
通车里程	总里程（公里）		13 278.296
	其中	高速公路	51.292
		一级公路	6.475
		二级公路	1 474.052
		三级公路	600.408
		四级公路	10 605.524
		等外公路	540.545
公路密度	按国土面积计算：每百平方公里15.619公里		
	按人口计算：每万人 146.755 公里		
通达里程	通公路的乡镇 219 个，占乡镇 100 %		
	通公路的村1 354个，占村100%		
客运站	总　数（个）		193
	其中	一级站	
		二级站	8
		三级站	10
		四级及以下站	175
营运车辆	总　数（辆）		21 678
	其　中	客车 3 933　辆　　座	
		货车 17 745　辆　　吨	
公路运量	客　运	客运量（万人次）	2 215
		旅客周转量（万人公里）	301 054
	货　运	货运量（万吨）	2 195
		货物周转量（万吨公里）	599 459
内河航运运输			
通航里程	总里程（公里）		27.08
	其中	三级航道	
		四级航道	
		五级航道	
		六级航道	
		七级航道	
港口（码头）	总　数（个）		20
	吞吐量	旅客吞吐量（万人次）	4.5
		货物吞吐量（万吨）	
水路运量	客　运	客运量（万人次）	4.5
		旅客周转量（万人公里）	11
	货　运	货运量（万吨）	
		货物周转量（万吨公里）	
营运船舶	总　数（艘）559		
	其中	客船 559 艘 1 500 座	
		货船　　艘　　　吨	
城市公交运输			
营运车辆	203辆		
公交线路	67条		
公交站	852个		
运　量	0.055 96亿人次		

交通固定资产投资　2015年，阿坝州公路交通建设完成投资71.004亿元，为年度计划70.83亿元的100.2%。其中高速公路完成投资37亿元，国省干线改造完成投资20.405亿元，农村公路完成投资13亿元，客运站完成投资0.599亿元。

交通基础设施建设　2015年，汶马高速公路全面开工，九绵高速公路控制性工程黄土梁隧道施工挂网招标；川青高速公路前期工作加快推进。全力推进马（尔康）俄（尔雅塘）路、雪山梁隧道、茂（县）绵（竹）路、瓦（红原瓦切镇）若（尔盖县城）路等续建工程，巴朗山隧道主体工程贯通，引道路基工程基本完成；映（秀）汶（川）路、映（秀）卧（龙）路、茂（县）北（川）路等水毁重建工程正常推进。协调推进双江口、金川电站等赔建路（因修建电站淹没原公路而还建式赔建一段路）建设；省道452线阿坝县城至壤塘路实现招投标；迭（甘肃迭部）九（四川九寨沟）路阿坝段展开征地拆迁工作；卓（克基）小（金）路和唐克至花湖工程前期工作加快推进。全州完成通村公路1 500公里，安保工程20公里。全州219个乡镇全部通水泥路；1 354个建制村全部通达，通达率100%；通畅1 122个，为建制村总数的82.8%。完成水运基础设施投资，落实配套资金，建成渡改人行桥1座。参与编制“十三五”全州水路运输发展规划。完成公路绿化65公里，加强公路沿线建筑红线控制区管理，公路交通环境得到进一步净化。

国省干线大中修工程 2015年，阿坝州国省干线公路大中修工程项目8个：分别为省道205线九寨沟县双河乡至下甘座村中修工程（零公里零米处至7公里加50米处）7.05公里，省道205线九寨沟县至芝麻家村大修工程（25公里零米处至51公里加760米处）26.76公里，省道209线红原县刷经寺段大修工程（220公里加900米处至 236公里加565米处）15.665公里，省道210线小金夹金山中修工程（154公里加500米处至 165公里加887米处）11.387公里，省道210线小金夹金山至达维中修工程（165公里加887米处至 177公里加887米处）12公里，省道210线小金夹金山顶大修工程（177公里加887米处至 184公里加887米处）7公里，省道302线黑水县芦花镇泽盖村至沙石多乡中修工程（925公里零米处至 971公里加985米处）46.985公里，省道302线阿坝县甲尔多村大修工程（1 118公里零米处至 1 125公里零米处）7公里。11月初完成施工，全州国省干线公路路面使用性能指数（PQI）达82。

客运站点建设 2015年，阿坝州完成客运站建设投资5 990万元，新建乡镇客运站8个、招呼站383个，15个汽车客运站提升改造项目主体工程完工，其中汶川客运站、茂县客运站完成站务功能验收并投入使用。

道路运输 2015年，阿坝州拥有客运车辆3 933辆，其中班线车487辆，旅游车1 478辆（市际旅游车570辆，县际旅游车486辆，观光车422辆），农村客运车辆817辆，出租车880辆，公交车203辆。拥有营运性货物运输车17 745辆，危险品车辆137辆。开行省际班线10条，市际班线81条，县际班线72条。具备客车通行条件的乡镇和建制村客车通达率分别为100%和86%。全年完成客运量2 215万人次，比上年增长10.8%；完成旅客周转量301 054万人公里，比上年增长19.0%。全年完成货运量2 195万吨，比上年增长12.8%；货物周转量599 459万吨公里，比上年增长14.6%。

应急抢险 2015年，阿坝州交通运输部门加强干线公路保通工作，基本实现一般性公路断道阻车时间不超过2小时。

全年汛期因泥石流、坍方等自然灾害性道路阻断计54次、累计总量43.983万立方米，路基冲毁219.75立方米，路面损毁41.3万平方米，挡土墙损毁1.488 6万立方米，损失金额5 427.453万元。投入应急抢险及抢修机械8 741台班、人员19 841人次，抢险资金1 227万元。

2015年6月10日，九寨沟县现场处治安全隐患　　马瑞志 摄

交通安全监管 2015年，阿坝州未发生道路运输事故，未发生因源头管理责任造成的道路运输责任事故，未发生水上交通运输事故，未出现事故险情漏报、瞒报或超时限报告，安全形势持续稳定。公路、桥梁、隧道、施工项目，查找安全隐患211处，整改211处；地质灾害152处，处置152处。

3月召开全州交通运输安全生产工作会议，与各县交通运输局和直属各单位签订《2015年度安全生产目标责任书》16份。6月16日全国“安全生产宣传咨询日”，向群众发放新安全生产法、四川省道路运输客运车辆驾驶员安全承诺、四川省汽车客运站“三不进站六不出站”安全管理规定、《四川省水上交通安全管理条例》（涉及乡镇水上交通安全管理的九项职责）、四川省道路旅客运输安全生产“六严禁”、《中华人民共和国航道法》《公路安全保护条例》《公路法》等宣传资料1 500余份；设立宣传咨询台13个，悬挂横幅33幅，发放各类宣传资料7 300余份。

运输市场管理 2015年，阿坝州组织运输安全检查7次，不定期派出16个督查组督查13个县、20余家运输企业，查出安全隐患22项，年内全部整改完毕。狠抓道路旅游客运市场管理，坚决遏制道路旅游客运车辆（含临时旅游包车）重大事故发生，严厉打击旅游车异地组客等违法经营行为，出动运政执法人员4 856人次，检查各类车辆38 232辆次；查处非法营运车辆和违章营运客车672辆次，其中旅游客运专项整治查处九环西线违法营运旅游车420辆次。

交通信息化建设 2015年，阿坝州汽车客运站联网售票系统除部分车站提升改造暂停使用外，其他各县均正常使用。全州公路旅客可实现在家购票、就近购票、24小时购票。全面推开营运车辆车载3G视频安装工作。

（本栏目供稿单位：阿坝州交通运输局）

甘孜藏族自治州交通

GANZI ZANGZU ZIZHIZHOU JIAOTONG

2015年甘孜州交通运输能力概况

公路交通运输			
通车里程	总里程（公里）		31 879.564
	其中	高速公路	
		一级公路	
		二级公路	261.146
		三级公路	2 132.159
		四级公路	25 957.996
		等外公路	3 528.263
公路密度	按国土面积计算：每百平方公里 20.84 公里		
	按人口计算：每万人 291.86 公里		
通达里程	通公路的乡镇 270 个，占乡镇 82 %		
	通公路的村1 147 个，占村89.25%		
客运站	总　数（个）		105
	其中	一级站	
		二级站	2
		三级站	18
		四级及以下站	85
营运车辆	总　数（辆）		6 972
	其　中	客车 2 558 辆 37 690 座	
		货车 4 414 辆 47 711 吨	
公路运量	客　运	客运量（万人次）	820.616
		旅客周转量（万人公里）	152 247.281
	货　运	货运量（万吨）	695.042
		货物周转量（万吨公里）	187 184.053
内河航运运输			
通航里程	总里程（公里）		
	其中	三级航道	
		四级航道	
		五级航道	
		六级航道	
		七级航道	
港口（码头）	总　数（个）		
	吞吐量	旅客吞吐量（万人次）	
		货物吞吐量（万吨）	
水路运量	客　运	客运量（万人次）	
		旅客周转量（万人公里）	
	货　运	货运量（万吨）	
		货物周转量（万吨公里）	
营运船舶	总　数（艘）		
	其中	客船　艘　座	
		货船　艘　吨	
城市公交运输			
营运车辆	129辆		
公交线路	30条		
公交站	383个		
运　量	0.050 6亿人次		

交通基础设施建设　2015年，甘孜州完成交通投资104亿元，连续三年完成投资超过100亿元大关。在建交通重点项目16个1 731公里，完成路基189公里、路面559公里。其中国道318线东（俄洛）海（子山）路等9个项目交工验收；省道217线瓦（斯沟）丹（巴）路还建段等3个项目完成主体工程。雅康高速公路（甘孜段）等4个项目加快推进。甘孜格萨尔机场获得批复，进场公路工程有序推进。川藏铁路雅安至康定（新都桥）段工程可行性研究报告报国家铁路总公司审查。雅康高速公

2015年4月，甘孜州农村公路建设集中攻坚推进现场会议

甘孜州交通运输局 供稿

路康定过境段、国道215线巴塘竹（巴笼）二（得荣二龙桥）路、国道549线桑（堆）乡（城）路和乡（城）得（荣）路等项目前期工作加快推进。完成通乡油路735公里，为目标任务400公里的184%，是2014年的2.06倍。建成通村公路6 744公里，为目标任务2 500公里的269.8%，是2014年的6.44倍。实施路侧护栏安装332公里，为目标任务252公里的132%。全州46座溜索改桥项目全部开工建设。

2015年8月4日，雅江县溜索改桥建设场景 甘孜州交通运输局 供稿

国道318线东海路高尔寺隧道贯通 2015年7月18日，国道318线东海路改建工程主要控制性工程高尔寺隧道主洞顺利贯通。该隧道全长5 682米，进出口海拔4 000米左右。参建单位克服高原缺氧、有效施工期短、施工效率低、地材奇缺、围岩破碎、地下水丰富、电力不足等诸多困难，历经四年零四个月的艰苦建设，实现隧道主洞贯通。至此国道318线东海路高尔寺隧道主洞和平导洞均实现贯通。

省道211线瓦丹路通车 2015年7月21日，省道211线瓦斯沟至丹巴段复改建公路全线通车。省道211线瓦斯沟至丹巴段改复建工程康定境内共计77公里，总投资30余亿元。施工区域主要在大渡河鱼通峡谷沿岸，绝大多数路段为桥梁和隧道，日照强、风沙大，施工条件极其艰险，施工期长达9年。

公路管养 2015年，甘孜州积极筹建机械化养护中心和路网管理中心，编制干线公路养护发展规划，健全大中修工程管理、小修保养管理考核、机械设备及物资管理、干线公路保洁管理等配套规章制度，逐级考核制度，实行三级检查考核办法，全面推行养护绩效工资制，完善农村公路建设、管理、养护保障机制，进一步健全农村公路奖励补助制度，落实养护人员与资金，加强公路管养。

路政管理 2015年甘孜州发生路政案件893起，结案852起，结案率95.4%；办理公路路政行政许可346件，按时办结率和群众满意率100%。投入路政“治超”人员6 811人次，累计完成检测货运车辆5.78万辆，查处违章超限车辆2 443辆，卸载转运超限货物21 128吨，超限率控制在4.23%以内。出动稽查人员18 000人次，检查各类车辆25 700辆次，纠正各类违章车辆865辆，查处“打野车”120辆。

打非治违 2015年3月1日至2015年4月30日，甘孜州在全州范围内开展联合打击“黑车”非法营运专项行动。共出动执法车1 000辆次，上路执法1 300余人次，查处“黑车”71辆。

康定市非法营运专项整治 2015年12月5日，康定市组织交通、公安、交警和运管等部门开展代号为“飓风一号”的非法营运专项整治行动。截至12月6日，出动警力共计190人（其中交警88人、运管52人、巡防30人、派出所20人），警车28辆（含6台拖车），检查车634辆，扣留涉嫌非法营运车21辆；查获涉嫌妨碍公务1人，无证驾驶3人；查获未按规定悬挂号牌车3辆；查处私自悬挂警灯警报器1辆，罚款1 000元；查获私拉盗运崖柏长安车1辆。

路政宣传 2015年6月2日，甘孜州交通运输局以全国第一个“路政宣传月”为契机，在全州范围内组织开展专题宣传活动。以“保护路产路权，促进公路事业全面发展”为主题，向广大干部群众宣传《中华人民共和国公路法》《公路安全保护条例》《四川省<中华人民共和国公路法>实施办法》《四川省公路路政管理条例》等路政知识和相关法律法规，相继开展集中咨询、展板展示、横幅悬挂以及电视媒体滚动播出等系列宣传工作。各县交通运输局将相关宣传内容印制成藏汉双语宣传资料发放到干部群众手中，理塘县深入虫草采集点和交通卡点针对虫草采集人员和货车司机进行重点宣传，确保宣传活动全覆盖。该次活动共出动人员93人，悬挂横幅36条，发放宣传资料2 300余份。

公路沿线环境整治 2015年 10月始，甘孜州交通运输局协同州旅发委、州住建局、州公安局等部门对国道318线沿线风貌统一规划，统一整治沿线汽车维修、加水场点及非公路标示标牌，统一整改沿线堆放无序、道路环境污染及维修企业无证经营等问题。年内，泸定、康定、雅江、理塘、巴塘、稻城等6县（市）下发各类整改通知书共266份，拆除取缔15个加水点及9家汽车维修点，拆除274个非公路标志标牌，整治5处沙场，基本实现划行归市、规范经营。

道路运输安全隐患排查整治 2015年3月24日至4月2日，由州交通运输局牵头，会同州安监局、州公安局交警支队和州运管处组成联合检查组，对新川藏运业公司、雅克旅游运业公司等8家客运公司、2个汽车站、2家公交公司、4家驾校、2家汽车维修企业和1家危险货物运输企业开展道路运输安全生产大排查大整治活动，回访复查省政府十六督查组反馈意见整改落实情况。此次检查共发现一般安全隐患893项，发出“责令整改通知书”20份；完成整改893项，整改率100%，完善企业各项安全管理制度289项。

全国政协考察团考察川藏大通道建设 2015年7月27日至7月30日，全国政协考察团在全国政协委员、第二炮兵原副司令员于际训率领下，考察川藏大通道甘孜段建设。考察团先后对雅康高速公路二郎山隧道工程、雅康高速公路大渡河兴康特大桥、川藏铁路雅安至康定（新都桥）段、新都桥500千伏变电站、省道215线小松林口至东俄洛大修工程及省道303线小八路改建工程开展实地调查，听取在建（或已建成）项目施工单位情况汇报，并对大通道建设方面的技术可行性、建设方式等提出建议措施。

周道平督导雅康高速公路建设 2015年4月23日，省交通运输厅副厅长周道平一行深入雅康高速公路甘孜段，督导雅康高速公路建设。工作组先后到达小天都隧道、大河口隧道和大渡河兴康特大桥，实地察看工程进展情况，听取施工单位情况汇报，询问征地拆迁、电力供应等协调问题和安全生产部署情况，并对下一步工作提出指导性意见。

省整治办督查道路交通安全 2015年7月20日—24日，省整治办副主任廖中平一行深入甘孜州泸定、康定、道孚、炉霍、色达5县督导检查道路交通安全综合整治工作。检查组采取“一看二访三座谈四调研”形式，深入各乡镇、大货车违法改拼装拆卸点、超限检测站、安保工程（路侧护栏）建设现场等了解相关情况。并就“双超”治理、公路安保工程建设、农村道路交通管理等六大项工作进展情况，超限检测站建设、货运源头监管、乡镇交管办建设、车辆和驾驶人共享信息平台应用等交换意见。

（本栏目供稿单位：甘孜州交通运输局）

2015年7月，全国政协考察团考察兴康大桥建设工地　　甘孜州交通运输局 供稿

凉山彝族自治州交通

LIANGSHAN YIZU ZIZHIZHOU JIAOTONG

2015年凉山州交通运输能力概况

公路交通运输			
通车里程	总里程（公里）		25 967.825
	其中	高速公路	228
		一级公路	45.437
		二级公路	494.594
		三级公路	951.838
		四级公路	18 524.302
		等外公路	5 723.654
公路密度	按国土面积计算：每百平方公里42.818公里		
	按人口计算：每万人54.919 公里		
通达里程	通公路的乡镇 612 个，占乡镇100 %		
	通公路的村3 723个，占村99.35%		
客运站	总　数（个）		299
	其中	一级站	2
		二级站	9
		三级站	12
		四级及以下站	276
营运车辆	总　数（辆）		41 167
	其　中	客车 3 632 辆 55 367 座	
		货车37 535 辆 185 343 吨	
公路运量	客　运	客运量（万人次）	6 269
		旅客周转量（万人公里）	281 274
	货　运	货运量（万吨）	11 642
		货物周转量（万吨公里）	1 244 182
内河航运运输			
通航里程	总里程（公里）		860.76
	其中	三级航道	
		四级航道	
		五级航道	
		六级航道	
		七级航道	
港口（码头）	总　数（个）		
	吞吐量	旅客吞吐量（万人次）	
		货物吞吐量（万吨）	
水路运量	客　运	客运量（万人次）	80.815 7
		旅客周转量（万人公里）	1 014.237
	货　运	货运量（万吨）	44.758 5
		货物周转量（万吨公里）	2 237.930
营运船舶	总　数（艘） 336		
	其　中	客船 302 艘 4 048 座	
		货船 34 艘 1 144 吨	
城市公交运输			
营运车辆	934辆		
公交线路	114条		
公交站	1 128个		
运　量	1.073 42亿人次		

注一：拖船：1艘　车渡船：3艘　125吨

交通发展规划　2015年，凉山州交通运输部门编制完成《凉山州“十三五”综合交通发展规划》《凉山港总体发展规划》。编制完成《凉山州2016—2018年公路水路交通建设推进方案》并报省交通运输厅审查。编制完成《凉山州交通运输重要改革举措实施规划2014—2020》。

交通固定资产投资　2015年，凉山州争取部省补助资金47.9亿元，并通过引导企业投资、吸引民间资本、实施金融贷款、落实地方配套等方式，多渠道筹资建设交通基础设施。全年完成交通固定资产投资99.31亿元，其中高速公路0.37亿元、国省干线46.1亿元、农村公路40.2亿元、客运站点1.27亿元、水运码头0.4亿元、溜索改桥0.5亿元、其他专项1.27亿元、地方自建8.1亿元、大中修1.1亿元，为州下达年度目标80亿元的124％，为省交通运输厅下达年度目标57.4亿元的173%。

高速公路建设　2015年，国道5线京昆高速公路泸黄段改（扩）建工程（泸沽至漫水湾试验段）动工，全路段土地预审报国土资源部审批。会同宜宾、攀枝花两市与中交集团签定宜攀高速公路项目投资意向性协议，编制完成PPP实施方案并报省交通运输厅审查。西昭、西香、永会、西昌绕城等高速公路项目加快前期工作。

国省干线公路建设 2015年，凉山州干线公路新开工项目10个，建成351.8公里。“凉推”方案34个项目全部实现开工，完工18个，11个前期项目中2个实现提前开工，9个项目办理相关要件。

“凉推”期间，省道216线施工场景 李云雪 摄

农村公路建设 2015年，凉山州新建成农村公路3 825.8公里，其中通乡油路781.9公里、通村通达公路616.5公里、通村通畅公路2 427.4公里。“凉推”方案累计建成农村公路9 133公里、为总目标7 500公里的122%。

客运站场建设 2015年，凉山州开工建设县级汽车站12个并建成1个，开工并建成乡镇客运站50个。“凉推”方案3个县级客运站、95个乡镇客运站全部建成。

水运建设 2015年，凉山州雷波港3个港区项目水下工程提前完成。建成23个农村渡口改造项目。“凉推”方案50个农村渡口改造项目全面完工。金沙江向家坝库区58公里航道整治前期工作由省交通运输厅牵头推进。

国道5线京昆高速公路泸黄段改扩建工程泸沽至漫水湾试验段开工 2015年12月16日上午，国道5线京昆高速公路泸沽至黄联关段改（扩）建工程（泸沽至漫水湾试验段）开工仪式在凉山州冕宁县漫水湾举行，为“凉推”方案中首条高速公路开工项目。该试验段长10.8公里、估算投资5亿元，双向四车道、设计时速80公里，建设工期2年，计划2018年完工。项目全路段长70公里、估算投资36亿元，计划2016年6月全线动工。

溜索改桥工程项目 2015年10月27日，概算总投资超3亿元的凉山州金阳县对坪镇一村、布拖县龙潭镇冯家坪村两座跨金沙江特大溜索改桥项目开工，预计2017年完成主体工程。至此，凉山州境内总投资4.31亿元的7个溜索改桥项目全部实现开工，其中冕宁县跨雅砻江5个项目主体工程进度加快。7个溜索改桥项目建成后将有川滇两省金沙江、雅砻江两岸4县10余个乡镇15万名群众直接受益。

国道348线戬豁觉至美姑大桥段改建工程开工 2015年2月1日，国道348线（原省道103线）戬豁觉至美姑大桥段改建工程动工建设，建设工期2年，路线全长86.13公里，总投资6.9亿元，路面宽8.5米，设计时速40公里。该线东往雷波、云南永善与国道213线相接，西往昭觉与省道307线平面交叉，是经过美姑县境内的唯一国道，是凉山州布拖、金阳、雷波、昭觉、美姑等县通往乐山、成都等地的便捷通道。

金沙江鱼鲊大桥通车 2015年4月24日，凉山州第一特大跨江大桥——会理县金沙江鱼鲊大桥建成通车，结束国道108线断头路、采用轮渡运输过江的历史。该项目于2010年5月25日开工，是会理“8·30”地震灾后恢复重建项目和“凉推”方案重点建设项目之一。大桥东岸位于会理县鱼鲊乡鱼鲊村4组，西岸位于攀枝花市仁和区大龙潭乡拉鲊村1组。桥梁采用双向两车道二级公路标准、连续刚构形式和装配式预应力混凝土T梁，全长1 599.7米、主桥长1 026米，桥面宽18.5米，总投资1.438 8亿元。大桥贯通完善了四川及云南边界地区路网，打通了凉山州南向大通道。

环邛海空列项目达成合作意向 2015年5月6日，凉山州政府与国际空列集团、中国南车集团青岛四方机车车辆有限公司、铁道第三勘察设计院达成合作意向，四方将以PPP模式投资60亿元，建设近40公里的国内首条悬挂式空列——环邛海空列。预计 2015年完成项目前期工作、2016年投入建设。

公路水路运输 2015年，凉山州公路运输完成客运量6 269万人次、旅客周转量281 274万人公里、货运量11 642万吨、货物周转量1 244 182万吨公里，比上年分别增长11.23%、14.37%、12.29%、10.68%。水路完成客运量80.815 7万人次、旅客周转量1 014.237万人公里、货运量44.758 5万吨、货物周转量2 237.930万吨公里，比上年分别增长－29.69%、31.81%、26.61%、31.55%。

交通体制改革 2015年，凉山州深入推进8大交通体制改革。中共凉山州委、州政府出台《关于加快实施〈四川省凉山彝族自治州2013—2015年公路水路交通建设推进方案〉的意见》，推行交通项目要件要素“三包干”责任制等系列制度，进一步理顺全州交通建设体制。在农村公路建设方面推行相关项目资金在州内调剂、将通乡油路审批权限下放至县市、从实际出发分步实施三大政策。积极推进行政权力公开运行，清理规范行政权力399项，进驻州政务中心行政许可项目26项，窗口按时办结率100%。

运输安全监管 2015年，凉山州开展道路运输管理专项整治。查处非法营业“黑车”1 970辆次，源头查处各类违章车辆23 100辆次，整治各类隐患71起，查处违反“六严禁”规定驾驶员13人次。

路政管理 2015年，凉山州开展路域环境、建控区违章建筑、“治超”专项整治和路产路权维护行动。清理路面堆积物2 287处19 097立方米、清除非公路标志标牌559处、拆除违法建筑203处、发放违法行为通知书20份、修复波形护栏92米、规范取缔加水点32处，上路检查货车29.4万辆次，其中查处、卸载超限车辆12 776辆次、卸载货物10 096吨、警告教育9 944人次。

海事管理 2015年，凉山州全面开展水上交通非法运输专项整治。检查船舶431艘次、查处违法违章行为23起、排除安全隐患13起，完成6家水路运输服务企业、336艘运输船舶的年度审验核查和水路运输量抽样调查，“救生衣行动”两个百分百落到实处。

公路管养 2015年，凉山州全面完成26个普通国省干线大中修工程、1个示范路工程、10个交通部挂牌督办项目、7个安保工程整治、3个公路危（病）桥以及公路隧道、路域环境整治，车行桥1座，顺利通过交通运输部五年一次的全国综合交叉检查。

工程质量监管 2015年，凉山州推行“政府监督、业主管理、监理控制、施工负责”工程质量控制体系，将全州在建交通项目全部纳入质量安全监督范畴，持续开展在建公路工程质量安全综合大检查，整合力量开展各类质监执法60余次、下达整改通知40份，监督检查重大项目37个、3 273公里，完成交（竣）工项目56个。

2015年，凉山州工程质量监管人员检测路面平整度 李云雪 摄

安全应急管理 2015年，凉山州深入开展“安全生产月”宣传教育活动，扎实推进“道路运输平安年”建设，深入开展交通安全生产监督检查，全面展开客运驾驶员安全承诺行动。举行交通安全演练2次、知识竞赛2 100余人次，完成23家客运企业考评，督促企业开展培训2次，发送暴雨、塌方等预警信息18次，全年全州未发生交通运输安全责任事故。成立集应急、救援、排障、养护、管理为一体的普通国省干线公路隧道养护机构，建立集公路、运管、路政、海事等一体的交通突发公共事件应急组织体系和综合性交通应急救援抢救队伍。积极稳妥处理出租车罢运事件。

机动车驾驶员培训与汽修管理 2015年，凉山州培训合格营运驾驶员5 295人，全面完成58 222个道路运输从业资格证换证工作。加强汽车维修服务，培训汽车维修相关人员217人，2 296家各类机动车（摩托车）维修企业维修车辆17万辆次。加强出租车服务质量信誉考核服务，评选出AA级企业29家、A级和B级各1家。

黄镇东高烽调研凉山州交通建设 2015年1月6日—8日，原交通部部长黄镇东，省政协副主席、秘书长高烽一行赴凉山州雷波、昭觉、西昌、会东、会理等地实地考察调研交通建设和水运发展工作，并于1月7日在西昌与中共凉山州委、州政府座谈。黄镇东、高烽对凉山州交通建设成效给予充分肯定，希望凉山州抢抓国务院出台《关于依托黄金水道推动长江经济带发展的指导意见》的重大机遇，深入实施"交通大会战"，加快完善金沙江凉山港总体规划，力争纳入国家水运"十三五"及长江干线航运等重大规划，同时把争取国家重大水电项目建设与推动金沙江航运发展结合起来，更好地服务攀西战略资源创新开发试验区建设、综合扶贫开发和地方经济社会发展。

2015年1月6日，原交通部部长黄镇东（右一）调研雷波航运　　罗连芬 摄

凉山交通大会战推进工作座谈会 2015年12月18日，凉山州交通大会战推进工作座谈会在西昌举行。省政府副省长曲木史哈出席并讲话，中共凉山州委书记林书成出席，州长罗凉清汇报凉山州交通建设情况，省交通运输厅副厅长张琪、厅副巡视员寇小兵、州政府副州长朱学雷及相关部门负责人参加座谈会。

彭琳督查交通扶贫工作 2015年5月20日—5月22日，省交通运输厅厅长彭琳率队赴凉山州盐源县平川镇青天村、昭觉县解放沟乡二担伍村、普格县特补乡乃吾村等，督查调研扶贫开发工作，现场督查"凉推"方案中省道307线西昌川兴至昭觉县城段改建工程，并于22日上午与州委、州政府座谈。中共凉山州委书记林书成、州长罗凉清、省交通运输厅副厅长张琪、省交通运输厅巡视员鲜雄、州国资委党委书记胡坤、副州长朱学雷及相关部门负责人参加调研或座谈。

"凉推"方案百日攻坚行动 2015年9月20日—12月30日，凉山州开展"凉推"方案百日攻坚行动，新增完成投资38亿元，全年累计完成投资75.46亿元。"凉推"方案自2013年8月启动实施以来累计完成投资158亿元、为3年规划期投资197亿元的80.2%，国省干线34个项目全部开工并建成18个，农村公路累计超额完成22个百分点，98个县乡客运站和53个水运码头项目全面建成。

农村公路建设工作推进现场会 2015年9月19日，凉山州在布拖县召开农村公路建设工作推进现场会。参会代表赴布拖县拉果乡、觉撒乡5个农村公路建设现场参观，布拖、会东、德昌、宁南、雷波5县在现场会上发言，州交通运输局通报全州交通大会战及农村公路建设推进情况。

（本栏目供稿单位：凉山州交通运输局）

2015年5月21日，省交通运输厅党组书记、厅长彭琳（前右三）在凉山州州长罗凉清（前左一）的陪同下看望慰问省道307线的建设者　　李云雪 摄

政策法规选编

ZHENGCE FAGUI XUANBIAN

2016

四川交通年鉴

中华人民共和国交通运输部令

2015年第22号

《农村公路养护管理办法》已于二〇一五年十一月三日经第二十次部务会议通过，现予公布，自二〇一六年一月一日起施行。

部长　杨传堂

二〇一五年十一月十一日

农村公路养护管理办法

第一章　总　则

第一条　为规范农村公路养护管理，促进农村公路可持续健康发展，根据《公路法》《公路安全保护条例》和国务院相关规定，制定本办法。

第二条　农村公路的养护管理，适用本办法。

本办法所称农村公路是指纳入农村公路规划，并按照公路工程技术标准修建的县道、乡道、村道及其所属设施，包括经省级交通运输主管部门认定并纳入统计年报里程的农村公路。公路包括公路桥梁、隧道和渡口。

县道是指除国道、省道以外的县际间公路以及连接县级人民政府所在地与乡级人民政府所在地和主要商品生产、集散地的公路。

乡道是指除县道及县道以上等级公路以外的乡际间公路以及连接乡级人民政府所在地与建制村的公路。

村道是指除乡道及乡道以上等级公路以外的连接建制村与建制村、建制村与自然村、建制村与外部的公路，但不包括村内街巷和农田间的机耕道。

县道、乡道和村道由县级以上人民政府按照农村公路规划的审批权限在规划中予以确定，其命名和编号由省级交通运输主管部门根据国家有关规定确定。

第三条　农村公路养护管理应当遵循以县为主、分级负责、群众参与、保障畅通的原则，按照相关技术规范和操作规程进行，保持路基、边坡稳定，路面、构造物完好，保证农村公路处于良好的技术状态。

第四条　县级人民政府应当按照国务院的规定履行农村公路养护管理的主体责任，建立符合本地实际的农村公路管理体制，落实县、乡（镇）、建制村农村公路养护工作机构和人员，完善养护管理资金财政预算保障机制。

县级交通运输主管部门及其公路管理机构应当建立健全农村公路养护工作机制，执行和落实各项养护管理任务，指导乡道、村道的养护管理工作。

县级以上地方交通运输主管部门及其公路管理机构应当加强农村公路养护管理的监督管理和技术指导，完善对下级交通运输主管部门的目标考核机制。

第五条　鼓励农村公路养护管理应用新技术、新材料、新工艺、新设备，提高农村公路养护管理水平。

第二章　养护资金

第六条　农村公路养护管理资金的筹集和使用应当坚持“政府主导、多元筹资、统筹安排、专款专用、强化监管、绩效考核”的原则。

第七条　农村公路养护管理资金主要来源包括：

（一）各级地方人民政府安排的财政预算资金。包括：公共财政预算资金；省级安排的成品油消费税改革新增收入补助资金；地市、县安排的成品油消费税改革新增收入资金（替代摩托车、拖拉机养路费的基数和增量部分）。

（二）中央补助的专项资金。

（三）村民委员会通过“一事一议”等方式筹集的用于村道养护的资金。

（四）企业、个人等社会捐助，或者通过其他方式筹集的资金。

第八条　各级地方人民政府应当按照国家规定，根据农村公路养护和管理的实际需要，安排必要的公共财政预算，保证农村公路养护管理需要，并随农村公路里程和地方财力增长逐步增加。鼓励有条件的地方人民政府通过提高补助标准等方式筹集农村公路养护管理资金。

第九条　省级人民政府安排的成品油消费税改革新增收入补助资金应当按照国务院规定专项用于农村公路养护工程，不得用于日常保养和人员开支，且补助标准每年每公里不得低于国务院规定的县道7 000元、乡道3 500元、村道1 000元。

经省级交通运输主管部门认定并纳入统计年报里程的农村公路均应当作为补助基数。

第十条 省级交通运输主管部门应当协调建立成品油消费税改革新增收入替代摩托车、拖拉机养路费转移支付资金增长机制，增幅不低于成品油税费改革新增收入的增量资金增长比例。

第十一条 省级交通运输主管部门应当协调建立省级补助资金“以奖代补”或者其他形式的激励机制，充分调动地市、县人民政府加大养护管理资金投入的积极性。

第十二条 县级交通运输主管部门应当统筹使用好上级补助资金和其他各类资金，努力提高资金使用效益，不断完善资金监管和激励制度。

第十三条 企业和个人捐助的资金，应当在尊重捐助企业和个人意愿的前提下，由接受捐赠单位统筹安排用于农村公路养护。

村民委员会通过“一事一议”筹集养护资金，由村民委员会统筹安排专项用于村道养护。

第十四条 农村公路养护资金应当实行独立核算，专款专用，禁止截留、挤占或者挪用，使用情况接受审计、财政等部门的审计和监督检查。

第三章　养护管理

第十五条 县级交通运输主管部门和公路管理机构应当建立健全农村公路养护质量检查、考核和评定制度，建立健全质量安全保证体系和信用评价体系，加强检查监督，确保工程质量和安全。

第十六条 农村公路养护按其工程性质、技术复杂程度和规模大小，分为小修保养、中修、大修、改建。

养护计划应当结合通行安全和社会需求等因素，按照轻重缓急，统筹安排。

大中修和改建工程应按有关规范和标准进行设计，履行相关管理程序，并按照有关规定进行验收。

第十七条 农村公路养护应当逐步向规范化、专业化、机械化、市场化方向发展。

第十八条 县级交通运输主管部门和公路管理机构要优化现有农村公路养护道班和工区布局，扩大作业覆盖面，提升专业技能，充分发挥其在公共服务、应急抢险和日常养护与管理中的作用。

鼓励将日常保养交由公路沿线村民负责，采取个人、家庭分段承包等方式实施，并按照优胜劣汰的原则，逐步建立相对稳定的群众性养护队伍。

第十九条 农村公路养护应逐步推行市场化，实行合同管理，计量支付，并充分发挥信用评价的作用，择优选定养护作业单位。

鼓励从事公路养护的事业单位和社会力量组建养护企业，参与养护市场竞争。

第二十条 各级地方交通运输主管部门和公路管理机构要完善农村公路养护管理信息系统和公路技术状况统计更新制度，加快决策科学化和管理信息化进程。

第二十一条 县级交通运输主管部门和公路管理机构应当定期组织开展农村公路技术状况评定，县道和重要乡道评定频率每年不少于一次，其他公路在五年规划期内不少于两次。

路面技术状况评定宜采用自动化快速检测设备。有条件的地区在五年规划期内，县道评定频率应当不低于两次，乡道、村道应当不低于一次。

第二十二条 省级交通运输主管部门要以《公路技术状况评定标准》为基础，制定符合本辖区实际的农村公路技术状况评定标准，省、地市级交通运输主管部门应当定期组织对评定结果进行抽查。

第二十三条 地方各级交通运输主管部门和公路管理机构应当将公路技术状况评定结果作为养护质量考核的重要指标，并建立相应的奖惩机制。

第二十四条 农村公路养护作业单位和人员应当按照《公路安全保护条例》规定和相关技术规范要求开展养护作业，采取有效措施，确保施工安全、交通安全和工程质量。

农村公路养护作业单位应当完善养护质量和安全制度，加强作业人员教育和培训。

第二十五条 负责农村公路日常养护的单位或者个人应当按合同规定定期进行路况巡查，发现突发损坏、交通中断或者路产路权案件等影响公路运行的情况时，及时按有关规定处理和上报。

农村公路发生严重损坏或中断时，县级交通运输主管部门和公路管理机构应当在当地政府的统一领导下，组织及时修复和抢通。难以及时恢复交通的，应当设立醒目的警示标志，并告知绕行路线。

第二十六条 大型建设项目在施工期间需要使用农村公路的，应当按照指定线路行驶，符合荷载标准。对公路造成损坏的应当进行修复或者依法赔偿。

第二十七条 县、乡级人民政府应当依据有关规定对农村公路养护需要的挖砂、采石、取土以及取水给予支持和协助。

第二十八条 县级人民政府应当按照《公路法》《公路安全保护条例》的有关规定组织划定农村公路用地和建筑控制区。

第二十九条 县级交通运输主管部门和公路管理机构应在当地人民政府统一领导下，大力整治农村公路路域环境，加强绿化美化，逐步实现田路分家、路宅分家，努力做到路面整洁无杂物，排水畅通无淤积，打造畅安舒美的农村公路通行环境。

第四章　法律责任

第三十条 违反本办法规定，在筹集或者使用农村公路养护资金过程中，强制向单位和个人集资或者截留、挤占、挪用资金等违规行为的，由有关交通运输主管部门或者由其向地方人民政府建议对责任单位进行通报批评，限期整改；情节严重的，对责任人依法给予行政处分。

第三十一条 违反本办法规定，不按规定对农村公路进行养护的，由有关交通运输主管部门或者由其向地方人民政府建议对责任单位进行通报批评，限期整改；情节严重的，停止补助资金拨付，依法对责任人给予行政处分。

第三十二条 违反本办法其他规定，由县级交通运输主管部门或者公路管理机构按照《公路法》《公路安全保护条例》相关规定进行处罚。

第五章 附 则

第三十三条 本办法自2016年1月1日起施行。交通运输部于2008年4月发布的《农村公路管理养护暂行办法》（交公路发〔2008〕43号）同时废止。

四川省高速公路条例

四川省第十二届人民代表大会常务委员会公告第48号

《四川省高速公路条例》已由四川省第十二届人民代表大会常务委员会第十八次会议于二〇一五年九月二十五日通过，现予公布，自二〇一五年十二月一日起施行。

四川省人民代表大会常务委员会

二〇一五年九月二十五日

四川省高速公路条例

第一章 总 则

第一条 为了促进高速公路事业的健康发展，保障高速公路安全、畅通、完好，根据《中华人民共和国公路法》《中华人民共和国道路交通安全法》等有关法律、法规的规定，结合四川省实际，制定本条例。

第二条 四川省行政区域内高速公路的规划、建设、养护、经营、服务、使用、管理等活动，适用本条例。

第三条 省人民政府交通运输主管部门主管全省高速公路工作，所属高速公路管理机构按照职责和本条例规定，具体负责高速公路的路政管理和养护、经营服务、收费等监督管理工作。

高速公路道路运输行政执法由高速公路管理机构负责实施。

第四条 省人民政府公安机关负责全省高速公路交通安全和治安管理工作，所属交通管理部门按照职责和本条例规定，具体负责高速公路的交通秩序维护、交通安全违法行为查处、交通事故处理和交通安全宣传教育等工作。

第五条 县级以上有关地方人民政府及其相关部门按照国家和省有关规定，负责高速公路筹资、建设、管理等工作。

高速公路沿线乡镇人民政府应当建立健全基层交通安全协助机制，开展道路交通安全宣传，协助做好本辖区高速公路沿线交通安全工作。

第六条 高速公路经营者依法取得的高速公路收费权、广告经营权和服务设施经营权受法律保护，任何单位和个人不得侵害。

高速公路经营者从事高速公路养护、收费和其他经营服务等活动应当依法进行。

第七条 高速公路沿线县级以上地方人民政府应当按照应急预案，负责本行政区域内高速公路突发事件的应急处置工作。

省人民政府交通运输主管部门应当制定全省高速公路突发事件应急预案，报省人民政府批准后组织实施。

高速公路经营者应当按照高速公路突发事件应急预案，配备应急设施、设备和物资，组建应急队伍并定期组织演练。

第八条 任何单位和个人都有爱护高速公路及其附属设施的义务，不得破坏、损坏、非法占用或者非法利用高速公路、高速公路用地和高速公路附属设施。

第九条 鼓励开展高速公路科学技术研究，积极推广、使用先进的管理方法、技术、设备。

第二章 建设和养护

第十条 省人民政府交通运输主管部门应当会同省级有关部门和有关市（州）、县（市、区）人民政府，根据国民经济和社会发展以及国防建设需要，按照国家高速公路规划的总体要求和国家规定的程序编制省高速公路规划。

省高速公路规划的调整，按照前款规定的程序执行。

第十一条 高速公路项目可以采取政府投资、社会投资、政府和社会资本合作等方式建设，具体筹集资金方式由省人民政府决定。鼓励、引导国内外经济组织依法投资建设高速公路。

政府投资高速公路项目由省人民政府按照有关规定确定依法成立的单位负责建设，或者由省人民政府授权单位与通过竞争方式确定的国内外经济组织合作建设。

社会投资高速公路项目应当向社会公布，由省人民政府授权单位依法采取公开招标投标方式选择投资人。

第十二条 高速公路建设用地规划应当符合土地利用总体规划。

拟建高速公路沿线地方人民政府应当组织有关单位依法做好高速公路建设征地拆迁和安置补偿工作。高速公路建设征地拆迁、安置补偿和被征地农民社会保险费用的相关标准按照国家和省的规定核定。任何单位和个人不得截留、挪用征地拆迁、安置补偿和被征地农民社会保险费用。

拟建高速公路沿线县级以上地方人民政府及其有关部门应当依法保障高速公路建设所需水电、砂石、民用爆炸物品、临时用地等，维护高速公路建设秩序。

第十三条 高速公路建设应当遵循基本建设程序，执行国家和省有关工程勘察、设计、施工和监理规范以及技术标准。

第十四条 高速公路建设应当严格执行批准工期。因项目投资人自身原因造成建设期延长的，延长的建设期计入收费期。

第十五条 高速公路收费、监控、通信等系统以及超限运输检测设施、服务区、管理用房等应当按照国家和省有关规定和标准，与高速公路同步规划、同步建设、同步投入使用。管理用房应当满足高速公路经营者、高速公路管理机构和公安机关交通管理部门的工作需要。

已经通车的高速公路未按照前款规定建设相关系统、设施、服务区和管理用房的，由高速公路经营者负责建设和完善。

高速公路管理机构、公安机关交通管理部门和高速公路经营者应当建立相关系统和设施的共享共用机制。

第十六条 高速公路项目建成后，应当按照国家和省有关规定进行验收，涉及交通安全的，征求公安机关交通管理部门的意见；未经验收或者验收不合格的，不得交付使用。

高速公路经营者应当在项目竣工验收后六个月内，按照国家和省有关规定，向高速公路管理机构提供相关档案资料。

第十七条 高速公路经营者应当按照国家和省规定的养护技术规范，编制高速公路养护规划和年度养护计划，并报高速公路管理机构备案。

高速公路经营者应当按照年度养护计划实施养护作业，保证高速公路经常处于良好的技术状态。

第十八条 高速公路大修、中修工程施工应当经高速公路管理机构批准；影响交通安全的，高速公路管理机构应当征得公安机关交通管理部门同意后批准。

高速公路大修、中修工程施工单位应当在施工开始之日前五日向社会公告，并在施工路段前方及相关入口处设置公告牌，在施工区域设置警示标志和安全防护设施，配备安全管理人员。

高速公路大修、中修工程完工后，应当按照规定验收；涉及交通安全的，公安机关交通管理部门应当参与验收。

第十九条 高速公路经营者应当科学调度，统筹安排养护作业，确定合理的施工时间和工期并提前向社会公告，按期完工，减少对车辆通行的影响。

第二十条 高速公路经营者应当按照国家和省有关规定做好高速公路绿化和用地范围水土保持工作。

第二十一条 高速公路经营者应当开展日常养护巡查，并制作巡查记录；发现高速公路及其附属设施损毁或者存在安全隐患的，应当立即设置警示标志和安全防护设施，及时组织抢修或者采取措施消除安全隐患。

高速公路经营者应当定期对高速公路及其附属设施进行技术检测；发现不符合有关技术标准和车辆通行安全要求的，应当及时维修，并向社会公告。

第二十二条 高速公路管理机构应当定期对高速公路及其附属设施的完好情况进行抽检，对达不到国家和省规定要求的，责令高速公路经营者限期采取相应措施。

公安机关交通管理部门、高速公路管理机构发现高速公路坍塌、坑槽等损毁，应当责令高速公路经营者采取措施及时修复；危及交通安全，尚未设置警示标志的，公安机关交通管理部门、高速公路管理机构应当及时采取安全措施，疏导交通，并通知高速公路经营者。

第三章 经营和服务

第二十三条 高速公路管理机构应当制定全省统一的高速公路服务规范，定期对高速公路运营服务质量进行考评，并向社会公告。

高速公路经营者应当健全制度，加强管理，提高公共服务和运营管理水平，保障服务设施完好，公开服务项目、收费标准、监督电话等事项，接受社会监督，为高速公路使用者提供优质、安全、便捷、文明的服务。

第二十四条 高速公路管理机构、公安机关交通管理部门和高速公路经营者应当共同建立高速公路联合指挥调度服务平台，开展高速公路的指挥调度、运行监测、信息研判等工作；通过电视、报纸、广播、互联网、可变情报板等方式发布高速公路施工、事故、拥堵、气象、交通管制、行车提示及安全警示等信息。

第二十五条 高速公路车辆通行费收费标准，应当根据高速公路的技术等级、投资总额、当地物价指数、偿还贷款或者有偿集资款的期限和收回投资的期限以及交通量、建设质量等因素计算确定并报省人民政府审查批准。

高速公路车辆通行费收费标准根据道路技术状况、运营服务质量等情况调整，具体办法由省人民政府制定。

第二十六条 高速公路实行全省联网收费，统一清分和结算，具体办法由省人民政府交通运输主管部门制定。

第二十七条 车辆通行高速公路有下列情形之一的，按照车辆出站点距联网内最远入站点的最短路径收取车辆通行费：

（一）无通行卡的；

（二）持调换或者伪造的通行卡的；

（三）故意损坏、屏蔽通行卡，或者干扰收费设施的；

（四）采取其他方式偷逃通行费的。

第二十八条 军队车辆、武警部队车辆，公安机关、高速公路管理机构在辖区内高速公路上处理交通事故、执行巡查任务、实施监督检查和处置突发事件的统一标志的制式车辆，运输跨区作业的联合收割机（包括插秧机）的车辆，整车合法装载运输鲜活农产品的车辆，以及国务院交通运输主管部门或者省人民政府批准执行抢险救灾任务的车辆，免交车辆通行费。

第二十九条 高速公路经营者应当按照规定在高速公路入口设置计重检测设施，对货运车辆进行计重检测，不得放行违法超限车辆驶入高速公路。违法超限车辆强行驶入高速公路，故意堵塞收费站或者影响高速公路通行秩序，在高速公路服务区、高速公路出口等发现违法超限车辆的，高速公路经营者应当及时报告公安机关交通管理部门和高速公路管理机构。公安机关交通管理部门和高速公路管理机构应当派员及时到达现场，依法处理。

第三十条 高速公路经营者不得擅自关闭高速公路收费站、服务区和互通立交匝道。

第三十一条 高速公路经营者应当设置和开启足够数量的收费车道。高速公路收费站出入口排行车辆超过二百米或者匝道收费站出站车辆排行至主线车道的，高速公路经营者应当采取增加收费人员、增设相关设备等应急管理措施，保证车辆通行畅通。收费站通行能力不能满足通行需要且采取前款规定的应急管理措施不能解决拥堵问题的，高速公路经营者应当改造或者迁建收费站。

第三十二条 高速公路清障救援由高速公路经营者组织实施，具体收费项目和收费标准由省人民政府发展改革、交通运输等部门确定并向社会公布。高速公路清障救援单位应当遵循安全、高效、就近的原则，将障碍物或者故障车辆拖移至距事发地最近的出口处或者与当事人商定的地点，不得指定维修场所，不得擅自增加收费项目、提高收费标准。

高速公路监督检查车辆和清障救援的车辆，应当按照规定分别设置统一的标志和示警灯。

第三十三条 高速公路服务区对外承包、租赁经营的，其承包、租赁经营期不得超过高速公路收费期。

第三十四条 高速公路经营者负责高速公路服务区日常管理及服务。

高速公路服务区应当提供入厕、停车、饮用水等免费服务，有条件的还应当提供车辆加油、加水、维修和购物、餐饮、住宿、医疗急救等经营性服务。

高速公路服务区所在地人民政府有关行政主管部门负责对服务区消防、食品安全、环境保护、价格等的监督管理。

第三十五条 社会投资高速公路项目收费期届满，高速公路经营者应当将高速公路及其附属设施、与高速公路项目有关的其他权益按照合同约定移交省人民政府指定的项目接收单位，国家另有规定的除外。

第四章　路政管理

第三十六条 新建、改建高速公路初步设计文件批准之日起三十日内，沿线县级以上地方人民政府应当依法划定高速公路建筑控制区的范围。

在高速公路建筑控制区域内，除公路养护、防护需要以外，不得新建、扩建建筑物或者构筑物。

高速公路建成通车前，沿线县级以上地方人民政府相关部门应当依法查处在高速公路用地、建筑控制区内违规新建、改建建筑物、构筑物的行为。高速公路建成通车后，由高速公路管理机构依法实施路政管理，沿线县级以上地方人民政府相关部门应当协助和配合。

第三十七条 高速公路交通标志、标线应当符合国家有关标准和技术规范。

高速公路管理机构根据路网运行、交通管理等需要，经过科学评估并征求公安机关交通管理部门意见后调整交通标志、标线，由高速公路经营者负责实施。

第三十八条 在高速公路用地范围内设置非交通标志标牌，应当经高速公路管理机构批准。经批准设置的非交通标志标牌，不得遮挡交通标志，不得妨碍安全视距。

在高速公路建筑控制区内禁止设置广告牌等非交通标志标牌。

第三十九条 高速公路经营者应当加强对所管辖高速公路桥梁桥下空间和涵洞的日常巡查和管理。发现违法堆积物或者设施的，应当立即劝阻和制止，并向高速公路管理机构报告，及时消除安全隐患。

第四十条 运输不可解体物品的超限运输车辆确需行驶高速公路的，承运人应当向高速公路管理机构申请办理《超限运输车辆通行证》；影响交通安全的，高速公路管理机构应当征求公安机关交通管理部门的意见。承运人应当按照公安机关交通管理部门指定的时间、路线、速度行驶，并采取有效的通行安全保障措施。

第五章　交通安全管理

第四十一条 行人、非机动车、摩托车、拖拉机、轮式专用机械车、铰接式客车、全挂拖斗车，以及其他设计最高时速低于七十公里的车辆，禁止进入高速公路。

第四十二条 高速公路入口加速车道后的适当位置应当标明允许通行的车型及最高、最低行驶速度，驶入高速公路的车辆应当按照交通信号行驶。

同方向为二条行车道的，左侧为小型客车道，右侧为客货车道；载货汽车、专项作业车及大、中型载客汽车可以借用小型客车道超车，超越后应当及时驶回客货车道。同方向为三条及以上行车道的，左侧第一条行车道只允许小型客车通行，禁止其他车辆驶入。

除执行抢险救援等紧急任务的警车、消防车、救援车、救护车以及从事高速公路管理、养护活动的车辆外，其他车辆不得在非紧急情况下占用应急车道行驶或者停车。

第四十三条 驶入高速公路的车辆有下列情形之一的，驾驶人应当立即开启危险报警闪光灯，将车辆移至应急车道或者路肩，在来车方向一百五十米外设置故障车警告标志牌：

（一）车辆发生交通事故或者故障，无法及时移至服务区或者收费站外的；

（二）驾驶人突发疾病影响驾驶安全的；

（三）发生危及交通安全的其他突发情形的。

第四十四条 在高速公路上行驶，应当遵守下列规定：

（一）不得穿越中央隔离带；

（二）不得在车道上下人员或者装卸货物；

（三）从匝道驶入行车道时，应当在加速车道内提高车速并开启左转向灯，不得妨碍行车道内车辆的通行；

（四）从应急车道驶入行车道时，应当在应急车道内提高车速并开启左转向灯，不得妨碍行车道内车辆的通行；

（五）遇前方交通阻塞时，应当在行车道内等候或者依次通行，开启危险报警闪光灯，不得驶入应急车道或者路肩。

第四十五条 因自然灾害、恶劣天气或者发生交通事故等情形影响车辆正常通行的，公安机关交通管理部门应当及时采取交通管理措施，疏导车辆；采取措施仍然无法保障交通安全的，公安机关交通管理部门依法关闭高速公路，并及时告知高速公路管理机构、高速公路经营者，同时向社会通告；紧急情况下，公安机关交通管理部门现场执法人员可以先行处置，同时报告省人民政府公安机关交通管理部门。省人民政府公安机关交通管理部门、高速公路管理机构等应当组织路网调度和区域交通分流。影响交通安全情形消除后，应当立即恢复交通，并及时发布相关信息。

第四十六条 车辆通过隧道时应当遵守下列规定：

（一）进入隧道前注意观察交通信号，并开启灯光装置；

（二）在隧道内依次通行，不得随意穿插、变道行驶；

（三）除车辆发生故障不能继续行驶外，隧道内严禁停车。

高速公路隧道入口前方的限速标志应当按二十公里/小时速度级差设置。

隧道群、特长隧道出口适当位置应当按照规定设置限速标志。

第四十七条 运载爆炸物品、易燃易爆化学物品以及剧毒、放射性等危险物品的车辆不得进入高速公路危险化学品运输车辆限行路段。确需进入的，应当经公安机关交通管理部门批准，按照指定的时间、路线、速度行驶，悬挂明显标志，采取必要的安全措施。

高速公路危险化学品运输车辆限行路段由省人民政府公安机关规定，并向社会公告。

危险化学物品运输车辆发生事故，当事人应当立即报告公安机关交通管理部门。事故发生地县级以上地方人民政府应当组织安全监管、公安、交通运输、环境保护等部门以及高速公路经营者、医疗机构等，开展事故抢险救援工作。

第四十八条 在高速公路上发生交通事故，仅造成财产损失、人员轻微受伤的，当事人应当立即将车辆移至就近服务区、收费站外等地点，再协商处理或者报警；发生人员伤亡的交通事故或者事故车辆不能移动的，应当立即开启危险报警闪光灯，在来车方向一百五十米外设置故障车警告标志牌，车上人员应当迅速转移到路外安全地点，并立即报警。

第六章　法律责任

第四十九条 违反本条例规定，法律、法规已有规定的，从其规定。

第五十条 违反本条例第十八条规定，未经批准或者未按照规定要求进行高速公路大修、中修工程施工的，由高速公路管理机构责令停止施工，并处以三万元罚款；情节严重的，处以五万元罚款。

第五十一条 违反本条例第二十七条规定，持调换或者伪造的高速公路通行卡，故意损坏、屏蔽通行卡或者干扰收费设施等方式偷逃高速公路车辆通行费的，由高速公路管理机构责令当事人补缴，可并处以应缴车辆通行费三倍罚款。

第五十二条 违反本条例第二十九条规定，高速公路经营者在入口放行违法超限车辆驶入高速公路的，由高速公路管理机构没收放行车辆的全部通行费，并按照放行车辆数每辆处以二千元罚款。

第五十三条 违反本条例第三十条规定，高速公路经营者擅自关闭高速公路收费站、服务区和互通立交匝道的，由高速公路管理机构责令改正，并处以五万元以上七万元以下罚款；情节严重的，处以七万元以上十万元以下罚款。

第五十四条 违反本条例第三十一条规定，高速公路经营者未采取应急管理措施，导致收费站车辆拥堵的，由高速公路管理机构责令改正，并处以一万元以上三万元以下罚款；情节严重的，处以三万元以上五万元以下罚款。

第五十五条 违反本条例第三十二条规定，清障救援单位违法指定车辆维修场所的，由高速公路管理机构没收违法所得，并处以二千元以上五千元以下罚款。

第五十六条 驾驶人违反本条例规定，有下列情形之一的，由公安机关交通管理部门处以二百元罚款：

（一）非紧急情况下在应急车道行驶或者停车的；

（二）违反车道行驶规定，占用小型客车道行驶的；

（三）违反规定超车的；

（四）发生交通事故不按照规定撤离现场的。

第五十七条 驾驶人违反本条例规定，有下列情形之一的，由公安机关交通管理部门处以五百元以上一千元以下罚款：

（一）在高速公路车道上下人员或者装卸货物的；

（二）驾驶禁止驶入高速公路的车辆驶入高速公路的。

第五十八条 高速公路管理机构、公安机关交通管理部门等有关部门及其工作人员在高速公路管理过程中滥用职权、玩忽职守、徇私舞弊的，对直接负责的主管人员和其他直接责任人员依法给予行政处分；构成犯罪的，依法追究刑事责任。

第七章 附 则

第五十九条 本条例下列用语的含义：

（一）高速公路，是指按照国家公路工程技术标准建设的专供汽车分道高速行驶并全部控制出入的多车道公路及其附属设施，以及划定为高速公路管理的区域。

（二）应急车道，是指高速公路行车道边缘线以外可供车辆在紧急情况下停车或者行驶的硬路肩区域。

（三）高速公路管理机构，是指省人民政府交通运输主管部门依法设置并按照规定权限履行高速公路行政管理职能的省高速公路管理机构及其下设的各级高速公路管理机构。

第六十条 法律、行政法规对高速公路投资、建设、管理等相关事项另有规定的，从其规定。

第六十一条 本条例自2015年12月1日起施行。

《四川省港口管理条例》实施办法

《〈四川省港口管理条例〉实施办法》已经二〇一五年九月二十一日四川省人民政府第九十八次常务会议审议通过，二〇一五年十月十日四川省人民政府令第三〇二号公布，并于二〇一五年十二月一日起正式施行。

第一条 为了实施《四川省港口管理条例》，制定本办法。

第二条 港口所在地县级以上地方人民政府负责本行政区域内港口管理工作，建立港口规划、建设与管理协调机制，推进港口综合物流发展。

第三条 港口所在地县级以上地方人民政府交通运输主管部门主管本行政区域内的港口行政工作。

省交通运输主管部门负责组织拟订全省港口发展战略和港口布局规划。

港口所在地市(州）交通运输主管部门负责组织编制本行政区域内的港口总体规划。

交通运输主管部门所属航务管理机构，依照有关规定履行下列具体职责：

（一）负责港口规划的组织实施；

（二）负责港口岸线使用、港口经营资质的许可；

（三）负责港口建设、港口经营、港口安全生产的监督管理；

（四）负责国家重点物资、国防建设物资以及抢险救灾物资港口作业的组织协调；

（五）法律、法规、规章规定的其他职责。

第四条 港口所在地县级以上地方人民政府有关部门在各自职责范围内对有关行业、领域的安全生产工作实施监督管理，并依法履行下列职责：

（一）安全生产监督管理部门负责港口安全生产的综合监督管理；

（二）发展改革部门负责港口建设项目的审批(核准）；

（三）公安机关负责监督检查港区消防安全和港区运输车辆安全，处理港区道路交通安全事故和治安事件；

（四）国土资源部门负责港口用地的审核、报批，依法查处港口总体规划区内违法违规使用土地等行为；

（五）环境保护部门负责港口生态环境的监督管理，依法查处港区内破坏生态环境等违法行为；

（六）住房和城乡建设部门负责城镇规划区内港口房屋建筑的规划许可，依法查处港区内非法建筑房屋等违法行为；

（七）水务部门依法查处港口水域内的非法采砂等涉水违法行为；

（八）农业（渔业）部门负责渔业港口的管理工作，依法查处港口水域内的捕捞、养殖等违法行为；

（九）工商部门负责港口经营市场交易行为的监督管理。

第五条 编制港口规划应当根据国民经济和社会发展要求，以及国防建设的需要，体现保护 和合理利用岸线资源的原则，符合城乡规划，并与土地利用总体规划、江河流域规划、防洪规划、产业布局规划、交通运输发展规划、生态环境保护规划以及法律、 行政法规规定的其他有关规划相衔接、协调。

第六条 港口布局规划包括全省港口布局规划和跨市（州）港口布局规划。

港口布局规划由省交通运输主管部门组织有关部门拟订，报省人民政府批准。省人民政府在作出决定前，应当书面征求国务院交通运输主管部门意见。

编制港口布局规划时，应当统筹考虑港口的地位作用和功能分工，合理整合港口资源，促进港口协调发展。

第七条 主要港口的总体规划由港口所在地市(州)交通运输主管部门组织有关部门编制，经本级人民政府审核同意后报送省人民政府和国务院交通运输主管部门，按照国家有关规定批准并公布实施。

重要港口的总体规划由港口所在地市(州)交通运输主管部门组织有关部门编制，经本级人民政府审核同意后报送省人民政府，由省人民政府征求国务院交通运输主管部门意见后批准并公布实施。

其他港口的总体规划由港口所在地市(州)交通运输主管部门组织有关部门编制，由本级人民政府批准后公布实施，报送省人民政府备案。

编制港口总体规划时，应当重点对港口岸线使用、水域或者陆域布置、港界、建设用地配置等进行规划，合理设立公共锚泊区域等港口公用基础设施。

第八条 港口所在地市(州)交通运输主管部门应当根据港口总体规划组织拟订有关港区、作业区控制性详细规划，并按照国家有关港口规划的规定批准与公布。

第九条 港口规划经批准后，未经法定程序，任何单位和个人不得擅自修改。确需在港口总体规划区外建设港口设施的，港口所在地市(州)交通运输主管部门应当按照法定程序修订或者调整港口总体规划，将建设区域纳入修订或者调整后的港口总体规划。

第十条 任何单位和个人确需使用港口总体规划区内的土地和水域，或者建设跨越、穿越港口总体规划区水陆域及其上下部相关空间的设施，建设项目审批部门在审批时应当征求港口所在地交通运输主管部门的意见。港口所在地交通运输主管部门应当出具其是否符合港口规划以及是否影响港口规划实施的审查意见。

在港口总体规划区周边建设工程项目，可能引起港口岸线及港区水陆域、通航水域、航道、锚地等水文、地形、地貌变化，影响港口规划实施的，建设项目审批部门在审批前应当征求港口所在地交通运输主管部门的意见。

第十一条 港口所在地县(市、区)交通运输主管部门应当会同国土资源、环境保护、城乡规划、安全生产监督管理、农业(渔业)、水务等部门，根据港口总体规划勘定港界，由本级人民政府公布。

港口所在地县(市、区)交通运输主管部门应当会同国土资源、城乡规划、水务等部门划定港口岸线的区域范围，报本级人民政府批准。

第十二条 港口岸线实行有期限使用。港口所在地市(州)人民政府应当根据港口总体规划和有关港区、作业区控制性详细规划，以及港口岸线使用的性质、功能等因素确定港口岸线的使用期限。港口岸线使用期限最长不得超过50年。

第十三条 港口岸线实行有偿使用。港口所在地市(州)人民政府应当根据自然条件、经济状况、交通区位、岸线用途、资源等级、配套服务等因素确定港口岸线的使用费用标准。

第十四条 在港口总体规划区内建设港口设施使用港口岸线的，应当向港口所在地市(州)航务管理机构提出书面申请，按照下列规定办理：

（一）使用港口深水岸线的，由港口所在地市(州)航务管理机构提出意见，按照国家相关规定报送批准；

（二）使用主要港口、重要港口非深水岸线的，由港口所在地市(州)航务管理机构提出审查意见，报送省航务管理机构批准；

（三）使用其他港口非深水岸线的，由港口所在地市(州)航务管理机构批准，报送省航务管理机构备案。

除客货码头和渡口的趸船外，不需要堆场、仓库、管理房等陆域永久性设施的趸船项目使用港口非深水岸线，由港口所在地市(州)航务管理机构批准。

第十五条 临时使用港口非深水岸线的，按照本办法第十四条规定办理。

临时使用港口非深水岸线不得擅自变更港口岸线使用人、使用范围和用途，不得建设永久性建筑物、构筑物及其他设施，使用期限不得超过2年。

临时使用港口非深水岸线的使用人应当在使用期限届满之日起30日内拆除临时建筑物、构筑物及其他设施。

第十六条 在港口总体规划区内建设港口设施使用港口非深水岸线的，应当提供下列申请材料：

（一）港口岸线使用申请表；

（二）申请人情况及相关证明材料；

（三）建设项目工程可行性研究报告或者项目申请报告；

（四）法律、法规规定的其他材料。

第十七条 在港口总体规划区内临时使用港口非深水岸线的，应当提供下列申请材料：

（一）港口岸线使用申请表；

（二）申请人情况及相关证明材料；

（三）项目申请报告；

（四）港口岸线使用及恢复方案。

第十八条 航务管理机构办理本办法第十四条所列事项时，应当通过招标、拍卖、挂牌等公平竞争的方式作出决定。招标、拍卖、挂牌等活动由航务管理机构组织实施或者委托下一级航务管理机构实施。法律、法规另有规定的除外。

第十九条 航务管理机构对港口岸线使用申请作出批准决定前应当组织专家评审，评审内容包括：

（一）建设项目是否符合产业政策和港口规划；

（二）建设项目的必要性分析；

（三）工程可行性研究报告或者项目申请报告提出的岸线使用方案是否符合国家技术标准和规范；

（四）岸线使用方案的合理性分析；

（五）岸线使用方案是否满足航道、通航安全的相关要求；

（六）法律、法规规定的其他要求。

第二十条 航务管理机构应当在受理申请之日起20个工作日内对符合条件的予以批准，并明确港口岸线使用期限和使用费用；对不符合条件的，不予批准并书面说明理由。

第二十一条 港口经营人应当加强港口安全生产和环境保护管理，建立、健全安全生产和环境保护责任制，组织制定安全生产和环境保护规章制度，完善安全生产条件和污染治理设施，确保安全生产和环境保护。

港口经营人应当按照规定在码头、堆场、候船室、停车场等场所配备安全设备设施，加强对安全设备设施的定期检查、维护和管理，保障安全设施处于良好的技术状态。

港口经营人应当定期对港口从业人员进行技能和安全生产等专业培训，特种作业人员应当按照国家规定取得职业资格后方可上岗。

第二十二条 违反本办法第二十一条规定，港口经营人未按照规定配备安全设备设施或者使用未取得职业资格的特种作业人员的，由县级以上航务管理机构责令改正，并处以2 000元以上1万元以下的罚款；情节严重的，处以1万元以上3万元以下的罚款。

第二十三条 本办法自2015年12月1日起施行。1991年2月2日四川省人民政府实施的《四川省港口管理办法》同时废止。

2015年交通法规索引

类　别	颁布时间	名　称	颁布机关及文号
法　律	2015-03-15	关于修改《中华人民共和国立法法》的决定	第十二届全国人民代表大会第三次会议通过
行政法规	2015-06-12	国务院关于修改《建设工程勘察设计管理条例》的决定	中华人民共和国国务院令第662号
地方性法规	2015-09-25	四川省高速公路条例	四川省第十二届人民代表大会常务委员会第十八次会议通过
部门规章	2015-03-12	铁路危险货物运输安全监督管理规定	中华人民共和国交通运输部令2015年第1号
	2015-03-12	铁路建设工程质量监督管理规定	中华人民共和国交通运输部令2015年第2号
	2015-05-07	公路建设项目代建管理办法	中华人民共和国交通运输部令2015年第3号
	2015-05-12	关于修改《公路水运工程监理企业资质管理规定》的决定	中华人民共和国交通运输部令2015年第4号
	2015-05-12	关于修改《国内水路运输管理规定》的决定	中华人民共和国交通运输部令2015年第5号
	2015-05-25	关于修改《中华人民共和国船舶污染海洋环境应急防备和应急处置管理规定》的决定	中华人民共和国交通运输部令2015年第6号
	2015-05-29	中华人民共和国海事行政许可条件规定	中华人民共和国交通运输部令2015年第7号
	2015-05-29	中华人民共和国海上海事行政处罚规定	中华人民共和国交通运输部令2015年第8号
	2015-05-29	中华人民共和国内河海事行政处罚规定	中华人民共和国交通运输部令2015年第9号
	2015-06-26	公路工程设计施工总承包管理办法	中华人民共和国交通运输部令2015年第10号
	2015-06-26	关于修改《公路建设市场管理办法》的决定	中华人民共和国交通运输部令2015年第11号
	2015-06-24	关于修改《交通建设项目委托审计管理办法》的决定	中华人民共和国交通运输部令2015年第12号
	2015-06-24	关于修改《经营性公路建设项目投资人招标投标管理规定》的决定	中华人民共和国交通运输部令2015年第13号
	2015-06-26	关于修改《水运工程施工监理规定（试行）》的决定	中华人民共和国交通运输部令2015年第14号
	2015-06-24	关于修改〈快递业务经营许可管理办法〉的决定	中华人民共和国交通运输部令2015年第15号
	2015-08-08	交通运输部关于修改《机动车维修管理规定》的决定	中华人民共和国交通运输部令2015年第17号
	2015-09-09	交通运输部关于修改《交通行政复议规定》的决定	中华人民共和国交通运输部令2015年第18号
	2015-10-14	邮政普遍服务监督管理办法	中华人民共和国交通运输部令2015年第19号
	2015-11-11	中华人民共和国内河船舶船员值班规则	中华人民共和国交通运输部令2015年第20号
	2015-11-11	中华人民共和国内河船舶船员适任考试和发证规则	中华人民共和国交通运输部令2015年第21号
	2015-11-11	农村公路养护管理办法	中华人民共和国交通运输部令2015年第22号
	2015-11-19	铁路专用设备缺陷产品召回管理办法	中华人民共和国交通运输部令2015年第23号
	2015-12-08	公路工程建设项目招标投标管理办法	中华人民共和国交通运输部令2015年第24号
	2015-12-31	中华人民共和国防治船舶污染内河水域环境管理规定	中华人民共和国交通运输部令2015年第25号
省政府规章	2015-09-21	《四川省港口管理条例》实施办法	四川省人民政府第98次常务会议审议通过
省政府文件	2015-01-15	四川省人民政府关于进一步促进四川省农村公路建管养运协调发展的意见	四川省人民政府川府发〔2015〕5号
	2015-05-20	关于同意建立四川省高速公路管理联席会议制度的复函	四川省人民政府办公厅川办函〔2015〕98号
	2015-06-11	四川省普通公路货运车辆超限超载治理工作方案	四川省人民政府办公厅川办函〔2015〕114号
	2015-07-16	四川省人民政府办公厅关于印发四川省公路安全生命防护工程实施方案的通知	四川省人民政府办公厅川办发〔2015〕70号
	2015-09-02	四川省人民政府办公厅关于印发四川省水上运输事故应急预案（2015年修订）的通知	四川省人民政府办公厅川办函〔2015〕166号

（本栏目供稿单位：厅法规处）

荣誉榜
RONGYU BANG

先进名录

XIANJIN MINGLU

2015年人力资源社会保障部、交通运输部表彰的全国交通运输系统先进集体、先进工作者、劳动模范

（四川交通部门）

先进集体

四川省交通运输厅公路规划勘察设计研究院
四川省交通运输厅高速公路交通执法第三支队
成都市交通运输委员会公路管理处
攀枝花市交通运输局
泸州市航务管理局
雅安市公路运输管理处
宣汉县交通运输局
平昌县交通运输局
金川县交通运输局

先进工作者

雍黎明　四川省交通运输厅公路局科教处处长
周林福　四川交通职业技术学院汽车工程系教授
贺　强　遂宁市交通运输局工程质量监督处处长（交通建设工程造价管理站站长）
李仕华　宜宾市交通运输局党委书记、局长
涂　勇　眉山市交通运输局公交指导科科长、眉山市地方海事局副局长
唐　骏　资阳市交通运输局航务管理处船舶检验科科长
沙国清（彝族）　盐源县地方海事处处长

劳动模范

卢文蕾（女）　四川省交通运输厅交通勘察设计研究院副总工程师
陈　昕　四川兴蜀公路建设发展有限责任公司国道318线东海路常务副指挥长
朱　红（女）　自贡市公交集团有限责任公司驾驶员
祝明成　攀枝花公交客运总公司第二公司汽车维修电工
黄　城　德阳汽车客运南站出租车管理科科长
唐坤明　遂宁市城市公共交通有限责任公司驾驶员
郑远秀（女）　内江市市中区公路管理段书记、段长
李有全　乐山市交通投资开发有限公司董事、乐山市公共交通总公司董事长兼总经理
李石泉　四川南充汽车运输（集团）有限公司快车客运分公司驾驶员班班长
詹　宾　宜宾市公路养护管理总段兴文分段驾驶员
王拥渠　四川达州运输（集团）有限公司党委书记、董事长、总经理
朱定友（羌族）　阿坝藏族羌族自治州公路管理局茂县公路管理分局土地岭养护站站长
胡琼华（女）　旺苍县公路养护管理一段公路养护工
张述才　通江县公路养护管理段汽车驾驶员

（省交通运输工会）

2015年交通运输部授予的2015年度全国交通技术能手

（四川交通部门）

冯太刚　四川交通运输职业学校汽车修理工
詹　宾　宜宾市公路养护管理总段兴文分段驾驶员
林绍贵　南充市公路管理局直属分局公路养护工
刘平洪　四川省汽车运输自贡集团有限公司翔宇分公司驾驶员
黄晓洪　达州市宣汉县第一公路养护管理段公路养护工
王　稳　南充市嘉陵江航道管理局南部管理段航道施工工

（厅办公室）

2015年交通运输部表彰的
全国交通运输系统“六五”普法先进集体和先进个人

（四川交通部门）

先进集体

四川省交通运输厅道路运输管理局
四川省南充市交通运输局
四川省攀枝花市地方海事局

先进个人

罗玉宏　四川省交通运输厅高速公路管理局局长（执法总队长）
吉　钟　四川省宜宾市南溪区公路路政管理大队大队长

（厅办公室）

2015年全国“安康杯”竞赛组委会表彰的
全国“安康杯”竞赛安全文化宣传工作先进单位、先进个人

（四川交通部门）

先进单位

四川高速公路建设开发总公司工会工作委员会
四川省雅安市地方海事局
乐至县水务局
四川省交通运输厅交通勘察设计研究院工会委员会

先进个人

张家驹　四川高速公路建设开发总公司工会
金　璐　四川交投建设工程股份有限公司
张世慧　四川省交通运输厅交通勘察设计研究院工会委员会

（厅办公室）

2015年全国“安康杯”竞赛组委会表彰的
全国职工新《安全生产法》知识普及竞赛活动
最佳组织单位、组织优秀个人、竞赛获奖个人

（四川交通部门）

最佳组织单位

四川省交通运输工会

组织优秀个人

廖　莉　四川省交通运输工会

竞赛三等奖

冯　丹　四川省交通运输厅高速公路交通执法第一支队

（厅办公室）

2015年中华人民共和国海事局 中国海员建设工会全国委员会
表彰的2015年全国优秀船员和全国优秀船员家属

（四川交通部门）

全国优秀船员

曾玉文　四川省南充市嘉陵江航道管理局市区一管理段航政16号船长
王永琼　四川省雅安市雨城区搭沟激渡口渡船驾驶员

全国优秀船员家属

肖素珍　四川省南充市火炬航运公司
刘玉林　四川省资中县航威建材有限责任公司

（厅航务局）

2015年四川省人民政府表彰的四川省第七届劳动模范和先进工作者

（四川交通部门）

先进工作者

杜国艳（女） 四川省交通运输厅交通建设工程造价管理站高级工程师

（省交通运输工会）

2015年度享受国务院政府特殊津贴人员名单

（四川交通部门）

黄 丽（女） 四川省交通运输厅交通史志总编室总编辑

吉随旺 四川省重点公路工程监理处（四川公路工程咨询监理公司）处长、董事长、党总支书记

（厅人事处）

人物选介

RENWU XUANJIE

李 伟

四川省交通运输厅高速公路交通执法第六支队原党委书记、支队长

2014年7月30日，四川省交通运输厅高速公路交通执法第六支队原党委书记、支队长李伟因病医治无效，不幸逝世，年仅56岁。

李伟牢记共产党员的责任，无论是在交通监理、稽征部门，还是在高速公路交通执法部门，不管走到哪里，他都勤奋敬业、甘于奉献。

工作近40年，他始终扎根边远民族地区交通运输工作一线，积劳成疾，2013年被诊断为胃癌晚期后，仍坚守岗位。

2001年4月，已是攀枝花市稽征处副处长的李伟调至西昌组建交通执法第六支队，任副支队长，全面主持工作。在李伟的带领下，高速公路交通执法第六支队从最初只有4人、没有办公场所，发展到如今有干部职工149人，高速公路管辖里程增加至428公里。支队先后获得省交通运输厅、厅高速公路管理局（执法总队）、中共凉山州委、州政府等单位的表彰奖励近20次。“严格执法、热情服务”是服务对象对李伟的评价，而在同事们眼中，李伟“勤奋敬业，工作起来就像一台不知疲倦的机器。”

“共产党员是什么？不是一个空头符号，而是一种沉甸甸的责任，是以人民群众满意为目标。”这是李伟常说的话，也是他做事的标准。作为一名高速公路交通执法者，无论是在打击偷逃通行费专项行动中，还是在面对各类应急抢险保通任务时，李伟总是不顾个人安危，冲锋在前。

2008年，罕见的暴风雪席卷辖区高速公路，路面积雪达到20厘米以上。两天一夜的时间里，李伟带领交通执法队伍不畏严寒，迎战风雪，始终坚持在积雪路上巡查，带头组织人员除雪除冰。同时及时与高速公路营运公司、公安交警协商处置方案，分段疏散托乌山上和沿线被困车辆560多辆，安全转移被困人员720多人，确保了高速公路平安。在第六支队的大事记中，从2008年至2014年，李伟参加各类抢险事故处理累计24次，每次抢险他都冲锋在前，靠前指挥，有效保障了管辖路段的道路安全畅通。

2013年7月9日，正在主持支队例行会议的李伟突发胃部大出血，紧急送往医院后被确诊为胃癌晚期。但在住院治疗仅仅十二天后，李伟就拖着虚弱的身体回到支队，组织班子成员召开会议，安排布置交通执法工作。身患重病期间，李伟仍然坚守岗位、忘我工作，除了治

疗的70多天时间外，他始终坚持早上7点半第一个到支队上班，下午最后一个离开。他还先后50多次深入到大队、收费站和服务区，了解支队职工、公司人员和广大司乘人员的实际困难和需求，为干部职工解决实际困难21次。李伟，就是用这样的方式，与病魔进行着不屈的斗争。

2015年4月，李伟被交通运输部追授表彰为“2014年感动交通年度人物”。2015年6月，经中共四川省委同意，追授李伟“四川省践行‘三严三实’优秀党员领导干部”荣誉称号。

（厅史志总编室）

唐坤明

遂宁市城市公共交通有限责任公司驾驶员

1998年，唐坤明从部队退役到遂宁市城市公共交通公司当上了公交车驾驶员。在与群众天天零距离、面对面的服务中，唐坤明始终坚持礼貌待客、文明服务。他经常说：“城市公共交通是社会服务性行业，内容和本质就是为乘客服好务。”遇到年老的乘客上下车，他总会扶一把；遇到携带大件重物的乘客，他会主动帮忙搬运；在发生纠纷时，他总是冷静面对，温言以待，十多年来，他始终保持有责服务纠纷为零、有效投诉为零的记录。

唐坤明喜欢钻研车辆驾驶和维修技术，对车辆故障的判断和排除，他比得上一个专职的汽修工。只要是他开的车，除正常维修保养外，很少进厂修理。唐坤明常说：“安全无小事，让市民乘安全、放心车是我的职责。”但为了实现这句简单的话，他却付出了很多心血和精力。前些年，由于公交公司实行工效挂钩，即按营业额提成的工资制度，不少人为争抢客源在路上你追我赶，但唐坤明却始终坚持不超速行驶、不强行超车、不中途调头、不越站甩客，在保证安全行驶的前提下，他单车营运收入仍年年名列公司前茅，并多次获得“营收标兵”的称号。“坐唐师傅的车，就是稳。”经常乘坐他的车的乘客，都这样评价。多年来，他不仅创造了140万公里无安全行车事故的记录，还创造了140万公里无交通违法的记录。为让乘客有一个干净舒适的乘车环境，他坚持每天提前20分钟到班，对车内设施设备进行认真检查，然后擦拭门窗、清扫卫生死角。他还利用休息时间，自己出资自制了省时省力的洗车刷、垃圾桶清洗器、车辆轮毂清洗架等工具。唐坤明先后获得全国总工会、四川省和遂宁市的多次表彰、奖励，作为多年的“全国工人先锋号”获得者，2015年他又获得了“全国交通运输系统劳动模范”称号。

（厅史志总编室）

朱定友（羌族）

茂县公路管理分局土地岭养护站站长

土地岭养护站地处省道302线茂县至北川段的大山深处，高寒、潮湿、气候恶劣，前不挨村后不着店，生活条件十分艰苦。茂县公路管理分局土地岭养护站站长、羌族共产党员朱定友，自1997年当上养路工人，晴天一身土，雨天一身泥，每天早晨6点上路，拿着锄头、铁锹，日复一日、年复一年地重复着简单而辛苦的养路工作，十多年来，与大山为伴，把青春和汗水都奉献给了他热爱的公路事业。

2005年夏天，一场暴雨导致突发特大泥石流，管养的道路被冲断。朱定友冒着大雨从家里赶到现场，蹚着深达膝盖的泥石流，顾不上小腿被沙石划出一道道鲜红的伤口，一直奋战在现场，直到将便道抢通，他才回家休息。每年冬天是土地岭雪灾严重的季节，为了确保所辖路段安全畅通，朱定友每天顶着凛冽的寒风，在冰雪路段撒沙砾、铺草垫、扫积雪，确保过往车辆的安全，并经常帮助有困难的驾驶员和乘客。2008年汶川特大地震时，朱定友为抢救房屋倒塌被压人员，徒手扒开砂石和断裂的木头，还动员同事及亲朋好友为受困群众送粮、送水。公路不通，他们就背着救灾物资到各处发放，一直坚持到救援队伍到来。多年来，他助人为乐、无私奉献的精神，感动着身边的每一个人。作为一名普通的养路工人，朱定友在平凡的岗位上辛苦付出，默默奉献，实现着自己的人生价值，也展现了基层公路人的风采。他多次荣获阿坝藏族羌族自治州、茂县公路部门先进工作者、技术能手称号；2013年，他荣获四川省劳动竞赛标兵称号；2015年5月，他荣获“全国交通运输系统劳动模范”称号。

（厅史志总编室）

卢文蕾

四川省交通运输厅交通勘察设计研究院副总工程师

作为四川省交通运输厅交通勘察设计研究院水运专业的技术负责人，近年来，卢文蕾主持完成13项科研工作，有10项是交通运输部西部交通建设科技项目。其中，历时5年主持完成的《内河航道通航条件关键技术研究》共分三期，研究规模为西部水运科技项目之首，并取得10项创新性成果，解决了困扰我国内河航道建设多年的七大工程技术难题，一、二、三期的研究成果，分别获四川省三个年度的科技进步三等奖，此外，该项研究还被收入《国家高等级航道网通航枢纽与船闸水力学创新研究及实践》，获国家科技进步二等奖。其研究成果广泛应用于国内内河航运建设与管理，产生了良好的经济效益和社会效益，特别是在加快构建西部综合交通枢纽“四江六港”的建设中，发挥了重要作用。

卢文蕾完成《四川省内河水运发展规划》《泸州—宜宾—乐山港口群规划》《南充港规划》等5项水运发展规划，主持完成泸州、南充港等16项重点工程的前期工作，其中，《四川省大渡河安谷水电站可行性研究报告》获2012年四川省优秀咨询成果一等奖；《南充港河西作业区化工园区专用码头工程可行性研究报告》获2013年四川省优秀咨询成果三等奖。她还参与了《船闸闸阀门设计规范》《船闸工程质量检验评定标准》修编工作；主持完成《水运设计通则》《航运工程施工图文件编制规定》和《航运工程水文规划》等编写修订工作，这些规范均由交通运输部颁布实施，为国内水运行业做出了贡献。卢文蕾先后荣获中国海员建设工会金锚奖和全国交通运输系统劳动模范荣誉称号。

谈起工作成果，卢文蕾轻描淡写地说：“我没有做什么大不了的事，这些年我只是一直往前走，没有多想。至于荣誉，我很感谢，但那绝不是我的最终追求。”

（厅史志总编室）

沙国清（彝族）

盐源县地方海事处处长

1992年7月，沙国清参加工作，2008年任盐源县地方海事处处长，一直坚守在这个平凡的工作岗位上。盐源县湖泊、河道众多，地方海事处所管辖通航流域300多公里，湖泊58平方公里，拥有各类船舶1763艘，占凉山州船舶总数的三分之二。由于渡口、码头多处在偏僻的深山峡谷中，有的要乘车6小时再步行l0多公里才能到达。点多、面广、战线长、管理难度大。沙国清与3名同事迎着困难前行，用实际行动创造出辉煌业绩，创下连续7年无一责任事故发生的记录，盐源县地方海事处连续6年被盐源县政府评选为安全生产先进单位，连续6年被四川省凉山彝族自治州海事局评为先进集体。

2012年7月，海事处接到群众举报，巴折村有一艘生产自用船从事非法营运。沙国清随即同巴折乡负责人和海事执法人员乘船前往该村查处非法营运船舶。经过6个小时水上航行，正当船要接近查处现场时，租来的船因发动机故障失去动力，随着水流向下游漂去。面对险情，沙国清一边冷静安慰船上人员，一边想办法让船始终保持平衡，漂流了一个多小时后，碰到一棵冲倒在河岸边的树，他和同事们死死抓住树枝，把船划到岸边才脱离了危险。“当时，天快黑了，还下着暴雨，手机也没信号，为了安全，大家只好在驾驶舱里挤着坐了一夜，直到次日才赶到现场查处违章船。”沙国清回忆说。多年来，沙国清和同事们就是这样克服重重困难，深入边远山区库区和渡口一线开展工作。2012年8月，沙国清母亲病重住院，医院连下3次病危通知告之家属，老人最多只有几天时间了。当时，他正在二滩库区检查航运安全，他还是先安排好工作后，才赶回去见了母亲最后一面……

为确保官地和锦屏两大水电站蓄水期水上交通安全，他长期驻扎库区。为电站施工、蓄水和发电提供安全保障。沙国清以突出的业绩先后被评选为凉山彝族自治州劳动模范、全州交通大会战典型人物、全国交通运输系统先进工作者和2015年感动交通十大年度人物。

（厅史志总编室）

统计资料

TONGJI ZILIAO

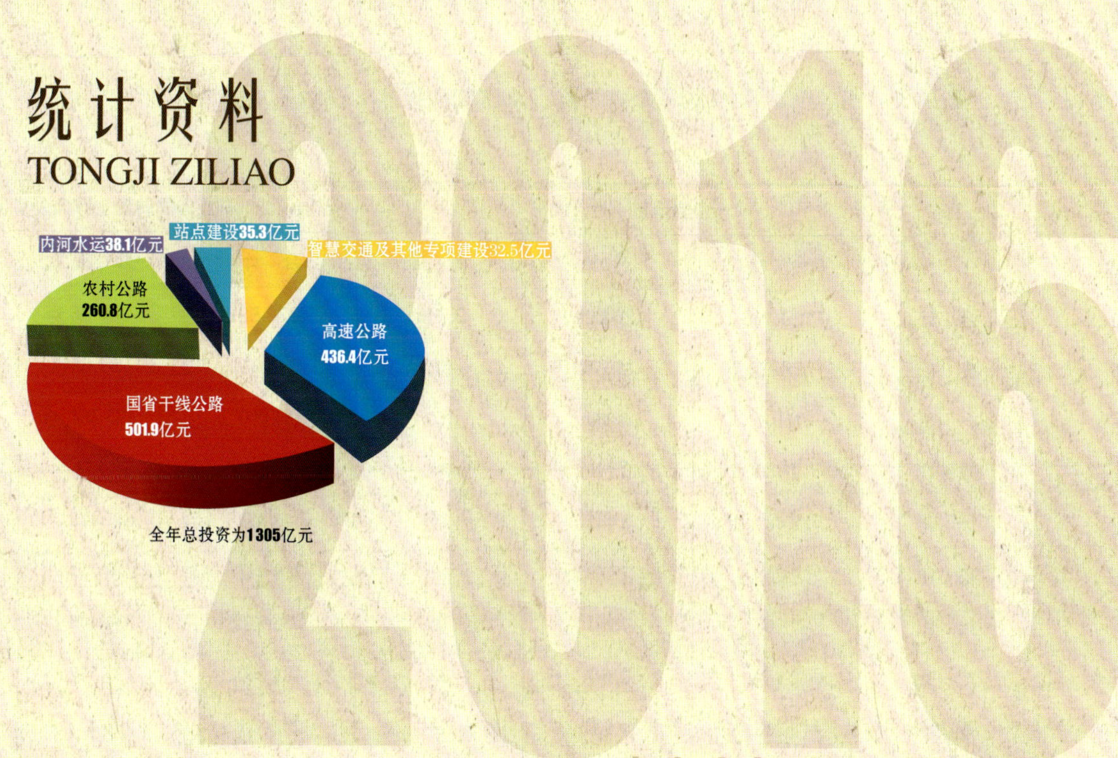

公路水路运输综合统计

GONGLU SHUILU YUNSHU ZONGHE TONGJI

2015年全省公路、水路营业性旅客运输量（分地区）

地 区	客运量（万人次）			旅客周转量（万人公里）		
	合 计	公 路	水 路	合 计	公 路	水 路
合 计	129 439	126 691	2 748	6 326 529	6 300 265	26 264
成 都	15 237	15 179	58	1 231 341	1 231 084	257
自 贡	6 102	6 000	102	184 000	183 364	636
攀枝花	2 980	2 946	34	78 772	77 834	938
泸 州	8 482	8 447	35	641 833	641 482	351
德 阳	7 268	7 268		218 243	218 243	
绵 阳	7 267	7 251	16	336 978	336 848	130
广 元	2 189	2 101	88	184 862	183 548	1 314
遂 宁	4 213	4 120	93	202 371	201 427	944
内 江	10 155	9 940	215	313 761	312 310	1 451
乐 山	5 938	5 703	235	249 124	247 432	1 692
南 充	8 846	8 115	731	472 701	466 942	5 759
眉 山	6 605	6 543	62	182 304	181 144	1 160
宜 宾	7 114	6 939	175	333 180	330 827	2 353
广 安	7 436	7 277	159	152 946	151 553	1 393
达 州	7 093	6 715	378	246 887	241 365	5 522
雅 安	3 003	2 987	16	106 708	106 689	19
巴 中	3 602	3 425	177	237 478	236 855	623
资 阳	7 495	7 402	93	305 097	304 388	709
阿 坝	1 901	1 901		254 599	254 599	
甘 孜	795	795		142 998	142 998	
凉 山	5 717	5 636	81	250 347	249 333	1 014

2015年全省公路、水路营业性货物运输量（分地区）

地区	货运量（万吨）			货物周转量（万吨公里）		
	合计	公路	水路	合计	公路	水路
合计	150 820	142 132	8 688	16 939 604	15 105 064	1 834 540
成都	27 092	27 092		2 322 248	2 322 248	
自贡	4 822	4 598	224	545 562	541 543	4 019
攀枝花	10 974	10 957	17	560 102	559 112	990
泸州	8 803	6 819	1 984	2 505 168	1 216 147	1 289 021
德阳	9 749	9 749		541 032	541 032	
绵阳	4 733	4 733		674 954	674 954	
广元	6 019	4 933	1 086	655 275	652 354	2 921
遂宁	3 868	3 648	220	447 547	446 157	1 390
内江	2 819	2 498	321	324 845	323 503	1 342
乐山	10 901	10 593	308	1 203 273	1 106 616	96 657
南充	6 747	5 231	1 516	880 515	844 684	35 831
眉山	5 526	5 526		520 767	520 767	
宜宾	6 653	5 823	830	858 614	518 705	339 909
广安	4 101	3 496	605	310 981	275 237	35 744
达州	11 782	11 331	451	1 177 122	1 159 457	17 665
雅安	5 058	5 058		635 693	635 693	
巴中	2 402	2 070	332	359 112	356 765	2 347
资阳	5 545	4 795	750	483 531	479 064	4 467
阿坝	2 057	2 057		605 028	605 028	
甘孜	757	757		201 913	201 913	
凉山	10 412	10 367	45	1 126 325	1 124 087	2 238

2015年全省公路、水路分货类运输量

分类	公路		水路	
	货运量（万吨）	货物周转量（万吨公里）	货运量（万吨）	货物周转量（万吨公里）
合计	142 131	15 105 064	8 688	1 834 540
（一）煤炭及制品	20 107	2 566 973	559	445 475
（二）石油、天然气及制品	4 401	558 931	64	85 440
其中：原油	922	143 604	58	76 200

续表1：

分　类	公　路		水　路	
	货运量（万吨）	货物周转量（万吨公里）	货运量（万吨）	货物周转量（万吨公里）
（三）金属矿石	10 955	614 433	31	7 284
（四）钢　铁	9 221	879 115	8	11 875
（五）矿物性建筑材料	8 887	843 136	7 094	652 509
（六）水　泥	14 383	1 532 336	33	13 785
（七）木　材	4 368	603 632	2	2 059
（八）非金属矿石	4 769	452 434	349	130 398
其中：磷矿	1 324	110 866	180	77 589
（九）化学肥料及农药	3 492	349 965	82	34 453
（十）盐	2 779	322 698	22	5 957
（十一）粮　食	12 965	1 298 708	7	4 668
（十二）机械、设备、电器	4 195	462 487	47	51 300
（十三）化工原料及制品	2 944	405 400	182	150 248
（十四）有色金属	1 063	106 604		61
（十五）轻工、医药产品	3 599	495 138	6	15 040
其中：日用工业品	1 436	213 769		
（十六）农林牧渔业产品	6 238	743 674	12	2 265
其中：棉花	820	121 382		
（十七）其他	27 765	2 869 400	191	221 723

2015年全省公路、水路集装箱运输量

指标	箱运量（个）	货运量（吨）
公路标准集装箱合计（标箱）	618 748	11 608 254
45英尺	8 574	485 491
40英尺	183 657	6 488 308
35英尺	94 197	2 980 318
20英尺	67 298	1 654 137
10英尺		
水路标准集装箱合计（标箱）	620 768	7 957 628
45英尺		
40英尺	449 280	5 759 322
35英尺		
20英尺	171 488	2 198 305
10英尺		

（本栏目供稿单位：厅规划处）

公路交通统计

GONGLU JIAOTONG TONGJI

2015年全省公路里程年底达到数（总表）

单位：公里

指　标	公路里程总计	等级公路			
		合　计	高速公路		
			小　计	四车道	六车道
（一）上年年底达到数	309 742.098	257 026.902	5 505.718	5 158.706	347.012
国　道	8 749.014	8 749.014	3 439.975	3 226.597	213.378
其中：国家高速公路	3 208.207	3 208.207	3 208.207	3 060.569	147.638
省　道	13 335.496	13 227.290	2 024.360	1 908.876	115.484
县　道	40 744.382	38 211.913	41.383	23.233	18.150
乡　道	52 435.753	41 723.725			
专用公路	5 099.712	2 279.765			
村　道	189 377.741	152 835.195			
（二）当年新建数	2 549.723	2 549.723	515.044	380.150	134.894
国　道	1.504	1.504			
其中：国家高速公路					
省　道	515.044	515.044	515.044	380.150	134.894
县　道	1.967	1.967			
乡　道	21.687	21.687			
专用公路					
村　道	2 009.521	2 009.521			
（三）当年改建变更数	3 290.314	6 487.503	−1.167	−1.167	
国　道	−3.651	−3.651	0.001	0.001	
其中：国家高速公路	98.500	98.500	98.500	98.500	
省　道	−9.578	−7.332	−1.168	−1.168	
县　道	12.370	298.436			
乡　道	44.307	1 317.571			
专用公路	27.927	113.682			
村　道	3 218.939	4 768.797			
（四）当年年底达到数	315 582.135	266 064.128	6 019.595	5 537.689	481.906
国　道	8 746.867	8 746.867	3 439.976	3 226.598	213.378
其中：国家高速公路	3 306.707	3 306.707	3 306.707	3 159.069	147.638
省　道	13 840.962	13 735.002	2 538.236	2 287.858	250.378

续表1：

指　标	公路里程总计	等级公路			
		合　计	高速公路		
			小　计	四车道	六车道
县　道	40 758.719	38 512.316	41.383	23.233	18.150
乡　道	52 501.747	43 062.983			
专用公路	5 127.639	2 393.447			
村　道	194 606.201	159 613.513			

续表2：

指　标	等级公路				等外公路
	一　级	二　级	三　级	四　级	
（一）上年年底达到数	3 309.419	13 881.131	12 258.057	222 072.577	52 715.196
国　道	703.417	3 577.009	611.385	417.228	
其中：国家高速公路					
省　道	896.040	5 555.965	2 425.563	2 325.362	108.206
县　道	913.145	3 586.344	6 762.247	26 908.794	2 532.469
乡　道	526.865	735.991	1 525.379	38 935.490	10 712.028
专用公路	16.908	88.822	144.233	2 029.802	2 819.947
村　道	253.044	337.000	789.250	151 455.901	36 542.546
（二）当年新建数	6.538	4.846	13.413	2 009.882	
国　道		1.504			
其中：国家高速公路					
省　道					
县　道			0.943	1.024	
乡　道			3.459	18.228	
专用公路					
村　道	6.538	3.342	9.011	1 990.630	
（三）当年改建变更数	9.696	84.907	839.421	5 554.646	−3 197.189
国　道	−0.951	−1.972	269.888	−270.617	
其中：国家高速公路					
省　道		−1.913	504.368		−2.246
县　道	9.647	79.879	36.692	172.218	−286.066
乡　道		6.553	28.473	1 282.545	−1 273.264
专用公路		0.464		113.218	−85.755
村　道	1.000	1.896		4 765.901	−1 549.858
（四）当年年底达到数	3 325.653	13 970.884	13 110.891	229 637.105	49 518.007
国　道	702.466	3 576.541	881.273	146.611	
其中：国家高速公路					
省　道	896.040	5 554.052	2 929.931	1 816.743	105.960
县　道	922.792	3 666.223	6 799.882	27 082.036	2 246.403
乡　道	526.865	742.544	1 557.311	40 236.263	9 438.764
专用公路	16.908	89.286	144.233	2 143.020	2 734.192
村　道	260.582	342.238	798.261	158 212.432	34 992.688

2015年全省公路里程年底达到数（按路面等级分）

指 标	公路里程总计	有铺装路面（高级）		
		合 计	沥青混凝土	水泥混凝土
（一）上年年底达到数	309 742.098	166 550.273	32 419.933	134 130.340
国 道	8 749.014	8 012.799	7 086.024	926.775
其中：国家高速公路	3 208.207	3 208.207	3 126.621	81.586
省 道	13 335.496	11 585.694	9 840.467	1 745.227
县 道	40 744.382	26 343.669	8 860.563	17 483.106
乡 道	52 435.753	27 842.410	4 566.588	23 275.822
专用公路	5 099.712	1 121.982	360.771	761.211
村 道	189 377.741	91 643.719	1 705.520	89 938.199
（二）当年新建数	2 549.723	1 279.806	553.441	726.365
国 道	1.504	1.504	1.504	
其中：国家高速公路				
省 道	515.044	515.044	515.044	
县 道	1.967	1.967		1.967
乡 道	21.687	10.820	10.820	
专用公路				
村 道	2 009.521	750.471	26.073	724.398
（三）当年改建变更数	3 290.314	15 500.253	2 640.678	12 859.575
国 道	-3.651	266.966	325.302	-58.336
其中：国家高速公路	98.500	98.500	98.500	
省 道	-9.578	381.474	406.537	-25.063
县 道	12.370	1 007.813	632.804	375.009
乡 道	44.307	2 708.921	938.406	1 770.515
专用公路	27.927	154.860	46.097	108.763
村 道	3 218.939	10 980.219	291.532	10 688.687
（四）当年年底达到数	315 582.135	183 330.332	35 614.052	147 716.280
国 道	8 746.867	8 281.269	7 412.830	868.439
其中：国家高速公路	3 306.707	3 306.707	3 225.121	81.586
省 道	13 840.962	12 482.212	10 762.048	1 720.164
县 道	40 758.719	27 353.449	9 493.367	17 860.082
乡 道	52 501.747	30 562.151	5 515.814	25 046.337
专用公路	5 127.639	1 276.842	406.868	869.974
村 道	194 606.201	103 374.409	2 023.125	101 351.284

续表1：

指　标	简易铺装路面（次高级）	未铺装路面（中级、低级、无路面）	可绿化里程	已绿化里程	养护里程
（一）上年年底达到数	21 615.912	121 575.913	249 435.364	127 795.887	288 440.957
国　道	677.759	58.456	8 376.349	8 155.484	8 749.014
其中：国家高速公路			3 208.207	3 208.207	3 208.207
省　道	1 357.255	392.547	12 096.582	11 454.559	13 335.496
县　道	7 267.381	7 133.332	38 950.276	30 813.454	40 730.923
乡　道	4 859.516	19 733.827	48 337.137	30 225.254	50 841.338
专用公路	250.160	3 727.570	4 365.091	2 110.621	4 798.753
村　道	7 203.841	90 530.181	137 309.929	45 036.515	169 985.433
（二）当年新建数	117.993	1 151.924	2 021.807	1 051.278	2 263.701
国　道					1.504
其中：国家高速公路					
省　道			460.291	460.291	515.044
县　道			1.583	1.583	1.967
乡　道		10.867	20.287	15.589	21.687
专用公路					
村　道	117.993	1 141.057	1 539.646	573.815	1 723.499
（三）当年改建变更数	13.810	−12 223.749	1 770.750	478.113	5 381.470
国　道	−229.816	−40.801	−691.118	−688.802	−3.651
其中：国家高速公路			−566.014	−567.014	98.500
省　道	−357.085	−33.967	−387.361	−217.619	−9.578
县　道	−233.086	−762.357	10.490	61.089	9.606
乡　道	50.102	−2 714.716	41.879	293.078	458.044
专用公路	33.310	−160.243	24.368	0.402	60.806
村　道	750.385	−8 511.665	2 772.492	1 029.965	4 866.243
（四）当年年底达到数	21 747.715	110 504.088	253 227.921	129 325.278	296 086.128
国　道	447.943	17.655	7 685.231	7 466.682	8 746.867
其中：国家高速公路			2 642.193	2 641.193	3 306.707
省　道	1 000.170	358.580	12 169.512	11 697.231	13 840.962
县　道	7 034.295	6 370.975	38 962.349	30 876.126	40 742.496
乡　道	4 909.618	17 029.978	48 399.303	30 533.921	51 321.069
专用公路	283.470	3 567.327	4 389.459	2 111.023	4 859.559
村　道	8 072.219	83 159.573	141 622.067	46 640.295	176 575.175

2015年全省公路密度及通达通畅情况

指　标	计算单位	数　量
一、公路密度		
以国土面积算	公里/百平方公里	64.72
二、公路通达		
乡镇数量	个	4 510
已通畅	个	4 329
其中：通其他硬化路面	个	2
其中：当年新通畅	个	99
已通达、未通畅	个	181
其中：当年新通达、未通畅	个	5
未通达	个	
建制村数量	个	48 328
已通畅	个	41 484
其中：通其他硬化路面	个	146
其中：当年新通畅	个	3 064
已通达、未通畅	个	6 526
其中：当年新通达、未通畅	个	140
未通达	个	318

2015年全省高速公路明细表（按线路分）

线路名称	线路编号	起讫地点	高速公路里程合计	高速公路车道里程合计	四车道	六车道	通车时间
合计			6 019.595	25 042.192	5 537.689	481.906	
京昆线	G108	金鸡关收费站—姚桥镇	2.388	9.552	2.388		1999-12-30
兰磨路	G213	都映高速出口—213头	60.062	309.398	25.487	34.575	2009-05-12
成那路	G317	都汶高速出口—高速出口	5.519	33.114		5.519	2000-12-30
沪聂线	G318	318尾—邛崃	65.300	312.492	39.654	25.646	2004-12-30
沪蓉高速	G42	邻水县兴仁镇—成都市成华区	356.366	1 478.740	329.728	26.638	2008-12-30
成都绕城高速	G4201	成都市金牛区天回镇—成都市金牛区天回镇	85.000	510.000		85.000	2001-12-01
京昆高速	G5	棋盘关—田房	981.483	3 997.932	945.483	36.000	2012-04-30
张南高速	G5515	高坪区—渠县	98.500	394.000	98.500		2013-12-28
包茂高速	G65	大巴山隧道北口—邻水邱家河	305.014	1 220.056	305.014		2012-04-14
兰海高速	G75	甘肃界—武胜	330.031	1 320.124	330.031		2012-04-01
厦蓉高速	G76	贵州界—五桂桥	420.470	1 681.880	420.470		2012-12-30
渝昆高速	G85	内江市隆昌县—云南水富	150.229	600.916	150.229		2006-10-30
成渝环线高速	G93	游仙区—与成雅高速交叉点	579.614	2 318.456	579.614		2013-09-12
邛名高速	S008	桑园—新店	52.677	210.708	52.677		2010-11-09
原二河线	S040	广陕广巴连接线利用段止点—瓷窑铺	1.826	7.304	1.826		2001-08-30
成绵复线高速	S1	彭州—磨家互通立交	86.191	344.764	86.191		2012-07-01
成都-双流机场	S102	人民南路南站立交桥—机场	11.980	47.920	11.980		1999-12-01
成都-五通桥	S104	成乐高速与成雅高速交界—青龙	1.749	6.996	1.749		1999-12-30
成青路	S105	新都区大丰镇—护国林	21.317	85.268	21.317		2004-12-31
遂内高速	S11	遂宁市大英县回马镇—内江	157.758	631.032	157.758		2012-05-12
蓉丽高速	S15	攀枝花金江与攀田高速交汇处—川滇界	51.213	204.852	51.213		2014-01-01
遂西高速	S17	遂宁吉祥—太平互通	67.644	270.576	67.644		2015-12-10
遂广高速	S18	金桥—广安区	102.941	411.764	102.941		2015-12-26
成巴高速	S2	成都市—南江县关坝乡	375.577	1 502.308	375.577		2014-01-01

续表1：

线路名称	线路编号	起讫地点	高速公路里程合计	高速公路车道里程合计	四车道	六车道	通车时间
万广高速	S20	广南高速—四川界	313.109	1 252.436	313.109		2014-12-30
内威荣高速	S21	冷家湾互通—荣昌南互通	62.761	251.044	62.761		
张南高速	S28	渠县—石桥铺（川渝界）	39.700	158.800	39.700		
成泸高速	S4	成都—贵州界	296.342	1 240.336	268.858	27.484	
遂洪高速	S40	罗家湾—止戈	244.389	977.556	244.389		
绵阳绕城高速	S41	绵遂高速—磨家互通立交	33.675	134.700	33.675		
成都第二绕城高速	S4202	彭州—彭州市濛阳镇	222.894	1 337.364		222.894	2014-12-31
乐峨高速	S44	乐山—峨眉山	10.780	43.120	10.780		
隆乐高速	S66	迎接互通—安谷	164.048	656.192	164.048		
宜叙高速	S68	绥庆—竹海镇	24.540	98.160	24.540		
宜叙高速连接线	S6801	绥庆枢纽互通—与国道93交接点	17.960	71.840	17.960		
成乐高速	S7	青龙—张徐坝立交	89.493	357.972	89.493		
广陕广巴连接线	S70	瓷窑铺互通—与广巴高速交接点	19.456	77.824	19.456		
成都至德格至西藏高速公路	S9	映秀镇—汶川县城	48.272	193.088	48.272		
兰海高速	SA56	青莲—拆分点	19.944	79.776	19.944		
G213城区连接线	XA41	成灌高速入口—绕城立交桥	0.345	2.070		0.345	
成都城北出口高速公路	XA45	青龙场—绕城高速	10.349	62.094		10.349	
成仁高速连接线	XAAA	成都市—双流县	1.258	7.548		1.258	
遂洪高速连接线	XAAB	罗家湾—罗家湾	1.300	5.200	1.300		
高速公路泸州连接线	XE29	收费站—加油站	8.600	34.400	8.600		
厦蓉高速渠坝连接线	XE99	渠坝—纳西连接线	2.744	10.976	2.744		
乐山连接线	XLS1	国道108—张徐坝立交	1.433	5.732	1.433		
成雅路城区连线	XN88	城区—收费站	6.198	37.188		6.198	
高速公路连接线	XT28	高速出口—连接线	0.245	0.980	0.245		
白塔连接线	XX60	植物油厂—广安市广安县红土地村	8.911	35.644	8.911		

2015年全省收费公路基本情况

项目		收费公路里程	主线收费站	建设投资情况					债务余额情况		
				累计建设投资总额	财政性资本金投入	非财政性资本金投入	举借银行贷款本金	举借其他债务本金	年末债务余额小计	年末银行贷款余额	年末其他债务余额
		（公里）	（个）	（万元）	（万元）	（万元）	（万元）	（万元）	（万元）	（万元）	
总计		5 784.2	41.0	29 309 105	4 158 131	4 684 247	14 913 066	5 553 661	17 533 286	12 710 358	4 822 928
还贷性		1 570.1	13.0	9 877 046	2 033 133	739 110	2 965 672	4 139 131	5 560 236	3 253 906	2 306 330
经营性		4 214.1	28.0	19 432 060	2 124 998	3 945 137	11 947 394	1 414 530	11 973 050	9 456 452	2 516 598
高速	小计	5 250.8	30.0	28 121 771	3 830 235	4 608 874	14 285 859	5 396 802	17 134 047	12 473 429	4 660 617
	还贷性	1 243.9	8.0	8 922 537	1 734 071	719 290	2 469 302	3 999 874	5 288 499	3 100 327	2 188 172
	经营性	4 006.9	22.0	19 199 234	2 096 164	3 889 584	11 816 557	1 396 928	11 845 548	9 373 102	2 472 446
一级	小计	457.6	9.0	1 073 884	304 802	69 183	567 621	132 278	343 560	200 763	142 797
	还贷性	323.6	5.0	936 378	297 062	13 630	494 270	131 416	262 896	152 578	110 318
	经营性	134.0	4.0	137 506	7 740	55 553	73 351	862	80 663	48 184	32 479
二级	小计	72.5	2.0	85 687	21 094		52 485	12 107	44 471	32 800	11 671
	还贷性										
	经营性	72.5	2.0	85 687	21 094		52 485	12 107	44 471	32 800	11 671
独立桥梁	小计	3.4		27 764	2 000	6 190	7 100	12 474	11 209	3 366	7 843
	还贷性	2.6		18 131	2 000	6 190	2 100	7 841	8 841	1 000	7 841
	经营性	0.7		9 633			5 000	4 633	2 368	2 366	2

续表1：

项目		年通行费收入	年支出总额	还本付息支出小计	偿还债务本金支出	偿还债务利息支出	养护支出	公路及附属设施改扩建工程支出
		万元	万元	万元	万元	万元	万元	万元
总计		1 749 009	2 181 026	1 592 926	689 993	902 933	130 657	89 179
还贷性		402 023	684 014	526 936	242 250	284 686	31 144	58 984
经营性		1 346 986	1 497 012	1 065 990	447 743	618 247	99 513	30 194
高速	小计	1 617 807	2 063 583	1 504 659	622 021	882 638	114 880	89 147
	还贷性	284 023	586 086	448 806	178 684	270 122	18 976	58 952
	经营性	1 333 784	1 477 497	1 055 853	443 337	612 516	95 903	30 194

续表2：

项目		年通行费收入	年支出总额	还本付息支出小计	偿还债务本金支出	偿还债务利息支出	养护支出	公路及附属设施改扩建工程支出
		万元	万元	万元	万元	万元	万元	万元
一级	小计	126 970	108 827	84 566	66 866	17 700	14 355	32
	还贷性	116 242	97 417	78 130	63 566	14 564	12 149	32
	经营性	10 728	11 411	6 437	3 300	3 137	2 206	
二级	小计	2 115	7 782	3 470	1 000	2 470	1 401	
	还贷性							
	经营性	2 115	7 782	3 470	1 000	2 470	1 401	
独立桥梁	小计	2 117	833	230	106	124	22	
	还贷性	1 759	511				19	
	经营性	359	322	230	106	124	3	

续表3：

项目		运营管理支出	税费支出	其他支出	通行费减免情况：年绿色通道减免金额	通行费减免情况：年节假日小型客车减免金额	通行费减免情况：年其他政策性减免金额
		万元	万元	万元	万元	万元	万元
总计		258 508	101 726	8 031	121 202	101 717	25 590
还贷性		46 695	18 347	1 908	35 021	12 100	5 367
经营性		211 813	83 379	6 123	86 181	89 617	20 223
高速	小计	250 752	97 304	6 842	120 535	100 621	24 064
	还贷性	42 840	15 210	1 301	34 895	11 634	4 053
	经营性	207 912	82 094	5 542	85 640	88 987	20 011
一级	小计	5 793	3 724	357	631	977	1 500
	还贷性	3 642	3 107	357	127	466	1 315
	经营性	2 152	616		505	511	185
二级	小计	1 681	649	581	6	104	26
	还贷性						
	经营性	1 681	649	581	6	104	26
独立桥梁	小计	282	49	250	30	15	
	还贷性	213	29	250			
	经营性	69	20		30	15	

注一：同一收费项目中含不同技术或行政等级，项目的技术和行政等级按里程长的计算；注二：收费站按所属项目技术等级计算；注三：省界主线共管收费站，各省分别按0.5个计算。

2015年全省公路桥梁年底实有数（按建筑材料和使用年限分）

指　标	桥梁总计				按建筑材料和使用年限分					
	总　计		危　桥		永久性		半永久性		临时性	
	座	米	座	米	座	米	座	米	座	米
（一）上年年底达到数	38 029	2 336 198.35	1 437	65 508.72	37 115	2 311 687.99	607	15 674.06	307	8 836.30
国　道	5 761	914 079.47	33	5 821.62	5 761	914 079.47				
其中：国家高速公路	3 793	786 672.30			3 793	786 672.30				
省　道	5 008	602 479.13	68	5 422.12	5 003	602 276.53	4	60.00	1	142.60
县　道	8 167	316 764.69	384	17 406.55	8 054	314 108.81	68	1 943.68	45	712.20
乡　道	6 752	201 606.36	403	16 608.35	6 541	196 971.11	124	3 166.85	87	1 468.40
专用公路	445	12 160.75	22	663.40	433	11 896.75	6	158.00	6	106.00
村　道	11 896	289 107.95	527	19 586.68	11 323	272 355.32	405	10 345.53	168	6 407.10
（二）当年新建数	492	94 361.83			492	94 361.83				
国　道	1	1 026.00			1	1 026.00				
其中：国家高速公路										
省　道	418	89 218.40			418	89 218.40				
县　道	14	1 602.20			14	1 602.20				
乡　道	9	565.80			9	565.80				
专用公路										
村　道	50	1 949.43			50	1 949.43				
（三）当年改建变更数	114	–470.70	101	–3 264.73	90	–870.06	24	348.86		50.50
国　道	–1	–565.55	–8	–2 326.43	–1	–565.55				
其中：国家高速公路	79	14 196.67			79	14 196.67				
省　道	–73	–5 369.98	–30	–1 584.06	–73	–5 369.98				
县　道	–2	–11.30	8	–1 939.26	2	48.64	–4	–59.94		
乡　道	54	1 797.47	56	167.72	44	1 706.17	10	76.80		14.50
专用公路			1	28.20						
村　道	136	3 678.66	74	2 389.10	118	3 310.66	18	332.00		36.00
（四）当年年底达到数	38 635	2 430 089.48	1 538	62 243.99	37 697	2 405 179.76	631	16 022.92	307	8 886.80
国　道	5 761	914 539.92	25	3 495.19	5 761	914 539.92				
其中：国家高速公路	3 872	800 868.97			3 872	800 868.97				
省　道	5 353	686 327.55	38	3 838.06	5 348	686 124.95	4	60.00	1	142.60
县　道	8 179	318 355.59	392	15 467.29	8 070	315 759.65	64	1 883.74	45	712.20
乡　道	6 815	203 969.63	459	16 776.07	6 594	199 243.08	134	3 243.65	87	1 482.90
专用公路	445	12 160.75	23	691.60	433	11 896.75	6	158.00	6	106.00
村　道	12 082	294 736.04	601	21 975.78	11 491	277 615.41	423	10 677.53	168	6 443.10

2015年全省公路桥梁、渡口年底实有数（按跨径分）

指　标	桥梁总计			
	总　计		互通式	
	座	米	座	米
（一）上年年底达到数	38 029	2 336 198.35	359	59 651.70
国　道	5 761	914 079.47	207	29 274.00
其中：国家高速公路	3 793	786 672.30	195	28 054.44
省　道	5 008	602 479.13	147	29 297.10
县　道	8 167	316 764.69	2	80.60
乡　道	6 752	201 606.36	2	360.00
专用公路	445	12 160.75		
村　道	11 896	289 107.95	1	640.00
（二）当年新建数	492	94 361.83	55	17 936.31
国　道	1	1 026.00		
其中：国家高速公路				
省　道	418	89 218.40	53	17 701.31
县　道	14	1 602.20	2	235.00
乡　道	9	565.80		
专用公路				
村　道	50	1 949.43		
（三）当年改建变更数	114	–470.70	–2	–108.05
国　道	–1	–565.55	–3	–59.14
其中：国家高速公路	79	14 196.67		385.36
省　道	–73	–5 369.98	1	–274.97
县　道	–2	–11.30	–1	–24.54
乡　道	54	1 797.47		
专用公路				
村　道	136	3 678.66	1	250.60
（四）当年年底达到数	38 635	2 430 089.48	412	77 479.96
国　道	5 761	914 539.92	204	29 214.86
其中：国家高速公路	3 872	800 868.97	195	28 439.80
省　道	5 353	686 327.55	201	46 723.44
县　道	8 179	318 355.59	3	291.06
乡　道	6 815	203 969.63	2	360.00
专用公路	445	12 160.75		
村　道	12 082	294 736.04	2	890.60

续表1：

指　标	按跨径分								渡口总计	机动渡口
	特大桥		大　桥		中　桥		小　桥			
	座	米	座	米	座	米	座	米	处	处
（一）上年年底达到数	199	304 770.20	4 980	1 169 111.72	8 196	424 033.91	24 654	438 282.52	213	124
国　道	113	179 544.90	2 189	601 032.44	1 535	93 996.70	1 924	39 505.43	3	3
其中：国家高速公路	104	170 345.18	1 845	534 699.77	1 022	65 033.49	822	16 593.86		
省　道	70	109 998.56	1 454	373 813.83	1 304	74 010.19	2 180	44 656.55		
县　道	13	13 936.86	590	104 938.19	1 799	88 393.01	5 765	109 496.63	12	9
乡　道	3	1 289.88	361	48 893.71	1 326	63 453.00	5 062	87 969.77	50	29
专用公路			31	3 636.20	88	3 432.55	326	5 092.00	8	6
村　道			355	36 797.35	2 144	100 748.46	9 397	151 562.14	140	77
（二）当年新建数	10	18 097.58	248	65 037.01	168	10 176.58	66	1 050.66		
国　道	1	1 026.00								
其中：国家高速公路										
省　道	9	17 071.58	240	63 341.97	138	8 369.49	31	435.36		
县　道			4	1 042.00	6	449.50	4	110.70		
乡　道			1	284.00	4	236.80	4	45.00		
专用公路										
村　道			3	369.04	20	1 120.79	27	459.60		
（三）当年改建变更数	−2	−1 852.11	−7	−1 030.28	−21	−1 401.45	144	3 813.14	−5	−2
国　道			−1	−671.16	4	228.02	−4	−122.41	−3	−3
其中：国家高速公路	2	2 420.50	53	10 279.84	22	1 466.63	2	29.70		
省　道	−2	−1 852.11	−24	−2 411.25	−20	−628.12	−27	−478.50		
县　道			2	137.44		−94.38	−4	−54.36		
乡　道			16	1 497.43	−6	−586.03	44	886.07		
专用公路			−1	−52.00	1	52.00			1	1
村　道			1	469.26		−372.94	135	3 582.34	−3	
（四）当年年底达到数	207	321 015.67	5 221	1 233 118.45	8 343	432 809.04	24 864	443 146.32	208	122
国　道	114	180 570.90	2 188	600 361.28	1 539	94 224.72	1 920	39 383.02		
其中：国家高速公路	106	172 765.68	1 898	544 979.61	1 044	66 500.12	824	16 623.56		
省　道	77	125 218.03	1 670	434 744.55	1 422	81 751.56	2 184	44 613.41		
县　道	13	13 936.86	596	106 117.63	1 805	88 748.13	5 765	109 552.97	12	9
乡　道	3	1 289.88	378	50 675.14	1 324	63 103.77	5 110	88 900.84	50	29
专用公路			30	3 584.20	89	3 484.55	326	5 092.00	9	7
村　道			359	37 635.65	2 164	101 496.31	9 559	155 604.08	137	77

2015年全省公路隧道年底达到数

指标	合计		特长隧道		长隧道		中隧道		短隧道	
	米	处	米	处	米	处	米	处	米	处
(一)上年年底达到数	854 587.10	821	272 600.46	64	368 373.34	212	117 974.60	165	95 638.70	380
国　道	499 366.57	434	162 476.76	36	214 014.15	117	69 550.10	96	53 325.56	185
其中：国家高速公路	412 979.97	339	131 187.76	28	182 449.15	97	60 177.10	83	39 165.96	131
省　道	312 435.91	277	107 023.70	27	133 193.77	81	41 513.00	59	30 705.44	110
县　道	26 516.62	45			17 306.42	11	3 608.00	5	5 602.20	29
乡　道	10 254.50	30	3 100.00	1	1 200.00	1	2 788.50	4	3 166.00	24
专用公路	3 459.00	6			2 659.00	2			800.00	4
村　道	2 554.50	29					515.00	1	2 039.50	28
(二)当年新建数	41 484.00	31	16 831.00	4	12 850.00	10	11 551.00	16	252.00	1
国　道										
其中：国家高速公路										
省　道	39 092.00	28	16 831.00	4	10 710.00	8	11 551.00	16		
县　道	2 140.00	2			2 140.00	2				
乡　道										
专用公路										
村　道	252.00	1							252.00	1
(三)当年改建变更数	3 283.00	6			1 044.00	1	536.00	1	1 703.00	4
国　道	536.00	1					536.00	1		
其中：国家高速公路	7 876.00	17			2 169.00	2	1 056.00	2	4 651.00	13
省　道	2 237.00	4			1 044.00	1			1 193.00	3
县　道	339.00	1							339.00	1
乡　道										
专用公路										
村　道	171.00								171.00	
(四)当年年底达到数	899 354.10	858	289 431.46	68	382 267.34	223	130 061.60	182	97 593.70	385
国　道	499 902.57	435	162 476.76	36	214 014.15	117	70 086.10	97	53 325.56	185
其中：国家高速公路	420 855.97	356	131 187.76	28	184 618.15	99	61 233.10	85	43 816.96	144
省　道	353 764.91	309	123 854.70	31	144 947.77	90	53 064.00	75	31 898.44	113
县　道	28 995.62	48			19 446.42	13	3 608.00	5	5 941.20	30
乡　道	10 254.50	30	3 100.00	1	1 200.00	1	2 788.50	4	3 166.00	24
专用公路	3 459.00	6			2 659.00	2			800.00	4
村　道	2 977.50	30					515.00	1	2 462.50	29

2015年全省营运性汽车拥有量（分地区）

地 区	载客汽车							
	合计		按等级分					
			高级		中级		普通	
	（辆）	（客位）	（辆）	（客位）	（辆）	（客位）	（辆）	（客位）
合 计	50 765	1180 377	12 425	419 004	13 219	371 647	25 121	389 726
成 都	7 095	212 816	2 587	90 971	2 748	87 142	1 760	34 703
自 贡	1 336	35 459	209	7 282	495	14 548	632	13 629
攀枝花	814	16 536	177	5 867	335	6 592	302	4 077
泸 州	3 074	82 578	887	28 276	790	23 751	1 397	30 551
德 阳	1 687	44 065	188	7 064	346	10 753	1 153	26 248
广 元	1 701	36 102	302	11 093	508	12 286	891	12 723
宜 宾	2 075	59 601	758	27 916	695	21 001	622	10 684
遂 宁	1 887	39 103	414	12 551	436	12 457	1 037	14 095
内 江	2 161	55 023	595	18 989	492	13 628	1 074	22 406
乐 山	2 019	51 096	749	24 649	607	15 495	663	10 952
绵 阳	3 630	74 435	584	19 870	833	21 951	2 213	32 614
南 充	3 271	84 908	656	25 398	1 054	32 887	1 561	26 623
达 州	2 233	54 644	533	16 813	1 006	25 460	694	12 371
雅 安	1 244	21 101	223	7 536	382	6 827	639	6 738
阿 坝	2 548	58 519	1 531	43 094	440	11 100	577	4 325
巴 中	3 708	44 150	271	10 817	116	3 269	3 321	30 064
广 安	1 352	34 309	161	6 592	441	11 226	750	16 491
眉 山	1 709	39 600	278	9 627	383	11 400	1 048	18 573
凉 山	3 632	55 367	200	7 259	583	14 877	2 849	33 231
资 阳	1 796	47 100	503	17 102	391	10 643	902	19 355
甘 孜	1 793	33 865	619	20 238	138	4 354	1 036	9 273

续表1：

地区	营运载客汽车									
	按燃料类型分				卧铺客车					
	汽油车	柴油车	双燃料车	其他			高级		中级	
	（辆）	（辆）	（辆）	（辆）	（辆）	（客位）	（辆）	（客位）	（辆）	（客位）
合计	12 487	27 315	7 285	3 678	111	4 436	43	1 675	68	2 761
成都	691	4 851	964	589	74	2 886	24	913	50	1 973
自贡	136	834	184	182						
攀枝花	50	764			2	82			2	82
泸州	741	1 965	283	85	11	437	11	437		
德阳	45	635	594	413						
广元	398	1 070	219	14						
宜宾	234	1 720	37	84						
遂宁	152	549	861	325						
内江	42	1 681	96	342	13	584			13	584
乐山	300	690	465	564	2	69	1	39	1	30
绵阳	850	1 135	1 262	383						
南充	445	2 462	205	159	2	92			2	92
达州	185	1 424	468	156						
雅安	410	536	298							
阿坝	896	1 652								
巴中	3 203	369	136		2	76	2	76		
广安	120	755	360	117						
眉山	245	688	776							
凉山	2 280	1 297	42	13	2	72	2	72		
资阳	95	1 425	35	241	3	138	3	138		
甘孜	969	813		11						

2015年全省公路客货运输站点基本情况

地 区	等级客运站数量合计		一级站	二级站		三级站		四级站	五级站	简易站及招呼站
		配备危险品安全检测仪			配备危险品安全检测仪		配备危险品安全检测仪			
合 计	1 986	294	55	139	137	138	79	462	1 192	8 108
成 都	73	61	12	17	17	22	21	19	3	1 222
自 贡	28	8	1	6	6	1	1	11	9	55
攀枝花	42	3	1			2	2	2	37	49
泸 州	43	13	3	6	6	4	4	25	5	11
德 阳	48	10	4	6	6	9		18	11	220
广 元	121	13	1	5	5	7	6	49	59	595
遂 宁	28	7	3	3	3	1	1	13	8	367
内 江	81	7	3	6	6	4		31	37	49
乐 山	93	19	3	12	12	4	4	10	64	888
绵 阳	110	18	5	7	7	3	3	44	51	895
达 州	195	12	3	6	6	4	3	47	135	360
雅 安	70	9	2	3	3	5	4	3	57	104
阿 坝	208	24		9	9	7	7	2	190	584
眉 山	74	6	1	5	5	2		47	19	106
南 充	181	18	4	11	11	8	3	36	122	463
宜 宾	112	14	3	9	8	8	3	45	47	26
广 安	51	6	1	5	5	1		5	39	201
巴 中	225	15	1	6	6	8	8	26	184	1 090
资 阳	38	14	2	6	6	8	4	6	16	102
甘 孜	105	1		2	1	18		2	83	680
凉 山	60	16	2	9	9	12	5	21	16	41

2015年全省公路客运线路班次

地 区	客运线路条数（条）							客运线路平均日发班次（班次/日）					
	合 计	高速公路客运线路	跨省线路	高速公路客运线路	跨市（州）线路	跨县线路	县内线路	合 计	高速公路客运线路	跨省线路	跨市（州）线路	跨县线路	县内线路
合 计	11 618	2 255	902	514	1 541	2 198	6 977	138 136	10 401	1 861	12 452	23 276	100 548
成 都	1 589	816	153	126	872	379	185	16 714	5 800	306	4 418	5 584	6 406
自 贡	414	104	25	25	118	69	202	3 684	347	57	392	1 140	2 095
攀枝花	101	38	20	10	33	11	37	5 381	147	55	121	845	4 360
泸 州	961	85	144	45	122	175	520	9 371	285	250	303	1 221	7 598
德 阳	437	63	6	6	161	56	214	5 076	242	4	975	1 046	3 051
广 元	698	70	24	24	103	142	429	4 008	92	51	353	817	2 787
宜 宾	715	63	72	26	106	223	314	5 125	143	191	371	1 432	3 131
遂 宁	487	135	39	39	137	78	233	4 591	519	67	486	668	3 370
内 江	661	172	45	26	192	78	346	7 525	514	189	623	853	5 861
乐 山	457	48	17	3	129	56	255	8 023	230	18	791	2 139	5 075
绵 阳	1 182	62	29		178	184	791	9 025	116	34	487	1 848	6 656
达 州	595	70	53		68	126	348	5 200	420	104	169	1 175	3 752
雅 安	171	54	3	3	68	28	72	6 255	319	3	347	487	5 418
阿 坝	484		12		82	62	328	2 572		30	77	116	2 349
广 安	366	65	42	36	37	55	232	3 812	427	154	130	418	3 111
眉 山	430	50	10	7	149	23	248	6 603	164	17	693	767	5 126
南 充	1 085	157	115	108	136	221	613	6 354	326	173	398	1 004	4 779
巴 中	803	105	39	23	60	76	628	10 769	144	59	194	408	10 108
资 阳	683	78	25	4	242	45	371	5 474	107	58	896	265	4 255
甘 孜	278		9		53	33	183	730		9	68	97	556
凉 山	563	20	20	3	37	78	428	11 845	60	34	161	946	10 704

2015年全省城市（含县城）出租汽车、轨道交通综合表

地区	出租汽车					轨道交通				
	运营车数（辆）		出租汽车经营业户数（户）	从业人员数（人）	客运量（万人次）	运营车数（辆）	标准运营车数（标台）	轨道交通经营业户数（户）	从业人员数（人）	客运量（万人次）
	合计	安装卫星定位车载终端的运营车辆数								
合计	45 293	44 008	1 006	100 927	181 212	732	1 830	1	6 387	27 163
成都	18 583	18 582	111	37 656	44 831	732	1 830	1	6 387	27 163
自贡	1 436	1 343	23	3 494	5 550					
攀枝花	1 597	1 597	12	3 159	7 444					
泸州	2 011	1 637	26	4 970	11 233					
德阳	1 388	1 388	27	3 066	7 011					
绵阳	2 581	2 581	156	6 761	12 388					
广元	971	971	17	2 052	6 266					
遂宁	1 231	1 231	12	3 030	6 517					
内江	1 075	1 075	129	2 748	6 577					
乐山	1 382	1 382	26	3 408	6 911					
南充	2 240	2 240	36	6 245	12 804					
眉山	878	878	15	1 885	4 486					
宜宾	1 716	1 716	17	4 094	7 711					
广安	958	923	16	2 218	6 275					
达州	1 878	1 647	21	5 297	11 031					
雅安	414	394	11	1 072	2 759					
巴中	1 073	1 073	14	2 700	5 036					
资阳	914	914	27	2 332	6 374					
阿坝	881	605	14	1 275	2 082					
甘孜	755	599	264	921	1 182					
凉山	1 331	1 232	32	2 544	6 743					

2015年全省城市（含县城）公共汽车、电车综合表

地区	运营车数（辆）							标准运营车数（标台）	运营线路总长度（公里）	经营业户数（户）	从业人员数（人）	客运量（万人次）
	合计	汽油车	柴油车	天然气汽车	双燃料车	纯电动客车	混合动力车					
合计	27 646	496	3 761	18 787	3 710	362	530	32 562	36 991	233	60 076	440 667
成都	14 202	80	614	12 355	754	285	114	17 640	13 409	30	25 302	203 539
自贡	953	34	46	727			146	1 070	1 705	8	2 761	18 307
攀枝花	665	20	645					754	600	3	2 464	14 158
泸州	1 240		108	1 043		34	55	1 475	1 976	6	3 517	22 782
德阳	612		2	518	72		20	692	908	7	1 344	8 677
绵阳	1 776	1	37	348	1 353	30	7	2 028	3 208	12	4 079	32 804
广元	534	24	95	267	138		10	587	1 247	10	1 202	9 358
遂宁	393			350	43			466	382	5	1 334	10 479
内江	820	75	16	603	49	3	74	903	1 021	5	1 409	15 311
乐山	949	132	130	630	57			931	1 696	15	2 322	13 437
南充	1 067	2	162	739	148		16	1 241	1 428	10	3 043	19 558
眉山	458		46	160	246		6	474	719	10	825	6 667
宜宾	970	9	298	27	636			1 102	1 220	12	2 487	18 998
广安	320		63	168	15		74	365	687	9	681	5 653
达州	540		107	321	94	10	8	596	754	11	1 997	14 669
雅安	243		132	82	29			261	318	10	635	3 196
巴中	392		219	164	9			433	639	4	762	5 552
资阳	531	11	227	285	8			556	782	9	1 001	6 068
阿坝	193	30	163					188	1 353	15	349	526
甘孜	119	9	110					105	790	21	242	337
凉山	669	69	541		59			695	2 151	21	2 320	10 591

2015年全省公路货物营运车辆拥有量

指标	计量单位	总计	个体	按标记吨位分：大型	重型	重型：个体
总计	辆	520 198	281 102			
	吨位	2 999 781	957 376			
（一）载货汽车	辆	509 753	273 173	185 625	144 399	37 082
	吨位	2 990 338	950 423	2 545 902	2 303 814	526 688
1. 货车	辆	473 820	268 984	166 875	126 500	34 994
	吨位	2 450 830	887 977	2 007 000	1 770 398	466 993
（1）按车型结构分						
栏板货车	辆	411 377	242 494	141 291	106 437	31 293
	吨位	2 086 393	810 157	1 693 768	1 490 438	422 602
厢式车	辆	45 705	24 247	9 810	5 239	1 562
	吨位	138 196	51 016	89 617	62 576	18 196
其中：冷藏保温车	辆	157	4	43	19	2
	吨位	692	27	428	273	19
集装箱车	辆	1 452		1 452	1 452	
	吨位	43 865		43 865	43 865	
	标箱	2 470		2 470	2 470	
罐车	辆	15 286	2 243	14 322	13 372	2 139
	吨位	182 376	26 804	179 750	173 519	26 195
（2）按经营范围分						
普通载货汽车	辆	452 479	263 613	151 443	112 918	32 868
	吨位	2 224 014	852 515	1 791 088	1 565 734	439 044
专用载货汽车	辆	21 341	5 371	15 432	13 582	2 126
	吨位	226 816	35 462	215 912	204 664	27 949
其中：商品汽车运输车	辆	36	6	36	36	6
	吨位	405	68	405	405	68
大型物件运输车	辆	318		313	290	
	吨位	3 933		3 919	3 787	
危险货物运输车	辆	7 896		5 494	4 473	
	吨位	90 411		86 478	80 113	

续表1：

指 标	计量单位	总 计	个 体	按标记吨位分 大 型	重 型	个 体
（3）按燃料类型分						
汽油车	辆	60 301	46 814			
柴油车	辆	406 795	217 915			
双燃料车	辆	2 532	1 970			
其他燃料车	辆	4 192	2 285			
2. 牵引车	辆	16 785	1 651			
按燃料类型分						
汽油车	辆	288	46			
柴油车	辆	16 245	1 595			
双燃料车	辆	8	2.00			
其他燃料车	辆	244	8			
3. 挂 车	辆	19 148	2 538	18 750	17 899	2 088
	吨位	539 508	62 446	538 902	533 416	59 695
（1）按车型结构分						
栏板式挂车	辆	16 378	2 499	15 984	15 144	2 058
	吨位	454 073	61 502	453 478	448 073	58 862
厢式挂车	辆	436	11	435	433	2
	吨位	12 730	177	12 729	12 716	66
其中：冷藏保温式挂车	辆	2	1	1	1	
	吨位	34		34	34	
集装箱式挂车	辆	247	2	247	242	2
	吨位	7 823	60	7 823	7 784	60
	标箱	434	3	434	429	3
罐式挂车	辆	2 087	26	2 084	2 080	26
	吨位	64 882	707	64 872	64 843	707
（2）按经营范围分						
普通货物运输	辆	15 502	2 492	15 177	14 361	2 049
	吨位	435 892	61 280	435 526	430 244	58 619
专用货物运输	辆	3 646	46	3 573	3 538	39
	吨位	103 616	1 166	103 376	103 172	1 076

续表2：

指　标	计量单位	总　计		按标记吨位分		
			个　体	大　型	重　型	个　体
其中：商品汽车运输	辆	17		17	17	
	吨位	477		477	477	
大型物件运输	辆	304		304	304	
	吨位	9 623		9 623	9 623	
危险货物运输	辆	1 630		1 625	1 619	
	吨位	46 061		46 045	46 018	
（二）其他载货机动车	辆					
	吨位					
（三）轮胎式拖拉机	辆	10 445	7 929			
	吨位	9 443	6 953			

续表3：

指　标	按标记吨位分					安装卫星定位车载终端
	个　体	中　型	个　体	小　型	个　体	
总　计						
（一）载货汽车	57 339	24 777	15 012	282 566	199 171	65 938
	654 806	78 845	47 392	365 591	248 225	746 720
1. 货　车	55 103	24 667	14 991	282 278	198 890	61 230
	592 674	78 474	47 312	365 356	247 991	746 720
（1）按车型结构分						
栏板货车	50 301	21 381	13 685	248 705	178 508	50 187
	542 255	67 848	43 118	324 777	224 784	615 747
厢式车	2 614	2 633	1 257	33 262	20 376	3 426
	23 801	8 347	4 015	40 232	23 200	25 358
其中：冷藏保温车	3	48		66	1	4

续表4：

指　标	按标记吨位分					安装卫星定位车载终端
	个　体	中　型		小　型		
			个　体		个　体	
	26	165		99	1	42
集装箱车						956
						27 442
						1 539
罐　车	2 188	653	49	311	6	6 661
	26 618	2 279	179	347	7	78 173
（2）按经营范围分						
普通载货汽车	52 550	23 252	14 481	277 784	196 582	50 340
	562 301	73 776	45 611	359 150	244 603	624 878
专用载货汽车	2 553	1 415	510	4 494	2 308	10 890
	30 373	4 698	1 701	6 206	3 388	121 842
其中：商品汽车运输车	6					36
	68					405
大型物件运输车		3		2		190
		12		2		2 315
危险货物运输车		565		1 837		5 633
		1 786		2 147		57 009
（3）按燃料类型分						
汽油车						
柴油车						
双燃料车						
其他燃料车						
2. 牵引车						
按燃料类型分						
汽油车						
柴油车						
双燃料车						
其他燃料车						

续表5：

指　标	按标记吨位分					安装卫星定位车载终端
	个　体	中　型		小　型		
			个　体		个　体	
3. 挂　车	2 236	110	21	288	281	
	62 132	371	80	235	234	
（1）按车型结构分						
栏板式挂车	2 198	107	21	287	280	
	61 189	361	80	234	233	
厢式挂车	10			1	1	
	176			1	1	
其中：冷藏保温式挂车				1	1	
集装箱式挂车	2					
	60					
	3.00					
罐式挂车	26	3				
	707	10				
（2）按经营范围分						
普通货物运输	2 190	37	21	288	281	
	60 966	131	80	235	234	
专用货物运输	46	73				
	1 166	240				
其中：商品汽车运输						
大型物件运输						
		5				
危险货物运输		16				
（二）其他载货机动车						
（三）轮胎式拖拉机						

2015年全省公路货物营运性运输工具拥有量（分地区）

地区	小计		按车型结构分									
			栏板货车		厢式车				集装箱车		罐车	
							其中：冷藏保温车					
	（辆）	（吨位）	（辆）	（吨位）	（辆）	（吨位）	（辆）	（吨位）	（辆）	（吨位）	（辆）	（吨位）
合　计	473 820	2 450 830	411 377	2 086 393	45 705	138 196	157	692	1 452	43 865	15 286	182 376
成　都	133 644	631 602	108 234	490 178	18 871	55 350	142	619	723	21 864	5 816	64 210
自　贡	16 055	78 381	14 968	70 315	802	3 260			63	1 981	222	2 825
攀枝花	14 881	100 591	13 882	92 958	421	777			71	1 669	507	5 187
泸　州	17 759	134 807	14 585	99 131	1 476	5 629	1	6	353	11 453	1 345	18 594
德　阳	24 901	105 191	22 089	90 787	1 966	4 685					846	9 719
广　元	14 847	62 847	14 035	54 473	531	4 645	4	15			281	3 729
宜　宾	14 763	80 771	13 394	71 451	830	2 363			60	1 958	479	4 999
遂　宁	14 991	66 721	11 852	58 548	2 957	6 196					182	1 977
内　江	11 065	74 440	9 623	66 543	1 144	3 985					298	3 912
乐　山	14 618	118 398	12 558	102 769	1 262	3 889			41	1 131	757	10 609
绵　阳	25 084	108 229	22 386	90 943	2 117	7 941			107	2 853	474	6 492
南　充	28 796	194 720	24 219	168 839	3 399	12 597	2	21			1 178	13 284
达　州	20 190	105 302	18 472	98 435	1 390	2 114			1	35	327	4 718
雅　安	20 578	97 539	18 342	82 464	1 425	4 088	3	4	11	305	800	10 682
阿　坝	11 636	49 841	11 468	48 586	82	415	1	7			86	840
巴　中	13 170	54 158	12 137	50 810	914	1 905					119	1 443
广　安	7 677	36 687	7 220	32 838	241	1 527					216	2 322
眉　山	19 543	97 996	17 103	86 758	1 962	5 200			18	492	460	5 546
凉　山	36 054	165 696	32 347	152 015	3 117	6 459	1	10			590	7 222
资　阳	9 168	39 329	8 542	36 639	557	1 789	3	10	4	124	65	777
甘　孜	4 400	47 584	3 921	40 913	241	3 382					238	3 289

续表1：

地区	按经营范围分									
	普通载货汽车		专用载货汽车							
					其中：商品运输车		其中：大型物件运输车		其中：危险货物运输车	
	（辆）	（吨位）	（辆）	（吨位）	（辆）	（吨位）	（辆）	（吨位）	（辆）	（吨位）
合　计	452 479	2 224 014	21 341	226 816	36	405	318	3 933	7 896	90 411
成　都	125 693	542 447	7 951	89 155			1	18	1 619	14 776
自　贡	15 741	75 038	314	3 343			24	245	253	2 258
攀枝花	14 452	97 012	429	3 579					269	1 507
泸　州	16 014	108 713	1 745	26 094			78	1 039	1 038	18 740
德　阳	22 024	83 970	2 877	21 221			212	2 556	529	5 138
广　元	14 498	59 670	349	3 177					154	1 053
宜　宾	14 229	75 055	534	5 716					289	2 637
遂　宁	14 809	64 744	182	1 977					179	1 967
内　江	10 907	72 693	158	1 747					158	1 747
乐　山	13 906	111 529	712	6 869					369	3 758
绵　阳	23 879	95 963	1 205	12 266	36	405			348	4 310
南　充	27 659	185 063	1 137	9 657					476	3 200
达　州	19 800	94 779	390	10 523					355	10 094
雅　安	19 680	86 141	898	11 398					326	3 799
阿　坝	11 484	48 745	152	1 096					128	757
巴　中	13 069	53 488	101	670					86	510
广　安	7 495	34 918	182	1 769					128	1 044
眉　山	18 888	91 216	655	6 780					655	6 780
凉　山	34 838	157 709	1 216	7 987					408	4 787
资　阳	9 087	38 455	81	874			3	75	56	631
甘　孜	4 327	46 666	73	918					73	918

（本栏目供稿单位：厅规划处）

内河航运统计

NEIHE HANGYUN TONGJI

2015年全省水路运输工具拥有量

单位：艘

指　标	计算单位	总　计		内　河	
			个　体		个　体
（一）机动船		6 435	5 243	6 435	5 243
总吨	吨　位				
总载重量	吨　位	1 184 680	355 497	1 187 736	357 924
净载重量	吨　位	1 128 845	325 931	1 131 900	328 358
载客量	客　位	80 760	65 112	80 760	65 112
标准箱位	标　箱	5453		5453	
功率	千　瓦	539 374	302 718	539 369	302 716
1．客　船		2 584	1 920	2 584	1 920
总吨	吨　位				
总载重量	吨　位	3 056	2 427	3 056	2 427
净载重量	吨　位	3 056	2 427	3 056	2 427
载客量	客　位	80 760	65 112	80 760	65 112
功率	千　瓦	73 883	48 381	73 880	48 379
2．客货船					
总吨	吨　位				
总载重量	吨　位				
净载重量	吨　位				
载客量	客　位				
标准箱位	标　箱				
功率	千　瓦				
3．货　船		3 677	3 172	3 677	3 172
总吨	吨　位				
总载重量	吨　位	1 184 680	355 497	1 184 680	355 497
净载重量	吨　位	1 128 845	325 931	1 128 844	325 931
标准箱位	标　箱	5453		5453	
功率	千　瓦	450 533	242 789	450 532	242 789
内：油船		32	1	32	1
总吨	吨　位				
总载重量	吨　位	43 044	78	43 044	78
净载重量	吨　位	40 982	62	40 982	62
功率	千　瓦	22 380	60	22 380	60
集装箱船		21		21	
总吨	吨　位				
总载重量	吨　位	59 446		59 446	
净载重量	吨　位	57 762		57 762	
标准箱位	标　箱	2734		2734	
功率	千　瓦	13 432.00		13 432	
4．拖　船		174	151	174	151
总吨	吨　位				
功率	千　瓦	14 958	11 549	14 957	11 548
（二）驳　船		1 054	957	1 054	957
净载重量	吨　位	57 555	48 380	57 555	48 380
载客量	客　位				
标准箱位	标　箱				

（本栏目供稿单位：厅规划处）

固定资产投资统计

GUDING ZICHAN TOUZI TONGJI

2015年全省交通固定资产投资完成情况

单位：万元

指 标	代 码	数 量
计划总投资	01	77 991 717.1
其中：中央投资	02	6 184 529.9
自开始建设至当年底 累计完成投资	03	33 169 391.4
建筑工程	04	26 342 699.9
安装工程	05	388 981.0
设备工器具购置	06	406 874.2
其 他	07	6 030 836.3
累计新增固定资产	08	9 241 249.3
当年计划投资	09	17 855 391.9
其中：中央投资	10	1 954 950.8
当年完成投资	11	13 057 184.0
1. 按交通行业分		
水上运输业	12	380 533.0
航 道	13	257 186.0
内河航道	14	257 186.0
沿海港口出海航道	15	
港 口	16	90 947.0
内河港口	17	90 947.0
沿海港口	18	
国际集装箱中转站	19	
水上运输部门	20	32 400.0
公路运输业	21	12 344 008.0
公路线路基础设施	22	12 000 933.9
其中：国家高速公路	23	1 449 765.0
地方高速公路	24	2 914 485.7
公路场站基础设施	25	312 964.0
公路运输部门	26	30 110.1
支持系统	27	888.0
其中：海事、救助、打捞	28	
交通部门其他	29	331 755.0
2. 按建设性质分		
新 建	30	5 484 232.8
扩 建	31	217 667.0
改建和技术改造	32	7 164 023.7
单纯购置	33	122 586.0
其 他	34	68 674.5
3. 按构成分		
建筑工程	35	10 971 268.9
安装工程	36	165 881.9
设备工器具购置	37	174 241.0
其 他	38	1 745 792.2
当年新增固定资产	39	4 357 060.4
当年资金来源合计	40	10 092 483.4
上年末结余资金	41	1 056 952.2
其中：国家预算	42	101 126.8
部专项资金	43	388 236.5
当年资金来源小计	44	9 035 531.2
国家预算	45	3 068 721.2
中央预算资金	46	29 267.0
中央国债	47	
地方预算资金	48	3 039 454.2
省级预算	49	557 692.3
燃油税返还	50	62 522.5
通行费	51	
转让经营权收入	52	
地方机动财力	53	674.0
其 他	54	494 495.8
市（州）级预算	55	108 146.1
县级及以下预算	56	2 373 615.8
地方转贷	57	
部专项资金	58	1 362 893.9
车购税	59	1 362 893.9
港建费	60	
内河支出	61	
国内贷款	62	1 963 760.5
其中：开发银行	63	339 026.0
利用外资	64	
其中：外商直接投资	65	
企事业单位自筹资金	66	1 797 855.0
其他资金	67	842 300.6
其中：集资	68	164 083.3
当年各项应付款合计	69	432 220.0
其中：工程款	70	264 644.3
设备、器材款	71	7 946.8
当年施工项目个数（个）	72	19 583
其中：当年新开工（个）	73	9 187
当年建成项目个数（个）	74	16 395

2015年全省交通建设投资完成情况

单位：万元

名　称	计划投资	完成投资
合　计	14 000 000	13 057 184
（一）公路建设	12 750 000	12 344 008
高速公路	5 000 000	4 364 250
干线公路	4 800 000	5 018 844
农村公路	2 600 000	2 607 949
场站建设	350 000	352 965
（二）水运建设	350 000	380 533
（三）养护及智慧交通工程	900 000	332 643

2015年全省交通固定资产投资额和资金来源情况（按行业分）

单位：万元

交通行业	当年完成投资	当年新增固定资产	当年资金来源总计	上年末结余资金	当年资金到位合计
合　计	13 057 184	4 357 060	10 092 483	1 056 952	9 035 531
（一）水上运输业	380 533		214 709	83 069	131 640
1. 航　道	257 186		107 281	59 781	47 500
沿海港口出海航道					
内河航道	257 186		107 281	59 781	47 500
2. 港　口	90 947		107 428	23 288	84 140
沿海港口					
内河港口	90 947		107 428	23 288	84 140
3. 国际集装箱中转站					
4. 水上运输部门					
（二）公路运输业	12 343 998	3 848 342	9 572 703	800 000	8 772 703
1. 公路线路基础设施	12 000 934	3 633 757	9 049 631	630 000	8 419 631
2. 公路场站基础设施	312 964		353 072		353 072
3. 公路运输部门	30 100	214 585	170 000	170 000	
（三）支持系统	888		500		500
1. 海　事					

交通行业	当年完成投资	当年新增固定资产	当年资金来源总计	上年末结余资金	当年资金到位合计
2. 救助、打捞					
3. 科　研					
4. 教　育					
5. 信息、通信	888		500		500
（四）交通部门其他	331 755		304 571	173 883	130 688
1. 工业、建筑企业					
2. 其他单位					

续表1：

单位：万元

交通行业	国家预算资金		
	小　计	中央预算	地方预算
合　计	3 068 721	29 267	3 039 454
（一）水上运输业	98 450		98 450
1. 航　道	32 500		32 500
沿海港口出海航道			
内河航道	32 500		32 500
2. 港　口	65 950		65 950
沿海港口			
内河港口	65 950		65 950
3. 国际集装箱中转站			
4. 水上运输部门			
（二）公路运输业	2 969 771	29 267	2 940 504
1. 公路线路基础设施	2 906 321	29 267	2 877 054
2. 公路场站基础设施	63 450		63 450
3. 公路运输部门			
（三）支持系统	500		500
1. 海　事			
2. 救助、打捞			
3. 科　研			
4. 教　育			
5. 信息、通信	500		500
（四）交通部门其他			
1. 工业、建筑企业			
2. 其他单位			

续表2：

单位：万元

交通行业	部专项资金		国内贷款		企事业单位自筹资金	其他资金	当年各项应付款		
	小 计	车购税		其中：开发银行				工程款	设备、器材款
合 计	1 362 894	1 362 894	1 963 761	339 026	1 797 855	842 301	432 220	264 644	7 947
（一）水上运输业	31 190	31 190				2 000	34 608		
1. 航 道	15 000	15 000					14 369		
沿海港口出海航道									
内河航道	15 000	15 000					14 369		
2. 港 口	16 190	16 190				2 000	20 239		
沿海港口						2 000			
内河港口	16 190	16 190					20 239		
3. 国际集装箱中转站									
4. 水上运输部门									
（二）公路运输业	1 331 704	1 331 704	1 963 761	339 026	1 797 855	709 613	397 612	264 644	7 947
1. 公路线路基础设施	1 299 004	1 299 004	1 963 761	339 026	1 595 863		332 637	264 644	7 947
2. 公路场站基础设施	32 700	32 700			201 992	709 613	63 951		
3. 公路运输部门							1 024		
（三）支持系统									
1. 海 事									
2. 救助、打捞									
3. 科 研									
4. 教 育									
5. 信息、通信									
（四）交通部门其他						130 688			
1. 工业、建筑企业									
2. 其他单位									

（本栏目供稿单位：厅建管处）

交通事故统计
JIAOTONG SHIGU TONGJI

2015年全省交通运输生产安全事故统计表

地 区	道路运输		水上交通		建设施工	
	事故数（起）	死亡人数（人）	事故数（起）	死亡人数（人）	事故数（起）	死亡人数（人）
合 计	206	270	2	3	10	18
成 都	60	72			3	9
自 贡	10	12				
攀枝花	3	3				
泸 州	18	24	1	2		
绵 阳	16	17			1	1
广 元	7	7			1	
遂 宁	7	10				
德 阳	9	19				
内 江	1	1			1	3
资 阳	4	5				
乐 山	15	17				
眉 山	11	13				
南 充	18	21	1	1		
宜 宾	7	11				
广 安	10	11			1	1
达 州	1	1				
巴 中	1	5				
雅 安	1	1			3	3
凉 山						
阿 坝	1	4				
甘 孜	6	16				

（本栏目供稿单位：厅安全处）

2015年交通运输经济运行形势分析

厅综合规划处

2015年，全省交通运输系统主动适应经济发展新常态，依托国家规划建设长江经济带、“一带一路”等重大战略部署，立足用供给侧结构性改革为交通运输提质增效的理念，围绕构建畅通安全高效的现代综合交通运输体系发展目标，加快推进项目建设，努力推动交通运输科学发展、加快发展，交通运输经济运行总体平稳有序。具体情况：

一、交通建设投资总体保持高位运行

投资完成情况：2015年，全省交通建设完成投资1305亿元，比上年增长0.2%，为年度目标1 000亿元的130.5%。其中，高速公路436.4亿元，比上年减少15.3%，但继续保持投资高位，为年度目标340亿元的128.4%；国省干线公路501.9亿元，比上年增长7.1%，为年度目标350亿元的143.4%；农村公路260.8亿元，比上年增长9.9%，为年度目标190亿元的137.3%；站点建设35.3亿元，比上年减少31.3%，为年度目标30亿元的117.7%；水运建设38.1亿元，比上年增长24.8%，为年度目标30亿元的126.8%；智慧交通及其他专项32.5亿元，为年度目标60亿元的54.2%。

高速公路投资负增长主要因为在建项目总数减少和交通投资向精准扶贫倾斜，站场建设投资负增长主要是由于全省汽车客运站提升改造项目大部分项目已建成投运，部分项目处于收尾阶段，在建项目减少、新开工项目较少所致。根据上述统计数据，2015年全省交通建设投资继续保持高位增长，完成情况总体好于上年。

资金保障情况：2015年，省交通运输厅落实中央车购税补助资金223.2亿元，省级交通建设资金108.1亿元和还本付息资金21.36亿元，分别比上年增长11.6%、2.8%和20.3%，有效保障交通建设资金需求。

二、交通基础设施建设持续加快推进

2015年，新建成都二绕东段、遂宁至西充、遂宁至广安等9个高速公路项目506公里，全省高速公路通车总里程达6 016公里，居全国第五，西部第一。新开工攀枝花至大理、营山至达州、绵阳至西充、内江绕城4个高速公路项目305公里；仁沐新、成安渝、雅康等15个在建高速公路项目加快建设，质量、进度总体可控。全省建成和在建高速公路总里程超过7 500公里，全省21个市（州）政府所在地均有高速公路建成或在建。成都经济区环线德简段、仁沐新、成都新机场高速等16个项目前期工作加快推进，力争2016年开工建设。八大专项工程、新四大专项工程（详见《附录》）、芦山地震灾后恢复重建、集中连片特困地区交通扶贫攻坚等深入实施。完成新（改）建国省干线公路2 400公里，比上年增长10.4%，为年度目标的160.0%；新（改）建农村公路2.6万公里，比上年增长18.2%，为年度目标的173.3%。

三、运输生产平稳发展

2015年，公路水路分别完成客运量12.4亿人次和2 748万人次，比上年分别减少2.1%和增长2.6%，其中，2016年春运全省道路累计输运旅客1.26亿人次，比上年减少13.6%。公路水路分别完成客运周转量671.6亿人公里和26 264万人公里，比上年分别增长6.6%和减少1.0%。公路客运量略有下降，主要取决于直达运输占比提高、铁路运输分流等因素；水路客运周转量比上年下降主要取决于水路客运运距缩短等因素。客运下降趋势和全国总体情况吻合。

公路水路分别完成货运量13.86亿吨和8 688万吨，比上年分别减少2.5%和增长3.9%。公路水路分别完成货运周转量1480.5亿吨公里和183.4亿吨公里，比上年分别减少2.0%和增长18.9%。全省港口吞吐量6 707万吨、集装箱吞吐量62.0万标箱，比上年分别增长7.7%和40.6%。因交通运输部公路水路运输量小样本抽样调查对2015年推算基数进行修正，公路货运量和周转量比上年下降，但总体增速高于西部平均水平，和全国总体趋势吻合。

四、发展趋势预判

从2015年总体情况来看，交通建设投资、资金到位、项目建设进度、运输生产涉及的大部分核心指标达到或超过上年同期和全年预期目标，交通运输经济运行总体保持良好势头，为全省宏观经济平稳有序发展做出积极贡献。

2016年，全省交通运输经济运行趋势将受多方面因素影响。一是从世界范围看，国际金融市场大幅波动，国际贸易持续低迷，主要经济体复苏疲软，实体经济面临较大困难，国际经济环境面临的不确定、不稳定因素较多，潜在风险有所上升。二是从国内看，随着产业结构调整稳步进行，经济转型升级持续推进，供给侧改革逐步深化，稳增长措施深入实施，经济发展积极因素在不断累积，经济运行总体仍处于合理区间。同时，交通运输部深入贯彻中共中央、国务院关于扩大有效投资和消费的重大决策部署，确定2016年交通运输促投资、促销费、稳增长目标，要求公路水路交通建设全年完成投资达1.8万亿，目标超2015年水平。三是从省内看，中共四川省委、省政府坚持稳中求进工作总基调，坚持稳增长、调结构、惠民生、防风险，各项稳增长政策陆续出台，有利于稳定经济增长预期，推动经济发展。

结合国内外和省内经济形势分析，预估2016年全省交通运输经济运行总体将继续保持平稳发展，交通投资和客货运增长将基本稳定。并随着新四大专项工程和“项目年”工作方案全面实施，将对全省交通运输投资持续增长形成有力支撑。

附录
FU LU

参考资料
CANKAO ZILIAO

2015年全国各省、直辖市、自治区公路里程（按技术等级分）

单位：公里

省、直辖市、自治区	公路总里程	高速公路	一级公路	二级公路	三级公路	四级公路	等外公路
合　计	4 577 296	123 523	90 964	360 410	418 237	3053 157	531 005
北　京	21 885	982	1 393	3 361	4 021	12 128	
天　津	16 550	1 130	1 260	3 224	1 272	9 664	
河　北	184 553	6 333	5 408	19 656	19 429	127 770	5 957
山　西	140 960	5 028	2 535	15 158	18 717	96 406	3 116
内蒙古	175 374	5 016	6 010	14 607	30 909	107 225	11 607
辽　宁	120 365	4 195	3 581	18 132	31 828	48 778	13 851
吉　林	97 326	2 630	2 027	9 300	10 665	65 465	7 239
黑龙江	163 233	4 346	1 930	11 308	33 833	84 908	26 908
上　海	13 195	825	468	3 463	2 708	5 731	
江　苏	158 805	4 539	12 687	22 944	15 862	95 427	7 346
浙　江	118 015	3 917	6 018	10 041	8 026	87 566	2 447
安　徽	186 940	4 249	3 166	10 667	18 920	145 875	4 063
福　建	104 585	4 813	788	9 507	8 251	64 134	17 092
江　西	156 625	5 058	1 952	10 148	11 586	101 204	26 676
山　东	263 447	5 348	10 045	25 242	25 105	196 706	1 002
河　南	250 584	6 305	2 113	26 215	19 807	146 029	50 114
湖　北	252 980	6 204	5 231	21 555	10 812	197 134	12 044
湖　南	236 886	5 653	1 292	12 606	5 618	188 343	23 374
广　东	216 023	7 021	10 936	19 213	18 662	145 624	14 567
广　西	117 993	4 288	1 079	11 147	8 269	80 236	12 974
海　南	26 860	803	360	1 704	1 561	21 874	558
重　庆	140 551	2 525	694	7 861	5 371	96 437	27 663
四　川	315 582	6 020	3 326	13 971	13 111	229 637	49 518
贵　州	186 407	5 128	489	6 159	7 520	101 317	65 794
云　南	236 007	4 006	1 152	10 860	8 286	172 768	38 936

续表1：

省、直辖市、自治区	公路总里程	高速公路	一级公路	二级公路	三级公路	四级公路	等外公路
西 藏	78 348	38		1 033	8 298	49 048	19 932
陕 西	170 069	5 094	1 260	8 523	15 190	123 779	16 224
甘 肃	140 052	3 522	368	7 928	13 484	95 145	19 604
青 海	75 593	2 662	460	6 985	5 033	49 499	10 952
宁 夏	33 240	1 527	1 637	3 411	6 523	19 946	195
新 疆	178 263	4 316	1 302	14 482	29 560	87 351	41 252

2015年全国各省、直辖市、自治区公路里程（按行政等级分）

单位：公里

省、直辖市、自治区	公路总里程	国 道	省 道	县 道	乡 道	村 道	专用公路
合 计	4 577 296	185 319	329 662	554 331	1 113 173	2 313 066	81 744
北 京	21 885	1 360	2 245	3 972	7 968	5 728	611
天 津	16 550	845	2 824	3 972	4 008	6 531	1 008
河 北	184 553	8 427	15 662	1 333	45 425	100 063	1 801
山 西	140 960	5 272	11 724	13 175	48 740	54 203	554
内蒙古	175 374	10 039	14 364	27 347	37 503	79 867	6 256
辽 宁	120 365	6 949	9 619	12 750	31 307	58 853	887
吉 林	97 326	4 880	9 039	6 162	27 915	45 441	3 890
黑龙江	163 233	7 195	9 208	7 909	54 874	65 242	18 806
上 海	13 195	644	1 067	2 880	7 099	1 506	
江 苏	158 805	5 600	9 350	23 625	52 806	67 258	166
浙 江	118 015	4 356	6 382	29 413	19 293	57 902	669
安 徽	186 940	5 427	8 402	24 253	36 498	111 358	1 002
福 建	104 585	5 616	7 355	16 977	41 167	33 349	122
江 西	156 625	6 461	9 687	20 606	29 481	89 686	704
山 东	263 447	8 058	17 369	23 827	32 540	179 413	2 241
河 南	250 584	6 867	17 432	21 280	40 830	162 505	1 669
湖 北	252 980	6 916	13 221	20 159	63 872	148 026	785
湖 南	236 886	7 267	38 523	31 542	54 600	103 420	1 534
广 东	216 023	7 841	16 431	17 655	101 272	72 435	388
广 西	117 993	7 474	7 824	25 446	28 915	47 921	413
海 南	26 860	1 723	1 809	2 857	6 330	14 117	25
重 庆	140 551	3 145	8 754	12 341	15 274	100 479	558

续表1：

省、直辖市、自治区	公路总里程	国 道	省 道	县 道	乡 道	村 道	专用公路
四 川	315 582	8 147	13 841	40 759	52 502	194 606	5 128
贵 州	186 407	4 905	10 044	17 582	18 512	134 600	764
云 南	236 007	9 241	19 857	45 443	114 187	43 300	3 979
西 藏	78 348	5 618	6 332	14 866	18 151	28 497	4 884
陕 西	170 069	7 859	6 517	17 590	23 973	111 828	2 302
甘 肃	140 052	7 827	6 551	16 836	12 837	92 648	3 353
青 海	75 593	5 666	9 910	9 678	15 245	34 123	972
宁 夏	33 240	2 205	2 589	1 745	9 609	14 787	2 304
新 疆	178 263	10 889	15 730	23 860	60 440	53 372	13 971

2015年全国各省、直辖市、自治区公路里程（按路面类型分）

单位：公里

省、直辖市、自治区	总 计	沥青混凝土	水泥混凝土	简易铺装路面	未铺装路面
合 计	4 577 296	790 153	2 046 292	465 533	1 275 318
北 京	21 885	16 413	4 993		
天 津	16 550	12 671	3 879		
河 北	184 553	58 686	95 637	10 123	20 107
山 西	140 960	32 611	68 421	21 907	18 021
内蒙古	175 374	51 358	35 066	17 871	71 079
辽 宁	120 365	46 325	9 355	23 475	41 209
吉 林	97 326	19 989	55 269	63	22 006
黑龙江	163 233	12 982	101 126	889	48 236
上 海	13 195	6 292	6 904		
江 苏	158 805	46 920	95 903	1 454	14 527
浙 江	118 015	34 048	78 067	3 982	1 918
安 徽	186 940	21 667	91 488	18 626	55 158
福 建	104 585	6 063	78 802	1 782	17 938
江 西	156 625	13 485	105 522	4 407	33 211
山 东	263 447	76 080	105 516	65 616	16 736
河 南	250 584	41 508	105 422	41 090	62 564
湖 北	252 980	23 641	180 827	15 486	33 026
湖 南	236 886	15 308	157 919	3 600	60 059
广 东	216 023	13 979	133 997	9 418	58 629

续表1：

省、直辖市、自治区	总　计	沥青混凝土	水泥混凝土	简易铺装路面	未铺装路面
广　西	117 993	8 661	60 022	17 159	32 151
海　南	26 860	3 462	22 481	169	748
重　庆	140 551	13 236	52 084	7 624	67 608
四　川	315 582	35 614	147 716	21 748	110 504
贵　州	186 407	12 602	48 327	34 505	90 973
云　南	236 007	49 856	45 342	9 151	131 657
西　藏	78 348	9 621	1 784	2 332	64 612
陕　西	170 069	24 960	82 405	20 080	42 623
甘　肃	140 052	14 029	44 156	30 878	50 989
青　海	75 393	12 935	20 355	4 587	37 715
宁　夏	33 240	16 179	7 493	3 542	6 026
新　疆	178 263	38 973	515	73 967	64 808

2015年全国各省、直辖市、自治区公路桥梁数

省、直辖市、自治区	总　计		永久性桥梁		特大桥		互通式立交桥	
	数量（座）	长度（米）	数量（座）	长度（米）	数量（座）	长度（米）	数量（座）	长度（米）
合　计	779 159	45 927 747	765 456	45 604 517	3 894	6 904 159	7 851	1 926 882
北　京	6 381	556 842	6 381	556 842	67	126 938	133	42 026
天　津	2 870	437 493	2 846	436 886	97	177 774	79	64 956
河　北	40 951	2 861 112	40 655	2 853 689	261	516 779	721	132 336
山　西	14 200	1 181 711	14 113	1 178 853	79	121 701	141	18 816
内蒙古	16 362	687 441	15 689	670 466	25	47 834	234	27 388
辽　宁	44 813	1 852 116	44 785	1 851 326	95	176 643	343	46 386
吉　林	13 347	532 379	13 064	525 303	17	24 292	149	22 907
黑龙江	20 695	745 596	18 165	711 488	21	34 033	208	27 321
上　海	11 153	11 149	11 149	693 374	74	183 086	94	81 229
江　苏	69 925	69 506	69 506	3 367 027	239	484 732	238	123 519
浙　江	48 701	48 689	48 689	2 792 698	261	607 232	194	93 728
安　徽	36 808	36 578	36 578	2 147 532	242	480 264	317	104 924
福　建	26 145	26 099	26 099	1 937 979	193	336 483	428	155 753
江　西	26 794	1 434 656	25 060	1 400 079	61	109 862	123	15 421
山　东	48 630	2 159 764	48 630	2 159 764	82	195 214	478	130 288
河　南	43 584	2 004 727	43 325	1 999 140	85	149 485	254	43 792
湖　北	40 279	2 657 899	40 244	2 657 004	309	602 114	225	81 490

续表1：

省、直辖市、自治区	总计		永久性桥梁		特大桥		互通式立交桥	
	数量（座）	长度（米）	数量（座）	长度（米）	数量（座）	长度（米）	数量（座）	长度（米）
湖　南	37 716	1 991 909	37 015	1 976 966	126	253 805	297	41 846
广　东	45 589	3 205 460	45 501	3 202 958	453	78 631	363	166 391
广　西	17 320	902 403	17 248	900 039	27	27 534	330	35 309
海　南	5 950	203 739	5 876	202 016	4	5 450	95	6 611
重　庆	10 445	730 538	10 304	724 956	83	72 610	85	15 157
四　川	38 635	2 430 089	37 697	2 405 180	207	321 016	412	77 480
贵　州	19 808	2 209 070	19 789	2 208 281	250	249 436	822	142 481
云　南	25 384	2 222 498	25 051	2205 555	175	228 285	351	83 485
西　藏	8 188	205 654	6 027	154 347	18	13 291		
陕　西	24 747	2 331 329	23 602	2 302 715	268	470 189	285	93 160
甘　肃	10 119	447 332	9 694	431 947	18	16 205	140	14 224
青　海	5 360	272 889	5 256	267 321	20	31 749	13	7 144
宁　夏	4 498	222 039	4 498	223 039	15	19 909	50	6 488
新　疆	13 762	484 438	12 470	459 748	22	34 585	249	24 825

2015年全国各省、直辖市、自治区公路密度及乡镇、建制村公路通达率通畅率

省、直辖市、自治区	公路密度	公路通达率通畅率（%）			
	以国土面积计算（公里/百平方公里）	乡镇通达率	乡镇通畅率	建制村通达率	建制村通畅率
合　计	47.68	99.99	98.62	99.87	94.45
北　京	133.36	100.00	100.00	100.00	100.00
天　津	139.07	100.00	100.00	100.00	100.00
河　北	98.32	100.00	100.00	100.00	100.00
山　西	90.19	100.00	100.00	99.93	99.47
内蒙古	14.82	100.00	100.00	99.98	76.71
辽　宁	82.50	100.00	100.00	100.00	100.00
吉　林	51.93	100.00	100.00	100.00	99.93
黑龙江	35.95	100.00	99.91	99.56	98.81
上　海	208.09	100.00	100.00	100.00	100.00
江　苏	154.78	100.00	100.00	100.00	100.00
浙　江	115.93	100.00	100.00	99.72	99.71
安　徽	143.80	100.00	100.00	99.99	99.99
福　建	86.15	100.00	100.00	100.00	100.00
江　西	93.84	100.00	100.00	100.00	100.00

续表1：

省、直辖市、自治区	公路密度	公路通达率通畅率（%）			
	以国土面积计算（公里/百平方公里）	乡镇通达率	乡镇通畅率	建制村通达率	建制村通畅率
山　东	168.12	100.00	100.00	100.00	99.98
河　南	150.05	100.00	100.00	100.00	99.98
湖　北	136.08	100.00	100.00	100.00	100.00
湖　南	111.84	100.00	100.00	99.97	98.93
广　东	121.43	100.00	100.00	100.00	100.00
广　西	49.85	100.00	100.00	99.97	88.68
海　南	79.23	100.00	100.00	99.97	99.91
重　庆	170.57	100.00	100.00	100.00	75.23
四　川	64.72	100.00	95.99	99.34	85.84
贵　州	105.85	100.00	100.00	100.00	74.86
云　南	59.90	100.00	99.93	99.64	75.80
西　藏	6.38	99.71	54.47	98.12	23.49
陕　西	82.72	100.00	100.00	99.84	90.27
甘　肃	30.82	100.00	100.00	100.00	78.02
青　海	10.48	100.00	98.57	100.00	85.71
宁　夏	50.06	100.00	100.00	100.00	92.68
新　疆	10.74	99.85	98.81	98.64	91.05

2015年全国各省、直辖市、自治区公路隧道、渡口基本情况

省、直辖市、自治区	隧　道		特长隧道		长隧道		渡　口	机动渡口
	道	米	道	米	道	米	处	处
合　计	14 006	12 683 884	744	3 299 839	3 138	5 376 848	2 048	855
北　京	123	66 833	4	13 238	12	23 347		
天　津	4	7 572			4	7 572		
河　北	643	597 994	37	158 259	156	269 235		
山　西	881	899 941	75	409 696	138	237 517		
内蒙古	27	34 866	3	11 734	9	16 752	41	27
辽　宁	256	223 416	4	13 624	72	108 072	206	25
吉　林	132	136 543	2	6 330	49	88 061	49	23
黑龙江	4	4 435			2	3 350	338	37
上　海	2	10 757	1	8 955	1	1 802		
江　苏	20	24 810	3	11 275	4	6 805	63	27

续表1：

省、直辖市、自治区	隧道		特长隧道		长隧道		渡口	机动渡口
	道	米	道	米	道	米	处	处
浙江	1 604	1 065 054	33	145 115	286	474 702	23	20
安徽	316	238 928	14	46 877	55	96 891	56	19
福建	1 438	1 759 828	133	577 004	424	745 269	9	3
江西	261	252 541	13	56 225	73	120 601	116	47
山东	67	60 406	2	7 760	16	27 226	20	19
河南	445	212 623	4	13 662	41	70 597	26	8
湖北	979	962 537	76	342 360	208	343 205	162	132
湖南	654	530 200	22	91 827	131	223 338	299	108
广东	501	498 735	24	97 715	145	251 091	79	59
广西	495	292 283	10	34 615	68	112 137	140	74
海南	18	13 996			7	8 002	6	4
重庆	597	590 146	46	211 098	126	233 373	68	57
四川	858	899 354	68	289 431	223	382 267	208	122
贵州	1 380	1 370 648	57	209 084	442	745 715	55	7
云南	815	630 578	27	101 852	154	284 839	2	2
西藏	28	5 971			1	2 447	6	4
陕西	1 194	1 010 957	67	342 986	231	381 112	51	14
甘肃	157	169 530	12	70 580	31	56 745	8	2
青海	56	71 748	7	28 537	15	30 634		
宁夏	19	14 429			4	5 882	14	14
新疆	32	26 226			10	18 263	3	1

（本栏目供稿单位：厅规划处）

常用缩略语注释

治理公路“三乱”：乱设站卡、乱罚款、乱收费。

运输管理“三把关，一监督”：严把运输经营者市场准入关，严把营运车辆技术关，严把驾驶员资格关；强化源头管理，完善动态监督。

汽车客运站管理“三不进站，五不出站”：易燃、易爆、易腐蚀物品不进站，无关人员不进站，无关车辆不进站；行驶证、驾驶证、从业资格证、道路运输证、客运线路标志牌、超长客运派车通知单不全或不符合规定的，报班车辆安检不合格的，驾驶员酒后和不按规定配备驾驶员的，车辆超载、超高的，天气恶劣不宜行车等情况不能出站。

超长客运管理“五统一”：建立超长客运管理中心、客运站、代办点三级售票网络，将车票代售网点建到每一个乡镇，实行统一售票；实行政府指导价，统一超长客运票价；根据售票情况，统一运力调度；对客车线路牌收发、运行费用报销、单车服务质量实施统一管理；实行单车趟次结算、按座位系数结算的分配方式，统一营收分配。

严禁旅客携带“三品”：易燃品、易爆品、危险品。

安全管理“一岗双责”：主要负责人对安全工作负总责，其他副职领导既对各自分管的业务和部门负责，又对分管业务范围内的安全生产工作负责。

行政审批管理“两集中，两到位”：部门的行政审批职能向一个内设机构相对集中，该内设机构向政务服务中心集中；部门将行业审批权向政务服务中心窗口授权到位，行政审批事项在政务服务中心办理到位。

“四江六港”：四江即长江、岷江、嘉陵江、渠江，六港即宜宾港、泸州港、乐山港、广元港、南充港、广安港。

“两客一危”：指从事旅游的包车、三类以上班线客车和运输危险化学品、烟花爆竹、民用爆炸物品的道路专用车辆。两客是指单次运营里程超过800公里的客运车辆和高速公路客运车辆；一危是指危险品运输车辆。

藏区“9+3”教育计划：从2009年到2013年，在全面实施九年义务教育的基础上，每年组织藏区1万名初中毕业生和未升学的高中毕业生到内地免费接受中等职业教育；支持藏区发展职业教育，办好中职学校，使藏区中职学校年招生规模由不到3 000人发展到4 000人。

交通行政执法形象“四统一”：统一执法标识标志、统一执法证件、统一执法服装、统一执法场所外观。

农村公路建设项目“七公开”：①建设计划。省（区、市）、市（地、州、盟）、县（市、区）、乡镇、村农村公路建设计划按层级公开。②补助政策。公开农村公路建设资金补助政策，包括县、乡、村道及危桥改造、安保工程等的补助标准和资金。③招投标。符合招标条件的农村公路建设项目，应公开建设规模、技术标准、招标方式、标段划分、评标方法、中标结果、监督机构等。④施工管理。公开工程概况、施工许可（以年度计划替代施工许可的小型项目除外）、参建单位（建设单位、设计、施工、监理等）、岗位职责、质量安全控制、进度计划、主要原材料等信息。⑤质量监管。公开质量管理单位或监督机构、主要职责、质监负责人、联系方式、检查内容及方法、检查结果等。聘请村民监督员的，相关信息也同时公开。⑥资金使用。公开建设资金筹措、资金来源、资金到位、拨付情况等。⑦工程验收。公开工程验收方式、评定结果、竣（交）工验收鉴定书等。

“9+X”：“9”，即政绩观不正确、执行不力、侵害群众切身利益、行政行为不规范、违规选用干部、乱发钱物、利用婚丧喜庆等事宜敛财、违规经商办企业和违规兼职、变相公款旅游等9个突出问题；“X”就是各市、县等第二批群教活动单位在对照检查9个问题的基础上，结合本地实际，梳理出来的若干具体问题。集中治理的“9+X”问题，每个都关系群众切身利益，关系联系服务群众“最后一公里”。

“7+6”：“7”，指中共四川省委正风肃纪提出的“七项专项整治”：①着力改进文风会风，深入整治文山会海、检查评比泛滥问题。②着力控制“三公”经费支出，深入整治公款、公款吃喝、奢侈浪费问题。③着力解决吃拿卡要问题，深入整治“门难进、脸难看、事难办”和侵害群众利益行为。④着力整治接受会员卡、商业预付卡问题。⑤着力解决“形象工程”“政绩工程”和各类节庆、论坛泛滥等问题。⑥着力制止滥建楼堂馆所问题，深入整治超标配备公车、多占办公用房问题。⑦着力对从严管理干部情况进行专项检查，深入整治选人用人上的不正之风。“ 6”，指厅党组开展“七项专项整治”工作，结合交通运输工作实际，提出6项整治内容，即把交通涉及民生的提升运输服务、规范交通运输执法、公路桥梁安全管理、超限超载运输治理、高速公路管理服务、交通运输安全生产等6个重点问题纳入专项整治。

“三严三实”：指严以修身、严以用权、严以律己，谋事要实、创业要实、做人要实。严以修身，就是要加强党性修养，坚定理想信念，提升道德境界，追求高尚情操，自觉远离低级趣味，自觉抵制歪风邪气。严以用权，就是要坚持用权为民，按三严三实规则、按制度行使权力，把权力关进制度的笼子里，任何时候都不搞特权、不以权谋私。严以律己，就是要心存敬畏、手握戒尺，慎独慎微、勤于自省，遵守党纪国法，做到为政清廉。谋事要实，就是要从实际出发谋划事业和工作，使点子、政策、方案符合实际情况、符合客观规律、符合科学精神，不好高骛远，不脱离实际。创业要实，就是要脚踏实地、真抓实干，敢于担当责任，勇于直面矛盾，善于解决问题，努力创造经得起实践、人民、历史检验的实绩。做人要实，就是要对党、对组织、对人民、对同志忠诚老实，做老实人、说老实话、干老实事，襟怀坦白，公道正派。要发扬钉钉子精神，保持力度、保持韧劲，善始善终、善作善成，不断取得作风建设新成效。

党员干部六项承诺：坚定信念、对党忠诚，坚决维护党章权威;牢记宗旨、为民服务，切实践行群众路线;坚持原则、秉公执纪，依纪依法严惩腐败;艰苦奋斗、实事求是，大力弘扬优良作风;改革创新、敢于担当，始终保持昂扬锐气;清正廉洁、严于律己，自觉接受人民监督。

“三基三化”：基层执法队伍的职业化建设、基层执法站所的标准化建设、基础管理制度的规范化建设，全面推进交通运输依法行政。

“六打六治”：打击矿山企业无证开采、超越批准的矿区范围采矿行为，整治图纸造假、图实不符问题；

打击破坏损害油气管道行为，整治管道周边乱建乱挖乱钻问题；

打击危化品非法运输行为，整治无证经营、充装、运输，非法改装、认证，违法挂靠、外包，违规装载等问题；

打击无资质施工行为，整治层层转包、违法分包问题；

打击客车客船非法营运行为，整治无证经营、超范围经营、挂靠经营及超速、超员、疲劳驾驶和长途客车夜间违规行驶等问题；

打击“三合一”“多合一”场所违法生产经营行为，整治违规住人、消防设施缺失损坏、安全出口疏散通道堵塞封闭等问题。

“一带一路”：“丝绸之路经济带”

和“21世纪海上丝绸之路”的简称。它将充分依靠中国与有关国家既有的双多边机制，借助既有的、行之有效的区域合作平台。“一带一路”战略是目前中国最高的国家级顶层战略。

四川省道路旅客运输安全生产“六严禁”：1.严禁营运客车超速行驶。在高速公路、城市快速路上超速20%以上或在其他道路上超速50%以上，夜间行驶速度超过日间限速80%的营运客车，当班违法驾驶员下岗学习1个月，车辆停班整顿1个月；3个月内发生2次以上的，由企业调整岗位或解聘驾驶员，车辆停班整顿3个月。2.严禁营运客车超员运行。超员20%~50%的营运客车，当班违法驾驶员下岗学习1个月，车辆停班整顿1个月；超员50%以上的，或3个月内发生2次超员20%~50%的营运客车，由企业调整岗位或解聘驾驶员，车辆停班整顿3个月。3.严禁营运客车驾驶员疲劳驾驶。24小时累计驾驶时间超过8小时，日间连续驾驶超过4小时，夜间连续驾驶超过2小时，每次停车休息时间少于20分钟的客运车辆，当班违法驾驶员下岗学习1个月，车辆停班整顿1个月；3个月内发生2次以上的，由企业调整岗位或解聘驾驶员，车辆停班整顿3个月。4.严禁不按规定时间运行。对在凌晨2时至5时未按规定停止运行的超长客运车辆，夜间通行达不到安全通行条件的三级有以下山区公路运行的客运车辆，当班违法驾驶员下岗学习1个月，车辆停班整顿1个月；3个月内发生2次以上的，由企业调整岗位或解聘驾驶员，车辆停班整顿3个月。5.严禁站外揽客、私拉乱跑。对不按核定线路运行的客运车辆、不按核定站点载客的客运班车、非当班客运班车擅自营运的、使用虚假包车客运标志牌的客运包车，当班驾驶员下岗学习1个月，车辆停班整顿1个月；3个月内发生2次以上的，由企业调整岗位或解聘驾驶员，车辆停班整顿3个月。6.严禁故意损毁、屏蔽GPS监控系统。故意损毁、屏蔽GPS监控系统的，当班违法驾驶员下岗学习1个月，车辆停班整顿1个月；3个月内发生2次以上的，由企业调整岗位或解聘驾驶员，车辆停班整顿3个月。

“六不发航”：证照不齐不发航、超载不发航、船况不良不发航、停航封渡不发航、气候不良不发航、乘客不穿救生衣不发航。

监督执纪的“四种形态”：指党内关系要正常化，批评和自我批评要经常开展，让咬耳扯袖、红脸出汗成为常态；党纪轻处分和组织处理要成为大多数；对严重违纪的重处分、作出重大职务调整应当是少数；而严重违纪涉嫌违法立案审查的只能是极极少数。

新四大专项工程：2015溜索改桥方案、 安保工程全覆盖、 国道提档升级2015-2020 、农村公路改善2015-2017。

法律七进：法律进机关、进学校、进乡村、进社区、进寺庙、进企业、进单位。

八大专项工程：干线公路联网畅通工程、甘孜藏族自治州2013—2015年公路建设推进工程（甘推）、凉山彝族自治州2013—2015年公路水路交通建设推进工程（凉推）、2013—2015年农村公路改善工程、普通国省干线大中修工程、2013—2015年汽车客运站提升改造工程、2013—2015年公路安保工程、2013—2017年农村渡口渡改桥工程。

PPP：指政府和社会资本合资，是公共基础设施建设中一种项目融资模式。

（厅史志总编室）

高速公路执法队员在成渝高速公路成都站入口处检查　　交通宣传中心 供稿

机构及领导名录

JIGOU JI LINGDAO MINGLU

2015年四川省交通运输厅厅领导名录

党组书记、厅长　彭　琳
党组副书记、副厅长　周道平
党组成员、副厅长　白理成
（2015年9月退休）
党组成员、副厅长　张晓燕
党组成员、省纪委（监察厅）派驻厅纪检组长、监察专员
李传林
党组成员、副厅长　冯文生
（2015年9月调交投集团）
党组成员、副厅长　黄英权
党组成员、副厅长　张　琪
党组成员、机关党委书记　侯　钫
（2015年9月调四川音乐学院）
党组成员、机关党委书记　张　勇
（2015年9月任职）
党组成员、总工程师　陈乐生
党组成员、安全总监　胡大昌
省交战办主任　胡洪波
巡视员　鲜　雄
（2015年6月退休）
巡视员　王义广
（2015年12月退休）
副巡视员　黄兴棣
副巡视员　赵家栋
副巡视员　寇小兵
副巡视员　涂正国
（2015年4月退休）
副巡视员　周奇奇

2015年四川省交通运输厅内设机构及领导名录

厅办公室（精神文明建设办公室）

主　任　王　波
副主任　朱　江
副主任　屈争真

厅政策法规处

处　长　罗　廷
（2015年5月任职）
处　长　屈洪斌
（2015年5月任厅行政审批处处长，免政策法规处处长）
副处长　吴金埔
副处长　孙秋明
（2015年3月任职）
副处长、调研员　黄　利
（2015年5月任调研员，免副处长）
副处长　潘玉华
（2015年5月任厅行政审批处副处长，免政策法规处副处长）

厅综合规划处

处　长　李永亮
副处长　苏林军
副处长　颜晓平
（2015年1月任职）
副处长　胡厚池
（2015年3月任职）

厅财务处

处　长　刘洁梅

副处长　周翠琼

厅人事劳动处

处　长　但　伦

副处长　李　可

副处长　王小元

厅建设管理处

处　长　蒋永林

副处长　马海燕

（2015年7月任职）

副处长、调研员　刘玉荣

（2015年5月任调研员，免副处长）

厅行政审批处

处　长　屈洪斌

（2015年5月任职）

副处长　潘玉华

（2015年5月任职）

厅运输管理处

处　长　吴　波

厅安全监督处（应急办公室）

处　长　彭　涛

副处长、调研员　肖体育

（2015年3月任调研员，免副处长）

厅城市公共客运指导处（出租车行业指导办公室）

处　长　陈光华

（2015年11月任职）

处　长　蒋　毅

（2015年11月提前退休）

副处长　黄静兰

厅审计处

处　长　陈亚莉

副处长　周利容

厅科技教育处

处　长　黄　浩

副处长　曾祥亮

（2015年7月任职）

副处长、调研员　刘　怡

（2015年3月任调研员，免副处长）

厅外经外事处

处　长　王茂奎

副处长　徐　林

（2015年3月任职）

省纪委驻厅纪检组、省监察厅驻厅监察室

副组长、主任　涂孝忠

厅公安处

处　长　李欣荣

副处长　何志远

厅信访处

处　长　姜洪武

副处长　李天洲

（2015年5月任职）

厅离退休人员工作处

处　长　李宏琳

厅直机关党委

副书记（正处级）　冯书明

省交通战备办公室

副主任（正处级）　王子开

副主任　廖兴国

2015年四川省交通运输厅直属单位领导名录

省交通运输工会

主　席（副厅级）　邱小发

副主席　涂　蕻

副主席　刘念江

四川省交通运输厅公路局

局长、党委书记　廖文彬

副局长、党委副书记　蒲宜仙

副局长、党委副书记　李武强

副局长　许　磊

副局长　钱育锋

（2015年4月任职）

副局长　于天才

（2015年4月任厅造价站站长，免厅公路副局长）

纪委书记、工会主席　赵旭东

（2015年4月任职）

纪委书记、工会主席　谢能剑

（2015年4月任厅航务局纪委书记，免厅公路局纪委书记、工会主席）

总工程师　梁正钦

四川省交通运输厅航务管理局（四川省地方海事局、四川省船舶检验局）

局长、党委书记　刘孝明

（2015年6月任职）

局长、党委书记　许东明

（2015年5月调南充市政协工作，免厅航务局局长、党委书记）

副局长　杨伯超

副局长　杨小宁

副局长　胡　旭

副局长、纪委书记　任胜平

（2015年8月任职）

纪委书记　谢能剑

（2015年4月任职；2015年8月任大件管理处处长、党总支书记，免厅航务局纪委书记）

党委副书记、纪委书记　赵旭东

（2015年4月任厅公路局纪委书记、工会主席，免厅航务局党委副书记、纪委书记）

监督长　李跃勤

四川省交通运输厅道路运输管理局

局长、党委书记 刘四昌
副局长、党委副书记 刘 剑
（2015年11月兼党委副书记）
副局长 张 洪
（2015年8月任副局长，免总工程师）
副局长 曹驰宇
（2015年6月任职）
副局长 任胜平
（2015年8月任厅航务局副局长、纪委书记，免厅运管局副局长）
副局长 任康秀
（2015年6月任交职学院副院长、工会主席，免厅运管局副局长）
党委副书记、纪委书记 左思英
安全总监 周继斌
（2015年10月任职）

四川省交通运输厅高速公路管理局（四川省交通运输厅高速公路交通执法总队）

局长（总队长）、党委副书记
罗玉宏
副局长（副总队长）、党委书记
刘 刚
（2015年11月免纪委书记）
副局长（副总队长） 张 钧
副局长（副总队长）、纪委书记
雷 健
（2015年11月任职）
副局长（副总队长） 陈光华
（2015年11月任厅城客处处长，免厅高管局<执法总队>副局长<副总队长>）
总工程师 易 术

四川省交通运输厅高速公路交通执法第一支

支队长、党委书记 黄 健
副支队长、纪委书记 赵 刚
（2015年11月任职）
副支队长、纪委书记、调研员 卓德辉
（2015年11任调研员，免副支队长、纪委书记）
副支队长 卢 敏
（2015年11月任职）
副支队长 聂红峰
（2015年1月任职）
副支队长 杨远见
（2015年11月免职，保留副县级待遇）

四川省交通运输厅高速公路交通执法第二支队

支队长、党委书记 吕 军
副支队长、纪委书记 李俊国
副支队长 王 庆
副支队长 颜 敏
（2015年1月任职）
副支队长、副调研员 付华全
（2015年6月任副调研员、免副支队长）

四川省交通运输厅高速公路交通执法第三支队

支队长、党委书记 李宏军
（2015年11月任职）
支队长、党委书记 雷 健
（2015年11月任厅高管局<执法总队>副局长<副总队长>、纪委书记，免厅交通执法第三支队支队长、党委书记）
副支队长、纪委书记 王建军
（2015年12月兼任纪委书记）
副支队长、纪委书记 赵 刚
（2015年11月任厅交通执法第一支队副支队长，免厅交通执法第三支队副支队长、纪委书记）
副支队长 陈 岗
（2015年7月任职）
副支队长 刘 坚
（2015年7月任厅交通执法第七支队副支队长，免厅交通执法第三支队副支队长；2015年12月兼任第七支队纪委书记）

四川省交通运输厅高速公路交通执法第四支队

支队长、党委书记 王明福
副支队长、纪委书记 王 翌
副支队长 唐南彬
副支队长 吴 晨

四川省交通运输厅高速公路交通执法第五支队

支队长、党委书记 龚文春
副支队长、纪委书记 杨建刚
副支队长 陈其勇
副支队长 梁国滨

四川省交通运输厅高速公路交通执法第六支队

支队长、党委书记、纪委书记
胡 刚
（2015年12月免纪委书记）
副支队长 吉后马布
副支队长、纪委书记 董 清
（2015年7月任职，2015年12月兼任纪委书记）

四川省交通运输厅高速公路交通执法第七支队

支队长、党委书记 李威明
副支队长、纪委书记 刘 坚
（2015年7月任职）
副支队长、纪委书记 陈 岗
（2015年7月任厅交通执法第三支队副支队长，免厅交通执法第七支队副支队长、纪委书记）
副支队长 寇 伟
副支队长 曾衍家

四川交通职业技术学院

党委书记、副院长 王东平
院长、党委副书记 魏庆曜
副院长、党委副书记 蒋永林
（挂职）
副院长 李全文
副院长 王永莲
副院长 唐 涌
副院长 彭 谦
副院长、工会主席 任康秀
（2015年6月任职）
副院长 权 全
（2015年6月任职）
副院长 陈 斌
（2015年6月任交通职业学校校长，免交职学院副院长）
党委副书记、纪委书记 孙永辉
工会主席 黄先琪
（2015年4月任交通管理学校校长，免交职学院工会主席）

四川省交通管理学校

校 长 黄先琪
（2015年4月任职）
校 长 王东平
（2015年4月免职）
党委书记 李 红
副校长 穆树林
副校长 赵 明
副校长 瞿 勇
党委副书记、纪委书记、工会主席
王志荣

四川交通运输职业学校

校 长 陈 斌
（2015年6月任职）
校 长 李 青
（2015年6月调交职学院工作）
党委书记 李 毅
副校长 周 萍

副校长　王雪飞
副校长　廖鸿茜
纪委书记、工会主席　孙家刚

四川省交通运输厅工程质量监督局

局长、党总支书记　曾　宇
（2015年6月任职）
局长、党总支书记　刘孝明
（2015年6月任厅航务局局长、党委书记，免厅质监局局长、党总支书记）
副局长　谭举鸿
（2015年1月任职）
副局长　高艳龙
（2015年10月任职）
副局长、党总支副书记　刘　星
（2015年1月任厅航务局调研员，免质监局副局长、党总支副书记）
副局长、工会主席　刘金涛
（2015年6月辞职，免厅质监局副局长、工会主席）

四川省交通运输厅公路规划勘察设计研究院

院长、党委书记　唐永建
副院长、党委副书记　吉随旺
（2015年5月任监理处处长，咨询公司董事长、党总支书记，免厅公路设计院副院长、党委副书记）
副院长　徐德玺
副院长　吴六政
（2015年5月任职）
副院长　刘云辉
（2015年4月任厅交通设计院副院长，免厅公路设计院副院长）
副院长　李玉文
副院长、总工程师　庄卫林
副院长　陈朝晖
（2015年5月任职）
副院长　刘万春
（2015年6月任兴蜀公司董事长、党委书记，免厅公路设计院副院长）
副院长　余　强
（2015年8月任职）
党委副书记、纪委书记　王　毅
工会主席　杨　芳

四川省交通运输厅交通勘察设计研究院

院长、党委书记　王　玮
副院长　曾　林
副院长　刘云辉
（2015年4月任职）
副院长　蒋自强
副院长　蹇　依
党委副书记、纪委书记　张世慧
总工程师　李崇明
工会主席　李新江
（2015年4月任监理处副处长，免厅交通设计院工会主席）

四川省交通运输厅高速公路监控结算中心（四川省交通科学研究所、四川智能交通系统管理有限责任公司）

主任（所长、总经理）、党委书记　柏吉琼
监控结算中心副主任　周　敏
监控结算中心副主任、纪委书记　龚文安
（2015年3月兼任纪委书记）
监控结算中心工会主席　何　伟
（2015年4月任大件管理处副处长，免结算中心工会主席）
科研所副所长　戴　元
科研所副所长　罗　强
科研所副所长　刘晓东
（2015年8月任职）
科研所副所长　张礼虎
（2015年3月辞职）

四川省交通运输厅交通建设工程造价管理站

站　长　于天才
（2015年4月任职）
站　长　钱育锋
（2015年4月任厅公路局副局长，免厅造价站站长）
副站长　马海燕
（2015年7月任厅建设管理处副处长，免厅造价站副站长）
副站长　李世洪
副站长　周　翔
（2015年7月任职）

四川省重点公路工程监理处（四川公路工程咨询监理公司）

处长、董事长、党总支书记　吉随旺
（2015年5月任职）
处长、董事长　吴六政
（2015年5月任厅公路设计院副院长，免监理处处长、董事长）
党总支书记　范洪成
（2015年5月任咨询公司副总经理，免党总支书记）
副处长　唐元华
副处长　李新江
（2015年4月任职）
副处长　刘　臻
（2015年4月任兴蜀公司董事、副总经理，免监理处副处长）
总经理　陈　谋
副总经理　范洪成
（2015年5月任职）

四川省大件公路管理处

处长、党总支书记　谢能剑
（2015年8月任职）
处长、党总支书记　刘晓东
（2015年8月任科研所副所长，免大件管理处处长、党总支书记）
副处长、党总支副书记　何天茂
（2015年4月任就业中心副主任，免大件管理处副处长、党总支副书记）
副处长　余　波
（2015年10月任职）
副处长　何　伟
（2015年4月任职）

四川省交通宣传中心

主　任　吴　丹
副主任　周显仁
副主任　徐　航

四川省交通运输厅信息中心

主　任　范双成
副主任　钟映梅
副主任　卢　涛

四川省交通运输厅交通史志总编室

总编辑　黄　丽
副总编辑　陈建萍

四川省交通运输厅机关后勤服务中心

党委书记、主任　李光德
副主任　李　明
副主任　周德树
副主任、纪委书记　唐蓉华

四川省交通运输厅就业服务中心（2015年11月更名为四川交通运输职业资格中心）

主　任　孙　建
（2015年11月因机构更名，任职业资

格中心主任，免就业服务中心主任）

副主任 何天茂
（2015年4月任职；2015年11月因机构更名，任职业资格中心副主任，免就业服务中心副主任）

四川兴蜀公路建设发展有限责任公司

董事长、党委书记 刘万春
（2015年6月任职）

董事长、党委书记 曾 宇
（2015年6月任厅质监局局长、党总支书记，免兴蜀公司董事长、党委书记）

董事、总经理 柯 勇

监事会主席 刘 涛

董事、副总经理、党委副书记、纪委书记 鞠友才

董事、副总经理 晏大蓉

董事、副总经理 袁 泉

董事、副总经理 刘 臻
（2015年4月任职）

董事、总工程师 王 屹

工会主席 刘 健

四川省交通运输厅公路局医院

院 长 甘华山

党委书记 隆泽均
（2015年9月任职）

党委书记 邓华贵
（2015年9月免职）

四川省公路职工疗养院

院 长 杜泽文

四川省交通运输厅二郎山隧道管理处（2015年12月移交地方）

处 长 刘 文
（2015年12月任厅公路局收费<应急安全>处处长，免二郎山隧道处处长）

四川省交通运输厅鹧鸪山隧道管理处（2015年12月移交地方）

处 长 冉 卫
（2015年12月任厅运管局安全副总监，免鹧鸪山隧道处处长）

（厅人事处）

2015年四川省市（州）交通运输局（委）领导名录

成都市交通运输委员会

党组书记、主任 胡庆汉

党组副书记 副主任（正局级） 涂 智

党组成员、副主任 张子祥

党组成员、副主任 江 河

党组成员、市纪委派驻成都市交委纪检组组长 傅 捷

党组成员、副主任 杜进有

市邮政管理局党组书记、局长兼任市交委党组成员、副主任 陈 敬
（2015年2月任职）

党组成员、机关党委书记 王 宏

党组成员、总工程师 陆 辉

副巡视员 王增勇

自贡市交通运输局

党组书记、局长 杨万山
（2015年12月25日调任自贡市城乡规划建设和住房保障局党组书记、局长）

党组书记、局长 谭如剑
（2015年12月25日任职）

党组成员、副局长 江 冷

党组成员、邮政管理局局长 黄贵明

党组成员、副局长 陈 鹏

党组成员、副局长 王 平

党组成员、纪检组长 颜 锐

党组成员、机关党委书记 魏旭春

党组成员、安全总监、交战办主任 卢天禄

党组成员、总工程师 张代江

党组成员、公路局局长 高建军

攀枝花市交通运输局

党委书记、局长 唐成斌

党委副书记 朱 斌
（2015年10月16日任职）

党委委员、副局长 付朴忠

党委委员、副局长 刘应贵
（2015年10月20日任职）

党委委员、纪委书记 强兴林

邮政管理局局长兼市交通运输局副局长 雷云平

泸州市交通运输局

政协副主席，交通运输局党组书记、局长 梁中元

局党组副书记、副局长 兰 均
（2015年12月调离）

局党组成员、副局长 李子辉

局党组成员、副局长 曾志刚

局党组成员、副局长 虞卫国
（市邮政管理局局长）

局党组成员、副局长 秦建波
（2015年10月结束挂职）

局党组成员、副局长 沈昭平
（2015年3月任职）

局党组成员、总工程师 王顺蓉

局党组成员、安全总监 陈曲平

局党组成员、机关党委书记 肖云贵

局党组成员、纪检组长 许 亮

德阳市交通运输局

党委书记、局长 李 霞
（2015年10月13日兼任公路局党委书记）

党委委员、副局长 刘仁森

党委委员、副局长 郑国伟

副局长 汪国华

党委委员、副局长 罗绪平

党委委员、公路局局长 王汉勇
（2015年8月17日免去党委委员）

党委委员、纪委书记 高 云

党委委员兼副局长，邮政管理局局长 禹 刚
（2015年9月11日免党委委员、9月14日免副局长）

党委委员、总工程师 李 争
（2015年1月12日任总工程师）

副局长　杨　艺
（2015年2月15日起挂职副局长1年）
党委委员、机关党委书记　杨庆富
（2015年3月17日任党委委员、机关党委书记）
党委委员、副局长　杨转运
（2015年5月22日任党委委员、2015年6月10日挂职副局长1年）

绵阳市交通运输局

局党委书记、局长　兰　劲
（2015年2月任党委书记，3月任局长）
局党委书记、局长　段　扬
（2015年2月免党委书记，3月免局长）
局党委委员、副局长　练才伟
局党委委员、副局长　王明庚
局党委委员、副局长　黄传钢
（2015年10月免党委委员，11月免副局长）
局党委委员（兼）、副局长（兼）　景　炜
局党委委员、副局长　姚　勇
（2015年2月任职，挂职时间1年）
局党委委员、纪委书记　姜　文
（2015年2月任职）
局党委委员、机关党委书记　兰　宏
局党委委员、副局长、总工程师　康孝先
（2015年11月任党委委员、副局长，免总工程师）
局党委委员、安全总监　何　俊
市交通战备办公室主任　余　群

广元市交通运输局

党组书记、局长　王国培
党组成员、副局长　吴文斌
党组成员、副局长、市交战办主任　夏长万
党组成员、副局长　王　强
党组成员、副局长　韩顺东
党组成员、副局长、市邮政管理局局长　李茂泉
党组成员、市纪委派驻市交通运输局纪检组组长　吕广林
党组成员、直属机关党委书记　马　军
党组成员、总工程师　陈代平
安全总监　赵　华
市交通工会主席　牟春华
（2015年12月任职）

遂宁市交通运输局

局党委副书记、局长　周　华
局党委书记　杨忠义
局党委副书记　舒兆康
局党委委员、公路管理局局长　袁仕平
局党委委员、副局长、邮政管理局局长　赵　铭
局党委委员、副局长　杨务荣
局党委委员、副局长　余礼军
局党委委员、副局长　黄火平
局党委委员、纪委书记　皮国平

内江市交通运输局

局党委书记、局长　曹　雄
局党委委员、副局长　刘　波
局党委委员、副局长　王　亮
副局长　刘晓泉
局党委委员、市路政支队长　肖忠祥
局党委委员、市交战办主任　陈跃冬
局党委委员、总工程师　徐洪友

乐山市交通运输委员

党组书记、主任　刘忠福
（2015年9月离任）
党组书记、主任　龚德勤
（2015年9月任职）
党组副书记、副主任　熊建新
交通战备办公室主任　朱明友
党组成员、副主任　张开立
党组成员、副主任　吴礼刚
党组成员、副主任　彭治中
党组成员、副主任　涂泽江
党组成员、副主任　陈华卫
（省交通运输厅下派，2015年12月结束）
党组成员、市公路局局长　王　川
党组成员、市航务（海事）局局长　刘　敏
党组成员、市运管局局长　邓世龙
党组成员、市高管办主任　刘凤枢
党组成员、市重点办主任　袁　平
党组成员、安全总监　李　锦
党组成员、直属机关党委书记　刘　陈
党组成员、市航电办主任　李中华
（2015年11月离任）
党组成员、总工程师　刘俊学
党组成员、市铁路办主任　何朝甫
（2015年9月离世）
市铁路办主任　周荣东
（2015年10月任职）
党组成员、纪检组长　袁　彦
（2015年6月任职）

南充市交通运输局

局党委书记、局长　许东明
（2015年6月任职）
局党委书记、局长　蔡绍雄
（2015年6月免职）
局党委委员、副局长　黄　伟
局党委委员、副局长　刘　平
（2015年6月免职）
局党委委员、副局长　蒲五才
局党委委员、副局长、市邮政管理局局长　罗通明
局党委委员、纪委书记、监察室主任　张学明
局党委委员、总工程师　谭晓斌
局党委委员、安全总监　杨淮森
局党委委员、市交战办主任　薛加双
局党委委员、市公路局党委书记、局长　李　翔
局党委委员、市航务管理局党委书记、局长　李　平
局党委委员、市道路运输管理局局长　曾　颖

宜宾市交通运输局

党委书记、局长　李仕华
党委委员、党委副书记　刘　骐
党委委员、运管局局长　刘　炯
党委委员、纪委书记　吴定源
党委委员、副局长　黄　斌
党委委员、副局长　罗　昕
党委委员、总工程师　何俊锋
党委委员、邮政管理局局长　赖　勇
副局长　李兴岷
交战办副主任　杨万明

达州市交通运输局

党组书记、局长　淳永奎
党组成员、纪检组长　杜泽权
党组成员、副局长、市交战办主任　苏万生
副局长，市邮政管理局长（正县级）　何　峰
党组成员、副局长　王乐钢

党组成员、副局长 岳万刚
（2015年2月任职）
党组成员、机关党委书记 甘立刚
党组成员、副局长 刘巨明
（2015年10月调离）
党组成员、总工程师 荆 林
党组成员、市交通工会主席 张显文
党组成员、安全总监 彭 铸
党组成员，市运管处处长 曾 俊

广安市交通运输局
党组书记、局长 王晓明
党组成员、调研员 张德坤
党组成员、副局长 曾祖军
党组成员、机关党委书记 李兴华
党组成员、副局长（兼）、市邮政管理局局长 陈武林
党组成员、副局长 郑永锋
党组成员、副局长 蒋宇峰
党组成员、纪检组长 王 伟
党组成员、市公路处处长 刘 伟
党组成员、市运管处处长 柳维波
党组成员、市航务（海事）局局长 周进才

巴中市交通运输局
党委书记、局 长 熊 彬
党委委员、副局长 杨述兰
党委委员、副局长 何清元
党委委员、副局长 周照森
党委委员、机关党委书记 黄 慧
党委委员、纪委书记 吕国梁
党委委员、市运管局长 李 勇
党委委员、副局长 周亚军
（2015年11月任职）
党委委员、正县级干部 杨培静

雅安市交通运输局
局党委书记、局长 刘 平
局党委委员、副局长 王 翔
局党委委员、副局长 叶其林
局党委委员、副局长 马永强
局党委委员、副局长 曹孝君
（2015年6月辞职）
局党委委员、副局长 周文献
（2015年11月返回原单位）
局党委委员、副局长 赵飞勇
（2015年10月任职）
局党委委员、局机关党委书记 文 平
局党委委员、纪委书记 彭勇强
局党委委员、总工程师 罗伦全
（2015年10月任职）
安全总监 程 宜
（2015年8月任职）

眉山市交通运输局
局党组书记、局长 顾贵鹏
局党组成员、市公路管理局局长 刘小伶
局党组成员、副局长 汪文毅
局党组成员、副局长、市邮政管理局局长 覃建伟
局党组成员、副局长 韩顺江
局党组成员、副局长、总工程师 牟德明
（2015年2月离任总工程师）
副局长 周 惠
（2015年9月挂职）
局党组成员、机关党委书记 崔秀丽
局党组成员、纪检组长 陈 行
局党组成员、总工程师 何永列
（2015年2月任职）
局党组成员、局长助理 高艳龙

资阳市交通运输局
党委书记、局长 雷 刚
副局长 倪 勋
党委委员、副局长 施 毅
党委委员、副局长，市邮管局党组书记、局长 周向阳
副局长 郑 勇
党委委员、副局长 张学问
党委委员、市交战办专职副主任 魏 鲲
党委委员、机关党委书记 宋晓星
党委委员、总工程师 张祖德
党委委员、纪工委书记 李 滨

阿坝州交通运输局
局党组书记、局长 陈 琪
副局长、州公路局局长（兼） 朱天猛
局党组成员、副局长 刘显辉
局党组成员、纪检组长 朱燕菊
局党组成员、总工程师 詹永康
局党组成员、安全总监 尹 忠
局党组成员、交通战备办公室专职主任 杨太平
局党组成员、副局长 姜学宏
局党组成员、副局长 王志武
局党组成员、副局长 朱高儒
（2015年3月，交通运输部扶贫挂职干部）
局党组成员、州运管处处长 马兴明

甘孜州交通运输局
局党委书记、局长 冉 义
党委委员、副局长 丁 虹
党委委员、副局长 夏晓敏
副局长 闻 琼
州交投公司董事长、总经理兼副局长 李王斌
副局长 王 屹
（挂职）
党委委员、纪委书记 唐劲松
党委委员、政治部主任 康秀英
总工程师 刘军儒
党委委员、安全总监 高宝寿

凉山州交通运输局
党组书记、局长、州交投公司董事长 沈鲁清
党组副书记、常务副局长 雷 鸣
党组成员、州公路局局长 赵 勇
党组成员、州交战办主任 吴晓平
党组成员、州交投公司总经理 张 毅
副局长 陈兵文
党组成员、副局长 林 芳
党组成员、安全总监 李 波
党组成员、纪检组长 刘舒云
总工程师 龚 平
党组成员、机关党委书记 杨 勇
党组成员、州运管处处长 张万松
党组成员、州路政支队支队长 阿木古合
党组成员、副局长 康子庄
（挂职）
副局长、州邮政管理局局长 邵建洲
州交通运输行业工作委员会主任 火补尔曲

（各市〈州〉交通局〈委〉）

索引
SUOYIN

一、本索引按汉语拼音字母顺序排列。内文中包含的表格、内文插图、专文、资料在其款目后括号内分别注明“表”“图”“专”“资”，彩色插页标识注明“插”。

二、索引款目后的数字表示内容所在的页码，数字后的字母（a、b）表示栏别（即版面的左、右栏）。

A

B

D

E

 K 

L

N

P

R

S

T

W

X

Y

Z

1
2
3 4

1 2015年11月13日，交通运输部部长杨传堂（右一）调研成都市金沙公交综合枢纽并宣讲中央十八届五中全会精神

2 2015年12月31日，成都市第二绕城高速公路东段建成通车，至此成都市第二绕城高速公路全线贯通。图为在第二绕城高速公路东西段交会处，省政府副省长曲木史哈（前）宣布通车并看望慰问第二绕城高速公路建设者及管理者代表

3 2015年8月27日，全省交通运输反恐防范工作培训及演练在北门车站举行。图为省交通运输厅副厅长周道平（中）、副巡视员赵家栋（右二）在演练现场 董非凡 摄

4 2015年12月29日，全国交通运输工作会在北京召开。成都市交委作为全国唯一一家省会城市政府部门应邀参会，并在大会上作“奋力推进公交都市建设打造群众满意公共交通”主题发言。交通运输部部长杨传堂高度肯定成都公共交通发展成效并对下一步工作提出更高要求

DYNAPAC
CC622

1	4
2	
3	5

1 2015年7月15日，成都机场高速公路掠影

2 2015年9月22日，省道101线唐巴路成都境内避险车道 郭 斌 摄

3 2015年7月6日，省道106线川西环线大修路面作业场景 廖先进 摄

4 2015年3月13日，大修完工后的国道317线绕坝路成都段 张兴伟 摄

5 2015年10月2日，成都大件路外绕线天府新区段 成都天投集团 供稿

1 2	6
3	7
4 5	8 9

1 2015年12月31日，成都市五凤镇至洛带镇快速通道建成通车 金世廉 摄
2 新邛路邛崃段 邛崃市交通运输局 供稿
3 重建后的川西大桥 赵华敏 摄
4 2015年12月16日，完成改造提升后的十陵客运站
5 2015年2月18日，除夕之夜坚守平凡岗位的成都公交夜归人 江 鲲 摄
6 2015年11月30日，成都地铁4号线一期工程试运营基本条件评审会会场
7 2015年7月25日，成都地铁1号线南延线开通。图为首发车启动现场
8 夜幕下的成都公交旋律 江 鲲 摄
9 整装待发的成都市公交车辆 吴江华 摄

1 2	5
	6 7
3 4	8 9

1 2015年3月25日，中共自贡市委书记雷洪金（左三）调研在建中的内威荣高速公路

2 2015年2月16日，自贡市市长刘永湘（右）慰问公交一线职工

3 2015年1月21日，整治后的贡井长征大桥至省道305线交会处草学堂路段

4 2015年12月26日，自隆高速公路建成通车

5 2015年11月13日，自贡市国家级城市公共交通服务综合标准化试点项目通过国家级验收

6 2015年1月4日，自贡市44辆城市公交高级车投入运营

7 2015年2月2日，自贡投放区域小公交满足市民最后一公里出行需求

8 2015年7月23日，自贡市最大海巡艇建造完工并通过验收

9 2015年6日26日，自贡市开展军地联合水上应急救援演练

自贡市国家级城市公共交通
服务综合标准化试点项目
评估验收会

Zigong High-Class Bus

中国海事

自贡消防

1	2	5	6
3		7	8
4		9 10	11

1 2015年2月10日，中共攀枝花市委书记刘成鸣（左一）到鱼塘至机场路连接线工地看望慰问一线人员

2 2015年5月11日，攀枝花市政府与交通运输部科学研究院签署战略合作框架协议

3 2015年8月13日，丽攀高速公路华坪匝道收费站机电和房建交工验收

4 2015年1月6日，攀枝花市鱼塘至机场公路新建工程施工现场

5 2015年4月7日，通车后的鱼塘至机场公路连接线

6 2015年9月26日，大修后的国道108线攀枝花段

7 2015年6月2日，省道310线西区河石坝至同德段大修工程施工场景

8 2015年6月1日，攀枝花市客运中心至新庄大桥段大修工程施工现场

9 2015年12月31日，提升改造后的攀枝花市客运中心

10 金沙江乌东德电站坝址

11 2015年6月10日，攀枝花市海事部门在金沙江金江上渡口航段进行水上交通突发事故处置演练

阳光花城攀枝花欢迎您!
攀枝花

四川海事24

1	2
3	4

1 2015年5月18日，中共泸州市委书记蒋辅义（正面中）专题研究渡改桥三年攻坚方案

2 2015年7月3日，中共泸州市委副书记、市长刘强（右二）检查泸州交通安全工作

3 2015年2月1日，泸州、成都、武汉三市政府签订港口物流战略合作框架协议

4 2015年11月17日，“泸州—南京—日本”集装箱航线开通仪式在南京港举行

1	2
3	4

1 2 2015年10月，叙古高速公路灯盏坪枢纽互通主体工程完工，预计2016年实现全线通车

3 2015年10月2日，在建的叙古高速公路磨刀溪大桥

4 2015年1月20日，泸州市江阳区农村公交车集中开行仪式在石寨镇久桥村启动

1 2	6
	7 8
4	
3 5	9 10

1 2015年底，成都第二绕城高速公路全线贯通。图为成都第二绕城高速公路广汉段
2 2015年1月，国道108线广汉西北过境线二期建成后面貌
3 2014年11月18日，中金快速通道兴隆段施工场景
4 2015年11月，完成路面铺筑的成德大道
5 2015年4月，即将完工的中金快速通道南山段
6 建成并具备通车能力的绵茂公路二期蔡家沟大桥
7 2015年10月，德阳广汉市农村公路滨河路面貌
8 2015年，德阳市农村公路安保工程——中江县青梨路路侧护栏
9 2015年，德阳市新购插电式混合动力公交车投运
10 2015年，绵竹新能源纯电动公交客车投运

1	3 4 5
2	6 7 8

1 2015年7月1日，绵广高速公路江油收费站 江油市交通运输局 供稿

2 2015年11月22日，绵阳市江油中（坝）大（堰）路 江油市交通运输局 供稿

3 2015年7月1日，绵阳市江油中（坝）大（堰）路面貌 江油市交通运输局 供稿

4 县道芦（溪）跃（进）路

5 乡道乐建路

6 黎曙镇长兴村招呼站

7 2015年3月5日，已建成的溜索改桥项目坝底乡小岭桥 母广华 摄

8 曲山镇治新村溜索改桥建设场景 母广华 摄

欢迎您！

长兴村招呼站

广元交通
GUANGYUAN JIAOTONG

热烈祝贺广陕、广巴高速公路连接线建成通车

1 2	5
3	6 7
4	8 9

1 2015年12月23日，建成后的广陕广巴高速公路连接线东坝互通立交　广元市交通运输局 供稿

2 2015年12月26日，广陕广巴高速公路连接线建成通车　广元市交通运输局 供稿

3 2015年底，国道108线下寺至普安快速通道掠影　广元市交通运输局 供稿

4 2015年8月，巨龙跃嘉陵——广元港进港公路红岩段　广元市交通运输局 供稿

5 2015年10月，旺苍县万山乡通乡公路　广元市交通运输局 供稿

6 2015年7月，建成后的江口嘉陵江大桥　武丕星 摄

7 2015年9月，在建中的广元上石盘航电枢纽　广元市交通运输局 供稿

8 2015年5月20日，新建的剑阁普安汽车客运站　广元市交通运输局 供稿

9 2015年7月，广元市道路运输执法形象“大提升、大比武”活动现场　广元市交通运输局 供稿

遂宁交通
SUINING JIAOTONG

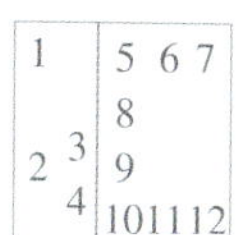

1 2015年12月9日，中共遂宁市委书记杨洪波（前排右二）、市长赵世勇（前排右三）调研遂广遂西高速公路

2 2015年12月30日，遂广高速公路以零费率开通试运营

3 遂广高速公路金桥管理处监控中心投入使用

4 遂广高速公路车行天桥

5 遂西高速公路服务区新貌

6 国道318线遂宁市船山区保升段

7 2015年4月，升级改造后的省道205线遂宁段

8 遂宁市船山区唐家乡村道路

9 遂安快捷通道船山段

10 11 12 2015年11月13日，四川省水路交通行政执法暨“三化”（革命化、正规化、现代化）建设大练兵大比武在遂宁射洪举行

内江交通
NEIJIANG JIAOTONG

生产再忙
安全不忘

1	4	5
2	6	8
3	7	

1 2015年，自隆高速公路路面施工场景

2 2015年12月26日，建成通车的自隆高速公路互助枢纽互通部分

3 2015年12月26日，建成通车的自隆高速公路富顺县狮市镇境内跨沱江大桥

4 2015年12月26日，建成通车的自隆高速公路沿滩服务区

5 2015年，内威荣高速公路乌龙河大桥建设现场

6 2015年12月21日，建成的内威荣高速公路

7 2015年12月26日，建成通车的内威荣高速公路起点内江冷家湾（2016年改为内江经开区）收费站

8 2015年，内江市“十二五”规划重点项目，省道206线内江城区过境段——花园滩大桥建设场景

乐山交通
LESHAN JIAOTONG

乐山市人民政府
雅安市人民政府
凉山州人民政府
四川省铁投集团
凉山州人民政府
乐山市人民政府
四川省铁投集团

1	3 5 6 7	4 8
2		

1 2015年12月4日，乐山、雅安、凉山三市（州）政府与四川省铁投集团签约峨眉至汉源高速公路合作共建举行仪式

2 2015年6月16日，成贵铁路何桥段岷江特大桥跨进港大道桥墩施工现场　彭国平 摄

3 2015年6月，乐峨大道跨青衣江大桥杨湾乡段江面主桥墩完工。图为引桥桥墩施工现场　彭国平 摄

4 2015年6月，大渡河大桥加宽改造工程按计划完成水下桩基施工　彭国平 摄

5 2015年7月14日，井沙联网畅通工程乐沙大道沙湾段施工现场　曾　文 摄

6 2015年7月7日，新建的乐山公交客运站完成外装饰工程　彭国平 摄

7 2015年7月7日，新建的乐山长途客运中心外装饰工程施工现场　彭国平 摄

8 2015年5月12日至13日，海峡两岸记者联合采访乐西公路。图为记者参观乐西公路陈列室

南充交通
NANCHONG JIAOTONG

南充嘉陵
ETC开启
ETC开启
ETC

1		3
		5
	4	6
2	7	8

1 2015年7月，建设中的巴南广高速公路福德互通

2 2015年2月，国道42线沪蓉高速公路成南段南充嘉陵新出口

3 2015年4月，营山县济川乡通村水泥路面貌

4 2015年11月，南部县任江寺村道公路面貌

5 2015年12月，南充市仪陇县金城至马鞍公路面貌

6 2015年11月16日，南充市县乡道路大中修场景。图为浇筑混凝土路缘带

7 2015年12月30日，南充港经开区码头3号驳位10吨岸吊将第一件杂货缓缓卸下，标志着南充市经开区专用码头正式开港

8 2015年7月22日，南充市开展海事开放日活动。图为仪陇海事巡航

1 2 3	5 6
	7 8 9
4	10

1 2015年7月，宜宾市兴文县纳黔高速公路连接线一期工程完成道路铺设

2 2015年4月，省道307线宜宾市境泸州至盐津路段面貌

3 2015年4月，省道308线宜宾市境合江至珙县路段面貌

4 风景如画的盐坪坝至李庄公路

5 2015年5月15日，温水溪大桥施工现场

6 2015年4月，建设中的宜宾市兴文快速通道

7 宜宾市南溪区通村水泥路

8 2015年6月，宜宾市翠屏区农村公路面貌

9 2015年11月15日，提升改造后的长宁县竹海客运站

10 2015年3月16日，新建成的南溪安福驾校恒通考场

考试起点

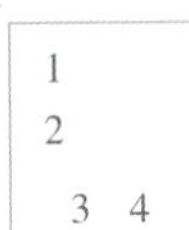

1 巴达高速公路碑庙进出口 何其伦 摄

2 2013年12月和2014年6月，南大梁高速公路南充至渠县段和渠县至賨人谷段先后建成通车。图为南大梁高速公路李家湾隧道山水景观效果图

3 2015年11月4日，达州市环城公路二期工程主道软基处理现场 何其伦 摄

4 宣（汉）双（河）路自2003年5月建成通车以来，常年保持安全畅通、绿色美观，2013年7月，经国家公路网规划调整后升为国道210线。图为摄于2015年12月的宣双路 何其伦 摄

1	3
2	4
5	6

1 2015年12月，达州至宣汉快速通道宣汉县城段　何其伦 摄

2 2015年12月，完成改造后的达（州）宣（汉）路罗江段　何其伦 摄

3 达州宣（汉）双（河）路安保工程为交通运输安全提供保障　何其伦 摄

4 2015年，达川区大堰乡堰坝村村道　何其伦 摄

5 2015年，达川区赵固乡兴隆村圆坝子村道　胡小倩 摄

6 2015年，达州大竹县采取“整合涉农项目资金加折劳投资”模式，发挥群众主体作用，实施整村推进、产业扶贫、贷款贴息、劳务扶贫、基础扶贫、危房改造等六大类扶贫项目，极大改善了贫困地区的生产生活条件。图为11月17日，该县庙坝镇黑水村村民进行联组路硬化施工　何其伦 摄

1		6	7
	2		8
		9	11
3 4 5		10	

1 2015年12月17日，在建的巴广渝高速公路广门互通立交

2 2015年5月，完成整治改造后投入使用的沪蓉高速公路华蓥西收费站

3 2015年12月，改（扩）建后的国道42线沪蓉高速公路邻水西收费站

4 2015年12月，在建的岳（池）广（安）华（蓥）快速通道华蓥段重点控制性工程双龙大桥

5 2015年9月，整治改造建成的天（池）石（林）旅游公路

6 2015年12月，建成通车的华蓥市蓥城西环线铜堡至古桥段公路

7 2015年，农村公路建设带动农民新村发展。图为广安区龙安镇通村公路

8 岳池县石垭镇张口楼村通村公路

9 前锋区观塘镇冒合村农村公路波型防护栏

10 2015年7月1日，广安市城区开通至前锋区公交车。图为在代市镇公交车站上下旅客

11 2015年12月10日，渠江广安港首批“广安造”产品出口启航仪式现场。图为起重机将满载货物的集装箱装入川江1号货船

KLQ6109GAHEVE4A

GAG-A1

1 2	4
	6 5
	7 8
3	9

1 2015年3月25日，省交通运输厅加快推动巴中市高速公路发展专题会议在巴中召开　巴中市交通运输局 供稿

2 2015年2月14日，国道244线巴中过境公路（西环线）正式通车。图为通车仪式现场　巴中市交通运输局 供稿

3 2015年3月18日，通车后的国道244线巴中过境公路（西环线）　巴中市交通运输局 供稿

4 巴中市清风（兴文至化成快速通道）大道　巴中市交通运输局 供稿

5 2015年3月，巴中市回风大桥面貌　郭　亮 摄

6 2015年，通车后的巴中至恩阳快速通道　巴中市交通运输局 供稿

7 巴中市平昌县农村公路　巴中市交通运输局 供稿

8 巴中市恩阳柳林钟家坝村公路　巴中市交通运输局 供稿

9 2015年1月，巴中市农村公路面貌　巴中市交通运输局 供稿

雅安交通
YAAN JIAOTONG

山隧道

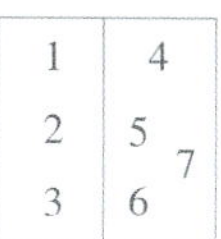

1 2015年5月25日，中共四川省委常委、常务副省长王宁（前中）检查灾后恢复重建工程国道351线雅安段　雅安市交通运输局 供稿

2 2015年4月13日，省政府秘书长、中共雅安市委书记叶壮（前排右三）在国道318线雅安段调研交通灾后恢复重建情况　雅安市交通运输局 供稿

3 2015年4月15日，省交通运输厅厅长彭琳（中）调研交通灾后恢复重建工程国道318线雅安段　雅安市交通运输局 供稿

4 灾后恢复重建项目——国道318线顺河特大桥　雅安市交通运输局 供稿

5 灾后恢复重建项目——国道351线天全乐英至芦山段　雅安市交通运输局 供稿

6 2015年10月28日，在建的雅康高速公路青衣江特大桥　雅安市交通运输局 供稿

7 2015年9月2日，雅安市雨城区雅安至望鱼公路面貌　雅安市交通运输局 供稿

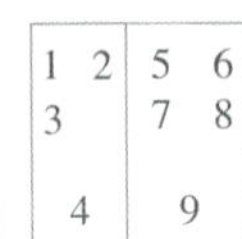

1 2015年11月，成都经济区环线高速公路二峨山隧道工程建设场景

2 摄于2016年1月的成都经济区环线高速公路眉山岷江特大桥

3 2015年1月，在建的成都经济区环线高速公路眉山岷江特大桥

4 2015年4月，成自泸赤高速公路仁寿段

5 2015年底，完成改造的国道245线彭山城区段

6 2015年10月，国道245线东坡段

7 2015年5月，丹棱大道

8 2015年11月，眉山滨江大道东坡段路面铺筑现场

9 2015年6月16日，丹棱老峨山旅游快速通道全线贯通

1	4	5
2	6 7	8
3	9	

1 摄于2015年1月的仁寿大道

2 2015年8月，建成后的天府仁寿大道视高段

3 2015年6月，仁寿县黑龙滩长岛景区旅游道路

4 2015年12月，眉山岷东大道彭山段府江大桥建设场景

5 2015年12月，眉山岷东大道成彭段

6 国道245线彭山青龙检测站

7 日益便捷的眉山市农村公路

8 2015年4月，眉山市洪雅县博竹至汉王农村公路

9 2015年1月，集成绵乐高铁、长途客运、城市公交、出租汽车为一体的眉山交通中心

1	4
	5 6
2 3	7

1 2015年，国道318线资阳市境内道路大修现场

2 2015年10月8日，国道319线资阳市境内大修现场

3 2015年7月31日，省道206线资阳市安岳县境内实施预防性养护

4 2015年10月12日，在建的沱江特大桥（三绕南段）

5 2015年，汛期资阳市境内公路抢险

6 资阳市雁江区保和镇洞子湾村村道

7 2015年9月16日，资阳市地方海事局组织开展水上交通安全知识进校园活动

2015年水上交通安全知识进校园活动

甘孜交通
GANZI JIAOTONG

川滇藏青交界地藏区市(州)人民政府
战略合作签约仪式
2015.10 · 四川 甘孜

1	3 4
	5 6
2	7 8 9

1 2015年10月，川滇藏青交界地藏区市（州）政府战略合作签约仪式现场
2 2015年7月，在建的雅康高速公路大渡河兴康特大桥
3 省道216线、217线理亚路海子山地质公园路面景观
4 省道216线、217线理亚路兔儿山段
5 省道216线、217线理亚路面貌
6 省道216线、217线理亚路路景
7 甘孜县农村公路
8 甘孜县庭卡乡通村路
9 雅江溜索改桥建设现场

1 2 3	5 6
	7 8
4	9

1 2015年12月16日，京昆高速公路泸黄段改（扩）建工程（泸沽至漫水湾试验段）开工　李云雪 摄

2 2015年7月22日，改造提升后的省道307线凉山州小高山段　李云雪 摄

3 2015年底，宁南金沙大桥主体工程全面完工　李云雪 摄

4 会理县鱼鲊金沙江大桥是会理“8·30”地震灾后恢复重建项目，2015年4月24日建成通车　李云雪 摄

5 2015年10月27日，金阳县对坪跨金沙江溜索改桥项目开工现场　钟其富 摄

6 2015年10月27日，金沙江上最后的溜索，即将实施溜索改桥工程　钟其富 摄

7 2015年10月17日，在建的宁南县通村水泥路　钟其富 摄

8 2015年10月，烈日下施工作业的凉山州交通建设者　李云雪 摄

9 宁南县六铁乡通乡油路　李云雪 摄

金阳县对坪跨金沙江溜索改桥工程开工

1	3
	4
2	5 6 7

1 2014年11月4日，汶川至马尔康高速公路开工建设。图为在建的汶马高速公路薛城1号隧道横洞进洞施工场景　王永宏 摄

2 2015年，汶马高速公路鹧鸪山隧道C2标洞内施工　阿坝州交通运输局 供稿

3 4 2015年，国道213线郎川路一段掠影　阿坝州交通运输局 供稿

5 2015年6月25日，抢通“6·24”泥石流灾害道路场景　刘 玥 摄

6 阿坝州云林寺村道　阿坝州交通运输局 供稿

7 2015年6月10日，九寨沟县设置安全警示标牌，保畅通促平安　马瑞志 摄

飞石路段
观察通过

1 2015年5月14日，茂县雅都乡村道建设场景　马　锐　摄

2 2015年，汶川县重建后的农村客运招呼站　阿坝州交通运输局 供稿